Uma União Europeia de *Geometria Variável*

A INTEGRAÇÃO EUROPEIA APÓS A CRISE PANDÉMICA (DA COVID-19) E A INVASÃO DA UCRÂNIA PELA RÚSSIA

Uma União Europeia de *Geometria Variável*

A INTEGRAÇÃO EUROPEIA APÓS A CRISE PANDÉMICA (DA COVID-19) E A INVASÃO DA UCRÂNIA PELA RÚSSIA

2023

José Renato Gonçalves
Professor da Faculdade de Direito da Universidade de Lisboa

ALMEDINA

UMA UNIÃO EUROPEIA DE *GEOMETRIA VARIÁVEL*
A INTEGRAÇÃO EUROPEIA APÓS A CRISE PANDÉMICA (DA COVID-19)
E A INVASÃO DA UCRÂNIA PELA RÚSSIA

AUTOR
José Renato Gonçalves

EDITOR
EDIÇÕES ALMEDINA, S.A.
Avenida Emídio Navarro, 81, 3D
3000-151 Coimbra
Tel.: 239 851 904 • Fax: 239 851 901
www.almedina.net • editora@almedina.net

DESIGN DE CAPA
EDIÇÕES ALMEDINA, S.A.

EDITOR
EDIÇÕES ALMEDINA, S.A.

IMPRESSÃO E ACABAMENTO

Março, 2023

ISBN
978-989-40-1124-8

DEPÓSITO LEGAL
....

ALMEDINA | GRUPOALMEDINA

SUMÁRIO: *UMA UNIÃO EUROPEIA DE GEOMETRIA VARIÁVEL*

A União Europeia modificou-se profundamente após a crise pandémica (da Covid-19) e a invasão da Ucrânia pelo exército russo, em 2022. Apesar da aparente ausência de alterações nas suas políticas e instituições, os graves desafios frontalmente colocados por aqueles dois acontecimentos modificaram radicalmente a natureza e a própria relevância da União Europeia, com impacto direto nas posições dos Estados membros e nas relações entre eles, bem como na história do continente europeu.

Começa-se, na primeira parte, pela identificação dos principais objetivos e alicerces da «construção europeia» gradualmente alcançada pelos vários Estados membros em torno da União Europeia: o crescimento e o desenvolvimento económico e social, em paz e com liberdade; a coesão económica e social, em face das enormes assimetrias territoriais; o difícil estabelecimento de uma União Económica e Monetária; e as diferentes dinâmicas e persistentes incertezas e divergências inerentes aos processos de integração.

Na segunda parte confrontam-se o sentido e o alcance dos objetivos da União Europeia, bem como o âmbito dos poderes e meios existentes, com os desafios crescentes que se lhe deparam – alguns avassaladores e verdadeiramente «existenciais», como a invasão russa da Ucrânia, junto à fronteira leste – e com as vontades dos povos dos vários Estados membros, nem sempre coincidentes, o que exige uma capacidade de ação não uniforme, diferenciada, de «geometria variável» – desnecessária ou não tão premente no âmbito de um Estado soberano, mas imprescindível numa construção muito diversa como é a União Europeia.

O objetivo do estudo consiste em descortinar o modo como consolidar eficaz e perduravelmente um projeto de integração europeia completamente inovador e de «geometria variável», com todas as suas forças (tornou-se num «gigante económico») e também debilidades (com «pés de barro», nos domínios político e militar). O «imperativo político» de unidade europeia assenta, como é defendido, na solidariedade e na responsabilidade de todos os europeus.

Palavras-chave: *União Europeia, Comunidade(s) Europeia(s), União Económica e Monetária, Cooperação e integração económica internacional, União política.*

ABSTRACT: A EUROPEAN UNION OF VARIABLE GEOMETRY

The European Union has changed profoundly after the pandemic crisis (Covid-19) and the invasion of Ukraine by the Russian army in 2022. Despite the apparent absence of changes in its policies and institutions, the serious challenges directly posed by those two events have changed radically the nature and relevance of the European Union, with a direct impact on the positions of the member States and on the relationships between them, as well as on the history of the European continent.

The first part begins with the identification of main objectives and foundations of the «European construction» gradually achieved by the various member States through the European Union: economic and social growth and development, in peace and freedom; economic and social cohesion, given the huge territorial asymmetries; the difficult establishment of an Economic and Monetary Union; and the different dynamics and persistent uncertainties and divergences in the course of the integration process.

The second part confronts the meaning and scope of the European Union's objectives, as well as the existing powers and means, with the growing challenges it faces – some overwhelming and truly «existential», such as the Russian invasion of Ukraine, next to the eastern border – and with the wills of the peoples of the various member States, which do not always coincide, which requires a non-uniform, differentiated capacity for action, adaptability, or of «variable geometry» – unnecessary or not so urgent in the context of a sovereign State, but essential in a distinct construction such as the European Union.

The aim of the study is to reveal how to effectively and sustainably consolidate a completely innovative European integration project based on «variable geometry», with all its strengths (turned into an «economic giant») and also its weaknesses (with «political and military feet of clay»). The «political imperative» of European unity rests, as it is defended, on the solidarity and responsibility of all Europeans.

Keywords: European Union, European Comunity(ies), Economic and Monetary Union, International Economic cooperation and integration, Political union.

INTRODUÇÃO

As especificidades e o caráter singular das Comunidades Europeias, criadas nos anos cinquenta do século XX, após o final da Segunda Guerra Mundial, bem como da União Europeia, algumas décadas mais tarde, não deixaram até hoje de a todos interpelar quanto à sua verdadeira natureza. A «construção europeia» consistiu, e consiste ainda, numa manifestação semelhante à de tantas outras organizações internacionais intergovernamentais ou, diversamente, estará já tão mais próxima da dos Estados soberanos, que se lhes pode comparar, em alguns aspetos, em maior ou menor grau, justificando falar-se de um (quase) Estado federal?

Não basta, obviamente, simplesmente, reconhecer que está ultrapassada a visão mais tradicional da soberania como um poder ilimitado do Estado, sobre as pessoas e as coisas, no respetivo território e uma total livre determinação nas relações estabelecidas com os demais Estados – sem prejuízo dos limites por ele próprio aceites.

Dessa constatação, dificilmente contestável, não decorre necessariamente um posicionamento de certo modo inverso, como o do chamado «pluralismo constitucional», que procura explicar a existência e o exercício de poderes constitucionais «sem» Estado, ou para lá do Estado, tendo por referência sobretudo a relação emergente entre o constitucionalismo interno (estatal) e uma espécie de novo constitucionalismo, para lá daquele, de âmbito europeu.

Fora a ambiguidade, terminológica e substantiva, variável consoante o ponto de análise em que nos situemos, seguro é que a corrente do «pluralismo constitucional» surgiu no contexto do processo de integração europeia com o intuito de contestar a tese do primado absoluto do Direito Comunitário europeu sobre as ordens jurídicas nacionais, sustentada desde o começo dos anos sessenta (do século XX) pelo Tribunal de Justiça. Nesse enquadramento, afigurar-se-ia adequado olhar para as relações entre as ordens jurídicas comunitária e nacionais, não segundo uma perspetiva monista, de base hierárquica, mas antes pluralista e «interativa».

Tal perceção geral sobre as relações entre aquelas duas ordens jurídicas de níveis distintos (comunitária e nacionais) extravasou posteriormente para outros planos ou níveis de ordenação, subestatais, supraestatais ou transestatais e não-estatais, em que não interessará entrar nesta abordagem, de âmbito predominantemente jus-económica, não tanto jus-política, apesar das inevitáveis implicações políticas das relações entre a União e os seus Estados membros.

Como é sabido, materialmente, o processo de integração europeia tem natureza essencialmente económica, desde o começo, e manteve-se como tal até praticamente ao presente, não obstante a impressionante e difusa, mas necessária, expansão para domínios que transcendem claramente o domínio económico – além da difusão pelos diversos âmbitos da economia, de que a concretização de uma União Económica e Monetária se tornou paradigma, após as alterações introduzidas pelo Tratado da União Europeia, ou de Maastricht, de 1992.

De qualquer modo, independentemente da expansão para domínios políticos «por natureza», além dos simultaneamente económicos – como o estabelecimento da terceira fase da mencionada União Económica e Monetária, abrangendo a criação da área do Euro e a consequente substituição das unidades monetárias em circulação no território dos Estados membros pela nova moeda «única», partilhada –, a União Europeia, tal como surgiu, evoluiu e a conhecemos, deixaria de subsistir se, por hipótese, se decidisse abandonar os seus fundamentos económicos congénitos e nucleares, o Mercado Interno e a União Económica e Monetária.

Sendo essa base económica originária inseparável da natureza específica e da própria compreensão das Comunidades e, identicamente, da União Europeia, que se mantêm plenamente, o objetivo nuclear de estabelecer uma União Económica e Monetária, incluindo, na sua terceira fase, a criação de uma nova área monetária e de uma nova unidade monetária comum, constitui uma das manifestações mais surpreendentes da construção europeia, precisamente por ser diferenciada, de «geometria variável», por não envolver necessária e uniformemente todos os membros.

Na integração diferenciada entram em jogo disparidades de regimes jurídicos no seio de uma União, causa eventual de dissensões entre os seus membros, o que, tal como se receava, poderia dar lugar a conflitos de entendimento e, no limite, à fragmentação do conjunto, como, aliás, veio a suceder, designadamente com a chamada crise das dívidas soberanas e do Euro, em que alguns membros persistiram em assumir posições «impossíveis» de conciliar, «até ao limite», quando se colocou a hipótese de saída de um dos membros da área do Euro, a Grécia, em julho de 2015, por rejeição das regras europeias para o défice e a dívida pública, flexibilizadas somente na última hora, face a perduráveis e inultrapassáveis divergências entre os membros.

Não obstante a relevância quase «traumática» de alguns desafios na história da «construção europeia», pelos riscos existenciais envolvidos, por poderem conduzir à primeira saída de um dos membros, da União Europeia ou pelo menos da área do Euro, com todas as consequências daí resultantes (políticas, económicas, financeiras e sociais), esta não foi a única manifestação alarmante das divergências no centro do processo de integração internacional de «geometria variável» gradualmente concretizado na parte ocidental do continente europeu – em que nem todos os membros entendem e se orientam precisamente pelas mesmas preocupações ou interpretam os fins e os objetivos comuns exatamente do mesmo modo que todos os restantes, à luz do que supõem ser os seus interesses próprios e não tanto, aparentemente, dos interesses e valores comuns, quer imediatos quer mediatos.

A flexibilidade e a diferenciação subjacentes aos projetos e processos de cooperação e integração internacional, sejam ou não de «geometria variável», têm tipicamente uma base jurídica única, formada pelos Tratados institutivos, mas podem ter outros títulos, multilaterais ou bilaterais, para lá simplesmente do próprio alinhamento mais ou menos previsível dos Estados, em função basicamente da proximidade ou até coincidência de interesses próprios e estratégicos dos membros com os seus parceiros, que só preocuparão quando não coincidirem e, mais ainda, quando divergirem dos interesses e valores da União ou de outros membros.

Sendo a diferenciação em geral, quer *de facto* quer *de jure*, agravada pelas assimetrias e diversidades de vária ordem existentes entre os Estados participantes num processo de integração internacional, não poderia deixar de tornar-se previsível e preocupante, na «construção europeia», desde há muito, pelo menos desde os anos noventa, quando o Tratado da União Europeia estabeleceu como objetivo comum o estabelecimento de uma União Económica e Monetária e, simultaneamente, admitiu a possibilidade de *opting out* a dois dos membros, o Reino Unido e a Dinamarca.

Na verdade, não se tratava de nada completamente novo. Derrogações análogas haviam sido previstas noutras circunstâncias, como na participação no mecanismo cambial do Sistema Monetário Europeu, que se manteve opcional, desde a data da sua criação, em 1979; e, similarmente, no caso posterior do regime de dispensa de controlo nas fronteiras internas da União, primeiramente aceite à margem do direito europeu pelos acordos de Schengen, de 1985.

Todavia, o problema ganharia outra dimensão, por um lado, com a previsão geral no direito originário de um regime designado «cooperações reforçadas», introduzido pelo Tratado de Amesterdão, com ajustamentos posteriores, e, não menos relevante quanto ao seu impacto no processo de integração europeia, com os vários alargamentos a Leste e a Sul, devido à crescente heterogeneidade deles resultante para o conjunto da União – aliás, já anteriormente menos equilibrada economicamente, ou homogénea, em particular, com a entrada do Reino Unido, conjuntamente com a Irlanda e a Dinamarca, em 1973, e, mais ainda, com os subsequentes alargamentos para Sul, nos anos oitenta (com a entrada da Grécia, em 1981, e de Portugal e da Espanha, em 1986).

Importa, antes de mais, reconhecer as vantagens potenciais da aceitação, também no plano jurídico, da diferenciação no âmbito de um processo de integração internacional em expansão «permanente», aberto à aceitação como membros dos Estados europeus que o pretendessem, revelando a vontade e o interesse na adesão ao se tornarem membros de pleno direito da União, certamente por partilharem já, ou desejarem passar a partilhar, objetivos, ideais e valores por ela prosseguidos, proclamados e garantidos, tal como pelos seus membros.

A previsão expressa da diferenciação, a título de «cooperações reforçadas», revelava uma posição política de abertura às diferenças existentes entre os membros, e futuros membros, provavelmente por contribuírem para a valorização do conjunto, assente também nas diversidades nacionais ou regionais, não numa aversão cega ou «persecutória» à heterogeneidade, com o fim de tudo pretender homogeneizar, se necessário pela «força» (do direito, da economia, da política).

Contudo, ao mesmo tempo que se afirmava a abertura às diversidades, não se olvidavam os riscos que as «cooperações reforçadas» poderiam envolver, para a continuidade e reforço do próprio projeto de integração, com os seus custos e desafios, mas igualmente com as suas vantagens, desde a melhoria das condições gerais de vida, ou do bem-estar económico-social dos cidadãos dos Estados membros, o que inclui, além dos progressos materiais mais frequentemente referidos, vários outros direitos individuais e também coletivos considerados imprescindíveis e garantidos nos países com níveis mais avançados de desenvolvimento.

As «cooperações reforçadas» visam, efetivamente, reforçar a unidade do conjunto, embora sem submissão de todos os membros a um mesmo roteiro ou itinerário, inflexível. Daí a proibição da exclusão de que qualquer membro possa juntar-se em momento posterior a qualquer «cooperação reforçada» entretanto estabelecida por outros membros – que pretenderam avançar imediatamente no processo de integração, sem aguardar que todos estejam já em condições de avançar e ao mesmo ritmo e que o desejem.

No entanto, a diferenciação resultante de uma cooperação reforçada, tal como de outras circunstâncias, em vez de contribuir para o reforço da unidade de todo o projeto, pode, ao invés, contribuir para salientar ou agravar diferenças existentes, conduzindo assim a um maior afastamento ou até fragmentação entre os membros nela participantes. As divisões poderão aumentar, por exemplo, à medida que os Estados nela participantes se afastem entre si e se evidencie, por exemplo, a perceção das dificuldades ou até «impossibilidade» de uma aproximação num futuro próximo entre os membros da cooperação reforçada e os restantes.

O objeto do estudo proposto incide, pois, especificamente, sobre as tensões crescentes entre as situações de diferenciação admitidas e existentes no processo de integração ou «construção europeia» e sobre a consolidação deste, no presente e no futuro, o que exigirá certamente um «mínimo» de coesão e partilha de objetivos, princípios e ideais, comuns a toda a União, que apenas no caso de serem realmente aceites e partilhados por todos justificarão a subsistência e o fortalecimento da União no seu conjunto – sem embargo das diversidades presentes e da sua persistência, caracterizadoras dos vários Estados membros e da União.

Entre outros aspetos, importará apurar se propostas recentíssimas, como a do Presidente francês, Emmanuel Macron, na cerimónia do Dia da Europa de 2022, de, aparentemente, pretender «ressuscitar» um velho projeto homónimo, de há sete décadas atrás, de criação de uma (nova) «Comunidade Política Europeia», mais abrangente do que a União Europeia, poderá responder, satisfatoriamente, a alguns dos problemas mais recentes de diferenciação europeia, como foi o caso da crise causada pela invasão da Ucrânia, com início a 24 de fevereiro de 2022, seguida de ocupação territorial, destruição de infraestruturas e habitações e morte de dezenas de milhares de pessoas pelas forças armadas da Rússia.

A adequação desta e de outras fórmulas para enfrentar os atuais desafios ou outros que inevitavelmente continuarão a deparar-se à União Europeia, entre, por um lado, as situações de diferenciação existentes, reflexo das assimetrias e disparidades de diversa natureza dos vários Estados membros, e, por outro, a necessidade de convergência e de coesão do conjunto, corresponde à preocupação central de qualquer projeto de integração, incluindo o europeu – consistente na garantia da sua unidade interna, tendo por base a «cooperação leal» e a solidariedade entre todos, sem as quais não ficará assegurada a subsistência da União.

Por se tratar de um estudo interdisciplinar, no cruzamento entre o Direito e a Economia, recorrer-se-á, frequentemente, não apenas às fontes jurídicas relevantes, *maxime* de direito originário da União (os Tratados europeus), mas também outras, de direito derivado da União e de outras ordens jurídicas, em especial as relativas à temática da diferenciação no âmbito do processo de integração europeia, e da respetiva interpretação, incluindo, quando seja o caso, a jurisprudência considerada mais relevante, com enfoque no Direito Económico da União, e sua metodologia essencialmente normativa, em articulação com aspetos também centrais noutros ramos do Direito, como o Direito Constitucional e o Direito Internacional, basilares para a compreensão do fenómeno da integração europeia, e, por outro lado, também aos conceitos e ensinamentos económicos atinentes ao mesmo fenómeno, embora com metodologia distinta, não normativa mas positiva, no sentido de explicativa da evolução e das relações entre os factos económicos e sociais.

A estrutura do plano de investigação compreende duas partes. A Parte 1 trata da gradual convergência europeia por entre as diversidades dos Estados membros, que se ampliaram «estatisticamente» à medida que se concretizaram os alargamentos das Comunidades e da União. Está dividida em quatro capítulos, respetivamente sobre o crescimento e desenvolvimento europeu em paz e liberdade (Capítulo I), assimetrias entre Estados membros e a criação de uma política comum de coesão económica, social e territorial (Cap. II), o estabelecimento de uma União Económica e Monetária (Cap. III) e dinâmica e incertezas no processo de integração (Cap. IV).

Na Parte 2, com a epígrafe «*E Pluribus unum*: uma União para todos, todos pela União?», debate-se a viabilidade de um processo de integração económica internacional de «geometria variável», como é o da União Europeia (Cap. V), bem como os fundamentos e a eficácia do processo de «construção europeia» (Cap. VI) e, por fim, a questão da própria subsistência, ou não, da União Europeia, designadamente após a invasão da Ucrânia pela Rússia, provavelmente a ameaça mais grave que atingiu o projeto de construção europeia, desde que emergiu há pouco mais de setenta anos atrás, no dobrar da década de quarenta para a de cinquenta do século XX, após a Segunda Guerra Mundial (Cap. VII).

O último capítulo (VIII) contém uma síntese conclusiva sobre o estudo realizado e tem por epígrafe «uma União de geometria variável e debilitada, mas indispensável», através da qual se procura responder à questão central colocada no início: como fortalecer ou consolidar uma União de «geometria variável», em face da dimensão descomunal das dificuldades presentes – que persistem, designadamente por se tratar de um problema de fundo, não apenas pontual, mas essencialmente prospetivo.

Parte 1
Convergência gradual na diversidade

Razão de ordem: Convergência gradual na diversidade
Fora os inúmeros, diversificados e marcantes antecedentes (culturais, políticos, económicos) partilhados pelos povos europeus – incluindo particularmente os grandes legados de Atenas, de Roma e de Jerusalém, difundidos e sedimentados durante séculos e séculos, até às épocas moderna e contemporânea, numa evolução que culminou, politicamente, com a afirmação dos Estados soberanos, por vezes contestada, e com sofisticadas fórmulas para facilitar e proteger as trocas e outras operações económicas entre diferentes pontos do mundo, em especial através dos vários mecanismos de cooperação e integração internacional –, as principais preocupações e motivações dos europeus, que os levaram a criar, manter, ampliar e reforçar as Comunidades e, depois, a União Europeia, podem resumir-se, simplificadamente, em três vertentes principais: paz/segurança, liberdade/democracia e prosperidade/ /bem-estar.

Porém, ao longo das últimas décadas, à medida que nos afastávamos do final da Segunda Guerra Mundial, muitos se iludiram, especialmente no continente europeu e concretamente na sua parte ocidental, ao apontarem sobretudo para uma daquelas preocupações e motivações dos europeus, a prosperidade, como fim prevalecente das Comunidades e da União Europeia, independentemente das restantes. A razão parecia simples: supôs-se, erroneamente, que as outras condições nucleares – a paz e a segurança, a democracia política e a liberdade – já estavam plena e, porventura, definitivamente alcançadas, «adquiridas».

Ora, o que é considerado adquirido ou garantido, fundada ou infundadamente, deixa (ou tende a deixar) de merecer tanta atenção e empenho, quer individual quer coletivo. A partir de determinada altura, admitiu-se que a vida com segurança e em paz, sem risco sério da guerra ou de outros conflitos armados, estava assegurada na «Europa Ocidental», incluindo as Comunidades e a União Europeia. Tal como as liberdades individuais, e com estas também a generalidade dos demais direitos humanos fundamentais, todos pareciam estar já amplamente alcançados ou em vias de o serem, nos estádios civilizacionais e políticos atingidos.

Efetivamente, viver todos os dias em paz e com segurança, bem como em liberdade e com possibilidade de usufruir dos restantes direitos humanos fundamentais, não é nada pouco ou suscetível de menosprezo, mesmo no continente europeu, ou na «Europa Ocidental», como sucede, *grossomodo*, gradualmente, após o termo da Segunda Guerra Mundial. Por se tratar, precisamente, de uma realidade histórica nova e «excecional», em total contraste com o que se verificou nos séculos passados nos vários países europeus, e ainda hoje noutras partes do mundo, como é sabido, não se justifica acrescentar agora maiores desenvolvimentos[1].

É, no entanto, perfeitamente compreensível que se tivesse acreditado, decorridos tantos anos com paz, segurança e estabilidade, desde praticamente o final da Segunda Guerra Mundial, que essa situação geral de estabilidade e normalidade, de aparente «paz perpétua», acompanhada de prosperidade e bem-estar, se havia já consolidado, na parte central e ocidental do continente europeu, mesmo que durante algumas décadas num contexto de «Guerra Fria».

[1] Há múltiplas versões, mais ou menos extensas, da história da Europa e dos conflitos armados que se desenrolaram no respetivo território, incluindo nos últimos séculos e decénios. Serão mencionadas ao longo do texto, exemplificativamente, diversas obras disponíveis sobre esta temática, incluindo as de N. Davies (1997), *Europe. A History*; G. Livet / R. Mousnier (orgs.) (1996), *História Geral da Europa*, trad., 3 vols., e de J. Carpentier / F. Lebrun (orgs.) (1993), *História da Europa*. Para um olhar resumido e recente, em língua portuguesa, sobre alguns dos principais conflitos internacionais ao longo do tempo e com impacto europeu e respetivas justificações, com várias referências bibliográficas, cf. J. Nogueira Pinto (2021), *Hegemonia: 7 Duelos pelo Poder Global*.

A evolução histórica não é, contudo, linear. Nunca o foi, apesar de leituras mais apressadas ou menos avisadas poderem sugerir o inverso. Daí a sucessão incessante de incertezas e «surpresas». Mesmo quando parece repetir-se, e nada impede que isso aconteça, porque existem e encontramos vários fatores constantes, quase-constantes, ou que só muito lentamente se modificam e adaptam às circunstâncias, incluindo a própria «natureza humana».

Os conflitos armados em solo europeu, pelo menos nos países da Europa Ocidental, não tinham voltado a ocorrer, desde 1945, até março de 2014 e, novamente, 24 de fevereiro de 2022, em ambos os casos quando a Rússia invadiu o território da Ucrânia com o objetivo de o ocupar, contestando a existência e subsistência deste último país enquanto Estado independente – não obstante ser generalizadamente reconhecido como tal, desde o início dos anos noventa do século XX, como membro da Organização das Nações Unidas e também do Conselho da Europa, além de numerosas outras organizações internacionais.

Retrospetivamente, poucos acreditariam, pelo menos a partir de 2022, numa narrativa, dir-se-ia quase pueril, ou mágica, segundo a qual os grandes problemas e preocupações dos povos europeus teriam ficado condensados, apenas, pelo projeto de construção europeia, em torno das Comunidades e da União, ou seja, com vista a alcançar e consolidar a prosperidade, entre outros direitos materiais e pessoais, com alheamento ou indiferença em relação aos demais anseios e preocupações, aparentemente por se supor que já estariam satisfeitos.

Pelo menos os que mantivessem memória, ou vivessem em determinadas partes do continente europeu onde os sinais da história de conflitos sangrentos ainda permanecem bem visíveis, saberiam que nem a paz nem a segurança podem ser alguma vez consideradas como totalmente garantidas, tal como o respeito e a tutela efetiva dos direitos humanos. Por isso, a grande viragem ocorrida com a queda do Muro de Berlim e a consequente afirmação dos valores próprios dos Estados de Direito democráticos não permitiriam nem aconselhariam o esquecimento das ameaças anteriores à segurança e à liberdade, bem assim à prosperidade, comprovando que nada pode ser considerado como adquirido ou irreversível.

Todavia, parece ter sido isso que sucedeu no continente europeu durante largos decénios, quando quase todo o processo de integração ou construção europeia foi motivado e impulsionado sobretudo pela procura da prosperidade geral e sua consolidação, admitindo que outros problemas e anseios, pelo menos na Europa Ocidental e talvez noutros pontos geográficos também, desde a proteção da segurança e da estabilidade até aos diversos direitos humanos, se resolveriam ou alcançariam, «naturalmente», desde que, e enquanto, fossem prosseguidos com persistência tais desideratos estritamente económicos.

Apenas assim pode explicar-se a falta geral e constante de precaução, nos vários países europeus, a começar pela Alemanha, não apenas ao se aceitar manter e até aumentar a dependência energética em relação a um só país – a Rússia –, sobretudo em gás, canalizado desde a Sibéria em gasodutos, comodamente e a preços comportáveis, ao mesmo tempo que se promovia a substituição acelerada das fontes energéticas fósseis, mais poluentes e com maiores riscos ambientais por outras renováveis, comparativamente mais amigas do ambiente.

Foram ignoradas todas as advertências no sentido da precaução, em face daquela dependência europeia crescente das fontes energéticas de um único país, cujas exigências e interferências políticas entretanto se tornaram recorrentes nos mercados, agravando o risco de uma eventual cessação repentina de fornecimento ou de uma elevação injustificada dos preços, sem garantias perante possíveis aproveitamentos abusivos ou chantagem política, como de resto sucedera em anos recentes com outros países, designadamente com a Ucrânia[2].

[2] O grau de dependência energética da Europeia, bem como a sua evolução e o agravamento verificado nas últimas décadas, eram complexos, não apenas por divergirem significativamente de país para país, como por terem passado a ser objeto de uma política europeia comum, largamente influenciada por países como a Alemanha, embora com reservas, críticas e várias resistências ou até oposição de alguns Estados membros, em especial do centro e leste, que não deixaram de o advertir antecipadamente, em especial após várias duplicações de preços e exigências de pagamento antecipado sob ameaça de corte de fornecimento de gás, à Ucrânia e a outros países de leste, no início do ano, em pleno inverno, sem que a Europa fosse além de um protesto geral, ao mesmo tempo que a Alemanha continuava a negociar unilateralmente com a Rússia, contra a vontade expressa de vários dos Estados membros, a construção de oleodutos e gasodutos com ligação direta entre os dois países (Rússia e Alemanha).
Por outro lado, em nome da redução da utilização de combustíveis fósseis e mais poluentes, a Alemanha (mas não apenas este país) decidira encerrar várias das suas centrais nucleares e a carvão existentes, algumas das últimas em 2022, tendo em vista a substituição de fontes mais poluentes e com maiores riscos de segurança, substituindo-as a prazo por fontes (mais)

Em vez da procura estratégica e gradual de alternativas, com diversificação de fornecedores, o simples abandono de fontes de energia tradicionais, mais poluentes ou com maiores riscos ambientais, tendo em vista a sua substituição por fontes renováveis e ou mais amigas do ambiente, contribuiu para aumentar o grau de dependência de vários países europeus em relação ao fornecimento de gás e de petróleo pela Rússia e, consequentemente, também os riscos de se voltarem a repetir ou agravar as pressões e chantagens nesses mercados sensíveis, como de resto sucedera em várias ocasiões com a Ucrânia e outros países do leste europeu.

A experiência de «Guerra Fria» vivida logo após o final da Segunda Guerra Mundial não deixara de revelar a precariedade das condições de segurança e, consequentemente, uma ausência de conflitos armados no continente europeu não mais do que ilusória. Apesar de tudo, a paz e a segurança haviam permanecido nos países europeus, basicamente por efeito dos compromissos inalterados dos Estados Unidos da América de manterem a presença das suas forças armadas no território europeu, *v.g.*, na Alemanha e depois noutros países.

limpas e renováveis, embora imediatamente mediante a importação, sobretudo da Rússia, de fontes similares.
Se estas políticas eram difíceis de compreender antes da invasão russa da Ucrânia, tornaram-se impossíveis de justificar depois disso, apesar de a mesma Alemanha ter ainda insistido que as decisões anteriores, designadamente de encerramento de centrais nucleares, não poderiam ser revertidas por razões de segurança. Simultaneamente, mantinha-se sem discussão o entendimento político não suficientemente fundamentado segundo o qual os riscos de segurança na extração de petróleo de xisto não permitiriam que fossem realizados no país, apesar do seu custo reduzido.
Em vários países europeus, além da Alemanha, incluindo em Portugal, e igualmente em nome da transição energética, decidiu-se encerrar «imediatamente» centrais energéticas a carvão, sem evitar, no entanto, que essa fonte energética fosse substituída por importações exatamente com a mesma origem (carvão).
Tudo isto, entre complexidade sectorial e compromisso por políticas amigas do ambiente, tornava muito difíceis as tomadas de decisão nos vários Estados membros, com necessidades e disponibilidades energéticas muito díspares, mas que deveriam ser harmonizadas, para garantir a segurança do fornecimento energético e reduzir a dependência perante fornecedores, como a Rússia, que comprovadamente não hesitara em utilizar a energia como arma política e económica de pressão e chantagem.

Este compromisso norte-americano em relação à segurança e defesa militar da Europa nem chegou a ser posto realmente em causa por reduções consecutivas dos contingentes dos seus miliares em países europeus, para presenças por vezes pouco mais do que simbólicas, no âmbito da NATO ou fora desta – não obstante as insistentes advertências de vários presidentes norte-americanos no sentido de os europeus aumentarem os seus orçamentos de defesa, com os recursos financeiros necessários à prossecução de uma política de segurança comum eficaz, até recentemente suportada sobretudo pelos Estados Unidos da América.

O esforço e o contributo financeiro norte-americano para a defesa europeia foram imprescindíveis, nos anos a seguir à Segunda Guerra Mundial, quando a Europa estava ainda destruída e não recuperara, com a agravante da ameaça representada pela União Soviética, concretamente manifestada em várias ocasiões e em diferentes partes do continente, em especial nos países sob influência direta daquele país, especialmente na «Europa de Leste».

No entanto, com o passar das décadas, parecera ter deixado gradualmente de se justificarem medidas europeias de defesa efetiva, em face da contenção entretanto alcançada no âmbito militar. As economias da Europa Ocidental haviam crescido e a prosperidade dos respetivos povos aumentara, até ao ponto de a média de rendimentos *per capita* se ter aproximado, e até ultrapassado, ocasionalmente, a dos Estados Unidos da América, no virar do século. Parecia esquecer-se que essa impressionante progressão económica e social europeia só se tornara possível também porque haviam sido asseguradas as condições gerais de segurança e de estabilidade, também política e jurídica, sem as quais nenhum crescimento robusto resistiria.

Chegaram a verificar-se problemas graves de insegurança no continente europeu em vários momentos, incluindo de origem terrorista, mas nunca se tornaram habituais, contrastando com a ordem pública e social generalizadamente prevalecente, disciplinada por regras estáveis no quadro de um Estado de Direito democrático consolidado, com sujeição de todos, incluindo dos titulares dos órgãos do próprio Estado, ao Direito, à luz do princípio geral do *rule of law*.

Este inclui, no seu conteúdo essencial e mais relevante, o respeito e a tutela efetiva dos direitos fundamentais, incluindo os inerentes à personalidade humana, no cimo dos quais se encontram a dignidade e a liberdade pessoais, com respeito da sua individualidade e da autodeterminação – tudo supostamente adquirido e irrestringível na Europa Ocidental, onde surgiram as Comunidades Europeias e, depois, gradualmente, todos os novos Estados membros, que decidiram juntar-se ao projeto europeu, subjacente à atual União Europeia.

Considerando-se tudo isso «adquirido» e «garantido», ou em vias de o ser, na sequência do completamento dos vários processos de adesão, sem embargo dos eventuais aperfeiçoamentos e reforços dos objetivos partilhados, parecia que apenas restaria prosseguir e assegurar a prosperidade e a sustentabilidade, entre outros objetivos de satisfação de interesses individuais ou coletivos complementares, por não subsistir qualquer receio quanto à manutenção da paz e da segurança – supostamente já garantidas e, por isso, sem custos adicionais.

Todavia, como se iria revelar claramente mais tarde, todos os progressos económicos e de outra natureza – políticos, sociais – entretanto alcançados ou em vias de o ser só o tinham sido, e poderiam continuar a ser usufruídos por todos, na Europa Ocidental ou noutros lugares, desde que e apenas se garantidas a paz e a segurança. Apenas com estabilidade e previsibilidade, tanto no domínio político, como económico e social, num contexto pacífico, em que as pessoas estejam e se sintam em segurança e protegidas, tal como os seus bens, é possível manter e consolidar no tempo o progresso económico e social.

A paz e a segurança só foram alcançadas duravelmente, na Europa Ocidental, após o termo da Segunda Guerra Mundial, em 1945, quando contidas as principais ameaças, representadas pela imagem utilizada pelo Primeiro-Ministro britânico durante a guerra, Churchill, de uma «cortina de ferro», estendida de norte a sul do continente pela União Soviética, sinal inequívoco da divisão entre a parte ocidental («Europa Ocidental») e a parte oriental («Europa de Leste») do continente, imposta no terreno pelo Exército Vermelho, com o acerto de esferas de influência, negociadas em Ialta e noutras conferências de «vencedores», pelos governantes da União Soviética, dos Estados Unidos da América e do Reino Unido.

Entre os mecanismos então criados para apoiar a Europa Ocidental salientam-se, no plano financeiro, o «Plano Marshall», dos Estados Unidos da América, com o objetivo de reconstrução e de promoção do crescimento e do desenvolvimento, baseado na cooperação económica internacional, e, no plano de defesa militar, a criação da Organização do Tratado do

Atlântico Norte (OTAN/NATO), através da qual se manifestou a presença e a hegemonia das forças armadas norte-americanas, num quadro de cooperação transversal, incluindo através de novas organizações de promoção da paz, da democracia e dos direitos humanos, incluindo o Conselho da Europa e, depois, no seu âmbito, o Tribunal Europeu dos Direitos Humanos.

Sem estes e outros mecanismos internacionais, independentemente da sua natureza específica, não teria sido possível garantir a paz, a segurança e a estabilidade, o respeito pela democracia, bem como salvaguardar os direitos fundamentais das pessoas na Europa Ocidental, não obstante as diversas ameaças, que não deixaram de se revelar, dentro e fora do continente europeu, e que não raramente conduziram ao reforço e aperfeiçoamento dos meios jurisdicionais entretanto estabelecidos para promover e assegurar o respeito por todos aqueles direitos.

No domínio da defesa e da segurança europeia, passou a desempenhar uma função decisiva a NATO, cujo poder assentava sobretudo no compromisso norte-americano, por um lado, com a defesa e a segurança europeia e, simultaneamente, com a garantia da soberania de cada um dos Estados membros da organização, confirmado pela presença dos seus militares e armas em alguns dos territórios daqueles países, como a República Federal Alemã. O artigo 5.º do Tratado que instituiu a NATO prevê a ajuda mútua dos membros em caso de ameaça externa.

Foi, efetivamente, sobretudo porque a paz e a segurança, bem como os direitos humanos, incluindo a liberdade e o respeito do princípio de governação democrática, com sujeição geral ao Direito (*rule of law*), estavam assegurados, ou em vias de o ser, e assim se entendeu, que foi possível reunir esforços coletivos em torno do objetivo de melhoria da prosperidade, sustentada, para todos, não obstante as múltiplas e significativas desigualdades e diversidades, que se ampliariam, nem sempre apenas estatisticamente, com os consecutivos alargamentos, bem como os desafios e ameaças que entretanto se manifestaram.

Neste contexto, as fórmulas jurídicas concretas de cooperação e de integração internacional poderiam não ser determinantes, desde que tivessem a flexibilidade ou plasticidade adequada face às pretensões dos países participantes, antigos e novos, alguns especialmente preocupados em garantir a defesa das respetivas especificidades, «nacionais» ou de outro âmbito geográfico (regionais ou locais), avessos por isso em trilhar projetos unificadores mais radicais, que pusessem em causa os seus interesses, tradições ou valores próprios.

Decisiva era, certamente, como continua ainda hoje a ser, a flexibilidade ou plasticidade dos instrumentos de cooperação e integração seguidos, que permitissem progressos no processo, sem prejudicar o que se poderá designar por interesses vitais dos membros, que estes não estivessem dispostos a ceder, dentro da sua margem de decisão política, não necessariamente em função das formas e do alcance jurídicos, mesmo que a sua interpretação passasse a incumbir, em última instância, a um órgão jurisdicional único.

São, no entanto, conhecidas as formas e os meios jurídicos definidos no quadro das Comunidades e da União Europeia através dos quais se pretendia, no essencial, para lá da reconstrução urgente das ruínas da guerra, o objetivo do crescimento e do desenvolvimento, mas em paz e em liberdade, todos valores nucleares que simbolizam e representam muito mais conjuntamente do que se individualmente considerados: além da ausência de guerra, a segurança e a estabilidade gerais, com liberdade e respeito pelos diversos direitos humanos, sem excluir os designados direitos sociais, típicos dos Estados da Europa (Ocidental) Social do último século, como são os membros das Comunidades e da União.

As dificuldades de integração ou construção europeia não se situam apenas no momento da adesão dos novos membros ao projeto, mas também na manutenção desse compromisso político por parte de cada um dos membros nos objetivos das Comunidades e da União – que não se mantiveram estáticos, sendo dinâmicos, por se modificarem com o decurso do tempo e dos desafios, sem afastar alterações das posições de cada Estado membro em relação aos mesmos, e cujo eventual afastamento poderá, no limite, conduzir ao abandono de um (ou mais) Estado(s) da União, consoante a apreciação e a decisão realizada em cada momento.

Importa então interrogarmo-nos, em especial, sobre o que justificará ou não os compromissos individuais dos membros e seu efetivo cumprimento, ou não, em relação aos objetivos e valores essenciais da União, e sobre qual será, ou deverá ser, a solução para um maior ou menor afastamento em relação aos mesmos. Que ponderação «deverá ser» feita por cada Estado membro, e pela União, quanto à sintonia de objetivos entre aqueles e esta?

Compreensivelmente, o processo de integração europeia não foi, não é, nem poderia ser, linear para todos os membros, devido às suas inúmeras especificidades nos diversos domínios, incluindo económico, político e social, e aos interesses e objetivos que os povos e seus representantes políticos considerem essenciais, incluindo os inegociáveis, ou intangíveis. O problema específico das assimetrias ou desigualdades económicas e sociais à escala nacional e regional e como tem sido confrontado é tratado no Capítulo II desta Parte 1.

Apesar de os objetivos económicos mais típicos das comunidades políticas, quando se dispõe dos meios de ação apropriados, serem em geral aceites sem reservas ou considerados «indiscutíveis», como o «crescimento» e o «desenvolvimento», o mesmo não sucede quanto a alguns outros interesses e valores, mesmo nos casos em que já constassem do catálogo inicial de objetivos, com matizes, na medida em que atinjam poderes soberanos, como sucedeu com a decisão de criar uma União Económica e Monetária (UEM), prevista nos Tratados com a revisão de Maastricht (de 1992-93), objeto de análise específica no Capítulo III.

De qualquer modo, o processo de integração europeia, de base sobretudo económica, mas com extensão a vários outros domínios, assenta em pressupostos e tem uma base institucional norteados pela ideia de «Estado de Direito» democrático, com salvaguarda da paz e garantia da segurança das pessoas e bens, respeito dos direitos humanos e subordinação ao direito (*rule of law*), dependendo embora de contingências e riscos de vária natureza, conducentes a modificações, ao abandono de um ou mais dos membros ou até à sua dissolução.

Estando sujeitos a todo o tipo de contingências, riscos e ameaças, os processos de integração internacional, como o projeto europeu, podem não apenas ter de se adaptar a todas as alterações de circunstâncias que aconteçam, como poderão não sobreviver perante algum choque ou ameaça em razão da respetiva gravidade e dos desafios colocados por uma eventual impossibilidade ou muito difícil permanência de um ou mais dos Estados membros, podendo conduzir então a uma grande alteração estrutural e, consequentemente, da sua relevância.

Entre os desafios ou ameaças mais graves à União Europeia inclui-se a recente invasão do território da Ucrânia pela Rússia, iniciada a 24 de fevereiro de 2022, para o anexar e substituir os seus dirigentes políticos por outros próximos de Moscovo e dos seus interesses, tal como haviam feito com a península da Crimeia, em março de 2014, bem assim, pouco tempo depois, na região do Donbas (no sudeste da Ucrânia)[3].

Na verdade, a invasão da Ucrânia pelas forças armadas da Rússia, desde fevereiro de 2022, não ameaçou apenas a subsistência da Ucrânia enquanto Estado soberano independente, que, aliás, segundo o Presidente da Rússia, Putin, não existe realmente, por não ter qualquer base para isso, por os seus fundamentos históricos, culturais e políticos sempre se terem confundido e continuarem a coincidir com os da Rússia; consequentemente, os governantes de Kyiv, seriam ilegítimos, devendo por isso ser substituídos por outros.

A invasão e consequente ocupação do território ucraniano pela Rússia podiam ser consideradas como a primeira agressão armada de um Estado contra outro, igualmente independente e soberano, na história europeia desde o final da Segunda Guerra Mundial. Reconhecê-las corresponderia, pois, a admitir a possibilidade de qualquer outro país poder invadir e ocupar pela força e impunemente o território de outro. Apesar de tudo, as invasões e ocupações excecionais anteriores haviam sido, em geral, justificadas, formalmente, por pedidos de ajuda e ou por alguma aceitação dos respetivos governos, o que não se verificara agora.

Tinham ocorrido situações aproximadas há não muito tempo atrás, em 2008, na Geórgia, bem como em 2014, na Crimeia, que logo após foi anexada, e no Donbas, na mesma altura, primeiro com recurso a militares não identificados («homens de verde») e em colaboração com locais, e, a seguir, abertamente, com tropas russas, em qualquer caso com violação nítida da soberania nacional, respetivamente da Geórgia e, no segundo caso, da Ucrânia. Perante tais ocupações e anexações territoriais, a União Europeia, os Estados Unidos da América e outros países protestaram e adotaram sanções económicas, mas, à medida que o tempo passou, pelo

[3] Na sequência da conclusão das negociações de um acordo de cooperação económica entre a Ucrânia e a União Europeia, cuja cerimónia de assinatura foi suspendida pelo então presidente do país, depois de se ter deslocado a Moscovo, por exigência expressa das autoridades de Moscovo, para ser substituído por outro acordo de cooperação com a Rússia e restantes membros da Comunidade de Estados Independentes por ela liderada, o que conduziu a grandes e prolongadas manifestações públicas na capital ucraniana, Kyiv, em defesa da celebração do acordo de cooperação com a União Europeia, como tinha sido prometido pelos governantes eleitos do país, bem como do recurso a novo sufrágio para eleição de novos governantes pelo povo.

menos os contactos diplomáticos foram sendo gradualmente retomados e (quase) normalizados.

Se subsistissem ainda dúvidas quanto às pretensões de ampliação territorial de Moscovo, de tipo imperial, com desrespeito da soberania de Estados independentes, o Presidente Putin voltou a reiterar, uma e mais vezes, entre outras exigências, que deveria ser retirado todo o equipamento militar pesado dos países da Europa central e de leste, incluindo as bases militares dos Estados Unidos da América na Polónia, e acrescentou que o assunto apenas poderia ser tratado diretamente com os Estados Unidos, não com aqueles países – cuja soberania não existiria ou seria limitada, ou pelo menos não era reconhecida pela Rússia.

Ao colocar em causa e rejeitar a possibilidade de defesa dos países da Europa central e oriental, vários deles membros da NATO e da União Europeia, a Rússia estava não apenas a não reconhecer e repelir os poderes soberanos daqueles países como também a afastar a subsistência daquelas organizações enquanto tais. A ameaça representada pela invasão, ocupação e anexação do território da Ucrânia incidia diretamente sobre este país, mas não se lhe restringia, estendendo-se, portanto, simultaneamente à União Europeia e à NATO.

Certamente por isso, a União Europeia e os seus membros, bem como os seus parceiros, reagiram mais firmemente do que no passado, designadamente após a anexação da Crimeia – ainda assim, de forma muito díspar, com vários renitentes (como a Hungria, a Alemanha e a França), enquanto outros se posicionaram decididamente num apoio direto à Ucrânia (especialmente a Polónia e os países bálticos e, fora da União, o Reino Unido).

Aliás, nunca a subsistência da União Europeia havia estado sob ameaça tão grave, verdadeiramente existencial. Para a enfrentar eficazmente, seria necessária uma ação comum resoluta, da União e dos seus membros, bem como dos parceiros, em especial da NATO, com os Estados Unidos da América na liderança e envolvendo também o Reino Unido.

À imagem do que sucedera no após Segunda Guerra Mundial, ameaças tão graves externas, na altura da União Soviética e agora da sua sucessora, a Rússia, alertam para o perigo de perda, abandono ou dissolução do projeto europeu, com tudo o abrangido e oferecido – paz, liberdade, democracia, prosperidade – e impelem para escolhas e decisões urgentes, por mais difíceis que sejam e divergências que existam, com todas as implicações daí decorrentes.

Não raras vezes, os maiores perigos e desafios despoletam decisões surpreendentes, a um tempo arrojadas e disruptivas, apesar de onerosas, tanto individual como coletivamente, dando lugar a algumas das maiores e mais impressionantes obras comuns – tal como sucedeu, desde meados do século XX até ao presente, com a criação, expansão e aprofundamento das Comunidades e da União, com paz, em liberdade e democracia, com expansão da prosperidade.

Uma vez mais chegou a hora de os europeus escolherem a melhor opção, com os parceiros, perante os reais desafios e ameaças que se lhes deparam e cuja gravidade não foi possível afastar ou conter. Subsistem as dúvidas e as incertezas sobre as capacidades, as forças e a vontade de todos, povos e governantes, na escolha do caminho e das soluções certas e mais apropriadas, conforme se salienta no Capítulo IV, ao fechar a Parte 1.

Capítulo I
Crescimento e desenvolvimento em paz e liberdade

1. Pluralidade jurídica e institucional das Comunidades Europeias

São bem conhecidos os antecedentes e também o contexto em que surgiram as Comunidades Europeias, nos anos cinquenta do século XX, a primeira (Comunidade Europeia do Carvão e do Aço – CECA) criada pelo Tratado de Paris (de 18 de abril de 1951, vigente desde 23 de julho de 1952 até 23 de julho de 2002, por decorrência do previsto no seu artigo 97.º quanto à duração por «cinquenta anos») e as outras duas (a Comunidade Económica e Europeia – CEE, ou «Mercado Comum europeu», e a Comunidade Europeia da Energia Atómica – CEEA, ou Euratom/Eurátomo) por dois Tratados de Roma (ambos de 25 de março de 1957 e em vigor, ilimitadamente – como previsto, respetivamente, no artigo 240.º do TCEE e no artigo 208.º do TCEEA –, desde 1 de janeiro de 1958), poucos anos após o termo do conflito armado mais destruidor e mortífero da história, ocorrido no continente europeu, a «Segunda Guerra Mundial» (1939-1945), bem assim a União Europeia, algumas décadas mais tarde, pelo Tratado da União Europeia (ou «de Maastricht») de 7 de fevereiro de 1992[4].

[4] O Tratado da União Europeia passou a ser conhecido por «Tratado de Maastricht» por ter sido concluído e assinado na cidade dos Países Baixos com a mesma designação, em linha com a tradição de designar os tratados pelo lugar ou cidade em que foram assinados, seguida pelos tratados que instituíram cada uma das três Comunidades europeias (respetivamente, Tratado

Sem o conhecimento circunstanciado dos antecedentes e do contexto em que foram projetadas, nasceram e gradualmente se desenvolveram e consolidaram as Comunidades Europeias, apesar do seu gradual esquecimento com o decurso do tempo e com o natural desaparecimento das pessoas que presenciaram e intervieram nos acontecimentos, não é possível compreender a natureza, o alcance e o significado de todo o processo de integração que se concretizou e sedimentou desde então até ao presente e que continua ainda hoje a encontrar-se na base da União Europeia.

Não obstante os claros antagonismos e as profundas divisões entre os vários Estados europeus, em quase constante mutação com o decurso dos anos, seis destes Estados, todos da parte ocidental do «velho continente», decidiram participar na criação das referidas Comunidades Europeias, através da formação do que então se chegou a designar, apropriadamente, por «Pequena Europa», que, por diversas circunstâncias, se distinguia nitidamente dos restantes Estados europeus – sem que, todavia, entre estes últimos, se verificassem elos comuns suficientemente fortes para se

«de Paris», de 1951 – que criou a CECA –, e Tratados «de Roma», de 1957 – que criaram, respetivamente, a CEE e a CEEA –, apesar de a designação Tratado de Roma ter passado a referir quase exclusivamente o que criou a CEE, ou o Mercado Comum europeu, dada a clara preponderância desta última em relação não só à CEEA como à CECA, correspondendo assim ao núcleo da «construção» ou integração europeia).

Esta tradição manteve-se em relação a alguns dos tratados posteriores de revisão parcelar daqueles tratados institutivos, mas não com o primeiro ato de revisão global dos mesmos tratados, o Ato Único Europeu (compreensivelmente, por ter sido assinado primeiro no Luxemburgo, apenas por nove dos Estados membros, incluindo já os dois novos Estados membros ibéricos, Portugal e Espanha, a 17 de fevereiro de 1986, e, poucos dias depois, a 28 do mesmo mês, em Haia, pelos restantes três Estados membros – a Dinamarca e a Grécia, reticentes desde a convocatória da conferência intergovernamental, contra qual votaram, juntamente com o Reino Unido, e, com uma posição oposta, de subscrição sem reservas do projeto de Tratado do Parlamento Europeu, a Itália), tendo sido retomada com o «Tratado de Maastricht» e depois, com o Tratado de Amesterdão, de 2 de outubro de 1997, com o Tratado de Nice, de 26 de fevereiro de 2001, e com o Tratado de Lisboa, de 13 de dezembro de 2007 (o «Tratado que estabelece uma Constituição para a Europa», assinado em Roma a 29 de outubro de 2004, publicado no *JO*, Série C, n.º 310, de 16 de dezembro de 2004, que chegou a ser designado por «Tratado de Roma – 2», para evitar confusão com os Tratados de Roma de 1957, como é sabido, não chegou a entrar em vigor, por falta de ratificação de alguns Estados membros, na sequência de sujeição a referendo (que, em França, no início de junho de 2005, foi negativo, ditando o seu abandono).

imaginar sequer uma eventual formação de um bloco alternativo – quando muito diferentes grupos de Estados[5].

Efetivamente, diversas circunstâncias, quer políticas quer económicas, sociais e culturais, bem como o arrojo, o empenho e a persistência de importantes dirigentes políticos daqueles países, permitiram o lançamento de um projeto que, se e após aceite, haveria de ser concretizado com enorme eficácia, apesar de, primeiramente, apenas com âmbito sectorial, abrangendo os domínios nevrálgicos do carvão e do aço (com a CECA) e, somente depois, a energia atómica (com a CEEA – Eurátomo/Euratom), com implicações substantivas imediatas no funcionamento das economias envolvidas, e incluindo até a área da defesa, sem embargo da rejeição de uma Comunidade Europeia de Defesa, cujo plano foi abandonado, e ainda de outro projeto paralelo de integração económica, abrangendo transversalmente toda a economia, incidindo sobre praticamente todos os sectores

[5] As proximidades nos diversos domínios (político, cultural, económico, jurídico...) e até identidades partilhadas entre os Estados que participaram como membros fundadores das Comunidades Europeias e, por vezes, também com alguns Estados não participantes eram muito mais nítidas e inequívocas do que as que poderiam ser porventura encontradas entre todos os Estados do continente europeu, que, pelas mais diversas razões, não fizeram parte das Comunidades, quer no momento da respetiva criação quer em momentos posteriores.
Enquanto nuns casos a decisão de não participação no projeto de «construção europeia» era meramente circunstancial – como nos casos do Reino Unido, da Irlanda e da Dinamarca, ou da Noruega e da Suécia, e por isso os três primeiros países indicados se tornaram depois membros das Comunidades, por ocasião do primeiro alargamento, a 1 de janeiro de 1973, e algo de semelhante se poderá afirmar em relação à Noruega, cuja adesão só não se concretizou na mesma altura porque essa possibilidade foi rejeitada no referendo então realizado, e o último concluiu a sua adesão mais tarde, em 1995 –, noutros casos as divergências e ou rivalidades eram profundas e extremamente difíceis ou «impossíveis» de ultrapassar, atendendo designadamente às suas preferências globais e aos entendimentos, completamente opostos, quanto aos princípios políticos, económicos e sociais estruturantes da vida em comunidade – bastando referir os casos da União Soviética e de vários dos países da Europa «de Leste» abrangidos pela sua área direta de influência.
Entre os dois posicionamentos extremos acabados de enunciar poderão distinguir-se diversas posições «intermédias», incluindo as de Portugal, da Espanha e da Grécia, cujos regimes políticos e económicos autoritários impediam a respetiva participação efetiva numa organização de integração económica internacional como as Comunidades Europeias formadas, cujos princípios fundamentais de abertura tanto económica como política não eram conciliáveis com os condicionamentos e restrições vigentes naqueles países.

de atividade e respetivo funcionamento, sem exceções significativas (com a CEE, ou Mercado Comum europeu)[6].

A opção pela pluralidade jurídica e institucional originária do projeto de integração europeia, baseada na celebração de três tratados distintos

[6] Às três Comunidades Europeias criadas podem ser acrescentadas referências, em especial ao controverso projeto de criação de uma Comunidade Europeia de Defesa (CED) – cujo Tratado constitutivo foi assinado em Paris a 27 de maio de 1952 e chegou a ser ratificado pelos parlamentos dos Estados membros, com exceção da Itália e da França, cuja Assembleia Nacional rejeitou a ratificação, a 30 de agosto de 1954, o que ditou o seu abandono definitivo – e ao não menos controverso projeto de criação de uma Comunidade Política Europeia, inspirado por Alcide de Gasperi e elaborado por uma assembleia reunida entre setembro de 1952 e fevereiro de 1953, invocando o artigo 38.º do Tratado de Paris que instituía a CED, ainda não ratificado, e o próprio «espírito de Filadélfia», decidiu criar uma comissão constitucional de cujos trabalhos resultou outro projeto de tratado com o estatuto da Comunidade Política Europeia, apresentado solenemente a 9 de março de 1953, em Estrasburgo, e que obteve a aprovação de todos os grupos políticos, com exceção dos socialistas franceses, que se abstiveram, e dos sociais-democratas alemães, que boicotaram os trabalhos, em nome do objetivo de reunificação da Alemanha.
Numa espécie de revolução a partir do topo, visava-se criar uma organização supranacional, não qualificada como federação nem como confederação, mas que consistia numa união política envolvendo as várias organizações de integração sectorial instituída(s), como a CECA, e a instituir.
A CED tinha por objetivo principal garantir a defesa da Europa Ocidental através da formação de um exército comum, perante qualquer ameaça da União Soviética, que pretendia ampliar a sua área de influência, conforme comprovara a eclosão da guerra da Coreia (1950-1953).
Em resposta ao apelo dos Estados Unidos da América e também do Reino Unido, enquanto forças ocupantes do território da Alemanha Ocidental, para que esta fosse rearmada e participasse no esforço de defesa comum europeia, e apesar da discordância e do ceticismo da França, esta propôs, com o Plano Pleven, a criação de uma CED, posteriormente rejeitado pela Assembleia Nacional. O fracasso da CED, num dos domínios mais sensíveis da soberania dos Estados, implicou também o abandono do projeto de Comunidade Política Europeia.
Não tendo sido encontrada uma solução para a defesa comum da Europa Ocidental através da CED, com a participação da República Federal Alemã, esta procedeu à reorganização das suas forças armadas e, após convite de 23 de outubro de 1954, aderiu, a 5 de maio de 1955, à Organização do Tratado do Atlântico Norte (OTAN/NATO, criada em Washington em abril de 1949) e à União da Europa Ocidental (que sucedeu à União Ocidental, criada em 1948), recuperando assim a sua soberania plena, restringida desde o final da guerra.
Cf. J. Guillingham (2003), *European Integration, 1950-2003. Superstate or New Market Economy?*, pp. 3 e ss.; B. Olivi (2000), *L'Europa Difficile. Storia Politica dell'Integrazione Europea 1948-2000*, 2.ª ed., pp. 21 e ss.; R. Pérez-Bustamante (1997), *História de la Unión Europea*, pp. 83 e ss. e 107 e ss.

e na criação de três Comunidades também distintas, com órgãos próprios e dotados de poderes específicos, iria perdurar, justificada quer pela diversidade de cada uma das Comunidades, quer pelo seu âmbito e alcance próprios e ainda pela extrema complexidade de todo o projeto de «construção europeia», que exigia progressos e aprofundamentos através de «pequenos passos» ou, mais apropriadamente, de «passos» distintos e complementares, dada a enorme dimensão de vários desses passos, não tanto pelos meios ou instrumentos concretamente envolvidos, mas sobretudo pelo seu impacto, imediato e mediato, e pelo seu significado no contexto internacional, *maxime* em confronto com os poderes soberanos dos Estados, consolidados ao longo do tempo, raramente desafiados e só excecionalmente cedidos sem resistência.

A pluralidade jurídica e institucional das Comunidades, apesar de justificada, conforme acabado de mencionar, contrastava desde o começo com a perceção que imediatamente se generalizou da necessidade de uma maior aproximação entre os países empenhados num processo muito mais intenso de cooperação económica internacional, recém-iniciado, inovador tanto no plano orgânico e funcional como no plano substantivo, mesmo que assente em bases largamente informais, decorrentes em parte da apontada pluralidade jurídica e institucional, sem embargo do reconhecimento precoce de dificuldades diversas inerentes às especificidades do novo processo, claramente distinto dos até então concretizados.

Tinham sido já previstas e concretizadas diversas formas de cooperação económica alargada e especialmente intensa entre vários Estados soberanos, constituindo exemplos próximos disso e com efeitos reais, na Europa Ocidental, a União Belgo-Luxemburguesa e a Comunidade Económica do Benelux, criadas, respetivamente, entre aqueles dois primeiros países, a Bélgica e o Luxemburgo, e entre estes e os Países Baixos, todos com amplas semelhanças dos pontos de vista político, económico e social, além do geográfico e cultural, mas certamente sem a dimensão e o impacto que resultariam da formação e do funcionamento das três Comunidades e, em especial, da Comunidade Económica Europeia (CEE), devido, em primeiro lugar, à circunstância de estas abrangerem países com a relevância política e económica (entre outras dimensões) que a França e a Alemanha tinham na Europa (embora, no último caso, envolvendo somente a recém-criada República Federal Alemã, não o novo país congénere do Leste, a República Democrática Alemã), além da Itália, na altura, após os conflitos armados da primeira metade do século XX, com toda a sua gravidade, como em vários outros momentos no passado, e, em segundo lugar, devido ao alcance, à natureza e ao impacto dos poderes atribuídos pelos Estados membros àquelas Comunidades e respetivos órgãos ou instituições, através dos respetivos Tratados institutivos, fundamentalmente no domínio económico, mas com projeção muito para lá deste, e com cunho dinâmico, cujas repercussões no futuro seriam difíceis de descortinar desde o começo[7].

[7] Como é conhecido, haviam sido concretizadas anteriormente várias experiências de integração económica e política internacional, quer de âmbito económico sectorial como de âmbito transversal e completo, designadamente no continente europeu, dependendo do que esteve na origem desses processos.
Foram várias as experiências de integração económica internacional desenvolvidas e concretizadas durante o século XIX no continente europeu, além das experiências de âmbito mais restrito, «nacional», na origem de vários processos de integração económica e política nacional ou estadual, como os que antecederam a formação da Itália e da Suíça, no terceiro quartel de oitocentos.
No plano internacional, impressiona talvez mais o caso de integração económica alemã assente na *Zollverein*, que precedeu em algumas décadas a unificação política, económica e monetária ocorrida com a criação do Império, em especial devido às curiosas semelhanças sequenciais com o processo de integração económica internacional encetado em parte do continente europeu, ou, em certa perspetiva, «retomado», no século seguinte, nos anos cinquenta, com a criação das três Comunidades Europeias.
Mas podem ser enumerados vários outros exemplos de integração económica internacional sectorial, igualmente da segunda metade do século XIX, no continente europeu, em especial uniões monetárias como a União Monetária Latina e a União Monetária Escandinava, com algumas semelhanças com a união monetária concretizada no penúltimo ano do século XX no seio da União Europeia, da qual resultou a criação do Euro e da Zona Euro, apesar de o enquadramento monetário ser radicalmente distinto do existente no século XIX, ainda de base metalista.
Mais recentes, próximos, eficazes e, por isso, inspiradores, foram os exemplos da União Económica e Monetária Belgo-Luxemburguesa e, sobretudo, do inovador Benelux, acordado em 1944 e envolvendo aqueles dois países e os Países Baixos numa união aduaneira em que, além da liberdade de circulação de bens, se previa também a liberdade de circulação de pessoas, de serviços e de capitais (factores produtivos), com o empenho direto do belga Paul-Henri Spaak, um dos «pais fundadores» das Comunidades Europeias e, portanto, da unidade europeia.
A par de todos os exemplos reais e de experiências e testes pragmáticos de integração económica internacional no continente europeu, mais antigos ou recentes, aos quais teriam de ser acrescentados pelo menos as situações de uniões de Estados cuja concretização

A pluralidade dos atos constitutivos das Comunidades projetou-se imediatamente no plano institucional e organizativo, com a criação de três Comunidades, em vez de uma só, cada uma delas com os seus próprios órgãos ou «instituições» - sem embargo dos atos jurídicos de unificação ou de fusão de alguns desses órgãos ou «instituições» - e perdurou, refletindo, por um lado, a amplitude e a complexidade de todo o projeto de cooperação especialmente reforçada, ou de «integração», iniciado e, por outro, as inevitáveis e divergentes hesitações nos vários Estados membros, perante a natureza substancialmente inovadora, e nessa medida «revolucionária», por (a iniciativa) colocar em causa, daí em diante, se não a titularidade pelo menos o modo e o alcance do exercício efetivo e partilhado de poderes soberanos nos domínios da organização e do funcionamento da economia, até então exclusivos dos Estados (soberanos).

Enfim, não se hesitou em designar uniformemente todo o novo processo de «construção» europeia, desenvolvido através das Comunidades Europeias, apesar de a designação escolhida não ser completamente

implicava quase inevitavelmente uma integração económica, muitas vezes quase imediata, dos territórios abrangidos, deve mencionar-se a influência dos debates e das propostas sobre a integração não apenas económica mas também política de Estados, em especial de Estados europeus, influenciados em geral, por um lado, pelo modelo exemplar dos Estados Unidos da América, designadamente pela promessa que continuava a representar, e, por outro, devido às circunstâncias próprias da maior parte dos Estados da Europa ocidental: relativamente pequena dimensão territorial, tornada mais clara com a expansão dos progressos tecnológicos e com a evolução histórica, face à própria «redução», ou não aumento geográfico, dos restantes territórios do mundo, vários deles administrados por países europeus...

Os referidos debates políticos de promoção de processos de integração ganharam amplo relevo sobretudo na terceira década do século XX, com COUNDENHOVE-KALARGI e outros, e seriam retomadas com maior adesão após o final da Segunda Guerra Mundial, em termos que influenciaram significativamente as decisões políticas posteriores neste domínio.

Cf. J. RENATO GONÇALVES (2013), "A União Monetária Latina do séc. XIX: Um 'mau prenúncio' para a Zona Euro?", pp. 477-502; J. GUILLINGHAM (2003), *European Integration, 1950-2003. Superstate or New Market Economy?*, pp. 3 e ss.; B. OLIVI (2000), *L'Europa Difficile. Storia Politica dell'Integrazione Europea 1948-2000*, 2.ª ed., pp. 21 e ss.; R. VINEN (2000), *A History in Fragments. Europe in Twentieth Century*, pp. 207 e ss.; J. ROBERTS (1999), *Twentieth Century*, pp. 378 e ss.; R. PÉREZ-BUSTAMANTE (1997), *História de la Unión Europea*, pp. 13 e ss. e 43 e ss.; F.-G. DREYFUS (1996), "A Europa de 1914 aos nossos dias", pp. 418 e ss.; P. PITTA E CUNHA (1963), "Tentativas históricas de união europeia", pp. 9 e ss.

rigorosa, sobretudo devido às respetivas especificidades e à sua transversalidade e ainda à ambiguidade subjacente. Além da utilização óbvia da expressão «Comunidades Europeias», para incluir as três novas organizações internacionais criadas («Comunidades»), passou a utilizar-se crescentemente a designação mais abrangente e relevante (a Comunidade Económica Europeia) e as suas iniciais (CEE) para abranger o conjunto formado por todas as três Comunidades e, porventura mais curiosamente, o mesmo se pretendeu, e logrou, quanto à utilização do objetivo (económico) nuclear visado por essa Comunidade (o «Mercado Comum Europeu»), em torno do qual se centra o respetivo Tratado, para a designar globalmente, tanto no continente europeu como fora dele[8].

Com os Tratados de Roma de 25 de março de 1957, e com a Convenção relativa a certas instituições comuns às Comunidades Europeias, da mesma data, apenas foram unificadas a Assembleia (das duas novas Comunidades, que substituiu a Assembleia Comum da CECA, composta, imediatamente, por um total de 142 «delegados», a designar pelos Parlamentos dos Estados membros – 36 da França, tal como da Alemanha (Ocidental) e da Itália, 14 da Bélgica bem como dos Países Baixos e 6 do Luxemburgo –, apesar de se ter previsto desde logo a elaboração de projetos com vista a permitir a eleição por sufrágio universal e direto, com um procedimento uniforme em todos os Estados membros, cuja aprovação competia ao Conselho, por unanimidade, em conformidade com as disposições constitucionais nacionais, nos termos dos artigos 1.º e 2.º da Convenção mencionada) e o Tribunal de Justiça (igualmente único

[8] A própria Conferência Intergovernamental instituída em Veneza a 29 de maio de 1956, pelos Ministros dos Negócios Estrangeiros dos seis Estados fundadores, para preparar os projetos de tratados destinados a criar a Comunidade Económica Europeia e a Comunidade Europeia da Energia Atómica, tendo por base o Relatório Spaak (elaborado por um conjunto de peritos presidido pelo então Ministro dos Negócios Estrangeiros da Bélgica, Paul-Henri Spaak – já anteriormente envolvido na criação do Benelux, em 1944 – conforme incumbência dos governos nacionais formalizada na conferência de Messina de 1955), foi designada oficialmente como «para o Mercado Comum e o/a Eurátomo/Euratom», o que se manteve no respetivo Ato Final, assinado em Roma a 25 de março de 1957.
A utilização de todas aquelas expressões em (quase) sinonímia nos mais diversos textos, tanto em publicações oficiais como de informação geral (jornais, revistas e outros periódicos), alastrou a praticamente todos os domínios, incluindo até canções populares (por exemplo, em "Portugal na CEE", o primeiro registo discográfico do grupo de *rock* português GNR, de 1981, com o verso «Lá vou eu ao mercado comum»).

para as duas novas Comunidades, composto por sete Juízes e «assistido» por dois Advogados-Gerais, e que substituiria também o Tribunal criado pelo Tratado CECA, no âmbito desta Comunidade, nos termos dos artigos 3.º e 4.º da Convenção citada), cujas competências seriam exercidas à luz do disposto, respetivamente, nos três Tratados institutivos para cada uma das três Comunidades criadas[9].

Mantiveram-se autónomas (não tendo sido, portanto, objeto de fusão), até junho de 1967, as outras duas (de um total de quatro) instituições originárias das Comunidades: a Alta Autoridade e o Conselho Especial de Ministros da CECA (previstos nos artigos 7.º, 8.º e seguintes e 26.º e seguintes do Tratado de Paris – CECA) e o Conselho e a Comissão (auxiliados por um Comité Económico e Social) da CEE e da CEEA/Eurátomo, as duas novas Comunidades, a partir da data da respetiva criação e entrada em funcionamento, com o início da vigência dos dois Tratados de Roma de 1957, no primeiro dia do mês seguinte ao do depósito do instrumento de ratificação do Estado signatário que tiver procedido a esta formalidade em último lugar, ou seja, a 1 de janeiro de 1958.

Finalmente, a 8 de abril de 1965, reunidos em Bruxelas, os plenipotenciários dos chefes de Estado dos seis Estados membros das três Comunidades assinaram o Tratado («de Fusão») que instituiu um Conselho e uma Comissão únicos, vigente desde 1 de julho de 1967 (*Journal Officiel des Communautés Européennes*, n.º 152, de 13 de julho de 1967), após aprovação e ratificação nos termos previstos constitucionalmente.

[9] Solução similar, de unificação institucional, foi prevista na Convenção (relativa a certas instituições comuns às Comunidades Europeias), de 25 de março de 1957, para o Comité Económico e Social, previsto quer pelo Tratado de Roma que instituiu a CEE, quer pelo Tratado que instituiu a CEEA (Eurátomo), nos termos do seu artigo 5.º. Acrescentava o artigo 6.º da Convenção que as despesas de funcionamento da Assembleia única, do Tribunal de Justiça único e do Comité Económico e Social único seriam repartidas «por frações iguais, entre as Comunidades interessadas» e que «as modalidades de aplicação do presente artigo serão fixadas por comum acordo pelas autoridades competentes de cada Comunidade».
A Convenção relativa a certas Instituições Comuns às Comunidades Europeias, de 25 de março de 1957, tal como o Tratado que institui um Conselho único e uma Comissão única das Comunidades Europeias, de 8 de abril de 1965, mencionado a seguir, foram revogados pelo artigo 9.º do Tratado de Amesterdão, de 2 de outubro de 1997 (vigente desde 1 de maio de 1999), com exceção do Protocolo (de 8 de abril de 1965) relativo aos Privilégios e Imunidades das Comunidades Europeias.

Fundiram-se assim também duas «instituições» das três Comunidades – a Comissão e o Conselho –, em substituição, respetivamente, da Alta Autoridade (da CECA) e da Comissão (da CEE e da CEEA), por um lado, e do Conselho (de cada uma das três Comunidades), por outro lado, sem prejuízo de se continuar a estabelecer, como desde o início, no Tratado CEE (no segundo parágrafo do n.º 1 do artigo 4.º) e no Tratado CEEA (no segundo parágrafo do n.º 1 do artigo 4.º), que «cada instituição atuará dentro dos limites das atribuições que lhe são conferidas pelo presente Tratado».

Além das razões conexas com a eficiência na formação da vontade e no funcionamento das «instituições» das três Comunidades, que não apenas desaconselhavam a triplicação orgânica de instituições com competências substancialmente aproximadas, como até impunham a respetiva fusão e unificação, acrescia ainda, certamente, a perceção geral da muito estreita proximidade e complementaridade das três Comunidades, com as suas funções e finalidades próprias e específicas e, consequentemente, também dos respetivos órgãos, configurando aquelas e estes, com particularidades mas unitariamente, um mesmo projeto de uma (muito) mais intensa, persistente e crescente forma de cooperação económica entre os Estados e os povos envolvidos, por tudo isso inovadora, designada por «integração» económica internacional, que passou a servir de modelo distinto de relacionamento económico e político internacional, daí em diante frequentemente replicado, com múltiplas variantes, pelos vários pontos geográficos do mundo.

A nova «construção» europeia fora antecipada, como é sabido, em vários momentos da história, e proclamada na Declaração Schumann, de 9 de maio de 1950, que serviu de ponto de partida para os Tratados posteriores que criariam as Comunidades Europeias, juridicamente distintas entre si, numa pluralidade que persistiu, em porção cada vez mais estreita, até ao presente, embora apontando recorrentemente para um ponto comum e, por isso, convergindo paulatinamente para um mesmo fim, partilhado por todos os Estados participantes, fim esse resumido, designadamente, no artigo 2.º do Tratado de Roma (CEE), segundo o qual «a Comunidade tem por missão promover, através do estabelecimento de um mercado comum e pela aproximação progressiva das políticas económicas dos Estados membros, um desenvolvimento harmonioso das atividades económicas no seio da Comunidade, uma expansão económica contínua e equilibrada, uma maior estabilidade, um aumento acelerado do nível de vida e relações mais próximas entre os Estados que a integram»[10].

As especificidades das três Comunidades europeias criadas, e o mesmo se poderia referir, *mutatis mutandis*, em relação às Comunidades que não passaram da fase de projeto, ou que fracassaram quando submetidas ao processo de aprovação, resultam em larga medida dos domínios políticos e de outra natureza envolvidos, em confronto com os interesses particulares dos Estados membros na altura em que foram propostas, que não coincidiam nem tinham de coincidir, e que nuns casos pareciam melhor justificar-se ou não do que noutros, revelando, também desse modo, a impossibilidade ou extrema dificuldade de concretização imediata, nos anos pós Segunda Guerra Mundial, de um projeto de tipo federal, envolvendo mesmo apenas o conjunto dos seis Estados membros fundadores das Comunidades Europeias.

Não obstante as enormes rivalidades, frequentemente sangrentas, antigas ou mais recentes, sobretudo entre a França e Alemanha, extremadas em vários momentos da segunda metade do século XIX e, sobretudo, na primeira metade do século XX, e de diferenças marcantes tanto no plano social e cultural como noutros, os seis Estados da «pequena Europa»

[10] A redação do artigo 2.º do Tratado de Roma que instituiu a CEE manteve-se inalterada até 1 de novembro de 1993, quando passou a ter a seguinte redação, com a entrada em vigor do Tratado da União Europeia, de 7 de fevereiro de 1992, que previu o estabelecimento de uma União Económica e Monetária e a prossecução de vários outros objetivos específicos relativos designadamente à sustentabilidade do crescimento bem como de teor social: «A Comunidade tem por missão, através da criação de um mercado comum e de uma união económica e monetária e da aplicação das políticas ou ações comuns a que se referem os artigos 3.º e 4.º, promover, em toda a Comunidade, o desenvolvimento harmonioso, equilibrado e sustentável das atividades económicas, um elevado nível de emprego e de proteção social, a igualdade entre homens e mulheres, um crescimento sustentável e não inflacionista, um alto grau de competitividade e de convergência dos comportamentos das economias, um elevado nível de proteção e de melhoria da qualidade do ambiente, o aumento do nível e da qualidade de vida, a coesão económica e social e a solidariedade entre os Estados membros».
Com a entrada em vigor do Tratado da União Europeia, o artigo 2.º do Tratado de Roma [CE(E)] passa a articular-se diretamente com o disposto daí em diante nos artigos A e B – depois artigos 1.º e 2.º, com a revisão operada pelo Tratado de Amesterdão, de 2 de outubro de 1997, em vigor a partir de 1 de maio de 1999 – daquele Tratado, em especial no artigo 2.º, que passou a artigo 3.º, com alterações de redação introduzidas pelo Tratado de Lisboa, de 13 de dezembro de 2007, em vigor deste 1 de dezembro de 2009.

apresentavam também vários e importantes domínios de proximidade, designadamente quanto a grandes valores civilizacionais, da cultura e ciência à história e à política, além da organização social e económica, em contraste com muitos outros países, fora do continente europeu e também no seu interior, o que não poderia deixar de ser ponderado em face da vinculação perante novos instrumentos jurídicos internacionais de cooperação e de integração no domínio económico ou noutro.

A decisão tomada de estabelecer (duas) Comunidades sectoriais e também uma Comunidade transversal mas cujo objeto não ultrapassava diretamente o domínio económico reflete claramente uma plena consciência de tudo o que se encontrava em jogo ao nível da soberania dos Estados envolvidos – os verdadeiros sujeitos e agentes de todo o processo de cooperação e integração então acordado, com dificuldades e outras implicações, também mas não apenas para os cidadãos dos Estados envolvidos, com tudo o que de novo estava em reconfiguração.

Afastado o eventual itinerário federal, de «tudo ou nada», de integração ou fusão completa, ou quase completa, de Estados, por não estarem reunidas as condições mínimas para a sua concretização, apesar de todo o entusiasmo federalista recorrentemente afirmado, designadamente em reuniões e congressos internacionais, provavelmente sem uma ponderação completamente realista de tudo o que estava verdadeiramente em confronto e em jogo, e das diferenças de entendimento sobre o tema nos diversos países, uns com sentimento nacional fortemente enraizado desde há muitos séculos, sem contestações significativas no decurso do tempo, outros sem esse sentimento de unidade tão duradouro, ou então aceite em termos mais flexíveis e ajustados, sobretudo entre os Estados mais próximos, tanto do ponto de vista cultural como do ponto de vista político, pelo que o percurso de aproximação predominantemente sectorial e funcionalista, restrito por natureza, porque dependente de pequenos passos concretos, olhando às vantagens ou utilidades imediatas, se revela como o mais eficiente e eficaz ou, talvez mesmo, como o único verdadeiramente eficiente e eficaz, a um tempo dinâmico e adaptável, tendo em vista acomodar os aprofundamentos que se viessem a mostrar adequados e necessários aos fins pretendidos, os quais, aliás, poderiam ser recorrente e permanentemente avaliados e afinados em função dos valores e dos interesses prevalecentes no momento.

2. Rivalidades nacionais e um projeto político comum «europeu»

A Declaração Schuman de 9 de maio de 1950 não podia deixar de surpreender, como ainda hoje surpreende, pelo simbolismo e sobretudo pelo arrojo, dir-se-ia quase profético, de qualquer modo em «contra corrente» face às diversas rivalidades nacionais, não raramente cavadas ou até extremadas, com origens sobretudo passadas mas também contemporâneas, que só muito dificilmente poderiam ser atenuadas, menos ainda esquecidas, persistindo por isso em diversos pontos do continente europeu, nos anos imediatamente após o final da Segunda Guerra Mundial e que continuaram a manifestar-se, de formas ora mais silenciosas e na sombra ora mais ostensivas ou ruidosas, até aguerridas, nem sempre com perda de intensidade até tempos recentes, apesar de se afigurar como crescentemente anacrónico.

E não é necessário exagerar em nenhuma medida as disparidades profundas e até extremas entre alguns países e povos europeus, assustadoramente visíveis durante quase toda a primeira metade do século XX, como já tinham assombrado e assolado, em várias ocasiões, nos séculos anteriores, sangrentamente através de conflitos armados, a despeito das aproximações impressionantes que também foram consecutivamente propostas, depois ensaiadas e por fim concretizadas, por formas e meios inicialmente restritos, mas gradualmente ampliados, por iniciativa e com o apoio empenhado de tantos grandes europeus, «pais fundadores» da nova construção (ou reconstrução) europeia, com vista à edificação gradual de um projeto de unidade no seio do continente, primeiramente essencialmente económico, pelo menos quanto ao conteúdo, não deixaria de se tornar instrumento poderoso e eficaz de prosperidade e de bem-estar económico e social, melhorando assim as condições de vida dos cidadãos desses países, além de garante da convivência pacífica e amistosa entre os povos participantes.

Efetivamente, antes do início dos confrontos da Segunda Guerra Mundial, e apesar do relativo otimismo sentido nos anos vinte do século XX, não chegou a existir mais do que uma «falsa paz», nas palavras de Richter Vinen, ou «paz revolucionária», segundo J. M. Roberts, dada a contestação quase geral quer aos acordos de Paris quer aos conflitos coloniais que começaram a defrontar vários países europeus. Em 1939, o totalitarismo fascista encontrava-se implantado não apenas na Alemanha e na Itália, solidamente, mas também em expansão noutras partes do continente e em especial na parte central. A tradição liberal e democrática europeia fora assim interrompida, fraturando o continente; e o espírito totalitário penetrara, «muito mais profundamente do que em geral se julga», e as suas marcas mantiveram-se «numerosas até à atualidade», como refere FRANÇOIS-GEORGE DREYFUS[11].

Os combates armados extremaram as divisões entre países europeus, cavadas nas décadas anteriores. Após a invasão da Polónia, a 1 de setembro de 1939, e apesar de alguns contratempos, a Alemanha somou vitórias militares sucessivas em todas as frentes (a leste, a norte, a oeste, a sul) e, em menos de dois anos, o seu exército atingiu as portas de Moscovo e o III *Reich* o apogeu[12].

[11] O que, segundo o autor citado, «instilou no conjunto da sociedade um certo desprezo pelo direito e a rejeição do humanismo de inspiração judaico-cristã, durante séculos o verdadeiro fermento do pensamento europeu», e, «não só por ter estado na origem da guerra, mas talvez, e sobretudo, por ter conduzido a uma mutação profunda das ideias e das mentalidades, o totalitarismo fascista, sob todas as suas formas, contribuiu para acentuar [...] o que tem sido designado por 'declínio da Europa'». Cf. R. VINEN (2000), *A History in Fragments. Europe in Twentieth Century*, pp. 207-208 e 221-239; J. ROBERTS (1999), *Twentieth Century*, pp. 378 e ss.; M. MAZOWER (1998), *Dark Continent: Europe's Twentieth Century*, pp. 141 e ss.; F.-G. DREYFUS (1996), "A Europa de 1914 aos nossos dias", pp. 418 e ss.

[12] Dezassete dias após a entrada da *Wehrmacht* na Polónia, o Exército Vermelho invadiu o país e, no dia 28, HITLER e ESTALINE partilharam-no. Na Primavera seguinte, as invasões alemãs prosseguiram na Dinamarca e na Noruega, bem como na frente ocidental, em França. A derrota gaulesa consumou-se em 40 dias, seguindo-se a ocupação de 2/3 do território nacional (e a restante «zona livre», onde foi instalado um governo, ficaria também logo à disposição do *Reich*).
Mas, para terminar a guerra, faltava abater a Inglaterra. A paz proposta por HITLER foi imediatamente rejeitada por CHURCHILL, que teve, assim, de se preparar para o conflito total. Os alemães planearam um desembarque, a abrir pelos *raids* da *Luftwaffe*. Contudo, em dois meses, algumas centenas de aviões *Spitfire* abateram mais de dois mil aparelhos alemães, graças ao radar e à persistência «indomável» dos britânicos.
A Alemanha desistiu do desembarque e reduziu os bombardeamentos, virando-se para a guerra submarina. Inúmeros cargueiros e petroleiros foram afundados pelos submarinos alemães a um ritmo impressionante (aproximadamente um milhão de toneladas todos os meses, em 1942). Contudo, isso não bastou para a vitória germânica. No horizonte, esperava-se o auxílio americano, com a disposição imediata de meia centena de *destroyers* de escolta.
Após «contratempos» nos Balcãs, na Grécia e no norte de África (para auxiliar os italianos, em apuros ou derrotados), a que se seguiu a ocupação da Jugoslávia, da Grécia e de Creta, os alemães atacaram a União Soviética, em 22 de junho de 1941, atingindo em poucas semanas

O objetivo afirmado por HITLER em maio de 1941 era erigir «uma nova Europa, reorganizada e próspera». E um dos mais proeminentes teóricos dessa «nova Europa reorganizada», CARL SCHMITT, propusera, no livro *A Teoria dos Grandes Espaços com Estado Diretor*, de 1939, a associação dos países europeus em torno da Alemanha dirigente, a fim de enfrentar o inimigo bolchevique. Todavia, a exploração dos recursos dos territórios ocupados e as violências cometidas, bem como os sentimentos patrióticos das populações, deram lugar a fortes resistências, que dificultaram a ação nazi e, por isso, motivaram uma repressão atroz.

O ideário alemão de unificação europeia fundamentou o «Pacto Tripartido», de 27 de setembro de 1940, que previa uma «nova ordem» continental, dirigida pela Alemanha e ainda pela Itália, e também liderada pelo Japão na Ásia. A reorganização do continente foi um dos aspectos salientados pela propaganda para justificar a expansão alemã para leste, como invocado no recrutamento de voluntários, com vista a defender a «Europa ameaçada». A «nova ordem» teutónica assentava num pensamento totalitário que tinha por fim uma unificação através da fusão dos regimes políticos europeus, ou seja, sem natureza federal[13].

A ocupação de territórios extensos proporcionou uma importante fonte de rendimentos, de bens e de mão-de-obra, que a Alemanha explorou e deslocou sem contemplações. Mas os abusos dos invasores e o patriotismo dos naturais dos territórios ocupados contribuíram para a formação de movimentos de resistência, que perturbaram a ação nazi. A essa resistência, o governo alemão respondeu com uma forte repressão,

Leninegrado, ocupando Kyiv, Kharkiv, a bacia do Donetsk, Minsk e Smolensk, e chegando a menos de 50 Km de Moscovo. O «general Inverno» e a ação guerrilheira forçaram a retirada. Cf. R. VINEN (2000), *A History in Fragments. Europe in Twentieth Century*, pp. 207-208 e 221-239; J. ROBERTS (1999), *Twentieth Century*, pp. 378 e ss.; M. MAZOWER (1998), *Dark Continent: Europe's Twentieth Century*, pp. 141 e ss.; F.-G. DREYFUS (1996), "A Europa de 1914 aos nossos dias", pp. 418 e ss.

[13] Em artigos publicados em *Das Reich* desde 1941, GOEBBELS defendera «um espaço vital europeu, que compreenderia a Rússia Branca e a Ucrânia, indispensáveis para a revitalização do continente», a fim de extinguir «logo que possível» «toda a desordem de pequenos Estados que ainda existem na Europa». O objetivo declarado era «criar uma Europa unificada», porque «somente os alemães podem realmente organizar a Europa». Porém, a guerra «diferente das outras guerras», «uma revolução da qual sairia uma nova Europa, reorganizada e próspera», segundo HITLER, trouxe mais divisões continentais e efeitos ainda mais devastadores do que as anteriores.

que incluiu o recurso a processos desumanos, como o envio para campos de trabalho forçado[14].

Porém, a Primavera de 1944 inverteria o rumo da guerra, com a ofensiva conjunta dos adversários do III *Reich*, tendo a operação mais marcante decorrido nas praias da Normandia, a 6 de junho. Enquanto os aliados avançavam no terreno, o descontentamento e a oposição cresceram na Alemanha, dado o agravamento das condições de vida e da repressão. Nos primeiros meses de 1945, o Reno ficou sob controlo dos aliados e o Exército Vermelho cercou a cidade de Berlim, obrigada a render-se a 2 de maio. Desapareceu assim a Alemanha unida, por quase meio século, substituída, uma vez mais, por um grande vazio[15].

[14] Não tendo sido encontrado um abrigo internacional para os judeus, iniciou-se o seu extermínio em 1941, em campos de concentração (com câmaras de gás e fornos crematórios para extinguir os cadáveres). O genocídio perdurou até 1945, ceifando mais de 5 milhões de vidas (homens, mulheres, crianças). A sua execução só foi possível, é certo, com a cumplicidade de muitos, por toda a Europa (como nota, por exemplo, Richard Vinen e elucida Hannah Arendt, no seu célebre relato sobre a «banalidade do mal»).
O genocídio baseou-se no racismo «científico» e em instituições de investigação neuropsicológica e eugénica, sendo as suas causas mais extensas. Os crimes abomináveis fizeram erguer contra a Alemanha um «ódio inexpiável» e reforçaram a resistência na altura em que o curso dos acontecimentos iria mudar de rumo. A Europa alemã, em 1942, dá ideia do que poderia ter sido o futuro do mundo se os planos hitlerianos não tivessem sido derrotados. No Inverno de 1942-1943, as sucessivas vitórias nazis deram lugar a pesadas derrotas, iniciando-se o refluxo de forças nas diversas frentes.
Cf. R. Vinen (2000), *A History in Fragments. Europe in Twentieth Century*, pp. 221-255; M. Mazower (1998), *Dark Continent: Europe's Twentieth Century*, pp. 141 e ss.; R. Pérez-Bustamante (1997), *História de la Unión Europea*, cit., pp. 51-52; F.-G. Dreyfus (1996), "A Europa de 1914 aos nossos dias", pp. 429-436; E. Hobsbawm (1992), *Nations and Nationalism since 1870. Programme, Myth, Reality*, pp. 131 e ss.; H. Arendt (1964), *Eichmann in Jerusalem: A Report on the Banality of Evil.*

[15] A seguir à pausa relativa do Inverno de 1943-1944, a ofensiva militar dos adversários do *Reich* avançou em todas as frentes. A operação de maior relevo teve início na Normandia, em 6 de junho de 1944, quando a vitória já se afigurava certa. Os soviéticos libertaram o seu país, ocuparam a Polónia e avançaram para ocidente, primeiro até a uma linha situada no Vístula, passando por Budapeste, depois até à linha do Óder. Na Alemanha, a oposição interna também crescera.
A tentativa falhada de assassínio de Hitler, em 20 de Junho, motivou uma repressão terrível, dificultando mais a vida no país (estancaram os abastecimentos extorquidos dos territórios antes ocupados e intensificaram-se os bombardeamentos da aviação aliada). A repressão policial e a propaganda de Goebbels, «galvanizadora» de massas, condicionou as reações

Este vazio político e económico aberto na Europa central aguçou as pretensões pelo respetivo preenchimento. O objetivo aliado de «rendição incondicional» da Alemanha, exigido em janeiro de 1942 por CHURCHILL e ROOSEVELT em Anfa, Marrocos, faria desaparecer a entidade política com aquela designação, o que se concretizou em maio de 1945. Um povo de repente sem voz, cujas instituições haviam sido desacreditadas, estendia-se por um vasto território. Somente a Inglaterra beligerante e os Estados neutros – Suécia, Suíça e Portugal – haviam sido poupados à invasão[16].

Com apenas duas décadas de intervalo, a guerra total trouxera pela segunda vez a derrocada de estruturas e de valores ao «Velho Continente». A Europa voltou a ser destruída, política e economicamente. Cidades inteiras e numerosas infraestruturas produtivas e de comunicações transformaram-se em ruínas. Milhões de seres humanos perderam a vida nos combates, em casa (vítimas dos bombardeamentos) ou «em série» (por efeito de genocídios de comunidades inteiras: judeus, ciganos na

gerais. Os aliados dominavam todo o curso do Reno em março de 1945, atingindo o Elba no mês seguinte, quando o Exército Vermelho já cercara Berlim. O chanceler cometeu suicídio no seu abrigo blindado no último dia do mês de abril e a capital do país rendeu-se a 2 de maio. A capitulação alemã foi assinada sem condições no dia 8 de maio, pelo marechal KEITEL, enquanto o sucessor de HITLER, o grande-almirante DOENITZ, era capturado. Decorridos 74 anos, o Estado Alemão desaparecia. A «ordem para mil anos» do projeto nazi caíra, tendo o poder sido entregue aos quatro comandantes militares (um americano, um soviético, um inglês e outro francês), cada qual encarregado do governo de uma parte do país, em linha com os acordos de Teerão e Ialta. Também Berlim foi dividida em quatro zonas.

[16] A derrocada fez nascer «um clima de traições bivalentes, em vista do conflito de valores», como o descreveu ADRIANO MOREIRA, de que foram símbolos LEOPOLDO III da Bélgica, que decidiu «ficar com o seu povo», o marechal PÉTAIN, que pediu o armistício e fundou um novo Estado francês, LÉON BLUM, EDUARD DALADIER, GEORGES MANDEL e o generalíssimo GAMELIN, presos por «terem traído os deveres dos seus cargos», e o general DE GAULLE, que levantou a bandeira da resistência em Londres e foi julgado no tribunal militar da XIII Região Francesa sob a acusação de «traição, atentado à segurança exterior do Estado e deserção para o estrangeiro em tempo de guerra». Entre os chefes carismáticos da Segunda Guerra Mundial, símbolos do poder, dos projetos e da angústia dos povos, incluem-se ROOSEVELT nos Estados Unidos, CHURCHILL na Inglaterra, DE GAULLE na França Livre, ESTALINE na URSS, HITLER na Alemanha e MUSSOLINI na Itália. Cf. P. NEVILLE (2002), *Russia. The USSR, the CIS and the Independent States*, pp. 209 e ss.; A. MOREIRA (1999), "Europa", cols. 396-397; F.-G. DREYFUS (1996), "A Europa de 1914 aos nossos dias", pp. 437-439; J. CARPENTIER / F. LEBRUN (1993), *História da Europa*, pp. 413 e ss.

Europa central, grupos socioprofissionais, como a *intelligentzia* polaca, primeiro pelos nazis depois pelos soviéticos...).

Na maior parte do continente europeu os anos a seguir à Segunda Guerra Mundial foram penosos, por vezes piores do que os anos do confronto armado. A qualificação dos últimos meses do conflito como tempo de «libertação» e de «vitória» parece esquecer que foi precisamente nessa altura que se registaram algumas das maiores perdas e atrocidades: morreram mais homens do exército britânico após o desembarque na Normandia, até à rendição da Alemanha, do que nos primeiros quatro anos de guerra; apenas a batalha para conquistar Berlim provocou meio milhão de vítimas; e, com o aproximar do fim, o regime nazi tornou-se mais radical e bárbaro[17].

Com exceção da Alemanha e da Inglaterra, nos restantes países europeus os cientistas não tinham conseguido acompanhar a revolução de conhecimentos ocorrida durante o conflito (no domínio dos antibióticos, da bioquímica, da física nuclear, da aeronáutica, dos armamentos). Em 1945 quase não existia ciência europeia, porque os cientistas alemães, que mantiveram um esforço de ponta na investigação, foram capturados e levados para a União Soviética ou para os Estados Unidos.

O isolamento da guerra não estagnara apenas a ciência, também a cultura. O modo de vida americano tornou-se modelo a seguir para a literatura, o cinema, a música e a dança. E o prestígio soviético também cresceu: a seguir a 1945, a *intelligentzia* europeia descobriu o marxismo. Apesar de diferenças abissais existentes, as culturas americana e soviética tinham em comum o materialismo, o qual contendia com a originalidade

[17] Quando a guerra terminou, em 8 de maio de 1945, todo o continente estava em escombros. A produção industrial baixara para cerca de metade da de 1939, a Ocidente, e para 1/3, na Europa central, a produção agrícola desmoronara-se (quebra de entre 1/3 a Ocidente e 1/2 a Leste). Cerca de 2/3 das redes ferroviárias e rodoviárias encontravam-se destruídas, o mesmo sucedendo a cidades inteiras (Dresden, Hamburgo, Colónia, Frankfurt, Caen, Rouen – enquanto Varsóvia, Berlim, Viena e Budapeste tinham suportado batalhas de dias e dias). As perdas de vidas humanas foram tremendas (nos combates e em resultado dos bombardeamentos e dos genocídios), embora variando muito geograficamente (na Polónia vitimou mais de 20% da população, comparativamente a 1939, enquanto na França atingiu cerca de 1,5%). E entre as vítimas incluíam-se sábios, artistas e escritores, por resistência ao invasor ou por colaboracionismo.

da civilização europeia, enraizada na história e pelas conceções humanistas judaico-cristãs.

Os anos após a guerra continuaram penosos: os alimentos escassearam, tal como os combustíveis. Enquanto no Reino Unido prevaleceram o otimismo e as diversões, no centro e no leste da Europa a falta de alimentos chegou a conduzir à loucura ou ao assassínio. A guerra deixara o «Velho Continente» seriamente dilacerado e ferido. A Europa autodestruíra-se[18].

As potências hegemónicas eram então, indiscutivelmente, a União Soviética e os Estados Unidos da América. Os acordos de Teerão, de Ialta e de Potsdam puseram fim ao combate contra o totalitarismo fascista, mas abriram caminho a uma nova divisão do continente e do mundo e à «Guerra Fria». Perante a ambição soviética de poderio, evidenciada pelo golpe de Sófia, os Estados Unidos desinteressaram-se do «Velho Continente», ficando entregue a si próprio, apesar de desprovido dos meios e estruturas para se organizar e defender.

Desde a cimeira de Teerão de 1943 entre os três grandes, tornara-se claro o desígnio soviético de controlar a Europa oriental, reiterado por Estaline quando se encontrou com Churchill no Outono de 1944. Na conferência de Ialta, entre 4 e 11 de fevereiro de 1945, foi também reconhecida a hegemonia soviética sobre a Europa oriental (Roménia, Bulgária, Polónia e, mais tarde, as «áreas de influência mista», Checoslováquia e Hungria).

Os principais países europeus, de dimensões territoriais restritas e novamente destruídos, não podiam defrontar as duas superpotências mundiais, quer no plano político como no plano económico e militar. Arruinado, o «Velho Continente» viu ameaçada a sua própria sobrevivência: o desfecho do conflito «consagrou diplomaticamente a inexistência

[18] A suspeição endémica conduziu prisioneiros de campos alemães para campos soviéticos ou para o crime, que aumentou muito a seguir à guerra. O Inverno de 1946-1947 foi severo: na Rússia, na Moldávia e na Ucrânia houve fome, que levou à morte cerca de dois milhões de pessoas entre 1946 e 1948. Muitas economias entraram em colapso. A inflação húngara era a mais alta alguma vez registada na Europa. Diversas moedas completamente desvalorizadas foram substituídas por outros bens, como os cigarros. Cf. R. VINEN (2000), *A History in Fragments. Europe in Twentieth Century*, pp. 285 e ss.; J. ROBERTS (1999), *Twentieth Century*, pp. 435 e ss.; M. MAZOWER (1998), *Dark Continent: Europe's Twentieth Century*, pp. 232 e ss.; F.-G. DREYFUS (1996), "A Europa de 1914 aos nossos dias", pp. 441 e ss.; J. CARPENTIER / F. LEBRUN (1993), *História da Europa*, pp. 418 e ss.

da Europa», nas palavras de F.-G. DREYFUS). A presença dos ingleses e dos franceses nos armistícios não conseguiu iludir o seu papel secundário. O poder hegemónico pertencia, indubitavelmente, à União Soviética e aos Estados Unidos[19].

O futuro concerto internacional iria assentar na direção de um grupo de países, «de Leste», pela União Soviética e na proeminência dos Estados Unidos sobre outro conjunto de países, «ocidentais», incluindo a Inglaterra, a Alemanha Ocidental e a França, esta «sempre renitente». A natureza soberana dos Estados europeus atenuou-se, dado o reforço da preponderância das duas superpotências, mas essa soberania constituiu simultaneamente um obstáculo do processo de integração europeia.

Observou ADRIANO MOREIRA que no decurso da «guerra civil da cristandade de 1939-1945» a unidade europeia fora propagandeada por uns (governo nacional-socialista alemão) e defendida na sombra por outros (movimentos de resistência na Bélgica, na França, em Itália e na própria Alemanha), neste caso com o objetivo de apurar o rumo futuro. Os adversários internos dos totalitarismos mobilizaram um europeísmo dirigido à reconstrução, simbolizado no *Manifesto dos Prisioneiros de Ventotene*, de Junho de 1941, redigido por ALTIERO SPINELLI e por ERNESTO ROSSI, em favor de uma federação europeia. Da mesma iniciativa surgiu o Movimento Federalista Europeu e a revista clandestina *Unità Europea*, enquanto na Alemanha o lançamento do movimento da «Rosa Branca», favorável à federação europeia, seria decapitado, tal como os seus dirigentes.

O desejo de aproximação entre os povos europeus persistira durante o conflito. Em maio de 1944, em Genebra, diversos movimentos de resistência debateram a perspetiva de unificação continental, formulando o que depois se tornariam as bases da *Union Européenne des Fédéralistes*, fundada em 1947 em Montreux, contraparte, nos anos que se seguiram, à

[19] O declínio do papel diplomático do Reino Unido fora claro em Teerão e mais evidente ainda em Ialta, onde a Europa foi dividida em conformidade com os desígnios americanos e soviéticos («de um lado um Estado poderoso, dominador e orgulhoso da sua vitória, que, depois de ter repudiado o imperialismo, passou a utilizá-lo em seu proveito, do outro lado, um povo extraeuropeu que vai ser sistematicamente acusado de ser o expoente do imperialismo e que, em matérias internacionais, se conduz como um menino de coro»). Ialta, Potsdam e sobretudo o Exército Vermelho marcaram a partilha de Berlim, da Alemanha, da Europa e do mundo entre os Estados Unidos e a União Soviética, retirando ao «Velho Continente» a possibilidade de desempenhar qualquer papel efetivo.

perspetiva «funcionalista» de integração, defendida pelo romeno DAVID MITRANY. Contudo, a concretização de uns «Estados Unidos da Europa» não passava ainda de miragem[20].

A gravidade da situação económica e a amplitude das misérias sociais debilitaram a Europa, política e militarmente. Devido ao prestígio alcançado pela União Soviética, os partidos comunistas assumiram em quase toda a parte ocidental do «Velho Continente» uma importância considerável. Se a República Federal Alemã se «desmarxizou» e enveredou pelo liberalismo económico, ou pelo «ordoliberalismo», na França e na Itália os comunistas agruparam mais de 1/4 do eleitorado, representando mais a norte entre 10 e 15%.

A ideia de unidade europeia parecia ter-se esvaído. Fora desgarrados alertas durante a guerra, como o de Hayek no *King's College* de Londres, ganhou peso decisivo o apelo de unidade lançado por Churchill, advertindo veementemente contra os perigos da «cortina de ferro» soviética, e também o de De Gaulle, quando ambos os estadistas já se encontravam na oposição, nos seus países[21].

[20] Cf. J. GUILLINGHAM (2003), *European Integration, 1950-2003. Superstate or New Market Economy?*, pp. 3 e ss.; B. OLIVI (2000), *L'Europa Difficile*, cit., pp. 21 e ss.; A. MOREIRA (1999), "Europa", cols. 396-404; M. MAZOWER (1998), *Dark Continent: Europe's Twentieth Century*, pp. 232 e ss.; R. PÉREZ-BUSTAMANTE (1997), *Historia de la Unión Europea*, pp. 51 e ss.; F.-G. DREYFUS (1996), "A Europa de 1914 aos nossos dias", pp. 441 e ss.; W. VANTHOOR (1996), *European Monetary Union since 1848. A Political and Historical Analysis*, p. 55; J. CARPENTIER / F. LEBRUN (1993), *História da Europa*, pp. 420 e ss.

[21] HAYEK defendeu pioneiramente a união política europeia como remédio para o problema alemão. Segundo afirmou em 28 de fevereiro de 1944, o futuro da Inglaterra «está ligado ao futuro da Europa e, quer o queiramos ou não, o futuro da Europa dependerá em grande medida do que suceder na Alemanha».
Sendo difícil a aplicação de uma política única pelos vários países europeus, o autor austríaco propôs a adoção de uma «bandeira sob a qual os homens que a aceitassem poderiam unir-se». «Os aliados deveriam tornar a Alemanha numa zona de comércio livre, prevenindo uma reintegração estreita da estrutura económica, precursora de uma futura reintegração política», acrescentava HAYEK. Não se deveria avançar para uma soberania completa, mas antes para formas de cooperação numa «empresa europeia mais vasta».
Remédio similar para o problema alemão foi proposto por WILHELM RÖPKE na difundida *The Solution of the German Problem*, de 1946. Quanto ao homem que tinha conduzido o Reino Unido durante a Segunda Guerra Mundial, e cuja resistência implacável iria determinar o rumo da Europa e do mundo, estava consciente da ameaça que vinha do leste mas fora derrotado nas eleições gerais de 1945, que deram a vitória ao Partido Trabalhista.

Em vez de novas manifestações nacionalistas, Winston Churchill empenhou-se na difusão do projeto de integração europeia. Em 5 de março de 1946, em Fulton, no Missouri, na presença do presidente Truman, pronunciou-se claramente contra o totalitarismo soviético e recorreu pela primeira vez a uma metáfora eloquente, «cortina de ferro», que seria adotada pela história e pelas consciências dos homens: «De Stettin, no Báltico, a Trieste, no Adriático, uma cortina de ferro estende-se sobre o continente, cai sobre a Europa».

No «Velho Continente», o entusiasmo em torno da unificação europeia difundiu-se significativamente após o discurso que CHURCHILL pronunciou seis meses depois, em 19 de setembro de 1946, na Universidade de Zurique, sobre a «tragédia da Europa». Em face da «Europa de Leste» fechada sobre si própria, os povos da «Europa Ocidental» teriam de se unir estabelecendo uns «Estados Unidos da Europa», «remédio supremo» para impedir a repetição dos ódios e da destruição da guerra.

A união dos países europeus pressupunha uma reconciliação franco-alemã e a aceitação de uma comunhão de destinos entre os dois povos. Importava «reconstituir a família europeia», dotando-a de uma estrutura que lhe permitisse «viver e crescer em paz, em segurança e em liberdade» («se a Europa se unir um dia para partilhar a sua herança comum, não haverá limites à felicidade, à prosperidade e à glória de que poderá gozar a sua população de 300 ou 400 milhões de almas»; «porque não há-de existir um grupo europeu capaz de fornecer um sentido de patriotismo mais largo e de cidadania comum aos povos desnorteados deste poderoso continente?»; «e por que não há-de este grupo tomar lugar, o lugar que lhe cabe, entre outros grandes grupos humanos e ajudar assim a modelar um porvir glorioso para a humanidade?»; «sob a direção e no âmbito da Organização das Nações Unidas, devemos recriar a família europeia num quadro regional... e o primeiro passo a dar será o de constituir um Conselho da Europa»; «se no início nem todos os Estados europeus quiserem ou puderem aderir, cumpre unir, ao menos, os que o desejam ou sejam capazes de fazê-lo»; «para realizar esta missão urgente, França e Alemanha devem reconciliar-se»).

O Reino Unido, líder de uma comunidade espalhada pelos cinco continentes e parceiro privilegiado dos Estados Unidos da América, deveria remeter-se a «apadrinhar», ou «proteger», a «nova Europa» («*we are with them, but we are not of them*», sintetizaria o estadista mais tarde, em maio de 1953, quando da rejeição britânica em relação à projetada, e depois gorada, Comunidade Europeia de Defesa).

O apelo de CHURCHILL impressionou favoravelmente a opinião pública e os responsáveis políticos da Europa Ocidental, já «preparados» por outras iniciativas. Menos de dois meses depois, foi criada a União Europeia de Federalistas, que, no final dos anos cinquenta, com denominação alterada para Movimento Federalista Europeu, agrupou cinco dezenas de movimentos congéneres da Europa Ocidental e emigrados de leste.

Em julho de 1946, o general CHARLES DE GAULLE invocara também a «velha Europa, que durante tantos séculos foi o guia do universo», desafiando-a a «constituir no coração de um mundo que tende a dividir-se em dois o elemento necessário de compensação e de compreensão». «A despeito das razões de queixa acumuladas em sucessivas eras», o responsável francês pediu então aos Estados ocidentais que colaborassem entre si. Mais tarde, como é conhecido, DE GAULLE viria a hostilizar qualquer projeto supranacional europeu.

Após a guerra, surgiram diversos grupos de estudo e associações favoráveis à unificação europeia (a referida «União Europeia dos Federalistas», que apresentou em Montreaux, em 1947, um programa amplo e preciso de federação europeia; o «Movimento para a Europa Unida», fundado por CHURCHILL em 14 de maio de 1947; o «Comité Internacional de Estudos e Ação para os Estados Unidos Socialistas da Europa», criado em 3 de junho, depois «Movimento Socialista para os Estados Unidos da Europa» e, a partir de 1961, «Esquerda Europeia»; as «Novas Equipas Internacionais», em 1 de junho, próximas dos federalistas europeus e iniciativa dos partidos democratas-cristãos da Alemanha, França e Itália, e que em 1965 se converteram na União Europeia de Democratas Cristãos; o «Conselho Francês para a Europa Unida», impulsionado por HERRIOT; a «Liga Independente de Cooperação Económica Europeia», de VAN ZEELAND; etc.)[22].

[22] Outras vozes continuaram a fazer-se ouvir em defesa da unidade europeia (em 1939, COUDENHOVE-KALERGI publicara na Suíça o livro *Europe Must Unite*, «ao mesmo tempo, um apelo desesperado e a indicação de novo profética de um destino a cumprir»; HENRI BRUGMANS, ALEXANDER MARC, ALTIERO SPINELLI e ERNESTO ROSSI contam-se igualmente entre os «resistentes» defensores da unidade europeia). Cf. J. GILLINGHAM (2003), *European Integration, 1950-2003. Superstate or New Market Economy?* cit., pp. 11 e ss.; M. LUÍSA DUARTE (2001), *Direito da União Europeia e das Comunidades Europeias*, I-I, pp. 32 e ss.; B. OLIVI

O mapa político europeu do segundo pós-guerra revela, particularmente, a parte de leão que coube à União Soviética, desde logo através da reconstituição territorial do antigo império dos czares, com as fronteiras aproximadas às existentes em 1913, e também com a partilha do continente em dois blocos (Leste e Oeste), conforme se destinara nas conferências de Ialta e de Potsdam.

O desfecho dos conflitos trouxe a divisão do *Reich* alemão, e da sua capital, Berlim, em quatro zonas, cuja administração passou a pertencer, respetivamente, a cada uma das potências aliadas ocupantes. Excluindo isso, e um conjunto de diversas reivindicações fronteiriças, a carta territorial europeia pouco se alterou.

A União Soviética anexou a Carélia, os países bálticos, a Polónia oriental, a Bucovina e a Bessarábia, recuperando aproximadamente as fronteiras do império czarista em 31 de dezembro de 1913, e até ultrapassando-as, porque a Glácia oriental e a Ucrânia subcarpática se tornaram soviéticas. Essa situação permitiu à URSS ter doravante fronteiras comuns com a Hungria e a Checoslováquia, importantes para eventuais intervenções do Exército Vermelho.

Por outro lado, após 5 de junho de 1945, deixou de haver Estado alemão. O *Reich* foi dividido em quatro zonas e Berlim em quatro sectores, nos quais o poder era exercido livremente pelas potências aliadas. Os acordos de Potsdam colocaram sob administração soviética ou polaca os territórios alemães situados a leste da linha Oder-Neisse, embora proclamando a unidade económica da Alemanha. Ao impedir o estabelecimento de uma instituição económica comum às quatro zonas de ocupação, a França contribuiu para a divisão alemã[23].

(2000), *L'Europa Difficile*, cit., pp. 65 e ss.; A. Moreira (1999), "Europa", cols. 397 e ss.; R. Pérez-Bustamante (1997), *Historia de la Unión Europea*, pp. 60-63; J. Mota Campos (1988), *Direito Comunitário*, I, pp. 40-43.

[23] Os referidos acordos previam também que as populações germânicas habitando fora das fronteiras do seu país, acabadas de fixar, devessem ser recambiadas para o respetivo território (perto de 10 milhões de prussianos, pomerânios, silesianos, sudetas e outros foram expulsos de cidades e aldeias ancestrais onde viviam, a partir do Outono de 1945 e ao longo do Inverno de 1945-1946, em condições muitas vezes deploráveis, o que contribuiu para aprofundar o anti-sovietismo profundo que não cessou na parte da Alemanha convertida em República Federal). Cf. J. Roberts (1999), *Twentieth Century*, pp. 435 e ss.; M. Mazower (1998), *Dark Continent: Europe's Twentieth Century*, pp. 228 e ss.; F.-G. Dreyfus (1996), "A Europa

Do ponto de vista militar, o Exército Vermelho era o primeiro do mundo em número e em qualidade, visto que em matéria de armamentos tradicionais o congénere norte-americano pouco contava. No entanto, os Estados Unidos tinham acabado de aplicar, no início do mês de agosto de 1944, nas cidades japonesas de Hiroxima e de Nagasáqui, uma nova e terrível arma, a bomba atómica, de que eram, na altura, os únicos detentores.

Estes acontecimentos deixaram a União Soviética receosa. Provavelmente «para compensar as suas fraquezas», esta tornou-se dominadora, considerando decisivo o controlo de novos territórios e dos seus recursos. Para esse efeito, impôs o seu sistema aos países vizinhos e forçou-os a celebrarem tratados de não agressão e de assistência mútua.

Ao invés do que aconteceu no território da URSS, nos Estados Unidos da América a guerra mal se fez sentir. A economia norte-americana saiu mesmo reforçada e poderosa, com um potencial quase idêntico ao do resto do mundo e uma tecnologia impressionante, sem rival no mar e no ar. A União Soviética fora uma das principais vítimas da guerra, contando cerca de 20 milhões de mortos, grandes centros industriais destruídos na Ucrânia e vastas cidades como Kyiv, Kharkiv e Leninegrado reduzidas a escombros.

Por isso, quis encontrar contrapartidas nas reparações económicas e territoriais, «indispensáveis» porquanto o seu regime era ideologicamente diferente e sentia-se continuamente ameaçado pelo liberalismo anglo-americano. Ambicionou novos territórios e o controlo dos países ocupados. Internamente pretendeu remediar a miséria e também desenvolver o potencial industrial e militar.

O pós-guerra favoreceu ESTALINE, que retirou vantagens com a morte de ROOSEVELT e com a derrota de CHURCHILL nas eleições gerais de 1945. A URSS impôs o seu sistema económico-social aos Estados libertados da Europa do Leste, obrigados a celebrar tratados de não agressão e de assistência mútua, e a aceitar a presença do Exército Vermelho (na Roménia, na Hungria, na Bulgária, na Polónia, com o pretexto da ligação à zona soviética de ocupação na Alemanha; só a Checoslováquia e a Jugoslávia escaparam) e dos serviços de segurança. Naturalmente, os partidos comunistas prevaleceram no poder, apoiados pelo Exército

de 1914 aos nossos dias", pp. 443 e ss.; J.-B. DUROSELLE (1993), *L'Europe. Histoire de ses Peuples*, pp. 567 e ss.

Vermelho e pela NKVD. Antes da «Guerra Fria», uma «cortina de ferro» caíra sobre a Europa de leste[24].

Abandonada a si própria, a Europa Ocidental tinha por imperativos imediatos a reconstrução, árdua e traumática, das suas economias e da democracia, além da regularização das antigas colónias, em certos países. No Reino Unido, o poder passou de CHURCHILL para os trabalhistas do major ATTLEE, com as eleições de julho de 1945, enquanto na maioria dos restantes Estados europeus ocidentais os novos governos assentavam em coligações de unidade nacional, reunindo diversos partidos, dos moderados aos comunistas, em geral de duvidosa eficiência prática. O esfriamento rápido das relações Leste – Oeste poria fim a essas frentes nacionais abrangentes.

As situações divergiam consoante os países. A Alemanha encontrava-se dividida em quatro zonas de ocupação, opondo-se, com o começo da «guerra fria», uma zona soviética em vias de «marxização», uma «bizona» anglo-americana em rápida reconstrução e uma zona francesa.

Em 1946, realizaram-se eleições democráticas nos *Länder*, reconstituídos pelos Aliados. O sufrágio refletiu a preponderância dos partidos

[24] Entretanto, os órgãos internacionais do Partido Comunista Soviético aconselhavam os partidos comunistas locais. Todavia, como já estava em marcha o conflito Leste – Oeste, por todo o continente europeu cresceram as dificuldades entre os partidos comunistas, membros de coligações governamentais, e os seus parceiros de governação (em Maio de 1947 foram demitidos os ministros comunistas quer em França quer na Itália). Apesar da máxima *left could speak to left*, no Reino Unido ATTLEE presenciou à deterioração das relações com a URSS, enquanto do outro lado do Atlântico o presidente TRUMAN também deixou de confiar nas intenções a prazo de ESTALINE. O ditador soviético parecia pretender debilitar e conquistar a Europa ocidental como passo intermédio de um plano geral de dominação comunista à escala global. Entre 1945 e 1948 caíram sob o seu controlo a Polónia, a Hungria, a Bulgária e a Roménia.
No começo de 1948, a Checoslováquia foi palco de um golpe de Estado durante o qual dirigentes não comunistas apareceram «misteriosamente» mortos. Em Maio, em Berlim, foram cortadas todas as comunicações com as partes ocidentais da cidade. No ano seguinte, a URSS conseguiu também a sua primeira explosão nuclear. A guerra da Coreia rebentou em 1950 e acreditou-se amplamente que ESTALINE teria estado por trás do ataque de KIM IL SUNG ao sul. As relações Leste – Oeste inevitavelmente esfriaram, e enregelaram. Cf. J. ROBERTS (1999), *Twentieth Century*, pp. 435 e ss.; M. MAZOWER (1998), *Dark Continent: Europe's Twentieth Century*, pp. 240 e ss.; F.-G. DREYFUS (1996), "A Europa de 1914 aos nossos dias", pp. 443-446; P. NEVILLE (2002), *Russia. The USSR, the CIS and the Independent States*, pp. 209-211.

moderados ou liberais em todo o país, mesmo na zona ocupada pela União Soviética, embora aí os comunistas e socialistas tivessem constituído um Partido Socialista Unificado, não atendendo à reclamação dos sociais-democratas ocidentais.

Na Itália, o referendo de junho de 1946 ditou a opção pela república. Em França, o governo provisório chefiado por De Gaulle fez eleger uma assembleia constituinte, da qual sairia uma nova constituição, com novas instituições (da IV República) desde janeiro de 1947, algumas reformas socioeconómicas (nacionalizações, segurança social) mas não outras (políticas, incluindo o reforço do executivo e a descentralização e regionalização, e económicas).

Numa Europa perturbada, a Inglaterra onde as destruições pelos bombardeamentos haviam sido terríveis (Londres sofrera estragos enormes, Coventry tornara-se num amontoado de destroços), o governo trabalhista procedeu à reconstrução e, por outro lado, instituiu o *Welfare State*, sistema de proteção social reforçado por um serviço nacional de saúde. Estas instituições ofereceram segurança aos ingleses, mas contribuíam também para refrear, mais tarde, o crescimento[25].

Em 1947, a produção industrial europeia continuava pelo menos 20% abaixo dos níveis de 1938, importando acelerar rapidamente a recuperação, para resistir ao avanço comunista. As políticas económicas tiveram de seguir novos rumos. As crises anteriores à guerra e os confrontos armados haviam substituído o liberalismo por um crescente e forte intervencionismo estatal, admitindo-se generalizadamente que ao Estado

[25] Tanto a Inglaterra como a França depararam-se então ante o problema da descolonização, só mais tarde enfrentado por Portugal. Os movimentos nacionais haviam-se desenvolvido fortemente no decurso da guerra, reforçando-se com o anticolonialismo dos norte-americanos (que esperavam substituir os britânicos e os franceses no norte de África e no Médio e Extremo Oriente, dadas as dificuldades aí experimentadas). O governo britânico utilizou o estatuto da *Commonwealth* para enquadrar as «colónias da Coroa» e a Índia no sentido da independência, enquanto a «União Francesa», prevista pela Constituição de 1946, não chegou a funcionar, prolongando a guerra até 1962, com prejuízo do progresso económico e do empenhamento na construção europeia. Cf. L. Vale / T. Campanella (orgs.) (2005), *The Resilient City. How Modern Cities Recover from Disaster*; J. Gillingham (2003), *European Integration*, pp. 11-15 e 41 e ss.; J. Roberts (1999), *Twentieth Century*, pp. 435 e ss.; F.-G. Dreyfus (1996), "A Europa de 1914 aos nossos dias", pp. 465 e ss.

deveria competir a defesa do pleno emprego, do equilíbrio externo e da estabilidade do valor da moeda.

Por quase todo o continente foram adotadas políticas de inspiração keynesiana, fazendo aumentar a pressão pública sobre a economia, em grande medida por efeito da ajuda financeira norte-americana, cuja dimensão foi certamente determinante para alcançar um ritmo muito elevado de crescimento económico em anos sucessivos.

Entre 1947 e 1960, as taxas de crescimento económico na Europa variaram entre a sua duplicação e a sua multiplicação por cinco, comparativamente ao período anterior ao conflito. Para isso muito contribuíram as avultadas verbas do auxílio norte-americano repartidas pelos Estados da Europa Ocidental (a Grã-Bretanha auferiu 2600 milhões de dólares, a França 2000 milhões, a Alemanha Ocidental 1000 milhões, a Holanda 900 milhões e a Bélgica 500 milhões). A Itália foi palco de uma das mais vigorosas evoluções, em termos da produção industrial, no período do pós-guerra (entre 1950 e 1974, a produção industrial italiana quase quintuplicou).

Quanto à economia alemã, de 1948 a 1960 cresceu a uma taxa anual de 7,5%, beneficiando da reforma monetária de LUDWIG EHRARD, da mão-de-obra bem preparada (ativa e pronta a inserir-se de novo na sociedade alemã tradicional, proveniente das expulsões de leste), das estruturas económicas modernas e do potencial tecnológico renovado e ampliado durante a guerra. Apoiando-se na *Soziale Marktwirtschaft* e amplamente influenciados pelo pensamento cristão católico e protestante, os governos alemães-ocidentais que se sucederam desde 1949 (na altura ainda sob autorização dos altos-comissários aliados), iriam assegurar um consenso socioeconómico no conjunto da população que, embora contestado por minorias, ajudou a sustentar o ressurgimento.

Logo a seguir à guerra, foram nacionalizados diversos sectores (na Grã-Bretanha os transportes, a energia elétrica, o carvão e o aço; na França a energia, os bancos, os seguros e a construtora de automóveis *Renault*). Em França, sob inspiração de JEAN MONNET, decidiu-se em 1945 estabelecer um sistema de planificação indicativa, destinado a favorecer a concertação das diversas forças socioprofissionais, fundamental em países onde a economia privada conservasse uma posição essencial. Dificuldades políticas e económicas, incluindo a guerra ultramarina, conduziram ao termo da IV República, em 1958, e dificultaram o ritmo de crescimento do país.

Apesar da produção europeia e mundial ter sido mais afetada pela Segunda Guerra Mundial do que pela Primeira Guerra, a reconstrução após 1945 foi muito mais célere. Na maior parte dos países, em 1950, já se tinham excedido os níveis de produção de 1938. Entre as exceções encontramos a Alemanha Ocidental e, fora da Europa, o Japão, que só recuperaram a produção anterior à guerra em meados da década[26].

A gravidade da situação económica, social e política europeia imediatamente após a guerra levou os Estados Unidos da América a intervir. Em junho de 1947, o secretário de Estado norte-americano anunciou que o seu país estava decidido a ajudar o «velho continente». Mas o «Plano MARSHALL» terá chegado, porventura, «com um ano de atraso»: a Checoslováquia, que já decidira aceitar o auxílio, foi forçada à renúncia por pressão de Moscovo; o governo polaco, enquanto preparava a sua posição, soube pela rádio que o havia rejeitado. A URSS repudiou expressamente o Plano MARSHALL no dia 2 de julho de 1947. A ajuda dos Estados Unidos da América à Europa estendeu-se também ao campo militar, através da participação na nova Organização do Tratado do Atlântico Norte (OTAN / NATO), criada em 1949.

O presidente norte-americano HARRY TRUMAN e o seu governo decidiram intervir financeiramente em favor dos países europeus destroçados pela guerra, tendo sido marcante o discurso do secretário de Estado GEORGE MARSHALL, em Harvard, em 5 de junho de 1947, no qual expôs o *European Recovery Program*, depois conhecido por «Plano MARSHALL».

[26] Entre 1950 e 1973, os países industrializados experimentaram, em média, um crescimento económico sustentado acima dos 5% ao ano – ou seja, bem superior às taxas de crescimento registadas anteriormente, entre 1870 e 1913 (2,6%) ou entre 1913 e 1959 (1,9%), e mais tarde, entre 1973 e 1980 (2,9%) ou após 1980. Naturalmente, a taxa de crescimento não foi uniforme neste grupo de países. Nas décadas de 50 e 60, o Japão cresceu muito mais rapidamente do que outros países, a uma média anual de 9,8%, seguido pela Alemanha Ocidental (6,3%), pela Itália (5,6%) e pela Finlândia e pela França (5%). As taxas de crescimento mais baixas foram registadas nos Estados Unidos da América (3,5% ao ano) e no Reino Unido (2,8%). Entre 1973 e 1980, somente um pequeno grupo de países atingiu ou ultrapassou os 3% do PIB (a Noruega, com 4,9%, o Canadá, com 4,3%, o Japão, com 3,6%, a Holanda e a Áustria, em torno dos 3%). Cf. A. KENWOOD / A. LOUGHEED (1999), *The Growth of the International Economy 1820-2000*, pp. 307-309; F.-G. DREYFUS (1996), "A Europa de 1914 aos nossos dias", pp. 465-471; FMI (1999-2004), *World Economic Outlook*.

Após uma descrição do estado caótico das economias europeias, o general MARSHALL considerou que a ajuda não se dirigia contra nenhum país ou doutrina, mas sim contra a fome, pobreza e falta de esperança, impondo-se romper o círculo vicioso e restaurar a confiança. O programa deveria ser geral e da iniciativa dos europeus. Correspondendo à proposta norte-americana, 16 Estados europeus (Áustria, Bélgica, Dinamarca, França, Grécia, Irlanda, Islândia, Itália, Luxemburgo, Noruega, Países-Baixos, Portugal, Reino Unido, Suécia, Suíça e Turquia – não compareceram a Alemanha, a Espanha, a URSS e os restantes países do Leste), reunidos em Paris entre 12 de julho e 27 de setembro de 1947, acordaram na criação de uma comissão de cooperação económica para esse efeito.

Em 2 de abril do ano seguinte (1948), surgiu em Washington uma Administração de Cooperação Económica, dirigida por PAUL HOFFMAN e cujo financiamento global, dependente de votação anual do Congresso americano, viria a atingir 12,847 mil milhões de dólares. Duas semanas depois, no dia 16, foi fundada a Organização Europeia de Cooperação Económica (OECE), destinada a «praticar uma estreita cooperação nas relações económicas mútuas» e a estabelecer e executar um programa comum de recuperação económica.

Por outro lado, a insuficiência do sistema de defesa subjacente ao projeto universal expresso na Carta das Nações Unidas, assinada na cidade de São Francisco em 26 de junho de 1945, deu rapidamente lugar a uma «ordem dos pactos militares» (ADRIANO MOREIRA) – o da Aliança Atlântica (4 de abril de 1949) liderado pelos Estados Unidos da América e o do Pacto de Varsóvia (14 de maio de 1955) dominado pela URSS; o primeiro assente numa ideologia confiante e respeitadora dos regimes democráticos, dos direitos do homem e da economia de mercado, o segundo promotor das democracias populares, onde os partidos comunistas assumiam o poder «à sombra das tropas soviéticas presentes, antecipando pela ocupação o resultado que diziam esperar da inevitável revolução mundial».

Os dois projetos iriam defrontar-se militarmente na linha geográfica de partilha durante cerca de meio século, até à queda do Muro de Berlim em 1989, cada um lutando «pela conquista das lealdades dos povos fixados na área do adversário». A ameaça da destruição global pelo recurso às armas atómicas introduziu a variável do terror e a hipótese do holocausto, «constantemente lembrado por guerras marginais como as da Coreia e do Vietname, ou guerras por procuração, designadamente em Angola e Moçambique».

Na parte ocidental da Europa edificou-se a *pax* americana, expandida pelo resto do mundo, por se ter globalizado a balança de poderes e a corresponsabilidade «não negociada» das duas superpotências. O auxílio financeiro, indispensável à recuperação do dinamismo económico e do protagonismo internacional da Europa, precedeu a segurança militar americana; mas, sem esta teria sido impossível obter a confiança necessária ao estabelecimento de uma economia de mercado e aos «milagres» económicos (na Alemanha Ocidental e também na Itália, na França)[27].

Entretanto, nos países europeus do Leste, onde inicialmente tinham sido adotados regimes parlamentares, a pressão soviética aumentou. Como os partidos comunistas eram minoritários, a União Soviética insistiu na necessidade de fusão com os partidos socialistas e na de infiltração nas estruturas administrativas. Os ministros com as pastas decisivas – forças armadas e policiais – deveriam ser comunistas, «obrigatoriamente», desde a formação do governo ou, quanto antes, *v. g.*, por meio de remodelação ministerial.

O processo de dominação soviética, sistematicamente prosseguido independentemente dos meios utilizados, ficou praticamente concluído em 1947, com a instalação das democracias populares. Desfrutando de um impressionante prestígio político internacional, o imperialismo soviético afirmou a sua preponderância no centro e leste da Europa, cristalizando a divisão do continente em dois sistemas diametralmente opostos. A par da reconstrução económica e social, procedeu-se a uma expansão ideológica inédita, à escala mundial, que encontrou um terreno preferencial na Europa de Leste.

A sovietização geral – económica, institucional, cultural – iria impedir, por muitos anos, até quase ao final do século XX, o caminho de reaproximação ou de reunificação no seio do continente europeu. Alguns europeus, minoritários, encararam a supremacia soviética com entusiasmo, independentemente de saberem ou não que «nunca qualquer partido comunista ganhou eleições justas e democráticas» (Richard Vinen).

[27] Cf. R. Vinen (2000), *A History in Fragments. Europe in Twentieth Century*, pp. 287 e ss.; A. Moreira (1999), "Europa", cols. 397 e ss.; J. Roberts (1999), *Twentieth Century*, pp. 435 e ss.

A divisão crescente entre o Leste e o Ocidente, e o aumento da repressão no Leste, trouxe o pessimismo à maioria dos europeus, bem refletido na literatura «negra» da altura (como *1984*, de George Orwell, ou *The Third Man*, de Graham Greene). A Ocidente receou-se um novo confronto militar, que, na perspetiva de alguns anticomunistas de Leste, poderia significar a libertação.

O processo de dominação soviética iniciava-se, normalmente, sob a fachada de uma frente nacional, que operava nacionalizações, facilitava a penetração da URSS, cujos capitais substituíam os ocidentais, dividia terras para estimular pequenas explorações e adotava uma política de depuração, sobre os grandes colaboracionistas com os alemães e sobre os adversários da «marxização». No Verão de 1947 foram sistematicamente capturados e condenados por alta traição dirigentes liberais-populares na Bulgária (Petkov) e na Roménia (Maniu).

Reunidos na Silésia, entre 22 e 27 de setembro, os principais responsáveis pelos partidos comunistas europeus criaram um organismo de informação e de coordenação, o *Kominform*. Em 9 de outubro seguinte, Jdanov proclamou a tese oficial segundo a qual o mundo estava dividido em dois campos, um imperialista e capitalista, o outro anti-imperialista e socialista. Para o teórico do PCUS, a via para o socialismo seria pacífica nas democracias «populares», não nos países onde o partido comunista se mantivesse impotente e na oposição. Nestes países, apelava-se à ação revolucionária. O campo «pacifista» abrangeria apenas a URSS, as novas democracias e «também os países que romperam com o imperialismo e enveredaram pela democracia, como a Hungria, a Roménia e a Finlândia»[28].

[28] O sistema soviético endureceu com o envio de milhares de pessoas para campos de «reeducação» («via pacífica») e com o assalto a todas as posições-chave nos poderes do Estado, condenando-se quaisquer hesitações. Os laços entre os países do Leste foram reforçados mediante uma rede de alianças militares, políticas e económicas. A fase avançada da «sovietização», imposta por Moscovo, abrangia a intensificação da luta contra as correntes reacionárias, a extinção dos partidos da oposição e a depuração dos restantes. O isolamento dos sociais-democratas de Leste dos socialistas ocidentais, «os agentes mais zelosos do imperialismo», teve em vista a fusão dos partidos socialistas depurados com os partidos comunistas.
Ao mesmo tempo, a União Soviética incentivou a preparação de organismos coordenadores em matérias políticas, económicas e militares. Após o Verão de 1947 foi lançada uma ofensiva contra os socialistas, enfrentada tenazmente na Checoslováquia, na Hungria, na Roménia e na Polónia, por sindicalistas e outros que esperavam manter a independência das suas organizações, após a eliminação dos elementos burgueses. As ofensivas eram, normalmente,

Na parte ocidental da Europa, os países que não ficaram sujeitos ao jugo de Moscovo, pretendiam, compreensivelmente, e em primeiro lugar, assegurar a paz, para não serem outra vez destruídos pela guerra, e, em segundo lugar (na verdade, «em primeiro lugar», logo que se supôs «garantida» a paz), alcançar a prosperidade, para a todos poder oferecer o bem-estar económico e social.

Que melhor caminho proporcionaria aos europeus estes objetivos? Provavelmente, «o» da cooperação e da integração (económica) internacional, recorrentemente imaginada, mas também projetada, com maior ou menor pormenor e fundamentação – conforme vimos, com brevidade, neste capítulo –, e defendida não apenas por poetas, mas também por juristas, economistas, políticos...

A entidade mítica «Europa», denominada há dois milénios, continuava em fase de projeto, como «sempre» estivera no passado, e como ainda continuaria a estar nos anos e decénios seguintes, até ao presente. Mas logo teria desenvolvimentos muito importantes, dos mais importantes em toda a história do «velho continente», como se comprovaria mais tarde.

Foi neste quadro, extremamente contraditório e complexo, com profundas divergências e antagonismos entre vários países, mas em que também se afirmou com vigor um propósito de convergência e de unidade, provavelmente não imediato mas a prazo, mais ou menos longo, com abertura e flexibilidade em relação ao método a seguir, desde que voluntário e pacífico, que emergiu, com muitas dificuldades mas não menos arrojo e persistência, o projeto inovador de «construção» ou de «unidade» europeia, concretizado, enfim, com enorme eficácia, primeiro, pelas Comunidades Europeias e, depois, pela União Europeia – sem esquecer tantos outros esforços e iniciativas que também contribuíram, e ainda continuam a contribuir, para a crescente aproximação entre os Estados da Europa e os europeus, apesar dos obstáculos e das resistências, mais ou menos vigorosos, e dos revezes, que também existiram e que persistem, com maior ou menor diversidade, aqui e além.

desencadeadas por intelectuais revolucionários, «quiméricos e enamorados do sistema», prontos a tudo sacrificar à unidade operária. No momento em que a Europa Ocidental procurava o seu próprio rumo, tudo parecia reunido para tornar os novos Estados de leste em satélites da URSS. Cf. R. Vinen (2000), *A History in Fragments. Europe in Twentieth Century*, pp. 287 e ss.; J. Roberts (1999), *Twentieth Century*, pp. 457 e ss.; F.-G. Dreyfus (1996), "A Europa de 1914 aos nossos dias", pp. 447-449.

3. Mais cooperação e integração em busca do crescimento económico

O itinerário partilhado por seis Estados da Europa Ocidental e seus cidadãos a partir da decisão de criação das três Comunidades Europeias (e, mais tarde, da União Europeia) teve por base jurídica um conjunto de tratados internacionais assinados pelos respetivos representantes políticos daqueles Estados, que assim se tornaram membros de pleno direito daquelas Comunidades (e, mais tarde, da União, juntamente com outros Estados que, entretanto, se haviam tornado parceiros, na sequência de sucessivos processos de alargamento).

Apesar das especificidades e diferenças existentes entre os Estados membros, incluindo quanto à sua dimensão territorial e populacional, quanto à capacidade produtiva e exportadora das suas economias, quanto ao nível de educação e de formação profissional e quanto às condições gerais de vida das pessoas neles residentes, entre muitos outros indicadores estatísticos, estamos perante entes soberanos, com plenos poderes para decidirem vincular-se ou não externamente, perante outros Estados, igualmente soberanos e independentes, designadamente com capacidade para se vincularem internacionalmente através da celebração de acordos internacionais.

Soberania e independência dos Estados não significa nem implica, evidentemente, ausência de relações ou a ausência e rejeição de interdependência, ou de (múltiplas) interdependências, num mesmo mundo, por todos partilhado, crescentemente menos distante e mais próximo, em que os contactos, as partilhas, as trocas e o conhecimento mútuo se tornam cada dia que passa mais fáceis e frequentes.

Conforme já se escreveu noutra ocasião, a soberania dos Estados nunca terá sido entendida verdadeiramente como uma realidade absoluta, sendo em vez disso considerada no contexto do reconhecimento e do relacionamento entre entes soberanos distintos, parte de um conjunto frequentemente designado por sociedade ou comunidade internacional[29]. A noção de soberania é, sem dúvida, compatível com a vinculação jurídica dos Estados a obrigações internacionais.

E, quando se afirma que os Estados dispõem de total liberdade para escolher o seu regime económico e social, perante eventuais tentativas

[29] Cf. J. Renato Gonçalves (2020), "Internacionalização, mundialização e globalização: conceitos ainda em consolidação", in AA VV (2020), *Globalização como Problema*, pp. 23 e ss.

de interferência externa, em conformidade com o previsto no artigo 2.º-1 da Carta dos Direitos e Deveres Económicos dos Estados, de 1974, isso não significa negar a clara e imprescindível coexistência, em termos pelo menos formalmente paritários, de cada Estado soberano conjuntamente com os restantes Estados também soberanos[30].

Na Declaração sobre Relações Amigáveis e Cooperação entre Estados, das Nações Unidas [Resolução da Assembleia Geral 2625 (XXV)], de 24 de outubro de 1970, reconhece-se expressamente que todos os Estados são «igualmente soberanos»: têm direitos e deveres iguais e são membros também iguais da comunidade internacional, independentemente das diferenças económicas, sociais, políticas ou outras. Daí decorre, designadamente, que «cada Estado tem o direito de escolher livremente e desenvolver os seus sistemas político, social, económico e cultural» [*e)*], e que «[cada Estado] deve cumprir plenamente e de boa-fé as suas obrigações internacionais e conviver em paz com os outros Estados» [*f)*].

Este quadro tradicional explicativo das relações entre Estados soberanos não foi posto em causa pelas sucessivas e cada vez mais frequentes relações económicas baseadas na cooperação, motivadas em geral por vantagens recíprocas emergentes daquelas relações, suscetíveis de aproveitamento, antes de mais mas não apenas, por todos os que as realizam: exportadores e importadores, produtores e consumidores, cujo número aumentou exponencialmente à medida que se ampliaram e generalizaram as trocas entre os territórios dos vários países do mundo, aumentando assim a interdependência económica e em muitos outros domínios, do que resultou a possibilidade de aproveitamento por qualquer pessoa, nos diferentes pontos geográficos do globo, dos bens produzidos e provenientes ou prestados a partir de outros pontos geográficos, mais próximos ou distantes, em função quase tão-somente das múltiplas preferências e escolhas individuais dos interessados e envolvidos.

[30] São numerosos os estudos gerais sobre o tema da soberania económica dos Estados – sem se olvidar que nem todos os Estados são soberanos na ordem internacional (como sucede com os Estados federados). Sobre a soberania económica internacional, pode confrontar-se, entre muitos outros autores, D. Carreau / P. Juillard (2017), pp. 28 e ss.; M. Herdegen (2016), pp. 65 e ss.; A. Qureshi / A. Ziegler (2011), pp. 47 e ss.; A. Lowenfeld (2008), pp. 3 e ss.; Hoekman / Kostecki (2001), pp. 9 e ss.; P. Jackson (1997), pp. 79 e ss.

Os atos de cooperação ou de concertação e aproximação ou harmonização política, económica e jurídica entre Estados reduzem, em geral, os obstáculos tradicionais à realização do comércio internacional – mediante a diminuição dos obstáculos aduaneiros e de outra natureza, a proibição de práticas discriminatórias contra o que provém do estrangeiro, o que lá foi produzido ou que a partir de lá é prestado, a imposição da transparência de procedimentos, da boa governação económica e da luta resoluta contra a corrupção e outros comportamentos ilícitos e nocivos.

A interdependência económica internacional aumentou com a gradual mundialização das trocas, um processo com antecedentes seculares, inaugurado nos séculos XV e XVI pelos Portugueses e pelos Espanhóis e sucessivamente aprofundado desde então, pelos Holandeses e pelos Ingleses, até pelo menos ao final do século XIX, inícios do século XX, quando, em vésperas da Primeira Guerra Mundial, o grau de abertura económica face ao exterior atingiu um nível extraordinariamente elevado, envolvendo não apenas as trocas internacionais de bens, mas também os mercados financeiros, centrados na *City* de Londres, além da liberdade de circulação de pessoas, que atingiu números de migrantes como nunca antes, incluindo entre continentes diferentes (sobretudo da Europa para as Américas).

Diversas circunstâncias estiveram na origem e continuam ainda a encontrar-se no cerne dos numerosos processos de cooperação e, mais recentemente, «de integração» económica internacional, concretizados ao longo das últimas décadas, sobretudo desde o final da Segunda Guerra Mundial, primeira e paradigmaticamente no continente europeu e, logo após, em várias outras partes do globo.

São evidentes as razões da necessidade de cooperação política e económica internacional num mundo crescentemente interdependente, porque todos passaram a poder adquirir bens produzidos em quase todos os pontos geográficos do mundo, em que cada vez mais problemas ficam confinados às fronteiras dos Estados nacionais e em que, consequentemente, a respetiva solução exige medidas concertadas de vários Estados, ou o envolvimento e até a criação de novas organizações e entidades internacionais.

Especificamente quanto ao fenómeno da chamada integração económica entre países, a atenção concentrou-se nos motivos e nos fundamentos desse processo inovador, pelas implicações que comporta, incluindo a imposição de constrangimentos substanciais, intensos e aparentemente definitivos sobre os poderes soberanos dos Estados, há muito constrangidos pela expansão e pelas exigências das relações internacionais, assentes sobretudo na cooperação, mas nunca tão intensamente abalados como nas mais recentes situações de integração económica internacional.

O processo de cooperação económica que se concretizou à escala internacional no período que antecedeu a Primeira Guerra Mundial não tinha alicerces institucionais minimamente sólidos: era informal. Assentava essencialmente na vontade e na tolerância dos Estados, em especial de alguns dos Estados com maior relevância económica, no sentido não de apenas permitirem, mas protegerem ativamente, de modo unilateral, mas efetivo, quer nos planos político como jurídico, as pretensões de liberdade comercial dos sujeitos envolvidos[31].

A debilidade institucional e jurídica da ordem económica internacional do final do século XIX e inícios do século XX facilitou o respetivo colapso, ante as dificuldades decorrentes da crescente desconfiança face aos estrangeiros e ao exterior, o que se agravou nos anos seguintes e apenas se conformaria com a adoção de medidas nacionalistas e protecionistas, intensificadas com a eclosão, a difusão e o agravamento dos confrontos armados, a partir de 1914.

Apesar das oscilações, as políticas nacionalistas e protecionistas acabaram por predominar nos vários países até ao desfecho da Segunda Guerra Mundial, em 1945, tendo por instrumentos basilares as quotas de importações e de exportações («contingentes»), a proibição das trocas internacionais de determinados bens com vários países considerados adversários ou inimigos, a elevação dos direitos aduaneiros, constrangimentos

[31] Cf. D. Carreau / P. Juillard (2017), *Droit International Économique*, 7.ª ed.; M. Herdegen (2016), *Principles of International Economic Law*, 2.ª ed.; M. Graff / A. Kenwood / A. Lougheed, (2014), *The Growth of the International Economy 1820-2000: An Introductory Text*, 5.ª ed., I, 23-152; A. Qureshi / A. Ziegler (2011), *International Economic Law*, 3.ª ed.; R. Tamames / B. Huerta (2010), *Estructura Económica Internacional*, 21.ª ed., Partes 1 e 2; A. Lowenfeld (2008), *International Economic Law*, 2.ª ed.; P. Knox / J. Agnew / L. McCarthy (2003), *The Geography of the World Economy: An Introduction to Economic Geography*; B. Hoekman / M. Kostecki (2001), *The Political Economy of the World Trading System*, 2.ª ed.; P. Jackson (1997), *The World Trading System*.

ao financiamento internacional e à circulação de capitais, bem assim de pagamentos, com sujeição das respetivas operações a decisões casuísticas de *clearing* fundadas em critérios políticos, a par de outras restrições de natureza quantitativa das importações e das exportações, por todo o tipo de confrontos, mais ou menos declarados ou latentes, em consequência das crescentes incertezas e desconfianças.

Reconhecendo os efeitos económicos negativos das posições e medidas políticas nacionalistas e protecionistas, típicas de épocas de confrontos, encetaram-se processos negociais com vista a encontrar novas formas de relacionamento económico que pudessem vigorar depois do termo dos embates bélicos, já não baseados no nacionalismo e no protecionismo, como no período entre guerras, mas sim na abertura ao exterior e na não discriminação de estrangeiros e entre bens em função da sua origem, para assim promover a criação da riqueza com bases previsíveis e duradouras, em benefício de todos, numa perspetiva cosmopolita, e não apenas de algum ou alguns povos contra os restantes.

A nova ordem económica internacional que começou a ser desenhada ainda antes do final da Segunda Guerra Mundial devia entrar em vigor tão rapidamente quanto possível, como ficou acordado no verão de 1944, na conferência de Bretton Woods, no New Hampshire, na qual se decidiu criar um Sistema Monetário Internacional e um Fundo Monetário Internacional (FMI), organização incumbida da administração daquela ordem monetária, com o objetivo principal de viabilizar, facilitar e garantir a realização de pagamentos internacionais, imprescindíveis para viabilizar as trocas entre países.

Posteriormente, decidiu-se estabelecer uma nova ordem comercial internacional, embora num primeiro momento sob forma relativamente precária e provisória, através de um *executive agreement*, desprovida de um suporte institucional sólido e duradouro, com a aprovação do Acordo Geral sobre Direitos Aduaneiros (ou Pautas Aduaneiras) e Comércio (*General Agreement on Tariffs and Trade* – GATT), em 1947, que se consolidou gradualmente, ante o fracasso das negociações da Conferência de Havana, em 1948, que previam a criação de uma Organização Internacional do Comércio e a vigência da Carta de Havana (cuja Parte IV correspondia ao GATT) – que, todavia, não chegaram a ser aprovadas pelas Partes representadas.

Tendo por finalidade a instauração de uma nova ordem económica internacional orientada pela não discriminação em razão do território de origem dos bens ou da nacionalidade dos produtores, o Acordo Geral não produziu efeitos imediatos de grande impacto à escala mundial, como se poderia eventualmente admitir, devido às suas debilidades: (*i*) quanto à forma do instrumento jurídico – um acordo sob forma simplificada, *executive agreement*, em vez de um Tratado internacional, como proposto em relação à Carta de Havana; (*ii*) quanto à ausência de uma base institucional consistente e estável – a projetada Organização Internacional do Comércio não chegou a ser criada; (*iii*) quanto à restrição do âmbito geográfico – apesar de incluir os Estados economicamente mais importantes do mundo, na época, não abrangeu vários países que ampliariam decisivamente o peso económico internacional nas décadas seguintes até ao presente; e também (*iv*) do seu âmbito material – limitado aos bens materiais ([32]).

A nova ordem económica internacional, que se expandiu, prevaleceu e consolidou até ao presente, foi fortemente criticada desde o início, por discordância total ou parcelar com os seus princípios fundamentais ou apenas com o modo como foram e são aplicados, perante outros valores e especificidades de organização e funcionamento da economia, alheios àqueles princípios, frequentemente considerados prejudiciais devido ao reduzido nível desenvolvimento dos países, sem capacidades ou motivações suficientes para enfrentar os desafios acrescidos pela maior abertura ao exterior e sujeição imediata à concorrência universal.

[32] O GATT de 1947 tinha por objeto, como ainda hoje, o comércio internacional de mercadorias, mesmo assim com exceções ampliadas à medida que foi aplicado e em que foram aceites «autolimitações» às trocas e reivindicadas diversas exceções, muitas de duvidosa conformidade com o multilateralismo vigente, até à mudança do *Uruguay Round*, com a aprovação dos Acordos que estabeleceram a Organização Mundial do Comércio (OMC, ou WTO, de World Trade Organization) em 1 de janeiro de 1995. Cf. D. Carreau / P. Juillard (2017), *Droit International Économique*, 7.ª ed.; M. Herdegen (2016), *Principles of International Economic Law*, 2.ª ed.; A. Qureshi / A. Ziegler (2011), *International Economic Law*, 3.ª ed.; R. Tamames / B. Huerta (2010), *Estructura Económica Internacional*, 21.ª ed.; A. Lowenfeld (2008), *International Economic Law*, 2.ª ed.; B. Hoekman / M. Kostecki (2001), *The Political Economy of the World Trading System*, 2.ª ed.; P. Jackson (1997), *The World Trading System*.

Foram, e continuam a ser, várias as correntes e os movimentos que contestaram e contestam a ordem económica internacional em vigor, reivindicando alguns a sua substituição por uma nova ordem, mais justa e sustentável. São conhecidas, em geral, as principais correntes críticas e contestatárias, sendo dispensável agora o respetivo enunciado.

Concretamente, a par do sucessivo reforço da cooperação económica internacional, reflexo das perceções favoráveis ao seu aprofundamento, devido aos benefícios proporcionados, à luz das explicações clássicas e neoclássicas sobre comércio internacional, em que pontificou David Ricardo, com a teoria das «vantagens comparativas»[33], surgiu com enorme vigor uma nova modalidade de relacionamento entre países, independentes mas próximos, não apenas do ponto de vista geográfico mas também nos domínios cultural, político, económico e jurídico: a integração económica internacional.

Eram conhecidas diversas formas de integração económica internacional, mas só se manifestaram e passaram a caracterizar a estrutura de grande parte da economia mundial após a Segunda Guerra Mundial. Assim, a «união aduaneira» esteve na origem do processo que conduziu à unificação alemã, no século XIX, com antecedentes desde 1818 e consolidação em 1833, expandindo-se até à criação do Império Alemão, em 1871.

Também se conhecia a «zona de comércio livre» – sendo desnecessário mencionar o fenómeno, distinto, da integração económica nacional, no interior do território do Estado, que em princípio antecede a participação num acordo de integração económica internacional[34].

[33] David Ricardo (1817, 135) sustentou a teoria das «vantagens comparativas», tendo por referência a explicação de Adam Smith (1786) sobre custos ou «vantagens absolutas», pondo em crise a visão anterior do Mercantilismo, que dominou de 1500 até cerca de 1750. Os desenvolvimentos da teoria ricardiana continuam a centrar o debate atual da Economia Internacional. Cf. Krugman / Obstfeld / Melitz (2012), *International Economics*, 8.ª ed., pp. 24-47; Manuel L. Porto (2016), *Teoria da Integração e Políticas da União Europeia*, 5.ª ed., pp. 21 e ss.

[34] A integração económica tende a efetuar-se primeiramente a uma escala mais restrita, «local», e só depois se torna geográfica e materialmente mais extensa e também mais intensa, quanto aos ordenamentos envolvidos, até ganhar dimensão «nacional», por impulso decisivo do Estado. Sem prejuízo de várias especificidades. A integração efetiva, não apenas económica e social, mas também política e cultural, depende de múltiplas circunstâncias e,

Uma zona de comércio livre pressupõe liberdade de circulação de bens entre os territórios dos Estados ou territórios aduaneiros autónomos participantes, sem compromisso quanto à unificação dos direitos aduaneiros aplicados pelos vários parceiros que a estabeleceram, dando assim lugar a situações designadas de «desvio de comércio», para aproveitamento de direitos aduaneiros mais baixos exigidos por algum dos Estados da área ou zona no respetivo território.

Entre os muitos exemplos de zonas de comércio livre, temos a Associação Europeia de Comércio Livre (*European Free Trade Association* - EFTA), criada por iniciativa do Reino Unido, em 1960, pela Convenção de Estocolmo[35], e, mais recentemente, a criada pelo Acordo de Comércio Livre da América do Norte (*North American Free Trade Agreement* - NAFTA), entre o Canadá, os Estados Unidos e o México, em 1 de janeiro de 1994, alterado pelo «Novo NAFTA», de 30 de novembro de 2018[36].

designadamente, da extensão e contiguidade geográfica do território e da natureza e exercício efetivo do poder político. Consoante os domínios de integração e as especificidades do Estado, alguns alcançaram-na muito antes do que outros. Alguns países continuaram a aplicar no interior do seu território medidas comerciais restritivas idênticas às exigidas nas fronteiras externas.

[35] A EFTA (Associação Europeia de Comércio Livre - European Free Trade Association) foi criada pela Convenção de Estocolmo, de 4 de janeiro de1960, assinado, além do Reino Unido, pela Áustria, Dinamarca, Noruega, Portugal, Suécia e Suíça, e em vigor desde 6 de maio do mesmo ano. A Islândia tornou-se membro da EFTA em 1961, a Finlândia em 1986 e o Liechtenstein em 1991, enquanto a Dinamarca e o Reino Unido saíram da organização em 1972, Portugal em 1985 e a Áustria, a Finlândia e a Suécia em 1994, em todos os casos mencionados para entrarem nas Comunidades Europeias. O Tratado do Porto de 1992 previu o estabelecimento em 1 de janeiro de 1994 do Espaço Económico Europeu (EEE) entre as Comunidades Europeias e os Estados membros da EFTA, com exceções. De acordo com o Tratado, as disposições comunitárias europeias relativas ao mercado interno, fundamentalmente as respeitantes às quatro liberdades económicas (livre circulação de mercadorias, pessoas e serviços, incluindo a liberdade de estabelecimento), bem assim as regras comunitárias europeias de concorrência, são vinculativas também para os Estados signatários da EFTA. Consequentemente, até 2020, o direito da União Europeia relativo ao mercado interno foi aplicável a 31 Estados: os 28 membros da União Europeia e a três membros da EFTA: Islândia, Liechtenstein e Noruega; é ainda aplicável à Suíça nos termos dos acordos bilaterais celebrados pelo país com a União Europeia.

[36] A Área de Comércio Livre da América dos Norte (NAFTA) estabelecido pelo Canadá, pelo México e pelos Estados Unidos da América a partir de 1 de janeiro de 1994 teve por antecedente imediato o Acordo de Comércio Livre entre o Canadá e os Estados Unidos da

Além da liberdade de circulação de bens entre os territórios dos Estados ou dos territórios aduaneiros autónomos que a formam, sem possibilidade de imposição ou cobrança de quaisquer direitos aduaneiros nos atos de entrada ou saída de bens entre esses territórios, a união aduaneira requer a adoção de uma Pauta Aduaneira Única em toda a sua extensão, tanto nas importações como nas exportações de bens.

Do ponto de vista dos direitos aduaneiros e de outras regras de importação e de exportação, tudo se passa como se os territórios dos vários países que formam uma união aduaneira constituíssem uma só unidade em cuja extensão deixam de ser permitidos quaisquer direitos aduaneiros e outras medidas restritivas da circulação de bens, ficando limitada a exigência de direitos aduaneiros e ou de outras medidas de importação e exportação às entradas e saídas de e para «países terceiros» (não abrangidos pela união aduaneira).

Ao contrário do que sucede na zona de comércio livre, em que podem ser cobrados direitos aduaneiros diferentes pelos vários Estados membros nas relações com países terceiros, a Pauta Aduaneira Única da união aduaneira torna inúteis eventuais situações de «desvio de comércio». Além do exemplo histórico da *Zollverein* alemã, bastará acrescentar a, sem dúvida, mais paradigmática de todas as uniões aduaneiras (por se ter tornado modelo das numerosas uniões aduaneiras e económicas criadas, desde os anos cinquenta do século XX, por quase todos os cantos do mundo, das Américas e África até à Ásia e Oceania): a Comunidade Económica Europeia (CEE), que deu depois lugar à atual União Europeia[37].

América, em vigor desde 1 de janeiro de 1989. O acordo NAFTA foi renegociado em 2017 e 2018 com vista à sua substituição pelo mais abrangente Acordo entre o Canadá, os Estados Unidos da América e o México (USMCA / CUSMA-ACEUM / T-MEC, consoante as partes contratantes), ou «Novo NAFTA», concluído a 1 de outubro de 2018 e assinado pelos chefes de Estado ou de governo dos três países a 30 de novembro do mesmo ano, em Buenos Aires (em reunião paralela à cimeira do G-20), com versão posterior (de 10 de dezembro de 2019), sujeita a ratificação.

[37] O artigo 9.º-1 do Tratado de Roma de 1957, que instituiu a EEC, previa que esta "assenta numa união aduaneira que abrange a totalidade do comércio de mercadorias e implica a proibição entre os Estados membros de direitos aduaneiros de importação e de exportação e de quaisquer encargos de efeito equivalente, bem como a adoção de uma pauta aduaneira comum nas suas relações com países terceiros". Esta redação da versão originária do Tratado de

Sobre a integração económica internacional importa mencionar algumas distinções. Entre as mais frequentes[38], mas não necessariamente mais relevantes, encontramos, quanto ao âmbito económico abrangido, a

(*i*) integração sectorial ou «vertical», que envolve apenas um sector ou determinados sectores de atividade (é o caso da CECA – Comunidade Europeia o Carvão e do Aço), e a
(*ii*) integração geral ou «horizontal», que abrange a generalidade dos sectores económicos dos países participantes (casos da CEE-CE-UE, NAFTA, Mercosul), e, de acordo com Tinbergen (1965), a
(*iii*) integração «negativa», ou passiva, e a
(*iv*) integração «positiva», ou ativa, consoante se tenha em vista essencialmente a eliminação das formas de discriminação e de restrição à circulação transfronteiriça de bens com vista à liberalização comercial (integração «negativa»), ou, mais do que isso, também a alteração dos instrumentos e instituições e a criação de outros com vista a promover o funcionamento eficiente dos

Roma coincide com aquela que continuamos, ainda hoje, a encontrar, agora no artigo 28.º-1 do Tratado sobre o Funcionamento da União Europeia (TFUE), nova designação do Tratado de 1957 que instituiu a Comunidade Económica Europeia, redenominado em 1992 (pelo Tratado da União Europeia ou Tratado de Maastricht) como Tratado da Comunidade Europeia (CE) e, por fim, em 2007 (pelo Tratado de Lisboa), como Tratado sobre o Funcionamento da União Europeia (TFUE).

[38] A integração económica internacional, ou «regional», no sentido de se desenvolver ao nível intergovernamental, entre Estados soberanos, mas não à escala universal, distingue-se quer da (*i*) integração económica interna ou nacional, que opera no interior do território de cada Estado soberano, ou seja, com um âmbito geográfico mais restrito do que o estabelecido entre mais do que um Estado, consoante a dimensão do território nacional, quer ainda da (*ii*) integração económica «mundial» ou «universal», de âmbito global, que envolve, teoricamente (pelo menos na atualidade ou nos tempos que possamos antecipar), todos os países e pontos territoriais do globo terrestre, que passariam, nesse quadro imaginário, a formar um único bloco económico mundial, sem quaisquer barreiras ou descriminações comerciais internas baseadas na origem dos bens ou na nacionalidade dos produtores de mercadorias ou dos prestadores de serviços, quando tivessem de ser ultrapassadas fronteiras nacionais... A atual ordem económica internacional, administrada pela OMC, pode ser considerada como uma tentativa no sentido da gradual integração económica global. Cf. Viner (1950), Tinbergen (1956), Balassa (1961), Mansfield / Milner (1997), Yamamoto (1999), Knox / Agnew / McCarthy (2003), P. Pitta e Cunha (2004), Stiglitz (2006), J. Renato Gonçalves (2010 and 2019), M. Porto (2016), Paz Ferreira (2016 e 2020).

mercados, a par de outros objetivos, económicos ou sociais mais vastos (integração «positiva»),

ou ainda a contraposição, feita por Lawrence (1996), procurando evidenciar a adesão diferenciada dos países em desenvolvimento perante o sistema comercial internacional prevalecente, entre

(*v*) integração (mais ou menos) «superficial» e
(*vi*) integração (mais ou menos) aprofundada.

Certamente mais úteis para a compreensão do fenómeno da integração económica internacional, por atenderem precisamente ao grau de aprofundamento de cada processo concreto, serão as classificações assentes nas seguintes formas, por vezes incorretamente consideradas como etapas ou fases de integração (económica internacional), com múltiplos graus e variantes:

(*i*) área ou zona de comércio livre;
(*ii*) união aduaneira;
(*iii*) mercado comum (mercado interno, mercado único – fórmulas sucessivamente utilizadas pela Comunidade Económica Europeia (agora União Europeia), tal como as subsequentes);
(*iv*) união económica;
(*v*) união monetária (ou então união económica e monetária);
(*vi*) união tributária (ou fiscal, mas não no sentido de «financeira», como é correntemente utilizada na língua inglesa);
(*vii*) união financeira (ou então união financeira e fiscal, ou *fiscal* na terminologia corrente inglesa);
(*viii*) união política (união de Estados).

Não é rigoroso referirmo-nos aqui a fases ou etapas de integração económica internacional, porque nada impõe a sequência enunciada, quer lógica quer cronológica, ou qualquer outra, de aproximação ou uniformização gradual de regimes económicos, com idênticos ou distintos intervalos temporais, apesar de entre as diversas formas poderem existir interconexões estreitas que justifiquem que a adoção de uma delas (por exemplo, a união monetária) seja precedida ou acompanhada, logicamente, por outras (por exemplo, a união económica).

Efetivamente, dois Estados podem decidir criar uma união política numa determinada data, coincidente ou não com a concretização de todas as restantes vertentes de integração económica internacional em sentido amplo. O caso da reunificação alemã, após a queda do Muro de Berlim, é elucidativo a esse propósito.

Diversamente, um conjunto de Estados pode decidir criar numa determinada ocasião uma união aduaneira e, simultaneamente, ou após o decurso de um período transitório, um mercado comum, com livre circulação de factores de produção, além das mercadorias, como sucedeu com o Tratado de Roma de 1957, que estabeleceu a Comunidade Económica Europeia.

Quanto à compatibilidade das diversas formas de integração económica com os princípios da ordem internacional económica vigente, importa notar que o GATT e a OMC têm como trave-mestra a não discriminação, que se manifesta através das chamadas cláusulas da nação mais favorecida (Artigo I do GATT) e do tratamento nacional na tributação e na regulamentação internas (Artigo III). Todos os membros da OMC têm direito, em regra, ao tratamento da nação mais favorecida por todos os restantes membros.

Uma das exceções à cláusula da nação mais favorecida respeita aos países menos desenvolvidos, enquanto a outra respeita as situações de integração económica internacional – uniões aduaneiras e zonas de comércio livre – mas somente se o acordo constitutivo, ou o acordo provisório que tenha em vista a respetiva criação, não contiver disposições sobre direitos aduaneiros e outras regulamentações comerciais, a aplicar aos territórios dos membros da OMC que não integrem a união ou zona a constituir, que sejam no seu conjunto mais elevados ou mais restritivos do que a anterior incidência geral dos direitos e regulamentações comerciais aplicáveis nos territórios constitutivos da união aduaneira ou da zona de comércio livre, e, se se tratar de um acordo provisório, de compreender um programa para a concretização da união aduaneira ou da zona de comércio livre num prazo razoável (cf. Artigo XXIV-4 e seguintes do GATT).

Sendo a regra geral da OMC a não discriminação, qualquer vantagem concedida por um membro a outro será considerada automaticamente estendida a todos os restantes membros. Com exceção das vantagens concedidas a países limítrofes, para facilitar o comércio fronteiriço [Artigo

XXIV-3-*a)*], e, sobretudo, do tratamento mais favorável concedido pelos membros desenvolvidos aos membros em vias de desenvolvimento, dos quais «não esperam reciprocidade» quanto aos compromissos por eles assumidos (cf. Artigo XXXIV-8, da Parte IV – Comércio e Desenvolvimento, introduzida em 1965), são igualmente lícitas as situações de «uma mais estreita integração das economias dos países [...] participantes», destinadas a «aumentar a liberdade do comércio», «por meio de acordos livremente constituídos»[39].

Os blocos económicos regionais, com as suas múltiplas configurações, além das formas tradicionalmente reconhecidas, incluindo a eventual decisão de integração dos mercados de trabalho, tornam mais complexa a respetiva apreciação à luz do ordenamento jurídico da OMC (cf., por exemplo, Artigos V e V-A do GATT)[40].

De qualquer modo, admite-se em geral que os acordos e organizações de integração económica internacional podem contribuir, e têm contribuído efetivamente, para a consolidação gradual de uma ordem internacional mais favorável à realização das trocas, caracterizada pela liberdade de entrada e de comercialização dos bens produzidos no estrangeiro bem como dos prestadores de serviços estrangeiros ou estabelecidos no território de outros Estados, sem descriminação entre eles e também em relação aos bens, produtores e prestadores de serviços nacionais.

Desde que não sejam agravados os direitos aduaneiros e outras medidas restritivas à circulação de bens e factores de produção entre as partes de um bloco económico regional projetado e os países terceiros, a

[39] Dispõe o Artigo XXIV-4 do GATT que «a criação de uma união aduaneira ou de uma zona de comércio livre deve ter por objetivo facilitar o comércio entre os territórios constitutivos e não opor obstáculos ao comércio de outras partes contratantes [*retius* de outros (Estados) membros] com estes territórios».

[40] O Artigo V-A do GATS estabelece que o Acordo «não impedirá qualquer dos seus Membros de serem partes num acordo que estabeleça a integração plena (...) dos mercados de trabalho entre as partes, desde que o acordo em questão: a) Isente os cidadãos das partes no acordo dos requisitos relativos às autorizações de residência e de trabalho; b) Seja notificado ao Conselho do Comércio de Serviços», acrescentando-se depois, em nota, que, «normalmente, essa integração [plena do mercado de trabalho] proporciona aos cidadãos das partes envolvidas um direito de livre admissão nos mercados de trabalho das partes e inclui medidas relativas às condições de remuneração, outras condições de trabalho e benefícios sociais».

maior abertura económica no seio do bloco contribuirá para uma maior liberalização económica, globalmente considerada, apesar de restrita a essa extensão geográfica e aos sectores abrangidos, com as especificidades de regime acordadas.

Contudo, a evolução consistente e persistente no sentido de uma cada vez maior integração económica internacional ao longo das últimas décadas, com momentos (intervalos?) e áreas aparentemente de exceção, não basta para afastar a hipótese de desintegração económica internacional – que durante muito tempo se afigurava como completamente afastada, e mais teórica do que prática, mas que nunca desapareceu, como a opção «*Brexit*» veio abruptamente comprovar em junho de 2016 (e concretizar em janeiro de 2020).

No âmbito da menos constringente cooperação económica internacional, parecia admitir-se, pelo menos implicitamente, uma tendência de evolução quase constante no sentido de uma gradual adesão aos princípios da ordem económica em vigor, baseada nos acordos GATT e OMC. As posições de reserva ao sistema comercial internacional davam a impressão de ser excecionais ou transitórias, independentemente da gravidade das manifestações.

A rejeição das soluções convencionais baseadas nos princípios basilares da ordem económica internacional era frequentemente menosprezada, ora devido ao seu número restrito, ora ao alegado impacto económico diminuto e transitório à escala internacional – uma espécie de intervalos recorrentes face à linha de tendência longa, sujeita a «travagens», «hesitações» ou «indecisões», mas não a uma verdadeira alteração de percurso.

A experiência da construção europeia é, claramente, não apenas de mera cooperação económica internacional, mas de verdadeira integração económica internacional. Tem por desiderato fundamental, desde o início, melhorar e consolidar a prosperidade e a convergência económica num conjunto territorial formado por vários Estados membros (através do estabelecimento de um Mercado Comum, Mercado Interno ou Mercado Único), com base nos diferentes contributos e especificidades das suas partes componentes (os mercados nacionais de cada Estado membro e respetivas economias).

4. Igualdade e diferenciação entre os Estados membros

As três Comunidades Europeias, criadas respetivamente em 1951-1952 e em 1957-1958, por seis Estados da Europa Ocidental (França, República Federal Alemã – Alemanha Ocidental, Itália, Bélgica, Países Baixos e Luxemburgo), eram organizações internacionais intergovernamentais, através das quais se manifestam vontades juridicamente distintas dos seus membros fundadores[41].

Tinham, no entanto, características distintas das restantes organizações internacionais, não tanto pelo seu âmbito estritamente continental ou «regional», mas devido ao contexto particular que justificou a sua criação e, sobretudo, pelas especificidades institucionais conexas com os objetivos de que ficaram incumbidas e, ainda, pela possibilidade de utilização de meios e instrumentos institucionais e jurídicos de que foram dotadas.

Os acordos de criação das Comunidades e da União resultaram, sem dúvida, de opções livres dos vários Estados soberanos que os subscreveram, não impostas do exterior, menos ainda militarmente, todos eles iguais no quadro internacional, conforme reconhecimento geral, formalmente proclamado, por exemplo, no n.º 1 do artigo 2.º da Carta das Nações Unidas, do qual decorre, designadamente, além da independência e soberania política, a independência e soberania económica de todos os Estados soberanos.

A liberdade de escolha destes no domínio económico exerce-se tipicamente, quer no passado quer na atualidade, tanto internamente – através da definição autónoma da sua «Constituição económica» – como externamente – através da celebração de tratados internacionais, incluindo sobre aspetos económicos, com outros entes soberanos[42].

[41] Na definição lapidar de Paul Reuter, organizações internacionais consistem em «grupos de Estados suscetíveis de manifestar de maneira permanente uma vontade juridicamente distinta da dos seus membros». Cf. P. Reuter (1976), *Droit International Public*, pp. 193 e ss.; Rui M. Moura Ramos (1999), *Das Comunidades à União Europeia*, pp. 10 e ss.

[42] A «Constituição Económica» abrange o conjunto de princípios e normas fundamentais respeitantes ao sistema e ao regime económico vigentes num determinado ordenamento jurídico, ou seja, sobre as regras essenciais de organização e funcionamento da atividade económica no território correspondente, tipicamente, ao de um Estado soberano, cujo enunciado se encontra frequentemente incluído na lei hierarquicamente suprema, a Constituição, como é o caso de Portugal.

Não obstante escassearem os tratados em que os Estados se comprometem a adotar um determinado sistema ou regime económico, não faltam os casos em que se firmaram tais compromissos externos relativos a aspetos basilares de organização e funcionamento das suas economias: desde o respeito e a garantia da propriedade privada, ou da liberdade de profissão e da liberdade de comunicação, da eliminação de barreiras não-tarifárias ao comércio e de monopólios de Estado, da liberalização do comércio de serviços, da liberdade de estabelecimento e da livre circulação de capitais, até à proteção do investimento estrangeiro e aos constrangimentos à concessão de subsídios públicos às empresas.

No caso da União Europeia, e independentemente do previsto expressamente nos textos constitucionais de cada um dos Estados membros, com diversas concretizações, o único regime económico compatível com o seu ordenamento fundamental é o de uma economia (social) de mercado.

Segundo o artigo 3.º, n.º 3, do Tratado da União Europeia, esta estabelece um mercado interno e empenha-se no desenvolvimento sustentável,

No entanto, o sentido material ou substantivo de Constituição Económica pode nem sempre estar contido no ato legislativo formalmente designado Constituição, mas (também) noutras fontes do direito, não tão solenes, embora especialmente relevantes através da sua eficácia real. A noção de Constituição Económica pode ter também por referência outras ordens jurídicas além da correspondente ao Estado, embora sempre em relação com uma ou mais ordens estatais: uma região autónoma, necessariamente enquadrada no respetivo ordenamento jurídico do Estado, ou uma organização internacional significativamente consistente e relevante, como sucede, certamente, com União Europeia (e, anteriormente, com as Comunidades Europeias) e, admissivelmente, com a ordem essencial da economia internacional, tal como gizada após a Segunda Guerra Mundial, em ambas as situações apenas na vertente material (por não ter sido, ainda, proclamada, com êxito, qualquer Constituição Económica europeia, ou internacional, em sentido formal.

Sobre a Constituição Económica portuguesa, cf. Eduardo Paz Ferreira (2001), *Lições de Direito da Economia*, espec. pp. 57 e ss.; A. Sousa Franco / G. Oliveira Martins (1993), *A Constituição Económica Portuguesa. Ensaio Interpretativo*, pp. 11 e ss.; A. Sousa Franco (1983), *Noções de Direito da Economia*, I, espec. pp. 87 e ss.; A. Menezes Cordeiro (1986), *Direito da Economia*, I, espec. pp. 137 e ss.; M. Afonso Vaz (1998), *Direito Económico*, espec. pp. 113 e ss.; António Carlos Santos / M. Eduarda Gonçalves / Maria M. Leitão Marques (2014), *Direito Económico*, espec. pp. 37 e ss.; L. Cabral de Moncada (2018), *Direito Económico*, espec. pp. 113 e ss.; Luís Morais / N. Cunha Rodrigues / P. Alves Pardal (2014), *Direito da Economia*, espec. pp. e ss., bem como relatório elaborado com a epígrafe *(Novo) Direito da Economia*, Cap. III.

«assente num crescimento económico equilibrado e na estabilidade dos preços, numa economia social de mercado altamente competitiva que tenha como meta o pleno emprego e o progresso social, e num elevado nível de proteção e de melhoramento da qualidade do ambiente».

Daqui decorre que, sem a aceitação do funcionamento de uma «economia social de mercado», não poderá um Estado aderir, tornar-se e manter-se membro da União Europeia.

Similarmente, e como nota, por exemplo, MATTHIAS HERDEGEN, um país com uma economia de Estado «pura» nem poderia tornar-se membro da Organização Mundial do Comércio (OMC), pelas implicações que daí decorrem.

Dependerá isso, afinal, de uma contraposição mais pormenorizada entre uma economia (relativamente) descentralizada ou de mercado «impura» e uma economia (relativamente) centralizada ou de Estado «pura». Bem como da concordância, pelos envolvidos, quanto ao sentido dos termos utilizados em tais acordos internacionais (com o significado de «economia de mercado», descentralizada e livre, sem interferências do Estado, etc.)[43].

Por outro lado, a proclamação de uma economia de mercado como padrão de organização económica dos Estados pela Carta de Paris para uma Nova Europa, da Organização para a Cooperação e a Segurança Europeia (OCSE), não obstante o seu forte simbolismo, não deve ser desligada do momento histórico em que isso aconteceu: logo após a queda do Muro de Berlim (em 1989) e o colapso subsequente dos regimes fechados ao exterior e autoritários do centro e do leste do continente europeu, o chamado Bloco Socialista, com as múltiplas implicações que daí resultaram, em especial quanto a uma aparente total ausência de alternativa(s) – se não de regimes, pelo menos de grandes sistemas de organização económica, face ao que se afigurava prevalecente e, naquela

[43] Poder-se-á observar, todavia, a esse propósito, que várias posições unilaterais de alguns Estados membros da OMC com grande peso no comércio internacional por vezes não se afastam muito significativamente de posições típicas de Estados dirigistas, com economias centralizadas, ao arrepio dos princípios predominantes informadores daquela Organização, como a não discriminação em razão da origem dos bens e da nacionalidade dos produtores, dos prestadores de serviços e dos investidores. Cf. M. HERDEGEN (2016), *Principles of International Economic Law*, 2.ª ed., pp. 3 e ss.

ocasião, incontestavelmente triunfante, o sistema capitalista, baseado no mercado e na livre concorrência[44].

Em todo o caso, o reconhecimento da independência ou autonomia económica dos Estados soberanos, consequência imediata do reconhecimento da respetiva soberania no plano internacional, não os dispensa do dever de cooperação com os restantes entes soberanos, tendo em vista a resolução dos problemas de caráter económico e outros com dimensão transnacional, conforme enunciado no artigo 1.º, n.º 3, da Carta das Nações Unidas[45].

Acrescente-se que o princípio da não ingerência dos Estados em assuntos internos de outros Estados constrange a amplitude da liberdade económica reconhecida a cada um deles no interior das suas próprias fronteiras, ao impedi-los de agir além dos respetivos limites, designadamente através da produção de legislação com efeitos extraterritoriais, em conformidade com o previsto no n.º 7 do artigo 2.º da Carta citada.

Independentemente de tudo isso, a posição de um Estado como membro das Comunidades e, agora, da União Europeia não pressupõe, evidentemente, apenas uma igualdade formal entre todos os membros, mas, além disso, o reconhecimento da respetiva «identidade nacional». Pretende-se, assim, apontar os fundamentos que individualizam cada um deles em relação aos restantes, que desse modo lhes conferem identidade própria.

Não se tratará agora das várias situações objetivas de diferenciação entre os Estados membros previstas nos Tratados e em outras fontes jurídicas, que podem refletir a dimensão demográfica, económica ou outra objetiva

[44] Daí a subsequente alegoria, na altura aparentemente incontestável, do «fim da história» e do «último homem», sustentada por FRANCIS FUKUYAMA, e mais tarde contestada pelos defensores do «regresso da história e do fim dos sonhos», na elucidativa expressão de ROBERT KAGAN, igualmente transposta para título de livro de nomeada, como já fizera, e repetiria, FUKUYAMA. Cf. F. FUKUYAMA (1992), *The End of History and the Last Man*, Londres: Penguin, esp. Parte V; R. KAGAN (2008), *The Return of History and the End of Dreams*, Nova Iorque: Vintage Books.

[45] E concretizado no Capítulo IX da mesma Carta das Nações Unidas, respeitante à Cooperação Económica e Social Internacional, em especial nas alíneas *a)* e *b)* do artigo 55.º e no artigo 56.º, bem assim no artigo 74.º, a propósito do respeito pelo princípio geral de boa vizinhança entre os povos e Estados, «tendo na devida conta os interesses e o bem-estar do resto do mundo no que se refere às questões económicas, sociais e comerciais».

dos países e se projetam, por exemplo, no número de representantes nos órgãos ou instituições, na ponderação de votos no processo de tomada de decisão e na proporção do capital subscrito, do financiamento de receitas ou da repartição de despesas, em função do respetivo peso ou de outro elemento de ponderação.

Nem das designadas «cooperações reforçadas», em que, tal como acordado por todos os membros, uns aceitam submeter-se e aplicar imediatamente determinadas políticas que outros não estão ainda em condições de as aplicar ou que ainda não o pretendem[46].

Encontram-se manifestações do respeito pela identidade cultural nacional desde os primeiros Tratados europeus.

Apesar de o Tratado de Paris, que instituiu a CECA, ter sido redigido em francês, tornando-se esta a língua oficial e de trabalho, os dois Tratados de Roma, que criaram a CEE e a CEEA/Euratom, e os tratados de revisão subsequentes, foram redigidos nas línguas dos vários Estados membros, passando todas elas a serem consideradas oficiais. A tarefa de verter o texto dos tratados para cada uma das línguas oficiais tornou-se mais complexa, difícil de cumprir e onerosa com os numerosos alargamentos posteriores[47].

[46] Os exemplos de diferenciação são inúmeros, desde a repartição dos deputados do Parlamento Europeu por cada Estado membro, quotas de subscrição do capital de instituições e organismos como o Banco Central Europeu e o Banco Europeu de Investimentos e ponderação de votos no Conselho pelos representantes dos Estados membros até às contribuições para o Orçamento da União e à repartição das verbas do mesmo. Quanto às situações de «cooperações reforçadas», são igualmente conhecidas: nem todos os membros participam identicamente nas várias políticas. Nem todos têm o Euro como moeda própria, apesar de partilhada, nem aplicam exatamente os mesmos procedimentos de controlo da circulação de pessoas ou no domínio da segurança e defesa. Em geral sobre a diferenciação no direito europeu, *vd. infra*. Cf. P. Pitta e Cunha (2013), "A diferenciação na integração europeia", pp. 61 e ss.; Jean-Victor Louis (2013), "La pratique de la coopération renforcée", pp. 277 e ss.; Paula Vaz Freire (2002), *Os Novos Passos da Integração Europeia: o Tratado de Amesterdão e o Tratado de Nice*, pp. 89 e ss. e 117 e ss.; M. Graça Jerónimo Enes Ferreira (2017), *Unidade e Diferenciação no Direito da União Europeia*; Cristine Guillard (2006), *L'Intégration Differenciée dans l'Union Européenne*; B. de Witte, / D. Hanf / E. Vos (orgs.) (2001), *The Many Faces of Differentiation in EU Law*.

[47] Mais tarde, o Tratado de Amesterdão atribuiu o direito de todos os cidadãos se exprimirem perante as instituições e órgãos das Comunidades e da União Europeia numa das línguas oficiais, enumeradas no então artigo 314.º do TCE, e de obter resposta na mesma língua. Este direito foi, entretanto, reafirmado nos artigos 34.º, § 4.º, do TFUE e 41.º, n.º 4,

A diversidade cultural dos Estados membros é, certamente, uma das dimensões mais relevantes da identidade nacional e encontra-se reconhecida nos textos dos Tratados comunitários desde Maastricht (primeira versão do Tratado da União Europeia); presentemente, no artigo 161.º do TFUE (que corresponde ao antigo artigo 128.º do TCE).

O Tratado de Lisboa reforçou o reconhecimento da diversidade cultural, incluindo linguística, dos países membros da União, ao proclamar expressamente a promoção do desenvolvimento do respetivo património cultural, no artigo 3.º, n.º 3, § 4.º, do TUE, e o respeito pela identidade constitucional de cada um dos Estados membros, que abrange certamente as estruturas políticas e constitucionais essenciais de cada um deles[48].

A identidade jurídica de cada um dos Estados membros poderia ser já extraída do espírito dos Tratados e em especial da referência, a propósito do respeito dos direitos fundamentais, às tradições constitucionais comuns a todos eles, no n.º 2, agora n.º 3, do artigo 6.º do TUE. Além de que se pressupôs sempre que as tradições constitucionais comuns aos Estados membros deveriam ser respeitadas, sob risco de bloqueio do sistema de produção normativa da União.

Todavia, se se entendesse como abrangendo nessas tradições constitucionais comuns todo o Direito Constitucional de cada um dos Estados membros, comprometer-se-ia a incumbência de encontrar soluções adequadas para os problemas a resolver pela União.

Daí que se sustentasse, amplamente, que deveria ser respeitado o «núcleo essencial» das tradições constitucionais dos Estados membros, não a globalidade dessas tradições. Ficava, assim, por concretizar casuisticamente o conteúdo e o alcance daquele «núcleo essencial».

da Carta dos Direitos Fundamentais da União Europeia. Sobre a identidade nacional, pode cf. ainda Anthony D. Smith (1992), "National identity and the idea of the European unity", pp. 55-76.

[48] Especificamente sobre a identidade constitucional dos Estados membros, pode cf., entre outros, A. Saiz Arnaiz /C. Alcoberto Llivina (eds.) (2013), *National Constitutional Identity and European Integration*; Pietro Faraguna (2016), "Taking constitutional identities away from the courts", pp. 491-578; P. Cruz Villalón (2013), "La identidad constitucional de los Estados Miembros: dos relatos europeos", pp. 501-514; A. Von Bogdandy / Stefan Schill (2011), "Overcoming absolute primacy: Respect for national identity under Lisbon Treaty", pp. 1417-1453; Leonard F. Besselink (2010), "National and constitucional identity before and after Lisboa", pp. 36-49.

Após reconhecer o respeito pela igualdade entre os Estados membros, no n.º 2 do artigo 4.º do TUE esclarece-se que o respeito pela identidade nacional dos Estados membros se manifesta também em relação às estruturas políticas e constitucionais fundamentais de cada um, incluindo as de âmbito regional e local.

Assim, a identidade nacional abrange a identidade jurídica e política interna, incluindo as funções essenciais do Estado, desde as que visam garantir a integridade territorial até a manutenção da ordem pública e a salvaguarda da segurança nacional, cuja responsabilidade cabe exclusivamente a cada Estado membro.

Independentemente do que motivou os redatores e subscritores dos Tratados europeus com as alterações introduzidas pelo Tratado de Lisboa, de 2007, deverão ser extraídas consequências da nova redação do n.º 2 do artigo 4.º do TUE. Entre as preocupações debatidas em vários Estados membros incluía-se a de expansão consecutiva das atribuições da União, sobretudo desde Maastricht, colocando em risco a identidade nacional e constitucional.

Neste contexto, o princípio do primado do Direito da União Europeia sobre as ordens jurídicas dos Estados membros dificilmente poderia continuar a ser entendido em termos absolutos, como passara a sê-lo, desde há muito, pelo Tribunal de Justiça, através da sua persistente jurisprudência. Aliás, o próprio Tratado reconhece que a União não pode legislar ou atuar de modo contrário às estruturas políticas e constitucionais fundamentais dos Estados membros, o que, todavia, não deixaria de levantar interrogações no plano político.

Terá, pois, razão ANA MARIA GUERRA MARTINS, quando, ao se pronunciar sobre o problema, sustenta que, se a União agir nesse sentido, infringirá o disposto no artigo 4.º, n.º 2, do TUE, devendo ser a legislação nacional a prevalecer e não o contrário. Admite, no entanto, a mesma autora, com otimismo, que esses serão apenas «casos muito excecionais, admissíveis em circunstâncias muito limitadas, uma vez que a União se pauta pelos mesmos princípios constitucionais que os seus Estados membros – designadamente, democracia, *rule of law*, proteção dos direitos fundamentais (artigo 6.º, n.º 2, do TUE)».

Todavia, não se tratará de conclusão excessivamente benévola, e por isso talvez algo precipitada, no que respeita à coincidência da identidade constitucional de todos os Estados membros da União[49]? Assim enunciados, simplesmente, os princípios constitucionais fundamentais dos Estados membros da União – «designadamente, democracia, *rule of law*, proteção dos direitos fundamentais» – parecem completamente idênticos, coincidentes, quase decalcados, embora não certamente em todos os seus aspectos.

Mesmo que a enumeração daqueles princípios fundamentais seja idêntica em todos os Estados membros da União, como é, aliás, plausível – pelo menos em relação aos catálogos típicos de princípios e direitos essenciais, com projeção, designadamente, na participação como membros de pleno direito do Conselho da Europa, subscritores da Convenção Europeia dos Direitos Fundamentais e, em consequência, sujeitos à jurisdição do Tribunal Europeu dos Direitos Humanos, com todas as implicações daí resultantes[50] –, o conteúdo preciso de cada uma das ordens jurídicas nacionais no seu todo, nas suas múltiplas manifestações, não obstante a substancial harmonização em muitos dos seus mais importantes domínios, continua a não excluir (múltiplas) variantes e especificidades.

Fica, portanto, prejudicada qualquer pretensa uniformidade constitucional à escala da União, pelo menos por enquanto, certamente incompatível com a riqueza criativa das vastas soluções jurídicas ensaiadas, consolidadas e decantadas ao longo do tempo pelo prudente labor doutrinário e jurisprudencial interno, que permitiu a formação de complexos patrimónios jurídicos e constitucionais nos vários Estados

[49] Como é sabido, presentemente, a União Europeia é constituída por 27 Estados membros, após a saída do Reino Unido, em 2020, quando concretizada a vontade manifestada popularmente por referendo em junho de 2016, através do «*Brexit*» – longe, portanto, do núcleo muito mais restrito e homogéneo formado pelos membros fundadores e por outros que aderiram sucessivamente às Comunidades e à União nas primeiras décadas após a data da sua criação, ainda no século passado, antes dos alargamentos mais recentes, para Leste e para o Sul, de 2004 em diante. Cf. Ana M. Guerra Martins (2017), *Manual de Direito da União Europeia*, pp. 315 e ss.; Nazaré Costa Cabral / José Renato Gonçalves / Nuno Cunha Rodrigues (eds.) (2017), *After Brexit: Consequences for the European Union*.

[50] Sobre a Convenção Europeia dos Direitos do Homem e dos Protocolos Adicionais e a jurisdição do Tribunal Europeu dos Direitos Humanos e respetiva jurisprudência, com profunda influência e estreita conexão com a identidade cultural e jurídica da União Europeia e dos seus Estados membros, bem como dos restantes Estados europeus, cf., por todos, a extensa coletânea dirigida por Paulo Pinto de Albuquerque (ed.) (2020-2021), *Comentário da Convenção Europeia dos Direitos Humanos e Protocolos Adicionais*, 3 vols.

membros, impossíveis de aglutinar numa fórmula única de síntese de todo o conjunto.

Assim se compreende o sentido, o alcance e a justificação do princípio do respeito pela identidade nacional, também nas vertentes especificamente jurídica e política ou constitucional, afirmado expressamente pelo Tratado de Lisboa, através da redação introduzida no n.º 2 do artigo 4.º (do Tratado da União Europeia – TUE).

Por isso, nem sempre têm coincidido os entendimentos dos tribunais constitucionais ou de outros tribunais superiores dos Estados membros e o do Tribunal de Justiça da União sobre a identidade constitucional. Enquanto alguns dos tribunais constitucionais, como o Tribunal Constitucional da Alemanha, têm sustentado uma conceção ampla da identidade constitucional e, consequentemente, declarado como *ultra vires* os atos da União que a atinjam, o que sucedeu desde o caso Lisboa até ao muito mais recente, de maio de 2020, envolvendo o Banco Central Europeu e o próprio Tribunal de Justiça da União, quanto às competências nos domínios monetário e financeiro, extraordinariamente sensíveis devido à sua conexão direta tradicional com a soberania do Estado[51].

A identidade constitucional dos Estados membros não corresponde, sem dúvida, a um valor ou princípio absoluto. Deverá, portanto, ser objeto de harmonização com outros valores e princípios em jogo, a começar pelo princípio transversal da proporcionalidade[52].

No que respeita à interpretação e aplicação do Direito da União, será também aceite sem reservas que é ao Tribunal de Justiça que compete encontrar a solução para as questões levantadas, nos termos do n.º 1 do artigo 19.º do TUE. Mas o mesmo já não terá de suceder, admissivelmente, quanto à determinação de quais devem ser, concretamente, as estruturas políticas e constitucionais fundamentais de cada Estado membro[53].

[51] Antes mesmo do Tratado de Lisboa, que passou a admitir que a identidade constitucional de um Estado membro possa afastar disposições de direito da União, designadamente as relativas à liberdade de circulação, o Tribunal de Justiça já o tinha admitido com a sua jurisprudência, como no Acórdão de 14 de outubro de 2004, Proc. C-32/02, *Omega*, *Col. 2004*, pp. 614 e ss.

[52] Sobre a aplicação destes princípios, pode cf. o Acórdão de 22 de julho de 2010, *Sayn Wittgenstein*, Proc. C-208/09, *Col.* 2010, pp. 806 e ss.

[53] Mas não já quanto ao respetivo modo de funcionamento, na hipótese, extrema, por exemplo, de desrespeito e violação do princípio democrático ou do princípio da independência dos tribunais em relação ao poder político, conforme tem sido apontado relativamente a algumas

Apesar de não se afastar liminarmente a hipótese de defesa de uma posição segundo a qual o Tribunal de Justiça poderia atuar como órgão incumbido de dirimir tais conflitos, dificilmente se compreenderia que pelo menos os Tribunais Constitucionais nacionais ficassem afastados dessa discussão central, inclusivamente em face da subsistência do Estado como ente soberano e democrático[54].

Igualmente relevante é o entendimento, entre outros, de ARMIN VON BOGDANDY e STEFAN SCHILL, segundo o qual o artigo 4.º, n.º 2, do TUE constitui uma manifestação do pluralismo constitucional e do chamado «constitucionalismo multinível», no âmbito do qual o Direito Constitucional dos vários Estados membros e o Direito da União Europeia, bem assim os tribunais especialmente encarregados de os aplicarem, interagem e influenciam-se reciprocamente, numa base de cooperação não baseada numa relação hierárquica.

Isso não impede, todavia, que a alguém possa ou deva caber a incumbência de proferir a última palavra sobre a questão colocada, caso em que seriam as instâncias jurisdicionais e ou políticas, se não explícita pelo menos tacitamente, pelo menos quando estiver em jogo o núcleo da soberania dos Estados, entes «de direito» e «democráticos»[55].

A igualdade entre os Estados que fundaram as Comunidades e a União e os que, entretanto, delas se tornaram membros constitui um pressuposto lógico e uma condição para a celebração e vinculações emergentes dos acordos de integração económica internacional e de outras obrigações exigidas pela participação nas organizações criadas, como sucedeu na ordem jurídica comunitária e da União.

Mas não uma condição «suficiente» para assegurar a continuidade desse processo ou «construção europeia». Esta só poderá perdurar com

reformas de tribunais superiores em determinados Estados membros (designadamente os casos da Polónia e da Hungria), na medida em que configurem interferências anómalas dos órgãos governamentais (poder político) sobre os órgãos jurisdicionais (poder judicial), em especial os tribunais superiores.

[54] Sem prejuízo da possibilidade de utilização do mecanismo de diálogo jurisdicional previsto no artigo 267.º do TFUE, como bem nota, por exemplo, ANA M. GUERRA MARTINS (2017), *Manual de Direito da União Europeia*, Coimbra: Almedina, pp. 315 e s.

[55] Cf. ARMIN VON BOGDANDY / STEFAN SCHILL (2011), "Overcoming absolute primacy: Respect for national identity under Lisbon Treaty", *Common Market Law Review*, 48-5, pp. 1417-1453.

um «mínimo», não apenas de «cooperação leal», mas ainda de real e concreta solidariedade entre todos os membros.

5. Cooperação leal e solidariedade na base da unidade europeia

A igualdade jurídica entre os Estados membros da União Europeia não afasta, obviamente, nem pode negligenciar ou iludir a diversidade substancial entre eles, nas mais diversas dimensões, e o respetivo reconhecimento. Tal diversidade também os caracteriza e atribui-lhes uma identidade própria – sem prejuízo de algumas das diferenças poderem ser indesejadas ou até intoleráveis, à luz de princípios e de critérios fundamentais, partilhados entre os Estados membros. Por isso, podem também integrar o Direito da União.

É em relação a certas desigualdades substantivas, ou «assimetrias» económicas e sociais, indesejadas ou até intoleráveis à luz de princípios jurídicos fundamentais, por atentarem gravemente com os princípios da justiça e da dignidade da pessoa humana, que se justificará e poderá impor uma referência central e um compromisso de solidariedade entre os Estados membros e no seio da União – sem embargo de este princípio revestir mais do que uma vertente e de nem sempre ser entendido do mesmo modo, nem ter de o ser.

O princípio da solidariedade entre os Estados membros das Comunidades e da União, num sentido estrito, pode ser equiparado, como costuma sê-lo, e por isso confundir-se, com o princípio da cooperação leal, que «sempre existiu» na construção europeia, para lá da natural divergência de alguns interesses entre os entes soberanos participantes, como é frequente na ordem das relações internacionais, por que constitui também um pressuposto lógico e substantivo da decisão originária de participação de um Estado como parte num determinado processo de integração (económica) internacional.

A criação e a subsistência das Comunidades e da União pressupõem, efetivamente, a partilha de um conjunto de interesses e de objetivos comuns entre os membros fundadores e seus povos, nos quais assentam os fundamentos dos vínculos de lealdade e de solidariedade estabelecidos entre todos os participantes no processo – entre os Estados membros (desde o início ou a partir da data posterior de adesão), entre estes e a União e entre a União e aqueles, bem como, simultaneamente, entre os povos de todos os Estados participantes.

O princípio da solidariedade exprime, pois, uma comunhão de valores e de interesses, que passam a vincular e ligar os Estados membros e também os respetivos povos, como é, aliás, proclamado em vários trechos dos Tratados, desde o preâmbulo («desejando aprofundar a solidariedade entre os seus povos») a diversos artigos (a começar pelo artigo 1.º, § 2.º do TUE – «a União tem por missão organizar de forma coerente e solidária as relações entre os Estados membros e entre os respetivos povos» – e pelo artigo 4.º, n.º 3, do mesmo Tratado, em termos coincidentes com o anteriormente previsto no artigo 10.º do TCE)[56].

À luz do princípio da solidariedade, na vertente da cooperação leal, tal como enunciado no n.º 3 do artigo 4.º do TUE, «a União e os Estados

[56] O princípio da solidariedade ou «da cooperação leal» pode ser entendido como corolário do princípio geral da boa-fé, que está também na base de princípios como o da *Bundestreue*, do Direito alemão, típico das ordens federais, e o princípio *pacta sunt servanda* presente no Direito Internacional, incluído também entre os princípios gerais de direito. Não é, todavia, tão amplo como o princípio da *Bundestreue*, porque o processo de integração internacional da União Europeia não atingiu o nível de integração próprio dos Estados federais, nem, por outro lado, tão restrito quanto o princípio geral *pacta sunt servanda*, porque os Estados membros da União estabeleceram entre si, através da criação e do funcionamento da União Europeia, uma ligação estável e muito mais próxima do que as obrigações típicas resultantes da celebração de tratados internacionais.
E isto assim é até ao ponto de «a União só conseguir exercer plenamente as suas tarefas se existir uma total colaboração, cooperação e fidelidade dos seus Estados membros, uma vez que a União se serve das administrações nacionais para executar o seu Direito e do aparelho judiciário dos Estados membros para o aplicar». [Ana Maria Guerra Martins (2017), *Manual de Direito da União Europeia*, Coimbra: Almedina, pp. 309 e s.]. Em geral sobre o princípio da solidariedade, cf. P. Pitta e Cunha (2004), *Integração Europeia: Estudos de Economia, Direito e Política Comunitários*, Coimbra: Almedina; Idem (2019), *A Europa em Tempos de Incerteza*; Ferreira, E. Paz (ed.) (2022), *Integração e Direito Económico Europeu*; Idem (2020), "A Europa e os desafios da globalização", pp. 129-138; Idem (ed.) (2016), *União Europeia: Reforma ou Declínio*, cit ; Porto, Manuel L. (2016), *Teoria da Integração e Políticas da União Europeia*, cit.; J. Renato Gonçalves (2020), "Internacionalização, mundialização e globalização: conceitos ainda em consolidação", pp. 23-54; Idem (2019), *O Euro: Balanço e Perspetivas*, cit.; Idem (2016), "Trinta anos de Portugal 'na Europa': Nem sempre a caminho da prosperidade e da coesão", pp. 191-207; Tommaso Padoa-Schioppa (2001), *Europa, Forza Gentile*, cit.; B. Olivi (2000), *L'Europa Difficile*, cit., espec. pp. 533 e ss.; Koen Lenaerts / Piet Van Nuffel (2011), *European Union Law*, pp. 147 e ss.; R. Tavares Lanceiro (2010), "O Tratado de Lisboa e o princípio da cooperação leal", pp. 283-317; M. Blanquet (2009), "L'Union Éuropéenne em tant que systeme de solidarité: la notion de solidarité européenne".

membros respeitam-se e assistem-se mutuamente no cumprimento das missões decorrentes dos Tratados» e «os Estados membros tomam todas as medidas gerais ou específicas adequadas para garantir a execução das obrigações decorrentes dos Tratados ou resultantes dos atos das instituições da União» (dimensão positiva do princípio), e «facilitam à União o cumprimentos da sua missão e abstêm-se de qualquer medida suscetível de pôr em perigo a realização dos objetivos da União» (dimensão negativa do mesmo princípio).

Este princípio nuclear do Direito da União Europeia projeta-se em todos os níveis de atuação da União (e dos Estados membros), desde a atribuição de competências e sua repartição entre ela e os Estados membros e nas relações entre a ordem jurídica da União e as ordens jurídicas nacionais, até à sua execução.

Nele se baseiam, como seus corolários, alguns dos mais inovadores e relevantes princípios do Direito da União, incluindo o primado (do Direito da União) sobre os direitos dos Estados membros, já mencionado, o efeito direto (do Direito da União), a tutela judicial efetiva e a responsabilidade do Estado por violação de normas e atos da União[57].

Entre os diversos preceitos dos Tratados em que foi acolhido e se expande, manifesta e concretiza o princípio da solidariedade na construção europeia, bem assim a ideia de cooperação leal, encontramos os artigos 2.º e 3.º, n.º 3, do TUE, respetivamente sobre os valores e sobre os objetivos da União, e o artigo 222.º do TFUE, com a chamada «cláusula de

[57] Sobre a densificação e aplicação casuística deste e de outros princípios e das disposições do Direito (das Comunidades e) da União Europeia importa essencialmente, além dos estudos doutrinários, a jurisprudência, quer dos tribunais dos Estados membros, quando decidem sobre a interpretação e aplicação do Direito da União, quer, sobretudo, do Tribunal de Justiça (da União Europeia), ao qual compete em geral decidir definitivamente, conforme previsto nos tratados, de modo a garantir a respetiva unidade, mediante a aplicação uniforme em todos os Estados membros.
Como é sabido, da evolução da jurisprudência do Tribunal de Justiça resultou a conclusão segundo a qual o incumprimento do Direito (das Comunidades e) da União por qualquer pessoa, incluindo os Estados membros e suas diversas entidades e serviços, responsabiliza-a, obrigando-a a reparar eventuais danos. É extensa a bibliografia sobre a abundante jurisprudência do Tribunal de Justiça. Para uma síntese atualizada, cf., em língua portuguesa, entre outras obras citadas, M. José Rangel de Mesquita (2022), *Introdução ao Contencioso da União Europeia*, cit.; Sofia Oliveira Pais (2017), *Estudos de Direito da União Europeia*, cit.

solidariedade», nos termos da qual «a União e os seus Estados membros atuarão em conjunto, num espírito de solidariedade, [por exemplo] se um Estado membro for alvo de um ataque terrorista ou vítima de uma catástrofe natural ou de origem humana».

Para a concretização do compromisso mencionado – atuação «em conjunto, num espírito de solidariedade» –, deverão mobilizar-se «todos os instrumentos ao seu dispor, incluindo os meios militares disponibilizados pelos Estados membros», com o fim de prevenir ameaças terroristas, de proteger as instituições democráticas e a população civil de um eventual ataque terrorista, bem como «para prestar assistência a um Estado membro no seu território, a pedido das suas autoridades políticas, em caso de catástrofe natural ou de origem humana».

A densificação, alcance e aprofundamento, ou não, da atuação «em conjunto, num espírito de solidariedade», dependerá, evidentemente, da vontade de todos os Estados membros manifestada e concretizada no decurso do processo de integração e do seu aprofundamento e consolidação através dos diversos instrumentos aprovados e que entrem em funcionamento, que representarão o efetivo reforço (ou não) da solidariedade entre os membros e sua qualidade e natureza. Só não acontecerá assim se conduzir à marginalização ou exclusão de um ou mais membros, processo de sentido inverso ao da integração, *i. e.*, expressão de desintegração.

Independentemente da amplitude dos meios e dos instrumentos previstos nos Tratados para prosseguir e realizar a solidariedade entre os Estados membros no seio da União, a sua efetiva concretização dependerá sobretudo da vontade da União, tal como manifestada pelos seus órgãos, e também pelos Estados membros, através da participação nos órgãos da União e por outras vias, designadamente mediante a aprovação e a execução dos atos para o efeito, incluindo os quadros financeiros plurianuais em que se enquadrarão os orçamentos anuais e respetivos recursos a afetar, com vista a uma eficaz resolução dos problemas, após múltiplas audições e ponderações.

Ao princípio da solidariedade numa dimensão comparativamente menos ambiciosa, de empenhamento e cumprimento efetivo das obrigações emergentes dos Tratados e outros acordos e de atos no âmbito da construção europeia, tendo por patamar basilar as Comunidades e a União, mas indo além delas, acresce o empenhamento específico dos Estados na prossecução dos objetivos gerais e específicos das Comunidades e da União, incluindo mediante a definição e execução de políticas nacionais, com a afetação dos meios e dos recursos necessários para o efeito.

A concretização de todas as medidas de solidariedade política, económica e social envolvendo o conjunto dos Estados membros e, consequentemente, o conjunto dos cidadãos da União, formada pela totalidade dos Estados membros, depende, financeiramente, em primeiro lugar, das negociações e da aprovação do «Quadro Financeiro Plurianual» e de outros instrumentos financeiros, como o atual *NextGenerationEU* e os correspondentes Planos de Recuperação e Resiliência (PRR) nacionais, pós crise pandémica (Covid-19), bem como de todos os instrumentos de execução em cada ano dos recursos da União.

Nesta dimensão, por assim dizer, mais profunda da solidariedade não está em jogo apenas a mera «cooperação leal» de cada Estado enquanto membro da União, que, evidentemente, deve participar diligente e lealmente na «construção europeia», cooperando com os restantes parceiros, igualmente «atores» ou sujeitos do mesmo projeto de convergência, à luz do proclamado e imposto pelos Tratados e outros atos vinculativos.

Está igualmente em causa o empenhamento efetivo e transversal dos Estados com o resultado de todo o projeto de integração europeia, envolvendo os diversos participantes em torno do objetivo partilhado de garantir o gozo de todos os benefícios e, correspondentemente, de repartir de forma equilibrada ou equitativa, justa, os custos necessários para o cumprimento da solidariedade – sem prejuízo dos confrontos de ideias e de interesses e dos subsequentes consensos necessários à tomada das decisões de concretização do princípio[58].

Pode então falar-se de uma dimensão distinta do princípio da solidariedade, com projeção individual, enquanto direito de solidariedade emergente de disposições e fontes específicas em que se evidencia a Carta dos Direitos Fundamentais da União Europeia, desde os seus artigos

[58] Sustentando um entendimento aproximado ao ensaiado no texto, embora no domínio ambiental, sobre a consagração do princípio da solidariedade quer na forma de um «direito» de solidariedade quer mediante «novos formatos», incluindo através da inserção de um (sub) princípio de repartição de esforços entre Estados e da valorização do princípio da proteção ao um «nível mais elevado», cf. Estelle Brosset (2021), "Sur les traces du principe de solidarité em droit de l'Union Européenne de l'Environnement", in *Solidarité et Droit de l'Union Européenne: Um Principe à l'Épreuve*, pp. 99-110.

iniciais e com particular concretização no Título IV – Solidariedade, mediante a garantia de direitos nucleares da pessoa que densificam em particular a noção de solidariedade social, e, mais concretamente, através da criação e operacionalização de instrumentos financeiros de expressão dessa solidariedade no seio da União, entre todos os Estados e todos os cidadãos.

No que respeita à pluralidade jurídica originária das (três) Comunidades, apesar de matizada (pela cessação da vigência do Tratado de Paris que instituiu a CECA, pela superação, pelo menos formal, dos chamados «três pilares» da versão originária de Maastricht), não chegou a ser totalmente afastada – ao invés do proposto pela Convenção que redigiu o chamado «Tratado Constitucional», ou «Roma II», com uma «Constituição para a Europa», rejeitado por referendo popular, na França e nos Países Baixos, a 29 de maio e a 1 de junho de 2005, em face das ambições federais que o tinham influenciado[59].

O Tratado de Lisboa, de 2007, em vigor desde dezembro de 2009, acolheu substancialmente grande parte das propostas do «Tratado Constitucional». Mas dele não constavam, por exemplo, a fusão num só Tratado dos tratados anteriores – que, por isso, se mantiveram com as alterações neles depois inseridas, impedindo-se a aprovação de uma «Constituição europeia», em sentido formal.

Nem continha a redenominação dos Regulamentos em «Leis europeias», nem a instituição de um «Ministro dos Negócios Estrangeiros da União», pelo menos com esta designação, nem sequer o reconhecimento (formal, no texto do tratado) de uma bandeira e de um hino da União, entre outras medidas uniformizadoras[60].

[59] O projeto de «Tratado que Estabelece uma Constituição para a Europa» foi adotado pelo Conselho Europeu a 18 de junho de 2004 e assinado em Roma a 29 de outubro do mesmo ano, mas não chegou a entrar em vigor por não ter sido ratificado por todos os Estados membros, na sequência da submissão a referendo popular em França (a 29 de maio de 2005), em que venceu o «não», apesar de todo o empenho dos dirigentes políticos no «sim» e da elevada participação eleitoral, e nos Países Baixos (a 1 de junho), com resultado também negativo. Em Espanha, ao invés, onde o projeto de tratado também foi votado popularmente, a 20 de fevereiro, cerca de 77% do eleitorado votou favoravelmente. Conforme mencionado, várias das inovações do Tratado Constitucional seriam retomadas pelo Tratado de Lisboa, de 2007.

[60] Entre outras propostas abandonadas do projeto de Tratado Constitucional incluía-se o reconhecimento expresso do princípio do primado do Direito da União Europeia sobre as ordens

jurídicas dos Estados membros, tal como sustentado insistentemente pelo Tribunal de Justiça das Comunidades Europeias em vários dos seus acórdãos desde os anos sessenta e setenta (do século XX), não obstante algumas resistências de alguns dos tribunais nacionais, incluindo tribunais constitucionais, pelo menos em certos domínios nucleares – designadamente, enquanto as Comunidades não dispusessem de um parlamento democraticamente eleito, com poderes legislativos e de controlo democrático, e de um catálogo de direitos fundamentais que concedesse aos cidadãos do Estado membro (República Federal Alemã), no âmbito do direito comunitário, um nível de proteção dos seus direitos equivalente ao garantido pela Constituição nacional, caberia aos tribunais internos o controlo do respeito destes direitos fundamentais, não exercido desde que e «enquanto» respeitados (nos acórdãos do Tribunal Constitucional da República Federal Alemã (*Bundesverfassungsgericht*) *Solange* (I), de 18 de outubro de 1967 e de 29 de maio de 1974, em *BverfG* 37, n.º 371, e *Solange II*, de 22 de outubro de 1986, *BverfG* 73, n.º 339); reservas próximas foram colocadas pelo Tribunal Constitucional (*Corte Constituzionale*) italiano, nas sentenças n.º 183, de 27 de dezembro de 1973 (*Frontini*), n.º 170, de 1984 (*Granital*), e de 21 de abril de 1989 (n.º 232), em que se reservava a fiscalização da constitucionalidade do ato de adesão da Itália às Comunidades na hipótese de violação de direitos fundamentais previstos na Constituição italiana, exercício que não se afigurava necessário enquanto se mantivesse a qualidade da jurisprudência do Tribunal de Justiça na proteção dos direitos fundamentais como prevista na lei fundamental.
Entretanto, ao apreciar a conformidade da lei de ratificação do Tratado da União Europeia (Maastricht), de 1992, o Tribunal Constitucional alemão considerou que a primazia do direito da União dependia do respeito pelos limites das disposições do Tratado aprovadas pelo ato de ratificação, à luz dos princípios da atribuição de competências, da subsidiariedade e da proporcionalidade (acórdão «Maastricht»).
Mais tarde, o mesmo tribunal, ao examinar a lei alemã de ratificação do Tratado de Lisboa, por acórdão de 30 de junho de 2009, exigiu algumas modificações quanto aos poderes de fiscalização do parlamento federal para assegurar a proibição da atuação *ultra vires* em caso de desrespeito pelo princípio dos poderes de atribuição dos Estados à União, bem como qualquer violação do núcleo essencial da «identidade nacional» da Lei Fundamental, acrescentando que qualquer avanço futuro no processo de integração europeia teria de se basear numa União de Estados soberanos e na preservação da identidade essencial da sua vida económica, social e cultural, de modo que uma eventual transformação da República Federal num Estado federado exigiria uma revisão constitucional.
A proibição da atuação *ultra vires* das instituições da União viria ser salientada mais recentemente no acórdão do Tribunal Constitucional alemão de 5 de maio de 2020 sobre o chamado *Public Sector Purchase Programme* (PSPP) do Banco Central Europeu (BCE), a que será feita referência mais pormenorizada depois.
V., *infra*, outras referências sobre as reservas levantadas por diversos tribunais constitucionais de Estados membros, em especial ao princípio do primado das normas comunitárias e da União, no Capítulo VI.

Não foram, pois, fundidos num só ato os Tratados institutivos das Comunidades e da União (e os ulteriores, que os complementaram ou que lhes introduziram emendas), designado «Constituição» da União, ou «pseudo-Constituição europeia», na acertada qualificação de PAULO DE PITTA E CUNHA.

Perdurou também a diversidade organizativa e institucional antecedente, mantendo-se a Comunidade Europeia da Energia Atómica (CEEA / Euratom), apesar de a sua relevância se restringir apenas a um sector muito específico. Tal como não foi modificada a delimitação dos poderes das instituições europeias conforme disposto nos Tratados, não obstante insistentes apelos de simplificação.

Tudo isso por que o «Tratado Constitucional» não chegou a ser ratificado por vários Estados membros, na sequência do voto negativo dos cidadãos quando chamados a pronunciar-se em face (*grossomodo*) da crescente «estadualização», ou «federalização», das Comunidades e da União, no sentido de as aproximar «cada vez mais» de um Estado soberano, formado por vontade e mediante a participação dos seus Estados membros[61].

[61] Obviamente, os motivos dos cidadãos que discordaram e que se pronunciaram contra a aprovação da proposta de Tratado Constitucional que tinha por fim uma aproximação crescente das (duas) Comunidades e da União Europeia de uma Estado soberano, assente na associação dos respetivos Estados membros, não eram idênticos nem tinham de ser próximos, variando muito entre os Estados membros e no seio de cada um destes, tal como não tinham sido similares os temas e os aspetos debatidos no plano político e mediático, entre outros, nos vários Estados membros.
Como é frequente sempre que há uma eleição de representantes políticos ou é referendado um determinado ato, incluindo a ratificação de um tratado internacional, o voto num ou noutro sentido resulta de uma escolha sintética entre as opções existentes, que, no caso do Tratado Constitucional, consistiriam, essencialmente, na distinção entre a continuação da situação existente e o que resultaria das diversas alterações previstas no Tratado, tal como conhecidas (sendo esse o caso) e subjetivamente apreciadas por cada um dos votantes.
A análise dos motivos das votações, mesmo quando tenha por base inquéritos sistemáticos aos votantes, será em parte conjetural.
Em geral sobre o projeto de «Constituição europeia», assinalando em especial a «exuberância supranacional» e os «excessos de integração» alcançados, cf. P. PITTA E CUNHA (2005), *Reservas à Constituição Europeia / Reservations on the European Constitution*, Coimbra: Almedina, pp. 11 e ss.; Idem (2005), *A Crise da Constituição Europeia*, Coimbra: Almedina, pp. 15 e ss. Cf. também V. GISCARD D'ESTAING (2003), *La Constitution Pour L'Europe (Introduction...)*, pp. 9 e ss.

Não obstante as crescentes semelhanças com o Estado soberano, as Comunidades não podiam e a União continua ainda a não poder ser equiparada(s) ou minimamente confundida(s) com um Estado soberano – independentemente das controvérsias que sempre poderão reemergir a esse propósito. Só assim não sucede no que toca, concretamente, à substituição do Estado no exercício de algumas das suas funções, incluindo representativas, independentemente da respetiva relevância, envolvendo os domínios já integrados, nos termos dos Tratados – enquanto estes se mantivessem em vigor, sem modificações.

Apesar de nada se ter disposto expressamente, até à revisão operada pelo Tratado de Lisboa, quanto à hipótese de um membro poder abandonar a União – o que levou a uma espécie de proliferação dos arautos da irreversibilidade do processo de adesão –, seria pelo menos razoável admitir que os Estados que decidiram livremente tornar-se membros, mediante a subscrição dos Tratados, continuariam também a poder decidir sair voluntariamente, enquanto «senhores» ou «senhoras» dos referidos Tratados, não «sempre», mas quando e se assim o viessem a determinar, com os efeitos daí resultantes.

Tal como o ato de adesão de um Estado membro às Comunidades e à União, o ato de saída corresponde, compreensivelmente, a uma decisão política grave, com profundas implicações transversais de médio e longo prazo, especialmente nos domínios político e económico. Não pode, por isso, ser decidido de ânimo leve, sem ponderação das múltiplas consequências e garantia de uma transição estável, segura, além de realmente pretendida.

De qualquer modo, isso não significa uma impossibilidade. Nem jurídica, por não ter sido expressamente prevista. Nem factual, devido aos custos «extremamente elevados» ou «impossíveis de suportar» – sem embargo de estes terem de ser prudentes, rigorosamente calculados e levados em correta consideração pelos decisores, ao procederem ao juízo de balanço (*trade-off*) entre os custos e os benefícios quer da permanência quer da saída[62].

[62] Mesmo quando tenha sido prevista a «vigência ilimitada» de um tratado, como aconteceu com o Tratado de Roma que criou a Comunidade Económica Europeia (por força do seu artigo 240.º), e continua a verificar-se com o mesmo Tratado, após todas as revisões que nele foram introduzidas, até ao Tratado de Lisboa, quando passou a designar-se «Tratado sobre

Não obstante todas as eventualidades apontadas, e outras, incluindo as mais difíceis ou «impossíveis» de prever, muitas das divisões e incertezas iniciais acerca dos custos e dos benefícios da entrada e da participação numa área de integração económica e política internacional, como a União Europeia, foram sendo gradualmente ultrapassadas, se não formalmente, pelo menos na substância, à medida que é experimentada essa participação.

Substancialmente e também na linguagem corrente, as três Comunidades iniciais deram lugar, gradualmente, embora não juridicamente, a «uma» Comunidade, a Comunidade Europeia, e, por fim, «à» União Europeia, primeiramente dividida em três pilares (em Maastricht), posteriormente abandonados, fazendo quase esquecer, aos menos atentos, que os regimes de repartição e de exercício das competências se mantiveram diferenciados consoante os domínios de ação.

Era particularmente evidente, e mantém-se ainda no essencial, o contraste entre as regras aplicáveis ao Mercado Interno e as relativas à cooperação no domínio da Política Externa e de Segurança Comum, bem assim as relativas à antiga Comunidade Europeia da Energia Atómica (CEEA / Euratom), ainda vigente, apesar de quase residual[63].

o Funcionamento da União Europeia» (artigo 356.º), e o mesmo se verificou com o Tratado de Roma que instituiu a Comunidade Europeia da Energia Atómica (por força do seu artigo 208.º), nada impede que essa vigência cesse a partir de determinado momento em relação a uma ou mais das partes que os subscreveram, por vontade («soberana») das Partes contratantes, nos termos gerais do direito dos tratados.
Todavia, a questão jurídica ficou expressamente solucionada com a entrada em vigor do Tratado de Lisboa. O Tratado da União Europeia passou então a prever, expressamente, desde dezembro de 2009, no seu artigo 50.º, a possibilidade de saída de um Estado membro da União e os procedimentos a seguir para o efeito. Poucos anos depois, em 2013, o Primeiro-Ministro do Reino Unido prometeu submeter a referendo popular a permanência do país na União Europeia, o que cumpriu em junho de 2016, com o desfecho conhecido («*Brexit*»), conducente à saída do Reino Unido da União Europeia em janeiro de 2020. Sobre os efeitos da saída do Reino Unido da União, cf. NAZARÉ COSTA CABRAL / JOSÉ RENATO GONÇALVES / NUNO CUNHA RODRIGUES (eds.) (2017), *After Brexit: Consequences for the European Union*, Londres /Nova Iorque: Palgrave Macmillan.

[63] É curioso notar que, tanto do ponto de vista político como simbólico, o ato que desencadeou imediata e concretamente todo o processo de integração económica europeia que se desenvolveria posteriormente foi uma declaração diplomática unilateral proferida pelo Ministro dos Negócios Estrangeiros da França, Robert Schuman, a 9 de maio de 1950 – a ponto de o dia 9

Ao mesmo tempo que se avançou, no plano político, no sentido da afirmação e da consolidação da unidade do processo de construção europeia, em torno da noção antecedente de «União Europeia», o Tratado assinado em Maastrich em 1992, com a epígrafe «da União Europeia», manteve inalterada a referida pluralidade jurídica das três Comunidades, cada uma dotada de personalidade (pelos artigos 6.º do TCECA, 210.º TCEE e 184.º TCEEA), ao invés da União Europeia.

Esta circunstância abriu, na altura, um interessante debate quanto à atribuição ou não de personalidade jurídica à União (em caso de resposta afirmativa, como sustentaram autores como, entre nós, FAUSTO DE QUADROS, o título de aquisição seria implícito). Esta questão só foi completamente dilucidada com a entrada em vigor do Tratado de Lisboa, cujo texto aditou ao Tratado da União Europeia um artigo (47.º) nos termos do qual «A União tem personalidade jurídica»[64].

de maio ter passado a ser conhecido por «Dia da Europa» ou, talvez mais precisamente, das três Comunidades criadas nos anos cinquenta, envolvendo inicialmente apenas uma parte do continente europeu, composta por seis Estados por vezes designados como «Pequena Europa», e, presentemente, a atual União Europeia.

A pluralidade de atos jurídicos institutivos das Comunidades (três Tratados), diretamente refletida na própria pluralidade das novas organizações internacionais criadas – três Comunidades em vez de uma só, independentemente das atribuições e das competências conferidas pelos Estados contratantes –, estendeu-se, durante largo tempo, conforme se notou, aos respetivos órgãos ou «instituições», e persistiria com o decurso do tempo, tanto estrutural como metodologicamente, sem chegar a ser afastada pelos tratados de revisão, em especial pelo Tratado da União Europeia, nem mesmo, pelo menos por completo, pelo Tratado de Lisboa, após a malograda tentativa de unificação jurídica e institucional com o também chamado «Tratado de Roma II», ou «Tratado Constitucional», de 2004.

As três Comunidades originárias perduraram além da entrada em vigor do Tratado da União Europeia, em 1 de novembro de 1993. A primeira das três Comunidades, a CECA, apenas se extinguiu em 23 de julho de 2002, cinquenta anos após o início da vigência do Tratado de Paris que a criou (em conformidade com o disposto nos seus artigos 97.º e 99.º). Diversamente, os Tratados de Roma de 1957 que criaram as duas outras Comunidades (a CEE e a CEEA) estabeleceram para estas uma duração ilimitada (conforme previsto, respetivamente, artigos nos 240.º e 208.º dos dois Tratados referidos).

64 Com a revisão operada pelo Tratado de Lisboa, de 2007, a Comunidade Europeia (a designação dada à Comunidade Económica Europeia pela versão originária do Tratado da União Europeia, após a sua assinatura em Maastricht, em 1992, e entrada em vigor a 1 de novembro do ano seguinte) passaria a ser denominada União Europeia, com efeitos desde 1 de dezembro de 2009, isso em nada alterou a vigência do Tratado de Roma que criou a «terceira»

Em todo o caso, materialmente, o Direito comunitário e da União Europeia ganhara, ano após ano, enorme consistência e diferenciação, ou «identidade», graças especialmente aos múltiplos contributos jurisprudenciais e também doutrinários. Daí resultou uma unidade interna e autonomia, tanto face ao Direito Internacional como em relação às ordens jurídicas nacionais, dos Estados, embora autonomia relativa, assente e, por isso, dependente de um constante e imprescindível diálogo com as referidas ordens jurídicas internas, que a precedem e estão na sua base, bem como com os tribunais incumbidos de firmar a respetiva interpretação e aplicação, em cooperação, sob pena de perda de sentido, apesar da pretensão de as abranger, até certo ponto, a começar pelos princípios gerais.

Por entre múltiplas diferenças e assimetrias, nacionais e regionais, que ora perduram ora se modificam e evoluem, aumentando ou diminuindo, num itinerário mais ou menos longo mas sempre irregular, idealmente de aproximação «cada vez mais estreita» entre todos os Estados membros, emergiu, consolidou-se e mantém-se uma União, diversificada, aqui e além «assimétrica», de «geometria variável», com desafios e problemas recorrentes ou inéditos, ocasionalmente talvez existenciais, que têm de ser «apropriadamente» enfrentados.

E o remédio para as situações existentes e que surjam de divergência estará «precisamente» nos elementos de solidariedade e de coesão, quer os proclamados e estabelecidos pelos Tratados quer outros, quando aceites e nos termos aprovados pelos Estados membros e pelos órgãos competentes da União, de modo que esta se mantenha sólida e consiga solucionar as debilidades correspondentes a ausência ou insuficiência de solidariedade perante a natureza, a intensidade e a gravidade dos problemas.

Só é possível garantir a unidade e a coesão da União Europeia com solidariedade real entre todos os participantes. Sem elementos concretos

Comunidade Europeia (da Energia Atómica – CEEA/Eurátomo), apesar da inequívoca menor relevância desta em relação à outra Comunidade (daí em diante designada União Europeia). Portanto, após o Tratado de Lisboa, manteve-se a União Europeia, que sucedeu então juridicamente à Comunidade (Económica) Europeia, além de continuar a abranger as atribuições previstas pelo Tratado da União, em acréscimo às previstas originariamente para aquela Comunidade, a que se somaram outras introduzidas pelas sucessivas revisões dos Tratados, bem assim, com autonomia jurídica, a Comunidade Europeia da Energia Atómica (CEEA/Eurátomo). Além da bibliografia citada, cf., sobre o assunto, FAUSTO DE QUADROS (2013), *Direito da União Europeia*, Coimbra: Almedina.

e «suficientes» de solidariedade, os riscos de desintegração aumentam e podem conduzir ao abandono ou até à dissolução da União, tornada «Desunião». Uma das maiores dificuldades consistirá em descortinar «precisamente» qual o patamar mínimo de solidariedade num processo de integração, em que os riscos de desintegração não ultrapassem as forças de aproximação e unidade.

Sem um grau «mínimo» de solidariedade entre os membros da União Europeia, e o mesmo se poderá afirmar em relação aos povos dos respetivos países, o projeto de unidade europeia gradualmente construído ao longo dos últimos decénios não teria perdurado, nem conseguiria perdurar.

Todavia, ninguém conhece exatamente qual o grau «mínimo» de ingredientes de solidariedade imprescindível para manter a esperança e a coesão dos europeus e afastar ou pelo menos conter os riscos de desintegração, garantindo assim a continuidade da União Europeia.

Por um lado, porque esse grau variará com a natureza e a intensidade dos desafios existentes em cada momento da história em cada lugar. Tais desafios ora podem agravar-se, tornando-se ocasionalmente «existenciais», caso em que a ausência ou «insuficiência» de ações apropriadas colocaria em risco a permanência na União de, pelo menos, algum ou alguns membros, ou, ao invés, podem abrandar ou amortecer e assim dispensar quaisquer ações específicas adicionais, além dos meios regulares de ação, sobretudo em períodos de maior acalmia e ausência de crises ou desafios graves.

E, por outro lado, porque tais apreciações, embora com base objetiva – constituída por extensos e rigorosos elementos informativos que refletem as vantagens e os custos, absolutos e relativos, da evolução do processo de integração, para cada um dos países participantes –, abrangem vários outros componentes, de natureza diversa, não redutíveis a indicadores estritamente objetivos, mas que, muitas vezes, se tornam decisivos.

Em contextos de grande incerteza, como os atuais, incumbe especialmente aos defensores da «construção europeia» advertir contra os riscos da desintegração, ou «desunião», e, simultaneamente, descobrir e revelar uma Europa de esperança para todos – que inove, que proteja e que ilumine, como propôs o antigo Presidente do Parlamento Europeu, David Sassoli, no seu último discurso ao Conselho Europeu, em dezembro de 2021.

Capítulo II
Assimetrias entre Estados e uma política comum de coesão

1. Objetivos, atribuições e competências das Comunidades

Para compreender o sentido das Comunidades Europeias e, agora, da União Europeia é essencial olhar para os seus objetivos, tal como previstos nos Tratados, por neles convergirem, certamente, os interesses e os propósitos de todos os Estados membros e, consequentemente, também dos respetivos povos, embora importe ainda constatar se, como, e em que medida têm vindo e continuam, ou não, a ser prosseguidos.

Como é sabido, e não por acaso, em vez do método tradicional de enumeração das atribuições das novas organizações internacionais, os autores do Tratado de Paris de 1951 e dos Tratados de Roma de 1957 optaram pelo chamado método «vertical» ou «funcional» de integração, assente no exercício de um conjunto de poderes e ações, com vista alcançar os fins também explicitados no texto dos Tratados, pressuposto necessário da edificação paulatina de uns «Estados Unidos da Europa».

Na perspetiva de Jean Monnet e de Robert Schuman, o processo de integração europeia a iniciar haveria de revestir, no final, natureza federal, assentando na transferência de poderes soberanos dos Estados participantes, cada um com capacidade e alcance crescentemente insuficientes para a resolução isolada dos grandes desafios com que inevitavelmente se iriam defrontar. O itinerário para um Estado federal seria, sem dúvida, (muito) gradual, tendo por ponto de partida o impulso (*spill over*) de uma autoridade supranacional encarregada da gestão de um sector económico tão nevrálgico como o do carvão e do aço[65].

Todavia, esta visão federalizante dos «pais fundadores» das Comunidades Europeias pouco tinha a ver com o «vínculo federal entre os povos da Europa» que propusera ARISTIDE BRIAND, em 1930, na Sociedade das Nações, porque, neste caso, a referência incidia, na altura, apenas a uma forma de cooperação intergovernamental. Conforme esclareceu o próprio BRIAND, o processo que propôs haveria de concretizar-se com total respeito pela soberania (absoluta) dos Estados, embora também com «flexibilidade suficiente», em face da independência e soberania de cada um. Nada tinha a ver, pois, com o significado rigoroso do termo «federação».

A conceção federal do processo de integração projetou-se no texto do Tratado de Paris, que deu origem à primeira concretização de um «federalismo sectorial», meramente vertical, e ainda, de modo não tão explícito, no Tratado de Roma – não obstante a contraposição frequente entre a natureza predominantemente supranacional da Comunidade Europeia do Carvão e do Aço (CECA) e a natureza predominantemente intergovernamental da Comunidade Económica Europeia (CEE), atendendo sobretudo à independência e ao poder decisório da Alta Autoridade, no primeiro caso, em confronto com a supremacia governativa do Conselho de Ministros, no segundo caso, por favorecer, no fundo, em moldes

[65] JEAN MONNET defendia uma estratégia de integração europeia baseada em pequenas realizações comuns dos países envolvidos, gradualmente conducente a solidariedades factuais entre povos tradicionalmente rivais e conflituantes.
Por não acreditar numa integração baseada no primado da política sobre a economia, Monnet gizou um plano que tinha por objetivo ultrapassar o diferendo franco-alemão sobre o Sarre, sem o que não seria possível a reconciliação entre os dois países.
Depois de aprovado pelo governo francês, o plano Monnet conduziu à Declaração Schuman, Ministro dos Negócios Estrangeiros, a 9 de maio de 1950, dirigida à República Federal Alemã, com a proposta de que a produção e comercialização do carvão e do aço dos dois países ficassem sujeitas a uma Alta Autoridade comum, cujas funções seriam exercidas no âmbito de uma nova organização internacional aberta à participação de outros Estados democráticos europeus.
Cf. P. PITTA E CUNHA (2006), *Direito Europeu*, espec. pp. 17 e ss.; ANTÓNIO GOUCHA SOARES (2006), *A União Europeia*, espec. pp. 12 e ss.; JEAN MONNET (1976), *Mémoires*, espec. pp. 350 e ss.

conciliáveis, uma dinâmica integracionista, que haveria de se acentuar com o decurso do tempo.

A superação do modelo alternativo de mera cooperação entre Estados soberanos, de base intergovernamental, foi confirmada, num primeiro momento, ainda nos anos sessenta do século passado, com o afastamento da posição gaullista da *Europe des Patries*, e, depois, com o contorno da afronta da Primeira Ministra britânica MARGARET THATCHER contra o «Superestado europeu» sedeado em Bruxelas, não obstante os impulsos federalizantes, ou «supranacionais», terem provindo sobretudo, como é sabido, em primeiro lugar, da evolução do sistema jurídico comunitário e, em segundo, das sucessivas revisões dos Tratados[66].

Relembremos, a partir dos textos dos Tratados, quais os objetivos fixados às Comunidades Europeias e à União.

Logo no preâmbulo do Tratado de Roma, que criou a Comunidade Económica Europeia (CEE), encontramos menção, por esta ordem,

- à determinação de estabelecer os «fundamentos de uma união cada vez mais estreita entre os povos europeus» (§ 1.º),
- à decisão de «assegurar, mediante uma ação comum, o progresso económico e social dos seus países, eliminando as barreiras que dividem a Europa» (§ 2.º),
- «fixando como objetivo essencial dos seus esforços a melhoria constante das condições de vida e de trabalho dos seus povos» (§ 3.º),

[66] Os elementos supranacionais são diversos, ora explícitos ora implícitos. Entre estes, pode mencionar-se o processo de cooperação introduzido pelo Ato Único Europeu e através do qual o Parlamento Europeu acedeu à função legislativa e a eliminação do requisito da unanimidade na tomada de decisões relativas à criação do mercado interno ou o alargamento dos domínios em que passou a ser aplicável a codecisão, das situações em que se tornou suficiente a votação maioritária no Conselho e, ainda, da «comunitarização» parcial do 3.º pilar da União Europeia, por força do Tratado de Amesterdão. Entre as alterações em que foi dado expresso acolhimento a traços federais inclui-se o estabelecimento da União Económica e Monetária pelo Tratado da União Europeia, com a transferência do poder monetário para órgãos da União, a criação da cidadania da União e a possibilidade de sujeição dos Estados membros a sanções pecuniárias, a acrescer à sujeição, admitida anteriormente, a uma ação por incumprimento perante o Tribunal de Justiça. Cf., em especial, PAULO DE PITTA E CUNHA (2009), "Os impulsos federais na integração europeia", in *Da Crise Internacional às Questões Europeias*, pp. 43 e ss.

- «reconhecendo que a eliminação dos obstáculos existentes requer uma ação concertada tendo em vista garantir a estabilidade na expansão económica, o equilíbrio nas trocas comerciais e a lealdade na concorrência» (§ 4.º),
- «preocupados em reforçar a unidade das suas economias e assegurar o seu desenvolvimento harmonioso para a redução das desigualdades entre as diversas regiões e do atraso das menos favorecidas» (§ 5.º),
- «desejosos de contribuir, mercê de uma política comercial comum, para a supressão progressiva das restrições ao comércio internacional» (§ 6.º),
- «pretendendo confirmar a solidariedade que liga a Europa e os países ultramarinos, e desejando assegurar o desenvolvimento da prosperidade destes, em conformidade com os princípios da Carta das Nações Unidas» (§ 7.º), e
- «resolvidos a consolidar, pela união dos seus recursos, a defesa da paz e da liberdade e apelando para os outros povos da Europa que partilham dos seus ideais para que se associem aos seus esforços».

Trata-se de uma listagem dos objetivos que os Estados fundadores das Comunidades as incumbiram de prosseguir, todos no domínio fundamentalmente económico, embora também com uma dimensão política de primeiro plano, no contexto do momento histórico complexo e particular em que tudo se verificou. Daí a menção, no final, mas sem que essa ordenação revele menor relevância, à defesa da paz e da liberdade, bem como o apelo aos outros povos da Europa que partilham os mesmos ideais (políticos e económicos, anteriormente mencionados) para que, se assim o entendam, juntem esforços, cujo alcance se previa (e confirmaria ser) imenso, antes de mais pelos antagonismos e resistências reais a tais esforços, e por todas as implicações decorrentes desse envolvimento, reconhecendo desde o começo a necessidade de união de todos os esforços possíveis.

Em síntese, conforme se constatará com maior pormenor depois, estamos perante uma espécie de guião ou programa de médio e longo prazo de um projeto político de grande envergadura e arrojo, de concretização impossível em poucos anos, quer, por um lado, devido ao seu alcance, por assim dizer, desmesurado, embora com as forças e os meios disponíveis e, por outro lado, perante os fortes entraves e resistências previsíveis, além da falta de condições objetivas e de instrumentos e recursos imprescindíveis à sua prossecução, tendo em vista «o progresso económico e social dos seus países, eliminando barreiras que dividem a Europa».

Note-se, antes de mais, que o «objetivo essencial» dos países fundadores, como tal expressamente proclamado no texto do preâmbulo, foi «a melhoria constante das condições de vida e de trabalho dos seus povos» ou, talvez mais precisamente, das pessoas que vivem nos respetivos territórios. Isto não significa que não existissem e não fossem eventualmente prosseguidos também outros objetivos, que até poderiam ter sido ou ser agora considerados mais relevantes e urgentes, mas esses não eram ainda, certamente, os objetivos imediatos.

Em segundo lugar, saliente-se o reconhecimento, não apenas implícito, da natureza dinâmica do processo de integração económica internacional que se acabara de inaugural, com um impacto que se revelaria tão vigoroso à escala internacional como nunca tinha antes sucedido, capaz de influenciar decisivamente todo o modo de relacionamento entre os Estados soberanos daí em diante, não só ou mesmo predominantemente no domínio económico, mas transversalmente em todos os domínios: as formas e os meios de organização e de funcionamento das relações internacionais, económicas, políticas e em todos os vários domínios de atividade não mais seriam as mesmas, após a «descoberta» ou construção dos novos organismos e organizações de integração económica internacional, dos «blocos económicos regionais», criados e formados por Estados soberanos para, antes de quaisquer outros objetivos mediatos ou complementares, prosseguirem o objetivo de progresso ou desenvolvimento económico e social das suas populações.

A dimensão prioritariamente económica das Comunidades Europeias, enquanto organizações internacionais ou intergovernamentais paradigmáticas do processo geral de integração económica internacional, resulta dos objetivos que lhes foram atribuídos, através dos tratados institutivos, pelos subscritores e membros, e depende dos poderes conferidos aos órgãos comuns e dos instrumentos postos à sua disposição para prossecução efetiva daqueles objetivos. No caso das Comunidades Europeias, a prossecução do objetivo do progresso económico e social far-se-ia, antes de mais, pela construção de um Mercado Comum (cf. artigos 2.º do

Tratado de Paris – CECA, de 1951, e dos dois Tratados de Roma – que criaram a CEE e a CEEA/Euratom, de 1957).

Apesar de envolverem uma dimensão política absolutamente crucial, os objetivos proclamados nos Tratados institutivos das Comunidades são, do ponto de vista substancial, estritamente económicos, tal como ficaram fixados, designadamente, no artigo 2.º do Tratado CEE: «A Comunidade tem por missão promover, pelo estabelecimento de um mercado comum e da aproximação progressiva das políticas económicas dos Estados membros, um desenvolvimento harmonioso das atividades económicas no seio da Comunidade, uma expansão económica contínua e equilibrada, um maior grau de estabilidade, um aumento acelerado do nível de vida e relações mais estreitas entre os Estados que a integram».

O método seguido anteriormente, com o Tratado de Paris, que criou a CECA, de enumerar os objetivos (económicos) a prosseguir, havia sido idêntico, apesar das especificidades e preocupações do momento histórico vivido na altura e da decisão tomada pelos Estados fundadores, conforme decorre da redação do § 1.º do artigo 2.º: «A Comunidade Europeia do Carvão e do Aço tem por missão contribuir, de harmonia com a economia geral dos Estados membros e pelo estabelecimento de um mercado comum nos termos do artigo 4.º, para a expansão económica, para o aumento do emprego e para a melhoria das condições de vida nos Estados membros».

Aqueles objetivos são concretizados também no § 2.º do mesmo artigo (2.º) do TCECA: «a Comunidade deve promover o estabelecimento progressivo de condições que garantam, por si próprias, a repartição mais racional da produção ao mais alto nível de produtividade, salvaguardando, ao mesmo tempo, a manutenção do nível de emprego e evitando provocar, nas economias dos Estados membros, perturbações fundamentais e persistentes»[67].

[67] O preâmbulo do Tratado de Paris que criou a CECA reflete, similarmente, os objetivos que lhe foram fixados pelos Estados fundadores: «considerando que a paz mundial só pode ser salvaguardada por esforços criadores à altura dos perigos que a ameaçam» (§ 1.º); «convencidos de que a contribuição dada à civilização por uma Europa organizada e viva é indispensável à manutenção de relações pacíficas» (§ 2.º); «conscientes de que a Europa só se construirá por meio de realizações concretas que criem, antes de mais, uma solidariedade efetiva e por meio do estabelecimento de bases comuns de desenvolvimento económico» (§ 3.º); «preocupados em contribuir para a melhoria do nível de vida e para o progresso da causa da paz mediante a expansão das suas produções fundamentais» (§ 4.º); «resolvidos a

Deve observar-se, aliás, que sem um nível razoável de literacia económica, ou jus-económica, dificilmente se conseguirá apreender e compreender com rigor o sentido dos objetivos das Comunidades Europeias estabelecidos nos Tratados respetivos, atendendo à terminologia e à precisão utilizadas na redação dos textos – por exemplo, em que consiste «a repartição mais racional da produção ao mais alto nível de produtividade, salvaguardando, ao mesmo tempo, a manutenção do nível de emprego e evitando provocar, nas economias dos Estados membros, perturbações fundamentais e persistentes»?

A natureza estritamente, essencialmente ou predominantemente económica das Comunidades Europeias, que resulta explícita e inequivocamente da fixação dos respetivos objetivos no texto dos Tratados constitutivos, não afasta a dimensão política que também necessariamente as reveste, desde a projeção à concretização e ao funcionamento, enquanto instrumentos considerados desde o início como decisivos para a defesa e

substituir as rivalidades seculares por uma fusão dos seus interesses essenciais, a assentar, pela instituição de uma comunidade económica, os primeiros alicerces de uma comunidade mais ampla e mais profunda entre povos há muito divididos por conflitos sangrentos e a lançar as bases de instituições capazes de orientar um destino doravante compartilhado» (§ 5.º); «decidiram criar uma Comunidade Europeia do Carvão e do Aço».
Também o Tratado de Roma que instituiu a Comunidade Europeia da Energia Atómica (CEEA/EURATOM/Eurátomo), com um campo de ação muito específico – o sector da energia nuclear enquanto «recurso essencial para assegurar o desenvolvimento e a renovação da produção e permitir o progresso da causa da paz» (§ 1.º do preâmbulo) –, dispõe, no artigo 1.º, que esta tem por missão «contribuir, pelo estabelecimento das condições necessárias à formação e crescimento rápidos das indústrias nucleares, para a melhoria do nível de vida nos Estados membros e para o desenvolvimento das relações com os outros países». Apesar do enquadramento económico do sector, refletido designadamente no preâmbulo («convencidos de que só por um esforço comum empreendido sem demora será possível assegurar realizações correspondentes à capacidade criativa dos seus países», «resolvidos a criar as condições para o desenvolvimento de uma poderosa indústria nuclear, fonte de vastos recursos energéticos e de modernização das técnicas, contribuindo, através de muitas outras aplicações, para o bem estar dos seus povos», «preocupados em estabelecer as condições de segurança necessárias à eliminação dos perigos que possam advir para a vida e saúde das populações», § 2.º a § 4.º), são novamente explicitadas outras preocupações: a abertura a outros países e, neste domínio em particular, a utilização pacífica e em condições de segurança desta energia específica: «desejosos de associar outros países à sua causa e de cooperar com as organizações internacionais ligadas ao desenvolvimento pacífico da energia atómica» (§ 5.º), «decidiram criar uma Comunidade Europeia da Energia Atómica (EURATOM)».

garantia da paz e da liberdade no continente europeu, ou numa parte significativa deste, bem como o caráter dinâmico do processo de integração, ou de «construção», europeia levado a cabo, conforme emerge de diversos trechos dos mesmos e subjaz ao próprio reconhecimento da impossibilidade de essa integração se poder concretizar logo na totalidade, além de isso nem ser desejável em sociedades abertas e livres.

Independentemente de a análise sobre o sentido das Comunidades não poder ficar concluído com a identificação dos objetivos cuja prossecução lhes foi incumbida pelos Estados fundadores, necessitando por isso de ser conjugada e completada com os poderes conferidos para o efeito e, similarmente, com as políticas efetivamente prosseguidas através do exercício desses poderes com vista a alcançar aqueles objetivos, importa acrescentar que o catálogo de objetivos fixado foi alterado, substancialmente, com a instituição da União Europeia.

As modificações introduzidas no próprio Tratado CEE foram profundas, por decorrência da aprovação do Tratado da União Europeia, assinado em Maastricht em 1992 (daí a designação de «Tratado de Maastricht), ao se aditar um objetivo nuclear que ganharia inevitavelmente maior relevância desde então: a criação da União Económica e Monetária.

De qualquer modo, mesmo com esta alteração de vasta importância económica e de não menor impacto político, a missão atribuída às Comunidades no seu conjunto e, em especial, à Comunidade (Económica) Europeia continuaria ainda a ter um conteúdo predominantemente económico, ou seja, muito simplistamente, a prossecução do progresso económico e social do conjunto dos Estados membros e das respetivas populações, sem embargo da prossecução concomitante de outros objetivos e domínios de ação, deste ponto de vista complementares, conforme explicitado no texto do artigo 2.º do Tratado C(E)E, após a modificação nele introduzida em Maastricht (pelo Tratado da União Europeia):

«A Comunidade tem como missão, através da criação de um mercado comum e de uma união económica e monetária e da aplicação das políticas ou ações comuns a que se referem os artigos 3.º e 3.º-A, promover, em toda a Comunidade, o desenvolvimento harmonioso e equilibrado das atividades económica, um crescimento sustentável e não inflacionista que respeite o ambiente, um alto grau de convergência dos comportamentos das economias, um elevado nível de emprego e de proteção social, o aumento do nível e da qualidade de vida, a coesão económica e social e a solidariedade económica entre os Estados membros».

O foco inequívoco da integração europeia através das Comunidades permaneceu essencialmente económico, não obstante a preocupação inequívoca de concretizar as razões de ser dos progressos económicos pretendidos e de os procurar harmonizar com outros objetivos – essencialmente, a promoção do desenvolvimento harmonioso e equilibrado das atividades económicas em toda a Comunidade, sendo o crescimento sustentável, não inflacionista, «amigo» do ambiente, que ofereça um nível elevado de emprego e assegure a proteção social, ou seja, uma melhor qualidade de vida para todos, com coesão económica e social e solidariedade real entre os vários Estados membros.

Esse objetivo global económico prioritário manteve-se, mesmo após as alterações introduzidas pelo Tratado da União Europeia, sem prejuízo de estas considerações mais gerais deverem ser circunstanciadamente confrontadas com os instrumentos de concretização dos objetivos, exaustivamente enumerados nos artigos 3.º e 3.º-A do Tratado CE, bem assim com outras disposições do mesmo (resultantes do Tratado da União Europeia) – em especial com a nova Parte II, composta então por seis artigos (artigos 8.º a 8.º-E), sobre a cidadania da União.

Para lá das modificações substanciais introduzidas nos Tratados que instituíram as três Comunidades, o Tratado da União Europeia, de 1992, assinalou «uma nova etapa no processo de criação de uma união cada vez mais estreita entre os povos da Europa», «em que as decisões serão tomadas ao nível mais próximo possível dos cidadãos»: a nova União «funda-se nas Comunidades Europeias, completadas pelas políticas e formas de cooperação instituídas pelo presente Tratado», tendo por missão «organizar de forma coerente e solidária as relações entre os Estados membros e entre os respetivos povos» (artigo A do Tratado da União, na versão originária – vigente desde 1 de novembro de 1993)[68].

[68] A estrutura do Tratado da União Europeia, compreendendo as antecedentes Comunidades Europeias, de um lado, que se mantiveram enquanto «1.º pilar» da nova União, cujas alterações foram introduzidas nos respetivos tratados institutivos (títulos II, III e IV e artigos G, H e I, respetivamente relativos à CEE, à CECA e à CEEA) e, de outro lado, as disposições relativas à Política Externa e de Segurança Comum (o «2.º pilar», no título V, artigos J a J.11) e, de outro lado ainda, as disposições relativas à cooperação no domínio da justiça e dos assuntos Internos (o «3.º pilar», no título VI, artigos K a K.9), além das disposições iniciais comuns

2. Os novos objetivos, atribuições e competências da União após Maastricht

Em Maastricht, com o Tratado da União Europeia, de 7 de fevereiro de 1992, manifestou-se e obteve vencimento a vontade política necessária dos povos e dos Estados membros para poder ser dado um novo salto qualitativo no processo de integração ou «construção» europeia iniciado quatro décadas antes. Tal salto foi dado como compromisso político dos membros, que inaugurou «uma nova etapa no processo» de estabelecer «uma união cada vez mais estreita entre os povos da Europa», baseada nas Comunidades, complementadas por outras «políticas e formas de cooperação» instituídas pelo Tratado da União.

Estas novas políticas e formas de cooperação tinham por antecedente imediato a Cooperação em matéria de Política Estrangeira estabelecido pelo título III (artigo 30.º) do Ato Único Europeu (assinado no Luxemburgo a 28 de fevereiro de 1986), com um regime jurídico específico, que não prejudica o disposto nos Tratados que instituíram as Comunidades e não fica abrangido pela jurisdição do Tribunal de Justiça. Baseia-se na Declaração Solene sobre a União Europeia, de 1983, e nos procedimentos sobre a matéria acordados no Luxemburgo (1970), em Copenhaga (1973) e em Londres (1981), bem como nas práticas progressivamente estabelecidas entre os Estados membros (artigo 1.º).

Com o Tratado aprovado em Maastricht consolidaram-se as três Comunidades Europeias (CECA, CE e CEEA), que passaram a formar o (1.º) pilar central da nova União criada, de carácter acentuadamente económico, conforme se salientou, em relação ao qual foram autonomizados outros dois pilares, um (o 2.º) relativo à Política Externa e de Segurança

(título I, artigos A a F, com o enunciado da missão e dos objetivos da União e a previsão de um quadro institucional único»), e das disposições finais (título VII, artigos L a S), segue de perto a que tinha já sido adotada no Ato Único Europeu, com dois títulos principais, o II, com as disposições que alteraram os Tratados que instituíram as Comunidades (artigos 4.º a 29.º), e o III com as disposições sobre a, na altura, inovadora cooperação europeia em matéria de política estrangeira (artigo 30.º), com regimes jurídicos distintos, não sendo aplicáveis as disposições relativas à competência do Tribunal de Justiça ao título III – não prejudicando este último o disposto nos Tratados institutivos das Comunidades, nos termos dos artigos 31.º e 34.º –, além das disposições iniciais comuns de âmbito essencialmente institucionais, incluindo a previsão pela primeira vez nos Tratados do Conselho Europeu (artigo 2.º), e das disposições gerais e finais (artigos 31.º a 34.º).

Comum e outro (o 3.º) relativo à Cooperação no domínio da Justiça e dos Assuntos Internos.

A União «atribui-se» (ou, *rectius*, os Estados atribuíram à União) os seguintes objetivos (artigo B do Tratado da União Europeia):

> «– a promoção de um progresso económico e social equilibrado e sustentável, nomeadamente mediante a criação de um espaço sem fronteiras internas, o reforço da coesão económica e social e o estabelecimento de uma União Económica e Monetária, que incluirá, a prazo, a adoção de uma moeda única [...];
> – a afirmação da sua identidade na cena internacional, nomeadamente através da execução de uma política externa e de segurança comum, que inclua a definição, a prazo, de uma política de defesa comum, que poderá conduzir, no momento próprio, a uma defesa comum;
> – o reforço da defesa dos direitos e dos interesses dos nacionais dos seus Estados membros, mediante a instituição de uma cidadania da União;
> – o desenvolvimento de uma estreita cooperação no domínio da justiça e dos assuntos internos;
> – a manutenção da integralidade do acervo comunitário e o seu desenvolvimento, a fim de analisar, nos termos do procedimento previsto no n.º 2 do artigo N, em que medida pode ser necessário rever as políticas e formas de cooperação instituídas pelo presente Tratado, com o objetivo de garantir a eficácia dos mecanismos e das instituições da Comunidade»[69].

[69] A redação do artigo B (depois artigo 2.º) do Tratado da União Europeia, na sua versão originária, perdurou com algumas alterações pontuais, tendo passado a ser identificado numericamente como artigo 2.º após a redação introduzida pelo Tratado de Amesterdão (de 2 de outubro de 1997, em vigor desde 1 de maio de 1999). Excluindo alterações de forma e pormenor, o texto do anterior § 4.º do artigo («o desenvolvimento de uma estreita cooperação no domínio da justiça e dos assuntos internos») foi substituído pelo seguinte: «– a manutenção e o desenvolvimento da União enquanto espaço de liberdade, de segurança e de justiça, em que seja assegurada a livre circulação de pessoas, em conjugação com medidas adequadas em matéria de controlos na fronteira externa, asilo e imigração, bem como de prevenção e combate à criminalidade». O artigo B/2.º do Tratado da União Europeia serviu de base ao atual artigo 3.º, cuja redação resultou do Tratado de Lisboa.

E acrescentou-se, no final do mesmo artigo (B), que os objetivos da União serão alcançados, em linha com o estipulado, «respeitando o princípio da subsidiariedade», conforme definido no artigo 3.º-B do Tratado que institui a Comunidade Europeia (anterior Comunidade Económica Europeia).

À luz deste último dispositivo, a Comunidade Europeia (CE) atuará «nos limites das atribuições que lhe são conferidas e dos objetivos que lhe são cometidos pelo presente Tratado»; já «nos domínios que não sejam das suas atribuições exclusivas, a Comunidade intervém apenas, de acordo com o princípio da subsidiariedade, se e na medida em que os objetivos da ação encarada não possam ser suficientemente realizados pelos Estados membros, e possam, pois, devido à dimensão ou aos efeitos da ação prevista, ser melhor alcançados ao nível comunitário»; em qualquer caso, «a ação da Comunidade não deve exceder o necessário para atingir os objetivos do presente Tratado».

Os objetivos da União coincidem com os das Comunidades, porque têm em vista a «promoção de um progresso económico e social equilibrado e sustentável» (1.º travessão do artigo B, depois artigo 2.º), e, distintamente, são inovadores, além do respetivo conteúdo, quanto à sua proclamação explícita no texto dos Tratados, nos travessões seguintes, em que se mencionam a afirmação da sua identidade no contexto internacional («nomeadamente através da execução de uma política externa e de segurança comum, que inclua a definição, a prazo, de uma política de defesa comum, que poderá conduzir, no momento próprio, a uma defesa comum»), o reforço da defesa dos direitos e dos interesses dos nacionais dos seus Estados membros, mediante a cidadania da União, o desenvolvimento de uma estreita cooperação no domínio da justiça e dos assuntos internos, bem como a «manutenção da integralidade do acervo comunitário e do seu desenvolvimento», o qual abrange, como é sabido, o designado «adquirido jurídico» comunitário, incluindo jurisprudencial, da maior relevância no tocante às relações de primazia das fontes de direito das Comunidades Europeias sobre as fontes das ordens jurídicas dos Estados membros.

O conteúdo específico de cada um dos objetivos enunciados, bem como, aliás, dos que se mantiveram e foram reforçados desde a criação das Comunidades, não foi substancialmente ampliado, quase se limitando a reunir disposições, anteriormente dispersas, numa sistematização renovada e mais transversal, como sucedeu, até certo ponto, com o domínio da cidadania europeia (que passou a ser regulada nos artigos 8.º a 8.º-E do Tratado CE, com a revisão neste operada pelo Tratado da União), ou então a reconhecer no texto dos Tratados princípios gradualmente identificados e consolidados pelo labor jurisprudencial dos juízes «do Luxemburgo», como sucedeu com o que se passou a designar por «acervo (jurídico) comunitário», prosseguindo, alicerçando e ampliando assim o itinerário criativo antecedente e abrindo claramente as portas para outros importantes domínios, em especial os da Política Externa e de Segurança Comum (PESC) e da Cooperação na área da Justiça e dos Assuntos Internos (previstos nos títulos V e VI do Tratado da União), apesar de dependentes dos desenvolvimentos que viessem a verificar-se, se e na medida em que isso sucedesse, em conformidade com a vontade dos Estados membros, incluindo quanto à definição, «a prazo», de uma política de defesa comum, a qual «poderá conduzir, no momento próprio, a uma defesa comum»[70].

Além da inserção entre os objetivos da Comunidade da prossecução de «um alto grau de competitividade e de convergência dos comportamentos das economias» dos Estados membros, que não corresponde a mais do que uma concretização, entre outras, das múltiplas vertentes abrangidas pelo

[70] Os objetivos da Política Externa e de Segurança Comum foram enumerados no n.º 2 do artigo J.1 do Tratado da União Europeia (na versão originária): «– a salvaguarda dos valores comuns, dos interesses fundamentais e da independência da União; – o reforço da segurança da União e dos seus Estados membros, sob todas as formas; – a manutenção da paz e do reforço da segurança internacional, de acordo com os princípios da Carta das Nações Unidas e da Ata Final de Helsínquia e com os objetivos da Carta de Paris; – o fomento da cooperação internacional; – o desenvolvimento e o reforço da democracia e do Estado de direito, bem como o respeito dos direitos do homem e das liberdades fundamentais». Quanto à Cooperação no Domínio da Justiça e dos Assuntos Internos, os Estados membros consideraram como questões de interesse comum as enumeradas no artigo K.1: a política de asilo; as regras aplicáveis à passagem de pessoas nas fronteiras dos Estados membros e ao exercício do controlo dessa passagem, a política de imigração e a política em relação aos nacionais de países terceiros; a luta contra a toxicomania; a luta contra fraude de dimensão internacional; a cooperação judiciária em matéria civil, a cooperação judiciária em matéria penal; a cooperação aduaneira; e a cooperação policial tendo em vista a luta contra o terrorismo, o tráfico ilícito de droga e outras formas graves de criminalidade internacional, em ligação com a organização, à escala da União, de um sistema de intercâmbio de informações no âmbito de uma Unidade Europeia de Polícia (Europol).

objetivo principal inicial, e que se manteve até ao presente no centro do processo de integração europeia, ou seja, o progresso económico e social do conjunto formado pelas Comunidades e, depois, pela União, o Tratado de Amesterdão, de 2 de outubro de 1997 (em vigor desde 1 de maio de 1999), aditou o objetivo de manutenção e desenvolvimento da União enquanto espaço de liberdade, de segurança e de justiça, no qual deve ser assegurada a livre circulação de pessoas, em conjugação com medidas adequadas em matéria de controlos na fronteira externa, asilo e imigração, bem como de prevenção e combate à criminalidade (§ 4.º do artigo 2.º), e a igualdade entre homens e mulheres[71].

Com o Tratado de Lisboa, os objetivos da União, enumerados no Tratado da União, e os objetivos das Comunidades, e em especial da Comunidade Europeia, enumerados no Tratado de Roma que institui a Comunidade Europeia (anterior Comunidade Económica Europeia), designado pelo Tratado de Lisboa por «Tratado sobre o Funcionamento da União Europeia», deram lugar a uma lista única de objetivos da União Europeia, inserida no (atual) artigo 3.º do TUE[72].

O n.º 1 do artigo 3.º proclama que a União tem por objetivo «promover a paz, os seus valores e o bem estar dos seus povos», remetendo assim para o disposto no artigo anterior (2.º) quanto aos valores em que se funda a União – respeito pelos direitos humanos, desde a dignidade à liberdade e à igualdade das pessoas, incluindo as pertencentes a minorias, bem como pelo Estado de Direito, incluindo a democracia –, «comuns aos Estados membros, numa sociedade caracterizada pelo pluralismo, a não discriminação, a tolerância, a justiça, a solidariedade e a igualdade entre homens e mulheres».

O objetivo de promover a paz esteve sempre subjacente à construção europeia, precisamente devido à catástrofe total que resultou do conflito armado generalizado mais mortífero e destruidor de sempre, e por isso, na proposta de criação da primeira Comunidade (a CECA), teve-se por objetivo primordial a não repetição da guerra e garantir daí em diante a paz, conforme ficou explicitado na Declaração Schumann, de 9 de maio

[71] Cf. Fausto de Quadros (2013), *Direito da União Europeia*, 2.ª ed., pp. 64 e ss.; Ana M. Guerra Martins (2017), *Manual de Direito da União Europeia*, pp. 218 e ss.

[72] Cf. Marcelo Rebelo de Sousa (2012), "Anotação ao artigo 3.º do TUE", pp. 30-32.

de 1950, bem como no preâmbulo do próprio Tratado de Paris do ano seguinte, anteriormente mencionados[73].

E o mesmo se poderia acrescentar quanto aos objetivos de promover os restantes valores da União, (pelo menos agora) comuns aos Estados membros, enquanto Comunidade(s) e União de Direito, com respeito estrito pelos direitos humanos, incluindo a dignidade da pessoa humana, a liberdade e a igualdade das pessoas, de todas as pessoas, sem exclusão das pertencentes a minorias, bem como respeito pelo regime democrático.

A circunstância de este problema não ter sido expressamente levantado no começo das Comunidades deveu-se certamente apenas ao facto de não subsistirem dúvidas quando ao respeito integral dos mesmos pelos seis Estados membros fundadores e, igualmente, pelos quatro Estados que apresentaram primeiramente os seus pedidos de adesão – o Reino Unido, a Irlanda, a Dinamarca e a Noruega. O mesmo já não se poderia afirmar sem hesitações quanto aos países candidatos subsequentes – a Grécia, Portugal e Espanha – devido às respetivas situações e evoluções históricas recentes, todos três recém-saídos de regimes políticos e económicos autoritários ou ditatoriais, justificando por isso interrogações e incertezas quanto à superação efetiva e definitiva das restrições anteriormente vigentes aos

[73] Não restam dúvidas que um dos objetivos que motivaram a criação da CECA, e das duas outras Comunidades posteriormente criadas (a CEE e CEEA/Euratom), foi a de garantir a paz, apesar de esta finalidade só ser indicada no preâmbulo dos tratados, não dos respetivos artigos, podendo daí concluir-se que, apesar de não conterem instrumentos próprios de política de segurança e defesa, mas sim de âmbito económico, estes tinham também em vista, mediatamente, garantir a paz na Europa. Diversamente do verificado com os tratados anteriores, o Tratado de Lisboa inclui no seu articulado o objetivo da paz e, mais do que isso, coloca-o em primeiro lugar entre os objetivos da União, o que leva autores como Ana Maria Guerra Martins a defender, discutivelmente, que tal decisão dos autores dos tratados não pode deixar de ter consequências «na perspetiva da constitucionalização da União, uma vez que a promoção da paz tem subjacente a ideia da segurança (externa), a qual é um fim político tradicionalmente atribuído ao Estado». Se este último aspeto é incontestável, dificilmente se poderá defender que «o mesmo» se deverá dizer «da promoção do bem-estar das populações», dada a inerente natureza económica e social, que sempre esteve não apenas subjacente como explícita em toda a construção comunitária europeia, não se encontrando certamente no âmbito exclusivo e estrito da soberania do Estado, «indelegável por natureza». Cf. A. M. Guerra Martins (2017), *Manual de Direito da União Europeia*, p. 220.

direitos e liberdades fundamentais das pessoas naqueles três países do sul do continente europeu[74].

De qualquer modo, apesar da relevância intransigente do respeito e garantia dos direitos humanos e do princípio democrático pelas Comunidades e pela União, conforme haveria de demonstrar tanto a jurisprudência do Tribunal de Justiça como os próprios textos dos Tratados europeus após as sucessivas revisões a que foram sujeitos com o decurso do tempo, além de numerosos outros atos de direito derivado ou «secundário» que os vieram desenvolver e aprofundar, como haverá oportunidade de melhor concretizar, importará por agora notar que o citado n.º 1 do artigo 3.º do Tratado da União Europeia, após a revisão do Tratado de Lisboa, acrescenta o objetivo de promover o bem-estar dos povos dos países participantes, incluindo o seu bem-estar económico e social, o qual dependia essencialmente, pelo menos nos momentos iniciais e segundo acreditavam os autores originários e também posteriores dos Tratados, do estabelecimento de um Mercado Interno – mencionado no n.º 3 do mesmo artigo (3.º).

Acrescente-se que vários dos Estados membros – mas não todos – posicionaram-se persistentemente ao longo da história em defesa e com respeito desses valores fundamentais da pessoa humana e da democracia. Atendendo ao papel especialmente relevante desempenhado neste

[74] A evolução do caso português é particularmente elucidativa sobre as exigências de respeito dos direitos fundamentais das pessoas humanas e da democracia antes da aceitação do país como membro das Comunidades Europeias, aferíveis pelas alterações do ordenamento jurídico interno, a começar pela respetiva Constituição, mas também por alterações de ordem institucional, desde a consagração da independência do poder judicial ao recurso a eleições livres, universais e secretas no processo de escolha dos membros dos parlamentos e dos governos, e ainda atendendo aos compromissos assumidos internacionalmente nesses domínios, como a aceitação e entrada como membro do Conselho da Europa e a vinculação à Convenção Europeia dos Direitos do Homem, de 1950, e às decisões do Tribunal Europeu dos Direitos do Homem, criado para garantir o cumprimento daquela Convenção. Só depois de concluída a adesão do país ao Conselho da Europa e da vinculação à Convenção Europeia dos Direitos Humanos foi aceite o pedido de adesão às Comunidades Europeias, ainda assim dependente do preenchimento de outras condições e do decurso de um longo processo de negociações sobre o processo de transição até o país se tornar membro das Comunidades.
Posteriormente, os critérios de adesão («de Copenhaga») foram fixados pelo Conselho Europeu em 1993, na cimeira de Copenhaga, e reforçados em 1995, em Madrid, e, por fim, explicitados no texto dos Tratados (cf. atual artigo 49.º do Tratado da União Europeia).

domínio crucial pelo Reino Unido, ao longo de vários séculos, seria certamente relevante, e não apenas de um ponto de vista simbólico, que tivessem sido desenvolvidos todos os esforços políticos tendo em vista evitar a sua saída da União Europeia - uma União de Estados deve procurar manter e fortalecer os laços de ligação existentes, bem como criar novos laços de ligação, além de abrir e aprofundar todas as oportunidades de diálogo e esforços tendo por fim ultrapassar os desentendimentos e divergências que venham a surgir.

Também por isso, quando foram fundadas as Comunidades e, posteriormente, quando foram apreciados os pedidos de adesão consecutivamente apresentados, nunca deixou de se olhar e pressupor, certamente, a necessidade de respeito estrito dos direitos humanos e do princípio democrático por parte de todos os Estados membros, incluindo os Estados candidatos a membros. Mais ainda, qualquer entendimento em sentido contrário não seria justificável: as Comunidades no início e agora a União assentam numa ideia basilar de direito e de respeito estrito pelo princípio democrático, tipicamente representadas pela noção essencial de «Estado de direito», que, no caso da União, se poderá designar, feitas as necessárias adaptações, por «União de direito» - sem que isso possa supor ou implicar, pelo menos necessariamente, um processo de «constitucionalização da União» (apesar de poder conduzir eventualmente a algum tipo de constitucionalização da União).

Seguindo a ordem do artigo 3.º do Tratado da União Europeia, após a revisão do Tratado de Lisboa, no n.º 2 encontramos enumerado, como «segundo» objetivo da União, «um espaço de liberdade, segurança e justiça sem fronteiras internas, em que seja assegurada a livre circulação de pessoas, em conjugação com medidas adequadas em matéria de controlos na fronteira externa, de asilo e imigração, bem como de prevenção de criminalidade e combate a este fenómeno». Recorda-se, também aqui, tal como já foi salientado, a natureza, o âmbito e o enquadramento atual da União Europeia distintos comparativamente às Comunidades originárias, resultado da profunda evolução verificada deste então, apesar de originada e desenvolvida a partir daquelas Comunidades, bastando para o efeito salientar, sobre a trecho citado, que a conceção de um «espaço de liberdade, segurança e justiça sem fronteiras internas...», particularmente no que concerne às referências finais a medidas em matéria de asilo e imigração e ainda à prevenção e combate à criminalidade não se justificariam se os objetivos a prosseguir fossem ainda apenas ou essencialmente económicos, no âmbito da concretização e do aprofundamento do Mercado Comum[75].

De qualquer modo, apesar de corresponderem a fins políticos fundamentais tipicamente salvaguardados pelos Estados, mesmo no âmago dos seus poderes soberanos, a sua prossecução e o exercício dos poderes necessários para o efeito pelas Comunidades e pela União, nos termos de tratados celebrados pelos Estados, enquanto se mantiverem em vigor e vincularem os Estados que os subscreveram, mão não além do precisamente previsto naqueles tratados (atuação *ultra vires*) ou após o termo de vigência dos mesmos para cada Estado, não implica, pelo menos necessariamente, uma verdadeira constitucionalização da União, a qual, a ocorrer, haveria de implicar uma correspondente «desconstitucionalização» ou erosão definitiva da soberania dos Estados membros, numa visão de tipo federal. Não se afasta essa eventualidade, no futuro, mas não é, de modo algum, o que sucedeu até ao presente, pelo menos no plano político – o problema pode ser distinto, e sê-lo-á, segundo se entende, noutros domínios, especificamente, no plano económico, sem que, todavia, isso ponha em causa, pelo menos de jure, a soberania política dos Estados membros da União Europeia[76].

[75] Isto não significa, todavia, que só agora, com a proclamação deste objetivo, se pode afirmar que a União colocou o ser humano no centro das suas preocupações. É certo que, além dos cidadãos da União, se tem em vista, expressamente, outras pessoas, incluindo os cidadãos de países terceiros. Mas daí não se pode concluir que, anteriormente, os direitos das pessoas não devessem ser respeitados e, nessa medida, não estivessem, como sempre têm de estar, no centro das preocupações de qualquer ordem jurídica, incluindo da ordem jurídica comunitária e da União Europeia, aliás, diretamente aplicável no território de todos os Estados membros, conjuntamente com a ordem jurídica internacional, ou mais precisamente com as ordens jurídicas internacionais, e com a ordem interna (ou ordens internas), no cimo da qual se situa a Constituição política de cada Estado (sem prejuízo do cumprimento estrito, designadamente, dos princípios do primado e do efeito direto das normas comunitárias europeias, à luz do entendimento reiteradamente afirmado pelo Tribunal de Justiça na sua jurisprudência, na sequência de vários arestos tornados célebres, como *Costa contra ENEL* (de 15 de julho de 1964), e *Van Gend en Loos*, (de 5 de fevereiro de 1963), mais desenvolvidamente mencionados adiante, conjuntamente com vários outros, no Capítulo VI). Em sentido diverso, entre vários outros autores, A. M. Guerra Martins, *op. cit.*, ibidem.

[76] Voltar-se-á depois a este problema, que se afigura essencial para uma correta compreensão da verdadeira natureza das Comunidades Europeias e, agora, da União Europeia, bem como das consequentes relações entre ela(s) e os Estados membros.

Nos n.ºs 3.º a 5.º do artigo 3.º do TUE proclamam-se, sucessivamente, os objetivos de construção de um Mercado Interno (correspondente ao Mercado Comum originário, aprofundado e com novos enquadramentos à medida que foi sendo concretizado e expandido), num contexto de «coesão económica, social e territorial» e de crescimento e desenvolvimento sustentável, de solidariedade entre os Estados membros e de respeito e proteção da diversidade cultural e do património cultural (mencionados nos vários parágrafos do n.º 3), o objetivo nevrálgico de estabelecimento de uma União Económica e Monetária, introduzido precisamente pela primeira versão do Tratado da União Europeia, de 1992, em torno da nova moeda comum, o Euro, criado em 1 de janeiro de 1999 (n.º 4), e, por fim, o objetivo da afirmação da União no plano internacional (n.º 5). Dificilmente poderiam ser imaginados objetivos mais vastos para a União prosseguir, tanto interna como externamente, tornando inevitável, pelo menos aqui ou além, pelo menos algum esgotamento na capacidade e na efetividade da sua ou das suas ações[77].

Este aspeto – a amplitude, transversalidade e quase ou tendente completude dos objetivos «principais» da União Europeia – é reforçado ainda pelo enunciado de «outros» objetivos, «horizontais», de aplicação geral, previstos no Tratado sobre o Funcionamento da União (TFUE), apesar da sua estreita conexão com os «objetivos gerais» mencionados: na realização de todas as suas ações, a União terá por objetivo a eliminação das desigualdades e a promoção da igualdade entre homens e mulheres, nos termos do artigo 8.º; na definição e execução das suas políticas e ações, deverá atender-se às exigências relacionadas com a promoção de um elevado nível de emprego, a garantia de um proteção social adequada, a luta contra a exclusão social e um elevado nível de educação, formação e proteção da saúde humana (artigo 9.º), bem como combater a discriminação em razão do sexo, da raça ou origem étnica, religião ou crença, deficiência, idade ou orientação sexual (artigo 10.º); tal como deve integrar as exigências em

[77] O n.º 5 do artigo 3.º do TUE, com a redação introduzida pelo Tratado de Lisboa, dispõe que, «Nas suas relações com o resto do mundo, a União afirma e promove os seus valores e interesses e contribui para a proteção dos seus cidadãos. Contribui para a paz, a segurança, o desenvolvimento sustentável do planeta, a solidariedade e o respeito mútuo entre os povos, o comércio livre e equitativo, a erradicação da pobreza e a proteção e o desenvolvimento do direito internacional, incluindo o respeito dos princípios da Carta das Nações Unidas».

matéria de proteção do ambiente e de defesa dos consumidores (artigos 11.º e 12.º); na definição e aplicação das políticas nos domínios da agricultura, da pesca, dos transportes, do mercado interno, da investigação e do desenvolvimento tecnológico, quer a União quer os Estados membros devem ter em conta as exigências em matéria de bem-estar dos animais, enquanto seres sensíveis, respeitando simultaneamente as disposições legislativas e administrativas e os costumes dos Estados membros, nomeadamente em matéria de ritos religiosos, tradições religiosas e património regional (artigo 13.º); e constituem de igual modo objetivos da União a prestação dos serviços de interesse económico geral (tal como previsto no artigo 14.º), a promoção da boa governação e da participação das pessoas (artigo 15.º) e a proteção dos dados de caráter pessoal (artigo 16.º), bem assim o respeito pelo estatuto de que gozam nos Estados membros as igrejas e associações ou comunidades religiosas, e as organizações filosóficas e não confessionais (artigo 17.º, como os demais citados, do TFUE).

A dificuldade prática maior residirá, sempre, no momento e nos atos de concretização harmoniosa, em articulação coerente e consistente, estável, de todos estes princípios, sejam «gerais», «específicos» ou «horizontais», em cada uma das diferentes políticas e ações da União, preocupação de concatenação global que, de resto, não é desconhecida, mas, pelo contrário, incumbe sempre, no plano interno, ao Estado e a outras entidades públicas «menores», *maxime* de base territorial, como as Regiões Autónomas e as Autarquias Locais no caso da ordem jurídica portuguesa, tarefa essa permanentemente submetida a parâmetros constitucionais e legais mais ou menos precisos, justificando-se por isso uma remissão de conjunto para o extenso, diversificado e rico labor jurisprudencial e doutrinário sobre a matéria.

Para a determinação do sentido e da eficácia dos objetivos gerais da União, condensados no artigo 3.º (do TUE), é não só útil como imprescindível apontar a (por assim dizer) «chave» dada pela parte final do número 6 – «a União prossegue os seus objetivos pelos meios adequados, em função das competências que lhe são atribuídas nos Tratados» –, em que se remete, especialmente, para o disposto nos artigos 2.º a 6.º do TFUE, quanto às competências da União. Assim, os objetivos proclamados no artigo 3.º (do TUE) serão prosseguidos, compreensivelmente, através dos meios adequados para o efeito, a descortinar, e a densificar, nos termos ou «em função das competências que lhe são atribuídas nos Tratados».

Segundo jurisprudência consolidada do Tribunal de Justiça, os objetivos da União não podem ter por efeito impor obrigações aos Estados membros nem conferir direitos às pessoas, na medida em que dependem e concretizam-se através de políticas e ações da União ou dos Estados membros. Porém, são determinantes para a interpretação de todo o Direito da União, a começar pelas disposições dos Tratados. Consequentemente, as normas relativas às atribuições da União e às competências das respetivas instituições ou órgãos são interpretadas à luz dos objetivos estabelecidos[78].

Quanto às atribuições da União, sendo conferidas pelos Estados membros, há que atender, em primeiro lugar, aos princípios que regem o seu relacionamento com a União, em segundo, aos princípios atinentes à repartição de atribuições entre a União e os seus Estados membros e, ainda, aos relativos ao exercício das mesmas, todos agora apenas enumerados, ora por já terem sido objeto de referência com maior pormenor (caso do princípio da solidariedade ou da cooperação leal), ora por virem a sê-lo posteriormente, no quadro sistemático traçado, ora por não necessitarem de maiores desenvolvimentos, além dos justificados pelas suas especificidades no caso da União Europeia, dada a sua relevância geral no âmbito de um ou outro ramo da ciência jurídica (caso do princípio da atribuição ou da especialidade das pessoas coletivas).

Assim, entre os princípios gerais de relacionamento da União Europeia com os seus Estados membros incluem-se os princípios nucleares da cooperação leal, da lealdade ou da solidariedade (previsto presentemente, entre outros, no artigo 4.º, n.º 3 do TUE), do acervo ou «adquirido» das Comunidades e da União («*acquis communautaire*»), da igualdade e do respeito da identidade nacional. Quanto aos princípios relativos à repartição das atribuições entre a União e os Estados membros e ao respetivo exercício, abrangem o princípio geral da atribuição ou da especificidade

[78] Sobre o valor jurídico dos objetivos da União, cf., em especial, os acórdãos de 9 de fevereiro de 1983, Proc. 270/80, *Polydor*, Rec. 1982, p. 329, § 16; de 24 de janeiro de 1991, Proc. C-339/89, *Alsthom Atlantique*, Col. 1991, p. I-107, §9; de 23 de novembro de 1999, Proc. 149/96, *Portugal c. Conselho*, Col. 1999, p. I-8395, § 86-87; ac. de 3 de outubro de 2000, Proc. C-9/99, *Echirolles Distribution*, Col. 2000, p. I-8207, § 25; de 3 de junho de 2010, Proc. C-484/08, *Caja de Ahorros y Monte de Piedade de Madrid*, Col. 2010, p. I-4785, § 46-47. E, na doutrina, Koen Lenaerts / Piet Van Nuffel (2011), *European Union Law*, 3.ª ed., pp. 111 e ss.; Pierre Pescatore (1972), "Les objectifs de la Communauté Européenne como principes d'interprétation dans la jurisprudence de la Cour de Justice", pp. 325 e ss.

das pessoas coletivas, expressamente enunciado no artigo 5.º do TUE[79], o princípio da subsidiariedade, respeitante apenas ao exercício daquelas atribuições, depois da definição destas, o princípio da proporcionalidade, que também não é específico do Direito da União, tratando-se de um dos princípios gerais que envolvem o Estado (e a União) de Direito, ou *rule of law*, que atua no controlo de atuação dos órgãos[80], e, ainda, o princípio da flexibilidade, segundo o qual, em certas circunstâncias, um ou mais Estados membros podem não participar, permanente ou temporariamente, em determinadas ações ou políticas da União, por não o pretenderem ou por não preencherem os critérios fixados.

[79] Segundo disposto no artigo 5.º do TUE, na versão atual, «a delimitação das competências da União rege-se pelo princípio da atribuição», concretizando-se no n.º 2 que «em virtude do princípio da atribuição, a União atua unicamente dentro dos limites das competências que os Estados membros lhe tenham atribuído nos Tratados para alcançar os objetivos fixados por estes últimos», tendo já anteriormente ficado esclarecido, explicitamente, no n.º 2 do artigo 4.º, que as competências não atribuídas nos Tratados à União pertencem aso Estados membros.
A circunstância de tudo isto não ter sido objeto de esclarecimento explícito nas versões anteriores dos Tratados em nada altera o entendimento quanto ao facto de os Estados membros sempre terem sido os «donos», «senhores» ou autores dos Tratados europeus, pelo que só as competências por eles atribuídas às Comunidades e à União poderiam por estas serem legitimamente exercidas, continuando todas as restantes a caber-lhes inteiramente.
Todavia, a «necessidade» que os autores dos Tratados «sentiram» de proceder a tais explicitações, aliás reiteradas, por ocasião do Tratado de Lisboa e neste concretizadas não poderia resultar apenas do acaso, mas, pelo contrário, do que se poderá entender como «desconfiança entre» ou dos Estados membros em relação a questão, «a qual os levou a tentarem esclarecê-la de uma vez por todas», e o mesmo se poderá considerar quanto à delimitação das categorias de atribuições da União e da consequente clarificação da repartição de atribuições (A. M. Guerra Martins, *op. cit.*, p. 318).

[80] Tratando-se de um princípio fundamental inerente ao Estado (e União) de Direito, ao *rule of law*, apesar de não ter sido expressamente no texto dos Tratados até ao Tratado da União Europeia (ou «de Maastricht), de 1992, o Tribunal de Justiça não hesitou em aplicá-lo por diversas vezes no controlo do exercício de poderes quer pelos Estados membros quer pelas Comunidades e respetivos órgãos. Presentemente, o princípio da proporcionalidade está previsto no § 1.º do n.º 4 do artigo 5.º do TUE: «em virtude do princípio da proporcionalidade, o conteúdo e a forma da ação da União não devem exceder o necessário para alcançar os objetivos do Tratado». O § 2.º do mesmo n.º remete a respetiva aplicação para o protocolo relativo aos princípios da subsidiariedade e da proporcionalidade, anexo aos Tratados. Cf., em geral, E. Ellis (org.) (1999), *The Principle of Proportionality in the Laws of Europe*; N. Emiliou (1996), *The Principle of Proportionality in European Law*.

Atendendo a tudo o que está em jogo, e na medida em que a União só pode exercer os poderes que lhe tiverem sido atribuídos pelos Estados membros, é compreensível que a questão da repartição de atribuições se encontre, desde o início, entre as que mais foram debatidas e são mais complexas. Ao invés das constituições dos Estados federais, os Tratados das Comunidades e o Tratado da União não continham qualquer cláusula de repartição de atribuições que definisse claramente as que são exclusivas da União, as exclusivas dos Estados e as concorrentes. Os Tratados seguiam o método da enumeração dos objetivos (nos antigos artigos 2.º do TUE e do TCE) e dos instrumentos necessários para os alcançar (antigo artigo 3.º do TCE) e da previsão das bases jurídica para a prossecução daqueles objetivos, o que não poderia de facilitar a emergência de conflitos de atribuições, tanto positivos como negativos, entre as Comunidades e a União, de um lado, e os Estados membros, de outro.

A complexidade do problema resultava, particularmente, da circunstância de as atribuições da União não se extraírem apenas do próprio texto dos Tratados, mas da interação de um conjunto de variáveis, incluindo, além das opções dos Estados membros expressas nos Tratados e nos seus atos de revisão, a aprovação de legislação pelo Conselho e, mais tarde, também pelo Parlamento Europeu, que aplicou os limites estritos iniciais, bem como a jurisprudência dos tribunais das Comunidades e da União e ainda as decisões políticas dos seus órgãos. O método de atribuição de competências favoreceu o desenvolvimento de uma jurisprudência expansionista do Tribunal de Justiça em matéria de atribuição de poderes das Comunidades, mas esta foi acompanhada por uma opção política dos Estados membros de reforço consecutivo de atribuições nos mais diversos domínios, do ambiente à proteção dos consumidores, do emprego à formação profissional, da saúde à cultura, e, é claro, sempre promovida e secundada pelos órgãos políticos das Comunidades e da União[81].

[81] Conforme se pormenorizará mais adiante, na Parte 2, a jurisprudência do Tribunal de Justiça foi determinante na definição das atribuições das Comunidades e da União, desde logo atendendo à sua posição de garante do respeito do Direito na interpretação e aplicação dos Tratados. Tendo por base os objetivos enunciados nos preâmbulos e nos artigos dos Tratados, bem como os instrumentos de realização dos mesmos e do conjunto do sistema, o Tribunal identificou as regras e princípios de repartição de atribuições e procedeu à sua categorização, entre atribuições exclusivas, concorrentes e partilhadas, sem embargo das reservadas aos Estados. Antes de prevista pelo Tratado de Maastricht, no § 2.º do artigo 5.º do Tratado do

Evidentemente, a expansão persistente das atribuições das Comunidades e da União conduziria a uma erosão inevitável das atribuições dos Estados membros, conferindo ao processo de integração europeia um dinamismo e um carácter evolutivo desconhecidos do Direito Internacional, em que constitui ponto assente que as restrições de soberania nunca se presumem. Sem o afrontar expressamente, o Tribunal de Justiça procedeu a uma interpretação teleológica dos Tratados que por diversas vezes levantou dúvidas sobre o respeito do princípio da atribuição, e, não raramente, essas dúvidas foram levantadas, e têm continuado a sê-lo, até ao presente, pelos próprios Tribunais Constitucionais de alguns Estados membros, em relação a domínios especialmente sensíveis[82].

Com o Tratado da Lisboa, as atribuições da União ficaram assim categorizadas, no artigo 2.º do TFUE: (*i*) atribuições exclusivas (n.º 1), (*ii*) atribuições partilhadas (n.º 2), (*iii*) atribuições de coordenação das políticas económicas e de emprego dos Estados membros (n.º 3), (*iv*) atribuições de definição e execução de uma política externa e de segurança comum (n.º 4) e (*v*) atribuições para desenvolver ações destinadas a apoiar, coordenar e completar a ação dos Estados membros (n.º 5). Nos artigos subsequentes do Tratado foram especificados os efeitos da inclusão de cada domínio material numa daquelas categorias, quer

TCE, relativo ao princípio da subsidiariedade, a figura da atribuição exclusiva já tinha sido identificada e utilizada pela jurisprudência europeia, quando nela abrangeu, por exemplo, a política comercial comum e certos aspetos da política agrícola comum, apesar da ausência de referências expressas no Tratado, quando este apenas considerava como «exclusiva» a política monetária. Cf. P. Craig (2013), *The Lisbon Treaty: Law Politics and Treaty Reform*, 2.ª ed., pp. 155 e ss.; A. M. Guerra Martins (2017), *Manual de Direito da União Europeia*, cit.; M. J. Rangel de Mesquita (2022), *Introdução ao Contencioso da União Europeia*, cit.; Sofia Oliveira Pais (2017), *Estudos de Direito da União Europeia*, cit.; P. Alves Pardal (2022), "Articulação entre o direito da União e os direitos dos Estados-membros", pp. 149-205; M. Sousa Ferro (2022), Contencioso da União Europeia", pp. 207-234; P. Craig / G. Búrca (2020), *EU Law*, 7.ª ed.

82 *Vd. infra*. Cf. P. Craig (2013), *The Lisbon Treaty: Law Politics and Treaty Reform*, cit., pp. 155 e ss.; A. M. Guerra Martins (2017), *Manual de Direito da União Europeia*, cit., pp. 331 e ss.; M. J. Rangel de Mesquita (2022), *Introdução ao Contencioso da União Europeia*, cit.; Sofia Oliveira Pais (2017), *Estudos de Direito da União Europeia*, cit.; P. Alves Pardal (2022), "Articulação entre o direito da União e os direitos dos Estados-membros", cit.; M. Sousa Ferro (2022), Contencioso da União Europeia", cit.; P. Craig / G. Búrca (2020), *EU Law*, cit.

para a União quer para os Estados membros, sendo depois desenvolvidas as bases jurídicas das matérias abrangidas por cada uma das categorias de atribuições previstas.

A atribuição exclusiva à União determina que somente esta poderá agir e legislar nesse domínio, ficando os Estados membros, consequentemente, impedidos de o fazer – salvo habilitação específica da União para o efeito, conforme disposto no n.º 1 do artigo 2.º do TFUE. Na atribuição partilhada, tanto a União como os Estados membros podem agir e adotar os atos legislativos e outros atos vinculativos nesse domínio, apesar de os Estados membros poderem exercer a sua competência apenas na medida em que a União não tenha exercido a sua competência ou se, entretanto, tenha deixado de a exercer (n.º 2 do artigo citado), sempre nos termos previstos nas restantes disposições dos Tratados.

A natureza remissiva do artigo 2.º do TFUE é ainda mais evidente no caso das atribuições de coordenação das políticas económicas e de emprego dos Estados membros, em relação às quais nada é especificado no n.º 3 quanto aos seus efeitos, havendo por isso de recorrer ao disposto sobre estas políticas, sobretudo nos artigos 120.º a 126.º e 145.º a 150.º do mesmo Tratado, além do sentido específico do termo «coordenação». Quanto à Política Externa e de Segurança Comum (PESC), a que se refere o n.º 4, não se encontra densificada no TFUE, mas no TUE, remetendo-se assim para o Título V deste ato. Por fim, no atinente às atribuições de apoio, coordenação e complemento das ações dos Estados membros, mantiveram-se as competências destes, ficando por isso excluída a harmonização das respetivas disposições legislativas e regulamentares, conforme explicitado nos dois parágrafos do n.º 5 do artigo.

Certamente, os diferentes objetivos e domínios de ação da União levantam dificuldades de determinação quanto ao seu preciso conteúdo e alcance, somente concretizável com a sua aplicação ao longo do tempo, consoante os entendimentos alcançados e as decisões tomadas pelos órgãos e instituições da União e dos Estados membros, sem embargo de eventuais conflitos positivos ou negativos, que poderão emergir no confronto com as atribuições reservadas e mantidas pelos Estados, sobretudo no âmbito das competências partilhadas.

Não se afigura agora útil uma análise circunstanciada dos diversos objetivos da União, além dos aspetos apontados, por um lado devido à sua extensão e transversalidade e, por outro lado, à necessidade de manter delimitado o objeto de estudo fixado, o que não afastará alguns aprofundamentos ou maiores concretizações ilustrativos das considerações apresentadas sobre o tema em análise.

Consequentemente, far-se-á menção apenas, neste capítulo, ao objetivo geral de promoção da coesão económica, social e territorial na União e, depois, a um dos «novos» domínios de ação, ou a uma vertente até certo ponto presente desde o início mas objeto de uma reformulação profunda mais recentemente, a centralização financeira especialmente reforçada com o novíssimo Programa de Reconstrução e Resiliência (PRR), a fim de apontar algumas das implicações relevantes dessa alteração de monta, quer isolada quer conjugadamente com outras, designadamente sobre a própria natureza das finanças europeias, uma questão que se afigura decisiva para a apreciação global sobre o estádio presente das relações políticas e económicas, *maxime* financeiras, entre os Estados membros e a União, e sobre a própria natureza jurídica desta em face daqueles[83].

Por se tratar, certamente, de um dos mais decisivos objetivos da União Europeia, e não obstante a sua estreitíssima conexão com os dois objetivos apontados, autonomiza-se num capítulo autónomo, imediatamente a seguir, a ponderação imprescindível sobre a estrutura, o funcionamento e as reformas aconselhadas da União Económica e Monetária europeia, atingida já por uma gravíssima crise de credibilidade, que chegou a colocar em jogo a sua própria subsistência enquanto e em iminência a saída de um dos Estados participantes (a Grécia, até 2015), abrangendo vários problemas sérios, de cujo desfecho dependeu e continuará provavelmente a depender a sua subsistência, pelo menos com a configuração atual, após os reajustamentos já realizados, bem como, admissivelmente, no futuro, a própria União Europeia.

[83] Sobre as finanças europeias em geral, em língua portuguesa, cf. Eduardo Paz Ferreira (2020), *Ensaio de Finanças Públicas*, espec., pp. 517 e ss.; Manuel L. Porto (2017), *Teoria da Integração e Políticas da União Europeia*, pp. 483 e ss.; Paulo Alves Pardal (2015), *A Redistribuição das Competências Orçamentais no Seio da União Europeia*; João Ricardo Catarino / José F. F. Tavares (orgs.) (2012), *Finanças Públicas da União Europeia*; Daniel Strasser (1981), *As Finanças Europeias* (trad.).

3. Assimetrias nacionais e regionais e os objetivos comuns de desenvolvimento e coesão

Conforme mencionado, um dos objetivos nevrálgicos da União Europeia é, continua a ser, sem dúvida, a coesão económica, social e territorial.

E não deve impressionar *a se* a circunstância de apenas ser mencionada no § 3.º do n.º 3 do artigo 3.º do TUE, ou seja, após as proclamações feitas quanto à promoção da paz, dos valores da União e do bem-estar dos seus povos (no n.º 1), quanto à provisão aos seus cidadãos de um espaço de liberdade, segurança e justiça sem fronteiras internas (no n.º 2) e quanto ao estabelecimento de um mercado interno, num contexto de desenvolvimento sustentável europeu e de uma economia social de mercado altamente competitiva cuja meta é o pleno emprego e o progresso social – incluindo designadamente o combate à exclusão social e as discriminações e a promoção da justiça e da proteção sociais, a igualdade entre homens e mulheres, a solidariedade entre as gerações e a proteção dos direitos das crianças (nos primeiros dois parágrafos do n.º 3), com respeito pela riqueza da sua diversidade cultural e linguística e salvaguarda e desenvolvimento do património cultural europeu (§ 4.º do mesmo n.º 3), e envolvido, desde a última década do século passado, na sequências das alterações seladas pelos Estados membros em Maastricht, pela concretização de uma União Económica e Monetária (n.º 4 do artigo 3.º).

Ante o enunciado de todos estes objetivos e prioridades, sempre seria difícil a respetiva concatenação e hierarquização, afigurando-se, em todo o caso, que não é apenas ou sobretudo a enumeração sequencial dos vários objetivos que determina, pelo menos necessariamente, a relevância ou precedência de um ou de alguns em relação as restantes, havendo antes que levar em conta um conjunto de conexões mais ou menos estreitas e complexas entre os vários objetivos explicitados no texto, de modo que a prevalência ou o concurso de um ou de alguns sobre ou em relação a outros dependa de múltiplos fatores intrincados atinentes à repartição de atribuições entre a União e os Estados membros, com os meios e instrumentos colocados à disposição da primeira e dos seus órgãos, organismos e instituições, sem prejuízo da necessária cooperação com os Estados membros e seus órgãos, serviços e entidades na prossecução dos objetivos e das ações confiadas à União.

Independentemente da controvérsia sobre a definição e a fixação das atribuições da União e dos poderes atribuídos pelos Tratados às suas instituições, a qual não apenas se manteve como se agravou, como seria de prever, à medida que se sucederam as adesões de novos Estados membros e as revisões dos Tratados com aditamento de novas atribuições e competências – não obstante o pressuposto geral da igualdade de estatuto jurídico de todos os Estados membros, entre si e perante as Comunidades e a União –, foram as assimetrias económicas, sociais e territoriais entre os Estados membros ou suas divisões territoriais, reflexo direto das situações económicas e sociais particulares existentes, que, sendo díspares antes da data da adesão, continuaram a sê-lo depois, precisamente porque este momento temporal não altera por si a situação económica dos cidadãos ou operadores económicos[84].

[84] Tais assimetrias económicas, sociais e territoriais, mesmo quando se reduziam, e reduziram-se significativamente em vários Estados membros individualmente considerados, como Portugal ou a Irlanda, em ritmos e sentidos muito diversos consoante os anos que sejam considerados, face a uma média abstrata do conjunto das Comunidades ou da União, por seu lado amovível, enquanto a média se alterava, para cima ou para baixo, por efeito da adesão de novos Estados membros, uns com níveis de rendimento e de bem-estar económico e social elevados, outros com níveis menos elevados, essas reduções nunca poderiam ser consideradas garantidas, porque podiam ser, como foram e como continuam a ser reajustadas e ultrapassadas, ora por impulsos de crescimento de uns Estados membros ora por ritmos tão reduzidos de crescimento ou mesmo estagnações ou retrocessos, que, no caso de persistirem no tempo, como sucedeu durante as últimas décadas com vários Estados membros, terão por resultado um (re)agravamento de assimetrias, incluindo estagnações ou retrocessos, relativos e por vezes até absolutos de alguns Estados membros em relação a outros, o que, política e socialmente, será difícil de aceitar ou mesmo de tolerar, consoante seja percebido não apenas por especialistas e estudiosos mas também pela experiência das pessoas, revelando o dinamismo diferenciado (nuns casos predominantemente simétrico, noutros predominantemente assimétrico) do processo de integração económica internacional, que, assim, não consegue assegurar sempre vantagens económicas para todos.

O caso de Itália, entre vários outros Estados membros da União, é particularmente impressivo, mas considerações análogas, embora não de sentido coincidente ou sequer aproximado, poderão ser dirigidas aos casos específicos de Portugal, da Grécia e da Irlanda, bem como dos, por enquanto, ainda mais recentes (mas cada vez «menos recentes») Estados membros, da Europa Central e de Leste, que, até à queda do Muro de Berlim, em 1989, experimentaram regimes económicos de direção central. *Vd. infra*. Cf. E. Paz Ferreira (org.) (2016), *União Europeia: Reforma ou Declínio*; Idem (org.) (2013), *A Austeridade Cura? A Austeridade Mata?*; Idem (org.) (2011), *25 anos na União Europeia, 125 Reflexões*; J. Renato Gonçalves (2010), *O Euro e o Futuro de Portugal e da União Europeia*, cit., espec. Cap. IV e ss., com várias indicações bibliográficas.

Conforme salientado no capítulo anterior, a preocupação com a situação económica e social concreta dos cidadãos e dos operadores económicos dos Estados membros não foi considerada central na altura da criação das Comunidades, pelo menos no sentido de incluir entre os objetivos específicos que passariam a ser prosseguidos em comum a redução das desigualdades económicas e sociais existentes, quer no interior de cada Estado membro quer no conjunto das Comunidades, por serem tarefas que, segundo se entendeu, deveriam (continuar a) ser prosseguidas internamente, nos termos decididos a esse mesmo nível.

Afinal, as Comunidades Europeias (também) obedeciam ao princípio geral da especialidade, típico das pessoas coletivas, públicas e privadas, sendo certo que não tinham ficado habilitadas através dos Tratados, lavrados pelos representantes dos Estados membros, a prosseguir outros fins e a utilizar outros instrumentos além dos expressamente fixados[85].

[85] As grandes preocupações dos europeus ocidentais após o desfecho da Segunda Guerra Mundial centravam-se, compreensivelmente, na remoção dos escombros da guerra e dos fantasmas que os rodeavam e na reconstrução integral da sociedade a partir das ruínas físicas e humanas, sendo por isso fundamental a criação de mecanismos sólidos e perenes de garantia da paz e também da prosperidade, outrora tida como assegurada, uma vez mais posto em perigo com os conflitos armados totais, que permitiram que a Europa, onde mais longe tinham avançado o conhecimento, todas as ciências e a tecnologia, tivesse decidido autodestruir-se, arrasando de uma vez todos os progressos históricos, culturais e civilizacionais paulatinamente alcançados ao longo de séculos e milénios.
Por isso, logo após o termo da Segunda Grande Guerra, que se seguiu ao conflito armado que a antecedeu em escassas duas décadas, o mundo em geral e sobretudo na Europa, onde o desastre se iniciara e mais gravemente se fez sentir, procurou-se instituir instrumentos que impedissem efetivamente a repetição de acontecimentos bélicos tão catastróficos, com os efeitos desastrosos deles inexoravelmente resultantes, desde a perda de prosperidade e de bem-estar até à perda da própria dignidade da pessoa humana, e entre os mecanismos gerais disponíveis encontravam-se o reforço de cooperação política e económica internacional, assente em laços de solidariedade entre países e seus povos, apesar de todas as suas especificidades culturais e de outra natureza.
Foi neste contexto que se estabeleceram vários instrumentos de cooperação internacional à escala mundial, particularmente em torno da nova e tão promissora Organização das Nações Unidas (ONU) e das numerosas agências que passariam a atuar sob a sua égide, mesmo que nem todos os países tivessem aceitado delas participar imediatamente, e também a uma escala menos vasta, «regional» ou continental, inaugurando fóruns de presença e contacto destinados a promover o diálogo e o debate sobre problemas comuns da mais diversa ordem, quer de ordem política e humanitária, quer de ordem económica e social, e incluindo mais

Os objetivos que as Comunidades e a União ficaram incumbidas de prosseguir estavam conexos, essencialmente, pelo menos no início, com a abertura de fronteiras e a consequente facilitação de trocas comerciais entre os Estados membros, certamente com vista à obtenção de vantagens económicas para os respetivos povos e cidadãos, à luz das explicações e teorias de integração económica internacional, baseadas nas vantagens resultantes da chamada «divisão internacional do trabalho» e em especial da especialização produtiva dos bens e dos factores de produção e da maior concorrência entre operadores económicos, cujas economias de inovação, de escala e de outra natureza permitiriam, em geral, reduzir os custos de produção e de comercialização, tornando assim mais eficiente o aproveitamento dos recursos disponíveis e contribuindo ainda para melhorar a qualidade dos bens, torná-los mais acessíveis e assegurar uma maior satisfação das necessidades das pessoas.

De todo esse processo produtivo mais aberto e dinâmico resultariam, segundo as conclusões dos ensinamentos das ciências económicas, vantagens substanciais na otimização das estruturas empresariais e produtivas, com projeção em melhorias das condições de vida das pessoas, ou seja, dos cidadãos de todos os Estados membros, através do aumento dos seus rendimentos e da disposição de bens de qualidade capazes de satisfazer mais necessidades.

A preocupação central, ao nível das Comunidades, consistia assim em alcançar e ampliar tais vantagens económicas e sociais, refletidas depois em melhorias das condições de vida das pessoas, em princípio de todas as pessoas residentes no território dos Estados membros, ou seja, sem uma preocupação específica com a concreta repartição desses benefícios por todas as pessoas e todos os territórios (pelos Estados membros e, no seu

recentemente questões não menos relevantes e urgentes como a proteção dos recursos e os riscos das alterações climáticas.

Cf. P. Pitta e Cunha (2004), *Integração Europeia*, cit.; J. Gillingham (2003), *European Integration, 1950-2003. Superstate or New Market Economy?*, cit.; M. Luísa Duarte (2001), *Direito da União Europeia e das Comunidades Europeias*, I-I; B. Olivi (2000), *L'Europa Difficile*, cit.; A. Moreira (1999), "Europa", cols. 397 e ss.; R. Pérez-Bustamante (1997), *Historia de la Unión Europea*, pp. 60-63; F.-G. Dreyfus (1996), "A Europa de 1914 aos nossos dias", pp. 441 e ss.; W. Vanthoor (1996), *European Monetary Union since 1848. A Political and Historical Analysis*, p. 55; J. Carpentier / F. Lebrun (1993), *História da Europa*, pp. 420 e ss.; J. Mota Campos (1988), *Direito Comunitário*, I, espec. pp. 40 e ss.

interior, pelas regiões e autarquias ou outras divisões territoriais e pelos diversos grupos sociais).

A circunstância de as Comunidades não terem ficado incumbidas, desde o começo, de promover uma repartição «equilibrada» dos rendimentos entre as pessoas explicava-se, antes de mais, pelo facto de se tratar de tarefa que competia aos Estados assegurar, não se tendo, por isso, reconhecido que deveria ser essa a tarefa a prosseguir, pelo menos prioritariamente, pelas Comunidades, consistindo essa tarefa imediata, antes e essencialmente, o estabelecimento de um Mercado Comum do qual fariam parte todos os Estados membros. Isto não significa, porém, que não existisse um entendimento aproximado entre os Estados membros de que era importante e de que se justificava prosseguir uma repartição justa dos rendimentos entre todas as pessoas, de modo a garantir o respeito cabal pela dignidade da pessoa humana – apenas que não era, ou não deveria ser, essa a tarefa específica e prioritária das Comunidades e (mais tarde) da União Europeia[86].

A ideia de «economia social de mercado», ou de «economia de mercado social», era já amplamente partilhada, mesmo que em termos não rigorosamente coincidentes, entre os vários Estados membros fundadores das Comunidades Europeias e, mais tarde, também pelos novos membros.

Porém, admitindo pelo menos que esse fim poderia ser assegurado internamente, por cada Estado, tal como sucedera no passado, com recurso sobretudo aos instrumentos financeiros internos tipicamente utilizados para o efeito, no quadro da soberania e da independência financeira do Estado, nem se terá sentido, se não necessidade pelo menos urgência e

[86] No caso particular do processo de integração económica internacional concretizado com a criação e com o aprofundamento das Comunidades Europeias, nos anos cinquenta do século XX, os objetivos imediatos consistiram essencialmente, conforme já foi referido, no estabelecimento de um Mercado Comum com a dimensão dos territórios dos Estados membros, nos termos previstos nos tratados então celebrados e segundo as regras neles previstas, com uma base de confiança política e de solidariedade económica sem as quais não seria viável a prossecução das objetivos fixados, embora não suficiente para a prossecução de outros objetivos, mesmo que conexos, como o de «coesão económica, social e territorial», só mais tarde inserido e proclamado no texto do Tratado (CEE) de Roma, após as revisões operadas pelo Ato Único Europeu (de 1986, em vigor a partir do meio do ano seguinte) e pelo Tratado da União Europeia (de 1992, em vigor desde o mês de novembro do ano seguinte).

justificação evidente para a intervenção das Comunidades nesse domínio, designadamente porque os instrumentos financeiros apropriados para o efeito, de grande volume, se encontravam na esfera financeira do Estado, não podendo ser facilmente reajustados sem alterações profundas na configuração política e financeira pública, estreitamente ligada e não suscetível de desconexão com o respeito do princípio democrático e seu exercício.

A tudo isso poder-se-á acrescentar um elemento económico e social: a circunstância de o problema das desigualdades não constituir ainda, na altura em que foram criadas as Comunidades Europeias e nos anos imediatamente subsequentes, e por diversos motivos, um dos problemas económicos predominantes, como tal entendidos pelos Estados em geral e, similarmente, pelos Estados membros que as fundaram em particular. Existiam já, sem dúvida, desigualdades económicas e sociais relevantes no interior de alguns dos Estados membros e não poderiam deixar de preocupar – pensemos, por exemplo, nos enormes contrastes, em termos de rendimentos pessoais e de emprego, entre o Norte e o Sul de Itália, ou entre o território continental da França e os seus territórios insulares e ultramarinos – mas ainda não tinham sido colocados no centro das agendas políticas, nacionais ou, sobretudo, internacionais.

Todavia, a natureza dessas assimetrias económicas e sociais com projeção territorial era muito diversa, entre aqueles dois países mencionados e, mais ainda, relativamente aos restantes Estados membros fundadores das Comunidades, muito menos ou «quase nada» assimétricos do ponto de vista económico e social, em comparação com os mencionados, não sendo por isso fácil descortinar, em especial retrospetivamente, o que poderia justificar uma tomada de decisão conjunta de todos os Estados membros das Comunidades quanto à justificação de estas prosseguirem como objetivo comum a redução das assimetrias económicas e sociais entre as tão diversas partes territoriais, sendo essas assimetrias encaradas de formas muito díspares e exigindo para a sua prossecução a transferência de montantes de recursos financeiros de tal ordem que os vários Estados membros dificilmente tolerariam realizá-la.

Quando foram criadas as Comunidades, nos anos cinquenta do século XX, as preocupações fundamentais não eram ainda as desigualdades económico-sociais, mas sim a constituição, ou reconstituição, das condições necessárias e favoráveis à criação de riqueza e, consequentemente, à satisfação das necessidades modernamente consideradas compatíveis com um nível elevado de bem-estar económico-social de todas as pessoas, ou, no caso, dos cidadãos dos países parte das Comunidades, não tendo sido por isso por acaso que o objetivo de coesão económica, social e territorial só iria ganhar maior relevância «constitucional» no âmbito das Comunidades com o Ato Único Europeu, de 1986, precisamente na altura em que se consumou a adesão dos dois países ibéricos, Portugal e Espanha, a 1 de janeiro desse mesmo ano, como membros das Comunidades, e depois de percorrido um longo itinerário, incluindo os dois primeiros alargamentos (de 1973 e de 1981).

Sendo os Estados membros fundadores relativamente homogéneos do ponto de vista económico-social e inexistindo ou não sendo ainda considerados politicamente relevantes as assimetrias em termos de rendimentos médios *per capita* entre os seis Estados fundadores, pode dizer-se que não existiam ainda como problema político comum as desigualdades económicas e sociais, e o mesmo sucedia quanto a considerar como objetivo das Comunidades a redução daquelas assimetrias. As maiores assimetrias económico-sociais encontravam-se no interior do território de alguns Estados membros, em especial Itália, sendo por isso compreensível que fossem consideradas sobretudo como uma questão interna, objeto típico das políticas públicas (económicas e financeiras) nacionais.

O problema das assimetrias no seio das Comunidades Europeias emergiu apenas mais tarde, primeiro na sequência do primeiro alargamento, em 1973, em especial com a entrada da Irlanda, na altura com um rendimento *per capita* muito inferior aos níveis registados nos restantes Estados membros das Comunidades e, posteriormente, na sequência do segundo alargamento, em 1981, quando entrou a Grécia, e do terceiro alargamento, em 1986, com a adesão de Portugal e da Espanha. Vão ser precisamente estes quatro países – Irlanda, Grécia, Portugal e Espanha – os designados Estados membros «da Coesão», por se terem tornado os principais destinatários e beneficiários dos instrumentos e recursos das novas políticas comuns de «coesão económica, social e territorial» das Comunidades e da União Europeia, ou da até então designada Política Regional europeia, posteriormente destinada aos territórios menos desenvolvidos de todos os Estados membros, velhos e novos[87].

[87] No caso dos quatro Estados membros designados «da Coesão» – Portugal, Espanha, Grécia e Irlanda –, a totalidade dos respetivos territórios era destinatária e beneficiária dos «fundos

Efetivamente, as mudanças de fundo neste domínio ocorreram apenas com os sucessivos alargamentos das Comunidades. O primeiro alargamento, que permitiu a entrada do Reino Unido, da Irlanda e da Dinamarca, tornou clara a aproximação verificada neste plano pelos novos Estados membros: todo o território da Irlanda era considerado como comparativamente menos desenvolvido face à média de rendimentos auferidos pelos cidadãos dos Estados membros das Comunidades e algo de aproximado se poderia afirmar em relação a partes do território quer do Reino Unido quer do Reino da Dinamarca, embora em termos distintos, face às capacidades orçamentais muito mais robustas destes dois últimos Estados membros em contraste com o primeiro para responder às exigências verificadas nesse domínio. Sem entrar em outros pormenores, pode notar-se, pelo menos, que não resultou do acaso, mas foi antes plenamente justificada e consensual, a decisão de criar um dos instrumentos comunitários mais marcantes para a promoção do desenvolvimento das regiões comparativamente menos prósperas das Comunidades e redução das assimetrias económicas e sociais territoriais existentes, o Fundo Europeu de Desenvolvimento Regional (FEDER), em 1975[88].

Os dois alargamentos subsequentes (o 2.º e o 3.º), em 1981, com a entrada da Grécia, e em 1986, com a entrada de Portugal e da Espanha, evidenciaram ainda mais claramente a ampliação das assimetrias económicas e sociais territoriais entre os Estados membros das Comunidades: todo o território da Grécia como todo o território de Portugal e também grande parte do território de Espanha iriam juntar-se ao território da Irlanda para formarem o que seriam oficialmente designados como os

estruturais» das Comunidades e da União, enquanto nos casos dos restantes oito Estados membros só eram considerados elegíveis para financiamento e outras modalidades de apoio das políticas europeias de coesão económica, social e territorial as partes do território com indicadores de rendimento *per capita* e outros (por exemplo, taxa de desemprego) inferiores à média comunitária, como, além de todo *Mezzogiorno* italiano e dos departamentos e territórios ultramarinos franceses (DOM), partes do Reino Unido. Cf. J. Renato Gonçalves (2010), *O Euro e o Futuro de Portugal e da União Europeia*, cit., espec. Cap. II e III, com várias indicações bibliográficas.

[88] Sobre o estabelecimento gradual da Política de Desenvolvimento Regional das Comunidades Europeias, sua base jurídica (nas fontes de Direito originário ou primário e de Direito secundário ou derivado), seus instrumentos financeiros e de outra natureza e sua evolução, cf., em geral, J. Renato Gonçalves (2010), *O Euro e o Futuro de Portugal e da União Europeia*, cit., espec. Caps. III e ss., com diversas indicações bibliográficas.

(quatro) «Estados da Coesão», cujas situações económicas e sociais comparativamente mais débeis iriam motivar o estabelecimento e o reforço do financiamento dos chamados «fundos estruturais» das Comunidades, em favor especialmente das regiões daqueles quatro países, cujos rendimentos médios *per capita* não atingiam sequer 75% dos rendimentos auferidos nos restantes Estados membros.

O «alargamento», estritamente territorial, verificado em 1990, com a concretização da chamada reunificação alemã, através da qual os *Länder* da antiga Alemanha Oriental (República Democrática Alemã) passaram a fazer parte da República Federal da Alemanha (ex- «Alemanha Ocidental»), produziu efeitos semelhantes, dado o enorme atraso económico e social, incluindo no que respeita aos rendimentos auferidos *per capita* naqueles *Länder* relativamente aos indicadores económicos e sociais alcançados na Alemanha Ocidental.

E se o alargamento de 1995, com a entrada da Áustria, da Suécia e da Finlândia (a Noruega voltou novamente a não concretizar a sua adesão, após voto negativo por referendo popular), não agravou particularmente os indicadores de assimetrias económicas entre os vários Estados membros, atendendo a que todos os novos Estados membros apresentavam níveis elevados de rendimentos e de desenvolvimento, o mesmo não sucedeu com o (grande) alargamento seguinte, concretizado em maio de 2004, quando se tornaram membros da União Europeia mais dez Estados membros do Centro, Leste e Sul da Europa, sobretudo membros do antigo bloco de Leste, em geral com níveis de desenvolvimento muito reduzidos. E algo de aproximado sucederia com o alargamento seguinte, de 2007. Em alguns dos novos Estados membros, como a Roménia e a Bulgária, os rendimentos *per capita* eram ainda inferiores a 25% da média da União Europeia e, na maior parte dos restantes, incluindo durante algum tempo a Polónia, a situação comparativa não era significativamente diversa, com exceção da «minúscula» Malta e, até certo ponto, de Chipre.

Importa, todavia, salientar que o problema das assimetrias ou «desigualdades» económicas e sociais entre os territórios dos Estados membros, como entre outros pontos geográficos do globo, não é, de modo algum, estático, mas antes dinâmico, sujeito ao devir temporal, alterando-se por vezes acelerada e diferenciadamente nos diferentes territórios, ora aproximando-se e ultrapassando indicadores médios do conjunto ora divergindo e contraindo-se em relação a estes indicadores.

Apenas para voltar a citar um dos casos já mencionados, a Irlanda, que no momento da sua entrada nas Comunidades, em 1973, e nas duas décadas seguintes, era um dos países comparativamente menos prósperos e desenvolvidos da «Europa dos 9», graças ao dinamismo económico de que depois beneficiou, tornou-se num dos mais prósperos e desenvolvidos da União Europeia, e do mundo, segundo a evolução que registou em alguns dos indicadores económicos mais representativos, como o PIB *per capita* (independentemente das circunstâncias concretas que não apenas não inviabilizaram como favoreceram esse repentino e impressionante dinamismo económico, incluindo os mecanismos de atratividade empresarial de base sobretudo fiscal, muito criticados e criticáveis à luz da igualdade e da justiça fiscais, do qual resultou uma rápida e substancial progressão).

3.1. Assimetrias económicas, sociais e territoriais nas Comunidades e na União

Mais relevante do que constatar a situação diferenciada de desenvolvimento de cada um dos Estados membros ou das regiões da União e os graus de assimetrias existentes, será apurar em que medida isso se poderá modificar, sobretudo no médio e no longo prazo, por depender particularmente de elementos estruturais, difíceis alterar no curto prazo. A aproximação verificada quanto aos níveis de desenvolvimento dos países que integram o «clube» europeu não constitui um facto novo.

O vigoroso crescimento económico que ocorreu nos primeiros quinze anos do processo de integração europeia permitiu uma redução das disparidades mais acentuadas, quer nos Estados que faziam parte da Comunidade, quer naqueles que apenas se tornariam membros nos anos setenta e oitenta. A referida aproximação não poderia ser creditada, pelo menos apenas, ao processo de integração ou às políticas regionais e de ordenamento do território, que não coincidiam nos diversos Estados.

O desenvolvimento avançou a um ritmo absolutamente inédito na generalidade dos países da Europa Ocidental, e não apenas nestes. Resultava também, em parte, dos movimentos migratórios, com origem nos países menos desenvolvidos e destino nos mais prósperos[89].

[89] Entre 1958 e 1973, o crescimento medido em termos de PB *per capita* cresceu particularmente em países como Portugal, Grécia – que não eram, na altura, membros da CEE – mas também Espanha (não membro) e Itália (Estado membro, desde a fundação), em termos

Todavia, nos anos setenta e nos primeiros anos da década de oitenta do século passado, verificou-se uma inversão de tendência, com interrupção do processo anterior de convergência, acompanhado pelo aumento do desemprego – cuja taxa chegou a ultrapassar os 20% em diversas regiões, mantendo-se muito elevada, em alguns casos, até aos primeiros anos do novo século. Em parte, essa trajetória terá encontrado justificação nas crises do petróleo e suas sequelas, que conduziram a um aumento da intervenção pública na economia.

Com exceção do território da Grécia, a tendência de aproximação entre países e regiões europeias seria retomada na segunda metade da década de oitenta, não apenas em termos de PIB *per capita*, mas também na taxa de desemprego (cuja média baixou para menos de 9% em 1990), acompanhada por políticas de maior liberalização. Depois, o desemprego voltou a aumentar, atingindo em 1993 uma taxa média de 11%, com a diminuição da atividade económica (em 0,5%), o que acontecia pela primeira vez nas Comunidades desde 1975[90].

comparativos à média dos Doze. Questiona-se, justificadamente, no plano europeu, se a melhoria dos Estados menos prósperos, de entre aquele grupo restrito de países europeus, se deveu a políticas de ação regional, ou antes ao efeito de crescimento proporcionado pelo movimento de integração europeia, ou a outras causas. Conforme se referiu, naquela altura, alguns dos futuros Estados membros ainda não tinham aderido às Comunidades (Irlanda, Grécia, Portugal e Espanha) e seriam eles mesmos a auferirem dos mais elevados rendimentos *per capita*.

O crescimento não pode, assim, atribuir-se, pelo menos estritamente, ao movimento de integração europeu protagonizado pelos Estados fundadores da CEE. Por outro lado, as acentuadas migrações demográficas, que se verificaram nessa ocasião em direção às regiões mais prósperas e até outros continentes, contribuem para justificar, decisivamente, o aumento de produtividade nas regiões mais pobres. Finalmente, não se poderá falar com segurança no cumprimento dos objetivos das políticas de desenvolvimento espacial e de ordenamento do território, porque uma grande parte desses países, e de outros, desconheciam esses instrumentos. Cf. AA VV (I. Visco / *et al.*) (2004), *Il Declino Economico dell'Italia. Cause e Remedi*; L. Signorini / I. Visco (2002), *L'Economia Italiana*, pp. 96 e ss.

[90] Dos alargamentos ocorridos em 1973, 1981 e 1986, resultou sempre um acréscimo» significativo das assimetrias regionais (do ponto de vista estatístico, não do ponto de vista real, *i. e.*, do nível absoluto de rendimento das diversas regiões, obviamente inalterado com o mero ato de adesão, no momento preciso em que o mesmo se concretizou). O grau das assimetrias regionais, medidas pelo PIB *per capita*, não se ampliou com o alargamento de 1995 – à Áustria, à Finlândia e à Suécia – em razão do elevado nível de desenvolvimento económico-social destes países.

Nos quatro países menos prósperos das Comunidades, após o alargamento de 1986 (Espanha, Irlanda, Portugal e Grécia), o PIB *per capita* evoluiu significativamente, de 64 para 70% da média da «Europa dos 12», até 1993, devido sobretudo ao salto dado pela Irlanda (com uma progressão de 15 pontos percentuais). Em Portugal e Espanha, o PIB *per capita* também cresceu no mesmo período, embora numa proporção mais modesta: 8 pontos em Portugal (de 52 para 60%) e 5 pontos em Espanha (de 71 para 76%).

Esta progressão rápida ter-se-á devido, entre outros factores, à aplicação de programas de estabilização macroeconómica e ao excelente comportamento das exportações, além da maior atração de investimento estrangeiro e ainda de condições cambiais favoráveis. Quanto à Grécia, sofreu um decréscimo do PIB *per capita*, de 51 para 49% da média europeia. As situações de rendimento reduzido entre os Estados membros da Europa dos 15 eram mais preocupantes apenas em dois casos: Grécia e Portugal[91].

As assimetrias espaciais voltariam a «agravar-se» (estatisticamente), muito mais, em maio de 2004 e em janeiro de 2007, por efeito da adesão (e correspondente integração das respetivas grandezas económicas), primeiro de dez novos Estados membros, sobretudo do centro e leste do continente (Letónia, Estónia, Lituânia, Polónia, República Checa, Eslováquia, Eslovénia e Hungria) e também do Mediterrâneo (Malta e Chipre), a que se juntaram, menos de três anos depois, outros Estados do leste (Bulgária e Roménia), perfazendo no total 27 membros (*vd. supra*).
Se a adesão de Portugal e da Espanha causara uma quase duplicação do índice de desigualdades entre as regiões mais prósperas e menos desenvolvidas da Comunidade, as assimetrias ainda se agravaram mais com o grande alargamento de 2004 e com o de 2007. Depois disso, todas as quinze regiões (NUTS-2) mais pobres da União situavam-se na Bulgária, na Polónia e na Roménia. A região mais pobre (Nordeste, na Roménia) registava em 2004 um PIB *per capita* equivalente a apenas 24% da média, seguindo-se a uma curtíssima distância três regiões búlgaras (com 26% da média europeia). Cf. Comissão Europeia / Eurostat (2006), *GDP per capita in the Member States of the EU25 in 2005*.

[91] Do lado dos países mais prósperos, apenas o Luxemburgo ultrapassava os 20 pontos percentuais em relação à média comunitária: de 120% (em 1985) para os 132% (em 1993). A Alemanha (República Federal Alemã) – o segundo país mais próspero da Comunidade, em termos de PIB *per capita*, até à absorção dos territórios da antiga República Democrática Alemã – manteve sensivelmente a posição de 1986: 117% da média europeia. Quanto aos novos Estados membros da União (UE15), as suas posições eram muito próximas da média, com exceção da Finlândia, cujo PIB *per capita* decrescera de 103% (em 1986) para

Quanto à evolução das assimetrias espaciais ao nível regional (as designadas «NUTS-2»), comparando o PIB *per capita* das dez regiões mais pobres com o das dez regiões mais prósperas da Europa dos 12, verificava-se que, entre 1980 e 1991, se verificou um afastamento entre os dois grupos: as primeiras passaram de 44 para 41,8% da média comunitária (sem contar com os novos *Länder* alemães), as últimas melhoraram de 145,8 para 151,6%. Todavia, esse agravamento das assimetrias entre as dez regiões mais prósperas e as dez menos prósperas não se verificava

86% em 1993 (a Áustria manteve-se em torno dos 107%, enquanto a Suécia desceu de 114 para 98%).

Nenhum dos novos Estados membros representava problema de maior em termos de assimetrias de rendimento. Somente Burgenland na Áustria, com apenas 3,5% da população nacional, registava um PIB *per capita* inferior a 75% da média europeia. Tendo em conta o PIB por pessoa empregada (*i. e.*, não por habitante) – atendendo, portanto, à divergência de produtividade –, as assimetrias mais acentuadas no quadro comunitário limitavam-se praticamente a dois países: Portugal e Grécia (Portugal evoluiu de um nível de 50% em 1984 para 58,8% em 1993; a Grécia de 52,4% para 55% no mesmo período).

Todos os restantes Estados membros com produtividade inferior à média comunitária registavam, em 1993, uma divergência máxima de 11,6% (Dinamarca – 88,4%; Reino Unido – 88,8%; Irlanda – 89,6%; Espanha – 96%). As posições da Espanha e da Irlanda eram particularmente significativas, em comparação com Portugal e Grécia. Todavia, esta circunstância não se refletiu minimamente na ponderação dos auxílios ao desenvolvimento e nas transferências financeiras de natureza estrutural.

Os países com maior produtividade, segundo o indicador referido, eram os Países Baixos (117,5%), a França (116,7%) e a Bélgica (114,3%). Em infraestruturas de transporte rodoviário ou ferroviário e de telecomunicações, por exemplo, ou no domínio da qualificação da força laboral as divergências penalizavam não apenas Portugal e a Grécia, mas também a Espanha e a Irlanda. Em termos de emprego e de despesas em investigação e desenvolvimento, Portugal e a Grécia mantinham-se nitidamente na cauda, com índices inferiores a 1/4 da média comunitária. No entanto, enquanto um dos países iria conseguir ultrapassar consistentemente as suas dificuldades económicas, ao longo dos anos seguintes (a Grécia), o outro continuaria a marcar passo, em relação à média europeia, praticamente até ao presente (Portugal). Todas estas assimetrias entre Estados projetaram-se ainda com maior gravidade no plano regional.

Cf. S. Kessing / K. Konrad / C. Kotsogiannis (2007), "Foreign direct investment and the dark side of decentralization", pp. 7 e ss.; Banco Mundial (ed.) (2003), *European Integration, Regional Policy, and Growth*; Comissão Europeia (1994), *Competitividade e Coesão. Tendências verificadas nas Regiões. Quinto Relatório Periódico Relativo à Situação Sócio-Económica e ao Desenvolvimento das Regiões da Comunidade*; Parlamento Europeu (1992), *Investment and the Regions*.

no cotejo entre as vinte e cinco regiões mais prósperas e as vinte e cinco menos prósperas[92].

As médias apontadas não traduzem, naturalmente, uma evolução sequer aproximada das diversas regiões. Pode dizer-se que algumas não conseguiram fugir a uma relativa estagnação, ou até um retrocesso, outras encetaram vias de progressão robusta, por vezes muito rápida (como se verificou, naquele período, em várias regiões de Espanha, de Portugal e na Irlanda). Todavia, a subida do PIB *per capita* nem sempre foi acompanhada por um aumento da produtividade, devendo-se antes ao fator demográfico. No que respeita à taxa média de desemprego, deteriorou-se de 17,5 para 21%, entre 1983 e 1993, nas 25 regiões mais afetadas, enquanto

[92] As vinte e cinco regiões mais pobres registaram um agravamento até 1985 (de 54,9 para 51,9%) e depois uma recuperação, até 1991, praticamente para o nível de 1980 (54,4%). Quanto às mais ricas, melhoraram a sua situação entre 1980 e 1985 (de 135,3 para 139,3%), voltando a regredir (*i. e.*, aproximaram-se da média europeia), embora ligeiramente, até 1991 (137%). A evolução comparada das dez regiões mais ricas com as dez regiões menos prósperas, entre 1980 e 1991, correspondeu a um agravamento das assimetrias de 3,3 para 3,6 vezes, enquanto a diferença entre as vinte e cinco regiões mais ricas e as vinte e cinco regiões menos prósperas foi de cerca de 2,5 vezes

As divergências apontadas agravar-se-iam se fossem contabilizados já os novos *Länder* alemães. Cotejando os dados relativos ao PIB por habitante das dez regiões mais ricas e das dez regiões mais pobres, incluindo os novos *Länder*, a disparidade supera a razão de um para 4,5 (as dez regiões mais pobres tinham um PIB por habitante de 33,4% em relação à média). A inclusão dos *Länder* implicava, isoladamente, uma redução do PIB *per capita* comunitário de 3%, em 1991, e de 14% do mesmo indicador da Alemanha Federal.

As assimetrias entre a Alemanha ocidental e a Alemanha de leste eram superiores às existentes entre o norte e o sul de Itália. Por isso, a experiência de integração na Alemanha tinha muito interesse, por comportar uma tentativa (ciclópica) de transição, «em menos de um ano», de uma economia planificada de direção central para uma economia de mercado, na sequência da queda do Muro de Berlim em 9 de novembro de 1989 e das reunificações monetária, em 1 de julho de 1990, e política, em 3 de outubro do mesmo ano.

Cf. AA VV (I. Visco / *et al.*) (2004), *Il Declino Economico dell'Italia. Cause e Remedi*; L. Signorini / I. Visco (2002), *L'Economia Italiana*, pp. 96 e ss.; J. García Delgado (org.) (1999), *España, Economía: Ante el Siglo XXI*, esp. pp. 7 e ss. e 483 e ss.; J. Cuadrado Roura / T. Mancha Navarro / R. Garrido Yserte (1998), *Convergencia Regional en España. Hechos, Tendencias y Perspectivas*; Banco Mundial (ed.) (2003), *European Integration, Regional Policy, and Growth*; I. Collier, Jr. / H. Siebert (1991), "The economic integration of post-wall Germany"; R. Owen (1991), "The challenges of German unification for EC policymaking and performance"; Comissão Europeia (1994), *Competitividade e Coesão. Tendências verificadas nas Regiões*, esp. pp. 34-50 e 175-188.

nas 25 regiões com menor desemprego se assistiu a uma redução de 5,4 pontos percentuais, para 4,1%. A situação regional, refletida quer nas taxas de desemprego quer nas taxas do PIB, agravou-se com a crise de 1992-1993[93].

Ainda nos restantes anos noventa do século passado (XX) observou-se um avanço destacado e persistente da Irlanda e de um conjunto de países em que se incluem a Espanha, a Grécia e o Reino Unido, num contexto geral de recuperação económica, sem prejuízo de diversas especificidades internas («nacionais»). No período de 1999 a 2003, verificou-se que, nos Estados membros «antigos» (UE15), o crescimento económico mais robusto continuou a verificar-se sobretudo na Irlanda e, igualmente, em Espanha, na Grécia e no Reino Unido, diversamente do ocorrido noutros membros.

Entre os países em que as taxas de crescimento eram comparativamente mais baixas, e por isso «preocupantes», no intervalo de 1999 a 2003, encontravam-se alguns dos membros fundadores – Itália, Alemanha, França – e, além deles, o que talvez surpreendesse mais, Portugal, que desde meados dos anos noventa conseguira que o seu PIB progredisse a taxas apreciáveis. A maior parte das regiões francesas e alemãs também sofreu, neste último período, uma quebra do respetivo PIB *per capita*, face à média europeia.

No entanto, as situações económicas regionais mais graves e politicamente preocupantes entre 1999 e 2003 pareciam ser as de Itália, e, não

[93] Por exemplo, em Itália, a taxa de desemprego global era de 11,2%; no entanto, algumas das regiões de «objetivo n.º 1» (menos desenvolvidas) ultrapassavam os 20% (em 1993). O grau de divergência era ainda mais acentuado em termos de PIB *per capita*. Em Espanha, cuja relação nacional correspondia a 78% da média comunitária, em algumas regiões o PIB por habitante era de 60% (em 1991).

Quanto à produtividade, as assimetrias eram ainda mais díspares. Em Portugal (59%), a situação assumia maior gravidade: o Alentejo registava um PIB *per capita* correspondente a 35% da média comunitária europeia. Cf. AA VV (I. Visco / *et al.*) (2004), *Il Declino Economico dell'Italia. Cause e Remedi*; L. Signorini / I. Visco (2002), *L'Economia Italiana*, pp. 96 e ss.; J. García Delgado (org.) (1999), *España, Economía: Ante el Siglo XXI*, esp. pp. 7 e ss. e 483 e ss.; J. Cuadrado Roura / T. Mancha Navarro / R. Garrido Yserte (1998), *Convergencia Regional en España. Hechos, Tendencias y Perspectivas*; Banco Mundial (ed.) (2003), *European Integration, Regional Policy, and Growth*; Comissão Europeia (1994), *Competitividade e Coesão. Tendências verificadas nas Regiões. Quinto Relatório Periódico Relativo à Situação Sócio-Económica e ao Desenvolvimento das Regiões da Comunidade*, esp. pp. 34-50 e 175-188.

menos, de Portugal. Em Itália, nenhuma das regiões atingira sequer a média europeia, enquanto em Portugal, somente uma região (a Madeira) progredira em relação àquela média, sendo o Norte a região menos próspera de toda a União Europeia dos 15, no final do ano 2003[94].

[94] Enquanto alguns Estados membros continuaram a aprofundar a sua trajetória anterior de aproximação à média europeia, conseguindo atingi-la com êxito num período relativamente célere (Espanha, Grécia), ou mesmo ultrapassando-a amplamente (Irlanda), outros «consolidaram» a sua anterior posição acima de média europeia, ou não regrediram «significativamente» em relação a ela. Entre as mais dinâmicas no período de 1999 a 2003, com um avanço igual ou superior a 10 pontos percentuais, estiveram três regiões da Grécia, duas do Reino Unido, além de quatro situadas nos Estados candidatos à adesão – que se tornariam membros em 2004 e 2007. Todavia, importa notar que 2/3 das doze regiões mais dinâmicas, no período em referência, incluem a capital do país, tanto nos «antigos» como nos futuros Estados membros, circunstância que não contribui, nessa medida, para uma maior redução das assimetrias regionais.
Além da Grécia e do Reino Unido, também as regiões espanholas progrediram, em geral, no quadro europeu. Efetivamente, cerca de 2/3 das regiões que mais progrediram no período em análise pertencem àqueles três Estados membros e cerca de 4/5 aos «antigos» Estados membros (UE15). No que respeita às regiões menos dinâmicas, entre as 42 que regrediram mais do que 5 pontos percentuais, 20 situam-se na Alemanha, 10 em Itália, 4 em França e 3 em Portugal. Como a maior parte das regiões alemãs e italianas têm um nível de PIB *per capita* acima da média europeia, a situação das regiões portuguesas poderia considerar-se menos satisfatória.
Aliás, de entre todas as regiões europeias, a de Lisboa foi a que mais regrediu entre 1999 e 2003, acompanhada de perto por Trento, na Itália, e por Berlim, na Alemanha (com uma quebra superior a 10 pontos percentuais). Também Portugal foi o país que mais regrediu entre todos os Estados membros no mesmo período (com uma queda superior a 7 pontos percentuais). As regiões do Norte, com uma perda de 8,2 pontos percentuais, e do Centro, com menos 6,4 pontos percentuais, com um PIB *per capita* claramente inferior a 70% da média europeia (UE25), caíram ainda mais no *ranking* das regiões europeias, para um nível muito preocupante, conforme sublinha o Eurostat. Em 2004, a região Norte de Portugal manteve-se como a menos próspera da União Europeia dos 15, com 58,8% do PIB *per capita* médio (da UE27). Note-se que a posição desta região, tal como das restantes, seria ainda mais baixa face à média dos 25 Estados (ou muito inferior) se se tivesse por referência a média da Europa dos 15. Em Portugal, em 2004, apenas a região de Lisboa ultrapassava a «média» da União Europeia (105,8% da UE27), ficando a Madeira, a única região portuguesa que conseguira acompanhar a média europeia, durante o período referido, apenas a 90,8% da mesma. Cf. AA VV (I. Visco / *et al.*) (2004), *Il Declino Economico dell'Italia. Cause e Remedi*; AA VV (2003), *Nunca é Cedo para Mudar Portugal. Reflexões sobre o Modelo de Desenvolvimento Económico Nacional*; Banco Mundial (ed.) (2003), *European Integration, Regional Policy, and Growth*; M. Pinho (org.) (2002), *Produtividade e Crescimento em Portugal*; L. Valadares Tavares / A. Mateus /

Quanto aos (futuros) novos Estados membros, registaram no mesmo período (de 1999 a 2003), conjuntamente, uma aproximação de 0,8 pontos percentuais ao ano, do seu PIB *per capita*, face à média europeia, o que, pelo menos à primeira vista, não pareceria desanimador. Esta aproximação média não se estendeu uniformemente pelos diversos Estados do alargamento, tendo sido, aliás, muito desigual. Algumas das regiões (13 das 56) estavam entre as mais dinâmicas de toda a nova União (UE 27), com ganhos superiores a 5 pontos percentuais, encontravam-se nos novos Estados membros.

Todavia, a maior parte das regiões que mais progrediram nos países do alargamento são cidades capitais do país (na Roménia, na Hungria, na Eslováquia, na República Checa), daí resultando uma notória ampliação das assimetrias económicas internas. Por outro lado, os mesmos dados do PIB *per capita* indicam que nem todos os Estados e regiões do alargamento beneficiaram com a trajetória naquele período. Em Malta, a quebra superou os 4 pontos percentuais, e evolução aproximada ocorreu em algumas regiões da Polónia e no Chipre. Nos anos seguintes (2003 a 2005), a situação em Malta deteriorou-se (de 74 para 70% da média dos 25 Estados membros – UE 25), mas recuperou muito, quer em Chipre (de 85 para 89%) como na Polónia (de 47 para 50% da média europeia)[95].

F. Sarsfield Cabral (orgs.) (2002), *Reformar Portugal. 17 Estratégias de Mudança*; Sedes / Associação para o Desenvolvimento Económico e Social (ed.) (2001), *Portugal, o Euro e a Globalização. Convergência Real*; J. Vasconcellos e Sá (1999), *Portugal a Voar Baixinho. De um País à Procura da Convergência Real*; J. García Delgado (org.) (1999), *España, Economía: Ante el Siglo XXI*, esp. pp. 7 e ss. e 483 e ss ; A. Mateus (1998), *Economia Portuguesa. Crescimento no Contexto Internacional (1910-1998)*; J. César das Neves (1994), *The Portuguese Economy: A Picture in Figures. XIX and XX Centuries with Long Term Series*; Comissão Europeia / Eurostat (2006), *Regions: Statistical Yearbook 2006*, pp. 31 e ss.; Idem (2006), *GDP per capita in the Member States of the EU25 in 2005*; Idem (2007), *Regional GDP per Inhabitant in the EU27*; FMI (2006), *Country Report. Article IV Consultation. Portugal – 2006*.

[95] Nos novos Estados membros, o avanço em termos de PIB *per capita* registou-se sobretudo nas regiões onde se situam as cidades capitais. Na Roménia e na Bulgária, as regiões das respetivas capitais avançaram 16,2 pontos percentuais em relação à média europeia, entre 1999 e 2003, seguindo-se de perto as regiões da capital da Eslováquia (mais 13.9 pontos percentuais) e da capital da República Checa (mais 10,9 pontos percentuais). As restantes regiões, fora das capitais dos Estados, cresceram a um ritmo relativamente mais lento. A que mais progrediu nos Estados do alargamento foi o Nordeste da Roménia, com 6,7 pontos percentuais (de 22,4 para 29,1% da média da União – UE25).

As maiores divergências em termos de dinâmica regional não se verificam apenas entre os territórios dos vários Estados membros, mas internamente. Entre 1999 e 2003, essas diferenças evidenciaram-se sobretudo na Holanda e na Roménia, onde o PIB *per capita* da região nacional que mais cresceu se distanciou cerca de 20 pontos percentuais, em termos da média europeia, relativamente à região que menos cresceu ou que mais regrediu.

Entre as maiores divergências de dinamismo regional, medidas pelo mesmo indicador, seguiram-se o Reino Unido (com uma divergência de 17 pontos percentuais) e Portugal (com uma divergência de 15 pontos).

No polo oposto, os países com menores assimetrias de dinamismo regional foram a Polónia (com uma divergência inferior a 4 pontos percentuais) e a Suécia e a Bélgica (com uma divergência de cerca de 8 pontos percentuais). Naturalmente, as causas e as manifestações destas divergências de dinamismo são muito distintas, dependendo do ponto de partida de cada território (*v. g.*, extremamente elevadas na Bélgica e mais baixas na Suécia). Apenas num pequeno grupo de Estados membros (5 em 19), a região com menor crescimento conseguiu alcançar, ou ultrapassar, a média dos 25[96].

O forte crescimento das regiões em que se encontram as capitais, nos novos Estados membros, contribuiu decisivamente para as amplas divergências de dinamismo económico inter-regionais nesses Estados. As diferentes experiências de evolução das regiões dos novos Estados membros da União bem como as políticas regionais seguidas têm sido objeto de numerosos estudos, gerais e casuísticos, de especialistas em desenvolvimento regional. Alguns destes estudos foram recolhidos numa conferência internacional realizada em Barcelona em outubro de 2002, por iniciativa do Banco Mundial, objeto de publicação no ano seguinte sob a epígrafe *European Integration, Regional policy, and Growth*, já citado. Cf. Banco Mundial (ed.) (2003), *European Integration, Regional Policy, and Growth*; J. Braga de Macedo (2000), "Portugal's EU integration: Lessons for future enlargements", pp. 290 e ss.; H. Tang (org.) (2000), *Winners and Losers of EU Integration. Policy Issues for Central and Easter Europe*; Comissão Europeia (2006), *Regions: Statistical Yearbook 2006*, pp. 31 e ss.; Idem (2007), *Regional GDP per Inhabitant in the EU27*.

[96] Todas as regiões da Grécia, da Irlanda, da Eslováquia, da Hungria e da República Checa cresceram a um ritmo superior à média europeia (UE25), no período 1999-2003. Em posição muito aproximada, com a região «menos dinâmica» ligeiramente abaixo da média europeia, encontram-se países como a Bélgica e Espanha e, a uma distância um pouco maior, a Polónia, a Finlândia, a Bulgária, o Reino Unido e, por fim, a Roménia, todos com pelo menos uma região que decresceu (até 5 pontos percentuais).

Estes exemplos de dinâmica geográfica comprovam, uma vez mais, que uma região pobre ou mesmo muito pobre em determinada altura pode alterar substancialmente a sua posição no *ranking* nacional, continental e mundial do PIB *per capita*, tornando-se mais ou menos competitiva e oferecendo aos que nela vivem maiores ou menores oportunidades de rendimentos e, em consequência, de condições de vida.

A evolução de cada região em relação às restantes, tanto no contexto nacional como continental, ou global, varia muito, como aliás continuou a verificar-se posteriormente na Europa. O que não se regista, pelo menos no curto e médio prazo, é uma tendência linear no sentido da convergência de todas as partes do território da União.

Isso não comprova, no entanto, nem o afastamento das teorias da convergência secular nem o afastamento das teorias da divergência. Mesmo que as primeiras possam ser admitidas como tendenciais, no médio e longo prazo, à luz de diversos estudos empíricos, não afastam as evoluções de curto e médio prazo de aproximação ou de divergência económica e social das regiões e também dos Estados membros, que se poderão prolongar, ou não, até que se reúnam as condições propícias ao crescimento robusto, ou este continue a ser adiado.

3.2. O objetivo comum de desenvolvimento nacional e regional

Os fundadores das Comunidades Europeias tiveram uma visão muito otimista sobre os efeitos do comércio inter-regional no mercado comum que pretendiam implantar, o que poderá justificar as referências escassas à política regional no Tratado (CEE) de Roma. No preâmbulo, aponta-se como finalidade a redução das assimetrias e do atraso das regiões europeias menos favorecidas, enquanto no artigo 2.º se prevê a prossecução de um «desenvolvimento harmonioso das atividades económicas», bem como uma expansão económica «contínua e equilibrada».

Outros Estados membros, com apenas uma região (NUTS-2), conseguiram crescer em relação à média europeia: o Luxemburgo (com mais 16 pontos percentuais), a Estónia, a Letónia, a Lituânia (todos com mais do que 5 pontos) e a Eslovénia. De entre estes «Estados-região», somente a Dinamarca «decresceu» face à média europeia, naquele período (cerca de 5 pontos percentuais). Cf. Comissão Europeia (2006), *Regions: Statistical Yearbook 2006*, pp. 31 e ss.; Idem (2007), *Regional GDP per Inhabitant in the EU27*.

Tal como os objetivos fundamentais enunciados no artigo 3.º, aquelas finalidades dificilmente se conceberiam sem uma política de promoção do desenvolvimento regional, a menos que se acreditasse plenamente nos efeitos virtuosos de redistribuição espacial decorrentes do processo de integração económica. Se as políticas comuns produzissem efeitos espaciais diferenciados, em face das assimetrias já existentes, a situação de atraso agravar-se-ia em algumas regiões, exigindo então uma política regional[97].

[97] No texto do Tratado (CEE) de Roma, de 1957, encontram-se referências explícitas a problemas regionais, que consubstanciam derrogações de disposições gerais. Designadamente nos artigos 39.º/2/*a*, 42.º/*a*), 49.º/*d*) e 75.º/ 3, considerava-se a necessidade de levar em conta as realidades regionais na elaboração das medidas de política estrutural, nos domínios agrícola, social e dos transportes. Outras disposições visavam sistemas de apoio ou políticas particulares. Foi o caso das ajudas às regiões da República Federal Alemã afetadas pela divisão do país (artigo 82.º), que teriam de ser compatíveis com o mercado comum [artigo 92.º/2/*c*)]. O mesmo sucedeu com as ajudas às regiões cujo nível de vida fosse anormalmente baixo ou gravemente afetadas pelo desemprego.
Previa-se ainda a execução de projetos de interesse para o mercado comum ou auxílios para acorrer a distúrbios graves na economia de um Estado membro e subvenções ao desenvolvimento de atividades ou áreas económicas, desde que não produzissem efeitos adversos nas condições de comércio comunitárias (artigo 92.º/3). Esses apoios deveriam ser seletivos, temporários, regressivos e excecionais, beneficiando exclusivamente custos de investimento (artigo 80.º/2). Observam, por exemplo, Vanhove e Klaassen a esse propósito, que a generalidade destes requisitos não foi e continua a não ser respeitada na prática. Também o protocolo anexo ao Tratado, atinente à Itália, continha uma referência à proteção da região do *Mezzogiorno*.
Da conjugação destas proclamações de intenções e da consagração de princípios e disposições no Tratado, poder-se-á extrair uma preocupação e um compromisso com o «desenvolvimento equilibrado» de toda a Comunidade, além de um sublinhar da necessidade de desenvolvimento das regiões mais «atrasadas». A preocupação parecia incidir sobre as dificuldades regionais, não sobre o verdadeiro desenvolvimento regional. Não se desejava que as regiões mais desenvolvidas avançassem à custa das restantes, nem tão-pouco que as mais pobres fossem penalizadas.
Pretendia-se, em vez disso, um desenvolvimento «harmonioso», «equilibrado», no seio da Comunidade. Cf., *v. g.*, A. Evans (2005), *EU Regional policy*, pp. 19 e ss. E 159 e ss.; E. Carrasco Morales (2000), *La Cohesión Económica y Social en la Unión Europea*, pp. 119 e ss.; D. Ordóñez Solís (1997), *Fondos Estructurales Europeos. Régimen Jurídico y Gestión Administrativa*, pp. 29 e ss.; H. Smith / P. Herzog (1990), *The Law of the European Economic Community: A Commentary on the EEC Treaty*, pp. 37 e ss.; N. Vanhove / L. Klaassen (1987), *Regional Policy: A European Approach*, pp. 396 e ss.

Ao projetar o texto do Tratado, o Comité SPAAK chegara a debater a função regional da futura Comunidade, admitindo o estabelecimento de um fundo regional. No entanto, esta hipótese seria abandonada, dando lugar a outro instrumento, o Banco Europeu de Investimento (BEI). Criado pelo artigo 130.º do TCEE (depois artigo 266.º do TCE, correspondente ao atual artigo 308.º do TFUE) e sem fins lucrativos, o Banco deveria contribuir para a prossecução dos objetivos da Comunidade, com independência no seu modo de funcionamento. A sua tarefa principal consistiria em auxiliar as regiões menos desenvolvidas, reconhecendo-se, porventura, por esta via que o processo de integração económica entre Estados poderia prejudicar aquelas regiões. Ou seja, o novo instrumento seria necessário para contrariar a tendência económica de crescimento das divergências entre as regiões mais e menos desenvolvidas[98].

Os artigos 123.º e 128.º do TCEE relacionavam-se também com o tema do desenvolvimento regional, embora indiretamente. No primeiro, incumbia-se o Fundo Social Europeu (FSE) de promover as oportunidades de emprego e o nível de vida dos trabalhadores através da mobilidade geográfica e ocupacional no território da Comunidade. No segundo, previa-se

[98] A promoção do progresso económico e social regional por parte do Banco Europeu de Investimento concretizar-se-ia através da concessão de empréstimos e de garantias de financiamento para projetos de desenvolvimento nas regiões mais atrasadas. No começo, o auxílio financeiro do BEI destinou-se sobretudo a infraestruturas e a grandes projetos industriais. A partir de 1968, os empréstimos globais deram lugar a empréstimos a pequenas e médias empresas, particularmente nas regiões menos prósperas.
Até 1973, mais de 45% dos empréstimos do Banco destinaram-se a projetos em Itália (em domínios que variaram desde a reabilitação industrial e dos transportes à irrigação rural no *Mezzogiorno*). O Banco também financiou projetos de modernização e de conversão de atividades, desde que preenchidos certos requisitos (natureza, dimensão, necessidade do financiamento externo, «viabilidade», «progressividade», à medida que se concretizava o mercado comum), e projetos de interesse comum a vários Estados membros (com certa dimensão e natureza, que não pudessem ser financiados pelos instrumentos disponíveis no interior de cada Estado – de acordo com o artigo 130.º/*c*), particularmente os que contribuíssem para a integração das economias dos Estados membros.
Em conformidade com o Tratado CEE, os Estatutos e as «Diretivas Gerais da Política de Crédito» do BEI, de 1981, acolheram o objetivo de «promoção da concretização do mercado comum», mediante a participação no financiamento de projetos de modernização ou conversão de empresas e de criação de novas atividades, através de empréstimos e garantias, mas não da participação em capital de risco (proibida pelos Estatutos).

que o Conselho estabelecesse os princípios gerais de uma política comum de formação profissional capaz de contribuir para o desenvolvimento harmonioso das economias nacionais e do mercado comum.

Entre esses princípios figurava o objetivo de promover a mobilidade dos trabalhadores, que prevalecia sobre a ajuda ao desenvolvimento das regiões com desemprego elevado. Por isso, a Itália pretendeu assegurar que o FSE e o BEI auxiliariam um programa nacional de desenvolvimento regional. As ações de assistência diferenciada às regiões com problemas graves de desemprego seriam explicitadas mais tarde, com a reestruturação do FSE (em 1971), e reforçadas com as sucessivas revisões da respetiva regulamentação, até 2013[99].

Estes dois importantes instrumentos de ação comunitária, o BEI e o FSE, não podiam confundir-se com uma verdadeira política de desenvolvimento regional. Aliás, nem sequer se chegara a acordo quanto a uma disposição expressa de acordo com a qual os auxílios regionais previstos se destinariam a aproximar o nível das regiões menos desenvolvidas das restantes, conforme propusera a Alemanha durante as negociações do Tratado. Viu-se que o movimento da integração europeia, ao nível supranacional, coincidiu praticamente com o movimento regional, no interior de vários Estados.

Se, por um lado, se ambicionava por espaços económicos e geoestratégicos mais vastos, de escala quase continental ou mesmo planetária, por outro, procuraram-se espaços de dimensões inferiores às dos Estados

[99] No artigo 117.º do TCEE, os Estados signatários acordaram na necessidade de promover as condições de trabalho e o nível de vida dos trabalhadores, perante os efeitos decorrentes do funcionamento do mercado comum, entre outras disposições do Tratado, a começar pela ação do novo Fundo Social Europeu (FSE), estabelecido nos termos dos artigos 123.º a 128.º. Por outro lado, previa-se o estabelecimento de mecanismos destinados a promover o equilíbrio entre a oferta e a procura no mercado de emprego, por forma a evitar ameaças sérias ao nível de vida e ao nível de emprego nas diferentes regiões e nos vários sectores de atividade (artigo 49.º/3/*d*). Nesse sentido, foi criado um sistema de prevenção de novos problemas regionais nos países de imigração, o SEDOC (de *Systèm européen de diffusion des offres et des demandes d'emploi enregistrés en compensation internationale*), nos termos do artigo 15.º/2 do Regulamento 1612/68, relativo à liberdade de circulação de trabalhadores entre os Estados membros, substituído mais tarde pela Decisão 93/569, que instituiu a rede Eures (de *European Employment Services*). Dada a prevalência do princípio da mobilidade dos trabalhadores, a Itália exigiu a inclusão de um Protocolo anexo ao Tratado – do qual fazia parte, nos termos do artigo 239.º – atinente ao auxílio financeiro do FSE e do BEI a um programa de desenvolvimento regional daquele país.

como base de democracias homogéneas. A uma política de grandes integrações – económicas, políticas, militares –, contrapôs-se o desejo de coesão e de aproximação de povos, no plano económico-social, bem como o direito à diferença. Aliás, se o processo de integração restringisse a construção europeia a um «supercapitalismo das multinacionais», em benefício apenas de regiões centrais, ricas, mas saturadas, as rejeições políticas e sociais seriam inevitáveis[100].

Daí a exigência, reclamada por muitos, desde o começo da aventura da integração europeia, de «um regionalismo integrado e solidário» e de uma política regional europeia. Em particular, o Conselho da Europa dedicara especial atenção às autonomias regionais e aos poderes locais em geral, tendo criado, em 1957, a Conferência Permanente dos Poderes Locais e Regionais da Europa (CPLRE), que sempre insistiu no sentido de que a

[100] Além dos instrumentos com impacto regional previstos no TCEE, nos quais se poderá incluir o próprio Fundo Europeu de Orientação e Garantia Agrícola, acresceriam outros, ao abrigo do artigo 56.º do TCECA, que, devido à crise do carvão de 1958 e à reorganização das indústrias do aço em 1960, também passou a contemplar medidas de reconversão daqueles sectores. Com base no mesmo preceito continuaram a ser conduzidas diversas ações regionais comunitárias, enquanto se manteve em vigor o Tratado de Paris. Por outro lado, as reivindicações regionais, vitoriosas no seio dos Estados – como sucedeu em Itália após a Segunda Guerra Mundial (*vd. supra*) –, fizeram sentir-se no plano supranacional, sublinhando o papel das regiões na ordenação do território, na promoção da coesão económica e social e, desse modo, na construção europeia.
A necessidade de uma institucionalização regional era reclamada sobretudo a propósito da elaboração e concretização dos programas de desenvolvimento à escala regional, com base no princípio da solidariedade entre regiões. Rejeitava-se, assim, uma visão «puramente economicista» da Europa. «Nem o homem europeu é um puro *homo oeconomicus*, nem a região pode ser um mero 'quadro administrativo da atividade económica', tendo de ser reconhecida como uma 'comunidade humana viva' e capaz de dar uma 'contribuição ativa' ao conjunto», nas palavras de Manuel Fraga Iribarne, quando presidente do governo autónomo da Galiza.
Nesta perspetiva, seriam necessárias a autonomia regional e a descentralização, bem como a participação regional ao nível europeu. Tal como era necessária uma política regional ativa no interior dos Estados, o mesmo sucedia no plano supranacional das Comunidades Europeias. Cf. E. Carrasco Morales (2000), *La Cohesión Económica y Social en la Unión Europea*, pp. 119 e ss.; D. Ordóñez Solís (1997), *Fondos Estructurales Europeos. Régimen Jurídico y Gestión Administrativa*, pp. 29 e ss.; M. Fraga Iribarne (1991), *A Galiza e Portugal no Marco Europeu*, pp. 45 e ss.; Y. Doutriaux (1991), *La Politique Régionale de la CEE*, pp. 20 e ss.; P. Romus (1990), *L'Europe Régionale*, pp. 101 e ss.

ordenação do território só poderia realizar-se satisfatoriamente com bases regionais.

Sucessivas resoluções da referida organização sublinharam o papel chave da região política no projeto de construção europeia, chegando a propor a criação de uma segunda câmara no Parlamento Europeu, que representasse as instituições (Estados, comunidades regionais e administrações locais), ao lado da «câmara dos povos», eleita por sufrágio direto e universal[101].

[101] A Conferência Permanente dos Poderes Locais e Regionais da Europa (CPLRE), que passou a reunir-se, primeiro de dois em dois anos, entre 1958 e 1976 e, depois, todos os anos, sublinhou sempre o papel central da região na concretização dos programas de solidariedade inter-regional e de ordenação do território e na construção europeia. Desde 1975, quando foi aprovada uma nova Carta da Conferência, passou a mencionar-se a região como unidade económica, administrativa e política. Do reconhecimento das divergências de nível económico e social entre as regiões europeias resultou a contraposição entre as regiões «centrais», onde se concentram as populações, os poderes políticos e os meios financeiros, e as «periféricas», incluindo as regiões rurais, afastadas dos grandes centros urbanos, as fronteiriças e as regiões de acesso difícil (na montanha, insulares, etc.).
Em torno da CPLRE surgiu um grande número de instituições especializadas, como o Conselho de Municípios da Europa, a União Internacional de Cidades e Poderes Locais, a União Internacional de Cidades e Poderes Locais, a União Internacional de Presidentes de Municípios, a Federação Mundial de Cidades Geminadas, a Conferência das Regiões Periféricas Marítimas Europeias, a Associação das Regiões Fronteiriças Europeias e a União das Regiões Capitais da Comunidade Europeia.
A partir destes organismos sucederam-se importantes declarações sobre as regiões e sobre o regionalismo na Europa, incluindo a Declaração de Bordéus, de 1978, que afirmou o direito dos europeus a terem a sua própria região, como uma parte essencial do direito à personalidade e à diferença, e a importância de a institucionalização regional dever «constatar no plano jurídico a realidade sociológica», o que incluiria uma assembleia regional, eleita por sufrágio universal, e um executivo perante a mesma responsável. A regionalização seria, portanto, um instrumento de verdadeira democratização da construção europeia e do respeito pela diversidade cultural. Conclui a mesma Declaração que se um Estado for incapaz de reconhecer a diversidade das regiões que o compõem, «sê-lo-ia também de se abrir, sinceramente, à diversidade da Comunidade Europeia».
Este espírito manteve-se nas declarações posteriores, que recomendaram a cooperação inter-regional e a colaboração, em vez da confrontação, na recolha de recursos. No âmbito do Conselho da Europa, tem-se advertido que o desenvolvimento equilibrado das regiões não se alcança automaticamente, exigindo antes uma política regional e um esforço deliberado de ordenação territorial. Daí a elaboração de uma Carta Europeia de Ordenação do Território, com a participação ativa dos poderes territoriais, regionais e locais, aprovada em 1984 pelo

Desde o começo do processo de integração europeia, teve-se consciência clara das relações profundas com os desequilíbrios regionais. Por isso, se assinalou a necessidade de fomentar a cooperação inter-regional, no interior e acima das fronteiras dos Estados, e em especial entre as regiões fronteiriças – «cicatrizes da história» –, que se deveriam converter em «ponto de reencontro das nações». No entanto, com a adoção de uma metodologia de integração funcional, em vez das frustradas tentativas federalistas ou supranacionais, a questão regional não foi considerada factor fundamental do crescimento económico.

A referência geral ao desenvolvimento harmonioso do conjunto da Comunidade e à redução das assimetrias regionais nos Tratados institutivos justificava-se por se esperar que o crescimento associado ao estabelecimento do mercado comum resolvesse esses problemas. Como isto não se verificou, a Comunidade iria interessar-se, gradualmente, cada vez mais com os problemas graves que atingiam as regiões menos prósperas[102].

Conselho de Ministros do Conselho da Europa. No mesmo ano, a proposta de um senado europeu foi substituída pela de um «comité consultivo» das autoridades regionais e locais. Ainda em 1984, o Parlamento Europeu organizou a primeira conferência das regiões das Comunidades Europeias e recomendou à Comissão de Política Regional o estabelecimento de relações com as regiões. No final de 1998, o Parlamento Europeu aprovaria uma «Carta Comunitária da Regionalização», em anexo à Resolução sobre política regional comunitária e o papel das regiões.

Vd. Parlamento Europeu, Resolução sobre a Política Regional Comunitária e o Papel das Regiões e Carta Comunitária da Regionalização (*JO* C 326, de 19.12.1988).

[102] A evolução do texto do Tratado (CEE) de Roma revela uma modificação gradual do entendimento prevalecente sobre as assimetrias regionais nas Comunidades Europeias. No início, os problemas regionais só poderiam ser enfrentados com as políticas internas dos Estados. Pouco a pouco, a Comunidade seria chamada a intervir em matéria de desenvolvimento regional. Na sequência da primeira Resolução do Conselho sobre regimes gerais de ajuda com finalidade regional, orientada preferentemente para garantir a correção, do ponto de vista comunitário, das políticas regionais dos Estados membros, seria criado em 1959 um grupo de altos funcionários nacionais, sob a coordenação de ROBERT MARJOLIN, vice-presidente da Comissão, para o estudo do problema das assimetrias regionais e sua amplitude no espaço comunitário. Em maio do ano seguinte, o Parlamento Europeu apreciou o Relatório MOOTTE, que propunha o estabelecimento de um comité consultivo para as economias regionais, bem como a elaboração de um programa de «aproximação» entre as regiões, o qual se deveria concentrar nas regiões fronteiriças e periféricas. No final de 1961, a Comissão organizou uma conferência em Bruxelas para três centenas de representantes das regiões europeias, na qual foram

A preocupação com as assimetrias e com a situação das regiões mais atrasadas cresceu junto das instituições comunitárias, em especial da Comissão Europeia, conforme resulta das sucessivas iniciativas que promoveu – desde encontros com responsáveis locais a debates e estudos técnicos sobre a situação regional e perspetivas de uma intervenção ativa da Comunidade –, e do facto de se ter tornado na sua principal defensora.

O primeiro documento de conjunto sobre política regional europeia foi publicado pela Comissão em 1965, nele se propondo a elaboração de programas de desenvolvimento para cada região, segundo um método comum e coordenado, bem como a fixação de prioridades para as regiões com maiores dificuldades, a bonificação de juros sobre os créditos do BEI, o alargamento do campo de ação do FSE e o estabelecimento de contactos com responsáveis regionais. Embora prejudicado pela crise política, cujo desfecho só ocorreria com os acordos do Luxemburgo, em janeiro do ano seguinte, o estudo abriu decisivamente novas perspetivas no sentido da criação de uma política regional comunitária.

Em 1969, a Comissão propôs a criação de um Fundo Europeu de Desenvolvimento Regional e a apresentação de planos nacionais de desenvolvimento regional, em ordem a assegurar a consistência entre o

apresentados diversos relatórios que serviriam de base ao primeiro memorando ao Conselho sobre política regional, de 1965.
Entretanto, iniciou-se um estudo, que seria concluído em 1966, sobre a construção de um polo de desenvolvimento industrial no *Mezzogiorno* italiano. Os riscos da união aduaneira para as regiões atrasadas e fronteiriças tinham sido também sublinhados no Parlamento Europeu, no final de 1963, pelo Relatório BIRKELBACH, que exigia o financiamento de uma política regional, a criação de um gabinete europeu de documentação regional e o alargamento de contactos com organismos autónomos locais.
No ano seguinte, foram publicados relatórios de três grupos de trabalho, incumbidos respetivamente do estudo dos objetivos e métodos da política regional, da adaptação e reconversão das regiões industrializadas em decadência e dos instrumentos nacionais de política regional. No Relatório ROSSI, de outubro de 1964, insistiu-se na necessidade de não se encarar o desenvolvimento das regiões como tarefa exclusivamente nacional, devendo caber à Comunidade um papel não meramente subsidiário.
Na elaboração do plano de desenvolvimento regional comunitário dever-se-iam especificar claramente os objetivos a alcançar por cada região. *Vd.* Parlamento Europeu, Resolução de 17 de maio de 1960 (*JO* 827).

objetivo da redução das disparidades regionais e o estabelecimento do mercado comum[103].

[103] Em maio de 1966, a Assembleia parlamentar debateu o Relatório BERSANI, que retomava as propostas da Comissão e sugeria que a política regional fosse harmonizada segundo princípios comuns e que se criasse um fundo para o desenvolvimento das regiões em dificuldades. No entendimento parlamentar, deveriam ser privilegiadas certas regiões – periféricas, «em dificuldades», próximas de fronteiras entre Estados membros e junto às fronteiras leste da Alemanha e da Itália –, embora a assistência não devesse excluir nenhuma região.
Dois anos depois, em 15 de maio de 1968, o presidente da Comissão, JEAN REY, num discurso à Assembleia, identificou a política regional com o coração, que se destina a reanimar a vida humana nas regiões em que ela é negada. Por isso, deveria ser entendida como uma condição *sine qua non* do processo de integração, entendido em sentido amplo. Ainda no mesmo ano, foi criada a nova Direção-Geral de Política Regional, resultante da junção dos serviços da Comissão e da Alta Autoridade com competências em assuntos regionais. No ano seguinte, a Comissão apresentou outro estudo em que eram enunciados os problemas, os objetivos e os instrumentos de uma política regional europeia. A proposta de meios de ação, de 17 de outubro de 1969, fundada no artigo 235.º do TCEE (depois, artigo 308.º do TCE e, presentemente, artigo 352.º do TFUE), integrava uma análise das políticas nacionais e da evolução da situação económica e social das regiões dos Estados membros.
Embora sem evidenciar com clareza os objetivos políticos, a iniciativa serviu de alicerce a projetos subsequentes de criação de um fundo e de um comité de acompanhamento da política regional, bem como o recurso a programas de desenvolvimento. Esperava-se, quanto ao fundo a criar, que contribuísse para a coordenação das ações nacionais por forma a travar a concorrência entre parceiros destinada a atrair o investimento móvel motivado por ajudas de Estado. Assim, conciliar-se-iam os requisitos do estabelecimento do mercado comum com as políticas nacionais de desenvolvimento regional.
O apoio da Comissão aos planos de desenvolvimento regional nacionais visava assegurar a sua compatibilidade com as regras do mercado comum, auxiliar a construção de infraestruturas, a reestruturação agrícola, uma política industrial, a necessidade de evitar atividades não-económicas, além da formação e do treino profissionais. Seriam prioritárias as regiões «subdesenvolvidas», com predomínio do sector agrícola, as regiões em declínio, dada a evolução das atividades, as regiões com desemprego estrutural e as regiões fronteiriças, onde a cooperação entre Estados membros era essencial. A assistência comunitária limitar-se-ia a deduções de juros e a garantias sobre empréstimos bancários. Contudo, a proposta da Comissão não foi adotada pelo Conselho, que decidiu publicar, ainda em 1969, uma proposta de decisão sobre instrumentos comunitários de desenvolvimento regional.
O Parlamento Europeu, o Comité Económico e Social e o Conselho iriam analisar esta matéria com base, primeiro, no Relatório MITTERDORFER e, depois, no estudo sobre a união económica e monetária, o Relatório WERNER, apresentado em 11 de novembro de 1970, que reclamava a supressão dos desequilíbrios regionais antes do estabelecimento de uma moeda comum. Neste documento, questionavam-se os efeitos regionais do alargamento iminente da Comunidade.

O ano de 1971 marcou o começo de uma nova etapa no domínio do desenvolvimento regional, não limitada à proibição de ações discriminatórias dos investimentos e de ajudas ilícitas a sectores em crise. O terceiro programa de política económica de médio prazo, adotado pelo Conselho em fevereiro, realçou a necessidade de melhorar a coordenação e harmonização das políticas regionais nacionais com as diretrizes da política comunitária, o que implicava a atribuição de competências específicas às Comunidades.

Foram, então, definidas as prioridades regionais: enfrentar o atraso das regiões periféricas, as dificuldades das zonas fronteiriças afetadas pelo processo de integração e o declínio das atividades dominantes nas regiões mais industrializadas, bem como compatibilizar as principais políticas comunitárias, a começar pela Política Agrícola Comum. A resolução do Conselho de 20 de outubro de 1971 inaugurou a tentativa de coordenação comunitária das ajudas financeiras regionais dos Estados membros[104].

[104] A preocupação com a coordenação das políticas regionais dos Estados membros justificava-se pelo rápido crescimento do número de instrumentos criados e pelos riscos de duplicação e / ou de contradição de apoios, além dos desperdícios financeiros, não impedidos pelo «método pragmático», de 1968, de notificação prévia à Comissão das ajudas concedidas pelos governos nacionais. Entretanto, a perspetiva de criação de uma «união económica e monetária» por estádios implicaria uma política regional comum que contribuísse para o ajustamento dos desequilíbrios estruturais, a fim de permitir taxas satisfatórias de crescimento e de emprego e de evitar possíveis tensões decorrentes do avanço do processo de integração.
Por Resolução do Conselho, de 25 de março de 1971, estipularam-se as linhas mestras da Política Agrícola Comum (PAC), salientando a importância de harmonizar as diversas políticas europeias, tendo em vista a união económica e monetária e um sistema de estímulos regionais à criação de postos de trabalho, sobretudo onde a população dedicada ao sector agrícola fosse «excedentária». Num memorando apresentado ao Conselho, no final de maio, a Comissão propôs medidas para melhorar as condições de vida das populações, objetivo fundamental da Comunidade, constante do preâmbulo do TCEE, através do incentivo à mobilidade laboral dos sectores agrícolas e com baixa produtividade para outras atividades, evitando a emigração forçada para áreas já congestionadas.
Definiram-se, na altura, quais as regiões prioritárias para intervir, em função da percentagem de população dedicada à agricultura e à indústria e do nível do PIB *per capita* ao preço dos factores, em comparação com a média comunitária, bem como medidas concretas, designadamente no âmbito do Fundo Europeu de Orientação e Garantia Agrícola (FEOGA), Secção Orientação. A intervenção comunitária de coordenação das ajudas regionais nacionais, adotada

O Conselho aceitara, por fim, o início de uma política regional comunitária, decidindo ampliar expressamente as finalidades do FEOGA à finalidade do desenvolvimento regional, a partir de 1972, e criar um Fundo Europeu de Desenvolvimento Regional (FEDER), ou outro sistema que disponibilizasse recursos comunitários com o mesmo objetivo. Na cimeira de Paris, de 19 a 21 de outubro de 1972, os chefes de Estado e de Governo proclamaram a política regional e a União Económica e Monetária como pilares fundamentais para o fortalecimento da Comunidade.

Já com a participação dos representantes dos novos Estados membros, que tiveram oportunidade de se pronunciar sobre as políticas comuns, a conferência convidou as instituições comunitárias a criar o FEDER antes de 1973, a financiar com recursos próprios, a partir da segunda fase da união económica e monetária. Com a entrada dos três novos Estados membros (Reino Unido, Irlanda e Dinamarca), as divergências socioeconómicas regionais aumentaram muito (de uma divergência de 1 para 2 passou-se a uma divergência de 1 para 5, entre regiões mais ricas e mais pobres), sem que a experiência parecesse apontar para a sua redução automática, pelo mero funcionamento do mercado – ao contrário do pressuposto no Tratado. No novo contexto, agravado pela instabilidade internacional, parecia iminente uma política regional comum, equacionada pelo Relatório THOMSON de 1973, mesmo que a ênfase continuasse a ser colocada na racionalização dos recursos próprios de cada região[105].

pelos representantes dos Estados membros, reunidos no Conselho, em 20 de outubro de 1971, e aplicada após 1 de julho de 1973 aos três novos membros, seria revista em 1975 e em 1979. Cf. A. GREER (2005), *Agricultural Policy in Europe*; M. CARDWELL (2004), *The European Model of Agriculture*; A. BIONDI / P. EECKHOUT / J. FLYNN (orgs.) (2004), *The Law of State Aid in the European Union*; M. MARTINS (2002), *Auxílios de Estado no Direito Comunitário*.

[105] Os chefes de Estado e de Governo tinham convidado a Comissão a preparar um relatório pormenorizado dos problemas regionais, acompanhado de propostas de ação adequadas ao seu combate. Entendia-se que a intervenção comunitária deveria ser coordenada com as ajudas nacionais de modo a que se conseguissem corrigir os principais desequilíbrios regionais na Comunidade alargada, em particular nas zonas predominantemente agrícolas ou afetadas pela reconversão industrial e pelo desemprego estrutural.
No sexto *Relatório Geral* da Comunidade, a Comissão considerava os auxílios comunitários como guia do desenvolvimento das estruturas económicas, sublinhando a importância da estabilidade e da competitividade na concretização de todas as oportunidades de crescimento,

Entre outros aspetos, relativos à criação de um FEDER e à coordenação das políticas regionais, o Relatório THOMSON considerou a política regional como imperativo humano e moral, advertindo que nenhuma comunidade poderia subsistir por muito tempo, ou ter verdadeiro significado para as suas populações, enquanto se mantivessem níveis de vida tão díspares e se pusesse em dúvida a vontade comum para ajudar os parceiros a melhorar as condições de vida das suas populações, em especial das que

embora mantendo a ênfase na otimização dos recursos próprios das regiões. Em maio de 1973, a Comissão adotou o *Relatório sobre os Problemas Regionais na Comunidade Ampliada*, ou «Relatório THOMSON», no qual se enunciavam os principais motivos e linhas de ação da nova política, o funcionamento de um «Fundo Europeu de Desenvolvimento Regional» e a coordenação das diversas políticas regionais nacionais.
Considerando a intervenção regional como «imperativo humano e moral», sustentava-se no documento que nenhuma comunidade poderia subsistir por muito tempo, ou ter significado para as suas populações, enquanto se mantivessem níveis de vida tão díspares e se pusesse em dúvida a vontade comum para ajudar os parceiros a melhorarem as condições de vida das suas populações. Por outro lado, admitia-se que sem ajuda às regiões menos desenvolvidas que facultasse aos respetivos habitantes condições de trabalho idênticas às dos cidadãos de outras regiões do espaço europeu unificado, não haveria verdadeira liberdade de escolha, em que assenta o princípio fundamental da livre circulação das pessoas.
O objetivo do auxílio comunitário deveria, por isso, consistir na atribuição de meios às regiões que sofressem de desequilíbrios, para os corrigirem, procurando alcançar um patamar em que a igualdade de competitividade fosse uma realidade, a fim de aumentar a utilização de todos os factores de produção disponíveis. Mais tarde, o Parlamento Europeu notaria, a esse propósito, que o congestionamento «descontrolado» e a migração populacional seriam «certamente mais onerosos» do que as medidas destinadas a encorajar o desenvolvimento equilibrado das regiões.
Na sequência do Relatório THOMSON, a Comissão apresentou em julho de 1973 dois projetos, um relativo ao Comité de Desenvolvimento Regional, destinado a facilitar a coordenação da política regional dos Estados membros, outro atinente à criação de um Fundo Europeu de Desenvolvimento Regional, cujas negociações seriam particularmente difíceis e demoradas.
Cf. A. EVANS (2005), *EU Regional policy*, pp. 19 e ss.; A. BIONDI / P. EECKHOUT / J. FLYNN (orgs.) (2004), *The Law of State Aid in the European Union*; M. MARTINS (2002), *Auxílios de Estado no Direito Comunitário*; E. CARRASCO MORALES (2000), *La Cohesión Económica y Social en la Unión Europea*, pp. 119 e ss.; D. ORDÓÑEZ SOLÍS (1997), *Fondos Estructurales Europeos. Régimen Jurídico y Gestión Administrativa*, pp. 29 e ss.; LUÍS MORAIS (1993), *O Mercado Comum e os Auxílios Públicos. Novas Perspectivas*; Comissão Europeia (1973), *Report on the Regional Problems in the Enlarged Community* (*JO* C 86, de 16.10.1973); Parlamento Europeu, Resolução de 21 de abril de 1973 (*JO* C 118/71).

se encontravam em pior situação económica e social, por vezes atentatória da própria dignidade humana.

Se não fossem canalizados recursos económicos para os lugares onde se encontravam os recursos humanos, garantindo as condições de vida às comunidades locais, o desencanto com a ideia de unidade europeia seria inevitável.

Na cimeira de Paris de dezembro de 1974, decidiu-se criar, finalmente, o anunciado Fundo Europeu de Desenvolvimento Regional (FEDER), por um período experimental de três anos, com o fim de corrigir os principais desequilíbrios regionais, resultantes da dependência quase exclusiva da atividade agrícola, da reconversão industrial e do desemprego estrutural, e beneficiando de uma dotação orçamental de 1300 milhões de unidades de conta europeias (UCE).

A proposta mencionava um montante de 3000 milhões de unidades de conta e o Comité Económico e Social, em julho de 1973, considerara necessário um montante de pelo menos 5000 milhões de UCE. Ora, sem contar com a desvalorização monetária, a dotação atribuída correspondia a c. de um quarto deste último montante[106].

[106] As negociações conducentes à criação do FEDER foram difíceis e demoradas. Em primeiro lugar, por divergência de opinião entre os países beneficiários dos financiamentos (Itália, Reino Unido e Irlanda) e os países contribuintes (particularmente a República Federal Alemã). Em segundo lugar, pelo abandono do compromisso da união económica e monetária, o principal argumento da Comissão para a rápida entrada em funcionamento de um «Fundo de Desenvolvimento Regional». Em terceiro lugar, a Comunidade não podia ficar imune à crise que grassava, à turbulência do sistema monetário saído de Bretton Woods, ao embargo petrolífero e à guerra do Yom Kippur. Poder-se-ia ainda acrescentar a controvérsia que rodeou a substituição do governo inglês – em 1974, o novo governo trabalhista britânico prometera renegociar os termos da adesão do país às Comunidades, criticando asperamente a intervenção comunitária nas regiões.
O Reino Unido questionava já o montante da sua contribuição financeira para o Orçamento Geral da Comunidade, demasiado elevado face à sua riqueza relativa. Todavia, como observou a Comissão, não passava de ilusão esperar pela convergência das economias europeias quando as assimetrias continuavam a crescer em diversas regiões. A criação de uma política regional europeia tornara-se, assim, numa das condições para a integração económica europeia poder avançar. Nesse contexto, antes da cimeira fixada para 9 e 10 de dezembro, em Paris, quer a Itália quer a Irlanda ameaçaram não participar, a menos que os restantes parceiros se comprometessem imediatamente e com firmeza a instituir um «Fundo Europeu de Desenvolvimento Regional».

Da promessa feita na cimeira de Paris de 1972 às decisões tomadas em 1974 e 1975 vai uma grande distância. Esperava-se uma solução vigorosa para os problemas regionais, dilatados com o primeiro alargamento da Comunidade em 1972 ao Reino Unido, à Dinamarca e à Irlanda. Efetivamente, em 1973, o PIB *per capita* no Reino Unido era inferior a 85% da média comunitária e na Irlanda nem atingia os 60%. No primeiro caso, as disparidades regionais entre o próspero sudeste e as velhas regiões industriais do Noroeste eram de amplitude comparável, em termos de taxa de desemprego, ao que ocorria entre o norte e o sul de Itália.

Com um PIB *per capita* superior à média comunitária, a Dinamarca tinha interesse sobretudo em promover o desenvolvimento da Gronelândia – que mais tarde, em 1984, iria optar pelo estatuto de território ultramarino associado, pretendendo gerir autonomamente os seus recursos piscatórios, sem prejuízo de perder as ajudas estruturais da Comunidade.

O FEDER, estabelecido concomitantemente com o Comité de Política Regional, pelo Conselho, a 18 de março de 1975, não somente dispunha de recursos muito limitados face à dimensão das tarefas que lhe foram confiadas, como estas se restringiam estritamente aos desequilíbrios que prejudicassem o avanço no sentido da união económica e monetária, nos termos do artigo 6.º/1 do Regulamento n.º 724/75. A definição dos objetivos do Fundo manter-se-ia praticamente inalterada até meados dos anos oitenta[107].

Este fundo, criado em 1975, não dispõe de personalidade jurídica, nem de autonomia financeira, integrando-se no Orçamento Geral da Comunidade, em cumprimento do princípio da universalidade orçamental. A sua gestão compete à Comissão. Dos 1300 milhões de unidades de conta inicialmente atribuídos ao FEDER, 300 destinavam-se ao ano de 1975 e 500 milhões para os dois anos seguintes. Uma parte do financiamento (150 milhões de UCE) proviria dos excedentes do FEOGA Orientação. O montante envolvido significava pouco menos de 5% do Orçamento Geral, tendo sido reforçado até cerca de 1,5 mil milhões de ecus em 1981 (7,3% do Orçamento Geral), após o alargamento à Grécia, e a 3,1 mil milhões de ecus em 1986 (8,6% do Orçamento Geral), quando do terceiro alargamento. *Vd.* Regulamento (CEE) 724/75, do Conselho, de 18 de março de 1975, que estabeleceu o Fundo Europeu de Desenvolvimento Regional (*JO* L 73/1, de 21.3.1975); Decisão do Conselho 75/185/CEE, de 18 de março, que cria o Comité de Política Regional (no mesmo *JO* L 73).

[107] Nem toda a fundamentação do «Relatório THOMSON» se refletiu no Regulamento 724/75, cujo artigo 1.º previa as finalidades do FEDER: «corrigir os principais desequilíbrios regionais na Comunidade, decorrentes particularmente do predomínio agrícola, da reconversão industrial e do desemprego estrutural». A referência posterior (no artigo 6.º) à união económica e

3.3. A política de coesão económica, social e territorial após o Ato Único e o Tratado da União

O conceito de coesão económica e social foi introduzido no Tratado CEE pelo Ato Único Europeu, em parte devido à desconfiança existente acerca da eficácia dos instrumentos de apoio regional em vigor para responder satisfatoriamente aos efeitos decorrentes da conclusão do mercado interno, que provavelmente seriam negativos para algumas regiões, em particular para as mais pobres ou em crise acentuada.

monetária traduzia a conceção do novo Fundo enquanto instrumento destinado a «compensar» as economias (os Estados) mais débeis pelos custos da sua participação naquele tipo de união. Do ponto de vista da Comissão Europeia, os objetivos declarados do Fundo eram certamente demasiado estreitos.

Por isso, logo em 1977, defendeu que o Fundo deveria prevenir também o surgimento de mais assimetrias em consequência das alterações estruturais da economia mundial ou de outras ações de política económica adotadas pela Comunidade. Percebera-se que o contexto económico e social se alterara profundamente desde a criação do Fundo. A crise económica agravara as assimetrias regionais existentes e dera lugar a problemas adicionais de adaptação e desenvolvimento, fonte de mais assimetrias regionais.

Neste contexto, a Comissão propôs uma revisão das regras do Fundo e a redefinição dos seus objetivos. No entanto, estes mantiveram-se praticamente inalterados após o Regulamento 214/79. O artigo 6.º (do Regulamento 724/75) revisto estabeleceu que os desequilíbrios regionais a corrigir eram os que pudessem prejudicar o funcionamento adequado do mercado comum e a convergência das economias dos Estados membros, tendo particularmente em vista a prossecução da união económica e monetária. Esta definição de objetivos não sofreu alterações significativas com o Regulamento 1787/84, que substituiu a legislação anterior relativa ao FEDER.

O seu artigo 3.º fixava como objetivo que o Fundo contribuísse para a correção dos principais desequilíbrios regionais no interior da Comunidade, mediante a participação no desenvolvimento e ajustamento estrutural das regiões atrasadas e da reconversão das regiões atingidas pelo declínio industrial. A assistência do Fundo poderia destinar-se a investimento produtivo [artigo 4.º/1/*a* do Regulamento 724/75], a investimento em infraestruturas [artigo 4.º/1/*b*] e ao «desenvolvimento endógeno».

Cf. A. Evans (2005), *EU Regional Policy*, pp. 22 e ss.; E. Carrasco Morales (2000), *La Cohesión Económica y Social en la Unión Europea*, pp. 119 e ss.; D. Ordóñez Solís (1997), *Fondos Estructurales Europeos. Régimen Jurídico y Gestión Administrativa*, pp. 40 e ss.; S. George (1996), *Politics and Policy in the European Union*, pp. 229 e ss.; C. Mestre / Y. Petit (1995), "La cohesion économique et sociale après le Traité sur l'Union Européenne", pp. 207 e ss.; I. Begg (1989), "The regional dimension of the '1992' proposals", pp. 368 e ss.

Receava-se, designadamente, que o reforço da concorrência tendesse a favorecer as regiões mais desenvolvidas e centrais à custa, ou com prejuízo, das menos desenvolvidas e periféricas. Essa tendência poderia ampliar-se devido à tendência de desregulação em certos sectores, como o dos transportes, e à concretização de outras políticas (social, do ambiente), porventura utilizadas também para prevenir possíveis situações de «*dumping social*». Por outro lado, os Estados membros menos prósperos reclamaram uma compensação pelos custos sociais que provavelmente resultariam da conclusão do mercado interno[108].

Em matéria de desenvolvimento regional e de coesão económica e social, foi introduzido um novo título V com cinco artigos (130.º-*A* a 130.º-*E*). No primeiro destes, previu-se o fortalecimento ativo da coesão económica e social, em particular através das operações dos fundos estruturais destinadas a reduzir as disparidades entre as várias regiões, ou entre os «níveis de desenvolvimento» das regiões, como mais tarde seria explicitado pelo Tratado da União Europeia, bem como o atraso das regiões menos favorecidas, «incluindo áreas rurais», conforme explicitaria também o TUE, «ou ilhas», como seria acrescentado mais tarde ainda pelo Tratado de Amesterdão).

A ajuda comunitária deixava, assim, de se acantonar no estabelecimento e desenvolvimento do mercado interno, definido pelo artigo 14.º/2 do TCE, correspondente ao atual artigo 26.º-2 do TFUE, passando a pautar-se pela ideia de coesão. A coesão tornou-se, pois, objetivo implícito do

[108] Faz-se referência a «*dumping* social» para significar a situação em que os produtores num Estado com níveis reduzidos de bem-estar social e / ou de proteção ambiental poderem prejudicar os produtores do mesmo tipo de bens nos Estados com níveis mais elevados de bem-estar económico-social e de proteção ambiental.
O Ato Único Europeu, que entrou em vigor em 1 de julho de 1987 (*JO* L 169/1), inseriu num novo capítulo (V) um conjunto de artigos (130.º-A a 130.º-E) destinados a prosseguir a redução das disparidades ou assimetrias entre as regiões europeias, tendo particularmente em conta a situação das regiões comparativamente menos prósperas.
Tratava-se de uma espécie de contrapartida em favor dos Estados membros menos prósperos, com maior peso relativo no conjunto, após a adesão da Grécia, em 1981, e dos Estados ibéricos (no começo de 1986), por concordarem com a sua participação no processo de aprofundamento ou «conclusão» do mercado interno. Durante as negociações, aqueles Estados exigiram a inclusão do novo título sobre «coesão económica e social», como expressão do princípio da solidariedade, face à aceitação da votação por maioria qualificada em matérias atinentes ao mercado interno.

Tratado, em vez de mera consequência de políticas prosseguidas ao abrigo da mesma fonte do direito. Daí a necessidade sentida de reformular a organização da ajuda regional comunitária[109].

Sem mencionar expressamente o desenvolvimento das regiões, o Tratado explicitava objetivos muito similares. Além da referência à noção nuclear de «coesão económica e social» e da discriminação e ampliação dos meios de ação dessa política, previu-se (no artigo 2.º) a finalidade geral de desenvolvimento do conjunto da Comunidade. Em vez de uma nova

[109] Na cimeira do Conselho, no Luxemburgo, em dezembro de 1985, foi aceite a consolidação da política de desenvolvimento regional trilhada até à altura com base indireta em diversos preceitos do Tratado (a começar pelo artigo 2.º: «A Comunidade tem por missão promover... um desenvolvimento harmonioso das atividades económicas...»). Afirmou-se, talvez com algum exagero, que o Ato Único Europeu colocara ao serviço das regiões as intervenções estruturais comunitárias, tendo em vista a prossecução da coesão económica e social, e passou a prever-se expressamente no Tratado o FEDER, criado dez anos antes ao abrigo da designada «cláusula evolutiva», a fim de prosseguir o desenvolvimento e o ajustamento estrutural das regiões comparativamente mais atrasadas, bem como a reconversão das zonas atingidas pelo declínio industrial (artigo 130.º-*C*).
Todavia, os recursos destinados a estas finalidade continuaram ainda a ser insuficientes, apesar de reforçados em relação ao passado, face aos desafios existentes, como as regras da sua alocação pelos Estados membros continuaram a ser fixadas rigidamente – sem prejuízo das vantagens que certamente resultariam da forte concentração nos «países da coesão». Por outro lado, os Estados membros continuariam a conduzir e a coordenar as suas políticas económicas internas, mas daí em diante com respeito pelo objetivo comum de coesão.
Ao nível comunitário, a nova missão seria prosseguida pela ação dos fundos estruturais e de outros instrumentos financeiros com impacto no desenvolvimento territorial, em paralelo com a atividade legislativa relativa ao mercado interno, incluindo a supressão de barreiras técnicas, físicas e fiscais.
Cf., além das referências já citadas, D. ORDÓÑEZ SOLÍS (1997), *Fondos Estructurales Europeos. Régimen Jurídico y Gestión Administrativa*, pp. 48 e ss.; C. MESTRE / Y. PETIT (1995), "La cohesion économique et sociale après le Traité sur l'Union Européenne", pp. 207 e ss.; A. VALLE GALVEZ (1994), "La cohesion economica y social como objetivo de la Union Europea. Analisis y perspectivas», pp. 346 e ss.; J. PINAR (1991), "La reforma de los fondos estructurales", pp. 181 e ss.; L. TSOUKALIS (1991), *The New European Economy. The Politics and Economics of Integration*, pp. 232 e ss.; MANUEL PORTO (1990), "Do Acto Único à 'nova fronteira' para a Europa"; A. MARQUES MENDES (1990), "Economic cohesion in Europe: The impact of the Delors Plan", pp. 17 e ss.; J. SÈCHE (1989), "La nouvelle réglementation des fonds structurels", pp. 328 e ss.; J. GINDERACHTER (1989), "La réforme des fonds structurels", pp. 272 e ss.; E. RODRIGUES LOPES (1988), "La cohesion économique et sociale dans la Communauté Européenne", pp. 157 e ss.

designação para a política regional comunitária, o Ato Único converteu o significado (já amplo) de ação regional na fórmula (ainda) mais aberta de coesão económica e social, enquanto objetivo da Comunidade.

De acordo com o artigo 130.º-*A*, correspondente ao atual artigo 174.º, e seguintes, do TFUE, importava prosseguir e reforçar a ação regional já existente, sem prejuízo de se dever circunscrever o campo de atuação da coesão fundamentalmente à redução ou correção das disparidades e dos atrasos regionais. Para o efeito, o artigo 130.º-*D* impôs uma reforma dos fundos estruturais destinada a aperfeiçoar a eficácia dos diversos instrumentos de apoio e de intervenção, de modo a assegurar a sua coordenação[110].

[110] Segundo o artigo 130.º-*A* do Tratado CEE, correspondente ao atual artigo 174.º do TFUE, a Comunidade/União desenvolveria e prosseguiria a sua ação «tendente ao *reforço*» da coesão, com vista ao desenvolvimento harmonioso de todo o conjunto. No segundo parágrafo do mesmo artigo, refere-se que se procura «em especial» reduzir a «diferença» entre regiões e o atraso das menos favorecidas, sem evidenciar a prioridade do conjunto – a «coesão» –, optando-se antes por mencionar o campo de ação estabelecido no parágrafo anterior: «A fim de promover um desenvolvimento harmonioso do conjunto da Comunidade, esta desenvolve e prossegue a sua ação tendente ao reforço da sua coesão económica e social».
Com o Tratado da União Europeia, de 1992, explicitou-se o significado da expressão disparidades «entre regiões»: importava reduzir as disparidades entre «níveis de desenvolvimento» das várias regiões e o atraso das menos favorecidas, «incluindo as áreas rurais» e ainda as «ilhas», conforme foi explicitado depois pelo Tratado de Amsterdão. A redução das disparidades resultantes do atraso de várias regiões constituía um entre outros objetivos, ou então seria o único. Diversos autores defenderam um conteúdo positivo para a noção, aproximando-o da ideia de integração.
Efetivamente, opera-se no âmbito do Tratado uma alteração qualitativa em termos de fins da atuação regional europeia. A finalidade deixara de se limitar ao estabelecimento e ao desenvolvimento de um mercado comum. Para o futuro, passava a importar o estabelecimento da «coesão», enquanto «objetivo implícito» do Tratado. Criara-se, deste modo, a necessidade de transformar o modo de organização da ajuda comunitária. Quanto à designação atribuída às ações regionais, as hesitações ainda persistiriam por algum tempo. Por exemplo, em 1988 o *Boletim* da Comissão referia-se a «política regional» e a «coordenação dos instrumentos estruturais»; em 1990 apresentava-se na mesma publicação um capítulo único intitulado «política regional»; a partir de 1992 preferiu-se a designação mais ampla de «coesão económica e social: ações estruturais»; entretanto, o Tratado da União Europeia acrescentou à concretização das políticas as «ações» comunitárias (no artigo 130.º-*B*), tendo-se ainda aditado o qualificativo «territorial» à coesão (cf. a Decisão do Conselho de 6 de outubro de 2006). A «coesão económica, social e territorial», ou, simplesmente, «coesão», passa pelo desenvolvimento das regiões atrasadas, mas não se restringe à política regional nem à política social.

A reforma dos fundos estruturais de 1988 não poderia ser desligada do objetivo de construção do mercado único até 1 de janeiro de 1993, constituindo um imperativo simultaneamente político, económico e jurídico. Político, porque se pretendia cumprir o princípio da solidariedade entre os Estados membros e o objetivo global de desenvolvimento harmonioso da Comunidade. Económico, porque se ambicionava assegurar uma gestão mais adequada dos recursos disponíveis e reduzir as disparidades regionais. Enfim, imperativo jurídico por decorrer do artigo 130-*D* do TCEE, após a revisão operada pelo Ato Único, no qual se referia a necessidade de maior eficácia e de maior coordenação das ações de desenvolvimento regional. A reforma baseou-se no Regulamento (CEE) n.º 2052/88 e teve por suporte financeiro o «Pacote Delors» (1)[111].

Cf. A. Evans (2005), *EU Regional Policy*, pp. 13 e ss. e 42 e ss.; E. Morales (2000), *La Cohesión Económica y Social en la Unión Europea*, pp. 134 e ss.; D. Ordóñez Solís (1997), *Fondos Estructurales Europeos. Régimen Jurídico y Gestión Administrativa*, pp. 48 e ss.; C. Mestre / Y. Petit (1995), "La cohesion économique et sociale après le Traité sur l'Union Européenne", pp. 207 e ss.; A. Valle Galvez (1994), "La cohesion economica y social como objetivo de la Union Europea. Analisis y perspectivas», pp. 346 e ss.; J. Pinar (1991), "La reforma de los fondos estructurales", pp. 181 e ss.; Manuel Porto (1990), "Do Acto Único à 'nova fronteira' para a Europa"; A. Marques Mendes (1990), "Economic cohesion in Europe: The impact of the Delors Plan", pp. 17 e ss.; E. Rodrigues Lopes (1988), "La cohesion économique et sociale dans la Communauté Européenne", pp. 157 e ss.

[111] Um dos aspetos mais relevantes da reforma dos fundos estruturais consistiu precisamente na duplicação real do seu financiamento entre 1987 e 1993 (artigo 12.º/2 do regulamento-quadro), nos termos do acordo interinstitucional de 29 de junho de 1988, do Parlamento Europeu, da Comissão e do Conselho

A duplicação da dotação financeira atribuída aos fundos estruturais exigiu uma gestão mais adequada, ampla e flexível, privilegiando um novo método de ação, pautado pela programação, pela coordenação, pela complementaridade ou adicionalidade e pela cooperação ou parceria.

O «Pacote Delors» (1), do nome do então presidente da Comissão Europeia, foi proposto em fevereiro de 1987 [COM (87) 100 de 15.2.1987] e conduziu à duplicação dos fundos de cerca de 7 para c. de 14 mil milhões de ECUs, entre 1987 e 1992. À verba global de 7 700 milhões de ECUs para o exercício de 1988, acresceriam anualmente cerca de 1,3 milhões de ECUs entre 1989 e 1992, ano em que se atingiriam 12,9 milhões (a preços constantes de 1988), prosseguindo-se o esforço em 1993 até se concretizar a sua duplicação real.

O acordo interinstitucional com as «perspetivas financeiras plurianuais» implicou que entre 1986 e 1993 se passasse de um volume de ajudas de 6 223 milhões de ECUs (equivalente a 17,6% do Orçamento Geral da CEE) para 10 600 milhões em 1990 (21,6% do orçamento) e para os 14 500 milhões em 1993 (em valores constantes de 1988). Fora dos financiamentos

Tendo em vista a concentração das intervenções, a coerência com as políticas económicas nacionais e a cooperação entre as várias entidades intervenientes, procurou-se concentrar geográfica e funcionalmente as intervenções em objetivos prioritários, o que se traduziu no reforço de coordenação entre os instrumentos financeiros com vocação regional e as restantes políticas comunitárias (regional, social, agrícola, industrial,). Esta exigência de concentração da intervenção comunitária em objetivos regionais delimitados constituía um requisito de eficácia e de otimização económica, exigido pelo novo artigo 130º-*B* do Tratado (CEE) de Roma revisto.

No campo das finalidades específicas e prioritárias, o objetivo 1 incluía as regiões menos desenvolvidas, cujo PIB *per capita* fosse inferior a 75% da média comunitária, o objetivo 2 integrava as zonas industriais em declínio e carentes de reconversão, o objetivo 3 incidia sobre a luta contra o desemprego de longa duração, o objetivo 4 prosseguia a meta da inserção profissional dos jovens e o objetivo 5 compreendia as zonas agrícolas e rurais, subdividindo-se no objetivo 5*a*, sobre adaptação, transformação e comercialização na agricultura e silvicultura, e no objetivo 5*b* sobre promoção do desenvolvimento das zonas rurais[112].

dos fundos estruturais enquadraram-se diversos programas específicos, como, por exemplo, o programa específico de desenvolvimento da indústria portuguesa («PEDIP» 1). Após a revisão das perspetivas financeiras plurianuais, foram atribuídos recursos suplementares de ajuda às regiões do leste integradas na República Federal Alemã na sequência da reunificação daquele país (*vd. supra*).

No orçamento de 1991, a Secção Orientação do FEOGA afetou 2430 milhões de ecus, o FEDER 6725 milhões, o FSE 4312 milhões e as ajudas destinadas à Alemanha oriental 900 milhões de ecus. Em 1993, os fundos dirigidos a medidas estruturais, incluindo o Fundo de Coesão, atingiram os 21,3 mil milhões de ecus (preços de 1992), o equivalente a 31% do Orçamento Geral (contra mais de 50% absorvidos pela PAC).

Cf. M. Schaub (2004), *European Regional Policy. The Impact of Structural Transfers and the Partnership Principle since the 1988 Reform*; E. Morales (2000), *La Cohesión Económica y Social en la Unión Europea*, pp. 134 e ss.; D. Ordóñez Solís (1997), *Fondos Estructurales Europeos. Régimen Jurídico y Gestión Administrativa*, pp. 56 e ss.; Comissão (1994), *Competitividade e Coesão. Tendências verificadas nas Regiões. Quinto Relatório Periódico Relativo à Situação Sócio-Económica e ao Desenvolvimento das Regiões da Comunidade*; Assembleia da República (ed.) (1994), *A Coesão Económica e Social: Da Convergência Nominal à Convergência Real.*

112 Os objetivos 1, 2 e 5*b* desempenhavam uma dimensão regional própria e a concentração da intervenção comunitária nas regiões mais atrasadas – «objetivo n.º 1» – permitiu a afetação

Com a reforma de 1988 procurou-se coordenar efetivamente os fundos estruturais e os restantes instrumentos financeiros da Comunidade, mediante programas dirigidos a um número restrito de objetivos. A programação, enquadrada por orientações para vários anos, desenvolvia-se em três fases. Na primeira, os planos plurianuais eram apresentados pelos Estados membros, com justificação da política a prosseguir e da projeção das metas a atingir e das medidas necessárias, incluindo o respetivo financiamento. Na segunda fase, a Comissão estabelecia os quadros comunitários de apoio (QCA). Por fim, numa terceira fase, as entidades nacionais propunham os programas operacionais, indicavam os cofinanciamentos, bem como os grandes projetos e pedidos de assistência técnica enquadráveis no respetivo quadro comunitário de apoio[113].

de quase 4/5 dos recursos financeiros do FEDER. O princípio da concentração beneficiou sobretudo as regiões atrasadas dos países com um PIB *per capita* inferior (Grécia, Portugal, Espanha e Irlanda). Os Estados membros «contribuintes líquidos» preocuparam-se em evitar uma dispersão dos financiamentos e apoiaram a concentração de esforços. A França chegou a propor a limitação das ajudas aos quatro países menos favorecidos, mas a proposta não vingou dada a oposição frontal da Itália.

Entre 1989 e 1993, as regiões abrangidas pelo «objetivo n.º 1» eram as seguintes: todo o território da Grécia, de Portugal e da Irlanda, as regiões espanholas de Andaluzia, Astúrias, Castilla y Leon, Castella-la-Mancha, Ceuta y Melilla, Communidad Valenciana, Extremadura, Galiza, Canárias e Múrcia (compreendendo c. de 58% da população do país), Domínios ultramarinos franceses e Córsega (menos de 3% da população francesa), Abruzzi, Basilicata, Calabria, Campania, Molise, Pugilia, Sardegna, Sicilia (com c. de 36% da população italiana) e Irlanda do Norte (com menos de 3% da população britânica).

No período de programação dos fundos de 1994-1999, mantiveram-se todas as regiões referidas, mesmo as que entretanto deixassem de cumprir as condições de PIB *per capita* inferior a 75% da média europeia, com exceção de Abruzzi, na Itália, que só beneficiou do regime aplicável ao referido objetivo até 1996, bem assim Hainaut na Bélgica, os Estados alemães pertencentes à antiga República Democrática Alemã (Brandenburgo, Mecleburgo-Vorpomerânia, Berlim Leste, Saxónia, Saxónia-Anhalt e Turíngia), Cantábria na Espanha, bairros de Avesnes, Douai e Valenciennes em França, Flevoland nos Países Baixos, Terras Altas e ilhas da Escócia, bem como Merseyside, no Reino Unido.

[113] Os quadros comunitários de apoio (QCA), que se mantiveram com esta designação até à programação dos fundos estruturais de 2000-2006, compreendiam necessariamente os «eixos prioritários» principais para a ação conjunta, um resumo das formas de intervenção a pôr em prática preponderantemente sob a forma de programas operacionais, o plano de financiamento indicativo, com a discriminação dos montantes de cada uma das ações e as suas fontes de financiamento, da respetiva duração, a par de outras disposições de execução, acompanhamento e

Outra característica da nova metodologia foi a coordenação das intervenções comunitárias tendo em conta a existência de diferentes instrumentos financeiros e com o sentido de estabelecer uma ação consistente, não contraditória. Importava clarificar em que medida e em que condições cada fundo, e o próprio Banco Europeu de Investimento, deveria(m) contribuir para a realização dos objetivos propostos.

Pretendia-se que a ação regional comunitária passasse a complementar ou a constituir uma parcela adicional das políticas regionais de cada um dos Estados membros. Daí a previsão de um princípio da adicionalidade, na expectativa de que o acréscimo de financiamento comunitário permitisse incentivar intervenções públicas ou equiparáveis, com finalidade estrutural[114].

Para assegurar a complementaridade entre as ações comunitárias e nacionais e tendo em vista a responsabilização das autoridades regionais relativamente aos programas de desenvolvimento, instituiu-se o princípio da cooperação ou da parceria, de acordo com o qual se deveria promover o diálogo entre a Comissão, o Estado membro e as autoridades designadas por este, ao nível nacional, regional e local, não apenas durante a

controlo. Como a programação dos fundos também era orçamental, a Comissão procedeu à projeção quinquenal dos recursos necessários à política estrutural, repartindo indicativamente 85% das dotações do FEDER pelos vários Estados membros.
De acordo com a repartição indicativa dos financiamentos do FEDER, de 1990, a Espanha, a Grécia, a Irlanda, a Itália e Portugal beneficiariam, em conjunto, de 84,17% das ajudas, enquanto as suas contribuições para o orçamento comunitário ficariam pelos 25,7%.

[114] Chegou a admitir-se a hipótese de agregação dos diversos «fundos» estruturais e de outros instrumentos financeiros comunitários. Contudo, a ideia de um fundo único foi afastada pelo Conselho na altura da criação dos «Programas Integrados Mediterrânicos» (PIM – Regulamento 2088/85), bem como no decurso da conferência intergovernamental sobre o Ato Único Europeu. Mais tarde, com o Tratado da União Europeia, o artigo 130.º-*D* do Tratado CEE foi alterado, deixando de ficar afastada aquela possibilidade («...o Conselho, deliberando por unanimidade... definirá as missões, os objetivos prioritários e a organização dos fundos com finalidade estrutural, o que poderá implicar o *agrupamento* desses fundos...»).
Quanto ao princípio da adicionalidade, foi objeto de diversos estudos, entre os quais se pode mencionar um do Parlamento Europeu, de 1987: *The Principle of 'Additionality' in Regard to the European Regional Development Fund (ERDF) and its Aplication in some Member States.* Cf. M. Schaub (2004), *European Regional Policy. The Impact of Structural Transfers and the Partnership Principle since the 1988 Reform.*

preparação mas também durante as fases de financiamento e execução, de acompanhamento e de avaliação das ações.

Não faltou quem considerasse que o princípio da cooperação serviria sobretudo a estratégia da Comissão de reduzir a capacidade de negociação dos Estados membros, através do acréscimo de interlocutores, designadamente representantes das regiões, com o propósito de neutralizar os primeiros com a ajuda dos últimos. A diminuição da capacidade negociadora dos Estados membros poderia levantar problemas atinentes ao défice democrático, colocando eventualmente em causa o próprio funcionamento da Comunidade[115].

A redução significativa do número de processos a financiar pelos fundos estruturais, graças à preferência pela programação (dos cerca de 14

[115] Embora a designação pelo Estado das autoridades competentes a nível nacional, regional e local devesse evitar, previsivelmente, qualquer eventual intromissão da Comissão Europeia em debates internos sobre atribuições entre diferentes organismos e níveis de governo, aquela instituição favoreceria, aparentemente, contactos com os poderes descentralizados.
Efetivamente, são relativamente habituais as visitas dos comissários responsáveis pela área da política regional e de coesão às diversas regiões, sobretudo às menos prósperas, incluindo as «ultraperiféricas». Essa proximidade institucional ter-se-ia aprofundado mais na sequência da criação do Conselho Consultivo das Coletividades Regionais e Locais (*JO* L 247 de 6.9.1988 e *JO* C 329 de 22.12.1988). Todavia, quando a Comissão terá pretendido designar os seus interlocutores internos, os Estados membros ter-se-iam oposto, sobretudo por razões políticas, com base no argumento jurídico de que são eles e não as regiões os signatários do Tratado de Roma. Note-se que, tal como referido, também o Parlamento Europeu tem promovido o contacto direto com as entidades regionais e locais, sobretudo desde os anos oitenta (*vd. supra*).
Atendendo ao alegado défice democrático na Comunidade – entretanto atenuado, designadamente no tocante à sujeição da Comissão ao controlo do Parlamento Europeu –, parecia arriscado debilitar a capacidade negociadora dos Estados, porque daí não resultaria, certamente, um «avanço» sólido da construção europeia, mas, quando muito, um mero reforço das atribuições executivas da Comissão, sem contrapeso na sujeição a um controlo democrático. Esta crítica foi sustentada fundamentalmente em Espanha, um Estado com estrutura regional, cuja lei fundamental consagra às comunidades autónomas um elevado grau de autonomia e de participação (*vd. supra*).
No entanto, o diálogo envolvido nos contactos referidos, se bem aproveitado, poderia permitir uma abertura maior em relação aos destinatários das ações de desenvolvimento regional, que passariam a ser ouvidos e a participar, diretamente ou através de seus representantes legítimos (*v.g.*, eleitos locais e regionais) sobre matérias do seu interesse, reforçando-se por essa via um pendor «democrático», de participação dos diretamente interessados, que poderia contribuir para a escolha das intervenções mais adequadas às especificidades regionais e aos anseios das respetivas populações. Cf. referências bibliográficas citadas.

mil projetos passou-se para algumas centenas de programas), bem assim a aplicação de normas de avaliação sistemática *ex ante* e *ex post* de cada uma das intervenções e da conjugação das subvenções com os empréstimos, embora com limites, contribuíram sem dúvida para o aumento da eficácia e para uma melhor disciplina e gestão dos recursos. A flexibilidade e a simplificação de procedimentos, com a conjugação de subvenções dos vários instrumentos de financiamento e de empréstimos, deveriam permitir o acompanhamento e controlo mais intensos da execução dos programas[116].

As alterações decorrentes da reforma dos fundos estruturais motivaram um debate aprofundado sobre os problemas regionais e sobre o modo de os tentar ultrapassar no quadro europeu. Entre outros aspetos, apontaram-se dificuldades à aplicação do novo sistema de coordenação dos vários instrumentos financeiros comunitários, que impunha outro tipo de relacionamento entre os departamentos nacionais competentes, além de outras inovações no conteúdo das políticas comunitárias.

Mais graves foram as críticas sobre a relativa diluição do princípio da concentração funcional e geográfica e, um aspeto recorrente, sobre a insuficiência dos recursos financeiros atribuídos, apesar do esforço que representara a sua duplicação real e do impacto acrescido sobre as economias beneficiárias: em Portugal, na Irlanda e na Grécia as ajudas estruturais passaram a representar, desde então, cerca de 3% dos respetivos produtos internos[117].

[116] No caso dos projetos com financiamento do BEI e de outros instrumentos financeiros, o limite máximo da ajuda passou a ser de 50% para os empréstimos concedidos por um único instrumento financeiro ou para o total das ajudas concedidas por vários instrumentos; o limite ascendia para 70% no caso de acumulação de subvenções com empréstimos para o financiamento do mesmo projeto, podendo atingir mesmo os 90% (limite máximo) em casos excecionais.

[117] Como se afirmava insistentemente o objetivo de atribuir maior relevo ao princípio da parceria e de tornar os instrumentos financeiros comunitários como meios privilegiados de promoção de uma política regional mais coerente, dificilmente se compreenderia uma atitude excessivamente centralizadora da Comissão Europeia perante as autoridades nacionais. De resto, ao estabelecer as prioridades de intervenção e atribuição dos fundos, não se terá tido «suficientemente» em conta as especificidades e as opções nacionais, tal como apresentadas pelos Estados nos respetivos planos de desenvolvimento, admitindo-se mesmo que, na prática, um forte esvaziamento de conteúdo daqueles critérios.

No que respeita à aplicação dos fundos estruturais, criticou-se também a lentidão processual causada por excessos burocráticos. Em primeiro lugar, a aprovação dos quadros comunitários de apoio precedia os programas operativos, seguindo-se os projetos individuais e os regimes de cofinanciamento de ajudas ou subvenções globais à produção.

As exigências não previstas nos regulamentos foram consideradas excessivas pelas autoridades nacionais e pelo Parlamento Europeu, o mesmo se passando com as informações adicionais sobre aspetos de pormenor dos programas e com a intervenção sucessiva de numerosas direções-gerais da Comissão, antes da tomada de decisão sobre as ajudas. Questionou-se, igualmente, o acompanhamento e a fiscalização das ações regionais, cujo reforço deveria ter-se concretizado, devido à aplicação descentralizada dos financiamentos. Apesar do código de conduta nas relações entre os serviços da Comissão e as autoridades nacionais competentes, a relativa ineficácia na ultrapassagem de irregularidades foi expressamente reconhecida pelo órgão executivo comunitário em sucessivos relatórios anuais[118].

No decurso da elaboração dos quadros comunitários de apoio, a nova metodologia da Comissão projetou-se em alguns atrasos na fixação do montante global das ajudas a atribuir a cada um dos Estados membros, bem como numa rigidez excessiva, que rodeou o estabelecimento daqueles quadros de apoio, sem atender a diversas especificidades nacionais. Estranhou-se ainda a falta de transparência da Comissão ao recusar esclarecimentos sobre os critérios de repartição seguidos. Também o atraso na comunicação dos montantes de cada fundo teria prejudicado o processo de negociações entre as autoridades nacionais e comunitárias, tornando-o, aparentemente, durante algum tempo, em exercício «pouco consequente».

Do mesmo modo, a repetição do modelo de afetação dos fundos em todos os quadros de apoio indiciava alguma falta de sensibilidade da Comissão perante as peculiaridades nacionais e regionais. Considerou-se, por isso, que a rigidez e a opacidade como método de atuação comum colidiam com o princípio da subsidiariedade, entretanto tornado estandarte contra a situação de «défice democrático», de que era acusada especialmente a Comissão.

Cf. M. Schaub (2004), *European Regional Policy. The Impact of Structural Transfers and the Partnership Principle since the 1988 Reform*; Banco Mundial (ed.) (2003), *European Integration, Regional Policy, and Growth*; C. Baldi (1992), "Verso un aggiustamento della riforma dei fondi strutturali", pp. 315 e ss.; J. Pinar (1991), "La reforma de los fondos estructurales", pp. 190-194; L. Barata (1992), "Política Regional e Fundos Estruturais", pp. 67 e ss.

118 Outro problema que persistiu respeitava à excessiva proliferação de iniciativas comunitárias, uma preocupação central dos autores da reforma dos fundos estruturais de 1988. A multiplicação de intervenções da Comissão, à margem dos quadros comunitários de apoio, mas no seio dos fundos, levou a que muitas iniciativas tivessem sido utilizadas para financiar

Todas estas dificuldades e algum afastamento do princípio da concentração das intervenções contribuíram para uma certa desilusão face aos resultados da reforma dos fundos estruturais de 1988. Apesar de expressar otimismo, a Comissão lamentou o fraco nível da utilização de assistência técnica e do recurso à cooperação e uma excessiva complexidade de procedimentos extremamente inovadores.

Ao mesmo tempo, reconheceu-se a necessidade de introduzir aperfeiçoamentos com vista a clarificar e a simplificar os processos, tornando-os mais flexíveis, e insistiu-se na vantagem de reforçar a cooperação entre as entidades de diversos níveis envolvidas nas questões regionais, de estabelecer um novo objetivo para o sector da pesca e de proceder à avaliação sistemática de todas as ações regionais[119].

políticas sectoriais comunitárias, em prejuízo do princípio da concentração geográfica e funcional a que a reforma atribuíra relevância capital. As iniciativas comunitárias complementares aos quadros comunitários de apoio nacionais sucederam-se.

Cf. A. Evans (2005), *EU Regional Policy*, pp. 42 e ss.; C. Hague / P. Jenkins (2005), *Place Identity, Participation and Planning*; M. Schaub (2004), *European Regional Policy. The Impact of Structural Transfers and the Partnership Principle since the 1988 Reform*; J. Pinar (1991), "La reforma de los fondos estructurales", pp. 190-194; Assembleia da República (1994), *A Coesão Económica e Social: Da Convergência Nominal à Convergência Real* (conferência das comissões de economia e finanças dos parlamentos dos Estados membros da União Europeia, de 28 e 29 de junho de 1993, em Lisboa).

[119] Sobre a intervenção regional da Comunidade, o Comité Económico e Social (CES) salientou o papel central da administração pública, tanto nacional como sobretudo regional e local, na prossecução das ações de desenvolvimento, porque a programação só se tornaria viável com acesso não dificultado à informação e ao financiamento; caso contrário, perder-se-iam energias e oportunidades de investimento. No entanto, a crítica maior do CES incidiu sobre a escassez dos recursos disponíveis para as ações regionais. Efetivamente, o total das dotações destinadas a fins estruturais representavam cerca de 0,36% do PIB da Comunidade, em contraste evidente com o que sucedia nos orçamentos dos Estados e das federações, cujas rubricas das despesas incluem geralmente ajudas significativas para as regiões ou Estados menos prósperos, além de transferências sociais.

O orçamento comunitário continuava (como ainda continua) a desempenhar uma função redistributiva muito reduzida. Em 1993, e segundo dados publicados pelo Eurostat, o total dos recursos financeiros da Comunidade (69,2 mil milhões de ecus) correspondia a 1,2% do PNB comunitário. Desse montante, eram afetados em ações estruturais 30,8% (21,3 mil milhões de ecus), ou seja, aproximadamente 0,36% do PIB comunitário. Entretanto, a situação não se alterou significativamente: o acréscimo em percentagem das verbas destinadas à coesão foi acompanhado por uma redução do peso do Orçamento Geral em relação ao produto da União (inferior a 1% do produto).

As ideias fundamentais introduzidas pelo Ato Único Europeu em matéria de coesão económica e social iriam ser aprofundadas pelo Tratado da União Europeia, que acrescentou diversas novidades de relevo, a começar pela qualificação expressa da coesão económica e social como fim e como princípio da União. Além do reforço do princípio fundamental da coesão, cresceu a sua associação a uma espécie de contrapartida à finalidade originária da Comunidade Europeia de estabelecer um mercado interno único e, especialmente, à nova finalidade de criação de uma «união económica e monetária». Afastada na conferência intergovernamental, essa associação não tardou a ser novamente referida, tal como sucedera por ocasião do Ato Único.

Se, num primeiro momento, se entendera a coesão como esforço de compensação pelos possíveis efeitos nocivos para o desenvolvimento das regiões, sobretudo das menos prósperas, em consequência da concretização do mercado interno, mais se justificaria, no segundo momento, o reforço da coesão perante os (prováveis) maiores custos e riscos emergentes da instauração da união económica e monetária, sobretudo nos Estados e nas regiões economicamente mais débeis. Encontrava-se esta associação indireta no artigo 104.º-*C* do TCE, ao condicionar o financiamento do

No entanto, se o impacto económico dos fundos era diminuto, face ao produto total, o mesmo não se poderia afirmar em relação aos quatro Estados menos prósperos. Em relação a estes representava mais de 2% do PIB (na Grécia, em Portugal e na Irlanda ultrapassava os 3% e em Espanha cerca de 1,5%). Mais ainda, em termos de investimento, medido pela formação bruta de capital fixo, as ajudas representaram em 1993 11% do PIB na Grécia, 9,3% na Irlanda, 7% em Portugal e 4% em Espanha.

Cf. M. Schaub (2004), *European Regional Policy. The Impact of Structural Transfers and the Partnership Principle since the 1988 Reform*; E. Morales (2000), *La Cohesión Económica y Social en la Unión Europea*; D. Ordóñez Solís (1997), *Fondos Estructurales Europeos. Régimen Jurídico y Gestión Administrativa*, pp. 91 e ss.; J. Pinar (1991), "La reforma de los fondos estructurales", pp. 190-194; Comité Económico e Social (1992), Parecer sobre a Coesão Económica e Social de 27 de fevereiro de 1992 (*JO* C 98 de 21.4.1992 – posição similar havia sido tomada alguns meses antes pelo mesmo Comité, unanimemente, quando apreciara o quarto relatório relativo à situação económica e social e ao desenvolvimento das regiões; como as disparidades não haviam diminuído, a política regional não encontrara ainda «nem a sua velocidade de cruzeiro nem a sua forma ótima», pelo que o objetivo da coesão económica e social deveria ser «firmemente prosseguido através de todas as políticas comunitárias e nacionais» – *Boletim CES*, n.º 10 de 1991, pp. 20-21).

Fundo de Coesão ao cumprimento pelos Estados membros da obrigação de não incorrerem em défices orçamentais excessivos[120].

[120] O Tratado da União Europeia (TUE), em vigor desde de novembro de 1993, enuncia os objetivos que a União se atribui (no artigo *B*, versão originária), a começar pela «promoção de um progresso económico e social equilibrado e sustentável, nomeadamente a criação de um espaço sem fronteiras internas, o reforço da coesão económica e social e o estabelecimento de uma união económica e monetária, que incluirá, a prazo, a adoção de uma moeda única...».
Quanto às disposições que alteraram o Tratado CEE, tendo em vista a instituição da Comunidade Europeia (Título II do TUE), o artigo 2.º passou então a enunciar a missão da Comunidade, através da criação de um mercado comum, de uma união económica e monetária e de políticas ou ações comuns: «promover o desenvolvimento harmonioso e equilibrado das atividades económicas, um crescimento sustentável e não inflacionista que respeite o ambiente, um alto grau de convergência dos comportamentos das economias, um alto nível de emprego e de proteção social, o aumento do nível e da qualidade de vida, a coesão económica e social e a solidariedade entre os Estados membros», o que implica o reforço da coesão económica e social (artigo 3.º/*j*).
O texto do TCE pormenorizou a redação anterior do artigo 130.º-*A* (no segundo parágrafo, em vez de se referir em geral a diferença «entre as diversas regiões» introduziu-se a expressão «entre os níveis de desenvolvimento das diversas regiões» e especificou-se, entre as regiões menos favorecidas, as «áreas rurais») e, no parágrafo 2.º do artigo 130.º-*B*, impôs à Comissão a apresentação trienal, ao Parlamento Europeu, ao Conselho, ao Comité Económico e Social (CES) e ao novo Comité das Regiões (CR), de um relatório sobre os «progressos registados na realização da coesão económica e social» e sobre o contributo dos vários instrumentos previstos para a concretização dos objetivos fixados, acompanhado de propostas adequadas e atendendo à evolução ocorrida.
No parágrafo 3.º, também acrescentado pelo TUE, estabeleceu-se que em caso de necessidade de ações específicas não inseridas no âmbito dos fundos ou de medidas de outras políticas da Comunidade, tais ações poderiam ser adotadas pelo Conselho, desde que por unanimidade, sob proposta da Comissão Europeia e após consulta ao PE, ao CES e ao CR. O artigo 130.º-*D* atribuiu ao Conselho, mediante deliberação unânime, por proposta da Comissão e após parecer favorável do PE e consulta do CES e do CR, a incumbência de definir os objetivos prioritários e a organização dos fundos com finalidade estrutural, o que poderia implicar o «agrupamento desses fundos», as regras gerais e as disposições necessárias para garantir a eficácia e a coordenação dos fundos entre si e com os demais instrumentos financeiros existentes.
Pelo mesmo procedimento seria criado, até ao final de 1993, um Fundo de Coesão destinado a financiar a realização de projetos no domínio do ambiente e das redes transeuropeias (infraestruturas dos transportes, das telecomunicações e da energia – ex-artigo 129.º-*B*). O 1.º parágrafo do artigo 130.º-*E* dispunha que as decisões de aplicação relativas ao FEDER seriam tomadas pelo Conselho por maioria qualificada e sob proposta da Comissão, de acordo com o procedimento revisto do artigo 189.º-*C*, após consulta ao CES e ao CR.

Uma das novidades do Tratado da União em matéria regional consistiu precisamente na criação de um novo fundo destinado a apoiar projetos nos domínios do ambiente e das redes transeuropeias de transportes, de telecomunicações e de energia. O Fundo de Coesão representa a admissão expressa, pelo Direito originário (artigo 130.º-*D*, depois 161.º do TCE, correspondente ao atual artigo 177.º do TFUE), da existência de desigualdades que prejudicam o desenvolvimento conjunto das economias de vários Estados membros.

O novo Fundo destinou-se a financiar os Estados cujo PNB *per capita* fosse inferior a 90% da média comunitária e que definissem um programa destinado a preencher os «critérios de convergência» (nominal), designadamente evitando défices públicos excessivos, em conformidade com o parágrafo 15 do Protocolo Relativo à Coesão Económica e Social. Portugal, Espanha, Grécia e Irlanda preenchiam aquelas condições. Encontra-se, aqui, uma conexão direta entre as finalidades do Fundo de Coesão e o cumprimento das obrigações de convergência económica nominal, exigidas para a participação na terceira fase da União Económica e Monetária[121].

[121] No Protocolo Relativo à Coesão Económica e Social, introduzido pelo TUE, declarou-se a vontade de ajustar os níveis de participação comunitária nos programas e projetos dos fundos estruturais «com o objetivo de evitar um aumento excessivo das despesas orçamentais nos Estados membros menos prósperos» (parágrafo 17.º), bem assim a intenção de «ter mais em conta a capacidade contributiva de cada Estado membro» no sistema de recursos próprios e de, em relação aos Estados membros menos prósperos, «analisar os meios de correção dos elementos regressivos existentes» (parágrafo 19.º), a convicção de que o BEI «deve continuar a consagrar a maior parte dos seus recursos ao fomento da coesão» e a vontade de «rever as necessidades de capital» logo que se revele necessário (parágrafo 13.º), a necessidade de «rever o volume adequado» dos fundos estruturais «em função dos objetivos da Comunidade no domínio da coesão» (parágrafo 14.º) e de que o fomento da coesão «é vital para o pleno desenvolvimento e o sucesso duradouro da Comunidade» (parágrafo 11.º).
A eficácia jurídica dos protocolos anexos ao Tratado CE resulta do seu artigo 239.º. Segundo o Regulamento 1164/94 (*JO* L 161/1), o Fundo de Coesão deveria contribuir para o fortalecimento da coesão económica e social na União, mediante o apoio na prossecução dos objetivos do Tratado nos campos da proteção do ambiente e das infraestruturas transeuropeias de transportes (artigos 1.º/2 e 2.º/1). A Comissão adotou depois, por comunicação, as grandes linhas destinadas a orientar as estratégias das autoridades nacionais e regionais abrangidas pelos objetivos 1, 2 e 3 dos fundos estruturais e as suas ligações com o Fundo de Coesão.

As regras do Fundo de Coesão incluíam diversas particularidades. A taxa de comparticipação variaria entre determinados patamares (*v. g.*, 80 e 85% da despesa suportada por entidades públicas, segundo o artigo 7.º do Regulamento n.º 1164/94, na redação dada pelo Regulamento n.º 1264/1999), consoante o tipo de operação, podendo os estudos preliminares e as medidas de apoio técnico beneficiar, excecionalmente, de um financiamento a 100%. Entre as várias categorias de despesa comparticipadas pelo Fundo encontram-se o planeamento e o *design*, bem assim a aquisição de terrenos e construção, a aquisição de equipamentos, a administração do projeto e a publicidade e informação, conforme se previu no Regulamento n.º 16/2003. Em princípio, nenhuma rubrica de despesa deveria beneficiar de financiamento simultâneo do Fundo de Coesão e de um fundo estrutural. O eventual financiamento conjunto não poderia exceder os 90% da despesa total do projeto, segundo o artigo 9.º do Regulamento citado[122].

A alocação de fundos por cada Estado membro tinha por base critérios objetivos: principalmente a população, o PNB *per capita* e sua evolução recente, e a área geográfica, além de outros factores socioeconómicos, como as deficiências das infraestruturas de transportes (artigo 5.º do Regulamento 1164/94, alterado pelo Regulamento 1264/1999). Assim, Espanha receberia entre 61 e 63,5% das verbas do Fundo de Coesão, a Grécia e Portugal receberiam entre 16 e 20% cada um e a Irlanda entre 2 e 6% (cf. anexo ao Regulamento 1164/94). Ao invés dos fundos estruturais, no quadro dos objetivos 1 e 2, a elegibilidade para assistência por este Fundo não era determinada numa base regional, o que implicou a exclusão de duas das grandes regiões mais pobres da Europa: o *Mezzogiorno* em Itália e os *Länder* da Alemanha de Leste.

Por isso, o estabelecimento do Fundo de Coesão foi entendido como uma importante vitória política de Espanha, que, apesar de compreender apenas 7% da população abrangida pelo «objetivo n.º 1», representava 60% da população dos «países da coesão». Com a reforma dos fundos estruturais de 2006, o Regulamento 1164/94 foi revogado pelo Regulamento 1084/2006 (*JO* L 210 de 31.7.2006/79), a que nos referimos depois com maior pormenor.

Cf. A. Evans (2005), *EU Regional Policy*, pp. 149 e ss.; AA VV (1998), *L'Europa delle Regioni e delle Reti*, pp. 152 e ss. e 237 e ss.; D. Ordóñez Solís (1997), *Fondos Estructurales Europeos. Régimen Jurídico y Gestión Administrativa*, pp. 50 e ss.; Manuel Porto (1993), "A integração comunitária e o desenvolvimento regional em Portugal", pp. 13 e ss.; Comissão Europeia (1999), *The Structural Funds and their Coordination with the Cohesion Fund: Guidelines for Programmes in the Period 2000-06* [COM (1999) 344].

[122] O Fundo de Coesão financiou projetos ou fases de projetos técnica e financeiramente independentes e grupos de projetos integrados numa estratégia coerente e mais vasta, além

O direito comunitário europeu admitiu a suspensão do financiamento do Fundo de Coesão a um Estado membro em caso de falha na execução de um programa destinado a evitar uma situação de défice público excessivo, prevista no artigo 104.º/1 do TCE [correspondente ao atual artigo 126.º do TFUE] e no Protocolo sobre os Défices Excessivos, inserido pelo TUE. Por força do princípio da condicionalidade, os défices públicos dos Estados membros passaram a ser examinados em relação a metas fixadas anualmente pelo Conselho.

Se o défice público de um Estado membro ultrapassasse «significativamente» a margem estabelecida, por outras razões que não as consideradas como «circunstâncias excecionais fora do controlo dos Estados», o apoio do Fundo seria suspendido, segundo o artigo 1.º do Regulamento 793/93, até que o Conselho verificasse que já tinham sido adotadas medidas com o fim de aplicar um programa que impedisse a ocorrência de um

de estudos preliminares relacionados com projetos elegíveis e medidas de apoio técnico, em conformidade com o Regulamento 1264/94 (*JO* L 130/1), cuja redação foi depois alterada. O apoio financeiro deste Fundo destinava-se aos Estados membros com um PIB *per capita*, medido em paridades de poder de compra, inferior a 90% da média da União e com um programa conducente ao preenchimento das condições de convergência financeira previstas no artigo 126.º TFUE) e um programa mencionado nos artigos 3.º e 7.º do Regulamento 1466/97, respeitante ao reforço da vigilância da situação orçamental e da coordenação das políticas económicas (*JO* L 209/2).
Até 2003, quatro países preencheram aquelas condições (Portugal, Espanha, Grécia e Irlanda), segundo o artigo 2.º/4 do Regulamento 1164/94 (cuja redação foi alterada pelo Regulamento 1264/1999). Os apoios do Fundo destinavam-se fundamentalmente a duas categorias de projetos. No campo ambiental, deveriam contribuir para a prossecução dos objetivos da política de ambiente da União, em conformidade com o artigo 174.º TCE, correspondente ao atual artigo 191.º do TFUE (incluindo a preservação, proteção e melhoria da qualidade do ambiente, proteção da saúde humana; utilização prudente e racional dos recursos naturais; promoção de medidas internacionais destinadas a enfrentar os problemas ambientais mundiais), em especial os identificados nas prioridades do Programa de Política e de Ação sobre Ambiente e Desenvolvimento Sustentável.
No domínio das infraestruturas de transportes, os projetos deveriam cumprir os requisitos enunciados pela Decisão 1692/96 (*JO* L 228/1) sobre o desenvolvimento da rede transeuropeia de transportes, em conformidade com o artigo 3.º/1 do Regulamento 1164/94, modificado pelo Regulamento 1264/1999. Segundo o artigo 155.º/1 TCE, correspondente ao atual artigo 171.º do TFUE, a União estabelece os objetivos, as prioridades e as grandes linhas que identifiquem os projetos de interesse comum em matéria de redes transeuropeias.

défice excessivo e assegurasse o cumprimento do Pacto de Estabilidade e Crescimento, de acordo com o Regulamento 1466/97[123].

Outro organismo com grande relevância em matéria de coesão, criado também em Maastricht, foi o Comité das Regiões. Órgão colegial com natureza consultiva, composto por representantes das coletividades regionais e locais, fora previsto pelo novo artigo 198.º-*A* do TCE, correspondente ao atual artigo 305.º do TFUE, vindo substituir o «Comité Consultivo dos Entes Regionais e Locais», criado em 1988. Ao novo Comité passaram a ter de ser apresentados os relatórios sobre o avanço da coesão económica e social e a ter de ser pedida consulta acerca das

[123] O Conselho pode deliberar, por maioria qualificada, com base numa recomendação da Comissão, após audição do Estado membro em causa, que este se encontra numa situação de «défice excessivo», em conformidade com o disposto no artigo 126.º/1 do TFUE e no Protocolo sobre Procedimento por Défice Excessivo (*vd. supra*). Verificando-se esta situação, e em conformidade com o entendimento do Conselho, este dirigirá ao Estado membro recomendações destinadas a pôr-lhe fim, dentro de um determinado período de tempo (artigo 104.º/7).
A decisão do Conselho será suspensa pelo próprio órgão quando entenda que a situação de défice está a ser devidamente enfrentada ou já foi corrigida pelo Estado membro (n.º 12 do mesmo artigo). Se o Conselho verificar que o programa para evitar a situação de défice público excessivo não está a ser cumprido, «deixará» de financiar novos projetos de financiamento, ou os financiamentos relativos a outras fases de um projeto plurifásico já aprovado globalmente (artigo 1.º do Regulamento 792/93, *JO* L 79/74).
Esta suspensão de financiamento deixará de atuar quando o Conselho constate que foram adotadas medidas para cumprir o programa de eliminação de um défice público excessivo (artigo 6.º/1 do Regulamento 1164/94, na redação dada pelo Regulamento 1264/1999, *JO* L 161/57). Fala-se a este propósito em princípio da «condicionalidade», porque os défices orçamentais dos Estados membros são examinados em função das metas quantitativas fixadas anualmente pelo Conselho.
Se o défice de um Estado membro se situar «significativamente» além do limite máximo fixado por razões diferentes de «circunstâncias excecionais não controladas pelo Estado membro», o financiamento comunitário «será suspendido», devendo o Estado membro em causa adotar um programa em conformidade com o Regulamento 1466/97 (*JO* L 209/2).
Sobre a delimitação das competências da Comissão e do Conselho em matéria do procedimento por défice excessivo, importa levar em conta a posição do Tribunal de Justiça das Comunidades Europeias no Acórdão de 13 de julho de 2004 (C-27/04, Comissão *vs* Conselho), no qual são apreciadas as decisões do Conselho de não adotar, em relação à França e à Alemanha, os instrumentos formais constantes das recomendações da Comissão sobre a verificação de défice excessivo, bem como as conclusões da mesma instituição sobre a avaliação das ações empreendidas pelos Estados membros em face das recomendações que lhes foram dirigidas nos termos do artigo 104.º/7 TCE.

ações regionais não inseridas no âmbito dos fundos estruturais (artigo 130.º-*B*, parágrafos 2.º e 3.º, do TCE), bem como sobre a definição das missões, dos objetivos prioritários, da organização e coordenação dos fundos e sobre as decisões de aplicação relativas ao FEDER (artigos 130.º-*D* e 130.º-*E*).

Sendo as funções do Comité das Regiões suscetíveis de evolução, não poderia ser menosprezada a relevância institucional do novo organismo. Reconheceu-se, deste modo, a legitimidade política das entidades intraestaduais, cuja participação no procedimento legislativo da União, através do CR, representava um passo histórico no sentido de uma maior participação regional ao nível europeu[124].

Com o Tratado da União, o reforço do mercado interno e da coesão, bem como da proteção ambiental, tornaram-se instrumentos destinados a assegurar o progresso económico e social dos povos da União. Isto não significava, no entanto, uma garantia de conciliação entre os objetivos de política económica europeia. Aliás, mesmo que isso se verificasse, surgiriam provavelmente conflitos entre os meios de ação.

Por força do artigo 2.º do TCE, a promoção da coesão económica e social foi elevada a tarefa prioritária da Comunidade, tendo-se considerado simultaneamente o reforço da coesão como uma das atividades essenciais da Comunidade (no artigo 3.º/*k*). Outras disposições, como as do artigo 175.º do TFUE, confirmavam a natureza fundamental do princípio da coesão, que teria de ser respeitado em geral no cumprimento do Tratado. A coesão económica e social tinha-se «constitucionalizado»[125].

[124] O Comité das Regiões (CR) foi instalado em 9 de março de 1994. As suas funções estendem-se a matérias de educação, formação profissional e juventude (artigo 126.º), cultura (artigo 128.º), saúde pública (artigo 129.º), redes transeuropeias (artigos 129.º-*B* a 129.º-*D*), além das competências genéricas para a emissão de parecer, a solicitação do Conselho ou da Comissão, ou quando considere que estão em causa interesses regionais específicos ou ainda sempre que entenda oportuno (nos termos do artigo 305.º e ss. TFUE). Cf. M. Luísa Duarte (2001), *Direito da União Europeia e das Comunidades Europeias*, pp. 201 e ss.; J. Bourrinet (org.) (1997), *Le Comité des Régions de l'Union Européenne*; M. Pérez González (1994), "Algunas observaciones sobre el Comité de las Regiones y su funcion en el proceso de construccion de la Union Europea", pp. 33 e ss.

[125] Todas estas alterações das principais fontes de Direito Comunitário Europeu e, sobretudo, a criação do Fundo de Coesão refletiram a exigências dos Estados membros menos prósperos – Espanha, Irlanda, Portugal e Grécia – quanto aos auxílios, sobretudo financeiros, da Comunidade com a finalidade de tornar «tolerável» a disciplina acrescida associada à unificação

No Protocolo Relativo à Coesão Económica e Social, aprovado conjuntamente com o Tratado da União, as Altas Partes Contratantes sublinharam que os fundos estruturais deveriam «continuar a desempenhar um papel considerável» na realização da coesão, sem prejuízo de constatarem o desejo e a necessidade de uma maior flexibilidade nas regras atinentes à concessão de recursos financeiros dos fundos estruturais, bem como a vantagem de ajustar os níveis de participação comunitária nos programas e projetos de certos países e de se atender mais, no sistema de recursos próprios, à prosperidade relativa e às especificidades de cada um dos Estados.

No mesmo documento, reafirmou-se ainda a vontade de avaliar exaustivamente o funcionamento e a eficácia dos fundos, de rever os respetivos recursos e de aumentar a margem de flexibilidade na utilização dos financiamentos – tendo em conta problemas específicos não abrangidos pela regulamentação em vigor, desde a necessidade de ajustar

monetária. Através do Tratado e dos instrumentos de coesão por ele previstos, legitimava-se e justificava-se o recurso às transferências financeiras entre os Estados membros da União, tendo por objetivo assegurar «a» coesão do conjunto de povos, de Estados e de regiões da Europa, pelo menos a que fosse «minimamente exigida» e, desejavelmente, a que fosse mais eficiente e justa, do ponto de vista económico e social.
Todavia, apesar dessa legitimação das transferências financeiras entre Estados membros, estes têm um interesse muito limitado em aumentar os instrumentos de coesão, dada a interferência que estes exercem sobre as políticas nacionais. Daí a incerteza quanto ao «significado prático destes desenvolvimentos legais sobre o funcionamento dos fundos da União, reflexo em parte da indefinição do 'significado social' da coesão e, noutra parte, de problemas na relação entre certas disposições sobre coesão e o quadro mais geral dos Tratados» (ANDREW EVANS).
O conceito de coesão pode ser entendido como tendo em vista a concorrência entre regiões no interior do mercado interno. Nesta perspetiva, os fundos comunitários deveriam promover a igualdade entre níveis de desenvolvimento e de emprego nas várias regiões, apoiando sobretudo as regiões menos desenvolvidas até que ganhem potencial «endógeno» de crescimento. Esta ação poderá ser insuficiente do ponto de vista das funções políticas. Pode pretender-se que a coesão e os fundos a ela destinados consigam demonstrar o papel relevante da União na promoção do desenvolvimento das regiões menos prósperas.
Deste ponto de vista, entender-se-á que importa a redução das disparidades regionais para um nível considerado «politicamente aceitável» em vez de «economicamente eficiente». Assim, a política regional europeia teria por finalidade, *v. g.*, a melhoria da «qualidade de vida» das pessoas ou da «qualidade de cidadania», como defendeu a Comissão no primeiro relatório sobre a coesão, em 1996. As dificuldades mantêm-se no que toca à conciliação entre as exigências da competitividade e as da coesão (cf. artigos 174 e ss. do TFUE].

os níveis de comparticipação comunitária, para evitar o aumento excessivo das despesas orçamentais dos Estados membros menos prósperos, até a capacidade contributiva de cada Estado no sistema de recursos próprios da União.

É na sequência do Tratado da União, e com base no texto do artigo 130.º-*D* do TCE, que se procedeu a uma nova reforma dos fundos estruturais tendente a aperfeiçoar o sistema de apoios vigentes, procurando novamente simplificar procedimentos e reforçar os princípios-base da primeira reforma, em especial o princípio da concentração, em conformidade com o decidido na reunião do Conselho, de dezembro de 1992, em Edimburgo[126].

Além do alargamento do período de programação, em especial para as regiões menos desenvolvidas, a nova reforma dos fundos acolheu

[126] As perspetivas financeiras aprovadas pelo Conselho de Edimburgo para o período 1993-1999 implicaram um acréscimo máximo dos recursos próprios para 1,27% do PIB da União e um aumento de cerca de 60% das dotações destinadas aos fundos estruturais, às quais acresciam as abrangidas pelo Fundo de Coesão. Este reforço de dotações derivou, em parte, da reestruturação de certas ajudas dispersas, então integradas nos «fundos estruturais». Segundo o Pacote Delors 2, o conjunto das ações estruturais passariam de 32% para cerca de 35% do orçamento comunitário, em 1999. Dos recursos a afetar aos instrumentos estruturais, aproximadamente 3/4 destinavam-se às regiões mais pobres (do objetivo 1). Ainda assim, as perspetivas financeiras aprovadas no Conselho de Edimburgo estavam aquém do prometido, do esperado e do necessário.
As perspetivas financeiras das Comunidades Europeias para 1993 – 1999 resultaram de um conjunto de propostas conhecidas por Pacote Delors 2, do nome do então presidente da Comissão, definidas primeiro pelo Conselho Europeu de Lisboa, de 26 e 27 de junho de 1992, e aprovadas pelo Conselho de Edimburgo, de dezembro do mesmo ano. No entanto, o período orçamental (1993-1999) não coincidiu com a programação das ações regionais, que decorreriam de 1994 a 1999 (objetivos 1 e 5*b*) e em dois períodos de três anos, 1994-1996 e 1997-1999 (no caso do objetivo 2). O montante total das despesas estruturais nos quatro países «da Coesão» voltaria a ser duplicado, em termos reais, entre 1992 e 1999.
O Parlamento Europeu, por Resolução de junho de 1992 sobre o «Pacote DELORS 2», opôs-se a que os montantes adotados pelo Conselho de Edimburgo representassem perspetivas financeiras fixas e inalteráveis, por as considerar insuficientes para a realização do objetivo da coesão (discutiam-se montantes iguais para um prazo de cinco anos e para uma extensão geográfica e populacional mais restrita). Nesse contexto, as expectativas financeiras foram aceites, pelo Parlamento e pelos países mais pobres, «por uma questão de garantia, como objetivo mínimo de despesa» [nas palavras de A. MARQUES MENDES, in Assembleia da República (ed.) (1994), *A Coesão Económica e Social: Da Convergência Nominal à Convergência Real*, p. 53].

as propostas de maior flexibilidade e participação mencionadas no Protocolo Relativo à Coesão, com modificações destinadas a simplificar procedimentos nas fases anteriores à tomada de decisão e a alargar o campo da elegibilidade das ações. Assim, foi criado um novo «objetivo 4» com a finalidade de facilitar a adaptação dos trabalhadores às mutações no sistema de produção e, simultaneamente, estenderam-se as áreas a financiar nas regiões abrangidas pelo «objetivo 1», passando a incluir a educação e a saúde, e se flexibilizou o próprio critério de definição de regiões mais pobres. Finalmente, foram incluídas nas ações estruturais medidas de apoio ao sector das pescas e a regiões dependentes desta atividade.

Procurou-se ainda envolver mais os parceiros sociais no processo decisório (princípio da cooperação) e reforçar o controlo sobre o cumprimento da adicionalidade e a avaliação dos objetivos quantitativos intermédios. Outro objetivo foi garantir maior coerência entre as ações apoiadas pelos fundos estruturais e as restantes ações comunitárias, em especial em matéria de proteção ambiental e de ajudas de Estado.

Neste contexto, foram redefinidas as responsabilidades dos diversos intervenientes, públicos e privados, na concretização das ações regionais, com respeito pelo princípio da subsidiariedade. Tal como no período de programação anterior, as iniciativas comunitárias incidiram em domínios não abrangidos pelos quadros comunitários de apoio, ou que o eram apenas de forma insuficiente, a fim de colmatar eventuais lacunas[127].

[127] As candidaturas ao apoio dos fundos estruturais deveriam cumprir certas condições: (*a*) os projetos teriam de respeitar a áreas financiáveis, (*b*) de corresponder a um dos objetivos comunitários, (*c*) de respeitar a pessoas «elegíveis» (para receber apoio dos fundos), (*d*) as ações a financiar deveriam integrar-se num programa operacional ou numa subvenção global e (*e*) de beneficiar de apoio financeiro da administração pública, das autoridades locais ou de uma entidade local de um Estado membro. Assim, as ajudas europeias «complementariam» (de acordo com o princípio da «adicionalidade») os programas financiados pelos poderes públicos nacionais, sem os substituir, com vista obter um maior impacto real.
O acompanhamento e o controlo financeiro e de conteúdo, da responsabilidade da Comissão Europeia, do Estado membro e dos Comités de Acompanhamento, iniciar-se-iam com o começo dos financiamentos mediante a análise de certos indicadores e por amostragem local. As subvenções seriam pagas através dos organismos nacionais responsáveis pela gestão dos

3.4. Relevância decisiva de uma política de coesão europeia

Três grandes mudanças marcaram a atual política de coesão económica e social da União Europeia. A primeira, anunciada com mais de uma década de antecedência e porventura expectável há muito tempo, concretizou-se em maio de 2004 e em janeiro de 2007 com o grande alargamento da União, primeiro a dez novos Estados membros, depois a mais outros dois Estados – perfazendo a Europa dos 27 –, quase todos eles muito mais pobres do que a média do conjunto do território da União.

A segunda grande mudança resultou dos novos programas de desenvolvimento da União Europeia, vigentes de 2007 a 2013 e, de certo modo, prolongados, com diversos ajustamentos, no quadro financeiro plurianual seguinte, de 2014-2020, entretanto em curso de revisão por força do novo quadro financeiro plurianual da União, para os anos 2021-2027, objeto de propostas diversas da Comissão Europeia apresentadas para discussão pública em meados de 2018, cuja eficácia dependerá necessariamente – embora não apenas, nem mesmo sobretudo – do montante dos recursos financeiros a eles afetados.

As «perspetivas financeiras» da União para o primeiro dos quadros financeiros referidos (2007-2013) foram objeto de um acordo interinstitucional, assinado em 17 de maio de 2006 pelo Parlamento Europeu, pelo Conselho e pela Comissão. Seguiu-se a aprovação dos documentos que serviram de base à preparação dos programas de desenvolvimento regional (o projeto de «Orientações Estratégicas comunitárias em matéria de coesão», o projeto de «Orientações Estratégicas comunitárias para o desenvolvimento rural» e o projeto de «Orientações Estratégicas comunitárias para os auxílios de Estado com finalidade regional»). Procedimentos semelhantes foram seguidos para o quadro financeiro plurianual seguinte (2014-2020), sempre envolvidos por grande controvérsia e discussão, que obrigaram a que o acordo interinstitucional que o aprovou só fosse concluído com grande atraso, dadas as grandes divergências dos Estados

fundos. As informações prestadas pelos responsáveis dos projetos às autoridades nacionais e regionais conteriam dados acerca do desenrolar e dos resultados da ação promovida, bem como uma relação das despesas e respetiva liquidação de acordo com os critérios estabelecidos pela União. No final de cada ano de execução deveria ser apresentado um relatório à Comissão, seguindo-se ainda uma avaliação do impacto económico e social.

membros sobre a matéria e a relevância financeira e política, tanto interna como europeia.

Uma terceira mudança consistiu na colocação da política de coesão no centro da nova «agenda de crescimento» da União, a chamada «Estratégia de Lisboa», em 2005[128].

As disparidades entre Estados membros da União são muito acentuadas e, nos primeiros anos do século XXI, o crescimento médio do produto foi muito reduzido, designadamente em comparação com os Estados Unidos da América e também com a economia mundial. Entre 2000 e 2005, a evolução média do PIB na UE rondou 1,5% por ano, tendo sido especialmente baixa na Alemanha, na França, na Itália, em Portugal e em Malta, todos com menos de 1%.

Os efeitos resultantes da crise financeira internacional iniciada em 2007-2008 e das crises das dívidas soberanas e do Euro foram ainda mais negativos, em termos de crescimento e de emprego dos Estados membros da União em geral, e o mesmo se verificou com vários outros indicadores económicos e sociais, situação ainda mais preocupante para os países mais gravemente atingidos pela crise, como a Grécia e Portugal, com *stocks* de endividamento excessivos e, consequentemente, custos orçamentais demasiado elevados e difíceis de suportar.

[128] Tal como dispunha o artigo 226.º do TCEE em relação aos seis Estados membros fundadores e cada um dos Atos de Adesão celebrados depois (artigo 135.º no Ato de Adesão relativo ao alargamento de 1973, artigo 130.º do Ato de Adesão relativo à Grécia, artigo 377.AA.III do Ato de Adesão relativo a Espanha e a Portugal...), inseriu-se no Ato relativo às condições de adesão dos novos Estados membros (artigo 37.º) uma «cláusula de salvaguarda» aplicável aos sectores económicos em dificuldades por um prazo máximo de três anos, «em caso de dificuldades graves e suscetíveis de persistir num sector de atividade económica, quanto a dificuldades que se possam traduzir pela alteração grave de uma situação económica regional».
Perante essa eventualidade, o novo Estado membro pode solicitar autorização à Comissão Europeia para adotar medidas de salvaguarda que permitam reequilibrar a dificuldade e adaptar o sector à economia do mercado comum. Nas mesmas condições, um Estado membro antigo pode solicitar autorização para adotar as mesmas medidas de salvaguarda em relação a um ou mais novos Estados membros. As medidas autorizadas podem consistir em derrogações às regras do Tratado e aos Atos de Adesão, «na medida e durante o tempo estritamente necessários para alcançar os fins estabelecidos», com preferência pelas medidas que causem menores perturbações ao funcionamento do mercado comum. Cf. A. Mattera (2004), "Les secteurs économiques en difficulté et la clause de sauvegarde prévue par l'Acte d'adhésion des dix nouveaux États membres à l'Union Européenne", pp. 39 e ss.

Os efeitos foram, pois, geograficamente assimétricos, ou seja, muito diferenciados para os vários Estados membros. Assim, entre 2000 e 2005, alguns Estados membros registaram taxas de crescimento elevadas, mesmo à escala mundial, não tendo por isso perdido, mas ganhado, posições no contexto internacional. Os melhores resultados foram obtidos, e continuam a ser obtidos, nos Estados menos prósperos, que aderiram à União em 2004 e em 2007, designadamente os Estados bálticos e a Eslováquia, além da Bulgária e da Roménia, mas também a Irlanda, um dos mais prósperos da União e do globo, e ainda a Grécia[129].

Em contraste com essa evolução positiva e promissora do PIB *per capita* de alguns Estados membros, a evolução média do conjunto da União Europeia tem sido extremamente modesta e muito preocupante, o que significa que vários Estados membros, precisamente alguns dos que têm maior dimensão, têm registado taxas de crescimento do produto muito reduzidas, claramente inferiores à taxa média de crescimento mundial. Pelo menos desde o ano 2000, a economia da União Europeia tem perdido sucessivamente posição relativa à escala mundial. Já de 1995 a 2005, enquanto os treze países que integravam o objetivo da Coesão cresceram a uma taxa média anual de 3,6%, a União no seu conjunto (UE15) não

[129] As previsões da Comissão Europeia e de outros organismos internacionais, naturalmente sempre envoltas em grandes incertezas e apesar de assinalarem alguma melhoria, não apontam para um cenário muito diverso do registado anteriormente. Estimava-se que o crescimento continuasse muito diversificado consoante os Estados membros. Face a um crescimento médio de aproximadamente 2% ao ano, previa-se que a maior parte dos Estados (18) poderia exceder os 3%, enquanto os restantes dificilmente atingiriam os 2% – Alemanha, Itália, França, Bélgica, Países Baixos, Áustria, Dinamarca, Portugal e Malta –, embora abrangendo cerca de metade da população da União (UE27). Em 2005 e em 2006, Portugal continuou a ocupar a última posição da União Europeia em termos de crescimento do PIB *per capita*, com menos de 0,5% no primeiro caso e com 1,3% no segundo, apesar de este último resultado ter ultrapassado as previsões de diversos organismos internacionais. De qualquer modo, significavam objetivamente mais dois anos de afastamento consecutivo do país e das suas regiões da média europeia, não interrompido desde 1999 (*vd. supra*). Comissão (2006), *A Estratégia para o Crescimento e o Emprego e a Reforma da Política de Coesão Europeia*, quarto relatório sobre os progressos realizados em matéria de coesão [COM (2006) 281]; Idem (2005), *Uma Política de Coesão para Apoiar o Crescimento e o Emprego: Orientações Estratégicas Comunitárias, 2007-2013* [COM (2005) 299].

ultrapassou 2,2%. Afinal, a redução das assimetrias entre os Estados membros era preocupante[130].

A política europeia de coesão para 2007-2013 distinguiu um Objetivo de Convergência e um Objetivo de Competitividade Regional e Emprego, abrangendo o primeiro 35% da população da União (UE27) e 100 regiões, com um PIB *per capita* inferior a 75% da média europeia, 16 das quais em fase de transição ou de saída, por o seu PIB *per capita* ter entretanto ultrapassado 75%, e o segundo objetivo a parte restante, com 155 regiões e 61% da população, na qual se deveriam integrar gradualmente as 13 regiões em fase de transição (com cerca de 4% da população). As regiões do Objetivo Convergência caracterizavam-se por baixos níveis do PIB e elevados níveis de desemprego; apesar de abranger 35% da população total, a sua quota no PIB da União correspondia apenas a 12,5%. Quanto às regiões do Objetivo Competitividade, tinham um PIB *per capita* relativamente elevado, apesar de a taxa de crescimento ter sido em geral fraco; e o nível de emprego era por vezes muito inferior a 70% da população entre 15 e 64 anos[131].

[130] Como reconheceu a Comissão ao analisar os dados por ela coligidos, «a dimensão da diferença do rendimento significa que serão necessários muitos anos antes que o grupo [da coesão] reduza essas diferenças». Contudo, alguns dos novos Estados membros já atingiram o nível dos países menos ricos da União (UE15), tal como o nível de rendimento *per capita* em Espanha continua a convergir com o da Itália e o da Alemanha. Registaram-se também avanços na taxa de emprego no conjunto da União, para 63,3% em 2004, apesar de ser inferior nos novos Estados membros do que nos antigos, e de se estar muito longe da meta de 70% prevista na «Estratégia de Lisboa. Chipre (com 89% da média da UE25), Eslováquia (com 82% da mesma média) e República Checa (com 74%) já tinham ultrapassado Portugal, em termos de PIB *per capita*, em 2005, situação que se agravou mais, do ponto de vista comparativo, nos anos seguintes até ao presente, com a ultrapassagem gradual de Portugal por parte de quase todos os Estados membros que ainda não o tinham conseguido anteriormente.
Apesar da manutenção ou do reforço dos recursos dos fundos estruturais e de investimento da União Europeia, os resultados mais recentes não foram substancialmente diversos: evoluções significativamente assimétricas dos diversos Estados membros e respetivas regiões, contribuindo assim ora para a coesão e aproximação de condições de vida, ora para a divergência desses e de outros indicadores de desenvolvimento económico e social. Cf. Comissão Europeia (2006), *Regions: Statistical Yearbook 2006*; Idem (2005), *Uma Política de Coesão para Apoiar o Crescimento e o Emprego: Orientações Estratégicas Comunitárias, 2007-2013* [COM (2005) 299].

[131] Em termos de crescimento do PIB *per capita*, os resultados foram melhores nas regiões em fase gradual de integração no Objetivo Competitividade (CRE) do que entre as restantes nele

A evolução recente das regiões que integram o Objetivo Convergência traduz um crescimento médio superior à média europeia, mas insuficiente para a alcançar rápida e sustentadamente. As divergências de crescimento entre as várias regiões continuam a ser muito significativas, independentemente dos Objetivos em que estas estejam inseridas. Nas regiões do Objetivo Convergência, com um crescimento médio de 2,6% entre os anos 1995 e 2002, algumas (16) progrediram menos de 1%, ou seja, regrediram em termos relativos, enquanto, pelo contrário, outras (15) aceleraram o

já inseridas, o que justificaria a retirada do antigo estatuto prioritário (Objetivo n.º 1). Todavia, como notou a própria Comissão, o nível do PIB e do emprego encontravam-se ainda muito aquém do verificado nas restantes regiões do Objetivo Competitividade (CRE) e a respetiva taxa de desemprego era em geral superior. Por isso, poderia ter existido alguma precipitação na recondução, simplista, da anterior multiplicidade de objetivos para apenas dois.
A grande vantagem da nova distinção foi clarificar a posição das regiões que necessitavam de convergir – com um PIB *per capita* inferior a 75% da média – em relação às restantes regiões, que poderão necessitar, eventualmente, de auxílios pontuais a título de «competitividade regional e emprego». Os problemas regionais poderiam despontar em qualquer parte do território da União, mas seriam certamente mais improváveis nas regiões com índices mais elevados de produção. A redução do número de objetivos foi positiva, pela simplificação e clarificação, por assim permitir a concentração de esforços e recursos nas regiões mais problemáticas. Também foi positivo o elemento dinâmico inserido, de passagem de algumas regiões de um objetivo para outro, por se reconhecer e porventura incentivar a progressão de cada região, a despeito da consequente perda de apoios.
A flexibilidade de atuação perante uma alteração relevante de circunstâncias (melhoria ou deterioração significativa da situação de uma região ou de um conjunto de regiões) poderia viabilizar, mais atempadamente, uma ação de apoio em caso de necessidade. Quanto ao estabelecimento de uma linha divisória entre regiões, implica inevitavelmente dificuldades dada a multiplicidade de situações reais. No entanto, oferece a vantagem de tornar visível a distinção entre as regiões mais e menos necessitadas de apoio.
Porventura mais útil seria uma distinção de três grupos de regiões: as que necessitam efetivamente de ajuda europeia, as que podem necessitar de alguma ajuda e, por fim, aquelas que, em princípio, não necessitam de qualquer ajuda, salvo em circunstâncias excecionais e pontuais, tipificadas, ou então no âmbito de uma iniciativa comunitária (*v. g.*, no caso da construção das redes transeuropeias. Continuam certamente a existir necessidades reais «de um investimento continuado no sentido do reforço do potencial de crescimento em sintonia com os objetivos de Lisboa», como refere a Comissão Europeia, mas não «em toda a União». Cf. Comissão Europeia (2006), *A Estratégia para o Crescimento e o Emprego e a Reforma da Política de Coesão Europeia*, quarto relatório sobre os progressos realizados em matéria de coesão [COM (2006) 281]; Idem (2005), *Uma Política de Coesão para Apoiar o Crescimento e o Emprego: Orientações Estratégicas Comunitárias, 2007-2013* [COM (2005) 299].

crescimento para mais de 5%. Também aqui, a heterogeneidade quanto aos níveis do PIB é inequívoca[132].

Na medida em que a investigação e o desenvolvimento constituem factores determinantes da capacidade inovadora dos países, das regiões e das cidades, conforme têm salientado as teorias modernas do crescimento, importa que se atenda à respetiva evolução à escala territorial. Certamente, nem todas as áreas territoriais poderão ter uma capacidade elevada neste domínio, por força do princípio dos rendimentos crescentes à escala. Todavia, o grau de concentração de níveis elevados de despesa em investigação e desenvolvimento num número restrito de locais – apesar de alguma falta de fiabilidade e comparabilidade dos dados disponíveis – sugere que, em 35 das regiões, se excedeu o «objetivo de Lisboa» (*i. e.*, 3% do PIB), com cerca de 46% dos recursos deste tipo aplicados no conjunto da União[133].

[132] Assim, enquanto várias regiões da Roménia e da Bulgária registaram um PIB *per capita* inferior a 30% da média europeia, outras, em fase de transição ou de saída, atingem, quanto ao mesmo indicador, 80%. No Objetivo geral (CRE), 8 regiões tinham um PIB *per capita* inferior a 85% da média e 7 ultrapassavam os 150%. A taxa de emprego era mais elevada neste Objetivo (em 10 pontos percentuais) do que no primeiro (Convergência), apesar de se encontrarem diferenças regionais muito pronunciadas dentro de cada um dos Objetivos.
Também as taxas de emprego e de desemprego variaram muito consoante a região, independentemente do objetivo em que se encontrem abrangidas. Entre as regiões do Objetivo Convergência, o número de pessoas que viviam em zonas de elevada taxa de emprego ultrapassava os 25 milhões, enquanto cerca de 27 milhões viviam em zonas com fraca taxa de emprego. Os níveis de disparidade, em grande medida com carácter estrutural, tendem a mudar com relativa lentidão (as mudanças são geralmente pouco percetíveis de ano para ano). Cf. Comissão Europeia (2006), *A Estratégia para o Crescimento e o Emprego e a Reforma da Política de Coesão Europeia* [COM (2006) 281]; Idem (2005), *Uma Política de Coesão para Apoiar o Crescimento e o Emprego: Orientações Estratégicas Comunitárias, 2007-2013* [COM (2005) 299].

[133] Em 12 regiões ultrapassaram-se mesmo os 4% do PIB em investigação e desenvolvimento (com um teto de 7% na região alemã de Braunschweig). Esta elevada concentração geográfica revela que em numerosas regiões a despesa em investigação praticamente «não existe», ou é muito diminuta. Efetivamente, em 47 regiões a referida alocação de recursos em I&D não atingiu 0,5% do PIB, e, no conjunto, as mesmas regiões representavam apenas cerca de 0,5% daquele tipo de despesas em toda a União – apesar de contribuírem, em termos de PIB, com cerca de 3,5%. As divergências espaciais eram, na altura, também muito marcadas no que respeita à taxa de penetração da Internet. O acesso às tecnologias de informação é reconhecido como elemento relevante do desenvolvimento da designada «economia do conhecimento».

Ante este cenário de assimetrias territoriais profundas numa União Europeia geograficamente mais vasta, o necessário debate sobre as prioridades da nova geração de programas da política de coesão incidiu sobre vários documentos elaborados pela Comissão Europeia desde julho de 2005, quando foi publicado *Uma Política de Coesão para Apoiar o Crescimento e o Emprego: Orientações Estratégicas Comunitárias, 2007-2013*, com um projeto dos novos programas a apoiar pelos fundos europeus, a fim de contribuírem para o crescimento e o emprego, em sintonia com a agenda de Lisboa revista.

A ambição era clara: tornar, através da Política de Coesão, a União num espaço (*a*) mais atraente para investir e trabalhar, (*b*) com elevados índices de crescimento, competitividade e inovação, e (*c*) sem desemprego e com elevada produtividade, ou seja, com mais e melhores empregos. Tratava-se de uma espécie de «triângulo mágico» económico-social, que nenhum político ou cidadão poderia desdenhar. Contudo, perante a dimensão dos desafios, das Orientações Estratégicas e da história, seria prudente não aceitar um otimismo imoderado[134].

Segundo os dados recolhidos pela Comissão, quase metade dos agregados familiares da União tinha acesso à Internet em 2005. No entanto, uma vez mais, estes dados médios diferenciam-se profundamente ao longo do mapa continental. Ao nível dos Estados membros, as taxas de penetração ora ultrapassavam os 70% – nos Países Baixos, na Dinamarca e na Suécia – ora rondavam apenas 20% – na Lituânia, na República Checa, na Hungria, na Eslováquia e na Grécia. Quanto à Internet de banda larga, e apenas na Europa dos 15 (UE15), as divergências entre os agregados urbanos e os rurais era evidente: nos primeiros, rondava os 90%, enquanto nos últimos ficava nos 60%. Ao nível das regiões, no conjunto das que integravam o (antigo) Objetivo n.º 1, apenas 1/3 dos agregados familiares dispunham de acesso à Internet.
As diferenças tendem a ser maiores entre regiões de países diferentes do que no interior do mesmo país, mas também nesta última modalidade chegavam a ser muito salientes, designadamente em Espanha, Bélgica e Itália. Em algumas regiões do Reino Unido, da Suécia e da Alemanha, inseridas no Objetivo n.º 1, a taxa de acesso à Internet superava a média da União, bem acima da registada em algumas regiões que não integravam esse mesmo objetivo (*v. g.*, na Itália). Cf. Comissão Europeia (2006), Comunicação (281) de 12 de junho de 2006. Cf. Comissão Europeia (2006), *A Estratégia para o Crescimento e o Emprego e a Reforma da Política de Coesão Europeia*; Idem (2005), *Uma Política de Coesão para Apoiar o Crescimento e o Emprego: Orientações Estratégicas Comunitárias, 2007-2013*.

[134] Na sequência da adoção do projeto de Orientações Estratégicas para a nova geração dos programas da Política de Coesão, em julho de 2005, a Comissão Europeia lançou uma consulta pública destinada a reunir opiniões sobre as prioridades previstas. Os resultados da consulta

Afirmou-se que uma das alterações cruciais operadas em 2006 em matéria de política de coesão económica, social e territorial consistiu na «incorporação» da «Estratégia (de Lisboa) para o Crescimento e o Emprego». Efetivamente, pretendeu-se relançar aquela estratégia através da nova Política de Coesão, por se tratar do instrumento comunitário essencial para a concretização dos objetivos do crescimento e do emprego, não tanto por representar 1/3 do orçamento europeu, mas sobretudo porque as estratégias concebidas à escala local deveriam «constituir parte integrante do esforço para fomentar o crescimento e o emprego».

Já no 4.º relatório sobre os progressos realizados em matéria de coesão, a Comissão acentuara «o papel das pequenas e médias empresas, a necessidade de responder à procura local de competências, a importância dos *clusters*, bem como a necessidade de abrir centros de inovação local», «que em muitos casos as estratégias têm que ser construídas da base para

permitiriam ajudar a determinar a versão final das orientações da Comissão ao Conselho, após a adoção dos regulamentos, no decurso de 2006, e considerada a posição do Parlamento Europeu, bem como os pareceres do Comité das Regiões e do Comité Económico Social.
Complementarmente, e na sequência do documento de trabalho sobre a importância das zonas urbanas para o crescimento e o emprego nas regiões, publicado em 23 de novembro de 2005, seria apresentada pela Comissão Europeia, no decurso de 2006, uma comunicação sobre o tema, com a finalidade de ajudar os Estados membros e as regiões a elaborar os «Quadros de Referência Estratégicos Nacionais», aplicáveis às políticas de coesão e aos programas operacionais daí decorrentes.
Reconhecendo as competências nacionais e regionais em matéria urbana, a Comissão notava que existe «muito que as cidades podem fazer graças à sua capacidade de ação, fomentada pelos programas europeus». De acordo com a Comissão, as orientações para várias zonas prioritárias, nas quais as cidades podem intervir, incluem o reforço do seu poder de atração ou a sua «aptidão para o investimento», a «promoção do espírito empresarial», a «empregabilidade» e o «crescimento da economia do conhecimento», bem como o «desenvolvimento comunitário e a redução das disparidades entre grupos vizinhos e sociais, o aumento da segurança local e a prevenção da criminalidade».
Importa considerar que as cidades concentram as oportunidades e também os desafios, devendo enfrentar os problemas específicos das zonas urbanas. Neste quadro, será fundamental o desenvolvimento de parcerias efetivas com os «intervenientes a todos os níveis», por forma a que participem na resolução desses desafios. Cf. Conselho (2006), Decisão de 6 de outubro de 2006 (702/CE), relativa às orientações estratégicas comunitárias em matéria de coesão (*JO* L291/11, de 21.10.2006); Comissão Europeia (2005), *Uma Política de Coesão para Apoiar o Crescimento e o Emprego: Orientações Estratégicas Comunitárias, 2007-2013.*

o topo, aos níveis regional e local». Acrescentara-se, no entanto, que «isto se aplica não só a agenda económica, mas igualmente a participação dos cidadãos, que têm a possibilidade de estar diretamente envolvidos na estratégia de crescimento e emprego da União, através de parcerias e acordos a vários níveis, relativos à gestão da política de coesão»[135].

O acordo interinstitucional de 17 de maio de 2006 conduziu à aprovação do quadro financeiro plurianual para 2007-2013, no qual ficaram

[135] Esta abordagem da Comissão baseia-se nas prioridades incluídas no projeto de Orientações Estratégicas da Política de Coesão para 2007-2013 e na proposta segundo a qual a despesa quantitativa necessária à nova geração de programas no domínio da política de coesão deve ser determinada de modo a que uma parte dos recursos se destine a fins diretamente relacionados com a «Estratégia de Lisboa». No Conselho Europeu de dezembro de 2005, os antigos Estados membros (UE15) comprometeram-se a adotar «objetivos de afetação ambiciosos», atingindo aproximadamente 60% da despesa total do Objetivo Convergência e 75% da despesa total do Objetivo Competitividade Regional e Emprego, enquanto os novos membros ficaram com a possibilidade de adotar metas de afetação voluntárias.
Os resultados destas metas de afetação deveriam ser controlados *a posteriori* por relatórios, nos termos dos novos regulamentos. No âmbito da Estratégia para o Crescimento e para o Emprego, surgiram no outono de 2005 os programas nacionais de reforma, avaliados pela Comissão no relatório intercalar de janeiro de 2006. Entre as recomendações deste relatório, algumas respeitam à política de coesão: garantia de que os recursos comunitários destinados à coesão e ao desenvolvimento rural contribuem para apoiar a Estratégia de Lisboa. Doravante, os programas da política de coesão deveriam auxiliar diretamente os programas nacionais de reforma, designadamente nos novos Estados membros, tal como ficara acordado no Conselho Europeu de dezembro de 2005 entre os antigos Estados membros.
No domínio da governação, o relatório realçou a necessidade de desenvolver os mecanismos de coordenação entre os responsáveis pelos programas de reforma nacionais e os responsáveis pela preparação dos programas da política de coesão. Salientou-se também que os Estados deveriam considerar o impacto macroeconómico dos recursos transferidos no âmbito da política de coesão. Enfim, a nova geração de programas da política de coesão deveria traduzir as prioridades dos programas nacionais de reforma e as quatro ações prioritárias: (*a*) investir mais em conhecimento e em inovação; (*b*) libertar o potencial das empresas, em especial das de pequena e média dimensão; (*c*) responder à globalização e ao envelhecimento populacional; e (*d*) avançar para uma política energética comunitária eficiente e integrada.
No mesmo sentido, o Conselho Europeu da Primavera de 2006 concluiu que os Estados membros deveriam inscrever nos seus quadros de referência estratégicos nacionais as prioridades dos programas nacionais de reforma. Cf. Conselho (2006), Decisão de 6 de outubro de 2006 (702/CE); Comissão (2006), *A Estratégia para o Crescimento e o Emprego e a Reforma da Política de Coesão Europeia*, cit. Idem (2005), *Uma Política de Coesão para Apoiar o Crescimento e o Emprego: Orientações Estratégicas Comunitárias, 2007-2013*, cit.

orçamentados para a política de coesão 308 mil milhões de Euros, equivalente a 0,37% do RNB da União (UE27), menos 10% do que o proposto pela Comissão, o que obrigou a uma maior concentração de esforços e recursos[136].

[136] Com a programação para 2007-2013 da política europeia de coesão, os novos Estados membros beneficiaram de mais de 51% do total dos recursos, o que representa um aumento médio anual de cerca de 165%, face aos anos 2004 – 2006. Em termos de transferência máxima (*capping*) para os orçamentos nacionais, equivalerá a aproximadamente 3,5% do PIB dos novos Estados membros – em vez dos 3,8% propostos. Quer as conclusões do Conselho Europeu de dezembro de 2005, quer o acordo político sobre as propostas legislativas, em maio de 2006, contribuíram decisivamente para acelerar os trabalhos sobre os novos textos regulamentares, clarificando a posição do Conselho sobre aspetos como a elegibilidade do IVA não recuperável, as despesas de alojamento, as taxas máximas de cofinanciamento e sua base de cálculo e a aplicação da regra sobre a anulação automática das autorizações («N+2»). Os Estados procuraram assegurar a máxima flexibilidade na atribuição, gestão e controlo dos recursos. As novas regras teriam de ser assimiladas pelos seus destinatários, devendo ainda garantir-se a disciplina financeira e temática, além da concentração financeira e geográfica sustentada pela Comissão Europeia.
Entretanto, a Comissão Europeia desenvolveu instrumentos inovadores destinados a ajudar os Estados membros e as regiões a aumentar a qualidade dos projetos, de modo a «exigir dos recursos financeiros da Comunidade melhores resultados no fomento da política de coesão». Assim, desenvolveram-se iniciativas específicas em matéria de engenharia financeira junto das empresas em fase de arranque e das «microempresas», combinando ajuda técnica e empréstimos com subsídios, capital próprio, capital de risco ou garantias. Estas ações resultaram da cooperação aprofundada entre a Comissão, o Grupo BEI e outras instituições financeiras internacionais de engenharia financeira, na sequência e com base num Memorando de Acordo assinado em 30 de maio de 2006.
A cooperação em matéria de financiamento entre a Comissão, o BEI e outras instituições financeiras internacionais proporciona, entre outras vantagens, o fornecimento de recursos adicionais às empresas para formação e desenvolvimento nas regiões da União, o aproveitamento da experiência do grupo BEI e de outras instituições financeiras, a criação de incentivos fortes pela combinação de empréstimos e subsídios, além da garantia de sustentabilidade a longo prazo através da mutação do mero contributo financeiro para as «ações de engenharia financeira». Têm sido várias as iniciativas inovadoras em matéria de financiamento. A experiência do BEI e do FEDER na preparação de projetos complexos, nomeadamente nos sectores dos transportes e do ambiente, já é antiga, estendendo-se também ao BERD com a programação de 2007-2013, ampliando assim os recursos disponíveis na preparação dos projetos. Algumas iniciativas envolveram outras instituições internacionais, incluindo o Banco de Desenvolvimento do Conselho da Europa (CEB) e outras, designadamente no domínio da engenharia financeira para o desenvolvimento urbano sustentável. Cf. Comissão Europeia (2006), *A Estratégia para o Crescimento e o Emprego e a Reforma da Política de Coesão Europeia*, cit.;

A Decisão do Conselho de 6 de outubro de 2006, relativa às orientações estratégicas europeias de coesão, determinou a concentração dos recursos em três prioridades com diversa natureza: (1.ª) reforço da «atratividade» dos Estados membros, das regiões e das cidades, melhorando a acessibilidade, assegurando serviços de qualidade e nível adequados, com preservação do ambiente; (2.ª) incentivo à inovação, ao espírito empresarial e ao crescimento da economia baseada no conhecimento, promovendo as capacidades de investigação e inovação, incluindo as novas tecnologias da informação e da comunicação; e (3.ª) criação de mais e melhor emprego, atraindo as pessoas para o mercado de trabalho e para a atividade empresarial, melhorando a adaptabilidade dos trabalhadores e das empresas e aumentando os investimentos em capital humano.

Nas duas primeiras prioridades, reconhece-se que se trata de objetivos indiretos, importando «reforçar a atratividade» dos Estados, das regiões e das cidades e «incentivar» a inovação, o espírito empresarial e o crescimento da economia baseada no conhecimento. Na última, a ambição é maior: «criar» mais e melhor emprego. Como? «Atraindo mais pessoas para o mercado de trabalho ou para a atividade empresarial, melhorando a adaptabilidade dos trabalhadores e das empresas e aumentando os investimentos no capital humano»[137].

Idem (2005), *Uma Política de Coesão para Apoiar o Crescimento e o Emprego: Orientações Estratégicas Comunitárias, 2007-2013*, cit.

[137] De acordo com a Decisão do Conselho, a «incorporação» da Agenda de Lisboa renovada nos novos programas apoiados pela política de coesão europeia devia obedecer aos seguintes princípios: (*a*) concentração no conhecimento, na investigação, na inovação e no capital humano, com implicações financeiras, de acordo com o previsto no artigo 9.º do Regulamento (CE) 1083/2006; (*b*) preocupação com a proteção ambiental com vista à promoção do desenvolvimento sustentável; (*c*) prossecução do objetivo da igualdade entre homens e mulheres em todas as fases da elaboração e da execução dos programas e dos projetos, o que «pode ser realizado através de ações específicas destinadas a promover a igualdade, tendo devidamente em conta o modo como outros projetos e a gestão dos fundos podem afetar os homens e as mulheres»; e (*d*) prevenção das «discriminações por razões de género, raça ou origem étnica, religião ou credo, deficiência, idade ou orientação sexual durante as várias fases de implementação dos fundos».
Acrescentou-se, a este propósito, que, «em particular, a acessibilidade das pessoas com deficiência é um dos critérios a respeitar na definição de operações cofinanciadas pelos fundos e a ter em conta durante as várias fases de implementação». Cf. Regulamento (CE) n.º 1083/2006

A primeira orientação estratégica consistia em tornar a Europa e as suas regiões em territórios mais atrativos para investir e para trabalhar. Sem as infraestruturas necessárias, modernas e seguras, em áreas como os transportes, o ambiente e a energia, a atividade de muitas empresas pode ficar objetivamente prejudicada. É um dos factores mais importantes de «atratividade económica e social» dos países e cidades. Daí a importância do investimento em infraestruturas para fomentar o crescimento e a convergência com o resto da União, de modo a se alcançar uma melhoria real da qualidade de vida dos europeus. A mesma orientação estratégica exige o reforço de sinergias entre a proteção ambiental e o crescimento, através de uma utilização mais racional das fontes energéticas[138].

do Conselho, de 11 de julho de 2006, que estabelece disposições gerais sobre o FEDER, o FSE e o Fundo de Coesão e que revoga o Regulamento (CE) n.º 1260/1999; Conselho (2006), Decisão de 6 de outubro de 2006, relativa às orientações estratégicas comunitárias em matéria de coesão; Comissão Europeia (2006), *A Estratégia para o Crescimento e o Emprego e a Reforma da Política de Coesão Europeia*; Idem (2005), *Uma Política de Coesão para Apoiar o Crescimento e o Emprego: Orientações Estratégicas Comunitárias, 2007-2013*; Idem (2005), *Trabalhando Juntos para o Crescimento e o Emprego*, comunicação ao Conselho Europeu da Primavera.

138 A existência de infraestruturas de transportes eficientes, flexíveis, seguras e não poluentes «constitui uma condição prévia para o desenvolvimento económico, dado que fomenta a produtividade e, por conseguinte, aumenta as expectativas de desenvolvimento das regiões em causa, facilitando a circulação das pessoas e das mercadorias». Segundo as referidas orientações de coesão, as redes de transportes «promovem as oportunidades comerciais, reforçando simultaneamente a eficiência» e «o desenvolvimento de infraestruturas de transportes à escala europeia (nomeadamente as partes pertinentes dos projetos prioritários das redes transeuropeias de transportes, projetos RTE-T), sobretudo nos projetos transfronteiriços, é essencial para uma maior integração dos mercados nacionais, em especial no contexto de uma União alargada».

Estes investimentos deviam ser adaptados às necessidades específicas e ao nível de desenvolvimento económico das regiões e dos países, privilegiando, por isso, as regiões da Convergência e os países abrangidos pelo Fundo de Coesão. Os benefícios dos investimentos seriam superiores onde as infraestruturas fossem escassas, tendendo a diminuir, proporcionalmente, à medida que se atingisse um nível adequado. Para que as decisões sobre as infraestruturas a construir fossem as mais adequadas, quanto à natureza, ao montante do investimento e aos benefícios globais a proporcionar, deviam ser respeitados critérios objetivos (desenvolvimento da região, atividades económicas, densidade e qualidade das infraestruturas, grau de congestionamento). Devia cumprir-se igualmente a sustentabilidade ambiental.

Quanto aos investimentos ambientais, esperava-se que assegurassem a sustentabilidade, a longo prazo, do crescimento, diminuíssem os custos ambientais externos (no plano da saúde,

A segunda orientação estratégica de coesão implicava redirecionar a economia para atividades baseadas no conhecimento. Para «melhorar a inovação em prol do crescimento», deveriam ser lançadas «ações em várias frentes» a fim de aumentar os «baixos níveis de investigação e desenvolvimento tecnológico (IDT), em especial no sector privado; promover a inovação através de novos e melhores produtos, processos e serviços capazes de resistir à concorrência internacional; reforçar as capacidades regionais e locais para gerar e absorver novas tecnologias (em especial as «TIC»); e dar um maior apoio à assunção de riscos». Esta orientação tem relevância para o crescimento futuro porque, conforme se observou, o atraso europeu em inovação aumentou relativamente a outras economias avançadas, além de que, no «velho continente», as dificuldades são maiores na transformação do conhecimento e do desenvolvimento tecnológico em produtos e processos comerciais[139].

Com vista a estimular e reforçar as atividades inovadoras, designadamente nas regiões da convergência, importaria privilegiar a prestação de «serviços económicos e tecnológicos coletivos aos grupos de empresas». Apesar das subvenções diretas permanecerem, deveriam dirigir-se especificamente para o estímulo da capacidade empresarial em investigação e

do combate à poluição e da recuperação dos danos) e estimulassem a inovação e a criação de emprego. Considerava-se crucial a redução da dependência das fontes de energia tradicionais, mediante o apoio a projetos que melhorassem o rendimento energético, que desenvolvessem a utilização de tecnologias renováveis e alternativas (eólica, solar, biomassa) e que se investisse na interconexão através das redes transeuropeias, bem como na modernização das redes, garantindo assim a segurança do abastecimento, inclusivamente até às regiões insulares e ultraperiféricas. Cf. Comissão Europeia (2006), *A Estratégia para o Crescimento e o Emprego e a Reforma da Política de Coesão Europeia*; Idem (2006), *Manter a Europa em Movimento. Mobilidade Sustentável para o Nosso Continente*; Idem (2001), *A Política Europeia de Transportes no Horizonte 2010: A Hora das Opções*.

[139] Pretendia-se, assim, reforçar as capacidades nacionais e regionais de investigação e desenvolvimento, através do apoio aos investimentos em infraestruturas deste tipo e da divulgação da tecnologia e do conhecimento com base na sua transferência e intercâmbio. A percentagem do PIB destinada a despesas em investigação e desenvolvimento tecnológico tem vindo a aumentar apenas marginalmente na União Europeia, atingindo 1,9% do PIB, ou seja, muito aquém do designado objetivo de Lisboa (3%). Além de se verificar uma «quebra significativa» do investimento em investigação e desenvolvimento tecnológico por parte das empresas, o mesmo é muito restrito no sector público. Cf. fontes bibliográficas citadas.

desenvolvimento tecnológico e inovação, não para a redução temporária, artificial e ilusória dos custos de produção. Esta preocupação é particularmente relevante nos sectores tradicionais expostos à concorrência internacional, necessitando de recursos suplementares para se manterem competitivos, mas também nas pequenas e médias empresas, que constituem frequentemente a principal fonte de emprego a nível regional.

Importaria ainda que estas políticas se adaptassem às especificidades de cada território e das respetivas empresas: as estratégias nacionais, regionais e locais deveriam basear-se numa análise das oportunidades de investimento em investigação e desenvolvimento. Para o efeito, seriam promovidos programas de reforço e melhoria do investimento, de incentivo à inovação e de promoção do espírito empresarial, bem como de desenvolvimento da sociedade de informação para todos, com maior acesso ao financiamento[140].

[140] Com a finalidade de promover um crescimento mais rápido e com mais emprego, foram propostos dois programas-quadro interligados: o Sétimo Programa-Quadro de Investigação e Desenvolvimento Tecnológico e o Programa-Quadro «Competitividade e Inovação». Considerou-se essencial a sinergia entre a política de coesão e estes instrumentos para que se concretize uma «interação regional das políticas de investigação e coesão, para a sua articulação com as estratégias de desenvolvimento nacional e regional e para demonstrar que é possível atingir esse objetivo». Segundo o Conselho, a política de coesão «pode ajudar todas as regiões a desenvolver capacidades de investigação e de inovação, contribuindo desse modo para uma participação efetiva dessas regiões no espaço europeu da investigação, bem como nas atividades de investigação e inovação da Comunidade em geral».
Assim, a política de coesão desempenharia duas funções centrais: por um lado, ajudaria as regiões a executar as estratégias de inovação e os planos de ação com um impacto potencial significativo na competitividade e, por outro lado, contribuiria para o reforço da capacidade de investigação e inovação até atingir um patamar que permita a participação nos projetos transnacionais de investigação. O apoio público à IDT justifica-se pela existência de falhas de mercado, pela necessidade de atingir uma massa crítica em determinados sectores, pelo problema da apropriação dos resultados da investigação e, em alguns casos, pelo carácter público de certos investimentos.
A proximidade geográfica das PME e dos polos de inovação em torno das instituições públicas de investigação deveria ser aproveitada, promovendo a absorção das zonas de baixa intensidade de IDT. O reforço da cooperação entre empresas e entre estas e as instituições públicas de investigação e educação superior facilitaria a criação de *clusters* regionais e inter-regionais de excelência. Em particular nas regiões da convergência, os programas poderiam contribuir para desenvolver as infraestruturas nos domínios da IDT, incluindo as redes de transmissão de dados a alta velocidade entre e nos estabelecimentos de investigação, as infraestruturas de

Em suma, entende-se que o desenvolvimento depende da inovação empresarial e que esta pode ser estimulada por programas públicos de incentivos, assentes em estudos sobre a estrutura das economias nacionais e regionais. Que o motor decisivo do desenvolvimento é a inovação humana, não subsistirão duvidas. Tal como não se questiona que a inovação poderá ser, por vezes irreparavelmente, prejudicada ou favorecida pelas políticas públicas e por todas as condições estruturais, a começar pelo designado «capital humano».

Tudo o que possa favorecer e não prejudicar a inovação é, certamente, positivo para o crescimento. Poder-se-á questionar, no entanto, quer a ligação necessária entre o contexto económico e social e a inovação, que é relativamente consensual, e, sobretudo, a suposta relação de causa-efeito entre a programação de incentivos e a inovação e o desenvolvimento. A programação exaustiva e pormenorizada destinada a «melhorar os conhecimentos e a inovação em prol do crescimento» identifica, dir-se-ia milimetricamente, a ligação crucial da inovação com o desenvolvimento. Embora os apoios à inovação sejam muito importantes, provavelmente imprescindíveis, pelas razões expostas, é duvidoso que esse objetivo possa

educação, o equipamento e os instrumentos, desde que diretamente ligados aos objetivos de desenvolvimento, bem como todo o potencial dos centros de excelência já existentes ou em vias de criação, além do reforço de investimento no capital humano, especialmente através da formação e atração dos investigadores.
A prossecução destes objetivos e da produtividade consolidar-se-ia com a promoção da sociedade de informação para todos através de «uma economia digital aberta e competitiva e uma sociedade inclusiva» e do acesso ao financiamento, mediante o apoio a instrumentos distintos das subvenções (empréstimos, garantias para empréstimos subordinados, instrumentos convertíveis, capital-investimento, incluindo «capital semente» e capital de risco) a fim de criar e manter infraestruturas que facilitem o acesso aos financiamentos (serviços de transferência de tecnologias, viveiros de empresas, redes de investidores informais ou «*business angels*», programas de investimento rápidos). O BEI e o FEI deviam desempenhar um papel na concretização de mecanismos de garantia para facilitar o acesso das PME ao «microcrédito». Cf. A. COUTINHO / P. SILVA (2005), *Microcrédito em Portugal. Uma Nova Oportunidade*; E. MICHAEL PORTER (2000), "Locations, clusters and company strategy", pp. 253 e ss.; M. STEINER (org.) (1998), *Clusters and Regional Specialisation. On Geography, Technology and Networks*; Comissão Europeia (2006), *A Estratégia para o Crescimento e o Emprego e a Reforma da Política de Coesão Europeia*; Idem (2005), *Uma Política de Coesão para Apoiar o Crescimento e o Emprego: Orientações Estratégicas Comunitárias, 2007-2013*; Idem (2003), *Investir na Investigação: Um Plano de Acção para a Europa*.

ser alcançado «por decreto» e financiamento, como se poderia admitir, atendendo à preocupação central de procurar programar todo o processo ao pormenor, desde a intuição da ideia ao respetivo aproveitamento comercial, passando pelo desenvolvimento, pela difusão, pela adaptação à produção e pelo financiamento.

Reconhece-se, é certo, a natureza «complementar» da política de coesão para a inovação empresarial (resultante «de processos complexos e interativos, incluindo a capacidade de as empresas beneficiarem de conhecimentos complementares...»), mas a pretensão nítida de prever, mecânica e circunstanciadamente, o ato de inovar, traduz, inegavelmente, uma ambição mais vasta, tendente a abarcar ou mesmo controlar administrativamente todo o processo. Assim se compreende que entre as orientações das ações a executar se inclua a de «promover o espírito empresarial» «utilizando diversas técnicas (deste a realização de campanhas de sensibilização à criação de protótipos e à orientação e apoio tecnológico e gestionário aos potenciais empreendedores)»[141].

[141] A Comissão admitiu também que do apoio concedido ao abrigo da nova prioridade específica do objetivo Convergência – para o reforço da capacidade institucional e da eficiência dos serviços públicos aos níveis nacional, regional e local – deve resultar «que tanto as administrações públicas como os serviços públicos se tornem motores potentes de competitividade, desenvolvimento e crescimento nos Estados membros e nas regiões». Nas orientações estratégicas de coesão para 2007-2014, reconhece-se que a inovação «resulta de processos complexos e interativos, incluindo a capacidade de as empresas beneficiarem de conhecimentos complementares fornecidos por outros intervenientes no mercado, organizações e instituições». Considera-se que os investimentos na inovação «representam uma prioridade de topo da política de coesão e dos programas a título dos objetivos da convergência e da competitividade e emprego». Daí que o seu cofinanciamento deva ser «uma prioridade principal nas regiões abrangidas por este último objetivo, cujos recursos financeiros limitados devem ser concentrados por forma a atingir a massa crítica e a obter um efeito de alavanca». Embora se afirme que «a finalidade principal deve ser a promoção de um ambiente empresarial que favoreça a produção, a divulgação e a utilização de novos conhecimentos por parte das empresas», e que «as empresas em fase de arranque, em especial as empresas ligadas à IDT, devem beneficiar de apoio, a fim de desenvolverem parcerias com instituições de investigação que se baseiam numa perspetiva de mais longo prazo e que estejam claramente viradas para o mercado», explicita-se que «a política de coesão deve procurar compensar as situações em que o mercado não funciona e que prejudicam a inovação e o espírito empresarial» e, depois, que «as entidades públicas devem assegurar que as instituições de investigação, o sector privado e o sector público explorem plenamente as potenciais sinergias existentes».

Segundo as orientações da Política de Coesão europeia, para desenvolver o capital humano, os Estados membros deveriam seguir três prioridades de ação: (1.ª) atrair e manter um maior número de pessoas no mercado de trabalho e modernizar os sistemas de proteção social; (2.ª) melhorar a adaptabilidade dos trabalhadores e das empresas e a flexibilidade dos mercados de trabalho; (3.ª) aumentar o investimento no capital humano, melhorando a educação e as competências. Importava dirigir investimentos para o reforço da eficiência da administração pública e das infraestruturas nos sectores educativo, social, cultural e da saúde, mantendo como quadro geral de ação as orientações para as políticas económicas e as orientações para o emprego, de 2005, que procuravam

O objetivo central é, sem dúvida, o de «facilitar a criação e o desenvolvimento de novas empresas»: «a tónica deverá ser posta em incentivar as empresas inovadoras (*spin outs* e *spin offs*) a partir das instituições ou das empresas de investigação...», sendo «importante assegurar que as empresas, incluindo as PME, possam utilizar os resultados da investigação para fins comerciais». Mas defende-se a promoção do espírito empresarial nas escolas e impõe-se um conjunto de exigências à prestação de serviços às empresas, que terá de ser «de primeira categoria», «da máxima qualidade, estar imediatamente disponíveis...», inicialmente «a partir de uma rede de balcões únicos», mas com «apoio personalizado a determinadas categorias de empresas», porque «os procedimentos administrativos são frequentemente demasiado complexos».
Procura-se estimular o espírito empresarial e facilitar a criação e o desenvolvimento de novas empresas e isso é muito positivo. No entanto, ao enunciar sucessivas prioridades como se todas elas tivessem o mesmo relevo, em vez de definir verdadeiras prioridades poder-se-á antes torná-las menos claras, ao admitir ou até promover intervenções excessivamente poliédricas, no sentido não apenas de desfocar ou, pelo menos, de minimizar eventuais efeitos contraditórios e ou neutralizadores, decorrentes da conjugação de instrumentos das várias políticas, mas ainda de se poderem diluir os objetivos centrais de coesão, sobretudo na vertente territorial, bem como nas vertentes económica e social.
Por outro lado, é justificada a importância do apoio à reforma das administrações públicas e dos serviços públicos, em conformidade com a estratégia europeia para o emprego, com o objetivo de aumentar a qualidade e a produtividade no trabalho, reforçando assim a eficiência e a produtividade do sector público. Todavia, a multiplicidade de prioridades comporta o risco de dispersão de recursos e de esforços. Não é fácil prosseguir efetivamente a coesão (económica, social, territorial), sem contradições e efeitos neutralizadores, quando um mesmo programa «pode» ou deva prosseguir uma dezena ou mais de «prioridades». Cf. Comissão Europeia (2006), *A Estratégia para o Crescimento e o Emprego e a Reforma da Política de Coesão Europeia*, cit.

articular as políticas macroeconómicas, microeconómicas e de emprego em prol do crescimento e do emprego[142].

[142] As prioridades de coesão nos regulamentos comunitários que passaram a reger os fundos relativos aos recursos humanos coincidem com as prioridades definidas na estratégia europeia para o emprego, de 2005, complementada pelas recomendações posteriores, incluindo os desafios e as prioridades de cada Estado membro. A par das reformas no domínio da formação, de modo a assegurar uma aprendizagem ao longo da vida, salientou-se a necessidade de adaptar os sistemas de educação às novas exigências económicas. Pretendia-se também tornar a administração pública mais eficaz («*smart administration*»), como condição para o crescimento e o emprego, na linha do preconizado na Estratégia de Lisboa revista sobre melhoria da legislação e da conceção e execução de políticas, bem como reduzir as assimetrias em matéria de saúde, por forma a «contribuir para manter uma população ativa saudável», atendendo à grave estrutura demográfica da União.
Como se refere nas orientações de coesão, a dinâmica para atingir o pleno emprego e aumentar a produtividade depende de uma grande diversidade de ações, incluindo o investimento em infraestruturas e o desenvolvimento das empresas e da investigação, porque oferecem oportunidades de emprego, não apenas no curto, mas também no longo prazo, por efeito da produtividade e da competitividade acrescidas. Sendo isso insuficiente, estabelecia-se como orientação o desenvolvimento do capital humano, tendo em conta as particularidades de cada país e região. Para atrair e manter um maior número de pessoas no mercado de trabalho e modernizar os sistemas de proteção social, importa aumentar as taxas de emprego e a base da atividade económica, essenciais para apoiar o crescimento, promover sociedades socialmente inclusivas e combater a pobreza.
O reforço da participação no emprego é tanto mais necessário quanto se prevê uma redução da população em idade ativa, em resultado da quebra drástica da taxa de natalidade. As políticas de emprego devem visar o pleno emprego, melhorar a qualidade e a produtividade do trabalho, reforçar a coesão social e territorial, promover uma abordagem do trabalho baseada no ciclo de vida, garantir mercados de trabalho inclusivos, aumentar a capacidade de atração do trabalho, tornando este último compensador para os desempregados, incluindo pessoas desfavorecidas e inativas, e melhorar a resposta às necessidades do mercado laboral. Para estimular a adaptabilidade dos trabalhadores e das empresas e a flexibilidade do mercado de trabalho, perante as pressões crescentes da globalização – incluindo crises comerciais repentinas e inesperadas e a constante renovação tecnológica –, a Europa deve «reforçar a sua capacidade de prever, desencadear e absorver as transformações económicas e sociais».
Nesse sentido, deve promover a «flexibilidade em conjugação com a segurança do emprego e reduzir a segmentação do mercado de trabalho», tendo em conta o papel dos parceiros sociais, e «assegurar uma evolução dos custos salariais e mecanismos de adaptação salarial que sejam favoráveis ao emprego». Cf. J. Renato Gonçalves (2006), "Estado burocrático e Estado transparente. Modelos institucionais de defesa do princípio da transparência", pp. 809 e ss.; Idem (2002), *Acesso à Informação das Entidades Públicas*; Comissão Europeia (2006), *A Estratégia para o Crescimento e o Emprego e a Reforma da Política de Coesão Europeia*, cit.

Ao defender uma adaptação às necessidades e características específicas dos desafios e oportunidades da situação geográfica dos Estados e das regiões, a dimensão territorial da política de coesão torna-se crucial para o objetivo da coesão, entendida em sentido amplo. Para as Orientações Estratégicas de Coesão de 2006, a dimensão territorial deve ajudar a «desenvolver comunidades sustentáveis e a evitar alimentar as desigualdades regionais que travam o potencial global de crescimento».

Nesta perspetiva, os problemas e as oportunidades específicos das áreas rurais e urbanas devem ser encarados como próprios desses territórios (*v.g.*, zonas fronteiriças e transnacionais, zonas costeiras, regiões desfavorecidas insulares, áreas remotas – árticas, ultraperiféricas, etc. –, regiões pouco habitadas, montanhosas, etc.) e as ações de promoção da coesão territorial exigem mecanismos que garantam a equidade de tratamento das zonas segundo as suas capacidades de competitividade. Os novos programas deveriam estimular a coesão territorial como instrumento crucial para o crescimento e emprego em toda a União, dependendo de aspetos específicos da história, da cultura e da situação institucional de cada Estado membro[143].

Observou-se que as cidades e as áreas urbanas concentram enormes oportunidades e desafios e oferecem e acolhem a maior parte dos empregos, das empresas e das instituições de educação superior, tanto na Europa como nos restantes continentes, sendo por isso fundamentais para promover a coesão económica, social e territorial. Os mais habilitados tendem a viver e a trabalhar nas cidades e nas áreas metropolitanas, «criando frequentemente um círculo vicioso que estimula a inovação e as empresas e atrai os novos talentos». Mas também é nas cidades que

[143] Para promover uma política eficaz de coesão territorial é extremamente importante considerar as especificidades de cada região: não apenas a sua história e a sua cultura, mas também a própria organização institucional. Daí a necessidade de desenvolver parcerias «de elevada qualidade», chamando a participar os agentes nacionais, regionais, urbanos, rurais e locais. O êxito das ações empreendidas para promover a coesão territorial dependerá de uma estratégia global que enquadre consistentemente os objetivos e as intervenções. O regime dos fundos estruturais permite que os Estados membros afetem os recursos aos problemas urbanos, devendo as cidades participar em todo o processo, responsabilizando-se pela conceção e implementação de parte dos programas, e também que se preste ajuda especial às regiões ultraperiféricas, compensando os custos da distância.

surgem alguns dos problemas mais graves, como o desemprego, taxas elevadas de criminalidade, congestionamento e bolsas de exclusão social.

As Orientações Estratégicas em matéria de Coesão de 2006 previam para as zonas urbanas diversos programas de estímulo, com o fim de tornar as cidades «motor do desenvolvimento». A maior competitividade das cidades assenta, designadamente, no espírito empresarial, na inovação e na oferta de serviços, às empresas e também às pessoas, e na atração de pessoal qualificado, inclusivamente através da garantia das acessibilidades e da oferta de bens culturais. Para que tudo isso seja estimulado, é quase sempre decisiva a participação das autoridades locais e de outros parceiros, públicos e privados, bem como, geralmente, um plano de desenvolvimento urbano sustentável a médio e longo prazo, que garanta a coerência e a qualidade dos investimentos[144].

Do longo elenco de prioridades e de áreas de intervenção da Política de Coesão resulta, por um lado, a ideia de amplitude de intervenção, e de preocupação com o significado complexo do problema do desenvolvimento, e, por outro, uma dispersão por entre uma multiplicidade de ações e também de «prioridades». Se tudo (ou quase) se torna prioridade, como conseguir identificar quais são, efetivamente, as verdadeiras prioridades? Sem a sua identificação rigorosa, não se poderá falar, realmente, em «prioridades». E a dispersão de ações, não obstante o reforço dos recursos necessários para a respetiva concretização, com os custos inerentes de oportunidade, não garante os melhores resultados e torna mais árduo garantir que as prioridades fixadas estão a ser efetivamente prosseguidas.

O desafio do desenvolvimento é, sem dúvida, transversal, atingindo quase tudo. E as especificidades nacionais e regionais continuam

[144] Entre as ações de coesão programadas para as zonas urbanas no período de 2007-2013, algumas destinaram-se a ultrapassar situações de crise em certos bairros, congestionados e com débeis condições de vida. Nas zonas industriais mais antigas, pretendeu-se em geral a reabilitação do ambiente físico urbano, a reconversão das cidades e a conservação e o desenvolvimento do património histórico e cultural, com possíveis benefícios para o turismo, ajudando a criar «cidades mais atraentes onde seja mais agradável viver». Conforme se refere no documento adotado pelo Conselho, «a reabilitação dos espaços públicos e industriais existentes pode desempenhar um papel importante no combate à expansão descontrolada das zonas urbanas e suburbanas, ajudando a criar condições necessárias para um desenvolvimento económico sustentável».

numerosas na União Europeia. Por isso, os objetivos das várias políticas públicas – europeias, nacionais, regionais e locais – devem ser «adequadamente» ou «o melhor possível» articulados e conciliados, a fim de evitar ou pelo menos reduzir efeitos conflituantes e contraproducentes, que podem chegar a anular-se reciprocamente, pelo menos em parte.

Contudo, ao procurar que cada ação cumpra, simultaneamente, uma multiplicidade de requisitos e de objetivos, abre-se a porta para que a ponderação destes se tenda a concentrar na elaboração e avaliação de estudos preliminares de efeitos económicos, ambientais e de outros âmbitos, tipicamente exigidos para a instruir e justificar, com o risco eventual de, sem o esquecer, tornar secundário o objetivo principal, ou seja, os resultados reais, sustentáveis e perduráveis, no seu enquadramento.

Não se duvida, certamente, da utilidade dos diversos objetivos de coesão frequentemente enunciados, nem da necessidade, por exemplo, de uma cooperação estreita (de «parceria», de «gestão partilhada») entre o Estado e todos os restantes intervenientes, públicos e privados, tanto ao nível supra- como infrarregional. E se se perguntar se se seria possível encontrar uma solução diversa mais apta a assegurar a prossecução de todos os objetivos mencionados sem riscos, a resposta seria, sem dúvida, negativa. De qualquer modo, as preocupações apontadas deveriam ser apropriadamente acauteladas[145].

[145] Na medida em que as fronteiras nacionais «constituem frequentemente um obstáculo ao desenvolvimento do território europeu no seu conjunto, podendo limitar o pleno desenvolvimento do seu potencial de competitividade», as prioridades da política de coesão devem ser complementadas com medidas que promovam uma mais estreita cooperação transfronteiriça, transnacional e inter-regional, incluindo a cooperação marítima quando apropriado, com o fim de acelerar o desenvolvimento económico. No contexto transfronteiriço e transnacional, os transportes, a gestão dos recursos hídricos e a proteção do ambiente constituem exemplos dos desafios que exigem uma abordagem comum, que ultrapasse as fronteiras nacionais. As orientações estratégicas de Coesão sugerem a criação eventual de «agrupamentos territoriais europeus de cooperação» para desempenharem o papel de autoridade de gestão de alguns programas de cooperação. No caso da cooperação transfronteiriça, o objetivo é integrar as zonas divididas por fronteiras nacionais que se defrontam com problemas comuns (fragmentação dos mercados do trabalho e de capitais, das redes de infraestruturas, da capacidade fiscal e das instituições) que exijam soluções comuns. Cf., entre vários outros documentos disponíveis sobre o assunto, Comissão (2006), *A Estratégia para o Crescimento e o Emprego e a Reforma da Política de Coesão Europeia*, cit., e, no âmbito da Política de Coesão Europa 2020, Comissão (2014), *As Estratégias de Inovação, Regionais e Nacionais para a Especialização Inteligente* (RIS3),

A heterogeneidade entre regiões e Estados europeus, quer do ponto de vista económico, como social e político-institucional, exige um quadro amplo, aberto, de orientações estratégicas que aponte para o essencial – a prossecução efetiva e sustentada do desenvolvimento no conjunto da União e o modo ou modos de a concretizar, através das políticas públicas – e que previna os principais riscos, de desperdício de recursos e sobretudo de ineficácia da respetiva aplicação, que existem, como provam as experiências, algumas bem recentes e até atuais, afastando-os ou minorando-os.

Entre os maiores riscos contam-se a inconsistência e a contradição de objetivos e de ações, a extensão e (relativa) indefinição de prioridades e a participação pouco ou nada empenhada de todos os intervenientes e principais interessados. O envolvimento comprometido de todos os envolvidos responsabilizá-los-á na definição dos objetivos e na sua concretização através de programas e projetos, a começar pelos Estados e outras autoridades, designadamente regionais e locais, quer por razões políticas quer operacionais, e sem prejuízo dos mecanismos de fiscalização e *accountability* eficazes de modo a assegurar o cumprimento dos objetivos fixados e, em geral, as regras europeias e internas aplicáveis[146].

baseadas, designadamente, no Regulamento n.º 1301/2013, do Parlamento Europeu e do Conselho, de 17 de dezembro de 2013.

[146] Importa, naturalmente, encontrar um denominador comum «mínimo», que recolha a concordância dos Estados membros, num contexto de confronto entre a diversidade interna – que cresceu com os sucessivos alargamentos e da qual resulta uma ampliação clara das dificuldades no processo de tomada de decisão – e a unidade europeia. Sendo também importante o reforço do papel das regiões, incluindo das menos prósperas, para se perceber melhor quer a situação em que se encontram quer as suas principais preocupações e anseios, para encontrar o tipo e a natureza das ajudas mais apropriadas.

É igualmente justificada uma maior concentração de esforços e de recursos nas regiões mais pobres, tendo em vista um melhor equilíbrio do conjunto e a continuidade territorial, sem prejuízo de apoios específicos para iniciativas de interesse comum e de projetos de impacto transeuropeu, devendo os auxílios recorrer, nestas situações, preferencialmente, a mecanismo de mercado como os empréstimos.

Todavia, as sensibilidades nacionais, em termos de um Estado membro se tratar de maior ou de menor contribuinte e beneficiário líquido do Orçamento da União, continuam a contar, e muito – justificando, aliás, posições extremas de impasse, como aquelas que antecederam (uma vez mais) o acordo das perspetivas financeiras para o período 2007-2013, conducentes mesmo a um compromisso de reapreciação da matéria do financiamento da Política Agrícola Comum (PAC), em 2008 (a PAC perdeu peso no orçamento europeu, de mais de 2/3 nos anos oitenta do século passado para cerca de metade desde 2005).

Poder-se-ia esperar, hoje, porventura, mais da política de coesão da União Europeia. Designadamente, que permitisse um maior grau de justiça social e cujo sentido fundamental consistisse em enfrentar e ultrapassar sobretudo os problemas «mais graves», «de menor» desenvolvimento, a par com a promoção ou estímulo geral ao desenvolvimento. O princípio da concentração de esforços é antigo e foi sucessivamente defendido a propósito da política regional e de coesão europeia com o fim de afastar os riscos da dispersão dos esforços e dos recursos na consecução dos objetivos. E o princípio da adicionalidade também visa garantir que a política comum de coesão represente algo mais («*plus*») relativamente às políticas e instrumentos internos já existentes, que deverão ser mantidos ou reforçados, nunca simplesmente substituídos.

Neste contexto, o cumprimento escrupuloso do objetivo de coesão, no nível comunitário ou da União exclui o apoio aos países e às regiões mais prósperos, com índices de riqueza «significativamente» superiores à média do conjunto – salvo em situações suficientemente justificadas, como regiões de montanha, insulares ou outras mais seriamente afetadas, do ponto de vista económico, pela distância ou por outros factores de grande impacto geográfico, como as designadas «regiões ultraperiféricas», independentemente de serem parte de países mais ou menos prósperos.

Nos países e regiões mais avançados, o problema de divergências nos níveis de bem-estar deverá ser enfrentado atendendo essencialmente aos desafios da competitividade e da solidariedade do conjunto, em razão da heterogeneidade económica e social no interior da União Europeia.

De qualquer modo, a heterogeneidade económica e também social, que atravessa toda a União, reflete-se, naturalmente, em múltiplos interesses, mais ou menos divergentes em função das matérias e sempre corporizados pelos respetivos Estados membros e outras formas de representação política, económica e social.

E o mesmo sucedeu com as não menos difíceis negociações do quadro financeiro plurianual subsequente, de 2014-2020, concluídas mais tarde do que o previsto, depois de vários compromissos recíprocos. Não é inédito e compreende-se que se questione, não menos do que no passado, a justificação das diversas situações de vantagens e / ou de desvantagens relativas de cada Estado membro, fazendo lembrar a posição extrema particular do Reino Unido, como o seu célebre «cheque», que não ficou ausente do processo conhecido por *Brexit*.

A política de coesão europeia resulta da conjugação possível, em cada momento, dos diversos interesses das forças dos Estados, das regiões e das cidades, não apenas do desejável, ou do ótimo, que deve constituir o objetivo central das preocupações, no âmbito da União e em especial da Área do euro, com os constrangimentos e limites apontados e na expectativa de reforço e consolidação dos recursos disponíveis e da função de repartição justa e equilibrada por via do orçamento comum, tendo por objetivos, sobretudo, a dinamização e o robustecimento económico e social do conjunto, incluindo as áreas e unidades geográficas e político-administrativas mais periféricas e menos integradas, enquanto pilar de sustentação da União Económica e Monetária e, consequentemente, da União Europeia.

4. A política europeia de coesão económica, social e territorial e seus limites

Entre os principais obstáculos à definição e à aplicação de uma política comum europeia de «coesão económica, social e territorial», concretamente a estabelecida pelos Estados membros (das Comunidades Europeias e, agora,) da União Europeia[147], instrumento privilegiado da solidariedade

[147] Conforme se referiu, apesar de nos restringirmos aqui essencialmente à política comunitária europeia de desenvolvimento regional e de «coesão económica, social e territorial», como passou a ser designada pelos Tratados europeus, a partir do Tratado de Maastricht («da União Europeia»), que instituíram as (três) Comunidades e, posteriormente, a União, a preocupação com as «assimetrias» ou «desigualdades» económicas e sociais regionais no âmbito internacional e ou «supranacional» não se fez sentir e manifestar apenas no âmbito daquelas organizações de integração económica europeia.
Essa preocupação política foi objeto de amplo debate e de várias reivindicações tanto no âmbito da Associação Europeia de Comércio Livre (EFTA), da qual Portugal foi membro fundador, como no âmbito do Conselho da Europa e, no seio deste, sobretudo por insistência da Conferência Permanente dos Poderes Locais e Regionais da Europa, anteriormente mencionada, daí tendo resultado quer a afirmação de um conjunto de princípios favoráveis ao desenvolvimento regional integrado, quer a criação de vários instrumentos financeiros em favor dos países e das regiões comparativamente menos prósperas do continente europeu, incluindo Portugal, com base em recursos provenientes dos países mais prósperos, bem como a aprovação de um importante ato jurídico de proclamação dos poderes locais e regionais, a Carta Europeia de Ordenamento do Território, de 1984 (*vd. supra*).
Apesar de vários desses instrumentos se terem mantido, após a saída de Portugal (e de outros membros) da EFTA para entrar nas Comunidades (e na União), o alcance económico e financeiro dos instrumentos de desenvolvimento e de «coesão económica, social e territorial» das Comunidades e (depois) da União iriam ultrapassar radicalmente os de outras organizações

incessantemente proclamada como fim a alcançar ou prosseguir, dois merecem particular relevância:

(*i*) o primeiro respeita ao grau de eficiência e de eficácia dessa política pública, questão que muitas vezes é, ou passou a ser, frequentemente, considerada «inexistente», ou «ultrapassada», por se pressupor a adequação geral dos respetivos instrumentos e recursos na prossecução dos objetivos de desenvolvimento e de robustecimento das estruturas e das capacidades económicas das diversas partes do território abrangido, tendo em vista um todo mais equilibrado e harmonioso, com menores divergências estruturais entre as partes, o que, apesar de cómodo, tanto para os teóricos como para os práticos, por dispensar maiores e mais profundas reflexões sobre o assunto, não deixa de levantar interrogações pertinentes, em especial se se tiver em atenção os resultados obtidos em diferentes partes na sequência da aplicação mais ou menos prolongada de políticas aproximadas, quer no interior do território de Estados individualmente considerados, quer num âmbito mais alargado, incluindo o das próprias Comunidades e da União Europeia, conforme se anotará a seguir;

(*ii*) um segundo problema respeita ao financiamento das políticas de coesão, questão particularmente relevante quando têm por destinatário a um conjunto de Estados soberanos e os respetivos territórios, diferenciadamente beneficiados em função das prioridades fixadas e dos critérios de repartição dos recursos afetados e também de repartição dos encargos financeiros daquela política, independentemente de os instrumentos selecionados consistirem predominantemente em transferências financeiras.

Quanto ao primeiro problema, não pode deixar de ocupar uma posição central na análise das políticas de desenvolvimento e de promoção da coesão económica, social e territorial, porque a justificação destas terá

internacionais ou «supranacionais», devido aos montantes superiores de recursos canalizados e aplicados e à sua conjugação com outras políticas públicas. Sobre o tema em geral, cf. J. Renato Gonçalves (2010), *O Euro e o Futuro de Portugal e da União Europeia*, espec. Caps. IV e ss., com várias outras indicações bibliográficas.

de assentar também na sua eficiência e eficácia, impondo-se por isso a sua apreciação criteriosa, ainda que a existência notória de um problema económico tão gravoso como as assimetrias em diversas vertentes da estruturação económica nas várias partes do território, não só justifique o acompanhamento da evolução dessas assimetrias, tendo em vista a sua redução, mediante instrumentos eficazes de intervenção pública, quando necessários, incluindo a prossecução de uma política específica, destinada a de contrariar e minorar as divergências economicamente nocivas, a qual poderá abranger desde a construção de raiz de infraestruturas essenciais, que facilitem e desonerem o exercício de atividades, sobretudo nas partes do território menos atrativas do ponto de vista económico, até subsídios diretos aos empresários e empreendedores em regiões elegíveis.

As políticas de desenvolvimento regional e de coesão de um conjunto composto por partes com características de competitividade significativamente diversas entre si têm em vista alterações mais ou menos profundas da estrutura económica, com o objetivo geral de a tornar mais moderna e competitiva, tanto de um ponto de vista absoluto (evolução da situação *ex-ante* para uma situação *ex-post*) como sobretudo relativo (evolução de uma região ou de um país ou de um conjunto de regiões ou países em termos comparativos com outras regiões ou com outros países de um mesmo bloco), de modo a que as condições de exercício das atividades em certas partes territoriais menos prósperas e competitivas possam aproximar-se e eventualmente igualar ou até superar as já existentes em países mais avançados, a fim de tornar o conjunto mais coeso e harmonioso; ou, menos ambiciosamente mas talvez mais realisticamente, tendo «apenas» em vista o robustecimento das condições de competitividade dos operadores estabelecidos ou que colocam a possibilidade de operarem naquelas regiões e países menos prósperos e competitivos; ou ainda, tão-somente, com o desiderato de assim «compensar» as exigências e constrangimentos de participação num mercado e num bloco muito mais competitivo, embora composto por partes territoriais diferentemente competitivas, pretendendo-se por isso uma aproximação estrutural e harmonizada do conjunto, justificando-se então subsidiar alguns dos custos acrescidos de funcionamento da economia nas regiões menos competitivas, por exemplo em razão da distância face aos grandes centros económicos ou das dificuldades nos transportes e deslocações, devido à insularidade ou a outros obstáculos físicos e de outra natureza que onerem o exercício das atividades.

Independentemente dos objetivos precisos e do alcance efetivo de uma política de apoio ao desenvolvimento e de promoção da coesão de um conjunto formado por partes territoriais desiguais tanto económica como socialmente, quer de âmbito nacional quer de âmbito internacional, a sua eficiência e a sua eficácia podem (ou devem) ser, e têm sido, não raras vezes, questionadas, no plano teórico e no plano prático.

É conhecida a relativa novidade dos estudos económicos regionais ou espaciais, até meados do século passado, que emergiram precisamente em contraste com as explicações teóricas clássicas e neoclássicas, «tradicionais», de acordo com as quais o elemento distância podia e devia ser incorporado sem particulares especificidades nos custos de produção, pelo que não se justificaria, pelo menos à partida, um tratamento diferenciado do território por parte do Estado, na medida em que as condições económicas das diferentes regiões de um conjunto tenderiam a convergir naturalmente, sem necessidade de intervenções públicas específicas[148].

Foi sobretudo a prova empírica de que essa convergência automática não ocorria historicamente que «obrigou» ou conduziu a que, gradualmente, se tivesse passado a aceitar a necessidade das políticas de desenvolvimento regional, que passaram então a ser generalizadamente adotadas, trilhadas e reforçadas, primeiro nos países economicamente mais avançados e, depois, gradualmente, em vários outros países.

A defesa e a fundamentação da intervenção pública na economia, pressuposto das políticas económicas e sociais, basearam-se, primeiramente, nas designadas «incapacidades» ou «falhas» de mercado. Quando não for possível solucioná-las «espontaneamente», através do funcionamento descentralizado e livre da economia, justifica-se e, mais ainda, impõe-se a intervenção pública como instrumento eficiente e potencialmente eficaz de resolução daquelas assimetrias espaciais.

Todavia, a justificação teórica da intervenção do Estado e de outros entes públicos na economia depende, concretamente, à luz das explicações expostas por muitos dos teóricos das finanças públicas e da economia pública, se e na medida em que tal intervenção corresponda ao meio mais

148 Cf. J. Renato Gonçalves (2010), *O Euro e o Futuro de Portugal e da União Europeia*, cit., espec. Caps. IV e ss.

adequado para a prossecução de objetivos determinados. Deve, pois, tratar-se de um instrumento «eficiente», não menos adequado do que outros instrumentos alternativos, designadamente privados, com idênticos fins, e, além disso, deve também ser eficaz, *i. e.*, deverá contribuir para alcançar, pelo menos em parte, os fins prosseguidos.

Não cabe aqui revisitar as teorias basilares das finanças públicas, consolidadas desde há muito e conhecidas em geral, enquadramento prévio de qualquer medida de resposta ao problema enunciado, relativo à eficiência e à eficácia das políticas de desenvolvimento e de coesão, bastando talvez referir sobre o assunto que estas políticas não são neutrais e que, por isso, podem ser eficazes, porventura fortemente eficazes, na prossecução de certos objetivos, mas não necessariamente de outros objetivos, mesmo que suscetíveis de serem abrangidos pelas ideias amplas e ainda relativamente imprecisas de «desenvolvimento» ou de «coesão», carecidas de suficiente determinação, apesar de esta ser difícil e complexa.

No entanto, reconhecer em geral a eficácia (ou pelo menos alguma eficácia) das políticas públicas, incluindo das políticas económicas e sociais de desenvolvimento territorial «mais harmonioso», ou com maior coesão «económica, social e territorial», não significa admitir necessariamente a respetiva eficiência, ou nela acreditar[149].

A este propósito bastará recordar alguns dos múltiplos exemplos conhecidos de êxitos e também de fracassos de políticas públicas de

[149] O aprofundamento do problema enunciado exigiria uma incursão cuidada nas ciências económicas e financeiras, e em especial nas Finanças Públicas, quer na sua vertente jurídica [Direito Financeiro (público), que não abrange, além do respetivo enquadramento, as questões específicas do financiamento dos sujeitos privados, sejam pessoas singulares ou coletivas, e, designadamente, as empresas, estudadas em «Finanças Empresariais», ou *Corporate Finance*], quer na vertente económica (no âmbito da Economia Pública). As duas vertentes indicadas, a jurídica e a económica, essenciais e estreitamente interdependentes para a compreensão do fenómeno financeiro público, são desde há muito estudadas em Finanças Públicas, ora privilegiando uns aspetos, de base fundamentalmente concreta, institucional e processual, ora outros, de base mais abstrata e material (incluindo as questões centrais do equilíbrio orçamental e da sustentabilidade financeira).
Não obstante alguns dos aspetos do tema se encontrarem relativamente consolidados pelos estudiosos, outros permanecem em aberto, sobretudo quando apreciados tendo por objeto situações concretas, como sucede com a questão da verificação da eficiência e da eficácia de determinadas políticas públicas, incluindo as de promoção do desenvolvimento territorial e da coesão económica e social em certo país ou certa região.

promoção do desenvolvimento e de coesão territorial, quer internas quer internacionais. Pode logo constatar-se, a partir dos vários exemplos conhecidos, que, independentemente dos critérios a que se recorra para os cálculos dos resultados alcançados na sequência da aplicação de políticas de promoção do desenvolvimento regional e da coesão económica, social e territorial, tanto a eficiência como a eficácia das políticas ora se verificam, em maior ou menor amplitude, ora estão ausentes, por um lado, e ainda, por outro, que tais apreciações, apesar de só serem extraídas depois do momento apropriado, tendo em vista o seu aproveitamento para o futuro, não são em geral levadas em consideração, mesmo tardiamente, não conduzindo às alterações que se justificariam, em conformidade com os resultados atingidos (ou não e em que medida) no passado[150].

No continente europeu, os exemplos mais referidos de êxitos recentes de políticas de desenvolvimento territorial abrangem os verificados

[150] A observação geral sobre o aparente não aproveitamento das lições de políticas públicas é, obviamente, condicional, sendo na realidade muito díspar, não apenas de país para país e até no interior de alguns países, como quanto ao domínio ou aos domínios abrangidos, além, é claro, do momento histórico. Enquanto em alguns países, sobretudo mais desenvolvidos, as avaliações das políticas públicas em geral são não apenas mais frequentes como mais pormenorizadas e rigorosas, levando em conta os instrumentos mais precisos rigorosos de análise, noutros isso não sucede de modo minimamente comparável, daí não ser de estranhar um tendente maior aproveitamento dessas avaliações técnicas para delas extrair consequências significativas para a previsão, o estabelecimento e a execução das políticas públicas posteriores. Mais recentemente, a preocupação com a avaliação e com as revisões das políticas executadas, designadamente as destinadas a promover o desenvolvimento e a coesão económica social e territorial, tendo em vista torná-las mais eficientes e mais eficazes, além de se consolidar e reforçar ao nível nacional, passou a estar incluída no mandato essencial de organizações internacionais económicas especializadas, como o Banco Mundial, cujos serviços passaram a elaborar um conjunto de relatórios periódicos sobre os estádios de desenvolvimento dos países e respetiva evolução, procurando identificar os factores preponderantes do maior ou menor desenvolvimento de cada país, reflexo, de qualquer modo, de uma espécie de «consenso» em torno desses factores, o que, no entanto, está longe de poder sido considerado como receita «incontestável» para uma maior competitividade económica, face a outros países ou a uma época anterior. Sobre os *rankings* de competitividade (*«doing business»*) e índices de desenvolvimento humano dos países, publicados pelas Nações Unidas desde 1990, e sobre os factores que mais os favorecem ou penalizam, cf. os sítios Internet dedicados do Banco Mundial < https://portugues.doingbusiness.org/pt/rankings > e do Programa das Nações Unidas para o Desenvolvimento (relatório de 2020) < http://hdr.undp.org/sites/default/files/hdr2020.pdf >.

persistentemente, durante as últimas décadas, na Irlanda e em vários dos «novos» Estados membros da União Europeia do centro e do leste do continente, que aderiram ao bloco na primeira década deste século, com taxas anuais consecutivas de crescimento do PIB *per capita* em proporções compreendidas entre os 3 ou 4% e os 10%, ou seja, um ritmo de ordem comparável apenas aos vulgarmente chamados «tigres asiáticos», precisamente por ter sido nesse continente que alguns países atingiram percentagens de progressão comparáveis, a partir de meados do século XX até quase ao presente, sem prejuízo de oscilações, interrupções ou até retrocessos pontuais, mas com uma tendência geral e clara de evolução positiva, a qual permitiu que muitos desses países tivessem conseguido ultrapassar sustentavelmente patamares relevantes de desenvolvimento[151].

De entre os resultados de sentido inverso, ou seja, de persistente estagnação ou até de retrocesso económico, pelo menos em termos relativos, mas por vezes até em termos absolutos, ainda no continente europeu, impressiona especialmente o caso do *Mezzogiorno* italiano, que, decorridos tantos decénios, após a introdução e aplicação consecutiva de importantes políticas de desenvolvimento regional, com transferências financeiras volumosas nos orçamentos de anos consecutivos, desde meados do século passado, originadas no norte e com destino ao sul do país, os resultados

[151] Não importará compilar aqui as taxas individuais de crescimento registadas pelos diversos países ao longo dos anos e as tendências de maior crescimento e a respetiva aparente sustentabilidade, por serem reunidas, no caso dos países que fazem parte da União Europeia, pelo respetivo departamento central de estatísticas, o Eurostat, com dados de pormenor sobre a evolução não apenas de cada um dos Estados membros mas igualmente de cada uma das regiões que deles fazem parte, e, nos caso de outros países do mundo, por parte de organizações internacionais especializadas, como o Fundo Monetário Internacional (FMI), o Banco Mundial e a Conferência das Nações Unidas para o Comércio e o Desenvolvimento (UNCTAD), em geral sem os dados decompostos ao nível regional.
Advirta-se que a divergência de escala dificultam as comparações internacionais país a país, porque alguns têm uma dimensão geográfica muito inferior à de outros, podendo por isso concentrar ou não no respetivo território atividades muito melhor remuneradas, como sucede frequentemente nas «cidades globais», como Londres ou Nova Iorque, sem que isso altere tão significativamente os resultados médios dos países a que pertençam, embora não deixe de enviesar a comparação internacional e regional de dados quando compreenda dimensões geográficas mais restritas.
Acrescente-se, ainda, que todos os exemplos dados não podem ser considerados como pretensão de afastar ou minorar quaisquer outros.

não parecem mais do que mínimos, se não mesmo inexistentes, o que não deixa de colocar em evidência a significativa probabilidade de ineficiência e ineficácia dessas políticas de promoção do desenvolvimento regional e da coesão do país, apesar da afetação ininterrupta de recursos tão elevados àqueles fins, com origem tanto interna como europeia.

Juízos preocupantes análogos têm sido dirigidos a vários outros casos, como o do inexistente encurtamento da divergência económica entre Portugal e suas regiões face aos níveis médios de rendimento *per capita* e de produtividade dos factores no conjunto da União Europeia, desde os anos noventa (do século XX) até ao presente, ao invés do período imediatamente antecedente, após a adesão do país às Comunidades, a 1 de janeiro de 1986, não obstante os volumes impressionantes de recursos financeiros consecutivamente transferidos para Portugal e suas regiões, ao abrigo sobretudo da política europeia de coesão, sem que daí pareça terem resultado ganhos substanciais, em comparação com os restantes Estados membros. Conforme observou, recentemente, a esse propósito, a Comissária para a Coesão e Reformas, Elisa Ferreira, «é penoso que, após tantos anos de [elevados] apoios europeus, Portugal ainda esteja entre os países atrasados» da União Europeia[152].

Os resultados inequivocamente negativos de políticas de desenvolvimento e de coesão, com taxas de crescimento nulas ou comparativamente diminutas (cerca de 0,5% por ano, em média, nas primeiras duas décadas

[152] Em entrevista de 19 de junho de 2021 (à rádio pública *Antena 1* e ao *Jornal de Negócios*), a Comissária para a Coesão e as Reformas, Elisa Ferreira, manifestou o desejo de que no final do período orçamental europeu de 2021-2027 Portugal deixasse de ser um país da Coesão, «porque é penoso ver que com tantos anos de apoio, ainda estamos entre os países atrasados» da União Europeia. Em seu entender, o objetivo da coesão deveria tornar-se um desígnio nacional. Perante a grande concentração do país na discussão do PRR – Programa de Recuperação e Resiliência, a Comissária advertiu que era necessário começar (ou retomar) a discussão do novo quadro financeiro plurianual, com a alocação de 24 mil milhões de euros, quase o dobro das verbas do PRR, salientando a importância de não haver contradições, mas antes sinergias, entre os dois planos financeiros.
A gravação e a transcrição da entrevista encontram-se disponíveis nos sítios Internet da estação de rádio e do jornal indicados (< https://www.rtp.pt/noticias/economia/conversa-capital--com-elisa-ferreira-comissaria-europeia-para-a-coesao-e-reformas_v1328882 >, < https://www.jornaldenegocios.pt/economia/detalhe/elisa-ferreira-e-penoso-ver-que-portugal--ainda-esta-entre-os-paises-atrasados >) e, nas suas partes mais relevantes, nos jornais de informação geral e económica portugueses da altura.

do século XXI), insuficientes para permitir uma aproximação real de indicadores económicos e sociais fundamentais dos países e regiões relativamente menos prósperos face à média europeia ou, pior ainda, conducentes à deterioração comparativa de indicadores de produtividade, de competitividade e de rendimentos nos países e regiões menos prósperos face à média dos países pertencentes a um bloco económico, como a União Europeia, ou aos países mais avançados desse conjunto, comprovam a «ineficácia» (pelo menos parcial) dessas políticas, na medida em que as medidas que as compõem, e que foram executadas, não permitiram alcançar os objetivos políticos fixados, tal como os objetivos económicos e sociais, sendo consequentemente inadequadas para o efeito, ampliando-se o grau de ineficiência dessas políticas com o volume dos montantes de recursos a elas alocados.

Daí a inquietação com os resultados de determinadas políticas, com base numa análise objetiva das medidas executadas, que exigiram a afetação de montantes tão elevados de recursos públicos, durante anos e anos, com os consequentes custos de oportunidade, reconhecendo a ineficácia e a ineficiência dessas políticas, o que justificará a revisão e o ajustamento, em maior ou menor grau, de pelo menos algumas das medidas até então aplicadas[153].

Não se justificando aqui uma incursão aprofundada sobre o estudo da eficiência e da eficácia em geral das políticas públicas e em especial das políticas de desenvolvimento e de coesão da União Europeia ou dos Estados membros, objeto sobretudo das ciências económicas e, designadamente, da economia pública e da economia regional, da simples confirmação empírica de que os resultados poderão ser mais ou menos positivos, em face dos objetivos fixados, poder-se-á concluir, provisoriamente, apenas que, até certa medida, tais resultados dependerão, entre outros factores, da qualidade das políticas públicas aplicadas, ou, mais

[153] A análise de pormenor dos diversos componentes de uma política pública, como a política de desenvolvimento territorial ou de coesão económica e social não tem de coincidir com a avaliação global da mesma: alguns componentes poderão ter de ser modificados e eventualmente abandonados ou substituídos por outros, consoante os motivos, daí em diante, enquanto alguns poderão ter de ser reforçados, por esta ou por aquela forma. Em qualquer caso, uma avaliação rigorosa das políticas executadas é imprescindível para a tomada de decisão de abandonar, de manter com determinados ajustamentos ou ainda de as substituir por outras mais eficientes e adequadas com vista a prosseguir eficazmente os objetivos pretendidos pela coletividade.

precisamente, do conjunto de medidas que compõem aquelas políticas, tal como aplicadas e entre si conjugadas, num dado contexto geográfico e temporal. Justificar-se-á então uma apreciação crítica e de pormenor sobre todas elas e as possíveis configurações, a fim de determinar se devem ser revistas ou ajustadas e em que medida, seja do ponto de vista estratégico, institucional, instrumental ou outro.

Os êxitos económicos não raramente impressionantes e persistentes de numerosos países ou regiões, no continente europeu e noutras partes do mundo, e, em sentido inverso, os fracassos de outros, atingidos pela estagnação, ou «quase-estagnação», com taxas de crescimento persistentemente diminutas, por vezes também durante longo tempo, apesar de não secularmente, em resultado de políticas ditas de desenvolvimento e de coesão, por um lado aconselham prudência e reavaliações e reajustamentos permanentes e, por outro lado, dão esperança aos que pretendem um maior e mais sustentável desenvolvimento, ou seja, uma melhoria das condições de vida para todos, não apenas no curto prazo, mas também no médio e no longo prazo, num mundo cuja extensão parece diminuir pelos conhecimentos e pela informação, tal como pelas comunicações e pelos transportes, apesar de condicionado por outros obstáculos e desafiado por novos riscos.

Importará advertir, porém, que não estamos perante um qualquer sentido inexorável de evolução, que depende essencialmente da vontade dos povos e das decisões concretamente tomadas e aplicadas pelos órgãos políticos competentes dos respetivos países. Não deve, pois, estranhar-se verdadeiramente os resultados díspares dos países e regiões quanto aos maiores progressos ou não dos respetivos indicadores de produtividade, de competitividade e de produção, entre vários outros, com projeção mais ou menos imediata, embora não linear, nos rendimentos e na qualidade de vida das pessoas residentes em diversas partes do território.

Em grande medida devido às antigas e persistentes diferenças económicas entre os países que fazem parte presentemente da União Europeia, constata-se, ao olhar para a evolução em cada um deles durante as duas primeiras décadas do século XXI, que alguns desses se encontram entre os mais competitivos do mundo e se aproximam ou porventura já alcançaram, a um ritmo rápido e (pelo menos aparentemente) sustentado, o grupo dos países mais desenvolvidos do mundo, enquanto outros, apesar de se manterem entre os países desenvolvidos, porque este padrão se tornou comum entre os países europeus, têm vindo a registar uma situação de estagnação económica persistente, com taxas de crescimento anuais médias muito baixas, comparativamente à evolução da generalidade dos países, o que representa um retrocesso relativo, face aos progressos reais e comparados daqueles.

A disparidade de resultados das políticas nacionais de coesão e de desenvolvimento, quer entre países quer entre regiões do mesmo país ou de países diferentes, revela que a interpretação de parâmetros de uma política comum, quando exista, ou dos entendimentos prevalecentes internacionalmente sobre as políticas de desenvolvimento e crescimento e de coesão, frequentemente reunidos por diversos organismos internacionais especializados, incluindo Banco Mundial, à escala global, e a União Europeia, no âmbito mais restrito do «velho continente», que também procuram acompanhar a aplicação e os resultados daquelas políticas, cujas conclusões gerais e propostas são objeto de publicação periódica, dá margem para decisões específicas, não coincidentes com as seguidas por outros, por serem consideradas mais adequadas a prosseguir e alcançar os objetivos fixados, que também não têm de coincidir, exigindo por isso uma avaliação criteriosa do conjunto de medidas efetivamente executadas e eventuais revisões e ajustamentos nas mesmas, a fim de eliminar ou pelo menos reduzir ineficiências e outra falhas, não o seu abandono, por ausência de garantias (sempre inevitável) de que os recursos alocados àquelas políticas serão (o mais) apropriadamente despendidos.

Não obstante a justificação para as políticas de desenvolvimento e de promoção da coesão económica, social e territorial poder variar muito consoante o respetivo enquadramento, tanto político como ideológico e tanto económico como social e cultural, bem assim consoante os objetivos a prosseguir, compreende-se que, além de terem de ser aceites politicamente, deverão perdurar consistentemente, sem oscilações injustificadas ou que se contraponham, a fim de alcançar os objetivos fixados, sem desvios ou tergiversões, eficientemente, o que pressupõe persistência e constância dos objetivos e da estratégia, das medidas, dos meios e dos instrumentos escolhidos e utilizados, bem como dos meios de acompanhamento e de avaliação da qualidade das ações e políticas e dos seus resultados, além da responsabilização dos gestores, procedendo aos ajustamentos que devam ser feitos, quando justificados.

Absolutamente cruciais são os recursos financeiros necessários para a execução com eficácia da política de desenvolvimento e de coesão, requisito que poderá não levantar tantas reservas ou obstáculos de maior em Estados mais prósperos e com maior capacidade para arrecadar receitas suficientes para o efeito, mas não em países menos prósperos, sem tradição de políticas públicas robustas, especialmente dirigidas a quem não ocupa posições mais próximas e centrais, mas periféricas, em relação ao processo de decisão política, cujos interesses tendem a ser postergados, com vantagem para os mais influentes e audíveis, tornando assim menos provável a afetação persistente dos recursos suficientes para atingir tais fins.

Estas dificuldades e os debates sobre as mesmas podem manifestar-se também, obviamente, em países mais prósperos e desenvolvidos, embora a afetação de maiores verbas às políticas de promoção do desenvolvimento equilibrado e da coesão é não só mais fácil de alcançar como viável, ou seja, financeiramente «possível», sem recurso a ajuda externa, bastando a formação de uma vontade política nesse sentido, sem hesitações que levam a inversões estratégicas significativas no curto e médio prazo – ao invés do que sucede com maior frequência em países menos prósperos, onde, mesmo quando é amplamente reconhecida a utilidade de instrumentos de apoio às atividades nas partes do território economicamente menos dinâmicas e atrativas, a escassez de recursos financeiros e de outra natureza impede ou pelo menos dificulta a efetividade e persistência daquelas políticas, tornando em parte vazias muitas das grandes proclamações políticas e os enunciados normativos que as contêm, mesmo quando ancoradas no texto das leis fundamentais.

As dificuldades de aplicação geral de políticas públicas são frequentemente de grande dimensão, sobretudo nos países menos prósperos, devido, antes de mais, à maior escassez dos recursos financeiros disponíveis e suscetíveis de afetação a tais fins, não obstante a ampla margem jurídica e política de liberdade e independência na tomada da decisão financeira, de que continuam a gozar os Estados soberanos, e não apenas teoricamente, o que torna mais difícil ou poderá chegar a inviabilizar em alguns países a aprovação e a prossecução real de políticas internas de desenvolvimento regional e de coesão económica, social e territorial robustas; maiores ainda são os obstáculos para a aprovação e aplicação ao nível internacional destas políticas, não obstante a ênfase e a repetição das proclamações destes objetivos.

Consequentemente, as políticas de desenvolvimento regional e de coesão económica, social e territorial são difíceis de prosseguir mesmo em blocos de integração económica internacional relativamente avançados, como os concretizados no continente europeu após o final da Segunda Guerra Mundial – em especial, as Comunidades Europeias, que deram lugar à União Europeia, e ainda, embora com menor relevância, tanto geográfica como quanto ao alcance dos domínios abrangidos, a EFTA (Associação Europeia de Comércio Livre). Quer em razão da delimitação das atribuições decorrente dos atos através dos quais os Estados membros decidiram instituí-los, e nos termos dos quais continuam a ser os «titulares», ou «donos» («senhores») e a exercer os respetivos direitos, quer ainda, e não menos relevantemente, em razão da circunstância de as finanças comuns, quando instituídas, continuarem a depender, totalmente, das decisões (unânimes) dos Estados membros ou dos seus representantes nos órgãos comuns. Daí que, mesmo em relação a políticas comuns aprovadas anteriormente e em execução, *v. g.*, por um período de sete anos, nunca poderão ser consideradas como «adquiridas» ou «garantidas», destinadas a manter-se para lá de tal prazo[154].

O problema do financiamento das políticas públicas do Estado tende a perder relevância ou deixar até de subsistir, em tempos de normalidade, por que os Estados são «completamente» soberanos no domínio financeiro: de uma banda, podem decidir livremente prosseguir uma política pública de desenvolvimento territorial, como se tornou frequente em numerosos

[154] É certo que também as políticas económicas dos Estados não devem ser consideradas absolutamente estáveis ou «eternas», por estarem sempre sujeitas a revisão e, eventualmente, extinção. Mas a sua duração no tempo é, sem dúvida, maior, comparativamente às políticas económicas de organizações internacionais, mesmo de integração económica internacional avançada, como a União Europeia. Enquanto o horizonte de duração de pelo menos algumas políticas públicas dos Estados pode confundir-se com o horizonte de duração dos Estados, não se colocando em geral a hipótese de um termo temporal, o mesmo não sucede com as políticas de comunidades ou uniões internacionais, incluindo a União Europeia, porque em relação a estas sempre se pode colocar a hipótese não apenas de dissolução como a de abandono de um ou mais dos seus Estados membros, como o caso do «*Brexit*» passou a servir de ruidosa prova a que ninguém poderá deixar de atender, além de que, como notado no texto, qualquer política de um bloco económico pode manter-se, ser revista no sentido de reforço ou de restrição, ou até extinguir-se, consoante venha a ser decidido pelos órgãos competentes para o efeito e, em última instância, pelos Estados membros.

países ao longo dos últimos decénios, cujo âmbito e cuja natureza variam muito, consoante for entendido e decidido pelos órgãos políticos competentes, e, de outra banda, quando definidos os instrumentos jurídicos e os meios financeiros para concretização dos desideratos fixados, esses meios podem ter por origem receitas públicas do próprio Estado, tipicamente os tributos, a cujo pagamento coativo todos ficam obrigados (incluindo, consoante os tributos, outros entes públicos, fora o credor, quando não isentos).

Pelo contrário, no caso de políticas de desenvolvimento e de crescimento, bem como de promoção da coesão económica, social e territorial, de nível acima dos Estados, especialmente ao nível de blocos económicos internacionais «regionais», de integração económica entre um conjunto de Estados (política e financeiramente) soberanos, apesar de a decisão de definir e de aplicar uma tal política pública possa ser tomada pelos órgãos competentes, à luz dos critérios previstos, a sua execução e concretização dependerá ainda da existência e da afetação dos recursos financeiros suficientes para o efeito, o que, em última instância, só poderá ser decidido e assegurado pelos próprios Estados envolvidos, porque apenas eles dispõem, modernamente, dos poderes e dos meios jurídicos imprescindíveis à obtenção desses recursos, se necessário coativamente – tipicamente, através dos impostos.

Todavia, o financiamento das políticas pode ser objeto de diferimento, em parte ou no todo, se se optar pelo crédito imediato, seja contratado pelos Estados diretamente, com transferências subsequentes para a organização comum, seja por esta última, se para tanto habilitada pelos Estados membros, na medida em que o tenha sido, através dos meios jurídicos que permitam a receção de receitas, tributárias ou creditícias, com repartição ou «mutualização» conjunta dos encargos da dívida (enquanto recetor e devedor de receitas provenientes de dívida pública emitida, objeto de reembolso ulterior nas condições estabelecidas, ou enquanto titular de personalidade tributária ativa, credor de impostos ou outras receitas tributárias)[155].

[155] Sobre as principais questões emergentes do fenómeno tributário, cf., em geral e entre outros, A. Sousa Franco (1992), *Finanças Públicas e Direito Financeiro*, vv eds., espec. 2.º vol.; E. Paz Ferreira (2020), *Ensaio de Finanças Públicas*; J. Casalta Nabais (2016), *Direito Fiscal*, vv eds.; Ana Paula Dourado (2017), *Direito Fiscal*, vv eds.

O problema do financiamento das políticas de crescimento e de desenvolvimento ou de coesão económica, social e territorial pressupõe uma resposta positiva à questão originária, inicialmente enunciada, ou seja, a aceitação dos efeitos benéficos destas políticas públicas, da sua eficiência e da sua eficácia, pelo menos parcelar, sem prejuízo da introdução de todos os ajustamentos que se justifiquem, designadamente resultantes da sua conjugação e harmonização com outras políticas, transversais e sectoriais.

Em todo o caso, e independentemente da resposta geral aos problemas colocados quanto às virtudes das políticas de coesão, é certo que a sua prossecução comporta um efeito redistributivo relevante e transversal, envolvendo todos os Estados membros, mediante a transferência de volumes (mais ou menos) elevados de verbas de uns Estados e regiões (por regra, mais prósperos) para outros Estados e regiões (por regra, menos prósperos) da União, o que, por si só, proporciona efeitos «compensadores» e redistributivos, por si relevantes, traduzidos, por exemplo, na alocação de vastas dezenas de milhões de euros, em numerosas regiões da União Europeia, o que não pode ser considerado despiciendo – mesmo quando é lamentada a insuficiência dos resultados das políticas antecedentes, apesar das dezenas, centenas ou milhares de milhões de euros canalizados no âmbito da política de coesão europeia.

A progressão do financiamento destas políticas comuns foi gradual e o seu reforço só se tornou mais robusto a partir dos anos oitenta (do século passado), tendo quase estagnado depois do dobrar do século, sem embargo de diversos ajustamentos, uns resultantes dos alargamentos consecutivos (em 2004, 2007 e 2013), outros das reformas dos «fundos» europeus e outros ainda das negociações dos quadros financeiros plurianuais que se seguiram, até à consumação do «*Brexit*», em 2020 – o qual obrigou a vários ajustamentos resultantes de o Reino Unido ter sido um dos principais contribuintes líquidos do orçamento da União, pelo que a sua saída iria inevitavelmente implicar uma redução (absoluta e também relativa) dos recursos destinados à política europeia de coesão.

De qualquer modo, e em síntese, de uma política de coesão explícita praticamente inexistente durante as primeiras décadas das Comunidades, até aos anos setenta e oitenta do século passado, evoluiu-se gradualmente para uma política de coesão que haveria de ocupar uma posição central, como «primeira» grande rubrica orçamental das despesas das

Comunidades e da União, substituindo assim, em parte, a anterior posição isolada de topo da Política Agrícola Comum no conjunto das rubricas de despesas comuns, embora sem qualquer proeminência «eucalíptica», «esgotante» ou «esvaziante», que esta representou nas décadas iniciais.

A emergência e o reforço de uma política comum de promoção do desenvolvimento das diferentes regiões europeias e de coesão do todo formado pelas Comunidades e pela União permitiram colmatar a ausência e as debilidades das políticas nacionais congéneres, melhor ou menos satisfatoriamente definidas, financiadas e mantidas consoante os Estados membros, em busca de uma ação comum conjugada e consistente, suficientemente suportada por recursos financeiros suficientes, obtidos segundo critérios específicos, em concretização da solidariedade, também financeira, no seio do bloco, mesmo que o financiamento conjunto tivesse de ser acompanhado, em maior ou menor medida, consoante acordado, por contributos internos de cada Estado membro, à luz do chamado princípio da «adicionalidade»[156].

O problema do financiamento das políticas de promoção do crescimento e desenvolvimento e de coesão económica, social e territorial não é, pois, menor, mas antes absolutamente decisivo para a sua efetiva prossecução e para a avaliação do âmbito, da eficácia e do alcance das ações e dos meios adotados e executados no seu quadro, apesar de os resultados reais dependerem igualmente de factores como a qualidade das ações e dos meios e da sua adequação às situações económicas, políticas e sociais

[156] O princípio da solidariedade financeira subjacente às políticas comuns de promoção do desenvolvimento e crescimento (harmonioso) territorial e de coesão do conjunto formado pelo bloco económico, apesar de se projetar em geral através da canalização de recursos financeiros dos Estados membros e regiões mais prósperos com destino aos Estados membros e regiões menos prósperos das Comunidades e da União tinha limites, entre os quais as divergências de efeitos destas políticas e de outras políticas comuns, que poderão beneficiar os países centrais, em geral mais prósperos e mais densamente povoados, em vez dos países mais periféricos, em geral menos prósperos, além de anómalos limiares mínimos e máximos de comparticipação comum por Estado membro, que necessariamente prejudicam a eficácia do princípio da solidariedade (tal como também resultava da designada «devolução do cheque britânico», ou de outros mecanismos financeiros similares, impedientes da projeção da solidariedade comunitária). Cf. J. Renato Gonçalves (2010), *O Euro e o Futuro de Portugal e da União Europeia*, cit, espec. Caps. III e IV.

particulares – depois de ultrapassada a dúvida preliminar da respetiva necessidade e adequação ou eficiência e eficácia.

No contexto internacional, «supranacional», «comunitário» ou «regional», a questão financeira torna-se, assim, muito mais complexa e politicamente sensível, por se encontrar desde há muito tempo centrada, em geral, quanto aos aspetos nucleares, no âmago da soberania dos Estados – que, ao invés de outras entidades (internacionais ou «supranacionais»), se encontram efetivamente dotados dos instrumentos jurídicos essenciais para a obtenção das receitas destinadas à prossecução das diferentes tarefas e políticas públicas, pelo que qualquer alteração substancial neste campo não deixará de olhar e de procurar ponderar os interesses contrapostos em jogo.

Não obstante os impressivos progressos alcançados no domínio financeiro comum europeu desde que foram criadas as Comunidades e, mais tarde, a União Europeia, atendendo precisamente ao que está verdadeiramente em jogo, até ao ponto de alguns terem passado a referir-se (muito contestavelmente) a «finanças federais», com isso pretendendo aproximar as finanças europeias das finanças públicas dos Estados soberanos, o certo é que a última palavra na decisão financeira continua a pertencer (pelo menos por enquanto), essencialmente, aos Estados membros e não ainda à União Europeia, mesmo após alguns dos desenvolvimentos mais recentes, e sem embargo de se admitir que a solução atual poderá evoluir e reforçar-se (no sentido da ampliação dos poderes financeiros da União e, em consequência disso, da restrição dos correspondentes poderes financeiros dos Estados membros), ou não[157].

A questão financeira abrange, necessariamente, uma componente económica e também uma componente jurídica, mas ambas pressupõem uma terceira componente, política, da qual dependem, bem como a sua legitimação e justificação, especialmente democrática, do conjunto das ações a prosseguir e realizar, mediante a afetação de recursos, além da própria legitimidade da «construção europeia» como um todo, em torno da União e das suas instituições, com as diversas políticas estabelecidas.

[157] Cf. Eduardo Paz Ferreira (2020), *Ensaio de Finanças Públicas*, espec., pp. 517 e ss.; Manuel L. Porto (2017), *Teoria da Integração e Políticas da União Europeia*, pp. 483 e ss.; João Ricardo Catarino / José F. F. Tavares (orgs.) (2012), *Finanças Públicas da União Europeia*.

A relevância e a complexidade do tema exigem um tratamento posterior mais aprofundado.

De qualquer modo, o alcance e a natureza dos poderes financeiros de uma comunidade internacional, incluindo «supranacional», resultam de um recorte negativo ou positivo em confronto com os poderes próprios, pertencentes e exercidos, ou capazes de ser exercidos, na medida em que o possam ser, pelos Estados membros. Não é, pois, irrelevante, mas determinante, designadamente, a habilitação por eles atribuída à organização criada, e os termos da mesma, temporária ou «definitiva», nos planos político e financeiro, de difícil distinção em concreto, em função dos instrumentos jurídicos eleitos, tipicamente os Tratados, que constituem assim um «barómetro» do grau de solidariedade (política, financeira) entre os participantes – consoante as contingências históricas, políticas, económicas e sociais.

Nas Comunidades Europeias, as políticas de desenvolvimento tardaram, em primeiro lugar por que não foram inicialmente consideradas essenciais, dada a prevalente homogeneidade entre as partes do território abrangido, apesar de quebrada ao nível nacional, como no caso do, já mencionado, *Mezogiorno* italiano, bem como dos territórios ultramarinos e insulares franceses, enquadramento político modificado nos anos setenta e oitenta, com as entradas, consecutivamente, da Irlanda (em 1973), da Grécia (em 1981) e de Portugal e da Espanha (em 1986), pondo «definitivamente» em causa qualquer ilusão de proximidade em termos de capacidade competitiva das realmente diversas partes territoriais comunitárias[158].

[158] A alteração do entendimento político sobre a relevância das assimetrias económicas e sociais entre os vários Estados membros e respetivas regiões das Comunidades Europeias, nos anos setenta e sobretudo oitenta, não resultou sobretudo da adesão de novos Estados membros (em 1973, 1981 e 1986), porque já existiam algumas com enorme importância (económica, social e política), como era o caso do *Mezogiorno* italiano. A alteração de posição quanto ao problema das assimetrias ou desigualdades regionais no seio das Comunidades, além dos indicadores económicos e sociais, então particularmente agravados pela crise económica e financeira internacional dos anos setenta que se prolongou nos primeiros anos da década seguinte, projetou-se com maior intensidade no quadro político, primeiramente nacional, mas logo depois também internacional e, designadamente, comunitário europeu, pelas semelhanças dos efeitos graves da crise económica e social nos vários Estados membros ou, mais precisamente, em algumas das respetivas regiões e áreas industriais. Além dos relatórios periódicos elaborados e publicados pela Comissão Europeia sobre a situação económica e social

A melhor perceção das desigualdades ou «assimetrias» económicas e sociais entre as realmente diversas partes do território das Comunidades Europeias, designadamente em França e em Itália e, com os diferentes alargamentos, em vários dos novos membros conduziram, conforme apontado, à criação de diversos instrumentos destinados a auxiliar as regiões menos prósperas e competitivas, que, no seu conjunto, formaram a Política de Desenvolvimento Regional (comunitária europeia) e, posteriormente, a Política de Coesão (económica, social e territorial), cujos reforços consecutivos se justificaram pelos alargamentos a leste, em especial o «grande alargamento» de maio de 2004, «completado» em 2007 e em 2013, e, admissivelmente, ainda na terceira década do século XXI, na sequência da aceitação célere como candidatos à adesão, no primeiro semestre de 2022, de mais dois Estados, a Ucrânia e a Moldávia, imediatamente após a invasão russa da Ucrânia, que se juntaram assim a outros países nas negociações de adesão, não raramente muito prolongadas, se as mesmas prosseguirem e vierem a concluir com êxito nos próximos anos[159].

das regiões europeias e da bibliografia já anteriormente citada, cf. J. Renato Gonçalves (2010), *O Euro e o Futuro de Portugal e da União Europeia*, cit., esp. Caps. IV e V.

159 Quer no caso da Ucrânia, quer no caso da Moldávia, os pedidos de adesão e a decisão sobre os mesmos foram extraordinariamente céleres, imediatamente após a invasão da Ucrânia pelas forças armadas da Rússia, iniciada a 24 de fevereiro de 2022. Os pedidos de adesão foram apresentados poucos dias depois após o início da invasão russa, no caso da Ucrânia, e, posteriormente, tanto pela Moldávia como pela Geórgia, sendo o primeiro formalmente recebido pela Presidente da Comissão Europeia, Ursula von der Leyen, das mãos do Presidente da Ucrânia, Volodymyr Zelensky, na deslocação que realizou a Kyiv, inaugurando périplos consecutivos de alguns dos principais líderes políticos de organizações internacionais e de vários países à capital da Ucrânia, nas semanas e meses durante a guerra da Rússia contra a Ucrânia. Além da Presidente da Comissão Europeia manifestaram o seu apoio à Ucrânia contra a invasão russa mediante a sua deslocação a Kyiv, a Presidente do Parlamento Europeu e o Presidente do Conselho Europeu, o Primeiro-Ministro do Reino Unido, Boris Johnson, os chefes de Estados e ou de Governo da Polónia e dos Estados Bálticos, vários secretários da Administração Biden (o Presidente dos Estados Unidos da América deslocou-se à Polónia, junto da fronteira com a Ucrânia, mas não chegou a visitar o país, ao invés da sua mulher, que chegou a visitar a parte ocidental da Ucrânia, onde se encontrou com a mulher do Presidente Zelensky), o Primeiro-Ministro do Canadá e, por fim, depois de tanto criticismo público, incluindo de dirigentes de vários de Leste, em conjunto, o Chanceler da Alemanha, Olaf Scholz, o Presidente da França, Emmanuel Macron, e o Primeiro-Ministro italiano, Mario Draghi, acompanhados pelo Presidente da Roménia, em junho de 2022, na véspera de a Comissão Europeia se

Além de tardios, pelo exposto, o financiamento e a execução em comum de uma política europeia de desenvolvimento regional e de coesão (económica, social e territorial) ficaram limitados pela sua dimensão, considerada «diminuta» face aos desafios e aos objetivos: as próprias «duplicações» consecutivas dos montantes globais de verbas do orçamento das Comunidades destinadas à nova política, com os chamados Pacote Delors (I) e Pacote Delors II, nos anos oitenta e noventa (do século passado), revelaram-se «insuficientes» perante a natureza e a gravidade das debilidades estruturais identificadas, a minorar ou resolver.

Fora as dificuldades inerentes a uma política transversal com tanta ambição, cujos efeitos serão quase inevitavelmente contingentes, a circunstância de ter âmbito comum, ou «comunitário», organizada e administrada por uma organização internacional, ou «supranacional», e

pronunciar positivamente em relação aos pedidos de aceitação como candidatos à adesão apresentados pela Ucrânia e pela Moldávia, após uma análise acelerada, nas semanas antecedentes – o sentido seria diverso no caso da Geórgia, cujas negociações deveriam prosseguir. O parecer da Comissão seria confirmado na semana seguinte, unanimemente, pelo Conselho Europeu.
As reservas iniciais de alguns dirigentes europeus, em especial do Chanceler da Alemanha e do Presidente da França, evidenciadas por contactos por vezes diários com o Presidente da Rússia, Vladimir Putin, em particular pelo Presidente francês, Macron – mais tarde ridicularizados por governantes de países como a Polónia e a própria Ucrânia, pela sua total ineficácia e pelo significado político desse empenho, em face da destruição total e carnificina humana causadas diária e indiscriminadamente no território ucraniano pelo exército russo – seriam ultrapassadas, por unanimidade, na reunião do Conselho Europeu, de junho de 2022.
Diversamente se pronunciou o Primeiro-Ministro português, António Costa, em entrevista ao jornal *Financial Times*, na semana anterior à da decisão do Conselho, dois dias antes da deslocação a Kyiv do Presidente da França, do Chanceler alemão e o do Primeiro-Ministro italiano, contra o reconhecimento do estatuto de candidato da Ucrânia (e certamente também da Moldávia) à União Europeia, por não abranger a ajuda imediata de que o país necessita(va) – esta sim, deveria ser assegurada, como estava a sê-lo –, atendendo a que o processo de adesão ser necessariamente moroso, como sempre acontecera no passado (o de Portugal tinha demorado quase uma década e o da Ucrânia seria certamente mais demorada dada a sua complexidade), pressupondo alterações institucionais e de outra natureza, incluindo financeiras e dos próprios textos dos Tratados, que deveriam ser previamente discutidas.
A discordância de Portugal quanto à aceitação imediata da Ucrânia como candidato à adesão à União foi criticada expressamente pelo Presidente Zelensky pelo facto de a situação atual da Ucrânia, após a invasão pela Rússia, ser anómala e grave, não comparável com alargamentos anteriores, incluindo de Portugal, nos anos setenta e oitenta, em tempos normais.

dirigida a um conjunto de Estados, torna-a totalmente dependente da vontade destes, que são soberanos no momento da decisão de financiamento – mesmo no contexto de um processo de integração económica intensa e crescentemente avançada, como é o estabelecimento de uma União Económica e Monetária.

Capítulo III
O estabelecimento da União Económica e Monetária

1. Integração diferenciada e cooperações reforçadas

Todo o processo de integração europeia se caracterizou, desde o começo, e continua ainda a caracterizar, apesar de em termos substancialmente diversos, por uma significativa flexibilidade e também diferenciação, antes de mais em face das realidades políticas e económicas distintas dos vários países europeus e da sua evolução, mas que, paralelemente, promoveram e participaram um projeto conjunto e solidário, como seus protagonistas, porventura arriscando a erosão desse protagonismo e a sua substituição pela União.

Não obstante as grandes afinidades e proximidades entre os Estados que se envolveram e empenharam na concretização do projeto comum de construção europeia, inaugurado com a criação, entrada em funcionamento e desenvolvimento das Comunidades, não obstante a diversidade das características históricas, políticas, económicas, sociais e culturais, entre outras, de cada um deles e de suas regiões, que não coincidiam ou divergiam substancialmente, nada apontando aliás que se verificasse algo diverso.

A fixação negociada de alguns objetivos iniciais das Comunidades, primeiramente sobretudo de âmbito sectorial, contribuiu similarmente para concentrar e restringir o campo de ação comum, de âmbito fundamentalmente económico, só excecionalmente noutros campos, que continuaram a caber, em geral, na reserva dos Estados membros, reconhecendo-se assim, compreensivelmente, *de jure* e ou *de facto*, uma ampla margem de flexibilidade na tomada de decisão pelas autoridades internas no quadro do processo de integração europeia, com diferenças de entendimento e de ação pelos vários membros de uma mesma Comunidade ou União, com projeção nas competências previstas nos Tratados e no respetivo exercício[160].

Não obstante poder-se definir o processo de integração internacional em sentido amplo, como de resto todos os processos gerais de cooperação internacional, certo é que, por se manifestar por formas mais estreitas, intensas e estáveis do que na mera cooperação até então existente e experimentada, entre Estados soberanos, com uma dimensão política de enorme relevância, e por isso em constante, se não inexorável, confronto com a soberania dos Estados participantes, é também, desde que

[160] A margem de diferenciação entre os Estados membros das Comunidades e da União, apesar de significativa e não raramente decisiva em momentos tão relevantes, foi frequentemente minorada, posta de lado ou até esquecida, sobretudo por quem se encontrava (mais) perto de «Bruxelas» e acompanhava o funcionamento das instituições europeias e a evolução do processo de integração continental – quase sempre muito dinâmico e em recorrente aprofundamento, por impulso tanto de titulares e funcionários das instituições europeias quer de alguns políticos e diversos outros *influencers* nacionais e também internacionais, da imprensa à universidade, da política às associações empresariais e laborais e a organismos não-governamentais, que se concretizou e consolidou, graças a um conjunto de motivos, incluindo a obtenção de financiamentos e de outras vantagens, e com o contributo poderoso dos instrumentos próprios do novo Direito das Comunidades e da União, caracterizado por princípios (incluindo do primado, da autonomia e do efeito direto) que determinaram a sua eficácia em todo o território dos Estados membros (*vd. infra*).
No entanto, sempre que emergiram interesses verdadeiramente importantes para os Estados membros ou considerados como tal pelos seus dirigentes políticos, quando não entendidos de modo idêntico pelos restantes parceiros, e inclusivamente no domínio económico (recordemos apenas, entre vários outros, o caso da pretensão de aquisição por investidores estrangeiros de uma empresa produtora dos iogurtes, *Danone*, em França), essas divergências não deixaram de ensombrar ou afastar, pura e simplesmente, a expectável uniformidade na tomada de decisões por parte das Comunidades e da União. Nem sempre as virtudes gerais reconhecidas às políticas das Comunidades e da União, por exemplo, como recentemente, no domínio das reduções de emissões ambientais, são reconhecidas como similarmente adequadas ou aceitáveis em certas indústrias internas, aparentemente «especiais» face às demais (nesse sentido, dirigentes como o Primeiro-Ministro de Itália, Mário Draghi, entre outros, notaram que, «evidentemente», as regras de limites de emissões aplicáveis aos automóveis em geral «não poderão ter de ser cumpridas» pela Ferrari e, porventura, também pela *Lamborgnini* e, porque não, pela *Porshe*...).

voluntário e não exigido coativamente, flexível por natureza – por assentar «necessariamente» no diálogo entre entes todos soberanos, que partilham entre si e os respetivos povos pelo menos alguns valores e interesses essenciais, designadamente no campo económico, mas também nos domínios político e social, mesmo quando não existam garantias de vantagens quantitativamente apuráveis numa ou mais vertentes, nem de repartição equilibrada das vantagens por todos.

A partilha de certos valores e interesses por um conjunto de Estados e respetivos povos contribui, certamente, para cimentar uma «cooperação reforçada» entre eles, a partir de determinados momentos históricos, podendo tais conexões perdurarem no tempo, de modo a que os aspetos anteriormente partilhados, com maiores ou menores e mais ou menos profundos antecedentes, a partir de algumas datas e que permanecerão e reforçar-se-ão, ou não, numa dinâmica constante, com intensificações ou abandonos de interesses e valores idênticos ou próximos. E se inicialmente algumas preocupações ou certos objetivos se perspetivam estáveis, tendentes a persistirem com o decurso do tempo, expandindo-se e consolidando-se, isso poderá não se verificar pelas mais diversas vicissitudes e, ao invés, exaurir-se.

Embora tendo, provavelmente, tudo isso em conta, a partir da experiência histórica, não terá sido apenas ou sobretudo essa a justificação da previsão, pelos Tratados europeus, da figura das «cooperações reforçadas». Além da preocupação com a adaptação do processo específico de cooperação e de «integração» económica internacional europeu com a realidade e com as possibilidades, os autores e titulares dos textos fundadores da união europeia pretendiam, predominantemente, impulsionar para um patamar mais elevado e tornar mais consolidado e enraizado todo o projeto de construção em comum de uma nova realidade política, num contexto de liberdade e de democracia política[161].

[161] A unidade territorial, também nas vertentes política, económica e social, entre outras, pode ser alcançada pela força, inclusivamente pelas armas, e foi isso que foi tentado, no continente europeu, entre tantos outros e em diferentes momentos, nos últimos séculos, por Napoleão, a partir de Paris, por Hitler, a partir de Berlim, bem como por Lenine, por Estaline e seus sucessores, incluindo, mais recentemente, por Putin, a partir de Moscovo.
Mas não foi esse o método escolhido pelos «pais fundadores» do projeto europeu, como é sabido. Foi, sim, o método da paz e da democracia, não baseado na força das armas ou outra, mas na vontade das pessoas envolvidas, cada qual com o direito de participar no processo,

A flexibilidade dos processos de cooperação e de integração económica internacional é, pois, inerente à sua condição histórica, mas aceitar-se-ia talvez preferencialmente nos casos de mera cooperação do que nos de integração internacional, dada a maior estabilidade ou perdurabilidade destes últimos em relação àqueles, desde logo por pressuporem maiores semelhanças, afinidades e proximidades, em diferentes domínios (político, cultural, económico, social, geográfico...), entre os Estados participantes e seus povos, e menos com outros, pelo que, também por isso, tais características de proximidade ou identitárias entre certos países ou partes destes se poderão manter e até reforçar com o decurso do tempo.

Se assim suceder, poderá alargar-se o grau de coesão entre os Estados participantes e seus povos e, consequentemente, o grau de partilha de interesses políticos e económicos, e outros, relevantes, eventualmente extensível a mais Estados e seus povos, que, entretanto, tenham reconhecido partilhar igualmente daqueles valores e interesses e, por isso, pretendam empenhar-se daí em diante na prossecução dos objetivos acordados em comum, abandonando assim posições e ações anteriores distintas no domínio internacional, em função da (nova) sintonia de objetivos e de ações, em articulação e concordância com os parceiros.

De qualquer modo, quando se fala em diferenciação num processo de integração económica internacional, como o seguido com as Comunidades e a União Europeia, não se pretende mencionar apenas a necessidade de adaptação às circunstâncias da evolução histórica, que é incerta e dinâmica por natureza, não obstante os inúmeros traços de continuidade, consoante o grau de homogeneidade e semelhanças e também de diferenciação entre os países e povos envolvidos, quer no curto quer no médio e longo prazo, requisito essencial de um processo de integração que perdure e tenha sucesso, em função das tensões entre os factores consensuais e de aproximação e entendimento e os factores inversos, de afastamento, sobretudo

pelo menos através da eleição dos governantes no âmbito de um sistema político partidário e democrático, regido e subordinado à lei, dotado de mecanismos de controlo efetivo do exercício dos poderes e do cumprimento das regras vigentes.
O projeto europeu foi desde o início e continua a ser um projeto de paz, avesso à utilização da força – salvo como último recurso, de defesa perante ameaças e ataques à sua integridade –, baseado na vontade livre dos seus cidadãos, que decidem, em última instância, manter ou não e em caso afirmativo de que modo o projeto de integração inaugurado nos anos cinquenta do século XX e gradualmente aprofundado e consolidado até ao presente.

em domínios mais relevantes, sensíveis e determinantes, origem de incerteza quanto ao desenrolar e ao desfecho do confronto entre os valores e interesses que são e podem ser partilhados e ligam os envolvidos e os que os afastam e assim prejudicam e podem ameaçar a coesão e unidade proposta.

Importará, igualmente, a busca de resposta ao problema nuclear da subsistência ou não, necessariamente sem divisões inultrapassáveis, de um conjunto de aspectos de coesão entre todos os participantes – pessoas, instituições e países, incluindo as comunidades políticas Estados e as entidades regionais e locais –, pelo menos quanto aos aspetos e implicações mais relevantes do processo de integração internacional, de modo a que, se possível, nenhum ou o menor número dos participantes prefira ou admita abandonar o projeto comum em que esteja empenhado, seja uma comunidade ou união, e, eventualmente, a adesão a outra comunidade ou união económica ou política, ou participação na formação de outra.

A integração diferenciada foi expressamente prevista, pela primeira vez, nos Tratados europeus com o Ato Único de 1986, quando exigiu que a Comissão levasse permanentemente em conta o esforço específico a suportar pelas economias dos Estados membros com diferenças (negativas) de desenvolvimento em relação às (médias das) economias dos restantes membros, incluindo a partir da apresentação das propostas para o estabelecimento e reforço do objetivo geral do Mercado Interno.

A permissão desta diferenciação entre Estados membros no processo de integração europeia assenta na aceitação de uma Europa a duas (ou mais) velocidades, pelo menos durante a prossecução dos objetivos comuns, atendendo assim às diferentes capacidades estruturais das economias dos diversos países participantes para o cumprimento imediato dos objetivos acordados e seus vários requisitos, justificando-se assim que alguns deles ou algumas das suas regiões beneficiassem de derrogações transitórias para o efeito. Na mesma ideia encontra fundamento a previsão de períodos transitórios para os novos Estados membros, durante os processos da adesão, em função das respetivas especificidades, de modo a permitir uma adaptação progressiva aos diferentes objetivos e ao «acervo comunitário»[162].

[162] Foi o que sucedeu, por exemplo, com Portugal, cujo período transitório se prolongou durante vários anos e foi acompanhado por vários instrumentos financeiros de auxílio dirigidos

As divergências de níveis de desenvolvimento existentes entre as economias dos vários Estados membros, que fundamentavam um tratamento diferenciado quanto aos ritmos de concretização das medidas destinadas a estabelecer o Mercado Interno, iriam ganhar especial importância com a introdução no Tratado CEE, pelo Ato Único Europeu, de 1986, de um novo Título (V) relativo à Coesão Económica e Social, na Parte III, com a epígrafe «Política(s) da Comunidade», destinada a «reduzir a diferença entre as diversas regiões e o atraso das regiões e o atraso das regiões menos favorecidas» (cf. § 2.º do artigo 130.º-A).

Preocupações similares justificaram a alteração introduzida pelo Tratado da União Europeia, de 1992, para atender à circunstância de nem todos os Estados membros preencherem (ainda) as condições ou critérios de convergência fixados para a adoção de uma moeda única, na data prevista para a conclusão da (terceira fase da) União Económica e Monetária – havendo concordância dos Estados membros com os objetivos comuns a alcançar e admitindo-se o caráter transitório das derrogações. Com o novo modelo de integração «diferenciada» introduzido, visava-se afastar ou, pelo menos, esbater a excessiva rigidez de um modelo, difícil ou «impossível», de aplicação uniforme das regras comuns às situações concretas (demasiado) distintas. Falava-se então, a este respeito, em «diferenciação negativa» na aplicação do direito comunitário europeu[163].

aos diversos sectores de atividades, da agricultura e pescas à indústria, que, quando justificado, poderiam ser prolongados depois através de programas de desenvolvimento inseridos na política regional europeia [assim, os instrumentos financeiros de apoio à indústria portuguesa por ocasião da adesão do país às Comunidades, em 1 de janeiro de 1986, deram lugar ao PEDIP – Programa Específico de Desenvolvimento da Indústria Portuguesa, para os anos 1988-1992, e ao PEDIP II – Programa Estratégico e Modernização da Indústria Portuguesa, integrado no Programa de Desenvolvimento Regional (PDR) e no Quadro Comunitário de Apoio (QCA) para 1994-1999 – cf. Decreto-Lei n.º 177/94, de 27 de junho, tendo por base duas decisões da Comissão desse ano, n.º (C) 376, de 25 de fevereiro, e n.º (C) 474, de 4 de março].
O processo de adaptação e de transição com vista à adesão de um Estado como membro não se restringe à estrutura económica e produtiva, mas ao conjunto («acervo») das regras jurídicas das Comunidades e da União Europeia e respetivo conteúdo, tal como entendido, em última instância, pelo Tribunal de Justiça.

[163] Quando concedidas derrogações aos Estados membros que não reúnam condições para o cumprimento dos critérios de convergência previstos, proceder-se-á ao reexame das situações concretas e da sua evolução e, logo que preenchidas as condições necessárias, deverão ser

Diversamente do que acontecera com o Ato Único Europeu, em que o modelo de integração a várias velocidades se restringia à formulação de propostas de certas medidas e respetivos efeitos para a concretização do objetivo comum, não admitindo a exclusão de um ou mais membros dos mesmos compromissos e exigências, com o Tratado da União Europeia (de 1992) a diferenciação ganhou uma nova dimensão, passando a constituir elemento central de todo o processo de integração europeia, além das modalidades de aplicação de medidas. Os Tratados admitiram então, pela primeira vez, uma distinção nítida, apesar de considerada transitória, entre dois grupos distintos de Estados membros, em que só os que fizessem parte do primeiro grupo (de «primeira») participariam na futura união monetária[164].

revogadas aquelas derrogações, conforme previsto no (n.º 2 do) artigo 109.º-K do Tratado CE (com a redação dada pelo Tratado da União Europeia).
Observa a esse propósito o Prof. PAULO PITTA E CUNHA que «a incapacidade reconhecida a determinados países de acompanharem o ritmo dos restantes e o caráter transitório da situação de exceção em que ficam colocados, no quadro da afirmação de objetivos comuns (atente-se ma formulação enfática da irreversibilidade da evolução para a moeda única no Protocolo relativo à passagem à terceira fase da UEM), aproximam a conceção da diferenciação subjacente a este regime introduzido pelo Tratado da União Europeia daquela que já fora acolhida pelo Ato Único». Porém, neste último caso, estamos perante a primeira separação nítida entre dois grupos de Estados membros, em que apenas alguns deles, não os restantes, participariam na realização do objetivo fixado, a união monetária (não na «terceira fase» da UEM).
Cf. P. PITTA E CUNHA (2013), "A diferenciação na integração europeia", in *Sombras sobre a Integração Europeia, cit.*, pp. 61 e ss.; G. ROSSOLILLO (2014), "Cooperazione rafforzata e Unione Economica e Monetaria: Modelli di flessibilità a confronto", pp. 325 e ss.; J.-VICTOR LOUIS (2013), "La pratique de la coopération renforcée", pp. 277 e ss.; C. GUILLARD (2006), *L'Intégration Differenciée dans l'Union Européenne*; B. DE WITTE, / D. HANF / E. VOS (orgs.) (2001), *The Many Faces of Differentiation in EU Law*; JEAN-PAUL JACQUÉ (1986), "L'intégration différenciée de *lege ferenda*", in *L'Intégration Différenciée – Journée d'Études*, pp. 24 e ss.

[164] Não existiam precedentes à inovação introduzida pelo Tratado da União Europeia relativamente ao processo de integração diferenciada, apesar de se conhecerem propostas com esse sentido, incluindo o artigo 35.º do projeto de Tratado da União Europeia do Parlamento Europeu, de 1984, com a previsão da diferenciação, e ainda a apresentada pela França na conferência intergovernamental preparatória do Ato Único Europeu, de aditamento de um artigo 235.º-*bis* ao TCEE, com teor semelhante, ambas abandonadas. Apesar da natureza transitória da inovação, que se previa que pudesse extinguir-se com a revogação das derrogações, comportava efeitos significativos, especialmente no plano institucional, com a não participação dos Estados do «segundo grupo» na designação dos membros da Comissão Executiva do Banco

O Tratado da União Europeia intensificou o método da diferenciação ao abranger a matéria da participação dos Estados membros na união monetária, então projetada, mediante a previsão, através de protocolos anexos, relativos ao Reino Unido e à Dinamarca, da possibilidade de alguns Estados membros não participarem na terceira fase da União Económica e Monetária, consoante assim o decidissem, livremente, ou seja, independentemente de preencherem ou não os critérios estabelecidos para o efeito. No protocolo respeitante à Dinamarca previa-se a eventual revogação da derrogação concedida, aproximando-o assim da derrogação facultada aos membros que não cumprissem os critérios de convergência. No protocolo respeitante ao Reino Unido nem essa previsão existia.

Estamos, agora, perante uma fórmula de integração diferenciada até certo ponto radical, «revolucionária», em nítido contraste com a visão, por assim dizer, «tradicional», caracterizada por um estádio temporário de falta de preparação de um membro, por não conseguir cumprir ainda os requisitos fixados para a participação numa determinada política específica enquanto objetivo comum, aceite por todos os países sem reservas. Com a nova modalidade de integração diferenciada, afasta-se a natureza transitória da diferenciação, que é substituída pela aceitação de uma discordância permanente de um membro em face de certos objetivos «comuns», que, na verdade, deixam de ser comuns – passam a ser partilhados apenas pelos restantes membros, com exclusão do(s) que beneficie(m) da concessão.

Todavia, não se justifica aqui a referência a integração a duas (ou mais) velocidades, porque só existem diferentes velocidades entre os que aceitam e partilham o mesmo rumo ou os mesmos objetivos de integração e que, por determinadas circunstâncias, são admitidos ritmos distintos do processo, adequados à sua concretização por um ou alguns Estados membros.

Não cabendo numa categoria aberta de integração, ou seja, numa integração «*à la carte*», com liberdade de escolha dos interessados quanto aos meios e aos ritmos e calendários de prossecução e conclusão do processo, estamos antes perante uma modalidade de integração de «geometria variável», que leva em conta as especificidades próprias dos diversos membros, e, mais ainda, que pode tender a manter-se, envolvendo assim implicações

Central Europeu e a não inclusão no Conselho desta instituição dos governadores dos bancos centrais nacionais daqueles mesmos países. *Vd.* bibliografia citada.

que deverão ser muito cuidadamente ponderadas, por atingirem criticamente quer as formas quer os próprios fins do processo de aproximação aceite pelos Estados membros: *v. g.*, é radicalmente diferente para um Estado soberano passar a fazer parte, ou não, a partir de determinada data, de uma união monetária internacional[165].

Na primeira categoria de integração diferenciada, introduzida pelo Ato Único Europeu, existe fundamento para a diferenciação e este é explicitado, facilmente compreensível e consistente no quadro de um processo de integração económica internacional, justificando-se pelo facto de os países serem economicamente distintos – quanto à capacidade produtiva, quanto à sua especialização e ao espírito criativo, quanto ao nível de rendimentos obtidos – e dessas diferenças poderem resultar limitações e custos acrescidos para uns Estados em relação a outros, para conseguirem adaptar-se às exigências fixadas, especialmente se estas dependerem da robustez e da resiliência das estruturas e capacidades económicas ou financeiras nacionais.

Compreende-se, assim, que, atendendo às circunstâncias particulares de um país, lhe possa ser concedido mais algum tempo para o cumprimento dos objetivos fixados pelos Tratados, que, por isso, não ficarão prejudicados no essencial, apenas excecionalmente diferidos no tempo.

Com esta flexibilização do ritmo de integração não ficaram prejudicados nem o fim nem os objetivos fixados para orientar todo o processo de aproximação entre os Estados membros, de modo coeso e com sentido de unidade do conjunto, ou seja, sem desigualdades injustificadas de tratamento e de estatuto ou posição entre cada um dos participantes – precisamente o inverso do que se passou a permitir, radicalmente, com os «*opts outs*» de Maastricht.

165 Na integração de geometria variável, as diferenças permitidas entre os Estados membros passam a ter caráter permanente, em vez de serem meramente temporárias, mas as divergências aceites não podem resultar de escolhas completamente livres, «*à la carte*», «arbitrárias» ou até «erráticas», dos Estados membros, com base apenas na sua conveniência ou nos seus interesses próprios, independentemente dos objetivos e interesses comuns, como na modalidade de integração «*à la carte*». A integração de geometria variável enquadra-se necessariamente num conjunto de variantes ou hipóteses de cooperação admitidas pelo conjunto dos membros, que, no essencial, devem assegurar a coesão da comunidade ou união de Estados, eliminando assim quaisquer situações que possam colocar em perigo ou risco significativo a subsistência, a consolidação e o robustecimento da comunidade ou união existente. *Vd. infra.*

Todavia, estes últimos não constituíram situações isoladas, sem réplicas. O grau de flexibilização conduziu ainda a resultados díspares entre o conjunto dos Estados membros da União, com a celebração por todos eles, com exceção apenas (uma vez mais) do Reino Unido, de um acordo paralelo aos Tratados – um Protocolo – em matéria de política social, embora baseado num mecanismo distinto[166].

Ao mesmo tempo que se evidencia a anomalia das soluções casuísticas, em confronto com um processo ideal de integração económica internacional consistente e uniforme, bem como das divisões políticas que atravessam os vários Estados membros, revela-se similarmente a determinação de uma larga maioria em torno dos fins essenciais que se

[166] Poder-se-iam considerar similares às situações de «*opting out*», por um lado, a resultante do entendimento do Tribunal Constitucional alemão sobre o caráter automático do calendário da realização da união económica e monetária e, por outro lado, em domínio distinto, as medidas de salvaguarda aplicadas com base no artigo 100.º-A do TCEE, com a redação dada pelo Ato Único Europeu. Quanto a estes últimos desvios ao princípio da uniformidade na aplicação do direito comunitário europeu, exigem justificação e, por isso, não permitem uma margem de livre apreciação por parte dos Estados membros, ficando antes submetidas ao controlo por parte das instituições comunitárias.
Quanto à rejeição do caráter automático do calendário previsto no Tratado para a realização da terceira fase da união monetária pelo Tribunal Constitucional alemão, por acórdão de 12 de outubro de 1993, respeitante à ratificação do Tratado da União Europeia, deixou implícita uma espécie de «*opting out*» não prevista no Tratado ao admitir-se que o país, através da ratificação do Tratado da União Europeia, não se submeterá a um automatismo incontrolável conducente a uma união monetária, antes entendendo que a progressão do processo dependerá sempre, em cada fase, às condições que o Parlamento prever e à aprovação do Governo federal, nos termos constitucionais. Por aquele acórdão, o Tribunal Constitucional seguiu a posição do Bundestag através de resolução de 2 de dezembro de 1992, ao considerar necessária a sua aprovação par que o Governo federal possa depois decidir quanto à passagem (ou não) à terceira fase. Não se tratará de afirmar o direito a um «*opting out*» político sem limites, como o reconhecido ao Reino Unido e à Dinamarca por protocolos, mas de garantir o rigor na aplicação dos critérios de convergência, que o país não parece confiar que o seu exame possa ser realizado pelas instâncias comunitárias competentes, sustentando que aquela verificação deve ser comprovada pelos respetivos órgãos de soberania com o grau considerado apropriado.
Como nota, por exemplo, GIULIA ROSSOLIO, na verdade o Tratado prevê, no artigo 139.º, uma passagem automática à terceira fase da UEM, embora com derrogação para os Estados membros que não preencham as condições previstas para o efeito. Cf. G. ROSSOLILLO (2014), "Cooperazione rafforzata e Unione Economica e Monetaria: Modelli di flessibilità a confronto", cit.; J.-VICTOR LOUIS (2013), "La pratique de la coopération renforcée", cit.; P. PITTA E CUNHA (2013), "A diferenciação na integração europeia", cit.

pretende prosseguir e dos compromissos cujo cumprimento é aceite no âmbito das Comunidades e da União, sem prejuízo do reconhecimento, a um Estado membro dissidente (o Reino Unido), do direito de optar por não participar no projeto de unificação monetária, o qual justifica que aquele país, não obstante a incapacidade para travar o acordo, não exerça o seu direto de veto sobre o mesmo, naquela altura[167].

Estas soluções fragmentárias, por vezes baseadas em compromissos políticos «de última hora», quando o desfecho negocial é incerto e parece aproximar-se de um fracasso, põem em risco quer a unidade quer a coerência do processo concreto de integração europeia no seu conjunto, introduzindo o estigma de dissolução nos esforços comuns de Estados e seus cidadãos em torno de objetivos coincidentes ou muito próximos.

Não sendo, por isso, desejável a escolha livre dos componentes do processo de integração por parte dos diversos Estados membros participantes, consoante os seus interesses, prever-se-ia uma tendência gradual para uma integração crescentemente diferenciada, não limitada a ritmos diferentes de integração, a duas ou mais velocidades, dada a abrangência de um número maior de membros e à circunstância de que, à medida que o processo avança, os domínios sucessivamente atingidos dizem respeito a aspetos mais sensíveis da soberania dos Estados, o que inevitavelmente cria tensões perante a afirmação conflituante entre, de um lado, os que pretendem aprofundar a integração e a unificação e, de outro, os que não estão em condições ou não desejam fazer parte desse núcleo.

[167] Não obstante as quase inevitáveis pressões políticas, explícitas ou, pelo menos, implícitas que tenderão a incidir sobre o Estado membro que entenda e decida exercer isoladamente a sua decisão de veto político sobre uma questão central ou decisiva do processo de integração, podendo então optar por reservas em relação a partes dos textos aprovados, mesmo que, por vezes, essas reservas possam não ter natureza vinculativa, mas pouco mais do que meramente declarativa.
Situações análogas aconteceram posteriormente, por exemplo, em relação à conclusão das negociações e aprovação da Carta dos Direitos Fundamentais da União Europeia, em 2000 e 2007, à qual o artigo 6.º, n.º 1, do Tratado da União Europeia atribui «o mesmo valor jurídico que os Tratados», não sem acrescentar, nos parágrafos 2.º e 3.º do mesmo número que «de forma alguma o disposto na Carta pode alargar as competências da União, tal como definidas nos Tratados» e que «os direitos, as liberdades e os princípios consagrados na Carta devem ser interpretados de acordo com as disposições gerais constantes do Título VII da Carta que regem a sua interpretação e aplicação e tendo na devida conta as anotações a que a Carta faz referência, que indicam as fontes dessas disposições».

Daí não ter constituído surpresa o passo dado pelo Tratado de Amesterdão, de aceitar a diferenciação como princípio geral da União Europeia e do seu ordenamento jurídico. As difíceis negociações que tinham antecedido a celebração e a entrada em vigor do Tratado da União Europeia, na sua versão inicial («de Maastricht»), comprovaram que deixara de ser viável o aprofundamento simultâneo do processo de construção europeia, com todos os Estados membros, apesar de, na altura, serem ainda «apenas» 12 – por isso menos assimétricos do que após as adesões posteriores, sobretudo as de 2004 e de 2007. A oposição de um só Estado membro perante qualquer proposta de ampliação ou de aprofundamento do processo de integração a um novo domínio implicava, efetivamente, o seu abandono, o que punha em risco a própria subsistência, na configuração existente, da União, e respetiva consolidação[168].

Uma alternativa ao impasse criado pela oposição de um só (ou de alguns dos) Estado(s) membro(s) em relação a iniciativas de reforço do processo de integração europeia que recolhessem a concordância dos restantes parceiros consistiria em permitir que estes prosseguissem com o projeto «comum» sem a participação do(s) dissidente(s). Já haviam sido admitidas situações de integração diferenciada noutras ocasiões, desde a aceitação de soluções excecionais no decurso de negociações, no seio das instituições europeias, perante divergências nacionais, até derrogações formalmente acolhidas nos Tratados em relação a domínios mais sensíveis (como aspetos relativos ao «terceiro pilar» da União Europeia, após Maastricht, e ao acervo de Schengen sobre a liberdade de circulação de pessoas, além das mencionadas derrogações ao Reino Unido, à Dinamarca e à Irlanda, incluindo «*opting out*» dos dois primeiros países referidos quanto à participação na terceira fase da União Económica e Monetária).

[168] Entre outros, o Tratado de Amesterdão previu um mecanismo não jurisdicional destinado a sancionar os Estados membros através do qual poderiam ser suspensos direitos de um Estado membro que não respeitasse os princípios da União (a liberdade, a democracia, o respeito pelos direitos humanos e pelas liberdades fundamentais e o Estado de Direito). Cf. Amaryllis Verhoeven (1998), "How democratic need European Union members be? Some thoughts after Amsterdam", pp. 217 e ss. A bibliografia sobre o princípio da flexibilidade nas Comunidades e na União é extensa, incluindo, em português: P. Pitta e Cunha (2013), "A diferenciação na integração europeia", cit.; A. M. Guerra Martins (2017), *Manual de Direito da União Europeia*, cit., pp. 131 e ss.; Paula Vaz Freire (2002), *Os Novos Passos da Integração Europeia: o Tratado de Amesterdão e o Tratado de Nice*, pp. 89 e ss. e 117 e ss.; M. Graça Jerónimo Enes Ferreira (2017), *Unidade e Diferenciação no Direito da União Europeia.*

Todavia, essas situações específicas, e outras, tinham sido sempre consideradas excecionais, face ao princípio da unidade da integração, resultantes de estados de incapacidade temporária ou de maiores dificuldades de adaptação imediata aos requisitos fixados por parte de algum ou alguns dos membros. Em todo o caso, a abertura à diferenciação poderia ser entendida como inevitável num processo de integração como o concretizado com as Comunidades e a União Europeia, atendendo ao seu vasto alcance, sucessivamente ampliado, quer quanto às matérias abrangidas e à sua transversalidade quer quanto ao respetivo aprofundamento, pondo em causa a soberania dos países participantes. De qualquer modo, coloca riscos sérios, ao «abrir portas» a, ou pelo menos «não prevenir», um eventual processo de desintegração[169].

Um processo de integração económica internacional tão transversal e aprofundado como a concretizado no continente europeu, envolvendo Estados soberanos e independentes – ao contrário, por exemplo, do que se verificou no passado com os Estados Unidos da América, ou com o Brasil, e, presentemente, com vários países do continente africano, não obstante a multiplicidade de situações desses e outros casos –, só conseguiria uma aproximação tão intensa, estável e perdurável desde que fosse flexível e aberto a posições não totalmente coincidentes dos participantes, dadas as suas especificidades e diferenças, quer no início, durante as negociações, quer posteriormente, com o funcionamento das suas instituições.

O Tratado de Amesterdão previu que os Estados membros passassem a estabelecer entre si «cooperações reforçadas» com recurso (ou não) ao contributo das instituições, dos processos e dos mecanismos previstos no Tratado da União e no Tratado CE, não ficando assim impedidos de o concretizar os que desejassem aprofundar o processo de integração, desde que os restantes Estados membros os pudessem acompanhar depois,

[169] Como se comprovaria cabalmente depois, em particular com o abandono do Reino Unido («*Brexit*»), após muitos outros sinais claros de tensão desintegradora das Comunidades e da União, incluindo os relativos às dificuldades extremas de adaptação e cumprimento das obrigações decorrentes da participação na União Económica e Monetária (o caso da Grécia foi particularmente evidente e, juntamente com outros, incluindo Portugal, conduziu à segunda revisão do Pacto de Estabilidade e Crescimento, em 2011, com a aprovação do chamado «*Six Pack*», e que envolveu também a criação de novos mecanismos de apoio financeiro aos Estados membros que dele necessitassem, fortemente criticados e que, por pouco, não levaram à saída da Grécia, em 2015). *Vd. infra.*

quando o entendessem, de modo a alcançarem patamares de aproximação ou unificação mais avançados.

Contudo, perante os riscos evidentes de fragmentação e de quebra de unidade do processo de integração europeia, as cooperações reforçadas ficaram sujeitas a um conjunto restrito de condições – alguns surpreendentes face a desenvolvimentos anteriores, como o na altura recente acordo de Schengen em matéria de liberdade de circulação das pessoas –, o que fazia facilmente prever uma aplicação limitada, em contradição com as potencialidades que à partida e em teoria o novo mecanismo jurídico parecia oferecer[170].

[170] O Tratado de Amesterdão estabeleceu condições gerais e específicas para o estabelecimento de uma cooperação reforçada. As condições gerais exigiam que as cooperações reforçadas (*i*) tivessem por finalidade favorecer os objetivos e preservar os interesses da União, (*ii*) respeitassem os princípios dos Tratados e o quadro institucional único da União, (*iii*) fossem utilizadas apenas como último recurso, (*iv*) envolvessem a maioria dos Estados membros, (*v*) não afetassem o acervo comunitário nem as medidas adotadas ao abrigo dos Tratados, (*vi*) nem tão-pouco as competências, os direitos, as obrigações e os interesses dos Estados membros que delas não fizessem parte e que (*vii*) estivessem abertas a todos os Estados membros, de modo a que a todo o momento possam a ela acederem, nos termos do artigo K.15 / 43.º do TUE.
As cooperações reforçadas em domínios do primeiro e do terceiro pilares deviam submeter-se ainda a um conjunto de condições específicas. No caso do primeiro pilar, relativo à instituição da Comunidade, as cooperações reforçadas não poderiam incidir sobre domínios (*viii*) da competência exclusiva da Comunidade, (*ix*) que afetassem as políticas, ações ou programas da Comunidade, (*x*) que respeitassem à cidadania da União, (*xi*) que estabelecessem discriminações entre os nacionais dos Estados membros, (*xii*) que permanecessem no âmbito das competências atribuídas à Comunidade e (*xiii*) que não constituíssem uma discriminação ou restrição aos comércio intracomunitário, nem distorcesse a concorrência entre os Estados membros, nos termos do artigo 5.º-A / 11.º do TCE. Quanto ao terceiro pilar, relativo à cooperação policial e judiciária em matéria penal, exigia-se que a cooperação reforçada respeitasse as competências comunitárias e os objetivos fixados no Título VI do Tratado e que tivesse por objetivo permitir que a União se transformasse num espaço de liberdade, segurança e justiça, nos termos do disposto no artigo K.12 / 40.º do TUE.
Ficaram então excluídas das cooperações reforçadas as matérias relativas à Política Externa e de Segurança Comum, «por se ter entendido que neste domínio a existência da figura da abstenção construtiva será suficiente para garantir a concretização do princípio da flexibilização da integração europeia» (PAULA VAZ FREIRE). Cf. PAULA VAZ FREIRE (2002), *Os Novos Passos da Integração Europeia: o Tratado de Amesterdão e o Tratado de Nice*, pp. 89 e ss.; GIULIA ROSSOLILLO (2014), "Cooperazione rafforzata e Unione Economica e Monetaria: Modelli di flessibilità a confronto", pp. 325 e ss.

A preocupação com a restrição das cooperações reforçadas manifestou-se também através da exigência de uma autorização do Conselho, quer no primeiro como no terceiro pilares, decidida por maioria qualificada, à qual qualquer membro poderia opor-se com fundamento em «importantes e expressas razões de política nacional», caso em que não haveria lugar a votação, podendo decidir-se, por maioria qualificada, a submissão da questão ao Conselho Europeu, ao qual cabe decidir sobre o assunto por unanimidade, nos termos do artigo K.12 / 40.º, n.º 2, do TUE e do artigo 5.º-A / 11.º, n.º 2, do TUE.

Apesar de ter em vista garantir o respeito pelo princípio da unidade da integração europeia, a mencionada cláusula de salvaguarda fundada na invocação de um interesse vital de um Estado membro dificultava o funcionamento e a aplicação do novo mecanismo jurídico de cooperação reforçada, podendo até inviabilizá-la, não sendo a via jurisdicional certamente adequada para dirimir as divergências que pudessem surgir sobre a relevância das razões de política nacional invocadas nestas situações pelos Estados membros (artigo K.12 / 40.º, n.º 4).

O ceticismo acerca do funcionamento do novo mecanismo das cooperações reforçadas levou à sua revisão pelo Tratado de Nice, apesar de a questão não constar entre os temas abrangidos pelo mandato conferido inicialmente à Conferência Intergovernamental, tendo sido aditada depois, no Conselho Europeu de Santa Maria da Feira (de 19 e 20 de junho de 2000).

Atendendo a que a rigidez das condições previstas para as cooperações reforçadas dificultava e chegava a inviabilizar a sua aplicação, em especial numa União Europeia ampliada, procurou-se sobretudo tornar o mecanismo mais claro e coerente, exigindo desde logo que apenas pudesse ser utilizado para aprofundar o processo de integração e não para o fazer regredir ou «desconstruir», o que pressupõe o respeito estrito do princípio do acervo ou «adquirido» comunitário e das restantes disposições dos Tratados. As condições gerais das cooperações reforçadas ficaram inseridas nos artigos 43.º, 43.º-A, 43.º-B, 44.º, 44.º-A e 45.º (do Título VII) do TUE, em vez do TCE, passando assim a fazer parte dos princípios gerais da União[171].

[171] Com a revisão operada pelo Tratado de Nice, ficou assente, nas várias alíneas do artigo 43.º do TUE, que as cooperações reforçadas não podem (*i*) ultrapassar os limites das

Para uma maior flexibilização do recurso às cooperações reforçadas, abandonou-se em geral a cláusula de salvaguarda baseada no «interesse vital» de um Estado membro, prevista até então no artigo 11.º, n.º 2, do TCE, embora sem afastar a faculdade de qualquer membro do Conselho pedir que o assunto seja submetido à apreciação do Conselho Europeu, antes de aquela instituição adotar a decisão final por maioria qualificada.

Por outro lado, transpôs-se uma cláusula de salvaguarda similar para um novo domínio de cooperações reforçadas, anteriormente vedado, o da Política Externa e de Segurança Comum, com o fim de salvaguardar os valores e interesses da União no seu conjunto e de afirmar a sua identidade no contexto internacional, através da «execução de uma ação comum ou de uma posição comum», exceto quanto a «questões que tenham implicações militares ou no domínio da defesa», conforme previsto nos artigos 27.º-A e 27.º-B do TUE[172].

competências da União ou da Comunidade, (*ii*) incidir sobre matérias da competência exclusiva da Comunidade, (*iii*) prejudicar o funcionamento do mercado interno e a coesão económica e social, (*iv*) constituir um entrave ou uma discriminação ao comércio entre os Estados membros, nem provocar distorções de concorrência entre eles, ou (*v*) afetar o disposto no Protocolo que integra o acervo de Schengen. Entre as alterações no sentido de flexibilizar o recurso às cooperações reforçadas, tendo em vista os futuros alargamentos da União, inclui-se a de fixar um número mínimo de oito Estados membros, quando na versão de Amesterdão se faz menção a «pelo menos a maioria dos Estados membros» [al. *g*) do artigo 43.º do TUE]. Por outro lado, ficaram melhor explicitados os princípios da utilização do mecanismo apenas como último recurso, da abertura à participação dos restantes Estados membros e do financiamento das despesas não administrativas somente pelos Estados membros participantes na cooperação reforçadas, nos termos dos artigos 43.º-A, 43.º-B e 44.º-A do TUE. Esclareceu-se também em Nice que os atos e decisões adotados no âmbito da execução das cooperações reforçadas não ficam abrangidos pelo acervo jurídico da União, pelo que vinculam apenas os Estados membros participantes, só sendo aplicáveis nesses Estados, conforme disposto no artigo 44.º, n.º 2 do TUE. Por fim, para garantir a coerência entre as ações da União e das suas instituições também no domínio das cooperações reforçadas, estabelece-se que o Conselho e a Comissão devem cooperar estreitamente com os Estados membros participantes (cf. artigo 45.º do TUE).

[172] As autorizações para o estabelecimento de cooperações reforçadas nos domínios da Política Externa e de Segurança Interna, que estão entre os mais sensíveis da integração europeia, exigem uma maioria qualificada reforçada do Conselho para a tomada de decisão, por força do artigo 23.º, n.º 2, § 3.º, do TUE.

Dada a enorme sensibilidade política nos domínios da Política Externa e da Segurança Comum, previu-se um mecanismo travão de emergência ao processo de tomada de decisão referido: qualquer membro do Conselho pode opor-se à deliberação por maioria qualificada com

Sem prejuízo de regimes especiais, após o Tratado de Lisboa as cooperações reforçadas ficaram sujeitas aos seguintes requisitos, enunciados no artigo 20.º do TUE e densificados nos artigos 326.º a 334.º do TFUE:

(*i*) os Estados membros que o pretendam podem «instituir entre si uma cooperação reforçada»,
(*ii*) «desde que, pelo menos, nove Estados membros participem»,
(*iii*) a cooperação permaneça aberta, «a qualquer momento, a todos os Estados membros, nos termos do artigo 328.º do TFUE»,
(*iv*) seja exercida «no âmbito das competências não exclusivas da União»,
(*v*) através da aplicação das «disposições pertinentes dos Tratados, dentro dos limites e segundo as regras previstas no presente artigo [20.º do TUE] e nos artigos 326.º a 334.º do TFUE»,
(*vi*) podendo recorrer às instituições da União,
(*vii*) tendo em vista a «favorecer a realização dos objetivos da União, preservar os seus interesses e reforçar o seu processo de integração»,
(*viii*) devendo a decisão que autorize uma cooperação reforçada ser «adotada como último recurso pelo Conselho, quando este tenha determinado que os objetivos da cooperação em causa não podem ser atingidos num prazo razoável pela União no seu conjunto», nos termos do artigo 329.º do TFUE,
(*ix*) todos os membros do Conselho podem participar nas suas deliberações, mas só os que representem os Estados membros participantes numa cooperação reforçada podem participar na votação, que se rege pelo disposto no artigo 330.º do TFUE,
(*x*) «os atos adotados no âmbito de uma cooperação reforçada vinculam apenas os Estados membros participantes»,

fundamento em «importantes e expressas razões de política nacional», cabendo ao Conselho solicitar que o Conselho Europeu se pronuncie sobre a questão, deliberando por unanimidade, conforme previsto no n.º 2 do artigo 23.º.
O Secretário-Geral do Conselho e o Alto Representante para a Política Externa e de Segurança Comum deve garantir que o Conselho e o Parlamento Europeu sejam informados sobre a execução das cooperações reforçadas adotadas neste domínio, nos termos do artigo 27.º-D do TUE.

(*xi*) não sendo tais atos «considerados acervo que deva ser aceite pelos Estados candidatos à adesão à União».

Não obstante a nova redação das disposições sobre cooperações reforçadas e diversas especificidades introduzidas pelo Tratado de Lisboa, manteve-se o sentido essencial deste método de integração nos seus traços essenciais, não importando retomar o que ficou antes mencionado ou acrescentar agora outras concretizações.

A diferenciação entre os Estados membros projeta toda a complexidade e toda a dificuldade dos processos de integração económica e política internacional, que reúnem e procuram convergir satisfatoriamente realidades por vezes muito díspares.

Todavia, a essa diferenciação terão de ser colocados alguns tipos de balizas ou limites, não necessariamente de natureza geográfica, mas substancial, nessa medida identitários, baseados em valores comuns e ainda em meios de garantia, com a clareza necessária e levando em conta as circunstâncias internas e externas, residindo as maiores dificuldades, provavelmente, na definição precisa e concreta das fronteiras entre o que pode e deve ou não ser admitido ou tolerado[173].

Trata-se de uma tarefa permanentemente em aberto, dinâmica, que dependerá das circunstâncias de cada momento histórico, perante os desafios que surjam e da sua gravidade e, no final, do modo como esses desafios forem interpretados e solucionados ou decididos pelos órgãos politicamente competentes, dos Estados membros e da União, com recurso aos meios jurídicos, institucionais e financeiros (mais ou menos) adequados e eficazes para alcançar os objetivos fixados.

Poder-se-ia julgar que a interpretação dos desafios e a formulação das decisões com vista à respetiva resolução estariam agora, porventura, mais facilitadas, após todo o dramatismo, justificado, perante, por um

[173] Além da bibliografia já mencionada, sobre o tema pode cf. V. Constantinesco (1997), "Les clauses de «coopération renforcée». Le Protocole sur l'application des principes de subsidiarité e de proportionnalité", pp. 752 e ss.; G. Gaja (1998), "How flexible os flexibility under the Amsterdam Treaty?", pp. 855-870; J. Shaw (1999), "The Treaty of Amsterdam: challenges of flexibility and legitimacy", pp. 63-86; E. Philippart / G. Edwards (1999), "The provisions on closer co-operation in the Treaty of Amsterdam: the politics of flexibility in the European Union", pp. 87 e ss.; H. Bribosia (2001), "Les coopérations renforcées au lendemain du Traité de Nice", pp. 111-171.

lado, os riscos de saída da Grécia, em 2015, cujo desfecho não se veio a concretizar, e, por outro, a eventual saída do Reino Unido, referendada por voto popular em junho de 2016, que se concretizaria em janeiro de 2020. Mas, como é sabido, toda a história, incluindo a dos processos de integração internacional, como a «construção europeia», é incerta por natureza, dependendo por isso permanentemente dos acontecimentos.

2. O difícil estabelecimento de uma União Económica e Monetária europeia

Aparentemente, o objetivo político de criação de uma nova moeda comum, *a se* e quanto às suas implicações imediatas, nada ou muito pouco significaria de novo. Ao longo da história foram criadas ou surgiram e passaram a ser utilizadas «inúmeras» moedas, «primeiro» com a pretensão e com a utilidade de serem utilizadas como meio geral de trocas, em «segundo» lugar como instrumento habitual e preferencial de constituição de reservas de valor e, «por fim», também como unidade comum de valor, destinada a mais fácil e fiavelmente avaliar os bens do ponto de vista económico[174].

Por serem em geral conhecidas (embora não tanto quanto seria expectável e desejável, tal como voltou a evidenciar-se recentemente com a emergência e dispersão, se não mesmo vulgarização, dos designados «criptoativos», amiúde considerados e designados, impropriamente, por «criptomoedas»), não se justificará determo-nos aqui em pormenor sobre as funções essenciais e outras características das moedas e sobre a respetiva evolução histórica, não obstante o fascínio que recorrentemente volta a crescer.

Importará antes salientar o relevo «transcendente» da utilidade da moeda na vida de todos, o que de uma forma ou de outra é reconhecido, apesar de não se tratar de elemento constitutivo, inerente e imprescindível à realidade económica (Robinson Crusoe não necessitou obviamente, nem poderia necessitar, de moeda enquanto esteve isolado na sua ilha, por dela não poder extrair qualquer utilidade). Todavia, sem a moeda não é viável, desde há muito, qualquer relação económica minimamente

[174] Já tivemos oportunidade de desenvolver e aprofundar a matéria tratada neste número, em vários textos, em especial nas monografias, já citadas, *O Euro e o Futuro de Portugal e da União Europeia* (2010) e *O Euro: Balanço e Perspetivas* (2019), e por isso se remete, em geral, para ambas, com várias outras referências bibliográficas.

sofisticada, com eliminação dos elevados custos de transação decorrentes de um mecanismo de troca direta ou de outros mecanismos, indiretos, embora mais rudimentares e onerosos, de trocas.

A decisão política dos Estados membros das Comunidades Europeias de criar uma nova moeda, «o mais tardar a 1 de janeiro de 1999» – adotada em Maastricht em fevereiro de 1992, com a assinatura do Tratado da União Europeia, que entraria em vigor em novembro do ano seguinte, após a respetiva aprovação e ratificação pelas autoridades nacionais competentes –, inovava essencialmente porque essa nova moeda não seria criada por um só Estado e para circular apenas no território deste, mas sim por um conjunto de Estados soberanos, destinando-se a circular nos territórios de todos eles, com sujeição a regras iguais.

Conheciam-se, certamente, várias experiências de uniões monetárias internacionais, além de nacionais, designadamente no continente europeu, quer no século XIX quer no século XX, e entre as primeiras uma (a União Monetária Latina, criada pelo Tratado de Paris de 1865) reunira alguns dos mesmos Estados que fariam também parte da nova monetária europeia, inaugurada a 1 de janeiro de 1999 (a Bélgica, a França e a Itália, bem como, em ambos os casos em data posterior, a Grécia, mas não já a Suíça, cofundadora da união oitocentista), enquanto entre as segundas se encontrava a União Económica (e monetária) Belgo-Luxemburguesa, criada por tratado de 1921, que vigorou inicialmente por cinquenta anos (entre 1922 e 1972) e, posteriormente, por períodos adicionais de dez anos, nos termos do qual foi estabelecido um sistema de taxas de câmbio fixas entre o Franco da Bélgica e o Franco do Luxemburgo (apesar de revisão da paridade em 1935 e em 1944), que se manteve até à substituição de ambas as moedas pelo Euro, com a particularidade de juntar apenas dois Estados, um de dimensão média (a Bélgica) e outro de dimensão diminuta (o Luxemburgo) na escala europeia, que participariam na atual união monetária, iniciada em 1999, cujo modelo e cuja experiência não poderiam deixar de servir de referência e de inspiração para a definição e a execução das regras e da política monetária a adotar[175].

[175] Quer as uniões monetárias nacionais como as internacionais do século XIX e da primeira metade do século XX tinham uma base monetária essencialmente metalista, no sentido de não apenas de o valor da moeda ter em regra por padrão de valor o peso de um metal precioso («estalão monetário») – sobretudo o ouro, por vezes a prata e, ocasionalmente, os dois metais,

Todavia, a união monetária europeia projetada e concretizada no final do século passado era inovadora não tanto pelo seu carácter internacional, na medida em que reunia um conjunto de países política e financeiramente independentes, dotados de soberania, porque já tinham sido criadas outras uniões monetárias internacionais, apesar de a nova união monetária ter uma dimensão económica e financeiramente muito relevante, envolvendo algumas das principais e mais desenvolvidas economias europeias e mundiais, mas sobretudo pelo alcance que se tinha em vista, na medida em que a nova moeda circularia com curso legal num conjunto de países europeus que formariam um mercado interno, *i. e.*, «uma só» economia, cuja dimensão ultrapassava então a da maior economia (nacional) do mundo, os Estados Unidos da América, não faltando as previsões de que a nova moeda poderia ultrapassar num futuro a relevância por todos reconhecida ao Dólar dos Estados Unidos da América, tanto nos mercados internacionais de bens e serviços como nos mercados financeiros e ainda nas relações monetárias e financeiras internacionais de natureza pública.

Para lá de tudo isso, ao olhar em especial para as implicações nos domínios da política monetária e dos efeitos para a economia e a sociedade em geral da criação de uma nova moeda comum, partilhada por vários Estados soberanos, *i. e.*, destinada a circular no território não apenas de um país mas de um conjunto de países como aqueles que eram/são membros da União Europeia, não se poderia deixar de procurar identificar e confrontar as vantagens e os custos, quer imediatos quer no médio e no longo prazo, dessa decisão basilar de unificação monetária, que implica,

nos sistemas «bimetalistas», que, por razões conhecidas, tendiam a evoluir no sentido do «monometalismo», afastando-os assim, congenitamente, dos sistemas monetários e de pagamentos atuais, de base estritamente fiduciária, sem qualquer ligação, no que o padrão de valor diz respeito, aos metais preciosos que possam ainda manter-se reservados como meio geral de proteger a confiança das pessoas na moeda oficial. O abandono do princípio da liberdade de cunhagem, que variou com os países, foi um dos símbolos mais nítidos do desligamento inequívoco, embora apenas percebido gradualmente, entre a moeda (e o seu valor) e o que a representa na vida económica e social (o papel-moeda, constituído pelas notas de banco, e a moeda-escritural, de longe as duas principais formas da moeda «oficial», com curso legal e poder liberatório pleno, desde então à atualidade). Cf. P. Soares Martínez (2005), *Economia Política*, 10.ª ed., pp. 527 e ss.; J. Renato Gonçalves (2013), "A União Monetária Latina do séc. XIX: Um 'mau prenúncio' para a Zona Euro?", pp. 477 e ss.; Idem (2006), "A desmaterialização da moeda. Nota sobre o passado e o futuro do dinheiro", pp. 733-756.

designadamente, regras iguais aceites por todos os participantes, bem como a definição e a execução de uma mesma política monetária para o conjunto, independentemente das especificidades nacionais das mais diversas ordens, em contraste claro com a situação anterior, em que cada economia se sujeitava e era destinatária de uma política monetária própria, adaptada às suas especificidades, definida e executada ao nível nacional, atendendo por isso às necessidades, exigências e contingências nacionais (políticas, económicas, jurídicas e sociais), muitas vezes não coincidentes ou eventualmente mais ou menos divergentes entre si, faculdade (*maxime* de valorização ou de desvalorização da unidade monetária em circulação) definitivamente encerrada com a aprovação e vigência do ato de unificação monetária, por natureza irreversível – sob pena de saída do país, ou dos países, da união monetária, por incumprimento de um dos seus requisitos essenciais, a inalterabilidade (absoluta) da paridade cambial[176].

Tendo em conta o inevitável confronto entre as vantagens e os custos da participação de um país numa união monetária internacional, cujos contornos serão sempre difíceis de antever com total precisão, por dependerem de uma multiplicidade de circunstâncias, respeitantes ao país e

[176] A inalterabilidade (absoluta) da paridade cambial, após a fixação definitiva das taxas de câmbio entre as moedas participantes numa união monetária, é imprescindível à subsistência desta: a violação desta regra implica, pura e simplesmente, uma dissolução imediata e automática da unificação monetária, o que não significa que a mesma não possa eventualmente ser logo retomada – foi o que se verificou, por duas vezes, conforme indicado, no seio da União Económica Belgo-Luxemburguesa, no decurso da vigência inicial, por cinquenta anos, daquela união, económica e também monetária, respetivamente em 1935 e em 1944.
Quando estiverem previstos reajustamentos das taxas de câmbio entre diferentes moedas abrangidas por um acordo de cooperação monetária internacional, independentemente de esses ajustamentos ocorrerem periódica ou ocasionalmente, não existe uma união monetária, apenas um acordo de cooperação monetária muito menos intenso e constringente do que haveria em caso de unificação monetária.
Entre os vários exemplos de cooperação e também de integração monetária internacional encontramos o Sistema Monetário Europeu (SME), criado em 1979 no seio das Comunidades Europeias tendo em vista promover o aprofundamento e a aproximação, no domínio económico em geral e no domínio monetário em particular, entre os países participantes, concretizando-se normalmente através da sujeição a margens restritas de variação das taxas de câmbio entre as moedas desses países, com realinhamentos periódicos ou ocasionais, habitualmente impulsionados pelas tendências prevalecentes de desvalorização ou de apreciação relativa ou «impostas» pela própria realidade. Cf. J. Renato Gonçalves (2019), *O Euro: Balanço e Perspetivas*, cit., pp. 185 e ss.

também ao conjunto formado pela união, haverá que notar, entre o mais, que, no lado dos benefícios, se incluem a participação, com todas as oportunidades daí resultantes, numa organização com base territorial, política, económica e financeira, mais vasta do que a estritamente nacional, ou estadual, que permitirá romper com qualquer eventual situação de isolamento ou de desamparo do país, no passado acomodada internamente, mas mais difícil de enfrentar perante a crescente complexidade e dinamismo, o que justificará olhar para o seu enquadramento, desejavelmente mais estável, capaz de garantir uma melhor previsibilidade e também certeza jurídica, bem como segurança económica e financeira, tendo por pontos referenciais uma moeda e uma política monetária confiáveis e eficientes, apanágio das economias mais abertas, dinâmicas e também prósperas.

Do lado dos custos da participação de um país numa união monetária internacional, menciona-se, em especial, a perda dos instrumentos monetário e cambial, que passam a ser administrados exclusivamente pelas autoridades competentes «da» união monetária, «supra nacionais», a partir do momento da sua criação, em vez das autoridades monetárias nacionais, até essa altura competentes para administrar a moeda própria e respetiva zona monetária, abrangendo o sistema de pagamentos e a política monetária, segundo objetivos e critérios fixados internamente, através dos meios existentes, tanto jurídicos como financeiros, além das regras e das estratégias cambiais seguidas nas relações monetárias internacionais, à luz dos interesses internos e no quadro dos compromissos assumidos internacionalmente e das contingências da evolução das relações estabelecidas com o exterior, atendendo à função basilar de ajustamento económico internacional desempenhado pelos câmbios[177].

Esta perda necessária do instrumento monetário e do instrumento cambial por parte das autoridades dos Estados que integrem uma união monetária internacional – instrumentos daí em diante exercidos exclusivamente por uma autoridade comum, tipicamente um banco central, cujas decisões passam a vincular todos os Estados participantes – pode ser considerada, simultaneamente, consoante as perspetivas, como uma vantagem real, sobretudo pelos que entendam que a margem de liberdade

[177] Não se justifica desenvolver aqui toda essa problemática, relativamente conhecida, pelo menos pelos estudiosos destas matérias, bastando por isso remeter a bibliografia disponível e citada anteriormente.

na gestão da política monetária e da política cambial foi, por vezes, e é ou pode ser, mal utilizada pelas autoridades nacionais, porventura mais preocupadas com objetivos imediatos, de curto ou curtíssimo prazo, «políticos», do que com objetivos de médio e longo prazo, seja através de estratégias de desvalorização ou, ao invés, de apreciação monetária, só excecionalmente justificadas pelos «verdadeiros» interesses (perduráveis) das economias e dos povos – sem prejuízo de estes poderem ser, e serem efetivamente, interpretados (muito) distintamente, consoante os países e os momentos históricos[178].

De qualquer modo, quando se salienta a característica de «custo» ou de «desvantagem» da inevitável perda do instrumento cambial e monetário pelos Estados que passem a participar numa união monetária internacional, a partir exatamente desse momento, pretende-se evidenciar a impossibilidade, daí em diante, após a data de entrada numa união monetária, de continuar a definir e a executar uma política monetária e

[178] Basta recordar, novamente, que, na mesma altura histórica (por exemplo, nas duas-três décadas do século XX, antes da data de criação do Euro e da Zona Euro), por razões diversas, diversos países da parte ocidental do continente europeu persistiram em prosseguir políticas monetárias muito diferentes (de apreciação da respetiva moeda, por exemplo na República Federal Alemã, nos Países Baixos e, em geral, nos países do Norte europeu, e de desvalorização, por vezes consecutiva ou «permanente» – «deslizante» –, em países do Sul, como Itália, Espanha ou Portugal), devido a uma multiplicidade de circunstâncias internas, económicas mas não apenas económicas, evidenciando uma divergência assinalável de «culturas» económicas e, mais concretamente, monetárias daqueles países, aspeto talvez ainda mais curioso por atingir países que, pelo menos a partir de determinada altura, passaram a intensificar o seu envolvimento e a ampliar os seus compromissos de cooperação e, crescentemente, de integração não apenas económica mas também especificamente monetária, sobretudo a partir dos Acordos de Basileia de 1972, com a chamada «serpente monetária europeia», e, com uma base institucional e instrumental mais avançada, com a criação e funcionamento do Sistema Monetário Europeu, em 1979, cuja unidade monetária, o *Écu*, apesar de meramente escritural (cujo valor cambial resultava do somatório de certas percentagens do câmbio das moedas dos Estados membros das Comunidades Europeias), determinaria o valor da nova moeda europeia, o Euro, no momento em que este foi criado, a 1 de janeiro de 1999, em substituição das até então moedas oficiais de onze Estados membros da União Europeia: o Marco alemão, o Franco francês, a Lira italiana, o Florim neerlandês, o Franco belgo-luxemburguês, a Libra irlandesa, a Markka finlandesa, a Peseta espanhola e o Escudo português (a substituição destas antigas moedas oficiais pelo Euro, não impediu que as notas de banco e peças metálicas nelas denominadas continuassem a circular com curso legal durante um período transitório, mesmo após a entrada em circulação das notas de banco e peças metálicas denominadas em Euros).

uma política cambial autónomas, distintas em face das políticas únicas da nova união monetária criada, que terão de passar a ser definidas e em larga medidas executadas ou pelo menos acompanhadas e garantidas centralmente, deixando de se atender às especificidades económicas e de outra natureza de cada país, variáveis também com o decurso do tempo e sem certezas quanto a alcançar uma crescente e completa convergência económica entre os diferentes Estados participantes.

No passado, durante décadas consecutivas, as políticas monetárias de numerosos países tenderam a aproximar-se gradualmente, não apenas quanto aos objetivos prosseguidos (*maxime* redução da taxa de inflação «abaixo mas próximo dos 2%»), como também quanto às modalidades dos instrumentos a utilizar, parecendo que alguns dos consensos alcançados nas análises teóricas sobre a temática e no tocante à execução dessas políticas nacionais permitiriam a substituição destas últimas por uma só política comum, igual para toda a área monetária internacional, mais vasta do que as por elas reunidas, «supranacional», menos suscetível a influências e pressões do que aquelas, dada a sua maior dimensão e ainda ao facto de as influências e as pressões, motivadas por razões particulares, «nacionais», muitas vezes não coincidentes nem mesmo convergentes à escala do conjunto, serem mais difíceis de projetar e de defender comummente, mesmo quando partissem de um ou mais Estados membros de maior dimensão e peso político, designadamente do Estado com maior relevância económica e financeira.

Em qualquer caso, a decisão final em matéria de política monetária caberá sempre ao órgão competente para o efeito, em resultado do exercício do voto dos respetivos titulares; cada um dos Estados membros só poderá influenciar e assim contribuir efetivamente para o processo de tomada de decisão na medida em que os seus interesses sejam ou não assumidos por aqueles titulares. O caso da posição da Alemanha será paradigmático a esse respeito[179].

[179] Os sucessivos pedidos de demissão, em momentos diferentes, apresentadas por vários membros do Conselho do BCE, da respetiva Comissão Executiva e também por economistas-chefes designados pela Alemanha e de nacionalidade alemã, nuns casos por desacordo manifesto com o rumo seguido pelo BCE através da sua política monetária noutros casos sem menção expressa do motivo para o abandono do cargo, em várias ocasiões antes de decorrido o prazo do mandato ou da comissão de serviço, revelam claramente, pelo menos, insatisfação e discordância com o rumo seguido, considerado em geral desequilibrado, com prejuízo dos

Não é, pois, indiferente a escolha dos titulares dos órgãos responsáveis pela definição e também pela execução da política monetária, sempre que lhes seja efetivamente reconhecida independência no exercício dos seus cargos, não obstante se reduzir, por vezes, as tensões existentes e possíveis, muito simplificadamente, entre as ditas «pombas», tipicamente adeptas da flexibilidade e da adaptabilidade rápida da política monetária em função da evolução dos factos, e os «falcões», defensores acérrimos e «insensíveis» do cumprimento estrito de regras monetárias precisas, rígidas, incluindo o controlo imediato e decisivo de eventuais surtos inflacionistas, em conformidade com o mandato legalmente atribuído.

Enquanto os ditos «falcões» tenderão a concentrar-se na prossecução sem quaisquer hesitações dos objetivos monetários fixados, prevenindo e vedando quaisquer surtos inflacionistas, «independentemente» da sua natureza e grau, as «pombas» preferirão agir tendo em vista facilitar e garantir a eficácia da prossecução de outros objetivos políticos, incluindo sobretudo o crescimento, no médio e longo prazo, sem se impressionarem tão facilmente com oscilações de curto prazo dos índices dos preços, obviamente dependentes dos seus diversos factores, origens e condicionantes.

Não obstante tudo o exposto, é bem conhecido que muitas das principais decisões de política monetária nacional adotadas nas capitais de vários países europeus, durante decénios a fio, resultavam quase automática e imediatamente de decisões coincidentes ou muito próximas acabadas de tomar e divulgar noutra capital monetária europeia, Frankfurt, pela autoridade monetária da República Federal Alemã, o *Bundesbank*, quase parecendo denotar uma total desnecessidade daquelas repetições de decisões internas, como se mais não fossem do que réplicas automáticas daquela[180].

interesses da Alemanha e especial dos cidadãos alemães, ou da maioria destes, enquanto aforradores, e em benefício sobretudo dos países mais endividados e respetivos cidadãos, através de uma política monetária insistente e excessivamente «laxista», não ortodoxa, com taxas de juro não apenas baixíssimas mas até negativas, o que não deixavam de considerar como totalmente anómalas, além de inéditas, pelo menos em períodos que não emergência, económica ou de outra natureza. Foram vários os dirigentes alemães do BCE que apresentaram a sua demissão antes de decorrido o prazo dos respetivos mandatos.

[180] Se em Amesterdão, Bruxelas e Viena e até em Paris e Madrid ou mesmo em Roma os órgãos de governo dos respetivos bancos centrais se limitavam quase a tomar decisões idênticas ou coincidentes, com escassas ou horas de intervalo, após o anúncio de «outras» decisões similares

A sequência histórica de repetição persistente, anos a fio, e quase imediata, por parte dos bancos centrais nacionais de vários países europeus, a partir dos anos sessenta do século passado, de decisões anteriormente tomadas pela autoridade monetária de um outro Estado, a República Federal Alemã (Alemanha Ocidental), não comprova, obviamente, a inutilidade nem a dispensabilidade daquela tomada de decisões ao nível nacional, mas sobretudo o reconhecimento por parte das restantes autoridades monetárias nacionais da adequação e justificação técnica da decisão tomada como referência «central», que, por isso, não dispensava, ou não devia dispensar, a apreciação autónoma por cada uma das autoridades monetárias nacionais, cujas conclusões próprias poderiam não coincidir, daí resultando, no essencial e em regra, a decisão de a «aceitar», ou de «não a alterar», incorporando-a, atendendo aos objetivos fixados para a política monetária interna e todas as outras circunstâncias consideradas relevantes; ou, ao invés, a decisão de, eventualmente, a «ajustar», em função dos objetivos internos, através da manutenção ou da alteração (considerada) apropriada das taxas de juro diretoras.

Pelo menos nesta última hipótese, sempre em aberto fora de uma união monetária formal – e até informal, consoante o grau de vinculação dos compromissos assumidos –, não está em causa, evidentemente, a mera repetição, ou «repercussão» automática, da política de um Estado preponderante pelas autoridades de outros Estados, por ser considerada tecnicamente ótima e adequada também internamente. Somente se, por hipótese, fosse comprovadamente a melhor e mais adequada em todas as circunstâncias e para todos os Estados participantes numa união monetária é que deveria substituir, com vantagens gerais, as políticas monetárias internas de cada um deles, tornando-as redundantes e dispensáveis, por que menos ineficientes.

pelo *Bundesbank*, em Frankfurt, como se verificou em muitas quintas-feiras de manhã e ao início da tarde, nos anos oitenta e noventa do século passado, porque razão não aliviar todos aqueles primeiros bancos daquelas tarefas técnicas, tanto mais porque baseadas em elementos por vezes difíceis de recolher e tratar e também porque se confiava que o banco central federal alemão agia efetivamente de modo totalmente independente em relação ao seu governo, com base exclusivamente em fundamentos técnicos, tendo por fim alcançar o mandato legal de estabilidade dos preços, o que nem sempre sucedera, como se suspeitava, com vários outros bancos centrais nacionais, como a evolução nos anos e décadas anteriores pareciam confirmar sem grande margem para dúvidas? Remete-se para a bibliografia já mencionada.

Neste quadro teórico geral sobre a participação ou não de um Estado numa união monetária internacional, as vantagens da participação dependerão essencialmente do grau de (maior) proximidade das condições gerais, *maxime* económicas, dos países abrangidos, elevada homogeneidade económica e social que permitiria uma adaptação «menos» ou «nada» onerosa, medida especialmente em termos de custos de oportunidade, a uma política monetária única para esse conjunto de países. Por isso, daí não resultariam, provavelmente, efeitos negativos e gravosos para algum ou alguns dos participantes, por via dos chamados «choques económicos assimétricos», à luz das advertências há muito feitas pela teoria das áreas monetárias ótimas – tal como formulada, pioneiramente, por Robert Mundell, no artigo com essa designação, publicado em 1961, na *American Economic Review*, com vários desenvolvimentos ulteriores[181].

Independentemente de a questão sobre a participação ou não de um Estado numa união monetária internacional poder ser equacionada de um ponto de vista estritamente técnico, essencialmente económico e monetário, embora com implicações e imbricações em diversos outros domínios, a decisão não deixava de ser predominantemente política, aspeto decisivo na delimitação do grau de independência económica e monetária dos Estados, no contexto de um processo de integração internacional, por poder pôr, daí em diante, «definitivamente» em crise a independência do Estado perante os seus parceiros, enquanto se mantiver inserido numa determinada união monetária internacional.

A questão era, pois, nuclear, para determinar se um Estado perderia ou não a sua soberania, no âmbito (económico e) monetário, conforme haveria de se tornar completamente claro depois, após a criação e a entrada

[181] Tudo isso na hipótese de se verificarem impactos económicos e sociais graves (por exemplo, elevação pronunciada da taxa de desemprego, deterioração dos custos e outras condições de financiamento e investimento), como por vezes também ocorrem no interior dos países monetariamente independentes, sobretudo os de maiores dimensões territoriais, cujo enfrentamento e cuja resolução com eficácia dependerão da disponibilidade dos meios adequados e bastantes, *maxime* financeiros, para responder satisfatoriamente a tais problemas ou «choques» económicos territorialmente diferenciados («assimétricos»), que, por isso, exigiriam uma ação pública também territorialmente diferenciada, em vez de uma mesma solução política (económica, monetária), uniforme para todos os países membros e todo o território da união criada. Além da bibliografia já citada sobre o tema, pode cf. J. Renato Gonçalves (2019), *O Euro: Balanço e Perspetivas*, cit., espec. pp. 317 e ss.

em funcionamento do Euro e da Zona Euro, dado o grau de divergência económica e de outra natureza, incluindo jurídica e institucional, entre os diversos membros da união, conforme fora acertadamente antecipado por numerosos autores, não apenas «americanos», alegadamente receosos da concorrência europeia – sobretudo desde a data da apresentação do projeto de União Económica e Monetária europeia, baseado no «Relatório Delors», de 1989, redigido por um grupo de peritos escolhidos pelo Conselho, chefiado pelo então presidente da Comissão Europeia (Jacques Delors), a fim de preparar, finalmente, a concretização «imediata» da unificação monetária europeia[182].

Apesar da relevância incontestavelmente extraordinária que assumiu a questão da participação ou não de um país numa união monetária internacional, como a projetada há muito para os membros das Comunidades Europeias e, depois, União Europeia, ela não se colocara realmente no começo do processo de integração europeia, nos anos cinquenta, por uma razão simples: por que, na altura, a estabilidade monetária estava já garantida pelos acordos monetários e financeiros firmados em Bretton Woods, em 1944, nos termos dos quais os câmbios das moedas dos países participantes no novo Sistema Monetário Internacional, então criado, incluindo os membros fundadores das Comunidades, se manteriam estáveis, dentro de uma margem de variação estreita, face à moeda âncora do sistema, o Dólar dos Estados Unidos da América – cujo valor, recorde-se, era determinado por um peso fixo em ouro fino, por força da legislação interna daquele país[183].

[182] Comissão Europeia (ed.) (1989), *Relatório sobre a União Económica e Monetária*, Luxemburgo. O «Relatório Delors» sobre a União Económica e Monetária seria desenvolvido, quer no plano teórico como prático, com a coletânea de estudos elaborada por um conjunto peritos e publicada no ano seguinte pela Comissão Europeia, *Mercado Único, Moeda Única*, em dois volumes, fortemente apologista das vantagens económicas do processo de integração monetária, que, segundo se estimava, ultrapassariam, «em muito», os custos da sua concretização, decorrentes sobretudo do período de transição, dos anteriores sistemas monetários e de pagamentos internos para o novo sistema «único» (partilhado entre os países que dele passassem a fazer parte). Cf. Comissão Europeia (ed.) (1990), *Mercado único, Moeda Única*, Luxemburgo (2 volumes).

[183] A bibliografia sobre o tema é extensa, mas, em português, cf., além do texto dos acordos que instituíram o Sistema Monetário Internacional, no jornal oficial e em coletâneas de legislação, incluindo a organizada por Luís Máximo dos Santos, Luís Morais e Fernando P. Ricardo, publicada pela Associação Académica da Faculdade de Direito de Lisboa, várias obras contemporâneas de Paulo de Pitta e Cunha, incluindo as reunidas na coletânea

Enquanto se mantivesse em vigor e inalterado o novo Sistema Monetário Internacional, «de Bretton Woods», totalmente ancorado no Dólar dos Estados Unidos da América, a instabilidade cambial não constituiria um problema financeiro significativo, também no âmbito das Comunidades Europeias, apesar de ter sido considerado útil o estabelecimento de uma «unidade de conta europeia», para servir de padrão de valor nos cálculos das verbas orçamentadas, tanto das receitas como das despesas das Comunidades, tal como das transferências financeiras, de e para os Estados membros, quer nas inscrições das diversas rubricas dos orçamentos comunitários quer no apuramento das contas.

Todavia, se no momento inicial se fez equivaler a Unidade de Conta Europeia ao Dólar dos Estados Unidos da América, em articulação com o previsto no Sistema Monetário Internacional em vigor, esta solução deixou de se manter satisfatória à medida que cresceram as incertezas e os riscos em torno da divisa norte-americana que servia de base a todo o sistema. Entre outros riscos, tornou-se evidente a impossibilidade de se manter a ligação prevista na lei interna entre o ouro e o Dólar dos Estados Unidos, mesmo apenas nas relações monetárias internacionais oficiais, que mais não fosse, por um lado, por força da forte expansão económica verificada «generalizadamente», o que obrigava a consecutivas emissões acrescidas de Dólares, e, por outro, devido à inevitável continuação de saída daquele metal precioso do território norte-americano, depois de ultrapassados os receios da Segunda Guerra Mundial, entre outras circunstâncias, internas e externas, que favoreceram a desvalorização daquela divisa[184].

Os riscos e as incertezas crescentes em torno da economia e das finanças dos Estados Unidos da América e da sua divisa, enquanto unidade monetária âncora do Sistema Monetário Internacional, proeminentemente utilizada nas relações económicas internacionais, levaram os Estados membros das Comunidades Europeias a propor, mais tarde, o estudo da criação de uma União Económica e Monetária europeia, tendo

Integração Europeia, já cit., com reed. em 2004, bem como o manual de *Políticas Europeias* de Manuel Lopes Porto (2016), parte inicial, e o nosso *O Euro e o Futuro de Portugal e da União Europeia*, cit. (2010), parte inicial, com várias outras referências bibliográficas.

184 Além da bibliografia já citada, para uma revisão sumária, J. Renato Gonçalves (2022), "The international monetary and financial system and the right to assistance from the International Monetary Fund (IMF)", pp. 168-191.

para o efeito mandatado um grupo de peritos para a elaboração de um projeto com esse objetivo (o Plano Werner, inspirado noutros estudos precedentes com o mesmo fim), aprovado na cimeira de Haia de 1969 e que previa a sua concretização gradual em três fases, no decurso da década seguinte (anos setenta do século XX). O projeto seria adiado, sobretudo devido ao agravamento das dificuldades económicas e sociais gerais, que culminou numa forte recessão das economias industrializadas (Estados Unidos da América, países da Europa Ocidental), especialmente das mais dependentes do petróleo, que entretanto se tornara numa das mais importantes fontes energéticas (ou da mais importante), por efeito dos «choques petrolíferos», com subidas impressionantes dos preços, que mais do que quadruplicaram em poucos meses, em 1973 e 1974, mediante a redução da oferta, em conjugação com outros factores, contexto que se manteve nos anos seguintes, daí resultando taxas de inflação elevadas e uma grave recessão nos países mais industrializados.

A essas enormes dificuldades económicas e financeiras gerais, apesar de muito diferenciadas com os países, consoante as respetivas estruturas e também do grau de dependência das importações de petróleo, com inevitáveis mas diversas consequências políticas, não podiam ser afastadas as implicações decorrentes da decisão de um conjunto de países europeus economicamente próximos mas independentes passarem a formar uma união monetária internacional – na altura em que o número dos Estados membros das Comunidades passara de 6 para 9 (em 1973, com a entrada do Reino Unido, da Irlanda e da Dinamarca) e, depois, para 10 (em 1981, com a entrada da Grécia), antes da concretização da adesão dos dois países ibéricos (Portugal e Espanha), em 1 de janeiro de 1986, quando as Comunidades se tornaram na «Europa dos 12». Perante a gravidade geral dos problemas económicos que os atingiram, os membros das Comunidades e seus povos e governantes concentraram-se sobretudo, compreensivelmente, em questões internas.

Ainda assim, não tendo sido possível avançar logo com o processo de integração económica e monetária previsto no Plano Werner, através do estabelecimento de uma União Económica e Monetária no decurso dos anos setenta, procurou-se concretizar a cooperação monetária entre os parceiros através dos respetivos bancos centrais, com vista a reforçar a estabilidade monetária e cambial, e assim facilitar a liquidação e os pagamentos das transferências previstas pelas diferentes políticas comunitárias, em expansão, bem como aumentar a previsibilidade das decisões económicas com impactos transfronteiriços, no quadro do mercado comum europeu, dando início à experiência de cooperação monetária e cambial conhecida pela expressão «Serpente Monetária Europeia». Tinha por base os acordos de Basileia de 1972 e por objetivo uma maior estabilidade monetária do que a prevista pelo Sistema Monetário Internacional, que, entretanto, colapsara.

Num primeiro momento, a cotação do Dólar dos Estados Unidos da América serviu de referência à «Serpente Monetária Europeia» (com a chamada «Serpente no interior do túnel», sendo este formado pela margem máxima de variação admitida pelos Acordos de Bretton Woods, enquanto estes foram respeitados). Quando a instabilidade do Dólar se acentuou nos mercados cambiais, a divisa norte-americana deixou de ser considerada referência (passando a falar-se em «Serpente Monetária Europeia fora do túnel»)[185].

As dificuldades ou mesmo a impossibilidade de respeitar os compromissos cambiais de Basileia por um número crescente de países europeus tornaram a «Serpente Monetária Europeia» quase exclusiva da (moeda da) República Federal Alemã, o Marco, e de moedas especialmente próximas como o Florim holandês, em face dos enormes desafios económicos e sociais causados pela recessão dos anos setenta, levando os dirigentes (ocidentais) europeus a entender que seria necessário ou pelo menos útil retomar a aproximação gradual das políticas internas nestes domínios, tendo para o efeito decidido criar um Sistema Monetário Europeu (SME), com (*i*) um mecanismo de estabilidade cambial (Mecanismo de Taxas de Câmbio) inspirado no anterior, ainda em vigor para algumas moedas, com margens limitadas de flutuação cambial entre as moedas participantes, no qual os Estados poderiam participar ou não, por isso diferenciado quando aos compromissos assumidos em termos de estabilidade cambial, embora especialmente reforçado em vários aspetos de funcionamento e monitorização, além da previsão de (*ii*) um conjunto de facilidades financeiras facultadas aos Estados participantes para os auxiliar no esforço de estabilização cambial, com maior capacidade e mais flexibilidade do que as facilidades existentes, administradas pelo Fundo Europeu de Cooperação

[185] Além da bibliografia já citada sobre o tema, pode cf. J. Renato Gonçalves (2019), *O Euro: Balanço e Perspetivas*, cit., espec. pp. 175 e ss.

Monetária (FECOM) desde a sua criação em 1972, e ainda (*iii*) a criação de uma nova unidade monetária, o *Écu*, ou ECU, de (nova) «unidade de conta Europeia», com natureza meramente escritural, no início, mas que poderia vir a circular generalizadamente e eventualmente substituir, a prazo, as moedas nacionais, se os Estados assim o viessem a decidir, atendendo à maior estabilidade e segurança económica por ela oferecida, comparativamente com a subsistência das diferentes moedas nacionais.

Como é sabido, o Sistema Monetário Europeu (SME) foi estabelecido em 1979, tendo por elementos essenciais o Écu (nova unidade monetária e de conta), o Mecanismo de Taxas de Câmbio de participação voluntária e o FECOM, e vigorou até à criação da atual união monetária europeia e do Euro, no quadro da União Económica e Monetária, a 1 de janeiro de 1999; a última cotação do Écu, no fecho dos mercados, a 31 de dezembro do 1998, determinou o valor inicial do Euro, quando este foi criado, no dia seguinte, data em que também passou a vigorar um novo Sistema Monetário Europeu (SME 2), tendo daí em diante por unidade de referência o Euro, em vez do Écu.

O valor do Écu era calculado a partir de proporções fixas das moedas de todos os Estados membros das Comunidades Europeias, periodicamente atualizadas, até ao alargamento para 12 membros, em função da relevância económica de cada um deles na produção e no comércio internacional. Por isso, esperava-se que viesse a oferecer maior estabilidade cambial e segurança na tomada de decisões económicas do que qualquer uma das moedas internas, consideradas para o cálculo daquele, e que, quando isso se revelasse generalizadamente percetível e «incontestável», substituísse, com vantagens para todos, cada uma das moedas nacionais. Todavia, a decisão de substituição de uma moeda nacional por uma nova moeda partilhada com outros países não é apenas uma decisão técnica, justificada exclusivamente com argumentos económicos ou, mais especificamente, monetários. Trata-se antes, e fundamentalmente, de uma decisão política e com impactos políticos, além de monetários, financeiros e económicos.

O funcionamento do Mecanismo de Taxas de Câmbio (MTC) do SME e, mais decisivamente ainda, o da nova união monetária europeia, inaugurada a 1 de janeiro de 1999, demonstrariam nitidamente que, durante os tempos de relativa normalidade económica, seria «inequívoca» a capacidade e facilidade de adaptação dos Estados membros e respetivas economias e sociedades às regras de maior ou completa estabilidade monetária e cambial, respetivamente nos âmbitos do MTC do SME e também da Zona Euro.

Diversamente sucederia noutras ocasiões, de crise económica, emergentes desde antes das datas em que as dificuldades de cumprimento das regras fixadas se mostraram mais evidentes ou (quase) tornaram «inevitável» o seu incumprimento, atendendo em larga medida às especificidades dos diversos Estados participantes, particularmente (mas longe de apenas) económicas, até ao ponto de algum ou alguns poder(em) colocar a hipótese de saída (conforme se verificou em 1992, com o Reino Unido, relativamente ao MTC do SME, e como se equacionou quanto à Grécia em 2015, relativamente à Zona Euro, apesar de o abandono não se ter concretizado, mesmo após eleições internas em que a opção foi colocada e, aparentemente, obteve vencimento).

Era já evidente a relevância da decisão de um país participar ou não numa união monetária internacional, quando, em Madrid, em 1989, o Conselho Europeu aprovou o Relatório Delors sobre a União Económica e Monetária, um guião para uma concretização gradual, nos anos seguintes, de um processo de integração monetária internacional, no seio da União Europeia, conducente à criação, a prazo, de uma nova área monetária comum, com uma moeda «própria», mas partilhada, o mais tardar a 1 de janeiro de 1999 – não obstante todas as críticas de incompletude e de imperfeição institucional e instrumental do modelo consensualizado e aprovado, e que iria ser trilhado, em larga medida por «exigência» da República Federal Alemã, mas, não menos relevante, devido à circunstância, incontornável, de envolver um conjunto de Estados soberanos, *maxime* no domínio financeiro[186].

[186] Foi proposto na altura, no essencial, mas não em tudo, o regime monetário por ela adotado e seguido desde pouco tempo após o desfecho da Segunda Guerra Mundial, em 1948, até à reunificação do início dos anos noventa, na República Federal Alemã (Alemanha Ocidental, tendo na base o novo Marco (*Deutsche Mark*) e o banco central, legalmente encarregado de definir e executar com total independência a sua política monetária, o *Bundesbank*, cujo objetivo primordial, se não único, pelo menos explícito, apesar de sempre instrumental, a estabilidade do valor da moeda, por influência direta do ordenamento económico e monetário dos Estados Unidos da América, por ser uma moeda persistentemente estável, interna e internacionalmente, compatível com (se não «requisito» ou «condição» de) taxas de crescimento económico elevadas e sustentáveis, na base do muitas vezes designado «milagre económico» alemão, durante a segunda metade do século XX. Além da bibliografia geral já citada sobre

Se o modelo monetário vigente na República Federal Alemã desde o final dos anos quarenta do século XX demonstrara, persistentemente e sem margem para grandes dúvidas, que era compatível com taxas de crescimento robustas e perduráveis, naquele país, como não faltavam os que consideravam que o mesmo modelo favorecia, impulsionava e garantia aquelas taxas de crescimento robustas e consolidadas e, muito além isso, poderia, na verdade, tratar-se do único modelo adequado a alcançar tais resultados positivos na organização e no funcionamento da economia, correspondendo assim a uma espécie de melhor solução monetária, porventura transponível para qualquer outro país[187].

Daí a defesa, absolutamente intransigente, do modelo monetário alemão para uma eventual união monetária europeia, no caso de se decidir aprovar uma tal união, em relação à qual grande parte dos governantes, dos cidadãos e de instituições especializadas alemãs (a começar pelo seu

o tema, pode cf. J. Renato Gonçalves (2019), *O Euro: Balanço e Perspetivas*, cit., espec. pp. 219 e ss.

[187] Acrescente-se que esta perceção, de que o modelo monetário «alemão», amplamente baseado na total independência técnica dos órgãos de governação do banco central em relação às pressões governamentais, era o mais apropriado, o «ideal», de modo a alcançar-se «o» objetivo único ou prioritário da política monetária, a estabilidade dos preços, ou uma taxa de inflação «zero» (ou, ajustada, de 2% ao ano), se disseminou, rápida e sem grandes reservas, muito além das fronteiras alemãs, e europeias, quase universalmente, a partir dos anos oitenta do século XX, com a corrente liberal, ou neoliberal, que se expandiu por numerosos países, na sequências das «revoluções» de governação económica impulsionadas, no Reino Unido, pela Primeira Ministra Margareth Thatcher, e, nos Estados Unidos da América, pela administração do Presidente Ronald Reagan, durante toda aquela década, e que seria reforçada, entre vários outros factores, pelo colapso, político e económico, da União Soviético e do bloco de países por ela liderado.
A independência absoluta dos bancos centrais e o objetivo «único» de política monetária de estabilidade (absoluta) dos preços, ou de proibição das desvalorizações monetárias, tornaram-se verdadeiros dogmas, económicos e políticos, merecedores de consagração constitucional e sem lugar a exceção – com projeção direta nos Tratados europeus por força do Tratado da União Europeia, ou «de Maastricht», de 1992. Cf. Joseph Stiglitz (2016), *The Euro – How a Common Currency Threatens the Future of Europe*; Nazaré Costa Cabral / J. Renato Gonçalves / Nuno Cunha Rodrigues (orgs.) (2016), *The Euro and the Crisis: Perspectives for the Eurozone as a Monetary and Budgetary Union*; J. Renato Gonçalves (2010), *O Euro e o Futuro de Portugal e da União Europeia*, cit., espec. Caps. II e III; Idem (2019), *O Euro: Balanço e Perspetivas*, cit., espec. pp. 317 e ss.

banco central, o *Bundesbank*) permaneceram (muito) renitentes – entre outras razões, por duvidarem de uma real vontade dos seus parceiros em criar uma união monetária, ou pelo menos de uma união monetária tal como os alemães a compreendiam e compreenderiam, ou seja, à imagem do regime monetário alemão (desde 1948).

Todavia, não podia deixar de constituir uma advertência séria, quanto à proposta união monetária europeia, o facto de vários dos Estados membros das Comunidades nunca terem seguido um modelo monetário idêntico ou sequer aproximado ao federal-alemão, de «moeda forte», com valor estável – objetivo assegurado, com «total independência», pelos órgãos do *Bundesbank*, sem sujeição a quaisquer interferências governamentais –, mas antes, diversamente, regimes favoráveis à desvalorização da moeda interna, como parecia constituir regra nos países do sul da Europa, além de as histórias financeiras e monetárias serem, em geral, também muito diferentes. O que não favorecia um consenso «mínimo» em torno do modelo monetário comum proposto e aprovado, mas divergências entre Estados membros, e dificuldades em aceitar e, sobretudo, cumprir exatamente as mesmas regras, devido às respetivas implicações, profusamente diferenciadas.

De qualquer modo, e como a experiência de funcionamento da união económica e monetária europeia comprovaria claramente, desde a criação do Euro e da Área do Euro a 1 de janeiro de 1999, o problema de concretização de uma união monetária internacional não é apenas ou predominantemente monetário, financeiro ou económico; é, igualmente, político. E não apenas porque depende, em última análise, da decisão política, mas também porque as decisões fundamentais emergentes e necessárias para o funcionamento de uma união (económica e) monetária internacional têm relevância e implicações, tanto monetárias como financeiras e políticas, que transcendem tais âmbitos estritos, situando-se no âmago da soberania dos Estados, pelo que só podem e devem ser tomadas com legitimação democrática.

Ora, o que revelou a experiência de funcionamento de quase duas décadas e meia da União Económica e Monetária europeia firmada e inaugurada em Maastricht foi a necessidade imperiosa de ajustar e de completar o modelo originário – estruturalmente debilitado pela circunstância singular, nos tempos modernos, de criação de uma moeda e de um sistema monetário fora do quadro de um Estado soberano, no âmbito da

União Europeia, com todas as implicações, contradições e limitações daí decorrentes, ainda em busca de solução[188].

3. *Quo vadis* soberania financeira, a caminho de uma união orçamental europeia?

As dificuldades apontadas quanto à decisão de um Estado soberano passar a integrar ou não uma união monetária internacional, devido às implicações decisivas dela decorrentes, que põem «definitivamente» em causa a sua soberania monetária e, consequentemente, também uma parte substancial e crítica da soberania económica e, «sobretudo» e decisivamente, financeira, por efeito da transferência do exercício daqueles poderes, maxime monetários e financeiros, entre outros conexos, para um nível de governação central e único, da União, com uma ou mais autoridades comuns, não são, ao invés do que poderia eventualmente parecer, uma questão estritamente, ou essencialmente, técnica, de ordem monetária, financeira e ou económica, mas sim política, com todas as suas implicações.

Embora se trate, em primeira linha, de um problema monetário, com todas as implicações imediatas atinentes à definição e à execução uniformes de uma dada política do conjunto de países participantes, a política monetária, dirigida já não a um só Estado mas a um conjunto de Estados soberanos, com a agravante de essa nova política única poder não ser a mais adequada, pelo menos em todos os momentos, para todas as partes do conjunto territorial a que se destina, ou seja, para toda a (nova) área monetária ampliada, e ainda o efeito de essa política única poder não ser, similarmente, a mais apropriada para cada um daqueles Estados individualmente considerados e, até, de poder ser totalmente desadequada para algum ou alguns dos Estados participantes, pondo assim em crise, pelo menos para algum ou alguns dos membros, a pretensão económica e social expectável e razoável de a nova política monetária comum ser a mais ajustada aos interesses de «toda» a União.

Significa isso que, na hipótese de não terem optado pela participação na união monetária, os vários países não prosseguiriam, todos eles, muito provavelmente, políticas monetárias coincidentes, idênticas ou sequer

[188] Sobre esta temática, volta-se a remeter, em geral, para J. Renato Gonçalves (2019), *O Euro: Balanço e Perspetivas*, cit., com várias outras referências bibliográficas.

aproximadas entre si, nem deveriam ter prosseguido, racionalmente, tais políticas idênticas ou aproximadas, à luz dos ensinamentos da ciência económica, devido às circunstâncias próprias de cada um deles, não (necessariamente) coincidentes com as dos parceiros, mas sim políticas monetárias específicas, adequadas à situação económica e social concreta de cada um – podendo, assim, num deles justificar-se uma redução substancial das taxas de juro no mercado interbancário, noutro a manutenção dessas taxas de juro e num terceiro uma subida mais ou menos significativa daquelas taxas, com o fim de favorecer e não prejudicar a realização das atividades económicas em geral, bem como o investimento e o consumo.

Consequentemente, se tais países tivessem, por hipótese, aplicado a mesma política monetária, mesmo encontrando-se fora de qualquer união monetária, como sucederia necessariamente se já participassem como membros numa união monetária, as atividades económicas desenvolvidas nos respetivos territórios seriam ora (mais ou menos) beneficiadas ora (mais ou menos) prejudicadas, no seu conjunto, consoante a maior ou menor adequação das várias medidas de política monetária e respetivos efeitos em face da situação económica e social específica, própria do país.

É relativamente aos países em que a política monetária única não corresponde àquela que, pelo menos em geral e abstrato, seria mais apropriada, atendendo às circunstâncias próprias da sua situação económica e social, que haverá que apurar se os efeitos e os custos economicamente nocivos daí resultantes para a realização e o desenvolvimento de atividades no respetivo território, quer imediatamente quer no médio e longo prazo, poderiam ser, e em que medida, compensados por vantagens emergentes da participação na união monetária, incluindo as conexas com uma maior previsibilidade, estabilidade e consistência de uma política única.

Como é sabido, uma política comum tende a oferecer maior estabilidade, previsibilidade e segurança para todos os que dela podem beneficiar, entre outras vantagens, incluindo um acesso menos oneroso e sem restrições e imediato à utilização de recursos económicos, habitualmente disponível apenas em economias mais robustas, com recursos suficientes para a suportar, também financeiramente, como acontece com a atual união monetária europeia, além da possibilidade de participação de representantes ou nacionais dos Estados nos órgãos comuns de decisão, que de outro modo não poderiam refletir os interesses dos países de menor dimensão e relevância económica.

Tudo isto não significa, evidentemente, que problemas comparáveis aos acabados de apontar, sumária e simplificadamente identificados pelos economistas como «choques assimétricos», não possam surgir, desenvolver-se e agravar-se, até ao ponto de se tornarem porventura «insustentáveis», ou pelo menos muito difíceis de confinar ou conter, e de tolerar, quer social quer politicamente, no interior do território de um Estado soberano, e fora dele, na medida em que as partes do território sejam económica e ou socialmente muito distintas entre si, conforme já foi salientado, sendo, por isso, diferenciadamente competitivas entre si, no domínio económico e noutros domínios, consoante as circunstâncias concretas. Esta diferenciação projetada territorialmente é maior, em regra, nos países geograficamente mais extensos e diversificados, na vertente económica e noutras vertentes com implicações económicas ou sociais: cultural, social em sentido amplo, jurídica, política.

Ora, a eventual ou «provável» ocorrência de «choques económicos assimétricos» no território de um país, de uma região ou de um conjunto formado por algumas das regiões – tal como a ocorrência de «choques simétricos» nas mesmas áreas geográficas (choques que, distintamente dos mencionados antes, produzem manifestações económicas similares na área territorial em causa, homogénea nos domínios jurídico e económico) –, poderá ser mais facilmente enfrentada, minorada ou solucionada pelo próprio Estado, desde que se disponha dos instrumentos e dos recursos adequados e suficientes para esse efeito, designadamente através do ajustamento do plano financeiro anual público existente, o orçamento do Estado, com a previsão (e provisão) das receitas públicas (a cobrar) necessárias para a cobertura de todas as despesas destinadas a permitir a execução das ações e medidas concretas destinadas a prosseguir e alcançar os fins coletivos escolhidos e fixados, incluindo a resolução dos choques económicos, «assimétricos» ou «simétricos», referidos, com os quais a comunidade política tenha sido e seja confrontada.

Ao invés do que aconteceria num nível mais elevado de governação do que o do Estado soberano, seja o nível internacional, seja um nível «supranacional», *i. e.*, acima do dos Estados soberanos, bem como, inversamente, inferior ao dos Estados, seja local ou regional (e eventualmente estadual, no caso dos Estados federais), não obstante as diferenças substanciais consoante os níveis de governação apontados, a chave para a resolução dos problemas económicos e sociais com que os Estados se defrontam residirá, política e financeiramente, no instrumento político e financeiro central que reflete sobretudo o poder soberano e que permite a prossecução de políticas públicas robustas, que é o orçamento (do Estado), por que nele se resumem e projetam os poderes financeiros exclusivos dos Estados. Independentemente de estes poderem ser delegados para outras entidades, e são-no por vezes, quanto ao seu exercício, sobretudo para entidades públicas, embora com sujeição a balizas, parâmetros e mecanismos de controlo estabelecidos restritamente, bem como ao «acompanhamento» e à fiscalização pelo próprio Estado. O orçamento do Estado representa e simboliza, assim, provavelmente mais do que qualquer outro instituto político e jurídico, o exercício efetivo da soberania financeira.

A questão do exercício delegado e mais ou menos autónomo e independente, ou interdependente, e democrático, do poder financeiro soberano do Estado é desde há muito controvertida, mas continua, ainda hoje, explícita ou, pelo menos, implicitamente, no centro dos principais debates políticos e financeiros modernos, tanto no que toca às relações entre os Estados federais e os Estados federados neles englobados, como nas relações entre o Estado e as suas regiões e ou as suas autarquias locais, nos Estados unitários e nos Estados descentralizados e ou regionais, pelo menos enquanto não atingirem um ponto de sedimentação e de consolidação histórica, política e constitucional, e sejam, por isso, significativamente contestadas – problema que se mantém atual em vários países do mundo, mas que não se justifica tratar aqui –, e ainda, em geral e mais recentemente, no caso das relações financeiras entre Estados soberanos e algumas organizações internacionais ou de natureza análoga ou aproximada, de que façam parte, em particular certas organizações de integração económica e financeira internacional, como é o caso, antes de outros, das Comunidades Europeias e, agora, da União Europeia.

É esta última situação que importa aqui, e de modo decisivo, para a compreensão e também para a resolução do problema nuclear identificado: como determinar os instrumentos e as medidas financeiras adequadas, entre outras de âmbito económico, entendido este num sentido muito amplo – *i. e.,* compreendendo desde mecanismos e medidas de natureza financeira até mecanismos e medidas de natureza monetária, bem como mecanismos e medidas de âmbito económico-social –, necessárias para reduzir ou eventualmente eliminar os mencionados efeitos ou «choques económicos» prejudiciais, sejam eles «simétricos» ou «assimétricos», sem prejuízo de não serem provavelmente imprescindíveis ações diferenciadas entre as diferentes partes do território no primeiro caso (ocorrência de «choques simétricos»), ao invés do segundo caso (verificação de «choques assimétricos»), devido a divergências estruturais e conjunturais nas diversas partes do território, *maxime* entre países (*v. g.*, «do Norte» versus «do Sul») de um espaço de integração internacional, como a União Europeia.

Nas Comunidades Europeias, desde a data sua criação, encontramos várias inovações radicais no domínio financeiro, por romperem frontalmente com o tradicional exercício exclusivo da soberania financeira pelos Estados. Isso sucedeu, designadamente, no reconhecimento e na aceitação pelos próprios Estados membros da posição que as Comunidades passaram a assumir como credoras de determinadas receitas tributárias[189].

As atividades financeiras de lançamento e cobrança de receitas comunitárias continuaram a ser exercidas, em geral, pelas administrações tributárias dos Estados membros, incumbidas de procederem posteriormente à remessa dos montantes arrecadados para as Comunidades, em conjugação com a atribuição e o reconhecimento também de amplos poderes do lado do orçamento das despesas, para a prossecução dos fins comuns – que, como é sabido, foram consecutivamente ampliados por força da aprovação e prossecução de novas políticas comunitárias, previstas nos Tratados ou justificadas pela prossecução daqueles fins.

Apesar de se já ter admitido anteriormente a cobrança excecional de certas receitas por parte de algumas organizações públicas internacionais, tais receitas incidiam apenas sobre aqueles que se relacionassem diretamente com tais organizações, desde os respetivos funcionários aos que delas obtivessem uma contraprestação direta; não, portanto, entidades privadas em geral, como passou a suceder com as Comunidades Europeias (e, posteriormente, com a União Europeia)[190].

[189] E, em consequência disso, no reconhecimento e aceitação, pelo menos implicitamente, da respetiva personalidade tributária ativa, em substituição da posição dos Estados, mesmo que apenas em situações específicas e restritas, previstas nos Tratados (de Paris, quanto à CECA, e de Roma, quanto às outras duas Comunidades: CEE e CEEA), independentemente das particularidades fixadas quanto ao lançamento e à cobrança daquelas receitas.

[190] As Comunidades Europeias tornaram-se, assim, credoras das receitas cobradas com base em novos tributos – mesmo que o respetivo lançamento e a cobrança efetiva dos mesmos fossem exercidos pelos serviços administrativos e financeiros dos Estados membros, conforme notámos antes –, tendo por sujeitos passivos, devedores daquelas receitas, entre outros, os que

De qualquer modo, as grandes inovações apontadas das finanças públicas das Comunidades, incluindo, entre outros aspetos, a impressionante expansão dos recursos abrangidos pelos orçamentos comunitários, em especial na sequência do estabelecimento da Política Agrícola Comum (PAC), cujas rubricas de despesa chegaram a absorver mais de dois terços do total das despesas das Comunidades durante as primeiras décadas da sua vigência – o que conduziu, compreensivelmente, a insistentes interrogações sobre os seus efeitos redistributivos, em favor de certos Estados membros e em prejuízo de outros, sem base nos princípios da justiça e da solidariedade financeira –, não permitiram afastar a relativa impotência financeira originária das Comunidades Europeias em face dos fins mais ambiciosos do projeto de integração económica internacional europeia, o que se manteve no essencial até muito recentemente, não obstante as diversas alterações substantivas introduzidas em certos momentos, como o do aprofundamento da integração económica com o objetivo de completar o Mercado Interno, até ao final de 1992, e como o da aceitação do objetivo de ainda maior fôlego, atingindo o âmago da soberania dos Estados membros, de estabelecer uma União Económica e Monetária, o mais tardar até 1 de janeiro de 1999, além de outros fins adicionais, com reforços de financiamento díspares, de natureza muito diversa:

(*i*) quer orçamental, no caso da União Europeia, no âmbito dos seus orçamentos anuais, por seu turno aprovados em conformidade com os atuais Quadros Financeiros Plurianuais, antecedidos pelas chamadas «perspetivas financeiras plurianuais», respeitantes a um período de programação financeira de cinco a sete anos, com origem (tardia) no «Pacote Delors» (I), para 1988-1992, e no «Pacote Delors II», para os anos 1993-1999, e

exercessem atividades produtivas nos sectores da economia objeto de integração internacional, como os sectores do carvão e do aço, ou então, simplesmente, todos os que procedessem à importação ou à exportação de quaisquer bens, de ou para países terceiros, portanto não pertencentes às Comunidades, quando preenchidos os pressupostos tributários enunciados na nova Pauta Aduaneira Comum, no âmbito da União Aduaneira criada pelo Tratado de Roma que criou a CEE (designado, desde o Tratado de Lisboa de 2007, Tratado sobre o Funcionamento da União Europeia – TFUE). Cf. Eduardo Paz Ferreira (2020), *Ensaio de Finanças Públicas*, espec., pp. 517 e ss.; Manuel L. Porto (2017), *Teoria da Integração e Políticas da União Europeia*, pp. 483 e ss.; João Ricardo Catarino / José F. F. Tavares (orgs.) (2012), *Finanças Públicas da União Europeia*.

(*ii*) quer complementar ou paralelo a esse domínio orçamental, seja (*ii-a*) por forma explícita, através dos mecanismos adicionais, paralelos, de financiamento, tanto tradicionais (como o Banco Europeu de Investimentos) quanto os criados na sequência da crise financeira internacional de 2007-2010 e da crise imediatamente subsequente e com ela diretamente conexa, que atingiu as dívidas soberanas dos Estados membros da Zona Euro, independentemente de os mesmos serem disciplinados pelo Direito da União Europeia ou não (ou seja, pelo Direito interno e ou pelo Direito Internacional), seja ainda (*ii-b*) por forma implícita, mas não menos poderosa e eficaz, com diversas especificidades, através da política monetária.

Às mencionadas formas explícitas complementares de financiamento da União Europeia, paralelas em relação aos orçamentos gerais anuais e ao Quadro Financeiro Plurianual, há que acrescentar o instrumento específico de financiamento, comum e implícito, com natureza distinta daquelas, no âmbito da política monetária, que atua por via indireta, através do sistema monetário e dos mecanismos de crédito que lhe são próprios, o que não significa, no entanto, que seja menos decisivo e eficaz, desde logo por não depender, pelo menos teoricamente, de qualquer limite quantitativo de recursos existentes, ao invés dos instrumentos financeiros comuns, incluídos nos orçamentos públicos ou criados em paralelo aos mesmos, correspondendo assim à projeção de um poder singular, exclusivo das autoridades titulares dos direitos de emissão e de gestão de moeda (oficial), ou seja, dos Estados soberanos, cabendo o seu exercício habitualmente, na atualidade, a uma entidade especializada, a autoridade monetária ou «banco central» do Estado soberano, sem embargo de este poder aceitar, excecionalmente, a partilha do seu exercício com outros Estados, no âmbito de uma união monetária internacional, através da delegação do exercício desses poderes numa autoridade comum, como é o Banco Central Europeu no caso da Zona Euro[191].

[191] As palavras pronunciadas no final de julho de 2012 (e reiteradas *ipsis verbis* e completadas dois meses depois) pelo anterior presidente do Banco Central Europeu, Mário Draghi, que se tornaram justificadamente célebres pela singular clareza e síntese que transmitiam, de que o BCE faria «tudo o que fosse necessário» («*whatever it takes*») para salvar o Euro e de

Referiu-se que se trata de um instrumento de financiamento «implícito» e indireto:

(*i*) em primeiro lugar, por que o seu exercício concreto, embora de natureza financeira, depende dos objetivos e dos critérios definidos e seguidos através da política monetária, mediante o exercício dos respetivos instrumentos, tal como definidos na lei, dentro dos limites neste fixados, ou seja, sem recurso à cobrança ou outras formas de obtenção de receitas públicas e à realização de despesas públicas, tipicamente reunidas nos orçamentos do Estado e ou de outros entes públicos,

(*ii*) em segundo lugar por que, pelo menos em teoria e também por definição, esse instrumento financeiro não tem, por natureza, qualquer limite quantitativo quanto aos recursos a afetar, teoricamente ilimitados, apesar de ficar restringido qualitativamente quanto aos instrumentos concretos a utilizar, legalmente tipificados, e,

(*iii*) em terceiro lugar, por que os seus efeitos são, por natureza, indiretos e difusos, na medida em que se projetam através do funcionamento dos mercados, por via da restrição ou da expansão da «massa monetária», bem como da frequência ou «velocidade» da sua utilização ou «circulação» entre os operadores, embora não

que isso obviamente «bastava», traduzem precisamente a impressionante e de facto ilimitada capacidade de uma autoridade monetária (que tenha e possa exercer efetivamente autoridade monetária) para garantir a solvabilidade de um sistema de pagamentos e da unidade monetária em que o mesmo tenha por base, apesar de se tratar de um poder essencialmente indireto e difuso, mas não menos poderoso, efetivo e decisivo – conforme comprovou totalmente a autoridade monetária da Zona Euro, com Draghi ao comando, para quem pudesse eventualmente duvidar daquela afirmação, com o *Asset Purchase Programme* (APP), aprovado no final de 2014 para apoiar o mecanismo de transmissão da política monetária e garantir a estabilidade dos preços, através de compras líquidas de títulos desde março de 2015 até ao final de 2018, e retomado a 1 de novembro do ano seguinte, em montantes sucessivamente reinvestidos, abrangendo um conjunto de programas de compra de títulos, respetivamente do setor privado (CSPP), do setor público (PSPP), de instrumentos de dívida titularizados (ABSPP, *Asset-Backed Securities Purchase Programme*) e de obrigações hipotecárias (CBPP3, de *Covered Bond Purchase Programme*), num total superior a três mil milhões de euros no segundo semestre de 2021 (os dados sobre a situação financeira do Eurossistema são atualizados por comunicados semanais do BCE, na página Internet < https://www.ecb.europa.eu/press/pr/wfs/html/index.en.html >).

sejam menos eficazes, «reais», poderosos e decisivos, produzindo assim outros efeitos financeiros transversais, com maior ou menor impacto social e político, essencialmente através da alteração (maior ou menor) do valor da moeda, que é quantitativamente calculado através da taxa (*rectius*, das taxas) de inflação[192].

[192] A inflação é um fenómeno geral, que, por definição, envolve a «generalidade» dos preços, mas essa «generalidade» pode variar muito, consoante os critérios seguidos para o respetivo cálculo, mais ou menos amplos, abrangendo ou excluindo determinados tipos de bens, sobretudo quando os respetivos preços estejam sujeitos a oscilações menos regulares (como são os casos dos produtos da agricultura e da pesca, dos produtos energéticos ou ainda da habitação e do imobiliário, entre outros), e ainda consoante o período de tempo utilizado para proceder ao cálculo de evolução (mensal, trimestral, semestral, anual, bianual...). Obviamente, oscilações mais elevadas no curto prazo (medidas mês a mês ou trimestralmente) não são em geral suficientes para comprovar uma tendência inflacionista ou deflacionista, embora a história tenha vindo a «ensinar» que a desvalorização, política ou técnica, dessas alterações no curto prazo podem tornar depois muito mais difícil a adoção de medidas eficazes de estabilização dos preços no curto e no médio prazo, podendo por isso dar início ou impulso a fases inflacionistas persistentes e preocupantes (como nos anos setenta do século passado, nos Estados Unidos da América, com repercussões imediatas para a generalidade dos países industrializados, em grande medida por influência dos «choques petrolíferos» que então se verificaram, em especial do que uma quadruplicação dos preços do petróleo no decurso de menos do que um ano, em 1973-1974). Daí a extrema delicadeza, técnica e política, da política monetária.

A relevância e a gravidade da política monetária decorrem particularmente da dimensão dos efeitos inflacionistas ou deflacionistas no média e no longo prazo, que, no caso da verificação de taxas elevadas de inflação, penalizam em igual medida o valor dos rendimentos, das poupanças e de quaisquer outros recursos ou valores monetários dos seus titulares, denominados em moeda oficial, financeiramente equiparável a um tributo de igual montante, com a particularidade de esse «imposto» não ter sido autorizado ou aprovado pelos órgãos competentes e com legitimidade política para esse efeito – os parlamentos, através da aprovação anual dos orçamentos –, nem ser como tal entendido pelos entes por ele economicamente penalizados, por inexistir qualquer processo de lançamento, liquidação e cobrança, ao invés do que sucede com os restantes e verdadeiros impostos, e os efeitos de redução de riqueza e rendimento nem serem nominalmente percetíveis (os montantes em moeda oficial mantêm-se inalterados, «apenas» deixam de valer o mesmo do que anteriormente, por vezes muito menos, à medida que decorre o tempo).

Pode cf., sobre o valor da moeda, entre várias outras indicações bibliográficas, J. Renato Gonçalves (2019), *O Euro: Balanço e Perspetivas*, cit., esp. pp. 57 e ss., bem como, entre outros, J. Stiglitz (2016), *O Euro*, esp. pp. 75 e ss.; K. Bain / P. Howells (2003), *Monetary Economics*, esp. pp. 95 e ss.; P. Soares Martínez (2005), *Economia Política*, pp. 527 e ss.; Fernando Araújo (2004), *Introdução à Economia*, II, pp. 1207 e ss.

Do ponto de vista financeiro em sentido estrito, as maiores mudanças, depois da introdução e do desenvolvimento da Política Agrícola Comum e da estabilização dos recursos próprios das Comunidades Europeias, verificaram-se com a criação dos vários instrumentos de política de desenvolvimento regional comum, prosseguida com a Política de Coesão Económica, Social e Territorial, que surgiram e gradualmente se tornaram cada vez mais indispensáveis com a entrada de novos Estados membros, muitos com níveis de rendimento e indicadores de desenvolvimento económico e social inferiores aos antigos Estados membros, o que aconteceu, em especial, conforme referido, com a adesão, sucessivamente, da Irlanda, da Grécia e de Portugal e da Espanha, os quatro Estados membros «da Coesão», que necessitavam em especial da ajuda financeira das Comunidades para se adaptarem economicamente ao impacto da concorrência acrescida resultante das relações económicas mais abertas no contexto europeu e crescentemente global, aos quais se acrescentavam problemas importantes de partes de vários outros Estados membros, como todo o *Mezzogiorno* italiano e os chamados territórios ultramarinos franceses, e, mais tarde, dos vários países da Europa central e de Leste, quase todos com indicadores de rendimento *per capita* muito inferiores à média da União (alguns deles, como a Bulgária e a Roménia, apresentavam, na altura da adesão, indicadores inferiores a ¼ dessa média de PIB *per capita*, e outros, como a Polónia, não se encontravam muito mais à frente)[193].

[193] A evolução dos dados fundamentais sobre a situação socioeconómica dos vários Estados membros da União Europeia pode ser analisada com grande pormenor tendo por base os relatórios periódicos sobre a Política de Coesão elaborados e publicados pela Comissão Europeia, de três em três anos, como previsto no Tratado a partir da revisão de Maatricht (cf. artigo 130.º-B do TCE, com a redação dada pelo Tratado da União Europeia). Até fevereiro de 1999, a Comissão adotou relatórios periódicos sobre a evolução situação socioeconómica e o desenvolvimento das regiões da União, seis ao todo, o último destes a 3 de fevereiro de 1999, e, desde 1996, ano em que foi adotado o primeiro relatório trienal da Coesão, foram consecutivamente aprovados diversos relatórios sobre a evolução da Coesão europeia. Para uma síntese das principais conclusões do sexto relatório periódico relativo às regiões da União e com dados estatísticos sobre a evolução da situação socioeconómicas das regiões europeias, incluindo sobre a situação verificada nos (na altura) futuros Estados membros, pode cf. a ficha informativa (*InfoRegio*) sobre Política Regional e Coesão, de 4 de fevereiro de 1999, disponível *online*, no portal Europa: < https://ec.europa.eu/regional_policy/sources/docgener/informat/irmo_pt.pdf >.

Por outro lado, o aprofundamento gradual do processo de integração económica comunitário europeu, em especial com o estabelecimento do Mercado Interno europeu até ao final de 1992, relançado e impulsionado com o Ato Único Europeu, de 1986, e, mais ainda, com o estabelecimento, em fases sucessivas, do projeto de União Económica e Monetária, com base no Relatório Delors de 1989 e que culminaria com a criação de uma moeda comum, o mais tardar em 1999, contribuiu igualmente para justificar os reforços apontados dos instrumentos financeiros comuns da Política de Coesão Económica, Social e Territorial, sobretudo no seu começo, com as duplicações dos montantes globais dos recursos com finalidade estrutural, quer com o «Pacote Delors I», quer com o «Pacote Delors II» (1993-1999), apesar de, neste último caso, essa duplicação se ter restringido aos recursos destinados aos, na altura, quatro Estados membros «da Coesão» (Irlanda, Grécia, Portugal e Espanha).

Certamente mais difícil de compreender foi a opção política de não voltar a «duplicar» ou de, pelo menos, não reivindicar um reforço significativo dos recursos financeiros destinados à Política de Coesão da União Europeia, perante a aproximação e a concretização do grande alargamento, em maio de 2004 (com a entrada de dez novos Estados membros, passando a Europa de 15 para 25 membros) e em janeiro de 2007 (com entrada de mais de dois Estados membros), quase todos com níveis de rendimento (PIB) *per capita* (muito) inferiores a metade da média da União – em alguns casos com um PIB *per capita* inferior a ¼ daquela média, sem embargo de alguns dos anteriores Estados «da Coesão» (Grécia, Irlanda, Portugal e Espanha) terem, entretanto, deixado de o ser, como sucedeu, em especial, com a Irlanda, que, de um dos Estados membros com níveis de rendimento *per capita* inferiores, e também de capacidades mais reduzidas de produtividade e de competitividade, se tornou, decorridos poucos anos

Até 2020 foram publicados sete Relatórios da Coesão (Económica, Social e Territorial), disponíveis no portal Europa, na página < https://ec.europa.eu/regional_policy/en/information/cohesion-report/ >. O 7.º Relatório, publicado a 9 de outubro de 2020, *My Region, My Europe, Our Future*, que, além de uma avaliação retrospetiva, antecipa os principais desafios e objetivos da Política de Coesão para os anos 2021-2027, pode ser consultado *online*, em inglês (e em quase todas as línguas oficiais dos Estados membros da União) na página < https://ec.europa.eu/regional_policy/sources/docoffic/official/reports/cohesion7/7cr.pdf > ou, em versão reduzida, em português (e em todas as línguas oficiais da União), em < https://eur-lex.europa.eu/legal-content/PT/TXT/PDF/?uri=COM:2017:583:FIN&from=EN >.

(cerca de duas décadas), num dos países com níveis de rendimento *per capita*, bem como de produtividade e de competitividade económicas mais elevadas, não apenas da União Europeia como do mundo, sensivelmente com a viragem de século e milénio[194].

Tendo-se mantido até ao presente, nas suas linhas essenciais, o modelo de financiamento da Política de Coesão e de outros instrumentos financeiros de apoio ao desenvolvimento e ao investimento no seio da União Europeia, no âmbito dos consecutivos Quadros Financeiros Plurianuais, desde os designados «pacotes Delors», I e II (para 2000-2006, para 2007-2013, para 2014-2020 e, o atual, para 2021-2027), que abrangem os orçamentos gerais de cada um daqueles anos, à luz dos grandes objetivos estratégicos da União sucessivamente revistos, com vista a alcançar, conforme se prevê, agora, no Regulamento (UE) 2021/1060, do Parlamento

[194] Foram invocados outros motivos, além da transição esperada de alguns dos anteriores e também de alguns dos novos Estados membros das União de posições relativamente inferiores de produtividade e competitividade, bem como de rendimentos *per capita*, para posições mais elevadas, próximas e até superiores à média europeia - que, estatisticamente, se reduziu, por efeito da entrada dos novos Estados membros, em geral com indicadores económicos muito inferiores aos dos antigos –, graças ao dinamismo das várias economias, que tenderia provavelmente a favorecer o crescimento e o robustecimento económico dos países parceiros comparativamente menos desenvolvidos, não apenas devido a esse maior dinamismo económico, mas ainda devido ao ponto de partida nitidamente inferior, o qual poderia facilitar essa aproximação mediante a aprovação e aplicação de reformas estruturais mais profundas e, por isso, mais eficazes.

Entre outros factores, mencionou-se a falta de capacidade de absorção de excessivo financiamento europeu por parte da generalidade dos novos países membros, dada a exigência da «adicionalidade», que obrigava a que o financiamento da União fosse acompanhado por algum financiamento interno, mesmo que muito inferior àquele, suportado por recursos financeiros próprios de cada Estado membros, em geral muito reduzidos ou por vezes inexistentes.

De qualquer modo, numa análise muito geral retrospetiva, ao verificar os resultados em termos de ganhos de competitividade, para os quais contribuem os resultados obtidos na produtividade, projetando-se ambos na evolução dos rendimentos, totais e também *per capita*, poder-se-á concluir que esses aspectos limitadores não impediram os progressos económicos verdadeiramente impressionantes registados na generalidade dos novos Estados membros da União Europeia, independentemente das diferenças acentuadas existentes entre eles, podendo então questionar-se se uma maior flexibilidade nesse âmbito não poderia eventualmente proporcionar resultados ainda mais favoráveis. O que é certo é que, decorridas ainda menos de duas décadas após a data de adesão dos novos membros do Centro e Leste do continente europeu, grande parte destes aproximou-se de vários indicadores económicos médios da União e alguns deles ultrapassaram-nos.

Europeu e do Conselho, de 24 de junho de 2021, não apenas «uma Europa mais competitiva e mais inteligente», mas também «uma Europa mais verde, hipocarbónica, em transição para uma economia com zero emissões líquidas de carbono, e resiliente, através da promoção de uma transição energética limpa e equitativa, de investimentos verdes e azuis, da economia circular [...]», «uma Europa mais conectada, através do reforço da mobilidade», «uma Europa mais social e inclusiva» e «uma Europa mais próxima dos cidadãos, através do fomento do desenvolvimento sustentável e integrado de todos os tipos de territórios e das iniciativas locais»[195].

Fora os instrumentos financeiros da União que foram criados e subsistem paralelamente aos instrumentos financeiros reunidos e abrangidos pelo orçamento anual e, consequentemente, pelos Quadros Financeiros Plurianuais, independentemente de terem sido criados pelo Direito da União e de por ele serem regidos, mas nos termos de outras ordens jurídicas, quer estaduais quer internacionais, incluindo os instrumentos destinados especificamente a financiar os Estados membros de que o necessitassem, designadamente na sequência da crise financeira internacional que eclodiu em 2007-2008 e se repercutiu, no contexto da Área do Euro, na chamada crise das dívidas soberanas, sobretudo a partir de 2010, instrumentos cuja utilização ficou dependente da sujeição a uma forte condicionalidade, bem como a uma intensa supervisão internacional e multilateral, com o envolvimento de outras organizações internacionais económicas, como o Fundo Monetário Internacional (FMI), e fora também

[195] São estes cinco os «objetivos estratégicos» a apoiar, durante o período de programação financeira da União para os anos de 2021 a 2027, pelo Fundo Europeu de Desenvolvimento Regional (FEDER), pelo Fundo Social Europeu «Mais» (FSE+), pelo Fundo de Coesão e pelo Fundo Europeu dos Assuntos Marítimos, das Pescas e da Aquicultura (FEAMPA), com exceção dos recursos dos primeiros dois fundos indicados (FEDER e FSE+) transferidos para o Fundo para uma Transição Justa (FTG), que apoia o «objetivo específico de permitir às regiões e às pessoas abordar os impactos sociais, no emprego, económicas e ambientais da transição para as metas em matéria de energia e de clima da União para 2030 e para uma economia da União com impacto neutro no clima até 2050, com base no Acordo e Paris», bem como da «Vertente 'Emprego e Inovação Social' do FSE+» e dos elementos de gestão do FEAMPA, do Fundo para o Asilo, a Migração e a Integração (FAMI) e do Instrumento de Apoio Financeiro à Gestão das Fronteiras e à Política de Vistos (IGFV) conforme previsto no Regulamento (UE) 2021/1060 do Parlamento e do Conselho, de 24 de junho de 2021 (L 231/159-706, de 30.2021 (artigos 1.º e 5.º-1), que contém as regras aplicáveis aos «Fundos» europeus – que incluem ainda, além de todos os indicados, o Fundo para a Segurança Interna (FSI).

os extraordinariamente relevantes instrumentos de política monetária, exercidos pela autoridade monetária por forma «indireta», através do sistema financeiro e monetário, no domínio financeiro público em sentido estrito ou «orçamental» (público), há que acrescentar e salientar, como grande alteração de fundo mais recente, a aprovação, ainda em 2020, pouco tempo tempos do início da crise pandémica da Covid-19, do novo *Next Generation EU*, com o Plano de Recuperação e Resiliência (PRR), devido às diversas e profundas inovações financeiras, verdadeiramente radicais, então introduzidas.

Entre estas alterações de fundo, conquanto longe de poderem ser consideradas definitivas, temos, em especial, do lado das receitas, a abertura à obtenção de receitas junto dos mercados financeiros, não como simples instrumento financeiro de obtenção de recursos para serem objeto de refinanciamento – como já se admitira, em várias ocasiões, tanto no começo das Comunidades, designadamente pelo Banco Europeu de Investimento (BEI), como mais tarde, incluindo ainda há relativamente poucos anos, quando se decidiu recorrer uma vez mais aos mercados para obter recursos destinados a ceder aos Estados membros que necessitassem de financiamento, desde que cumpridos os requisitos exigidos para a obtenção e manutenção desse financiamento, contra a obrigação de reembolso dos montantes mutuados e dos custos emergentes da operação, como sucedeu com os mecanismos e facilidades de crédito criados na sequências das crises financeira e das dívidas soberanas da Zona Euro, a partir de 2010 – mas como fonte regular de financiamento de políticas europeias, no caso o novo plano de investimento *Next Generation EU*, com o Plano de Recuperação e Resiliência (PRR), pós a crise pandémica de 2010-2022, com a particularidade e inovação financeira radical de corresponder, aproximadamente, a uma duplicação dos recursos anteriormente previstos, no Quadro Financeiro Plurianual de 2021-2027, para os anos imediatamente a seguir à mencionada crise pandémica, previsivelmente até 2026.

As duas inovações de fundo acabadas de apontar bastarão, por si só, para evidenciar uma mudança basilar e de natureza nas finanças públicas europeias, ocorrida como resposta dos dirigentes europeus à crise pandémica da Covid-19, que irrompeu no início de 2020 e se propagou nesse ano e no seguinte, mantendo-se pelo menos até 2022, com repercussões significativas tanto na vertente do orçamento das receitas, com a admissão do recurso ao financiamento como fonte regular de obtenção para a prossecução de uma determinada política pública, embora com natureza excecional, por se destinar apenas para essa finalidade, não outras, como na vertente orçamental das despesas, cujo volume global praticamente duplica, apesar de, novamente, com natureza excecional, por se destinar a vigorar apenas durante um número muito restrito de anos, na expectativa de um «regresso» acelerado à normalidade financeira (do lado das despesas, por que, diversamente, do lado das receitas, os reembolsos dos recursos obtidos através do financiamento, tal como o pagamento dos custos deste decorrentes, prolongar-se-ão, quase indefinidamente, por várias décadas.

Resta apurar se os traços distintivos destas alterações radicais das finanças públicas da União Europeia serão suficientes para implicar uma alteração permanente, «irreversível», da natureza das finanças europeias. Se estivéssemos, nitidamente, perante modificações destinadas a vigorar não apenas transitoriamente no tocante às grandes linhas características das finanças públicas da União, não subsistiriam dúvidas quanto ao sentido, alcance e natureza da evolução, tal como se verificou, no âmbito monetário, com a criação do Euro e da Área do Euro, em 1 de janeiro de 1999, conforme previsto nos Tratados, desde a aprovação e entrada em vigor do Tratado da União Europeia, ou «de Maastricht», ou, no mesmo domínio, mais recente e concretamente, com a flexibilização dos instrumentos de política monetária e sua utilização, mediante a permissão e execução de programas ampliados de compra de ativos financeiros, especialmente públicos, através dos mercados (operações de «*open market*»).

De qualquer modo, mesmo que todas as inovações enunciadas em geral não se prolonguem efetivamente para lá dos períodos estabelecidos, pelo menos do lado das despesas – o que se afigura muitíssimo improvável, dadas as necessidades financeiras gigantescas e crescentes exigidas pelos novos desafios colocados à União Europeia, sobretudo emergentes dos compromissos assumidos perante a Ucrânia após a invasão russa iniciada em 24 de fevereiro de 2022, com destruição generalizada das suas infraestruturas essenciais –, por que do lado das receitas se assegurou, com a aprovação do Plano de Recuperação e Resiliência / *Next Generation EU*, que os reembolsos das operações de crédito a que se recorreria seriam diferidos no longo prazo, o que quebrava, frontalmente, o quadro financeiro comunitário europeu tradicional, que vedava o recurso ao crédito como fonte de receita orçamental, assinalando assim uma alteração de fundo neste domínio.

Estaremos, pois, sem margem para grandes dúvidas, perante uma espécie de «precedente» financeiro, com todas as implicações daí emergentes, *maxime* nos campos político e de legitimação democrática das decisões financeiras fundamentais, mesmo que aberto e trilhado por vontade expressa dos Estados membros, não certamente contra o disposto nos Tratados, mas em paralelo aos mesmos, *praeter legem*, em resultado das decisões tomadas num contexto muito preciso – cujo sentido poderá manter-se ou alterar-se no futuro, consoante venha a ser decidido, por nada estar previsto, por enquanto, quanto a isso, no texto dos Tratados. Comprova-se, deste modo também, a natureza dinâmica e essencialmente política de todo o processo de integração europeia, concretizado embora sobretudo pelos preceitos e instrumentos do direito da União.

O exposto não significa que tenha ocorrido, ou se possa antecipar, uma evolução, por assim dizer, «inexorável» e «inquestionável», do ponto de vista substancial, para umas finanças públicas de tipo federal. Não obstante os avanços no sentido do reforço dos recursos financeiros da União Europeia, nas vertentes duplas das receitas e das despesas, com ritmos distintos, importa sublinhar que os «senhores» ou «senhoras» das finanças europeias continuam a ser os Estados membros, na medida em que mantêm juridicamente intacta a titularidade dos poderes financeiros soberanos, se não em todos os momentos, pelo menos regularmente, no momento da negociação e da aprovação, ou não, dos quadros financeiros plurianuais da União e, eventualmente, de outros programas financeiros adicionais que os membros decidam aprovar, por unanimidade, como sucedeu, ainda recentemente, com o novo *Next Generation EU*, cujo objetivo era responder satisfatoriamente aos desafios colocados pela crise pandémica (da Covid-19), independentemente da sua qualificação como «choque simétrico» e ou «choque assimétrico».

4. Pressupostos basilares da integração europeia: a segurança e a estabilidade em especial

Na origem de todo o processo de integração económica internacional concretizado na parte ocidental do continente europeu estiveram objetivos simultaneamente políticos e económicos, embora na substância, sobretudo económicos, sintetizados no estabelecimento gradual de um

Mercado Comum – num quadro amplo de recomeço ou inauguração de novas e mais estreitas relações de cooperação entre países vizinhos e, consequentemente, de convivência entre os seus povos, com histórias partilhadas de valores e de interesses, mas também de desavenças, por vezes extremadas e recorrentes, causa de conflitos mais ou menos declarados e até de combates armados, como as duas guerras de maior gravidade e dimensão, «mundiais», comprovadamente as mais destrutivas de que há memória, na primeira metade do século XX, cenários de horror que, obviamente, se pretendia prevenir e impedir que pudessem repetir-se.

No entanto, a ideia magnífica e o projeto verdadeiramente ciclópico de «construção» europeia assente num processo transversal de integração económica e política que se propôs e quis concretizar, mesmo desconhecendo grande parte dos seus contornos precisos, era, e continua a ser, muito claro, que apenas era, e é, possível concretizar num contexto pacífico (ausência de guerra ou de outros conflitos que exponenciem os riscos e as incertezas de diversa ordem) e com estabilidade (política, social, jurídica e económica).

Sem segurança das pessoas e dos seus bens, sem paz efetiva, no dia a dia e nos diversos lugares, sem estabilidade e previsibilidade que permitam a formulação e a concretização de ideias e de projetos, tanto no plano político, como social, jurídico e económico, não seria simplesmente viável a prossecução de objetivos, incluindo de prosperidade, e a sua consolidação, que desde sempre nortearam o sonho de «construção» de uma Europa unida – delineada, no começo, em torno do estabelecimento de um Mercado Comum, enquadrado mais tarde pela ideia de Coesão Económica, Social (e Territorial), com o Ato Único Europeu, de 1986, e, «por fim», de uma União Económica e Monetária, a partir do Tratado da União Europeia, ou «de Maastricht», de 1992, em conjugação com outros objetivos, até ao presente «complementares», mas que, um dia, poderão dar lugar a uma eventual «União Política» (sem embargo de esta designação ser utilizada recorrentemente com sentidos distintos)[196].

[196] Não obstante nos remeter para o projeto de Comunidade Política Europeia (CPE) proposto no início dos anos cinquenta do século XX como instrumento global de aprofundamento e consolidação no curto prazo da «construção europeia» iniciada com a primeira Comunidade (Comunidade Europeia do Carvão e do Aço – CECA), na sequência da proposta de criação de outra Comunidade especializada, no domínio da defesa, a Comunidade Europeia de Defesa

Por ser amplamente conhecida e aceite, não importará, aqui, mais do que salientar, sem outros desenvolvimentos, aprofundados tanto pela investigação e doutrina económica como no campo jurídico, as diferenças fundamentais entre, por um lado, as sociedades com instituições políticas, sociais, jurídicas e económicas suficientemente enraizadas, fortes, abertas, autónomas e interdependentes, regidas por normas gerais e abstratas, conhecidas e com aplicação previsível e não discriminatória, sujeitas a fiscalização por órgãos jurisdicionais imparciais e independentes, e, por outro lado, as sociedades comparativamente mais fechadas, autoritárias e arbitrárias no processo de decisão, desprovidas de um sistema efetivo

(CED), cujo fracasso, por recusa de ratificação do respetivo Tratado pela assembleia Nacional francesa, determinou o abandono daquela (CPE), mais recentemente, já em 2022, após a invasão da Ucrânia pela Rússia, iniciada em 24 de fevereiro, e a apresentação formal de um pedido de adesão da Ucrânia à União, quando se debatia se este seria suscetível de acolhimento e, consequentemente, concedido ou não o estatuto de candidato à adesão (o que viria a ser confirmado pelo Conselho no mês de junho seguinte, após pronúncia fundamentada favorável da Comissão Europeia), o Presidente francês, Emmanuel Macron, propôs e defendeu, no seu discurso do Dia da Europa (9 de maio de 2022), que, em seu entender, não se justificava a aceitação no futuro da Ucrânia como membro da União, mas sim a sua participação, com outros Estados não membros, incluindo provavelmente o Reino Unido, que abandonara recentemente a União, na sequência do «*Brexit*», numa nova «Comunidade Política Europeia», mais abrangente do que a União e, por isso, adequada a enfrentar os novos e futuros desafios comuns europeus.

Não se afigurava claro, todavia, o que distinguiria as diversas organizações existentes – União Europeia, Conselho da Europa, a Organização do Tratado do Atlântico Norte – NATO/OTAN e, entre outras, a nova «Comunidade Política Europeia» – especialmente após os pedidos de adesão apresentados, sensivelmente na mesma altura, pela Finlândia e pela Suécia à NATO, que seriam aceites na cimeira de Madrid, no mês seguinte, em junho, não obstante as insistentes reservas da Turquia, abrindo os processos internos de ratificação por parte dos vários membros da organização, que abrangem, além dos Estados Unidos da América e do Canadá, também a Turquia, a Noruega e a Macedónia do Norte (que entrara em 2020), bem como o Reino Unido, que não são membros da União Europeia (ou que deixou de o ser, no caso do Reino Unido), mas não outros membros da União (a Áustria e a Irlanda – além dos países ora candidatos, a Finlândia e a Suécia).

Todavia, o país que sucederia à França na presidência rotativa do Conselho da União, no segundo semestre de 2022, a República Checa, convocou diversos Estados não membros da União (do Reino Unido à Noruega e à Turquia) para o primeiro encontro de discussão, em outubro de 2022, das formas que deveriam revestir uma nova «Comunidade Política Europeia», cujas incumbências abrangeriam preocupações essenciais do continente europeu, incluindo a segurança comum, tão gravemente ameaçada.

de controlo jurídico imparcial, previsível e credível, umas e outras com contextos e posições gerais «completamente» distintos, incluindo quanto ao exercício de atividades económicas e empresariais e quanto à inovação, decisiva para a expansão daquelas atividades.

Não restam dúvidas de que os países fundadores das Comunidades Europeias se encontravam todos entre as sociedades mais abertas e democráticas, com instituições públicas e privadas sólidas e sob o «império jurídico», ou *rule of law*, o que favoreceria robusteceria, *ceteris paribus*, o crescimento económico e a inovação, bem como todo o dinamismo a estes inerente, tanto interna como externamente, incluindo no âmbito do processo de integração económica internacional então iniciado, através das três novas Comunidades, não obstante toda a destruição e a estagnação durante todos os anos de combates intensos e quase generalizados.

O mesmo já não se poderia afirmar, sem todos os seus particularismos próprios, quanto a vários dos futuros Estados membros da União, em especial aqueles que, na altura, eram considerados economicamente menos dinâmicos e prósperos, sem embargo de essa tendência de evolução nem sempre se ter mantido depois sem alterações estruturais ou de fundo. Bastará, para o efeito, confrontar alguns dos principais dados económicos dos seguintes países e sua evolução: de um lado, a Irlanda (que se tornou Estado membro em 1973), a Grécia (1981), Portugal e a Espanha (1986), bem como, em geral, os do Leste e do Sudeste (desde 2004 e 2007), e, de outro lado, o Reino Unido e a Dinamarca (que aderiram em 1973), bem como a Áustria, a Suécia e a Finlândia (1995), estes últimos entre, comprovadamente, as sociedades e as economias mais abertas, prósperas e dinâmicas da Europa e do mundo[197].

De qualquer modo, a ideia segundo a qual os processos de integração económica internacional poderiam conduzir «naturalmente», «automaticamente», ou até «necessariamente», à constituição de uma associação

[197] Conforme já se advertiu, «nada» impõe que a capacidade e o dinamismo da economia de um ou vários países se mantenham ou se alterem, tal como o ritmo dessa evolução: as modificações verificadas, em qualquer sentido, dependem de uma multiplicidade de factores e de circunstâncias, endógenas e exógenas, difíceis de antecipar e menos ainda de prever, mas que não se desenvolvem por acaso, mas em função das especificidades de cada país ou parte territorial, conforme se exemplificou com vários Estados membros das Comunidades e da União e respetivas evoluções comparativas e ou com as suas diferentes regiões. *Vd. supra*.

dos Estados soberanos participantes, não parece ser, em si, mais do que ingénua, além de incorreta, à luz dos dados históricos. A progressão económica e social geral concretizou-se e consolidou-se notoriamente entre os países e os povos europeus ocidentais que decidiram e se envolveram na edificação das Comunidades Europeias, antes de mais, por serem todos países da Europa central e ocidental, que já partilhavam entre si visões coincidentes ou, *rectius*, próximas de ver o mundo em geral (incluindo nos domínios político, social e económico, ou, pelo menos, em alguns dos seus aspetos basilares, sem grandes divergências radicais sobre vários dos aspetos essenciais do convívio entre pessoas, organismos e países. Sendo assim, um projeto idêntico que envolvesse outros países, no mesmo ou, mais ainda, noutro continente – cultural, política e economicamente diferentes – conduziria, muito provavelmente, a um desfecho também (mais ou menos) distinto.

Note-se, tal como tem vindo a ser assinalado, que o projeto de «construção» europeia iria, gradualmente, colocar em causa e restringir, um após outro, os poderes soberanos dos Estados participantes, cerceando, primeiro, os diversos poderes económicos – incluindo os necessários à concretização de uma união aduaneira, com vários exemplos históricos, e ao estabelecimento de um Mercado Comum, entre todos os restantes domínios de «comunitarização», no todo ou em parte, das diversas políticas económicas (de concorrência, comercial, agrícola, macroeconómica, monetária...), entre outras, quando consideradas necessárias à boa concretização dos objetivos estabelecidos, até alcançar um grau de aproximação que, a partir de determinado patamar, haveria de colocar em risco, «inevitavelmente», a soberania (pelo menos na sua dimensão económica, mas também noutras) dos Estados participantes.

Uma análise parcelar, de base estritamente económica, poderia conduzir-nos, simplesmente, a essa perceção, a partir, por um lado, da abundante construção teórica em torno dos processos de integração económica, nacional e sobretudo internacional, com recurso em especial às explicações segundo as quais um país poderia transitar ou evoluir sucessivamente de um estádio preliminar de integração económica para outro estádio mais avançado, com aproximação e crescente convergência ou até «unificação» parcelar, até alcançar, mais ou menos rapidamente, uma comunidade ou união económica, primeiramente parcelar, «imperfeita» e incompleta, mas, depois, com o decurso do tempo, porventura crescentemente abrangente, até atingir um grau maior de aproximação ou «quase» unidade, suscetível de evoluir no sentido de uma união política («incompleta» e «imperfeita»).

Mais ainda: a experiência do processo de integração económica internacional na Europa ocidental, desde os anos cinquenta do século passado até ao presente, poderia, aparentemente, «acomodar» ou até «comprovar» aquela explicação simplista, segundo a qual os processos de integração económica (e política) internacional seriam lineares e graduais, historicamente «irreversíveis».

Todavia, como é sabido, em tudo o que depende da vontade humana é certamente possível descortinar tendências, mas não determinismos, «inevitabilidades», ou «irreversibilidades», incluindo na vertente económica, tal como noutras vertentes humanas e culturais: política, jurídica e social. A menos que entre tais «determinismos» históricos se pretendesse incluir apenas os esforços gerais e inatos tendentes à satisfação das necessidades humanas; mesmo assim, permaneceriam certamente amplas margens de liberdade, dentro das quais continuariam a caber e a ser exercidas escolhas dos protagonistas da história, os homens e as mulheres das diferentes épocas nos diversos lugares do mundo.

Efetivamente, toda a realidade económica, tal como toda a realidade política, da mais simples à mais complexa, depende igualmente das múltiplas decisões e escolhas de todos os demais operadores ou sujeitos, com ou sem personalidade jurídica, com naturezas e dimensões distintas, decisões e escolhas com impactos muito diversos no conjunto, dependendo e sendo condicionadas por uma multiplicidade de factores, quer económicos quer de outras ordens: naturais, políticos e culturais.

Por mais que pretendêssemos isolar os fenómenos económicos – o que não seria fácil de compreender e menos ainda de justificar, não obstante as vantagens para um conhecimento mais aprofundado, com a prevenção de dispersões recorrentes por uma multiplicidade de parâmetros pluridisciplinares e de métodos, frequente nos fenómenos humanos e sociais –, sem prejuízo da especialização «económica», importará não pressupor o isolamento absoluto desta vertente, como se pudesse bastar para uma compreensão mais ampla e contextualizada de fenómenos complexos, para lá da dimensão estritamente económica.

Em relação a qualquer fenómeno social, nunca há apenas economia, ou explicação estritamente económica. Mesmo quando se entenda que essa análise será a mais relevante e decisiva, ou uma das (mais) relevantes e decisivos, importará questionar e discernir, designadamente, o que motivou e em que medida esta ou aquela decisão, e o que resultará, ou poderá admissivelmente resultar, de uma mesma ou de outra solução, atendendo designadamente, entre outros aspectos, ao respetivo enquadramento jurídico e institucional – daí a necessidade e a centralidade dos estudos jurídico-económicos, enquanto vertentes de estudo particularmente importantes, embora não exclusivas –, bem assim as motivações políticas e sociais subjacentes e os efeitos expectáveis das escolhas tomadas.

Ora, duas das componentes contextuais mais determinadas de qualquer ação ou decisão política, económica ou social são, por um lado, a estabilidade política, jurídica, económica e social, e, por outro, a segurança, não apenas enquanto vertente da estabilidade (política, jurídica, económica e social), mas enquanto condição do próprio convívio e até da sobrevivência humana, bem como da organização política, económica e social, enquanto ausência da guerra e de conflitos armados ou outras ameaças sérias à convivência pacífica entre pessoas e instituições. A vida humana e a convivência e o relacionamento económico, social e político «normais» exigem e pressupõem a paz e a segurança, a ausência de agressões iminentes e contenção de outros riscos à segurança, em situações de normalidade.

Assim, apenas foi possível (re)construir a Europa – política, social e economicamente – após o termo da Primeira Grande Guerra e, de novo, após a Segunda Guerra Mundial, porque, entretanto, tinham cessado ou sido interrompidas duravelmente as hostilidades militares, ou seja, somente com o regresso da paz e com o afastamento das ameaças e dos riscos da guerra – mesmo que nem sempre seja fácil determinar qual o momento exato de transição entre os períodos de combates e de paz, e que podem alongar-se interregnos e, não menos complexamente, «congelamentos» ou prolongamentos indefinidos de alguns conflitos.

Não bastava, evidentemente, que os combates cessassem; era necessário ainda que inexistissem ameaças reais ou riscos elevados que prejudicassem a paz e a segurança das pessoas, dos bens e das instituições. Importa assinalar, a este propósito, que, no segundo pós-guerra, algumas das grandes ameaças não chegaram a desaparecer, podendo ser resumidas, forçada e, uma vez mais, simplesmente, na imagem de uma «cortina de ferro» que caíra, de norte a sul do continente europeu, passando a dividi-la «a meio», como excecionalmente logo a caracterizou e designou o Primeiro-Ministro britânico durante o período da guerra, Winston Churchill.

A grave ameaça representada pela «cortina de ferro» seria contida apenas com o poderoso e célere auxílio prestado pelos Estados Unidos da América, perante a advertência ingente feita por Churchill sobre os riscos descomunais e existenciais que caíam sobre a Europa livre e democrática e seus povos. O auxílio norte-americano manifestou-se, política e economicamente, sobretudo através do chamado «Plano Marshall», que se destinou a ajudar a reconstrução dos países europeus destruídos pela guerra, e política e militarmente, mediante o compromisso de garantir a segurança dos países democráticos da Europa (Ocidental), refletido na Carta do Atlântico e, em especial, na participação dos Estados Unidos da América como membro preponderante da Organização do Tratado do Atlântico Norte (NATO/OTAN)[198].

[198] A Organização do Tratado do Atlântico Norte (NATO/OTAN) ou «Aliança Atlântica» foi criada pelo Tratado de Washington, de 4 de abril de 1949. No ano anterior, fora assinado por cinco países da Europa Ocidental (Bélgica, França, Luxemburgo, Países Baixos e Reino Unido) o Tratado de Bruxelas, de 17 de março de 1948, de defesa mútua perante a ameaça da União Soviética, no início da Guerra Fria. O Golpe de Praga de fevereiro de 1948, através do qual o Partido Comunista da Checoslováquia auxiliado pela União Soviética instaurou uma ditadura no país que iria durar até à chamada Revolução de Veludo de 1989, e o bloqueio de Berlim, pelos soviéticos, em junho de 1948, conduziu à criação da União da Europa Ocidental, em setembro seguinte, embora com escassa capacidade militar para poder enfrentar o poderio militar soviético.

A gravidade da ameaça soviética motivou reuniões de governantes europeus com diplomatas dos Estados Unidos da América daí resultando a aprovação imediata do Plano Marshall e da sua primeira dotação orçamental, apesar das reservas anteriores, e a preparação de uma organização de defesa comum, com a participação dos Estados Unidos da América e também do Canadá. O Tratado do Atlântico Norte, de 4 de abril de 1949, foi assinado, além dos Estados Unidos, do Canadá e dos cinco países subscritores do Tratado de Bruxelas de 1948, por Portugal, Itália, Noruega, Dinamarca e Islândia. Nos termos do seu artigo 5.º, um ataque armado contra o território de qualquer dos membros, na Europa ou na América do Norte, seria considerado como um ataque contra todos, cada um, no exercício do direito de legítima defesa, individual ou coletiva, deveria prestar a assistência necessária, incluindo o uso da força armada para restaurar e manter a segurança na área do Atlântico Norte.

As atividades militares da Aliança só seriam preparadas após a eclosão da guerra da Coreia em junho de 1950, tendo-se realizado os primeiros grandes exercícios militares em setembro de 1952, ano em que aderiram para a organização a Grécia e a Turquia, seguindo-se a Alemanha Ocidental em 1955, não sem antes a União Soviética ter manifestado a pretensão de aderir

Dada a manifesta e total incapacidade militar da União da Europa Ocidental e dos seus membros para garantir a segurança e a defesa do seu território e dos seus povos, coube sobretudo à NATO, o mesmo correspondendo a dizer aos Estados Unidos da América, dada a liderança incontestada e dadas as capacidades militares deste país naquela organização (e no mundo), o contributo decisivo, muitas vezes único, para assegurar efetivamente a segurança e a defesa dos países da Europa Ocidental, dos seus povos e do respetivo modo de viver, em liberdade e democracia, até ao dia 24 de fevereiro de 2022, data em que a Rússia iniciou a invasão territorial da Ucrânia e a subsequentes anexação e destruição generalizada de habitações e todo o tipo de infraestruturas existentes no país, bem como a morte de largas dezenas de milhares de vidas humanas que lá se encontravam.

também, a fim de preservar a paz na Europa, pedido que não foi aceite, por receio de enfraquecimento da aliança.
Em maio de 1955, foi assinado o Pacto de Varsóvia, ou Tratado de Amizade, Cooperação e Assistência Mútua, assinado entre a União Soviética e sete outros Estados da Europa Central e Oriental, como complemento militar do Conselho para a Assistência Económica Mútua (COMECON), criado em 1949, e como reação à entrada da Alemanha Ocidental na NATO. O Pacto de Varsóvia seria extinto em fevereiro de 1991, após a saída por extinção da República Democrática Alemã por efeito da reunificação do país em 1990 e das revoluções subsequentes à queda do Muro de Berlim e dos regimes socialistas da Europa Central e Oriental. Os antigos membros do Pacto de Varsóvia não pertencentes à União Soviética e os três países bálticos ingressaram posteriormente na NATO; quanto à Ucrânia, apesar da apresentação de um pedido de adesão, este foi rejeitado especialmente por insistência da Alemanha e também da França.
Entretanto, por discordar da preponderância dos Estados Unidos e também do Reino Unido na NATO, o Presidente francês de Gaulle decidiu retirar as forças armadas do seu país do comando conjunto da organização, a partir de 1959, as quais só voltaram a ficar plenamente reintegradas em 2009.
Presentemente, fazem parte da NATO 30 membros, enquanto decorre o processo de adesão de dois Estados que manifestaram essa intenção pouco tempo depois do início da invasão da Ucrânia pelas forças armadas da Rússia, a 24 de fevereiro de 2022, a que se seguiu o convite da organização para a adesão da Suécia e da Finlândia, na cimeira de Madrid de junho de 2022, não obstante as insistentes reservas e oposição da Turquia.

Capítulo IV
Dinâmica e incertezas no processo de integração europeia

1. Não-linearidade dos processos de integração económica internacional

Da observação histórica, dos diversos processos de integração económica internacional, mais antigos e recentes, imediatamente se deduz que não se desenvolvem sequencialmente por etapas, em torno de uma mesma linha, sem desvios e sobressaltos, menos ainda espontaneamente, apesar de isso parecer resultar de várias das construções teóricas formuladas para explicar o fenómeno, duplamente abstratas, no sentido de se insistir frequentemente, por um lado, no seu enunciado como modelar e paradigmático, explicativo da realidade, não obstante, por outro lado, o seu evidente desfasamento em relação à evolução dos factos[199].

[199] A atenção preferencial dada em numerosos estudos ao processo de integração económica internacional concretizado desde o final da Segunda Guerra Mundial na parte ocidental do continente europeu terá contribuído, muito provavelmente, para esse entendimento, segundo o qual estaríamos, tipicamente, perante uma evolução histórica regular e sistemática, no sentido de uma crescente aproximação entre os países participantes, não obstante as adversidades de percurso, «sempre» ultrapassadas, com maiores ou menores dificuldades e ajustamentos. Não pretendemos, obviamente, minorar a enorme relevância, absolutamente extraordinária, do processo de integração económica e política desenvolvido no continente europeu, que conduziu à criação das Comunidades e da União Europeia e todas as suas implicações.

Segundo as teorias gerais da integração económica e política internacional, antes enunciadas, os processos de integração poderão ser explicados, aproximadamente, com base nas chamadas fases de integração económica internacional, tendo por primeira etapa ou degrau, para simplificar, o estabelecimento de uma área de comércio livre, ou, ainda menos ambiciosamente, uma área de comércio preferencial, envolvendo pelos menos alguns domínios económicos, entre dois ou mais países independentes do ponto de vista aduaneiro, seguindo-se uma segunda etapa ou patamar, correspondente a uma união aduaneira, ou a outra fase de integração económica internacional, à qual poderia(m) seguir-se outra ou outras, como terceira etapa ou 3.º degrau, uma união económica, que por seu turno poderia dar lugar a uma união monetária, como 4.º degrau, e, eventualmente, outros, tendo por último degrau, uma união política, com erosão completa da soberania individual dos Estados participantes.

Não importará, para o efeito, em particular, que as fases do processo sejam duas, três, quatro, cinco ou mais, nem, consequentemente, que a primeira corresponda a uma zona de comércio livre ou a uma fórmula mais ou menos aprofundada de integração, nem mesmo se todas ou algumas das fases serão trilhadas em períodos consecutivos ou em simultâneo, ou até se, por hipótese, todas as fases ou etapas do processo de integração podem ser alcançadas e preenchidas num mesmo momento.

Abundam, aliás, e são conhecidas, as situações históricas de integração internacional completa – tal como de desintegração – numa mesma data, sem evolução gradual, por fases ou etapas, e diferenciação substancial consoante os domínios (económico, político ou de outras ordens). A «reunificação» alemã de 3 de outubro de 1990 constitui um dos exemplos recentes de integração total numa mesma data; e a divisão da Checoslováquia, em República Checa e Eslováquia, a partir do dia 1

Todavia, esse percurso impressionante não deixa de ser, em larga medida, excecional, quer em relação ao que se verificou anteriormente, no continente europeu e noutros continentes, quer quanto ao que tem verificado nos restantes continentes e no próprio continente europeu, tendo, em geral, por referência, precisamente, o itinerário verdadeiramente singular, extraordinário, do processo de «construção europeia».
E, por isso, é útil considerá-lo como modelo paradigmático – não no sentido de «exemplar», que deva ser seguido, mas que tem sido considerado, e continua ainda a sê-lo, como referência, tanto teórica como prática.

de janeiro de 1993, representa um caso de desintegração internacional também total (política, económica, monetária) num mesmo dia[200].

O decisivo em tais construções históricas, como nas mencionadas, será, em especial, a sua natureza aparentemente linear, quase «inexorável», determinista, no sentido de uma evolução gradual dificilmente «reversível», alterável ou mesmo ajustável, marcada por uma crescente aproximação entre participantes, diferentes à partida, mas mais convergentes depois, até atingir-se, por fim, um grau elevado de similitude ou unidade - sem embargo de não afastamento, pelo menos explícito, da hipótese de o processo poder conduzir (porventura «degenerar») a um desfecho distinto, incluindo a dissolução do projeto forjado, o abandono de algum ou alguns dos membros ou então a formação de grupos de membros no seio da organização, fragmentando-a.

A aparente inevitabilidade da expansão e do aprofundamento dos projetos e dos processos de integração económica internacional, longe de poder ser considerada confirmada pela evolução histórica, tendeu a enraizar-se ou pelo menos a ser repetida por vários públicos e contribuiu para justificar a escolha, não ingénua, «oficial», da imagem de uma bicicleta, em permanente andamento, num sentido linear, unívoco, de progressão

[200] Podem ser dados vários exemplos, sobretudo mais antigos, mas nem todos pacíficos, como os referidos, de integração e de desintegração total (política, económica, monetária, jurídica, social...) internacional numa mesma data, sem prejuízo de os diferentes efeitos não se repercutirem simultaneamente.
Aconteceram sensivelmente na mesma altura (em 1991) os casos de desintegração internacional decorrentes da «implosão» da União Soviética (União das Repúblicas Socialistas Soviéticas), com declarações de independência das quinze Repúblicas que a formavam, incluindo a Ucrânia, os três países bálticos (Estónia, Letónia e Lituânia), a Bielorrússia, a Moldávia e os vários próximos e além do Cáucaso (da Geórgia, da Arménia e do Azerbaijão até ao Cazaquistão, ao Quirguistão e ao Tajiquistão). Com exceção dos três países bálticos e da Geórgia, os onze restantes formaram na mesma altura (em dezembro de 1991) a Comunidade de Estados Independentes (CEI). A Geórgia aderiu em 1994, mas abandonou a organização em 2008, na sequência do apoio e reconhecimento pela Rússia da independência de duas regiões, a Abecásia e Ossétia do Sul, bem como a Ucrânia, em 2014, após a invasão e anexão da Crimeia pela Rússia.
Mais tumultuosa, prolongada e nada pacífica foi a desintegração da antiga Jugoslávia, a partir de 25 de junho de 1991 (quando a Croácia e a Eslovénia declararam a sua independência), apenas concluída em fevereiro de 2008 (com a declaração de independência do Kosovo; a declaração de independência do Montenegro e da Sérvia datam de 3 e 5 de junho de 2006).

contínua, com convergência entre povos e países participantes – sob risco de paragem ou de «queda», ou seja, de estagnação ou retrocesso, real ou comparado, com eventual saída ou abandono por algum ou alguns dos Estados membros[201].

Em todo o caso, qualquer sequência «necessária» ou (muito) provável de etapas num determinado processo histórico, à luz de uma perspetiva «determinista» ou quase determinista, será anti-histórica, não apenas porque são conhecidos numerosos exemplos que afastam tal explicação simplista, como, ainda, porque afastam a incerteza, que é própria de todos os processos históricos, incluindo os de integração económica e política internacional. Não poderá, assim, ser considerada compatível com a realidade dos factos, mesmo que se sustentasse que se trataria, tão-somente, de uma convergência secular, ou milenar, de longuíssimo prazo, num sentido ou noutro, por ficar sempre dependente e prejudicada por factos futuros, imprevistos e imprevisíveis por natureza.

A própria circunstância ou tendência geral de um aprofundamento cultural e civilizacional ou de um crescimento e desenvolvimento contínuos, ou quase contínuos, que se poderia, porventura, insistir em encontrar numa visão histórica de longo prazo, não ficaria provavelmente ao abrigo de inversão ou inversões, pontuais, não-lineares, dependendo sempre de uma multiplicidade de factores, quer naturais quer sociais e humanos, sendo pelo menos estes influenciados pela vontade e pelas decisões dos seus agentes, públicos e privados, coletivos e individuais, sem exclusão de vários outros condicionalismos.

A esta fuga em relação a uma perspetiva determinista, ou «quase determinista», da história e da sociedade – na medida em que a vida nunca consiste apenas ou resulta em caminhos necessários, sem alternativas, mas também ou sobretudo da vontade dos homens e das mulheres em cada momento, nos seus contextos –, acresce um pendor voluntarista, baseado

[201] A imagem da bicicleta foi abundante e recorrentemente utilizada em relação à afirmação e concretização do princípio da continuidade e do aprofundamento das Comunidades e, depois, à União Europeia.
Este entendimento propagou-se com a perceção em geral de um avanço substantivo e mais ou menos transversal do processo de integração europeia, em especial a partir dos anos oitenta e início dos anos noventa do século passado (XX), na sequência do forte ímpeto integracionista proposto e protagonizado pelo então Presidente da Comissão Europeia, Jacques Delors, que vários outros governantes europeus procuraram manter daí em diante.

e dependente das escolhas feitas pelos protagonistas, e por isso flexível, adaptável às circunstâncias e aos desafios com que nos confrontamos nas diferentes ocasiões.

Tais desafios podem ser, de qualquer modo, muito pouco ou quase nada impactantes e limitadores, por influenciarem apenas levemente a evolução dos processos de integração, ou então, ao invés, ser muito mais impactantes e limitadores das decisões e das ações de todos, até eventualmente ao ponto de colocarem em causa, «inexoravelmente», a própria subsistência de todo o processo, com as características alcançadas, sendo, nessa medida, vitais ou «existenciais», obrigando, pois, não apenas uma adaptação às novas circunstâncias, mas uma alteração substancial e profunda em face do estádio de integração existente, desfecho que poderá ser aceite ou rejeitado pelos membros, ou por alguns destes, com todas as consequências inerentes, entre a máxima integração e a desintegração total do bloco.

Consoante a gravidade dos desafios, mais ou menos «vital» ou «existencial», o projeto de «construção» ou integração poderá conduzir a um maior grau de convergência e de unidade entre os países participantes, ou parte destes, e, porventura, o abandono de algum ou de alguns deles – prova da não irreversibilidade destes processos, seja apenas para um ou para alguns dos participantes, seja, no limite, para todos eles, mediante a dissolução do processo de integração. A eventual dissolução do processo de integração poderá ser formalizada ou não, designadamente através da permanência dos atos jurídicos (tratados e ou outras fontes jurídicas) sem aplicação, ou apenas parcialmente aplicados, consoante os domínios e âmbitos pretendidos de integração ou de convergência e unidade entre os Estados participantes.

Da apontada diversidade e flexibilidade e também da plasticidade ou adaptabilidade dos processos de integração económica internacional não decorre, *a contrario*, o afastamento liminar da sua natureza gradual ou progressiva, não necessária, mas antes a consideração desta característica como tendencial ou até preferencial, consoante seja assim entendido e decidido politicamente, com base nos conhecimentos técnicos e científicos sobre as respetivas implicações. Quase todo o percurso de integração ou construção europeia seguiu um modelo gradual, progressivo, desde o estabelecimento do mercado comum ou do mercado interno, previsto no Tratado de Roma que criou a CEE, até ao estabelecimento da União

Económica e Monetária, que aquele mesmo Tratado passou a prever após a revisão nele operada pelo Tratado da União Europeia, de 1992, em ambos os casos «por etapas» claramente identificadas (*vd. supra*).

Não seria expectável, certamente, qualquer outro método de integração – integral e imediato ou, pelo contrário, indefinidamente diferido no tempo –, pelo menos para todas as alterações mais substanciais e críticas, que, *in casu*, respeitam no essencial à soberania dos Estados membros subscritores dos Tratados institutivos. Se algumas dessas alterações substanciais haviam de produzir efeitos a partir de uma data determinada, em especial as relativas à instituição ou criação de novos entes jurídicos, consoante se pretendeu (uma Comunidade, uma União, com esta ou outra designação), o mesmo não seria tão facilmente previsível para aspetos como a eliminação de direitos aduaneiros ou a substituição da moeda com curso legal por uma nova unidade monetária, atendendo a todas as implicações daí decorrentes – mesmo que nada o impedisse, do ponto de vista estritamente técnico, apesar da cautela o exigir[202].

[202] Efetivamente, do ponto de vista técnico, nada impedia que um e outro processos de integração se tornassem plenamente eficazes, respetivamente, numa data fixada (por exemplo, 1 de janeiro de 1958 ou, após a ratificação do projeto de tratado de revisão por todos os Estados subscritores e membros da Comunidade Europeia, a 1 de novembro de 1993), sem dependerem de períodos transitórios, de preparação atempada e gradual para todas as alterações introduzidas, segundo um calendário adequadamente fundamentado.
No entanto, por se tratar de processos de integração económica internacional, envolvendo países soberanos, cujos poderes objeto de integração passariam a ser exercidos em comum e do mesmo modo, em princípio sem qualquer possibilidade de reserva ou de exceção nacional, seria certamente o mais avisado, dada também toda a sua complexidade (evidente quer no caso do estabelecimento de um mercado comum quer, mais ainda, no do estabelecimento de uma união monetária).
De qualquer modo, a escolha do método concreto, imediato ou gradual, de integração dependerá do entendimento político comum dos Estados participantes, em função do juízo feito sobre os seus interesses, próprios e comuns, nada os impedindo de optarem e de se comprometerem e vincularem, por exemplo, no sentido de uma comunitarização ou unificação numa mesma data de uma dada medida ou ação, como as referidas (mercado comum e união monetária).
Esta última solução, de integração completa entre Estados numa mesma data, é mais habitual nos casos de união formal, ou de integração de um desses Estados no outro – como aconteceu com os *Länder* da (antiga) República Democrática Alemã (Alemanha oriental) na República Federal Alemã (Alemanha Ocidental), em 1990.

Para a distinção feita entre métodos de integração – simultâneo e imediato, com data marcada, ou então gradual, por fases, diferido mas com calendário fixado, ou ainda diferido mas sem data marcada, ou «a fixar» num futuro impreciso – não importará, particularmente, até onde poderá ir o grau de convergência e unidade entre os Estados participantes no determinado processo de integração e, nomeadamente, se será alguma vez alcançado efetivamente um estádio de união política equivalente ou equiparável a um Estado soberano.

Pretendeu-se, pois, essencialmente, salientar que em vez de processos lineares e totalmente previsíveis de integração, quanto aos objetivos a atingir no seio de um bloco económico regional, estamos em geral perante processos políticos por natureza imprevisíveis, não obstante os objetivos proclamados nos respetivos atos constitutivos.

As experiências de integração económica internacional multiplicaram-se e propagaram-se por quase todo o globo, mediante concretizações históricas com características frequentemente aproximadas, o que conduziu a que tivessem sido admitidas regularidades e similitudes.

Contudo, a nítida influência de alguns processos considerados modelares, não garante nem que os itinerários desses processos tenham ou devam ser coincidentes ou aproximados, nem, menos ainda, que a prossecução desses, ou de quaisquer outros guiões, conduzirão efetivamente aos resultados pretendidos, ou que os mesmos serão os mais adequados, além de sustentáveis e perduráveis, sobretudo por estarmos perante realidades sociais, dependentes da vontade dos seus protagonistas e de decisões políticas, que se poderão manter ou ser revistas ou revogadas. E o mesmo sucede quanto às condições existentes em cada momento e quanto ao contexto e às perceções dessas manifestações de vontade e tomada de decisão, mutáveis com o tempo e as circunstâncias, tal como os restantes fenómenos sociais.

O frequentemente mencionado sucesso geral do processo de integração económica internacional na parte ocidental do continente europeu,

Este último método de integração, imediato, numa mesma data, é o que é normalmente seguido nos casos de desintegração ou fragmentação de Estados, dadas as dificuldades frequentes de previsão da forma como se concretizaria uma desintegração por fases. Foi o que sucedeu com a desintegração da União Soviética, no final de 1991, mas não já com a da antiga Jugoslávia, diferenciada e diferida no tempo, conforme mencionado (*vd. supra*).

numa perspetiva de mais de meio século, não põe em causa nem em crise, conforme se referiu já: as crises «existenciais» que atingiram criticamente a «construção europeia» em vários momentos da sua história revelam que o itinerário prosseguido após a superação dessas crises nada tinha de «necessário» ou «inevitável», sendo, por isso, fundamentalmente, resultado da vontade dos homens e das mulheres dos países participantes e das decisões de dirigentes políticos das Comunidades e da União, bem como dos Estados membros, o que não garante, à partida e também posteriormente, o êxito final do projeto e das suas «fases» intermédias, sempre dependente das contingências políticas, económicas e sociais do tempo e dos tempos, entre outros factores.

Acrescente-se, ainda, o que sucedeu nas grandes crises que ameaçaram a «construção europeia», no decurso das últimas décadas, desde o momento inicial até ao presente, incluindo a crise da chamada «cadeira vazia», logo nos anos sessenta, quando a intransigência da França colocou em risco o processo de tomada de decisão das Comunidades e, desse modo, pôs em causa a própria subsistência das Comunidades, até às mais recentes crises desencadeadas e agravadas pela crise financeira internacional de 2007-2009, que se projetou na chamada crise das dívidas soberanas no seio da Área do Euro de 2009-2015, sobre a qual já foram feitas referências de pormenor, bem como à crise do «*Brexit*», aberta com o referendo britânico de junho de 2016 e consumada «definitivamente» com a saída do Reino Unido da União Europeia, em 2020, cujos efeitos não estarão ainda completamente fechados e apurados, e à ainda mais recente e também muito crítica crise pandémica causada pela propagação da doença Covid-19, a partir do início de 2020, que justificou uma resposta comum firme e muito robusta da União Europeia, com recurso a instrumentos novos e de grande dimensão, sobretudo financeiros, que não poderão deixar de produzir efeitos muito profundos, quer nas finanças públicas e também privadas europeias, quer em todo o processo de «construção» e integração europeia, política e juridicamente incorporado, com toda a sua complexidade, na União Europeia.

As vicissitudes acabadas de apontar relativas ao processo de integração económica e política internacional na parte ocidental do continente europeu desde o fim da Segunda Guerra Mundial são meramente exemplificativas. Respeitam apenas à história política e económica recente de uma parte geográfica do mundo. Não podem ser, por isso, diretamente projetadas para outros lugares. Indiciam, no entanto, que algo de comparável poderá verificar-se noutros processos de integração económica internacional, independentemente do continente, por serem também muito provavelmente influenciados pelas mais diversas circunstâncias, quer políticas e económicas quer de outra natureza, que nunca deixam de influenciar o decurso de todo o processo, impulsionando-o ou coartando--o, eventualmente pondo-lhe cobro, em função da vontade política dos órgãos competentes, internos e comuns[203].

As mais diversas vicissitudes que atingem e moldam os processos de integração económica e política internacional, no continente europeu e em outros continentes, comprova a referida não-linearidade própria dos processos de integração económica e política internacional em geral, revelada pelos diferentes desenvolvimentos e, também, pelos diferentes desfechos, com maior êxito ou não, eventualmente fracassado, variáveis não apenas, mas também, entre outros factores, com os lugares geográficos em causa.

Os exemplos dessa construção «não-linear», no âmbito dos múltiplos processos de integração económica internacional que têm vindo a ser concretizados, são «inúmeros», no passado e no presente, no continente europeu como também noutros continentes. Dir-se-ia, muito brevemente, que as diferentes circunstâncias históricas que atingem constantemente todos os processos de integração económica e política internacional, consoante a sua gravidade e a perceção política e social concreta dessa gravidade por parte de quem detém o poder efetivo de decisão, podem sempre conduzir a desfechos diversos, que, muito simplificadamente, poderão ser considerados favoráveis ou prejudiciais ao processo de integração, contribuindo assim para o reforço da aproximação e da uniformização de regimes e de procedimentos entre os países participantes e respetivos povos, ou, ao invés, para a persistência ou agravamento das

[203] Sendo vasta a bibliografia sobre a evolução do processo de integração europeia, limitamo--nos a remeter, em geral, entre os autores e obras já mencionados, para os seguintes: P. PITTA E CUNHA (1993-2004), *Integração Europeia*; J. GILLINGHAM (2003), *European Integration, 1950-2003. Superstate or New Market Economy?*; M. LUÍSA DUARTE (2001), *Direito da União Europeia e das Comunidades Europeias*, I-I; B. OLIVI (2000), *L'Europa Difficile*, cit.; FERRAN BRUNET (1999), *Curso de Integración Europea*; R. PÉREZ-BUSTAMANTE (1997), *Historia de la Unión Europea*, pp. 60-63; J. MOTA CAMPOS (1988), *Direito Comunitário*, I.

divisões entre eles, frequentemente na origem do afastamento, consoante os domínios e interesses atingidos, entre os países e povos envolvidos.

Limitar-nos-emos a enumerar a seguir, muito sumariamente, algumas das vicissitudes recentes e mais relevantes, relativas ao processo de integração económica e política no continente europeu, por este constituir o objeto imediato do estudo, e delas resultarem impactos profundos e certamente perduráveis, cujos desfechos não estão, por isso, ainda completamente claros: em primeiro lugar, a saída do Reino Unido da União Europeia, em segundo lugar a crise pandémica da Covid-19, iniciada no mês de janeiro de 2020 e ainda não totalmente ultrapassada, mesmo após a descoberta e a aplicação quase generalizada de vacinas de prevenção contra aquela doença (ou as suas formas mais graves), e, por fim, um acontecimento cujo impacto será ainda mais intenso e transversal em toda a construção europeia, não obstante as numerosas e tão díspares vicissitudes por que já passou, que é a invasão da Ucrânia pela Rússia, a partir de 24 de fevereiro de 2022, com todos os desenvolvimentos críticos que se sucederam e cujo desfecho último estará longe de poder ser aqui exposto, com repercussões verdadeiramente vitais ou existenciais, não apenas para a Ucrânia, mas, igualmente, para todo o continente europeu, e, em especial, para o processo de integração europeia que conduziu à União Europeia, bem como para o equilíbrio mundial, dadas as características únicas da Rússia no concerto das nações, quer no quadro das Nações Unidas quer além dele.

As referências seguintes serão breves, dado o conhecimento mais ou menos geral dos principais aspetos que envolvem cada uma das situações, e do respetivo tratamento autónomo, já abundante e aprofundado, que aqui não caberia nem se justificaria desenvolver, dadas todas as suas dimensões, não obstante a sua inequívoca relevância para este estudo.

2. O caso da saída do Reino Unido da União Europeia («*Brexit*») e suas implicações

Toda a evolução das posições e das ligações do Reino Unido, dos seus governantes e do povo britânico com o projeto de integração europeia, desde o seu início, permitiria quase antever, com elevada probabilidade, ou pelo menos não excluir, uma decisão ulterior de abandono da União Europeia, aprovada por voto popular, em 23 de junho de 2016, apesar de a participação do eleitorado ter sido inferior a 50%, concretizada em 2020, após sucessivas e por vezes pouco claras negociações, cujos contornos foram protelados para mais tarde, na esperança talvez de que o decurso do tempo pudesse contribuir para a resolução de alguns dos impasses e das divergências entre as partes.

Diferentes domínios em ocasiões distintas permitiram aproximações e até coincidência de entendimentos sobre o processo de integração projetado, concretizado e desenvolvido, primeiramente por seis Estados membros da parte ocidental da Europa, grupo de países ampliado até aos atuais 27 membros da União Europeia, enquanto noutros domínios emergiram dissensões, em diferentes momentos, umas menos graves e mais fáceis de ultrapassar, outras mais sensíveis, que importava resolver, de modo mais acelerado ou gradual, se não no plano jurídico, pelo menos no plano dos factos, com abertura em relação às vicissitudes inerentes a atos políticos com a envergadura do processo de integração europeia, cujos protagonistas fundamentais foram e continuam ainda hoje a ser os seus Estados membros[204].

Para exemplificar tais mutações de posições e entendimentos do Reino Unido sobre o processo de integração europeia, bastará recordar as divergências manifestadas nas conferências preparatórias dos Tratados de Roma que criaram a Comunidade Económica Europeia (CEE) e a Comunidade Europeia da Energia Atómica (Euratom - CEEA), que conduziram ao afastamento e à não subscrição desses tratados por aquele país, com subsequente não adesão àquelas novas comunidades, posição de fundo que seria reafirmada pouco tempo depois com o encetar de negociações com os restantes Estados europeus ocidentais, não participantes nas três Comunidades criadas - Áustria, Dinamarca, Noruega, Portugal, Suécia e Suíça - com vista à criação da Associação Europeia de Comércio Livre (EFTA - *European Free Trade Area*), concretizada pela Convenção de Estocolmo, de 4 de janeiro de 1960, subscrita por todos os sete países, a fim de estabelecerem a liberdade de circulação de mercadorias (sobretudo) industriais entre eles, sem no entanto adotarem uma

[204] Não obstante todos os compromissos internacionais por eles assumidos, fundamentalmente mediante a autorização ou delegação, tácita ou expressa, do exercício de vários dos seus poderes próprios, daí em diante, por parte das Comunidades ou da União e seus diversos órgãos («instituições»), serviços e organismos, são os Estados que continuam a ser os titulares originários da soberania internacional - *vd. supra*.

união aduaneira, nem, entre outras, uma Política Agrícola Comum, como sucedeu no âmbito da CEE[205].

Todavia, em divergência frontal com aquela iniciativa de promover um processo de integração económica internacional alternativo ao das Comunidades Europeias, surpreendente e quase paradoxalmente, escassos anos após a recusa de participação como membro fundador da CEE e da CEEA e apenas um ano e alguns meses após a assinatura do ato de criação da EFTA, o Reino Unido apresentou um pedido oficial de adesão às Comunidades Europeias, em agosto de 1961, representado pelo Primeiro-Ministro Harold MacMillan.

O pedido de entrada do Reino Unido nas Comunidades só se concretizaria muito tempo mais tarde, na década seguinte, a 1 de janeiro de 1973, por diversas circunstâncias, incluindo a oposição intransigente e persistente do Presidente francês, Charles de Gaulle. Porém, a apresentação desse pedido de adesão ainda em 1961 comprovava claramente as grandes hesitações internas quanto ao acerto da escolha de não participação como fundador das Comunidades Europeias – sendo certo que essa adesão, se e quando ocorresse, implicava necessariamente o abandono (recém-criada) da EFTA[206].

[205] Além de não ter participado enquanto membro fundador das Comunidades Europeias, o Reino Unido contribuiu decisivamente para o fracasso das negociações iniciadas em fevereiro de 1957 entre os países membros da OECE e os da CECA, que subscreveriam também os Tratados de Roma de abril desse mesmo ano, com vista ao estabelecimento de uma zona de comércio livre entre eles, tendo então decidido impulsionar a criação de uma zona de livre-câmbio com mais seis países tendo por base a Convenção de Estocolmo, assinada e 4 de janeiro de 1960 e em vigor desde 6 de maio do mesmo ano, que criou a EFTA. Esta tinha também objetivos essencialmente económicos, mas menos amplos e ambiciosos, com natureza meramente intergovernamental, comparativamente aos objetivos e à natureza «supranacional» das três Comunidades Europeias que a antecederam.
Cf. P. Pitta e Cunha (1993-2004), *Integração Europeia*, cit.; J. Gillingham (2003), *European Integration, 1950-2003. Superstate or New Market Economy?*, cit.; M. Luísa Duarte (2001), *Direito da União Europeia e das Comunidades Europeias*, I-I; B. Olivi (2000), *L'Europa Difficile*, cit.; R. Pérez-Bustamante (1997), *Historia de la Unión Europea*, pp. 60 e ss.

[206] Evidentemente, vários factores contribuíram para a explicação e compreensão da alteração de posicionamento do Reino Unido, naqueles anos, quanto ao sentido que prevaleceu e marcou os primeiros anos do processo de integração europeia seguido pelos seis países fundadores das três Comunidades e, desde logo, o evidente êxito da sua concretização e do seu desenvolvimento, a par de um recrudescimento económico rápido dos Estados participantes,

Ora, como é sabido, um dos mais importantes e decisivos precursores de todo o processo de integração e «construção» europeia, na origem da atual União Europeia, fora precisamente o antigo Primeiro-Ministro britânico, Winston Churchill, um dos governantes mais inspiradores do país, do continente e do mundo, particularmente durante e após a Segunda Guerra Mundial, pelo empenho em defesa da democracia e das liberdades individuais, bem como no combate e na derrota do poder autoritário e expansionista, incarnado então sobretudo pela ameaça alemã nazi, seu líder, Hitler, e aliados.

Tornou-se célebre o discurso de Churchill no dia 19 de setembro de 1946 na Universidade de Zurique, na sequência de outro discurso, não menos presciente e impactante, «que eletrizou o mundo», proferido cerca de seis meses antes em Fulton, no Missouri, perante uma multidão que incluía o Presidente dos Estados Unidos da América, Harry Truman. Neles descreveu cruamente a divisão política que estava a atingir o continente europeu, entre o leste comunista dominado pela União Soviética e as democracias ocidentais – «De Stettin, no Báltico, até Trieste, no Adriático, uma cortina de ferro atravessa agora todo o continente...» –, e propôs e defendeu a sua visão de construção de uns «Estados Unidos da Europa»[207].

tecnicamente explicável pela eliminação das barreiras aduaneiras e administrativas entre os territórios dos Seis, com a consequente redução e até eliminação em grande parte dos custos das anteriores divisões fronteiriças, além do aproveitamento de uma multiplicidade de sinergias facultadas pela aproximação dos regimes económicos e pelas liberdades de circulação, em contraste com as dificuldades crescentes do relativo isolamento económico do Reino Unido, em especial com os parceiros da *Commonwealth* britânica, debilitada pela redução visível dos laços anteriormente existentes e ainda por efeito dos vários movimentos independentistas, o que levou o Reino Unido a impulsionar, primeiro, a criação da EFTA, e, logo a seguir, a apresentar um pedido de adesão às Comunidades, em face das grandes expectativas nelas depositadas, em termos de impacto económico, dado o peso dos seus membros (com a França, a República Federal Alemã, a Itália, os Países Baixos e a Bélgica), muito mais relevante do que os da EFTA, e ainda quanto à sua projeção política, também superior, tanto no continente europeu como à escala mundial. Cf., por exemplo, a mesma bibliografia citada anteriormente.

[207] Uma carta contemporânea de um jornalista (Walter Graebner) da *Life* magazine ao editor desta última (Andrew Heiskell), descoberta pelo professor Richard Toye, da Universidade de Exeter, ao preparar o livro *Winston Churchill: A Life in the News* (2020), revela que Churchill se interrogou sobre se Fulton seria o lugar apropriado para alertar contra o perigo real e imediato comunista ou para promover o projeto de uma Europa federal, tendo optado por salientar a extrema gravidade da ameaça soviética, que exigia a adoção urgente

As palavras proferidas em 1946 por Churchill em Zurique foram lapidares: «É imperioso construir uma espécie de Estados Unidos da Europa. Só dessa forma centenas de milhões de trabalhadores poderão recuperar as alegrias e esperanças simples que dão sentido à vida. O processo é simples. Basta a determinação de centenas de milhões de homens e mulheres empenhados em fazer o que está certo em vez do que está errado, para ter por recompensa felicitada em vez de sofrimento...»[208].

A visão clara e presciente de Churchill não levou a um envolvimento direto do Reino Unido na criação das Comunidades Europeias, nos anos cinquenta do século XX, por serem demasiado ambiciosas em face das perspetivas soberanistas britânicas. Deu lugar, logo depois, a um outro tipo de envolvimento liderante num processo paralelo de integração económica internacional, a EFTA, afastando-se assim de qualquer veleidade isolacionista, inviável para países de pequena ou média dimensão, como também se tornara o Reino Unido, com o gradual desmoronamento do Império Britânico, agravado com a Segunda Guerra Mundial e seus efeitos. Mas também a EFTA não pareceu suficiente e apropriada para as ambições do Reino Unido e, por isso, o país logo pediu a sua adesão às Comunidades Europeias, só concretizada mais de uma década depois, em janeiro 1973.

Os primeiros anos nas Comunidades não foram particularmente auspiciosos para o Reino Unido por uma multiplicidade de factores, internos e externos, fortemente instáveis, quer política como economicamente, com graves repercussões financeiras e sociais. Além da crise económica quase generalizada nos países industrializados, atingidos pela reconversão industrial, pelo desemprego e por taxas de crescimento e de rendimento decrescentes, acompanhadas por taxas de inflação extremamente elevadas, em grande medida emergentes das sucessivas crises petrolíferas, com repercussões políticas inevitáveis, a entrada do Reino Unido nas Comunidades foi marcada pela sua demarcação como o grande «contribuinte líquido» do orçamento comunitário, com a agravante de

de medidas firmes e robustas de contenção. Segundo Toe, Churchill defendia, sem dúvida, o processo de integração europeia, sobre o qual tivera oportunidade de refletir desde há alguns anos antes, embora, enquanto britânico, não deixou de olhar o projeto de forma particular, a qual se refletiu nos termos escolhidos no discurso de Zurich, em setembro de 1946.

[208] Cf. PAULO SANDE (org.) (2008), *50 Anos de Europa: Os Grandes Textos da Construção Europeia*, Parlamento Europeu – Gabinete em Lisboa, p. 15 («Discurso de Winston Churchill em Zurique», de 19 de setembro de 1946).

não ser «beneficiário líquido», ao contrário dos restantes membros, como a Alemanha ou, sobretudo, a França, devido à nova Política Agrícola Comum (PAC), responsável de longe pela alocação da maior parte das verbas europeias.

Este desequilíbrio financeiro gritante entre o Reino Unido e os restantes Estados membros das Comunidades seria aproveitado politicamente pela nova Primeira-Ministra britânica, Margareth Tatcher, que não exitou em exigir repetidamente, quer nas reuniões de chefes de Estado e de governo europeias quer através de todos os meios de comunicação, que por seu turno não hesitaram em o repetir, a devolução do «cheque britânico»: «*give-me my money back*». Independentemente da reversão parcial posterior dessa situação nítida de desequilíbrio financeiro, com prejuízo sobretudo dos fluxos financeiros entre as Comunidades/União Europeia e o Reino Unido, a perceção inicial e geral manteve-se quase inalterada nas décadas seguintes.

Mas surgiram e subsistiram vários outros focos de tensão e de dissensão entre o Reino Unido e os restantes Estados membros. Em primeiro lugar, o Reino Unido não foi um Estado membro fundador e isso certamente não foi nunca esquecido, designadamente pela França e pela Alemanha. Em segundo lugar, além de o processo de adesão ter sido muito demorado e com a resistência quase até ao final da França, não participou na concretização de políticas comunitárias fundamentais como a Política Agrícola Comum, sendo por isso financeiramente «prejudicado» pelos respetivos efeitos.

Em terceiro lugar, permaneceu hesitante e relutante, ou simplesmente recusou-se a participar, em relação a várias políticas comuns e ao seu aprofundamento, quer por determinarem a erosão da soberania nacional, quer, especialmente, por envolverem domínios mais sensíveis, como o da liberdade de circulação das pessoas e o das políticas sociais. Assim, não subscreveu os Acordos de Shengen, destinados a garantir efetivamente a liberdade de circulação das pessoas, não aderindo à consequente dispensa de vistos e harmonização de procedimentos de controlo de fronteiras, e também recusou harmonizar várias das suas leis laborais e direitos sociais, em divergência com os seus parceiros, reservas que manteve nas negociações da Carta Social Europeia e, mais tarde, da Carta dos Direitos Fundamentais da União Europeia.

Por outro lado, quando foi gizado o estabelecimento de uma União Económica e Monetária, o Reino Unido exigiu que lhe fosse reconhecido o direito de optar pela não participação na terceira fase daquele projeto, em que seria criada uma área monetária comum, independentemente de preencher os requisitos fixados para o efeito, opção que iria exercer, ficando assim fora da nova união monetária. Esta decisão não deve ser afastada da experiência de participação muito conturbada do país e da sua moeda, a Libra esterlina, no Mecanismo de Taxas de Câmbio (MTC) do Sistema Monetário Europeu (SME), no início dos anos noventa, que levou ao abandono daquele mecanismo, na sequência da crise cambial de 1992-93, sem que obtivesse qualquer auxílio, nem sequer apenas verbal, de Bona ou Frankfurt.

Reservas provavelmente não menos relevantes voltaram a ser expressas pelo Reino Unido, entre outras ocasiões, a propósito da reforma europeia dos mercados financeiros, após a crise financeira internacional de 2007-2008, que antecedeu a crise das dívidas soberanas europeias e a crise do Euro, de 2010 em diante, que se prolongou nos anos seguintes. A reforma dos mercados de capitais, no quadro da reforma da união monetária europeia, foi considerada em Londres como um verdadeiro ataque existencial à sua Bolsa de Valores, por o país não participar na área do Euro, que poria em risco a posição de liderança em várias modalidades de ativos, desde o século XVIII, em favor de outros mercados financeiros europeus, em especial os de maior dimensão, como Paris, Frankfurt e Amesterdão, bem como fora da Europa, na América e na Ásia[209].

[209] Perante uma questão sobre as causas económicas preponderantes que poderão ter levado o Reino Unido a considerar a sua saída da União Europeia, feita por uma aluna de pós-graduação da Universidad de La Salle, em Bogotá, Colômbia, em comunicação de outubro de 2020, sustentámos que «provavelmente o factor decisivo terá sido a reforma europeia dos mercados financeiros, após a crise das dívidas soberanas, pelas implicações que dela admissivelmente resultariam para a *London Stock Exchange* e serviços conexos».
No entanto, foi sobretudo na área da Grande Londres e do Sul da Inglaterra que os cidadãos que participaram no referendo de junho de 2016 sobre a permanência ou a saída da União Europeia votaram maioritariamente a favor do «*remain*», ao invés dos residentes de áreas mais rurais e distantes da capital britânica, o que não deixava de remeter para outra ou outras causas. Aquela causa, isolada ou, mais provavelmente, conjugada com outras, poderia(m) ter representado uma espécie de «última gota» tolerável, além da qual deixava de compreender-se e aceitar-se, do ponto de vista de muitos britânicos, a intromissão e sobreposição crescentes da União e das suas políticas comuns sobre a margem de atuação autónoma das autoridades nacionais.

Independentemente de não serem nítidos os efeitos negativos sobre a Bolsa de Londres e as vantagens que outras praças financeiras poderiam aproveitar e em que medida após o «*Brexit*», era incontestável o contributo de outros factores, além dos enumerados, com naturezas muito díspares, incluindo o impacto dos fluxos recentes e crescentes de refugiados e outros beneficiários de asilo na União Europeia, com origem em países terceiros, que, em ampla proporção, escolhiam o Reino Unido (a par, em especial, da Alemanha, da Suécia e da Dinamarca) como destino final, e a comparticipação financeira de todos os Estados membros em mecanismos financeiros criados em comum, primeiro *ad hoc* e depois definitivamente, a fim de auxiliar os membros com dificuldades em cumprir as responsabilidades financeiras por eles assumidas e, em geral, as exigências da participação na união monetária europeia.

Tal como era incontestável a circunstância de que a avaliação dos britânicos que participaram no referendo não podia ser unívoca ou coincidir, antes variando muito de indivíduo para indivíduo, podendo até um mesmo factor ter conduzido a votações díspares, seja no sentido da permanência, seja no do abandono do Reino Unido na União. As escolhas políticas, como esta, podem ter uma fundamentação económica, e ou de outro âmbito, mais ou menos sólida. De qualquer modo, independentemente da robustez ou da debilidade da fundamentação da decisão de saída, não faltaram motivos para as posições de reserva ou de oposição do Reino Unido em relação a algumas políticas fundamentais das Comunidades e da União e, consequentemente, quanto à permanência ou abandono do Reino Unido do processo.

Todo o processo de saída do Reino Unido da União Europeia é muito complexo, desde a motivação estratégica até às consequências efetivas e transversais, quer em especial para o Reino Unido e para a União Europeia, quer ainda para os vários Estados membros e seu peso relativo, e dos seus principais interesses, em confronto com os restantes parceiros, no seio da União Europeia – sem esquecer o impacto para a União no contexto mundial, da saída do Reino Unido (porventura um dos aspetos menos ponderado, ao invés da posição do Reino Unido nesse contexto).

Por ser impossível uma análise mais demorada e aprofundada de toda a temática emergente do «*Brexit*», como a gravidade que a envolve impunha, apontar-se-ão a seguir apenas alguns aspetos mais gerais, que se afiguram com maior impacto sobre o objeto da monografia.

Do ponto de vista do Reino Unido, e em síntese, o abandono da União Europeia significou, sobretudo, libertação das «amarras» jurídicas da União, que o impediam de tomar decisões económicas autónomas em todos os domínios abrangidos pelo processo de integração económica europeia, que passaram a «pertencer» ou a ser exercidos centralmente, pelas instituições sedeadas sobretudo em Bruxelas e também no Luxemburgo, não apenas legislativas, governativas e executivas, mas igualmente judiciais, por força, em especial dos princípios do primado e da eficácia do Direito Comunitário e da União, tal como têm vindo a ser afirmados e firmados pelo Tribunal de Justiça da União.

Todavia, a «devolução» de poderes, *maxime* económicos, da União para os órgãos de governação próprios do Reino Unido, por efeito do «*Brexit*», em nada modifica, naturalmente, a realidade muito diversificada da vida económica, à qual deixam em princípio de ser aplicáveis as regras da União, no que respeita às relações sem conexão direta ou indireta com o território, a ordem jurídica e as jurisdições da União Europeia, com a sua substituição pelas regras vigentes no Reino Unido e pelas decisões tomadas internamente, sem prejuízo da aplicação de disposições internacionais e da eventual submissão a jurisdições internacionais, consoante assim resulte da ordem internacional e dos compromissos assumidos internacionalmente pelo país.

A margem ampliada de liberdade do Reino Unido para distratar ou celebrar acordos internacionais fica, em qualquer caso, dependente da vontade das contrapartes, a começar pela União Europeia e a terminar em todos os restantes sujeitos de Direito Internacional, cujos interesses são diversificados à escala internacional, não se restringindo, portanto, aos respetivos interesses bilaterais com o Reino Unido. A tais condicionantes, especialmente evidenciados nas negociações do «*Brexit*» com a União Europeia, consecutivamente contestadas por ambas as partes, com tergiversações de ambos os lados, por vezes levantadas, do lado europeu, em especial pela França, acrescem todas as contingências próprias das negociações internacionais, não dependentes apenas dos interesses bilaterais das partes, mas dos interesses destas em relação a todos os restantes países, sendo certo que estes ganharam peso relativo em face do menor peso do Reino Unido nas relações económicas internacionais comparativamente à União Europeia.

Do ponto de vista estritamente económico, o peso do Reino Unido é, sem dúvida, muito menos relevante, à escala internacional, do que o da União Europeia – o que não deixará de se refletir, antes de mais, provavelmente, na sua posição negocial. Mas o mesmo não se poderá dizer, por exemplo, quanto ao domínio de defesa e militar, e até no plano «político» em geral – que oscilará em função dos domínios concretos de ação, nacional e internacional. Daí a maior complexidade das implicações emergentes da saída do Reino Unido do processo de integração internacional, gradualmente concretizado em torno das Comunidades e da União Europeia.

Diretamente conexas, e não menos relevantes, estão as implicações do «*Brexit*» para a União Europeia. Em primeiro lugar, o «*Brexit*» simboliza e comprova o fracasso, pelo menos relativo, do projeto de construção europeia, que, nas palavras do Professor EDUARDO PAZ FERREIRA, «não logrou atingir o coração das pessoas». Independentemente das responsabilidades ou «irresponsabilidades» de vários dirigentes europeus e também britânicos, as justificações habituais do tradicional distanciamento britânico, de campanhas de desinformação e de demagogia, por si só, não bastam para explicar o fracasso do projeto europeu no estádio que atingira. O problema essencial estará na ausência de perspetivas satisfatórias: parece que «ninguém sabe o que fazer com o futuro»[210].

Perante a falta de perspetivas de futuro no seio da União, os britânicos procuraram-nas, primeiro através do reconhecimento dos seus interesses em face ou de modo mais equilibrado com os demais Estados membros da União e suas respetivas posições e preocupações. Esta posição crítica e de insatisfação com os resultados do processo de integração europeia não deixaram de ser vistos como meio de pressão para obter soluções diversas do que as alcançadas nos debates e negociações com os parceiros europeus. Todavia, uma estratégia de «ameaça» de saída tem limites: se não forem alcançados nenhuns objetivos, ou os considerados minimamente

[210] Ora, se «ninguém sabe o que fazer com o futuro», haverá que procurar entendimentos comuns. Quanto a isto, durante muito tempo, a Comissão manteve uma posição frouxa, a Alemanha perdeu-se nas suas dificuldades internas... Um passo essencial consistiria, nas palavras do Professor EDUARDO PAZ FERREIRA, em «virar de vez a página da austeridade, não temer um programa intenso e solidário entre os vários Estados». Cf. E. PAZ FERREIRA (2021), "A Europa e os desafios da globalização", pp. 129 e ss.; Idem (2020), *Ensaio de Finanças Públicas*, espec., pp. 517 e ss.

aceitáveis, poderá não restar outro desfecho além da concretização da saída, frustrando assim a estratégia inicial.

No caso do Reino Unido, as exigências negociais terão ido demasiado longe ao porem em causa alguns princípios nucleares das Comunidades e da União, como as liberdades de circulação, em especial a liberdade de circulação de pessoas. Como nos pareceu então, «desfazer o primeiro e principal objetivo das Comunidades e que se manteve como um dos objetivos preponderantes da União Europeia – o mercado comum ou mercado interno – significaria o mesmo do que desfazer a própria União Europeia». O Reino Unido terá, pois, excedido os limites negociais aceitáveis para a União, sem que que os seus representantes tivessem, aparentemente, percebido que tinham ultrapassado a linha vermelha. Obviamente, perceberam-no. Mas não terá sido considerada então como justificada uma alteração da posição negocial do país numa questão tão sensível[211].

De qualquer modo, estava-se perante uma decisão constitucional das mais críticas que podem colocar-se modernamente a qualquer Estado soberano: a permanência ou a saída de uma das organizações internacionais não de mera cooperação económica internacional, mas de verdadeira integração, a mais paradigmática de entre todas as organizações de integração económica internacional, pelas suas implicações e pela sua relevância, também por isso consecutivas vezes replicada em diversos lugares do mundo. Paradoxalmente, uma decisão política tão fundamental dependia do voto popular sem requisitos mínimos de participação (por exemplo, pelo menos metade, 2/3 ou 4/5 do eleitorado) e ou de votação.

Em qualquer caso, tal decisão ia contra as posições expressas quer pelos principais dirigentes políticos, quer por especialistas tendo sobretudo por

[211] Em janeiro de 2013, muito antes das eleições gerais, quando o Partido Conservador se encontrava nas sondagens 10 pontos atrás do Partido Trabalhista, o Primeiro-Ministro, David Cameron, prometeu que, se as vencesse, convocaria um referendo popular sobre a permanência ou saída do país da União Europeia. E foi o que fez, após a vitória eleitoral dos Conservadores, por maioria, em 2015, esperando e defendendo que os britânicos optassem pela solução economicamente racional, de permanência na União. Todavia, o «não» venceu no referendo popular de junho de 2016, apesar de as negociações complexas e prolongadas de retirada só terem sido iniciadas mais tarde, após a notificação dessa pretensão ao Conselho Europeu, nos termos do artigo 50.º do Tratado da União Europeia (após a revisão do Tratado de Lisboa).

base os efeitos económicos prováveis da saída ou não da União. Como também ao arrepio do processo de globalização, tal como tinha vindo a desenvolver-se – em torno de amplos blocos económicos regionais, dada a escala diminuta de países de pequena e média dimensão num mundo crescentemente globalizado nos domínios técnico e económico.

Num mundo cada vez mais caracterizado pela abertura à informação e a todo o tipo de trocas económicas entre os diversos países, com maior internacionalização e interdependências crescentes, em que a União Europeia era o modelo pioneiro e mais avançado de cooperação e integração económica internacional, um processo inverso, de fragmentação ou desintegração económica internacional, como o «*Brexit*», não podia deixar de ser considerado anómalo, «contracorrente», em relação à ordem económica internacional estabelecida após a Segunda Guerra Mundial e que desde então gradualmente se desenvolveu e expandiu, até praticamente ao presente – embora não sem múltiplas reservas ou resistências: protecionistas, nacionalistas e (mais ou menos) isolacionistas.

Evidentemente, o «*Brexit*» não deve ser caracterizado, pelo menos liminarmente, como protecionista, nacionalista ou isolacionista. Dirigentes do Reino Unido têm sempre salientado que a saída da União Europeia não teve e não tem em vista qualquer discordância ou reserva em relação ao princípio basilar da liberdade das trocas internacionais, designadamente com objetivos protecionistas, nacionalistas ou isolacionistas, mas sobretudo ampliar a margem de liberdade nas decisões políticas internas, crescentemente coartadas pela participação enquanto membro da União, por força da atribuição de competências, especialmente no domínio económico, às instituições europeias.

Assim, a «devolução» de tais competências aos órgãos internos, por efeito do «*Brexit*», permitiria, essencialmente, a adoção ao nível interno das decisões mais apropriadas, com total flexibilidade e imediatamente, a fim de tornar a economia mais competitiva e robusta, «sem as amarras de Bruxelas», quer «burocráticas», devido à complexidade dos processos europeus de tomada de decisão, quer motivadas por divergências de entendimentos sobre o assunto entre os diversos Estados membros.

Todavia, pareceu esquecer-se, ou pelo menos desvalorizar-se, o conjunto de ganhos resultantes da maior dimensão e da qualidade frequentemente acrescida das decisões comuns europeias, com recurso a meios de quase toda a ordem dificilmente disponíveis por um só

Estado membro e com vantagens negociais e de escala provavelmente «impossíveis» de alcançar num nível inferior de governação (nacional, regional ou local) – que inevitavelmente se perderia com a consumação do «*Brexit*».

Mas as perdas não penderiam apenas para o Estado membro que abandonasse a União. Esta não deixaria de perder também dimensão e toda a influência acrescentada pela presença e integração de um país com as características do Reino Unido, e não apenas nos domínios económico e financeiro. Bastaria recordar, por exemplo, que se tratava da segunda economia da União, após a Alemanha e quase a par com a França, e que a *City* de Londres fora durante muito tempo a principal praça financeira do mundo e mantinha ainda essa liderança em vários segmentos, continuando a ser a mais relevante da Europa, além de o seu ordenamento jurídico e de os seus tribunais continuarem a ser, respetivamente, o que rege grande parte dos contratos internacionais e os que o aplicam o mesmo.

Fora do âmbito económico e financeiro, importaria recordar, a título igualmente meramente exemplificativo, o facto de o Reino Unido ser o Estado em que vigora há mais tempo e ininterruptamente um regime de governo democrático e com ampla proteção dos direitos humanos, de ser um dos cinco países do mundo com assento no Conselho de Segurança das Nações Unidas (no continente europeu, a par com a França – além da Rússia, sucessora da União Soviética, que, conjuntamente com a China e os Estados Unidos da América, formam o grupo dos cinco) e de a sua cultura, ou, mais em geral, a cultura anglo-saxónica, que abrange a dos Estados Unidos da América, ser a (ou uma das) mais influente(s) e admirada(s), presentemente, no mundo – não obstante as muitas reservas existentes quanto a tudo isso.

Uma das posições mais relevantes do Reino Unido, quer no continente europeu quer no mundo, verifica-se no domínio da Defesa. Além de ser membro permanente do Conselho de Segurança das Nações Unidas, com direito de veto, o Reino Unido dispõe de armamento nuclear, tal como a França, mas, além disso, é membro fundador da NATO/OTAN e, enquanto tal, integra também a estrutura de comando militar da organização (ao invés da França, que durante largos anos, entre 1966 e 2009, nem participou na referida estrutura de comando) e tem participado nas diversas operações militares e de estabilização da mesma organização e fora dela, quer na Europa quer noutros pontos geográficos, conjuntamente com os Estados Unidos da América[212].

A referência à posição singular do Reino Unido no domínio da Segurança e da Defesa europeia é não só particularmente relevante como insubstituível, tendo ficado especialmente revelada após a guerra da Ucrânia, iniciada com a invasão pela Rússia do território ucraniano a partir de 24 de fevereiro de 2022. Além de acompanhar as advertências públicas feitas pelos Estados Unidos da América sobre a iminência da invasão da Ucrânia pelas forças armadas russas, dada a concentração crescente de largas dezenas de milhares (num total estimado de até cerca de 150 milhares) de efetivos e de equipamento pesado e ligeiro nas

[212] As operações militares da NATO/OTAN iniciaram-se precisamente com o termo da Guerra Fria, na sequência da invasão do Kuwait pelo Iraque, em 1990-1991, com o envio de aviões para proteção do sudeste do território da Turquia. Seguiu-se a garantia de uma zona de exclusão aérea na Bósnia, em 1993, aprovada pelo Conselho de Segurança das Nações Unidas no ano anterior, na sequência do conflito desencadeado pela dissolução da Jugoslávia, que levou ao abate de quatro aviões militares sérvios em 28 de fevereiro de 1994 e, posteriormente, como retaliação pelo bombardeamento de um centro de comando militar sérvio-bósnio, ao abate de uma caça britânico, em abril. O massacre sérvio no Kosovo em 1998 e a violação do cessar-fogo exigido pelo Conselho de Segurança, com falhanço das negociações de paz, levaram a NATO a bombardear as capacidades militares da Jugoslávia em 1999. Os ataques terroristas de 11 de setembro de 2001 a Nova Iorque e a Washington levaram os Estados Unidos a invocar o artigo 5.º do Tratado que instituiu a NATO, o que conduziu a um conjunto de operações militares, incluindo a primeira da organização fora do continente europeu, com a guerra do Afeganistão, em 2003. Seguiram-se intervenções de treino no Iraque em 2004, no decurso da Guerra do Iraque, uma missão de combate à pirataria no golfo de Áden e no Índico, em 2009, e a imposição de uma área de exclusão aérea na Líbia em 2011.

O Reino Unido não só participou nas operações militares e de estabilização da NATO como em várias outras operações armadas, entre as quais a guerra das ilhas Falkland/Malvinas, no Atlântico Sul, sob sua administração, na sequência da ocupação militar pela Argentina em abril de 1982, e não armadas, incluindo entre as mais recentes a participação no novo pacto de partilha de tecnologias e de defesa avançadas entre a Austrália, o Reino Unido e os Estados Unidos (AUKUS) – anunciado a 16 de setembro de 2021, tendo em vista preservar a segurança e a estabilidade na área do Índico e do Pacífico, concretamente através da ajuda à aquisição pela Austrália de uma frota de submarinos de propulsão nuclear, embora sem abranger a aquisição de armas nucleares ou sequer uma capacidade nuclear civil –, na expectativa da afirmação do grupo do Diálogo de Segurança Quadrilateral – QUAD (Estados Unidos da América, Japão, Austrália e Índia), criado em 2007 mas só ativado muito recentemente, perante a crescente ameaça chinesa para a segurança no Indo-Pacífico.

fronteiras entre os dois países e da Bielorrússia (onde se haviam também concentrado forças militares russas), sempre publicamente rejeitadas pela Rússia, o Reino Unido também disponibilizou informação privilegiada e foi o primeiro país europeu a oferecer ajuda militar à Ucrânia para defesa da sua integridade territorial, juntamente com a Polónia e com os três países bálticos – que sempre tinham defendido uma posição de cautela da União Europeia em relação à Rússia, incluindo quanto à sua crescente dependência energética (e se oposto à decisão alemã de aumento dessa dependência, com base apenas em critérios estritamente económicos, ou, pior ainda, num só deles, de curto prazo: o custo).

Não por acaso, o Reino Unido continuou a dirigir exercícios militares da Força Expedicionária Conjunta (JEF – *Joint Expeditionairy Force*) – criada em 2015 e composta desde 2021 pelos dez países nórdicos europeus (Dinamarca, Islândia, Estónia, Letónia e Lituânia, Países Baixos, Noruega, Finlândia e Suécia, além do Reino Unido), alguns membros da NATO, outros (ainda) não (Finlândia e Suécia) –, com o fim de afirmar a liberdade de movimentos destas forças na área estratégica adjacente à Rússia, e reuniu no início de março de 2022, poucos dias depois do início da invasão russa da Ucrânia, uma cimeira dos chefes de governo da aliança nórdica com o objetivo de melhorar a prontidão das suas forças no Ártico, no Atlântico Norte e no Báltico. Simultaneamente, juntou também em Londres os chefes de governo do Grupo de Visegrado (Polónia, Hungria, Eslováquia e República Checa), com vista a aumentar a pressão sobre a Rússia e encontrar soluções para a guerra.

Desenhava-se já, com nitidez, fortes divisões entre os vários Estados europeus, dentro e fora da União Europeia e dentro e fora da NATO, perante os acontecimentos, não quanto à condenação da invasão e da ocupação pelas forças armadas da Rússia do território da Ucrânia, com a qual todos concordavam, mas sobre as medidas mais apropriadas a adotar perante tais atos de agressão contra a independência e a integridade territorial daquele país. Na União Europeia, não hesitaram em manifestar todo o seu apoio à Ucrânia, incluindo em equipamento militar, a Polónia, a Eslováquia e a República Checa, além dos três Estados bálticos, em termos semelhantes aos facultados pelo Reino Unido, o que evidenciava uma grande proximidade de posições entre eles e, consequentemente, e a «falta» que o «*Brexit*» representava para aqueles países e para a defesa dos seus interesses no seio da União.

O contraste com as posições iniciais de reserva ou omissão em relação a um apoio ativo à Ucrânia, incluindo em equipamento não-militar, por parte de vários outros Estados membros da União era muito claro. Além da Hungria, países com a relevância da França e da Alemanha persistiram em manter contactos diários ou quase diários e prolongados com o Presidente da Rússia, Putin, durante as primeiras semanas e meses do conflito, além de se terem deslocado a Moscovo – como fizeram o Presidente francês, Macron, e o Chanceler alemão, Scholz – onde tiveram de se sentar, humilhantemente, no outro extremo de uma mesa com seis metros de comprimento, sem que nunca tivessem sido vislumbrados quaisquer progressos ou mesmo uma verdadeira comunicação entre os interlocutores.

As posições da França e da Alemanha só se alteraram, radicalmente, após a rejeição inicial de prestar qualquer tipo de auxílio militar à Ucrânia (nem mesmo de capacetes de proteção para os soldados), no dia 16 de junho de 2022, quando o chefe de Estado da França e o chefe de governo da Alemanha, juntamente com o Primeiro-Ministro italiano, Draghi, e com o Presidente da Roménia, se deslocaram a Kyiv, na véspera de a Comissão apresentar o seu relatório ao Conselho Europeu sobre o pedido de adesão apresentado pela Ucrânia a 28 de fevereiro de 2022, apenas quatro dias depois do início da invasão russa. Segundo a Comissão, a Ucrânia estava já em condições de poderem ser iniciadas negociações de adesão.

Posição contrária e fortemente crítica quer em relação à França como em relação à Alemanha quanto ao apoio total à Ucrânia foi sempre manifestada pela Polónia, acompanhada por vários Estados da fronteira leste da União, sem deixar de recordar as persistentes advertências feitas e as divisões que persistiram sobre a grave ameaça desde há muito representada pela Rússia, em especial desde a invasão e anexação da Crimeia, em 2014, e sobre os elevados riscos de dependência energética do mesmo país, que em vez de ter sido reduzida se ampliara, apesar do historial de utilização abusiva do fornecimento de energia e do manuseio do seu preço como arma de chantagem política, designadamente com a Ucrânia.

Posição semelhante e igualmente muito clara, de apoio sem reservas à Ucrânia, ao seu povo e aos seus dirigentes, foi manifestada desde o início pela Presidente da Comissão Europeia, Ursula von der Leyen, em especial após a apresentação do pedido de adesão à União Europeia, logo apoiado e consecutivamente incentivado, em especial ao realizar uma das primeiras deslocações de dirigentes políticos estrangeiros a Kyiv, a 8 de abril de

2022, para expressar o seu «apoio inabalável» ao povo ucraniano, «que merece a nossa solidariedade na luta contra a invasão russa».

O apoio da Presidente da Comissão e do Alto Representante da União para os Negócios Estrangeiros à Ucrânia manteve-se firme e sem alterações significativas, apesar das críticas que lhes foram dirigidas, sobretudo por falta de poderes próprios para se pronunciarem e decidirem nestes domínios, mas seria reiterado designadamente no discurso de Ursula von der Leyen no dia da Europa (a 9 de maio) e no relatório da Comissão dirigido ao Conselho Europeu sobre o pedido de adesão, cuja proposta de sentido positivo seria aceite na cimeira de 23 (e 24) de junho de 2022, tanto em relação ao pedido da Ucrânia como ao da Moldávia. Também o Parlamento Europeu – cuja presidente manifestara desde cedo o seu apoio à Ucrânia e para o comprovar deslocou-se à capital do país – se pronunciou em sentido favorável ao reconhecimento do estatuto de país candidato quer à Ucrânia quer à Moldávia.

Todavia, as diversas manifestações de apoio à Ucrânia, em face da invasão e ocupação russa de 2022, no interior e fora da União Europeia, não eram, obviamente, minimamente equivalentes. Enquanto umas não comportavam mais implicações, além de eventuais votações favoráveis à condenação da invasão em organismos internacionais ou nacionais, se não mesmo apenas abstenções, ao abrigo, por exemplo, de um princípio de neutralidade em questões militares, outras posições iam bem mais longe, podendo abranger o envio de equipamento militar, mais ou menos sofisticado, não apenas em função da disponibilidade desse equipamento, mas da vontade efetiva em cada momento, que não deixou de variar, e do entendimento quanto à solução pretendida ou considerada adequada e equilibrada para o conflito.

E é neste quadro complexo e muito díspar, não coincidente quer no seio da União Europeia quer fora dela, que importará ponderar uma solução efetiva, aceite por todos os, direta e indiretamente, envolvidos, não sendo por isso fácil descortinar quais os termos dessa solução futura, perdurável, que atenda aos múltiplos aspetos em jogo. Para o efeito, importam, é claro, os entendimentos, as posições e os interesses da Rússia e da Ucrânia, mas também os de outros países e organizações, incluindo-se entre os primeiros os Estados Unidos da América e da própria China, além de vários países europeus, desde o Reino Unido aos países nórdicos e, em geral, aos membros da União Europeia, em que se evidenciam sobretudo a Alemanha, a França, a Itália e ainda os países do leste, e vários outros, fora da União Europeia e do próprio continente europeu, desde a Turquia até ao Irão e à Índia. Daí a necessidade do diálogo e da cooperação efetiva permanentes entre todos, especialmente no continente europeu – o que abrange, não apenas, mas necessariamente o Reino Unido – e também muito além dele.

3. A crise pandémica de 2020-2021 e a ousadia da União para a ultrapassar

A crise pandémica de 2020-21, causada pelo contágio geral da doença Covid-19, surgiu inesperadamente, exatamente ao invés da saída do Reino Unido da União Europeia, por diversas vezes prenunciada e objeto de sustentações acesas e reiteradas – desde praticamente a data da sua entrada nas Comunidades Europeias, sucessivamente diferida pela insistente rejeição da França em aceitar o pedido de adesão apresentado pelo governo de Londres, após um prolongado período de isolamento em relação aos restantes países europeus, incluindo o decurso das negociações para a criação daquelas Comunidades, reservas que permaneceriam e se agravariam mais tarde, enquanto membro, em face da evolução, com expansão e aprofundamento, do processo de «construção europeia».

A crise pandémica foi «inesperada», não porque se entendesse que não poderia surgir e propagar-se, novamente, à escala mundial, uma epidemia como a causada pela propagação repentina e praticamente universal de um novo vírus, na origem de uma nova doença respiratória, «Covid-19»[213].

[213] A designação da doença, «Covid-19», e do vírus na sua origem, «SARS-CoV-2», foram determinados posteriormente pela Organização Mundial de Saúde, na sequência de um primeiro surto do trato respiratório detetado na cidade de Wuhan, na China, em dezembro de 2019, que se propagou rapidamente para outros pontos geográficos do mundo, dada a extensão crescente das redes de transportes à escala global, incluindo pouco tempo depois, entre outros países, a Itália e, rapidamente, outras partes do continente europeu e de noutros continentes, consoante as ligações de transportes e a circulação das pessoas, bem como as condições facilitadoras de contágio da doença, as diferentes medidas de prevenção, incluindo os confinamentos, voluntários ou obrigatórios, das pessoas, nas suas casas e noutros espaços específicos a isso destinados, como unidades de saúde, em geral deficientemente preparadas para o efeito.
Para uma síntese com a caracterização geral do fenómeno da pandemia da Covid-19, em 2020-2021, e dos grandes desafios por ele colocados aos países e às sociedades, em especial na

Todas as epidemias são inesperadas e, por isso, desconhecidas, pelo menos quanto ao momento em que se inicia a sua propagação. E o mesmo se poderá, em princípio, afirmar quanto à doença concreta que a origina e às suas características específicas, quanto às vias e ao modo de propagação e, enfim, quanto aos meios como poderá ser eficazmente prevenida e ou combatida – que, normalmente, só se tornarão conhecidos mais tarde, após a identificação da doença. Porém, a simples constatação de que ocorreram várias epidemias e pandemias no passado, mais afastado e mais recente, aconselharia, para não afirmar que exigiria, a adoção das medidas apropriadas para, na medida do possível e do razoável e sustentável, as prevenir e conter os seus efeitos nocivos, bem como para assegurar o tratamento, se conhecido.

De qualquer modo, e claramente ao invés de outros problemas também graves que tiveram de ser enfrentados no passado recente no âmbito da União Europeia – quando considerados resultado de decisões políticas anteriores erróneas ou injustificadas de algum ou de alguns Estados membros, mas não de todos eles, sobretudo quando ao arrepio de regras europeias de boa gestão económica e financeira –, a ocorrência desta pandemia (da Covid-19), a partir do ano 2020, não se devia a incúria política específica de um ou de outro Estado membro identificado ou identificável; tratava-se de um problema que parecia atingir todos por igual e para o qual nenhum deles estava real e cabalmente preparado.

Todos os países revelaram, efetivamente, impreparação perante o gigantesco desafio com o qual foram confrontados – o que não significa que o ponto de partida, para a prevenção ou combate à doença, fosse idêntico em todos os Estados membros: não o era, sem dúvida (por exemplo, as condições dos equipamentos e dos serviços de saúde existentes, bem como a capacidade financeira pública, eram nitidamente distintas de país para país). Não se justificava, todavia, pelo menos em princípio, o afastamento liminar de uma ação comum destinada a enfrentá-lo e

União Europeia, cf., com várias indicações bibliográficas, Eduardo Paz Ferreira (2021), *Como Salvar um Mundo Doente*.
Especificamente sobre o impacto da crise pandémica na governação económica da área do Euro, cf., também com mais referências bibliográficas, J. Renato Gonçalves / N. Cunha Rodrigues / N. Costa Cabral (2022), "The reform of the economic governance of the E(M)U in the post-Covid 19", pp. 435-457.

resolvê-lo (por o problema não poder ser imputado à incúria de um ou de outro Estado, caso em que se justificaria questionar a justificação de uma ação conjunta da União para enfrentar e solucionar o que se devia apenas a um ou alguns).

Recorrendo à terminologia e aos conceitos introduzidos e consolidados pela chamada teoria das áreas monetárias ótimas – pioneiramente formulada por Robert Mundell há mais de meio século atrás, mas com inúmeros e profícuos desenvolvimentos desde então até ao presente, tendo precisamente por enfoque principal a temerária construção da União Económica e Monetária europeia –, a pandemia da Covid-19 não podia ser qualificada, nos seus aspetos essenciais, como um «choque económico assimétrico», com características geográficas necessariamente diversificadas, por que a ocorrência e a propagação da doença provavelmente não variariam, pelo que se sabia, com a geografia, e, se isso se verificasse, não seria em resultado da ação ou omissão intencional dos diferentes países. Não emergiriam, por isso, admissivelmente, questões sobre imputação diferenciada de responsabilidade financeira entre os Estados membros da União Europeia[214].

Mesmo que os efeitos da pandemia fossem geograficamente diferenciados, projetando-se mais ou menos diversificadamente pelos vários Estados membros, como era previsível e veio efetivamente a verificar-se – por exemplo, com *ratios* de contágios, de internamentos e de mortes diferentes registados nos vários territórios nacionais –, compreensivelmente reduzidos ou agravados em função dos meios humanos e materiais existentes

[214] Sobre a teoria das áreas monetárias ótimas, formulada pela primeira vez por Robert Mundell em 1961, e que, depois, contribuiria para a atribuição do Prémio Nobel em Ciências Económicas, com inúmeros desenvolvimentos posteriores e referência teórica imprescindível para a análise dos benefícios e dos custos da constituição de uniões monetárias internacionais, conforme se constataria a propósito do projeto de União Económica e Monetária europeia, além do artigo seminal de Mundell (1961) na *American Economic Review*, "A theory of optimum currency areas" (51-4, pp. 657-665), e dos numerosos estudos que se seguiram em desenvolvimento daquela construção, pode cf., entre vários outros, J. Renato Gonçalves / N. Cunha Rodrigues (2016), "The European Banking Union and the Economic and Monetary Union: The puzzle is yet to be completed", pp. 271-289; J. Renato Gonçalves (2019), *O Euro: Balanço e Perspetivas*, espec. pp. 317 e ss.; J. Renato Gonçalves / N. Cunha Rodrigues / N. Costa Cabral (2022), "The reform of the economic governance of the E(M)U in the post-Covid 19", cit.

para a prevenção e o tratamento da doença e da respetiva qualidade, e, por isso, gerassem resultados difíceis de comparar, equiparando-se, assim, aos típicos de um «choque económico assimétrico», mantinha-se a falta de justificação para a partir daí atribuir ou repartir uma (auto)responsabilização financeira diferenciada, em conformidade com o previsto nos Tratados, com especial clareza no artigo 125.º do Tratado sobre o Funcionamento da União Europeia (TFUE), não se afastando, pelo menos neste enquadramento, a eventual decisão e correspondente justificação de uma ação comum, solidária, da União, para enfrentar um problema que era também comum.

E foi precisamente isso que foi decidido, por fim, e em vários níveis de ação ou dimensões políticas da União Europeia, numa quase sintonia inédita, não apenas quanto ao sentido das ações tomadas, como sobretudo quanto ao seu significado e alcance, dada a dimensão dos recursos envolvidos e os efeitos que necessariamente decorreriam da sua execução. Trata-se, sem dúvida, de uma mudança de fundo, política e financeira, porventura determinante para uma alteração da própria natureza da União Europeia pelas fortes e, segundo parece, decisivas implicações no domínio central das relações estruturantes entre os Estados membros e a União Europeia, simultaneamente do ponto de vista financeiro e do ponto de vista político.

Nunca como em face dos gravíssimos desafios colocados pela crise pandémica da Covid-19 os Estados membros da União Europeia e a própria União, através das suas instituições de governação económica e financeira, aprovaram medidas essenciais de ação comum, para enfrentar e combater robustamente a doença e as ameaças mais graves por ela desencadeadas, em três vertentes principais: a sanitária, a económica e a financeira.

Na vertente sanitária, e após algumas decisões nacionais unilaterais de proteção do interesse estritamente nacional, perante a escassez de vários bens ou equipamentos para a prevenção e o tratamento da doença, desde máscaras de uso individual aos «ventiladores» de auxílio à respiração para os doentes internados mais graves, não faltaram as proibições da sua venda para fora do território nacional, pelos países que os produziam ou que os tinham em *stock*, em violação dos compromissos europeus relativos ao estabelecimento e ao funcionamento do mercado interno europeu, essa visão, tipicamente egoísta, unilateral, foi superada por decisões posteriores de sentido completamente inverso, baseadas na solidariedade comum, destinadas a prevenir e combater em comum a pandemia e os seus efeitos.

Entre estas decisões no domínio sanitário, evidenciam-se as de apoio à investigação destinada à descoberta de uma vacina e de medicamentos que reduzissem os efeitos ou curassem a doença, bem como à aquisição em comum dessas vacinas ou medicamentos e sua distribuição equitativa entre os cidadãos da União Europeia e ainda para as populações dos países mais pobres ou em vias de desenvolvimento sem capacidade financeira para os adquirir. Não devem também ser esquecidas medidas de apoio transfronteiriço à prevenção do contágio e ao tratamento de doentes, com a deslocação de equipas de profissionais de alguns países para outros e a aceitação de doentes de outros países nos serviços internos de saúde, consoante as necessidades pontualmente agravadas por focos de contágios e esgotamento de camas ou outros equipamentos e pessoal disponíveis.

Tudo isto revelou um patamar de solidariedade europeia com uma natureza e uma dimensão certamente nunca alcançadas, mesmo em situações de atuação muito circunscritas, além do mais, numa área de atuação não abrangida nem pelas competências exclusivas, nem pelas competências partilhadas da União, mas apenas as competências de apoio, de coordenação ou de completamento de ações próprias dos Estados membros. Em conformidade com o artigo 6.º, n.º 1, do Tratado (TFUE), a União dispõe (apenas) de competência «para desenvolver ações destinadas a apoiar, coordenar ou completar a ação dos Estados membros», entre outros, no domínio da «proteção e melhoria da saúde humana» [alínea *a)*][215].

[215] Ao invés, integram as competências partilhadas – os domínios em que «a União e os Estados membros podem legislar e adotar atos jurídicos vinculativos» e em que os Estados membros «exercem a sua competência na medida em que a União não tenha exercido a sua» e em que «voltam a exercer a sua competência na medida em que a União tenha decidido deixar de exercer a sua» (n.º 2 do artigo 2.º) – as não previstas nem no artigo 3.º – ou seja, as competências exclusivas da União, em que só esta pode legislar e adotar atos juridicamente vinculativos, sem prejuízo de os Estados membros poderem eventualmente fazê-lo, mas apenas «se habilitados pela União ou a fim de dar execução aos atos da União» (cf. artigo 2.º, n.º 1) – nem no artigo 6.º do mesmo Tratado (TFUE) – no qual são mencionadas as competências de apoio, coordenação ou completamento das ações dos Estados membros – os «problemas comuns de segurança em matéria de saúde pública, no que se refere aos aspetos previstos no presente Tratado» [artigo 4.º, n.º 2, al. *k)*].

Importa salientar, a este propósito, que na base e no centro de qualquer processo de integração internacional, e, consequentemente, também do processo de construção europeia, encontram-se elos de solidariedade entre os participantes, sem os quais o mesmo dificilmente conseguiria perdurar – dependendo isso sempre da vontade dos intervenientes, inevitavelmente influenciada pelos interesses e valores em jogo. Acresce a particular sensibilidade do domínio aqui em causa, a saúde e, na verdade, a própria sobrevivência das pessoas, pelo que não se deixará de questionar, como oportunamente se fez, de que se não existir real solidariedade neste domínio, em que domínios é que ela terá de existir e de se manifestar, para que todo o processo se justifique e valha a pena, sendo como tal amplamente entendido e defendido, enquanto elemento político agregador dominante.

Além da vertente sanitária, importa concretizar ainda, pelo menos, as duas outras grandes vertentes da posição global da União Europeia em face dos desafios colocados pela crise pandémica da Covid-19 e das ações setoriais em que se desdobrou: a vertente económica e a vertente financeira, em grande parte interligadas, mas com modalidades e natureza de concretização e também impactos substancialmente distintos.

As ações comuns tomadas no âmbito da vertente sanitária, dada a sua dimensão, não poderiam deixar de se projetar financeiramente, dada a necessidade de proceder à afetação de volumosos recursos financeiros para os apoios à investigação com o fim de melhor identificar a doença e de permitir a sua prevenção e o seu tratamento, ação financeira diretamente ligada à componente económica, de ligação às empresas especializadas em setores muito específicos e, desejavelmente, em articulação com os Estados membros e as suas administrações, com vasta experiência nestes domínios, de relação económica e financeira com empresas privadas,

A ação complementar da União no domínio da saúde pública e na prevenção de doenças e infeções humanas e na redução das causas de perigo para a saúde física e mental, que «abrangerá a luta contra os grandes flagelos, fomentando a investigação sobre as respetivas causas, formas de prevenção e a educação sanitária e a vigilância das ameaças graves para a saúde com dimensão transfronteiriça, o alerta em caso de tais ameaças e o combate contra as mesmas» deve ser coordenada com as políticas dos Estados membros e encontra-se disciplinada ao nível do direito primário essencialmente no artigo 168.º do TFUE, que compõe o Título XIV , com a epígrafe Saúde Pública, da Parte III do Tratado, relativa às Políticas e Ações Internas da União.

em contraste com a ausência de *expertise*, ao nível da União, por parte da Comissão Europeia.

Todavia, a ação comum inédita da União Europeia foi muito além do incentivo e do financiamento no domínio estritamente sanitário e conexo, na medida em que se decidiu aumentar em montantes e em proporções nunca anteriormente alcançados os recursos totais europeus, além dos que tinham já sido negociados e que seriam regularmente aprovados no âmbito do novo Quadro Financeiro Plurianual da União Europeia, para os anos 2021-2027, subsequente ao anterior, para os anos 2014-2020, cuja execução estava em vias de conclusão, com o fim de assegurar a recuperação e a resiliência da economia europeia.

Após vários debates e ultrapassadas numerosas reservas ao programa especial apresentado tendo em vista a recuperação e a resiliência da economia europeia em face dos problemas e dos desafios colocados pela crise pandémica da Covid-19, foi finalmente aprovado o chamado «*NextGenerationEU*», envolvendo, na prática, mais do que a duplicação dos recursos europeus previstos para, em princípio, os quatro anos imediatamente após a propagação da crise e dos seus efeitos económicos e sociais, com vista a assegurar a recuperação e a resiliência da economia europeia numa perspetiva de futuro, mais verde e mais digital, e não de uma espécie de regresso ao passado, anterior à pandemia (que levara a vários confinamentos de pessoas e consequente encerramento de várias indústrias e também de serviços, embora, neste último caso, com o tendente funcionamento à distância, quando possível, com recurso às novas tecnologias de informação e comunicação, com o objetivo imediato de reduzir a propagação de contágios)[216].

Além de permitir a afetação do montante mais elevado de recursos financeiros alguma vez disponibilizados pela União Europeia num intervalo temporal equivalente, a opção inevitável, em face das circunstâncias, pelo recurso ao financiamento creditício foi também inédita, não quanto

[216] Financeiramente, o programa «*NextGenerationEU*», para os anos 2021 a 2024, representou uma duplicação dos recursos financeiros globais da União Europeia disponíveis durante o seu período de execução, envolvendo mais de 806 mil milhões de Euros a preços correntes, que acrescem aos montantes anteriormente aprovados pelo Quadro Financeiro Plurianual em vigor, para 2021-2027, o que não deixaria de representar um valioso contributo adicional para o financiamento e consequente dinamização acrescidos das atividades económicas e, portanto, do conjunto da economia europeia.

à origem creditícia, que, apesar de excecional, à luz dos Tratados, já tinha sido utilizada em situações específicas, mas no que respeita aos montantes envolvidos, incomparáveis com os casos anteriores, bem como às condições de emissão, através dos mercados de capitais, beneficiando das condições oferecidas pela elevada notação financeira reconhecida pelas agências especializadas à União, o que não se verifica em relação à maior parte dos Estados membros, e com prazos de reembolsos de muito longo prazo, até trinta anos[217].

[217] Já tinham existido situações de «duplicação» ou quase duplicação dos montantes globais de recursos financeiros comunitários europeus afetados, direta ou indiretamente, à economia, o que aconteceu logo com as primeiras «perspetivas financeiras plurianuais» da Comunidades Europeias, quando as mesmas foram criada, no final dos anos oitenta, com o chamado «Pacote Delors» (1), para seis anos, tendo por referência os gastos totais realizados no período orçamental antecedente (seis orçamentos anuais anteriores), tendo em vista a «conclusão» do Mercado Interno até a data de 31 de dezembro de 1992, e algo de semelhante sucedeu com as perspetivas financeiras plurianuais subsequentes, o «Pacote Delors 2» – com um horizonte ligeiramente mais ampliado, de sete anos, tal como os quatro quadros financeiros plurianuais subsequentes, até ao atual –, em que se verificou, uma segunda (quase) duplicação de recursos, embora restrita aos fundos destinados aos, na altura, quatro Estados membros «da coesão» (Portugal, Espanha, Grécia e Irlanda), uma vez mais tendo por referência o quadro financeiro imediatamente anterior, e justificado pelos desafios crescentes colocados sobretudo aos membros com economias comparativamente menos débeis em face da concorrência crescente resultante da maior integração decorrente da concretização da União Económica e Monetária, com as suas diversas fase, precisamente durante a execução dessas segundas perspetivas financeiras plurianuais (para 1993-1999).
Tais «duplicações» passadas das despesas comunitárias não são, pois, minimamente equiparáveis à decisão inédita de julho de 2021, de aprovação do *NextGenerationEU*, com uma «duplicação» de recursos para os «primeiros» anos do Quadro Financeiro Plurianual para 2021-2027 (em princípio para os anos 2021-2024, com possibilidade de conclusão posterior) e com tudo o que significa, não apenas quanto aos recursos abrangidos, como quanto aos objetivos qualitativos de tornar mais robusta e de modernizar a economia europeia, com uma base verde e digital, voltada para o futuro e competitiva.
Surgem, no entanto, após uma espécie de marasmo financeiro europeu, sem a ambição exigida pelos desafios, se não de duplicação, pelo menos de ampliação significativa de recursos financeiros europeus, não tendo sido ultrapassado o patamar aritmético, ou «psicológico», de 1% do produto interno anual da União, o que se repetiu nos quadros financeiros plurianuais subsequentes (3.º, 4.º e 5.º), até ao atual (o 6.º), antes do *NextGenerationEU*, não obstante a sequência de alterações substanciais que o teriam provavelmente justificado, como o grande alargamento de 2004 e o alargamento de 2007, com a adesão de alguns dos países menos prósperos da União e com a chamada crise das dívidas soberanas, que atingiu gravemente

O plano *NextGenerationEU* foi também inovador pelos objetivos que deveria prosseguir e pela ambição que representa, de tornar mais robusta e moderna a economia europeia, voltada e capaz de enfrentar os desafios do futuro, com uma base digital reforçada e ambientalmente sustentável. Os objetivos fixados são muito abrangentes, tipicamente prosseguidos pelos Estados, não por organismos internacionais ou «supranacionais»; incluem o apoio à mobilidade sustentável («verde»), à aptidão e educação digital, às indústrias culturais e criativas, à investigação e desenvolvimento, à proteção social, à prevenção e combate à fraude e à corrupção, ao *rule of Law*, às pequenas e médias empresas (PMEs), à energia limpa, a serviços públicos digitais, ao emprego e à criação de trabalho, a cuidados de saúde, à modernização da administração pública e provisão de serviços públicos, bem como à educação[218].

Além da duplicação dos recursos financeiros orçamentados da União Europeia para os anos imediatamente a seguir à crise pandémica, resultante da aprovação do *NextGenerationEU*, com projeção tanto do lado das despesas como do lado das receitas comuns, há que acrescentar outra componente financeira, com natureza muito distinta, mas não menos relevante, no quadro da promoção da harmonia e do equilíbrio económico e financeiro entre os Estados membros, no âmbito da área do Euro, através da ação específica da política monetária por parte do Banco Central Europeu, sobretudo com a reativação das aquisições alargadas de títulos de dívida, à imagem dos programas de aquisição de ativos executados desde inícios de 2015 até ao final de 2018 e que se prolongaram depois por via de «reinvestimentos» dos valores realizados (*asset purchase programes – APP* alargados).

alguns dos membros da zona Euro, com economias menos dinâmicas (em especial a Grécia, mas também outros, incluindo Portugal).

[218] Entre outras decisões relevantes tomadas no campo económico e com repercussões financeiras para melhor enfrentar e ultrapassar os desafios colocados pela crise pandémica, inclui-se a suspensão da proibição geral dos auxílios de Estado às empresas, sobretudo as mais atingidas por paralisações de atividades exigidas pelos confinamentos das pessoas, destinados a prevenir os contágios da doença. Esta flexibilização das regras europeias da concorrência em matéria de auxílios de Estado foi aproveitada especialmente em relação às empresas de transportes aéreos, para evitar o seu encerramento na sequência das paralisações da atividade e consequentes prejuízos.

A expansão em patamares nunca vistos do ativo do Eurossistema e a consequente ampliação da massa monetária na área do Euro facilitaram o acesso ao crédito a custos (muito) mais reduzidos por parte dos Estados membros, incluindo daqueles que antes tinham visto as portas dos mercados financeiros fechar-se-lhes. A distensão e a flexibilização das finanças públicas dos Estados membros seriam ainda intensificadas por via da suspensão dos limites do défice e da dívida pública, previstos no Pacto de Estabilidade e Crescimento e atos legislativos complementares, com as suas sucessivas revisões, por decisão tomada pouco tempo após o início do surto pandémico, em 2020, para este ano e seguintes (2021, 2022 e 2023, por prorrogação), nos termos do mencionado Pacto.

Embora não se justifique aqui um maior desenvolvimento da temática da crise causada pela pandemia da Covid-19, importa pelo menos salientar os diversos aspetos inovadores e extraordinariamente relevantes das ações e dos instrumentos específicos criados no âmbito da União Europeia para melhor enfrentar os desafios que se lhe depararam. Não obstante a insistência de que se estava perante um conjunto de medidas «irrepetíveis», tomadas *ad hoc*, por força da excecionalidade do problema, tanto do ponto de vista financeiro como do ponto de vista económico parecem configurar um quadro típico do Estado soberano, não de uma organização internacional, mesmo de natureza específica, «supranacional». Em qualquer caso, trata-se de uma situação muito distinta da anteriormente existente, com as Comunidades e a União Europeia, não apenas quanto aos valores envolvidos, que eram comparativamente muito inferiores, mas, igualmente, quanto à própria natureza transversal e de conjunto, «macro», formado pelos vários Estados membros reunidos numa nova unidade política, a União, com autonomia real acrescida (quer na ação ou ações desenvolvidas, quer na obtenção dos recursos necessários para o efeito).

4. A invasão da Ucrânia, a dependência energética europeia e os riscos de desintegração

A compreensível concentração nos desafios mais graves da atualidade justifica a defesa da sua resolução imediata e prioritária, para pôr termo aos efeitos nefastos deles resultantes. Foi o que aconteceu, naturalmente, no caso da pandemia de Covid-19, que levou a que se tivesse acentuado a natureza inédita e irrepetível do problema, bem como das medidas a tomar para o resolver, não obstante todos os traços substancialmente distintos em relação aos programas anteriores de ação da União Europeia.

No entanto, e como logo se haveria de perceber – antes ainda da resolução do problema pandémico e do início da execução das medidas previstas pelo vasto mecanismo de recuperação e resiliência da economia europeia, através do plano *NextGenerationEU*, dificilmente comparável a qualquer outro antecedente, com despesas globais adicionais da União Europeia superiores a 800 mil milhões de euros, cuja cobertura seria assegurada pela emissão de dívida –, o que até há pouco tinha sido sempre considerado como «irrepetível», poderia voltar a concretizar-se, e, porventura, tornar-se a regra, em vez da exceção. Não, evidentemente, o surto pandémico, mas o conjunto amplo de medidas aprovadas para o enfrentar e resolver, com o alcance e a complexidade que atingiu.

Após o abandono aparentemente precipitado e atabalhoado das forças internacionais de estabilização da paz no Afeganistão, lideradas pelos Estados Unidos da América, em meados de agosto de 2021, com imagens do aeroporto de Kabul que fizeram lembrar as da fuga de Saigão, no Vietnam, em abril de 1975, interpretadas em geral como sinal claro da crescente tibieza dos Estados unidos da América e, consequentemente, de todo o Ocidente, no contexto internacional, as tensões iriam agravar-se perigosamente em dois discursos proferidos pelo Presidente da Rússia, Putin, em que, além de rejeitar a independência da Ucrânia, acusou os dirigentes de Kyiv de «russofobia» e de proibir a utilização do idioma russo e a NATO de tentar ganhar terreno na Ucrânia[219].

Pelo ultimato do Presidente da Rússia aos Estados Unidos e aos países da Europa Ocidental, deveriam ser retiradas todas as forças armadas, em

[219] Nos dois discursos de Vladimir Putin que precederam o início da sua «operação militar especial» de ocupação territorial da Ucrânia, a 24 de fevereiro de 2022, foi retomada a tese constante do ensaio publicado a 12 de julho de 2021, com o título "Sobre a unidade histórica dos russos e dos ucranianos" (tradução livre, a partir da versão em inglês, disponível na página Internet da presidência da Federação Russa < http://en.kremlin.ru/events/president/news/66181 >), que, conforme era alegado, teria origens no século IX.
Posteriormente, Putin acusou o Ocidente de «enfraquecer, dividir e em última instância destruir» a Rússia e Kyiv da «ambição de possuir armas nucleares» – quando, efetivamente, fora a Ucrânia que concordara em deixar de manter armas nucleares no seu território logo a seguir ao colapso da União Soviética, em 1991.

especial norte-americanas ou da NATO, dos países europeus que antes tinham integrado a União Soviética ou o Pacto de Varsóvia, incluindo a antiga Alemanha Oriental (República Democrática Alemã), para que todos estes territórios voltassem a ser, e se mantivessem, neutrais e não representassem uma ameaça real para a defesa da Rússia, como sucedera com os alargamentos da NATO para leste, desde o final dos anos noventa, ao contrário do alegadamente prometido na altura da dissolução da União Soviética pelos Estados Unidos da América, no início daquela década.

A amplitude da exigência feita pelo Presidente da Rússia não deixou de levantar perplexidade em vários lugares, por colocar em causa toda a história europeia das últimas décadas, desde o final da chamada «Guerra Fria», e desrespeitar frontalmente princípios fundamentais do Direito Internacional, incluindo o princípio da soberania dos Estados. A incredulidade inicial dos países ocidentais perante as exigências do Kremlin sofreu um primeiro embate com a notificação oficial feita sobre o assunto, nos mesmos termos, a todos os governos europeus, na sequência da posição dos Estados Unidos da América de rejeição de início das negociações pedidas pela Rússia, entendimento que seria seguido pelos países europeus na resposta às referidas notificações diplomáticas, em dezembro de 2021.

Entretanto, já tinham sido deslocados para junto da fronteira com a Ucrânia enormes contingentes de forças armadas, com até cerca de 200 mil homens, segundo informações divulgadas pelos Estados Unidos da América, o que levou este país a advertir publicamente que estava a ser preparada uma invasão da Ucrânia, hipótese sempre veementemente negada pelas autoridades russas, ora porque se destinavam a exercícios anteriormente previstos e por isso iriam ser desmobilizadas tais forças, com regresso aos quarteis de origem, e ora porque essa desmobilização já se iniciara.

Apesar da incredulidade geral quanto à iminência da invasão pela Rússia do território da Ucrânia, dada a sua «evidente» irracionalidade económica, os Estados Unidos da América não só insistiram na advertência de que se preparara a invasão da Ucrânia como o próprio presidente Biden anunciou a data provável em que ocorreria, em fevereiro de 2022, o que acelerou o número e a frequência dos contactos oficiais dos governantes ocidentais com o Kremlin, com o objetivo de evitar o início do conflito armado, inevitavelmente muito perigoso, por envolver uma das duas principais potências nucleares do mundo[220].

Foram infrutíferos todos os esforços para evitar a guerra, incluindo os insistentes contactos, presencialmente e à distância, com o Presidente da Rússia: a 24 de fevereiro de 2022, escassos dias após a data prevista pelas autoridades dos Estados Unidos da América, iniciou-se a invasão do território da Ucrânia pelas forças armadas russas, a partir do Norte (através do território da Bielorrússia), do leste e do sul do país[221]. A guerra – ou «operação militar especial», como sempre insistiram em caracterizá-la as autoridades da Rússia[222] – prolongar-se-ia, ativa, destrutiva e aterradora.

[220] Deslocaram-se então a Moscovo, além de vários responsáveis diplomáticos, alguns dos principais dirigentes de países como a França (Presidente Macron) e a Alemanha (Chanceler Scholz), entre outros, sujeitos a «desinfeções» consideradas humilhantes, antes de serem recebidos pelo Presidente da Rússia, sentados no extremo de uma mesa com seis metros de comprimento. E as negociações prosseguiriam à distância, por teleconferência, por vezes com frequência diária e durante horas seguidas, como no caso do Presidente francês, Macron, incluindo depois do início das hostilidades e do conhecimento de vastos massacres de civis, na esperança de um desfecho rápido da guerra.

[221] A invasão e a ocupação territorial do sul da Ucrânia, a partir da península da Crimeia, por um lado, e do sudeste, junto ao «Donbas» – ou «Donbass», precisamente a bacia de carvão do rio Donetsk –, por outro, foram as mais eficazes da guerra de 2022, em parte, no início, por algum efeito surpresa e ainda, provavelmente, pela menor resistência encontrada, bem como pelo facto de se tratar de território contíguo ao anteriormente ocupado e com a presença de forças armadas russas ou apoiadas por estas, na região industrial do «Donbas», incluindo partes dos distritos de Donetsk e de Lugansk, no sudeste da Ucrânia.
Permitiram a ocupação da única capital de distrito ou região («*oblast*») ainda não ocupada anteriormente, Kherson, do *oblast* com a mesma designação (geograficamente, o mais próximo da Crimeia), desde 2 de março, até 11 de novembro de 2022. Tinham ficado sob controlo russo ou de forças parceiras, desde 2014, além de todo o território da Crimeia, logo anexado, bem como as áreas das cidades capitais dos *oblasts* de Donetsk e de Lugansk, desde há dois séculos uma das áreas mais importantes do mundo de extração de carvão mineral e de extração e transformação de ferro e aço.
A península da Crimeia foi ocupada e anexada pela Rússia em 2014 e passou a estar ligada ao território russo por uma ponte dupla sobre o estreito de Kerch, desde 2018 – quando se tornou na ponte mais longa da Europa, em substituição da ponte Vasco da Gama, em Lisboa, até pelo menos ao colapso de dois dos seus segmentos por uma grande explosão ocorrida no dia 8 de outubro de 2022, que as autoridades russas atribuíram ao governo de Kyiv.

[222] A designação oficial de «operação militar especial» do conflito armado iniciado a 24 de fevereiro de 2022 pela Rússia com a ocupação do território da Ucrânia pelas armas, com o fim de «desnazificar» e «desmilitarizar» o país, foi considerada decisiva pelas autoridades de

A guerra da Ucrânia iniciada em fevereiro de 2022 representava, evidentemente, uma ameaça existencial imediata e direta para a Ucrânia, mas também, ao mesmo tempo, uma ameaça, apesar de «indireta», ou «mediata», para os vários países europeus ocidentais, em primeira (ou segunda) linha para os (ou pelo menos alguns dos) países com fronteiras com a Rússia e ou com a Ucrânia, embora não apenas para estes, incluindo, mais em geral, os membros das organizações políticas, económicas e militares europeias, ou «ocidentais», em particular a União Europeia e a Organização do Tratado do Atlântico Norte (OTAN/NATO), atendendo aos respetivos âmbitos de ação, económico, político e militar, entre outros, representativos de interesses ou valores tipicamente «ocidentais», como a democracia e a liberdade, individual ou pessoal e económica, e outros direitos humanos fundamentais, tal como, aliás, reconheceu, reiteradamente, o próprio Presidente da Rússia, nas diversas intervenções que proferiu, antes e depois do começo da invasão.

Na verdade, não se estava perante uma ameaça completamente nova. Haviam já sido invadidas, ocupadas e anexadas partes de territórios de países europeus antes de fevereiro de 2022 – e, certamente não por acaso, sempre pela Rússia. E, em todos essas invasões e ocupações armadas de territórios estrangeiros, depois de protestos diplomáticos iniciais, previsíveis e mais ou menos veementes, de condenação e não aceitação, por infração ao Direito Internacional, tais atos pareceram tornar-se «adquiridos» ou permanentes, com o decurso do tempo, até adquirirem também eficácia jurídica, numa espécie de reconhecimento progressivo, explícito ou implícito. E a (quase) ocasional reiteração daqueles ou de outros protestos contra a violação do Direito Internacional não se afigurava bastante para suster uma espécie de paulatina consolidação factual. Faltaram ou foram insuficientes e pouco sólidas e persistentes as posições e as medidas capazes de afastar factos claramente contrários à ordem jurídica em vigor. O silêncio e a indiferença tendem a consolidar a realidade internacional,

Moscovo. Por isso, o desrespeito do preceito – por exemplo através da designação do conflito como «guerra» – foi criminalizado. Tal como também foi criminalizada a autoria e a transmissão de qualquer mensagem que pudesse configurar difamação para as autoridades e forças armadas da Rússia, o que levou à perseguição, detenção, julgamento sumário e prisão por períodos superiores a uma década de muitos dos que se atreveram, por exemplo, a participar em manifestações públicas contra a guerra, mesmo quando apenas segurassem em público uma folha em branco.

exceto se esta for alterada por efeito da lei ou, na sua ausência, apenas pela força.

A essa quase indiferença perante violações tão graves do Direito Internacional e dos seus princípios nucleares, pela força, incluindo no continente europeu, excetuou-se a aprovação de algumas sanções, mas raramente além de simbólicas, mesmo quando afirmado o contrário. E assim voltou a verificar-se, e criticamente, após a invasão, ocupação e anexação da Crimeia pela Rússia, em 2014, tal como já havia sucedido em 2008, após a invasão e ocupação armada de parte territoriais da Geórgia.

Depois disso, por exemplo, não obstante as diferenças de entendimento de países parceiros, a Alemanha não modificou os acordos celebrados com a Rússia relativos à construção de um novo gasoduto submarino direto, sem passagem pelo território de outros países, designado «Nordstream 2», que iria complementar outro gasoduto entretanto concluído, igualmente com ligação direta e já em utilização, o «Nordstream 1», cuja utilização também não foi objeto de qualquer revisão, apesar daqueles factos críticos, com a consequência objetiva de ampliar ainda mais o grau de dependência energética da Alemanha em relação à Rússia, incluindo do seu poderoso sector industrial, agravado pela decisão de abandono gradual da utilização de outras fontes de energia mais perigosas, como a energia nuclear, ou mais poluentes e não renováveis, como o carvão, com vista a uma transição progressiva para fontes energéticas «verdes» e renováveis.

O nível de dependência crítica da Alemanha relativamente ao fornecimento de energia, sobretudo gás e também petróleo, pela Rússia, embora muito variável de país para país, era partilhado por vários parceiros da União Europeia, sobretudo no centro e no leste, o que os tornava a todos vulneráveis, não apenas em relação a quaisquer alterações significativas dos preços daqueles bens, determinados quer pelo funcionamento regular dos mercados quer pela sua alteração unilateral por parte do país produtor e vendedor, sem que tivesse ficado clara a respetiva justificação económica, como de resto já sucedera anteriormente, precisamente em relação à Ucrânia e também a outros países do leste europeu, frequentemente durante os meses de inverno e tendo por contrapartidas habituais compromissos de dependência política, sem relação direta ou indireta com o fornecimento energético.

Da referida dependência energética crescente em relação à Rússia, quer da Alemanha como da União Europeia em geral, e sobretudo dos países do centro e do leste, não obstante muito diversa de país para país, não resultavam apenas dificuldades adicionais perante subidas dos preços dos bens energéticos decididas unilateralmente pelo principal (e por vezes único) fornecedor – o que, aliás, não constituiriam novidade, conforme referido, atendendo ao ocorrido no passado quanto ao cumprimento de garantias de fornecimento estável e seguro, em função de decisões unilaterais e, não raramente, arbitrárias.

Além da forte dependência económica, em especial de importantes sectores industriais, dos países europeus em relação à energia russa, da qual não poderiam decidir prescindir, simples e facilmente, de um momento para outro, estava igualmente em jogo a segurança energética e económica dos países e, no limite, a própria sobrevivência das populações, cujas casas só poderiam permanecer aquecidas e habitáveis durante o inverno com a continuação daqueles fornecimentos, «impossíveis» ou muito difíceis de substituir.

De qualquer modo, não deixava de surpreender, sobretudo, o grau crescente de dependência energética europeia e, em particular, da Alemanha em relação à Rússia, e, mais ainda, o agravamento dessa dependência no decurso das duas primeiras décadas do século XXI, em proporções e valores que não poderiam deixar de levantar interrogações sérias sobre a justificação económica e política de uma tal posição estratégica, ou da falta desta, quando teria sido certamente possível, pelo menos, não se manter impassível e imperturbável em face, por exemplo, das acentuadas oscilações nos preços do gás, com duplicação ou triplicação em curtos espaços de tempo, sem aviso prévio minimamente razoável e em resultado apenas de decisões unilaterais do país fornecedor, com discriminação dos países destinatários, sem perceção objetiva das causas e dos critérios que conduziram a tais modificações contratuais, e, *last but not the least*, com a ameaça (várias vezes concretizada) de cortes de fornecimento, nas alturas mais críticas (no final de dezembro, início de janeiro), como acontecera também com a Ucrânia, antes e depois da crise de 2014.

Num contexto recorrentemente agressivo do país fornecedor de energia em relação aos países destinatários e adquirentes, reiteradamente verbalizado pelos governantes daquele e pelos dirigentes das suas empresas monopolistas, não se poderia deixar de estranhar que a Alemanha se tivesse mantido inabalável na conclusão das negociações para a construção de um novo gasoduto de ligação direta entre os territórios da Rússia e da

Alemanha, sem passagem por outros países parceiros, incluindo a Polónia e a Ucrânia, com a compreensível oposição destes, baseada na racionalidade técnica e eficiência económica, após consecutivas manifestações de poder de decisão unilateral por parte da Rússia, designadamente quanto à subida repentina e muito elevada (com duplicação e triplicação) dos preços, bem como a ameaçar suspensão de fornecimentos, e simultaneamente prescindindo de outras opções de aquisição desses bens energéticos (por exemplo através de gasodutos a construir no sul e no sudeste do continente e por via marítima), como proposto por outros países parceiros e estudado pela Comissão Europeia, além das insistentes advertências por parte dos Estados Unidos da América (acompanhados frequentemente por alguns Estados membros, como a Polónia e os Estados bálticos, além da própria Ucrânia) em relação aos riscos energéticos crescentes assumidos.

A tudo isso acresciam ainda, pelo menos, as declarações reiteradas do Presidente da Federação Russa, Putin, em várias ocasiões, no decurso das duas décadas que precederam 24 de fevereiro de 2022 e, uma vez mais, no discurso desse dia a comunicar o início de uma «operação militar especial» na Ucrânia[223], e que voltaria a repetir depois, de que esta «nunca existiu, nem existe» como país independente, por integrar o espaço histórico e cultural da Rússia, do qual não poderia ser separado. Segundo tal entendimento, não seria, pura e simplesmente, concebível o reconhecimento da independência ou autonomia da Ucrânia país em relação à Rússia e à esfera de influência desta.

Consequentemente, qualquer participação ou envolvimento da Ucrânia – ou de outro(s) país(es) do continente europeu que antes tivesse(m) integrado a União Soviética ou sido membro(s) do Pacto de Varsóvia – numa organização de defesa ou de integração económica ocidental representava um risco intolerável e inadmissível de agressão iminente à Rússia, pelo que o país não poderia manter-se armado: pelo contrário, teria(m) de ser desarmado(s) e desapossado(s) de quaisquer

[223] A qualificação da operação militar de invasão e ocupação da Ucrânia foi levada até ao ponto de serem perseguidos e sancionados criminalmente todos os que a designassem como «guerra», em qualquer meio de comunicação (público ou privado, incluindo redes sociais), em vez de «operação militar especial», tal como fora definida oficialmente pelo governo da Federação Russa, e consecutivamente repetido pelos meios de informação do país (entretanto restringidos aos controlados pelo governo), dadas as implicações daí decorrentes, incluindo no campo do recrutamento e da mobilização militar.

equipamento militar que permitisse aquela ameaça, tal como todos eles foram notificados por via diplomática, em dezembro de 2021, incluindo os Estados Unidos da América, bem como todos os restantes países da Europa ocidental.

Ou seja, a ameaça russa não se dirigia apenas à Ucrânia, apesar da concentração das forças armadas da Rússia estarem mobilizadas somente junto às fronteiras deste último país, mas a todo o «Ocidente» e em especial a União Europeia e a NATO. Recorde-se que a crise ucraniana de 2013-2014 surgiu com a rejeição da assinatura de um acordo de cooperação económica da Ucrânia com a União Europeia, depois de concluídas as negociações e em vésperas da data fixada para a respetiva celebração solene, com a promessa de que outro acordo similar, mas mais benéfico para a Ucrânia, haveria de ser concluído em breve com a Comunidade de Estados Independentes liderada pela Rússia, após contactos com o governo deste país.

Perante as inevitáveis divergências entre os Estados membros da União Europeia em relação a vários domínios, incluindo em especial a interpretação sobre as exigências feitas pela Rússia à Ucrânia e à própria União Europeia, os riscos de divisões e, consequentemente, de fragmentação ou de «desintegração» europeia voltavam a erguer-se e, novamente, a ameaçar a unidade entre o conjunto formado pelos seus Estados membros, como aliás já tinha sucedido em algumas ocasiões passadas – incluindo, ainda recentemente, quanto à Grécia, no decurso da crise do Euro e das dívidas soberanas, e quanto ao Reino Unido, com recurso a um referendo, realizado em junho de 2016, cujo resultado conduziu ao abandono da União Europeia, em 2020 –, com a agravante de se tratar de uma questão ainda mais sensível e decisiva, por atingir a própria segurança da União Europeia enquanto tal.

Parte 2
E pluribus unum: uma união para todos, todos pela união?

Razão de ordem: *E pluribus unum* – uma União para todos, todos pela União?

A vasta, complexa e assombrosa empresa política de «construção europeia», desenvolvida gradualmente ao longo de decénios, desde o final da Segunda Guerra Mundial até ao presente, baseou-se em pequenos, mas não apenas em pequenos «passos» – alguns, aparentemente secundários, tornaram-se gigantescos –, decididos e realizados por homens e mulheres de um conjunto de países da parte ocidental do «Velho Continente», que, pela sua clareza, consistência e persistência, conseguiram envolver, arrebatar ou até encantar decisivamente muitos mais concidadãos desses e de outros países europeus.

Todos os que conheciam a pesada e por vezes trágica história do século XX não poderiam ignorar os obstáculos e dificuldades que inevitavelmente se deparariam ao trajeto proposto, de aproximação e convergência gradual entre os povos e países que partilhavam um conjunto basilar de princípios e valores alicerçados numa cultura em grande medida comum ou, pelo menos, com numerosas semelhanças, não obstante as dúvidas, reservas e controvérsias levantadas em relação às ideias e aos projetos de unidade europeia.

Além da concordância, não apenas imediata mas persistente, no médio e no longo prazo, dos decisores políticos e dos povos por eles representados

dos vários países participantes quanto aos objetivos principais a prosseguir e os domínios a atingir, quanto aos meios a alocar para o efeito e às formas dessa afetação, bem como quanto às implicações da concretização do projeto para os povos e os Estados membros, nas novas relações entre eles no quadro internacional, seria inevitável, mais cedo ou mais tarde, uma avaliação completa, necessariamente recorrente, pelos seus protagonistas: todos e cada um dos Estados membros e seus cidadãos.

Dada a integração diferenciada, de países com tantas semelhanças mas também com numerosas diferenças, da mais diversa ordem, que primeiro cresceram à medida que se expandiram as Comunidades iniciais e a União Europeia, dos seis membros fundadores até 27 ou mais Estados membros, aos quais se adicionam os parceiros, incluindo, além dos candidatos à adesão, os envolvidos em iniciativas partilhadas de cooperação em diversos domínios, desde o estritamente económico, como o Espaço Económico Europeu, até à proteção dos refugiados, à promoção do desenvolvimento sustentável e proteção do ambiente e à investigação científica, as divergências e dissensões serão inevitáveis, podendo colocar – e, no limite, colocando efetivamente – em risco toda a vasta e verdadeiramente impressionante construção europeia.

A maior dificuldade residirá na identificação da fórmula ótima, provavelmente de «geometria variável», conforme se sustenta, dada a grande diversidade dos Estados e povos que formam a União Europeia e a consequente complexidade, de modo a assegurar ou, pelo menos, não entorpecer ou interromper a procura e o encontro de soluções aceites por todos os participantes – sem as quais dificilmente poderá subsistir e manter-se o projeto político de unidade europeia, há muito gizado e em larga medida já concretizado, não obstante todas as insuficiências e debilidades ou inadequações que (ainda) o prejudicam.

A longa e difícil «viagem» apenas poderia ter sido inspirada por sonhos, grandiosos e temerários, dadas as adversidades e até improbabilidades, e por isso haveria de supor a conjugação de avanços, mas também recuos, sem faltarem os testes e limites, com resultados quase sempre provisórios, tornando assim desconhecidos os desenlaces do processo.

Os patamares de integração consecutivamente alcançados na edificação de uma nova realidade económica e política europeia, pautada pela defesa e respeito intransigentes de princípios e valores humanos fundamentais, incluindo a dignidade e liberdade individuais, e com subordinação de todos às mesmas regras jurídicas, uniformemente aplicadas no quadro de um sistema democrático, não afastaram as divergências, não apenas culturais e de valores, mas também de interesses, que não são, nem têm de ser, necessariamente uniformes no seu seio.

Tais diferenças de perceções, preferências e interesses, que subsistem, terão certamente dificultado, sem impedir, a passagem, por vezes renitente, mas sempre voluntária, a patamares mais elevados de proximidade entre os Estados membros e seus cidadãos, em certos domínios, até atingirem a unidade em algumas áreas económicas muito específicas, primeiro entre o grupo mais restrito dos fundadores (a «pequena Europa») e, mais tarde, gradualmente, aos restantes, que entretanto se juntaram e foram aceites como membros de pleno direito.

Dependendo a subsistência, permanência e consistência de todo o processo de integração e «construção europeia» da vontade dos Estados membros e assentando esta na comunhão de um núcleo de valores e princípios fundamentais, e também de interesses por eles considerados essenciais, serão decisivas as trocas constantes de pontos de vista sobre tais questões e a aceitação, pelo menos tácita, de pontos de equilíbrio resultantes do confronto entre o exigido, o pretendido e o esperado da União por todos os que dela reúne.

Os consensos são dinâmicos por natureza, por assentarem em avaliações parcelares e globais consecutivas, mesmo quando se tornem (mais) evidentes apenas em tempos de divergências e tensões críticas entre os Estados membros e seus cidadãos. E são permanentemente incertos, por poderem oscilar em função de todo o tipo de fatores e circunstâncias: qualquer evento ou situação poderá alterar, não apenas a posição de um membro e do respetivo povo relativamente à continuação da sua participação, mas também os juízos quanto à decisão a tomar sobre cada uma das políticas ou ações e sobre qualquer aspeto de uma dessas políticas ou medidas, desde que considerado decisivo – não sendo indiferentes as posições dos restantes membros sobre tais questões, podendo formar-se, consoante a convergência de valores e interesses, maiorias de aprovação e ou minorias de bloqueio.

Daí a importância das posições, medidas e políticas da União, bem como dos seus membros, relativamente às questões e aos problemas considerados essenciais e mais sensíveis, que devem ser conhecidos, debatidos, fundamentados e acordados ou acertados, até que se alcancem pontos de equilíbrio ou consenso, se não ótimos, pelo menos considerados satisfatórios por todos, sem perda de perspetiva dos interesses da União no seu todo, enquanto «unidade», pretendida e viável, à luz dos princípios e valores fundamentais partilhados.

Este estado de incerteza permanente, em função dos domínios de ação da União e do respetivo confronto reiterado com os valores e os interesses também dos povos e dos Estados membros, a fim de ultrapassar as divergências críticas e alcançar pontos de convergência, aproximando pontos de vista e entendimentos sobre os diferentes desafios do processo de integração, embora sem garantir soluções eficientes e eficazes.

Persiste, em qualquer caso, o risco de um membro (ou mais) abandonar(em) o projeto de «construção» europeia, deixando este de ser comum, na hipótese de se concretizar, como sucedeu com o Reino Unido, após o «*Brexit*», que não deixará de representar, sempre, uma perda, de dimensão, bem como de reputação, para toda a União.

Neste enquadramento, a tarefa primeira consistirá sobretudo em garantir, permanentemente, em face das circunstâncias e dos desafios históricos, que a União representa e continuará a representar e reunir «todos» os que a constituem: todos os seus Estados membros e todos os seus cidadãos. E somente se isso acontecer, todos (os seus membros e povos) poderão compreender e aceitar que a ela também «pertencem», efetivamente, e por isso nela participam e podem efetivamente participar, ou seja, que dela fazem realmente parte: *e pluribus unum*.

Tratar-se-á, provavelmente, de uma tarefa (quase) impossível, perante uma tão ampla «geometria variável», com inúmeras diversidades e divergências entre membros, sem exclusão até de riscos e ameaças existenciais. E, estas, apesar de poderem contribuir para uma maior convergência de posições, sobretudo se for percecionada como verdadeiramente crucial, existencial, e por isso obrigar a uma posição de confronto firme e eficaz contra o problema, tendo em vista a sua resolução. Não sendo viável um ponto de entendimento mínimo comum, o resultado poderá não ser outro além da saída, paralisação ou dissolução da união.

Após uma incursão sobre a integração internacional flexível, particularmente de «geometria diferenciada», tendo por referência central o caso europeu, antes exposto, mas com menção a outras concretizações de cooperação e integração internacional, em especial as relativas ao continente africano – no Capítulo V –, recordar-se-ão ainda os objetivos e valores iniciais, embora renovados, que alicerçam a construção europeia, em torno da União, bem como os seus mais relevantes e robustos instrumentos jurídicos de integração e unificação, que, todavia, não bastam para a preservar dos riscos e ameaças que a atingem, sobretudo quando estas sejam tão graves e perigosas que ponham em causa a sua subsistência – conforme sustentado no Capítulo VI.

O título VII, que encerra a Parte 2, trata, consequentemente, do problema e desafio, atual e urgente, nunca tão atual e urgente como presentemente, de preservação, indispensável, da União Europeia e da sua ação, perante uma ameaça tão crítica como a resultante da invasão armada do território da Ucrânia pelo exército da Rússia, desde 24 de fevereiro de 2022.

Capítulo V
Sobre a integração internacional de geometria variável

1. Integração diferenciada, a várias velocidades e de «geometria variável»

As diversidades culturais, políticas, económicas, sociais e de outra natureza entre os países que participam como membros de pleno direito em processos de integração internacional ou de blocos regionais são, obviamente, inevitáveis e, não obstante revelarem heterogeneidades mais ou menos acentuadas no interior do conjunto formado pela nova realidade política ou bloco criado, não prejudicam, em si, inevitavelmente, a unidade do novo sistema jurídico-político «supranacional», de sobreposição em relação às ordens jurídicas próprias de cada um dos Estados membros.

Daí se entender comummente, tal como desde há muito tem sido apresentado pelas instituições das Comunidades e da União Europeia, que as diversidades culturais e outras respeitantes a cada um ou a alguns dos Estados envolvidos, bem como especificidades regionais e ou locais, quando fortemente predominantes, que contribuem para enriquecer o conjunto, não colocando assim em risco, ou pelo menos não tendo de colocar necessariamente em risco, a unidade e a coesão do conjunto, antes o podendo e «devendo» enraizar e fortalecer, conforme se notou anteriormente (em especial, *supra*, no Capítulo I).

As diversidades no interior de um bloco ou de uma área de integração internacional aumentam necessariamente à medida que se expande o respetivo território, ou seja, consoante são aceites novos membros, como aconteceu em várias ocasiões no decurso da construção europeia: dos seis Estados membros fundadores iniciais as Comunidades ampliaram-se para nove países, em 1973, para dez, em 1981, para doze, em 1986 («Europa dos 12»), para quinze, em 1995, para vinte e cinco, em 2004, para vinte e sete, em 2007, para vinte e oito, em 2013, e, após o «*Brexit*», para os vinte e sete, em 2020, até que fiquem concluídas as negociações de adesão dos países candidatos e se concretize(m) o(s) novo(s) alargamento(s), ou eventual (eventuais) saída(s).

As diversidades nacionais, regionais, locais ou com outra extensão territorial, nos processos de integração económica internacional, que não têm de ter uma base jurídica, não se confundem com o fenómeno da diferenciação, que apenas se verifica quando se prevê e vigora um regime derrogatório que permita a um ou vários Estados membros subtrair(em)-se a regras que, em princípio, deveriam aplicar-se a todos, sem distinções entre eles. Todavia, as diversidades entre Estados membros, tenham uma projeção apenas factual ou também jurídica, poderão implicar e justificar, e frequentemente justificam, aspetos de diferenciação em processos de integração, através da produção de efeitos distintos consoante os membros[224].

São muito frequentes as derrogações temporárias, tanto nos processos de integração económica internacional como noutros processos de cooperação e integração com diferentes naturezas, quando se considerem vantajosas e sejam aceites modificações graduais, menos repentinas, entre estádios ou fases de progressão e convergência ou uniformização no decurso de tais processos, em função das especificidades nacionais, que

[224] Sobre a diferenciação em geral no processo de integração europeia, além das referências feitas anteriormente, cf. M. Graça Jerónimo Enes Ferreira (2017), *Unidade e Diferenciação no Direito da União Europeia*; Giulia Rossolillo (2014), "Cooperazione rafforzata e Unione Economica e Monetaria: Modelli di flessibilità a confronto", pp. 325 e ss.; P. Pitta e Cunha (2013), "A diferenciação na integração europeia", *cit.*, pp. 61 e ss.; Idem (2006), *Direito Europeu: Instituições e Políticas da União*, pp. 114 e s. e 305 e ss.; Cristine Guillard (2006), *L'Intégration Differenciée dans l'Union Européenne*; Paula Vaz Freire (2002), *Os Novos Passos da Integração Europeia: o Tratado de Amesterdão e o Tratado de Nice*, pp. 89 e ss. e 117 e ss.; B. de Witte, / D. Hanf / E. Vos (orgs.) (2001), *The Many Faces of Differentiation in EU Law*; C. Ehlermann (1995), "Différenciation accrue ou uniformité renforcée", *cit.*, pp. 191 e ss.; Jean-Paul Jacqué (1986), "L'intégration différenciée de *lege ferenda*", *cit.*, pp. 24 e ss.

poderão simplesmente inviabilizar a concretização simultânea de todas as alterações previstas.

Constituem exemplo típico de derrogações temporárias os períodos de transição previstos nos atos de adesão de novos membros de organizações de cooperação e de integração internacional, especialmente quando a entrada no bloco envolva alterações de fundo nos seus regimes internos que dificilmente poderiam ser realizadas sem grandes dificuldades e custos se concluídas na mesma data (por exemplo, a 1 de janeiro de 1986, no caso de Portugal e também de Espanha, dia em que ambos os países se tornaram membros das Comunidades Europeias). Para facilitar a adaptação ao novo e exigente regime do bloco, prevê-se um período de transição, durante o qual serão adotadas gradualmente todas as alterações necessárias, não repentinamente numa mesma data.

São igualmente temporárias as derrogações previstas, em relação a certas políticas comunitárias, apenas para alguns dos Estados membros, por não se encontrarem ainda em condições, sejam económicas, financeiras, técnicas ou sociais, de cumprimento imediato ou de adaptação imediata a novos regimes ou a certas metas ou condições neles previstas. Foi isso que foi previsto no Tratado CE para os Estados membros que ainda não tivessem preenchido os critérios de participação nas fases subsequentes da União Económica e Monetária, designadamente a passagem à união monetária europeia, com substituição da moeda própria pela nova moeda comum; e o mesmo se verifica nos casos em que se admite que alguns Estados não tenham de cumprir na mesma data determinadas metas fixadas de proteção ambiental.

As derrogações temporárias ou transitórias deram origem à designada «Europa a duas [ou mais / várias] velocidades». Encontram justificação nas diferenças de partida entre Estados membros em certos domínios de integração e podem ser ultrapassadas, quando decorridos os períodos transitórios ou quando alcançados os patamares económico-sociais fixados para o efeito. Os problemas surgirão se as situações transitórias se prolongarem no tempo, voluntária ou involuntariamente, porque isso implicará que se mantenham, porventura indefinidamente, as duas ou mais velocidades iniciais no decurso do processo de integração.

Quando as derrogações são ou se tornam duradouras, a diferenciação de velocidades de integração, tendo embora por objetivo geral a convergência gradual dos regimes jurídicos existentes, esta perde relevância, porque as diferentes velocidades apenas supõem, mas não garantem, um dinamismo efetivamente centrípeto, de convergência concreta de regimes, acentuando assim a variabilidade intrínseca do processo de integração. Ou seja, dependerá da vontade do Estado membro beneficiário da derrogação o cumprimento, ou não, no regime comum. É em relação a estas situações que se fala habitualmente em integração, e em Europa, «de geometria variável».

Um dos exemplos iniciais de integração de «geometria variável» foi a faculdade concedida em Maastricht quer ao Reino Unido quer à Dinamarca, e posteriormente invocada por alguns dos novos membros, a começar pela Suécia, de não participarem na união monetária europeia, consoante o entendessem, ou seja, independentemente de cumprirem os critérios previstos para o efeito (relativamente à participação na terceira fase da União Económica e Monetária). Outro exemplo foi o da não aplicação, também em relação ao Reino Unido e à Irlanda, do regime de dispensa de controlos na circulação das pessoas nas fronteiras entre os Estados membros da União Europeia, primeiramente previsto no Acordo de Schengen.

Apesar das situações referidas de «*opting out*», quanto à passagem à terceira fase da União Económica e Monetária, ao Reino Unido e à Dinamarca, foi somente com o Tratado de Amesterdão que se passou a prever, em geral, no direito primário da União Europeia a figura da diferenciação como princípio estruturante do sistema jurídico europeu, com as daí em diante designadas «cooperações reforçadas»[225].

As «cooperações reforçadas» vieram permitir a distinção entre os Estados membros que pretendessem participar imediatamente em formas mais avançadas de integração, desde que autorizados para o efeito em certos domínios, em contraste com os restantes membros, que, apesar de optarem por não participar logo nesses novos domínios de integração, mantinham o direito de se juntar mais tarde ao grupo de vanguarda.

Segundo o Tratado de Amesterdão, competia ao Conselho autorizar uma cooperação reforçada através de deliberação por maioria qualificada.

[225] Sobre a diferenciação como princípio estruturante do sistema jurídico da União Europeia, cf., por todos, M. Graça Jerónimo Enes Ferreira (2017), *Unidade e Diferenciação no Direito da União Europeia*, espec. pp. 419 e ss.

Todavia, qualquer Estado membro poderia exigir que a questão fosse colocada ao Conselho (Europeu), reunido a nível de Chefes de Estado e de Governo, que deliberaria por unanimidade, desde que invocasse «razões importantes de política nacional».

Este direito de veto concedido aos Estados em Amesterdão foi suprimido logo depois, pelo Tratado de Nice, por se considerar inevitável a paralisação do mecanismo inicialmente previsto para a autorização de cooperações reforçadas, embora apenas em relação às cooperações reforçadas no âmbito do 1.º pilar (comunitário) e do 3.º pilar (cooperação em matéria judicial e de assuntos internos e policiais) de Maastricht – não em relação ao 2.º pilar, relativo à política externa e de segurança comum, que não havia sido permitido na versão de Amesterdão, mas passou a sê-lo com a revisão feita pelo Tratado de Nice, apesar de dependente da invocação daquela cláusula («razões importantes de política nacional») por qualquer dos Estados membros, diversamente do previsto para os 1.º e 3.º pilares.

Como bem notava na altura o Professor PAULO DE PITTA E CUNHA, «a heterogeneidade crescente do mosaico de países que compõem a União justifica que se preveja o recurso à cooperação reforçada; o problema está em saber como obstar a que desta resulte indesejável fragmentação do quadro da integração europeia»[226].

Efetivamente, a abertura à diferenciação no âmbito dos processos de integração económica internacional, sobretudo à medida que aumenta o número de Estados membros, será praticamente inevitável, ou muito difícil de não admitir, em consequência da heterogeneidade crescente no seio do conjunto formado, nos mais diversos domínios – político, cultural, económico, social ou outros. No caso da «construção europeia», é o que resultou dos sucessivos alargamentos das Comunidades e da União, em especial para Leste e Sul, em 2004, 2007 e 2013, mas já antes para Norte e Oeste (Reino Dinamarca, Unido e Irlanda), em 1973, para Sul (Grécia,

[226] Cf. P. DE PITTA E CUNHA (2006), *Direito Europeu: Instituições e Políticas da União*, cit., pp. 114 e s.; Idem (2013), "A diferenciação na integração europeia", *cit.*, pp. 61 e ss.; GIULIA ROSSOLILLO (2014), "Cooperazione rafforzata e Unione Economica e Monetaria: Modelli di flessibilità a confronto", pp. 325 e ss.; C. D. EHLERMANN (1995), "Différenciation accrue ou uniformité renforcée", *cit.*, p. 191 e ss.; JEAN-PAUL JACQUÉ (1986), "L'intégration différenciée de *lege ferenda*", *cit.*, pp. 24 e ss. Diversamente, M. GRAÇA JERÓNIMO ENES FERREIRA (2017), *Unidade e Diferenciação no Direito da União Europeia*, pp. 719 e ss.

Portugal e Espanha), em 1981 e 1986, e novamente (mais) para Norte e no centro (Suécia, Finlândia e Áustria), em 1995.

Contudo, as diferenças de interesses e de escolhas políticas entre os vários Estados membros podem conduzir a situações de diferenciação, quando autorizadas como situações de «cooperações reforçadas», que venham depois a pôr em causa a convergência considerada imprescindível para a própria subsistência e solidez do processo de integração, sobretudo quando abranja domínios essenciais, até ao ponto de prejudicar seriamente o funcionamento das instituições europeias, podendo conduzir eventualmente a divergências e divisões difíceis de ultrapassar[227].

Fala-se a esse propósito em integração *à la carte*, ou «Europa *à la carte*», cujos riscos podem subir perigosamente para a subsistência de um processo de integração internacional, à medida que se ampliem e aprofundem as situações de diferenciação jurídica, enquadradas, no caso da União Europeia, pelo mecanismo das cooperações reforçadas, previsto no Título IV (artigo 20.º) do Tratado da União Europeia (TUE) e nos artigos 326.º a 334.º do Tratado sobre o Funcionamento da União Europeia TFUE), em face das diversidades existentes e também das opções e decisões dos Estados membros.

A fim de reduzir os riscos de divisão ou fragmentação no seio da União, e, porventura, de desintegração, como sucedeu com a saída do Reino Unido, na sequência do referendo do «*Brexit*», em 2016, e tendo igualmente em vista restringir uma integração não disciplinada, «*à la carte*», dispõe-se no § 2.º do n.º 1 do artigo 20.º do TUE que «as cooperações reforçadas visam favorecer a realização dos objetivos da União, preservar os seus interesses e reforçar o seu processo de integração», não os interesses dos Estados membros, ou, *rectius*, não de algum ou alguns Estados membros.

E com idêntica preocupação exige-se, no início do n.º 2 do mesmo artigo citado (20.º do TUE), que «a decisão que autoriza uma cooperação reforçada é adotada como último recurso pelo Conselho, quando este tenha determinado que os objetivos da cooperação em causa não podem ser atingidos num prazo razoável pela União no seu conjunto e desde que,

[227] Sustentando a diferenciação normativa como princípio estruturante da unidade do sistema jurídico da União Europeia, cf. M. Graça Jerónimo Enes Ferreira (2017), *Unidade e Diferenciação no Direito da União Europeia*, pp. 719 e ss., e, em espec., pp. 742 e ss.

pelo menos, nove Estados membros participem [...]». Deve sublinhar-se o segmento «como último recurso»[228].

Convém, pois, que as ambições e os anseios dos povos e também dos Estados membros, que justificaram e continuam certamente a justificar a opção de entrada e de permanência na União, correspondam, amplamente, aos objetivos por ela proclamadas e efetivamente prosseguidos. A busca plenamente justificada dos benefícios do processo de integração comporta, compreensivelmente, sacrifícios, ou custos, exigidos para essa integração como membro, a começar pela margem mais restrita, não apenas teórica mas concreta, de liberdade na tomada de decisões políticas, em todos os domínios abrangidos pelo processo – mesmo para quem não deixe de recordar que a interdependência crescente entre Estados soberanos no decurso das décadas restringe substancialmente aquela margem de liberdade, não apenas nas situações de participação em processos de integração económica internacional, como através dos novos regionalismos, baseados sobretudo em ganhos de eficiência económica[229].

Este reconhecimento da interdependência crescente entre os Estados, de base predominantemente económica, mas amiúde com projeção jurídica, incluindo através da afirmação, por um lado, dos princípios da igualdade e da cooperação económica entre todos os Estados e, por outro, do princípio da unidade sistemática da ordem jurídica, com total amparo dogmático, não esquecem certamente, mas também não parecem responder satisfatoriamente a questões igualmente tão sensíveis nas relações internacionais como as levantadas pela eventual ausência de

[228] Sobre os requisitos ou condições exigidas para o estabelecimento das cooperações reforçadas, incluindo o seu caráter necessário e o respeito do Direito da União e do quadro institucional único, tendo em consideração especialmente o âmbito da União Económica e Monetária, cf. GIULIA ROSSOLILLO (2014), "Cooperazione rafforzata e Unione Economica e Monetaria: Modelli di flessibilità a confronto", pp. 325 e ss.

[229] Sobre as novas formas de regionalismo económico internacional e sua relevância, cf. D. CARREAU / P. JUILLARD (2017), *Droit International Économique*, 6.ª ed.; M. HERDEGEN (2016), *Principles of International Economic Law*, 2.ª ed.; A. QURESHI / A. ZIEGLER (2011), *International Economic Law*, 3.ª ed.; E. MANSFIELD / H. MILNER (eds.) (1997), *The Political Economy of Regionalism: New Directions in World Politics*; Y. YAMAMOTO (ed.) (1999), *Globalism, Regionalism & Nationalism: Asia in Search of its Role in the 21st Century*; M. PORTO (2016), *Teoria da Integração e Políticas da União Europeia*; J. RENATO GONÇALVES (2020), "Internacionalização, mundialização e globalização: conceitos ainda em consolidação", pp. 23-54.

reciprocidade entre os países, uma preocupação ainda maior no caso de países de maior dimensão e peso económico e ou político, que, em várias ocasiões, não têm hesitado em invocar interesses estratégicos próprios, reivindicados como essenciais, existentes ou não, contra outros países, ao que poderemos acrescentar fortes dependências económicas entre países, que facilmente se poderão tornar perigosas.

A recente guerra na Ucrânia, iniciada (ou reiniciada) com a invasão do exército russo a partir de 24 de fevereiro de 2022 (mas antecedida pela invasão, ocupação e anexação da Crimeia, em 2014, como pela ocupação de vastos territórios do Donbas, no sudeste da Ucrânia, no mesmo ano e no seguinte, também pelas forças armadas da Rússia), veio tornar evidente e comprovar, nomeadamente aos que julgassem que tais interesses e dependências económicas já tinham, de algum modo, «passado à história», que continua extemporâneo e irreal o afastamento liminar da hipótese de utilização do (não) fornecimento internacional de bens sensíveis como «arma política», por força da afirmação e aceitação dos princípios nucleares de Direito Internacional, como o respeito da soberania e da igualdade dos Estados, bem como da integridade dos respetivos territórios, em conformidade com a carta das Nações Unidas, atendendo a que a dependência do fornecimento de certos bens, *maxime* energéticos, é recíproca.

A diferenciação real entre Estados, tanto económica como política, continua a persistir, tenha ou não projeção jurídica, como no caso das «cooperações reforçadas» previstas nos Tratados europeus, ou seja, quer no âmbito de processos de integração económica internacional, como o da União Europeia, quer no quadro de relações económicas fora de blocos económicos regionais, levando a que, «sempre» que um Estado considere que se encontram em jogo valores ou interesses próprios essenciais, poderá tentar alcançá-los ou, «no limite», decidir impedir o fornecimento de um bem ao(s) país(es) adversário(s), com desrespeito das obrigações emergentes de acordos internacionais que o vinculem, designadamente no quadro geral da Organização Mundial do Comércio, que impõe um tratamento geral não discriminatório em razão da nacionalidade, por efeito das cláusulas da nação mais favorecida e do tratamento nacional[230].

230 Não obstante a reiterada proclamação dos vários princípios da soberania e da igualdade entre os Estados soberanos, e em geral das disposições de Direito Internacional, que vedam a possibilidade de um Estado violar a integridade territorial de outro, bem como de recorrer

Enquanto cresce a heterogeneidade de toda a ordem (política, económica, social, cultural) entre os Estados membros de uma organização como a União Europeia, o que se torna praticamente inevitável com o aumento do número de membros envolvidos num processo de integração económica internacional, e apesar de o objetivo principal continuar a resumir-se em intensificar e alicerçar a convergência e a coesão ou unidade a prazo do sistema e da organização criados, torna-se útil e quase inevitável reconhecer e admitir a diferenciação, embora a título transitório, supletivo ou excecional, não «último» ou «definitivo», no sentido de não prejudicar «nunca» ou «injustificada» e apenas «transitoriamente» a convergência e a unidade estabelecidas como processo gradual e como meta última – que não tem de ser necessariamente alcançada num momento determinado ou determinável, por se tratar de um processo dinâmico, cuja evolução depende da vontade permanente dos seus sujeitos e protagonistas: os Estados membros e seus povos, reunidos na União.

2. Riscos de uma integração «*à la carte*» e baseada em «círculos concêntricos»

As vantagens e a própria necessidade de formas flexíveis e ajustáveis de integração justificam-se em geral por efeito do grau elevado de heterogeneidade que caracteriza as Comunidades Europeias desde a data da sua criação. Precisamente por que as Comunidades e a União resultaram da associação política de um conjunto de Estados soberanos independentes e muito distintos, mesmo que geográfica e culturalmente muito próximos, mas com diferenças profundas (na língua, na extensão geográfica, na estruturação económica e social...), as quais, aliás, não deixariam de aumentar sobretudo à medida que se concretizaram os sucessivos alargamentos. De qualquer modo, a expectativa era a de que as diferenças se

à força armada para invadir, ocupar e anexar o território de outros Estados, também é sabido que, ao longo da história, vários não hesitaram, pelo menos, em rejeitar o cumprimento de obrigações assumidas, designadamente quando as mesmas deixassem de ser consideradas justificadas à luz de novas circunstâncias, incluindo mediante a invocação do princípio da reciprocidade, o que tem vindo a suceder com crescente frequência, sobretudo no âmbito do Direito Internacional Económico, em especial com a invocação de preferências nacionais, fundamento de políticas industriais estratégicas – em princípio contrárias à (quase) unidade e (quase) universalidade subjacentes a uma qualquer verdadeira ordem internacional económica.

reduzissem gradualmente, por efeito de uma aproximação «cada vez mais estreita» entre os países e povos envolvidos no processo.

Neste contexto, apesar da preocupação constante com a unidade do projeto, compreende-se, por um lado, a utilidade e vantagens e, por outro, a imprescindibilidade de mecanismos flexíveis e ajustáveis de integração, que não apenas levassem em conta como permitissem acomodar as múltiplas diferenças entre os Estados membros, inevitavelmente projetadas em preferências, interesses e escolhas também diferentes, sempre sem prejuízo da partilha dos princípios, valores e objetivos afirmados e prosseguidos (pelas Comunidades e) pela União, cimento da coesão no seio desta.

Todavia, se são fáceis de compreender e de justificar a utilidade, as vantagens e a necessidade de meios flexíveis de integração, do mesmo modo se compreendem e justificam as preocupações com os riscos de fragmentação do projeto de integração e daí a admissibilidade da diferenciação como «último recurso», quando constitua um instrumento efetivamente mais adequado de integração, de preferência transitório, ou seja, enquanto não estiverem reunidas em algum ou alguns Estados membros as condições para uma convergência imediata, e, no caso de consistirem numa vertente de integração de vanguarda, nunca afastarem a possibilidade de junção ulterior de outros Estados membros, anteriormente renitentes ou sem todas as condições já verificadas para participação imediata na iniciativa.

Daqui resultará, certamente, que nem todas as situações de diferenciação possíveis serão justificáveis ou admissíveis num processo de integração internacional, em especial as que ponham ou possam pôr em causa a própria subsistência e a robustez do mesmo, *maxime* através da facilitação da fragmentação entre os Estados membros, grupos de Estados membros ou conjuntos de regiões destes, que incentivem ou conduzam a situações de divisões internas ou de «desintegração», incluindo, embora não se restringindo, as hipóteses de abandono ou saída por parte de algum ou alguns membros – como no caso do Reino Unido, com o «*Brexit*».

Estes riscos de fragmentação e divisão interna afiguram-se evidentes em especial nas situações ditas de integração (ou «desintegração») «*à la carte*»[231], por dependerem largamente das avaliações e opções de cada um

[231] Considerando as cooperações reforçadas como instrumento de integração *à la carte*, cf. Cf. Giulia Rossolillo (2014), "Cooperazione rafforzata e Unione Economica e Monetaria: Modelli di flessibilità a confronto", pp. 348 e ss.

dos Estados membros, mas não de modo similar no caso da integração baseada em «círculos concêntricos».

Nas situações de integração «*à la carte*», as fórmulas admitidas ou admissíveis de participação no processo de integração divergem de Estado para Estado em função das vontades e dos interesses que em cada momento se afigurem ser os que mais poderão oferecer vantagens, absolutas ou relativas, imediatas ou no médio e longo prazo, aos Estados membros, dependendo assim do entendimento dos respetivos dirigentes, que poderá variar ao longo do tempo.

E têm merecido atenção sobretudo como alerta quanto aos limites admissíveis em tal margem ampla de liberdade em face do eventual despertar ou acirrar de divergências entre Estados membros, baseadas nos seus interesses nacionais, causa possível e provável de divisões, as quais, no limite, poderão conduzir a um extremar de posições de alguns Estados em relação a outros e a afastamentos crescentemente difíceis de ultrapassar, ou, no limite, ao próprio abandono da União.

Com o «*Brexit*», deixou de faltar o caso de um membro que decidiu sair da União Europeia, com todas as consequências daí resultantes, algumas ainda por apurar, não importando agora descortinar quais os verdadeiros motivos que mais contribuíram para esse desfecho. Com um precedente de saída da União como o do Reino Unido, não é de excluir que uma decisão similar possa vir eventualmente a ser tomada por outro ou outros membros, mesmo que, até ao presente, isso não tenha sido considerado provável. No entanto, bastaria que isso viesse a ser entendido por um membro como a solução mais vantajosa para que pudesse reunir o apoio maioritário ou prevalecente e assim conduzisse a um desenlace idêntico.

De um ponto de vista estritamente unilateral, a admissibilidade de uma integração «*à la carte*» poderia parecer a mais apropriada, à luz dos interesses próprios e exclusivos de cada Estado membro de uma organização de integração internacional. No entanto, num projeto conjunto, envolvendo vários Estados membros, facilmente se concluirá que o seu êxito não poderá ficar subordinado apenas aos interesses e posições individuais de cada um dos membros, em vez de se basear, razoavelmente, nos princípios, valores e objetivos comuns e nos entendimentos sobre os mesmos por todos partilhados, que constituem elos principais de conexão ou o cimento de ligação e de coesão solidária entre todos os membros, sem exceção.

Do exposto resulta que, sem embargo das vantagens de um grau significativo de flexibilidade nos processos de integração internacionais, em especial nos que abrangem um número elevado de membros e sobretudo membros muito distintos entre si – com histórias e culturas diferentes, com ordens jurídicas e instituições também diferentes, entre muitas outras possíveis disparidades –, só será possível promover e, sobretudo, garantir a subsistência e o robustecimento de um projeto de integração internacional quando os compromissos comuns forem possíveis e efetivamente alcançáveis, pelo menos nos seus domínios mais importantes ou nucleares. Sem convergência mínima quanto aos objetivos, princípios e valores essenciais, entre todos os membros, não haverá projeto de integração que perdure e se consolide.

Estará essencialmente em jogo, quanto às múltiplas situações de diferenciação nos processos de integração internacional, tanto as previstas nos Tratados como as enquadradas por outras fontes jurídicas, quer de direito originário quer de direito derivado da União, bem assim as de outras ordens jurídicas, internas ou internacionais, e ainda situações resultantes de decisões tomadas no quadro de outras organizações internacionais de cooperação ou de integração, designadamente no âmbito do designado novo regionalismo económico, de «terceira» ou «quarta geração», não confinada a uma mesma área geográfica, e fora de mecanismos com base institucional estável ou então em novos fóruns de cooperação internacional, sejam bilaterais ou com amplitude mais vasta, nos diversos domínios de relacionamento entre Estados, contribuindo em todas essas dimensões para o alargamento das diversidades entre os membros participantes, que se projetam em diferentes posições e entendimentos sobre questões e assuntos que poderão ser essenciais para o processo de integração, pelo que importa prevenir e advertir contra os seus efeitos divisivos e fragmentadores ou desintegradores[232].

[232] Sobre a globalização e o novo regionalismo económico, cf. E. Paz Ferreira (2021), "A Europa e os desafios da globalização", pp. 129 e ss.; J. Renato Gonçalves (2021), "Internacionalização, mundialização e globalização: conceitos ainda em consolidação", pp. 23 e ss.; D. Carreau / P. Juillard (2017), *Droit International Économique*, 6.ª ed., espec. pp. 505 e ss.; M. Porto (2016), *Teoria da Integração e Políticas da União Europeia*, 7.ª ed., pp. 523 e ss.; M. Herdegen (2016), *Principles of International Economic Law*, 2.ª ed., pp. 319 e ss.

Não significa o exposto, que as cooperações reforçadas através das quais se passaram a poder desenvolver fórmulas de integração diferenciada não sejam úteis e positivas – e por isso mesmo encontram-se previstas nos Tratados, que não só as não proíbem como as permitem e, de certo modo, as incentivam, disciplinando-as juridicamente –, com vista a promover, não travar, o processo de integração no seu conjunto, quando alguns Estados membros estejam e se preveja que possam manter-se renitentes em relação a tais progressões, no sentido de abranger novos domínios materiais ou de alcançar patamares mais elevados e intensos de aproximação e convergência ou até unificação, em que um grupo «significativo» ou mínimo de membros está disposto a avançar imediatamente, seja por que se entende que já estão preparados para o efeito, enquanto outros ainda não, seja porque se considera que as diferenças de posições entre Estados sobre isso previsivelmente não se alterarão.

As cooperações reforçadas consistem, assim, em geral, conforme observado anteriormente (na Parte 1, *supra*), num poderoso mecanismo de ajustamento e de convergência, no âmbito de um processo de integração internacional, porventura imprescindível, perante a crescente heterogeneidade resultante da ampliação do número de Estados membros, como no caso da União Europeia, sobretudo a partir dos alargamentos a Sul e a Leste e da perceção e acomodação ou não a todos e a cada um dos efeitos deles resultantes. Considerações análogas poderão, certamente, ser feitas quanto a processos de integração económica internacional concretizados noutros continentes, incluindo África, enquanto se procura estender o mesmo regime de abertura e não discriminação económica a um extenso número de países[233].

Todavia, a perceção favorável em relação a mecanismos juridicamente disciplinados, como o das cooperações reforçadas, em que se procura garantir, no final, o reforço da unidade do conjunto, não se aplica já às situações de integração «*à la carte*», precisamente por não incluir qualquer mecanismo cautelar e de prevenção contra iniciativas divisivas que, em vez

[233] Foram analisados diversos aspetos das cooperações reforçadas na Parte 1, conforme indicado. Quanto à projeção das considerações feitas no texto a propósito da União Europeia noutros processos de integração económica internacional, que não está certamente afastada, remete-se para os números seguintes, relativos a algumas das experiências recentes de integração internacional no continente africano (*vd. infra*).

de contribuírem eficazmente para uma maior integração, poderão conduzir a resultados contrários, por efeito, por exemplo, da perceção de diferenças que se agravaram entre uma parte e outra ou outras do bloco existente, que em vez de o reforçarem no seu conjunto, poderão antes contribuir para a ampliação de divisões, sem excluir a hipótese de fragmentação ou de «desintegração», através do abandono, ou até da mera autoexclusão, de um ou mais membros em relação aos restantes e, consequentemente, ao bloco como um todo (que deixa então de representar o todo, restringindo-se aos membros que dele pretendem continuar a fazer parte).

Completamente distinto do processo de integração internacional «*à la carte*» é a hipótese de aprofundamento da integração baseada na distinção dos Estados membros consoante o respetivo grau de compromisso com o projeto, aferível, designadamente, tendo em conta o momento da respetiva adesão ou, mais fundamentadamente, a participação efetiva sem derrogações nas diversas políticas comuns do bloco, além das políticas basilares, falando-se então em integração baseada em círculos concêntricos formados pelos vários Estados membros.

No caso da União Europeia, se o critério distintivo fosse o indicado em primeiro lugar, os seis fundadores das Comunidades comporiam o primeiro «círculo», mais central (a menos que neste fossem incluídos apenas os mais «centrais» desses membros: talvez o Luxemburgo e a Bélgica, onde se situam as sedes de várias das instituições europeias, bem como os Países Baixos, e a França, onde se situa a sede principal do Parlamento Europeu...), o segundo «círculo concêntrico» abrangeria, além do 1.º círculo, os membros que entraram no primeiro alargamento, com exceção do Reino Unido, ou seja, a Irlanda e a Dinamarca, o terceiro círculo poderia abranger os membros do sul que aderiram nos anos oitenta (Grécia, Portugal e Espanha) ou então os três membros que entraram posteriormente, em 1995, embora com características em vários domínios, designadamente económicos e sociais, mais aproximadas do núcleo duro e mais central de países do que aquele grupo, que formaria então um quarto «círculo concêntrico» de membros, e os círculos seguintes seriam compostos pelos membros do centro e do leste, embora entre estes também se justifiquem subdivisões, e assim sucessivamente.

Além da natureza artificial da própria designação escolhida para exprimir a distinção entre os vários possíveis grupos de membros, «círculos concêntricos», que inevitavelmente abrirá portas a contestação, a exigência de que cada um dos círculos seja concêntrico em relação aos restantes introduz um traço de rigidez até um ponto que dificilmente viabilizará a sua utilização em todas as circunstâncias.

Embora se compreenda e provavelmente se justifique a inclusão entre o círculo central dos Estados fundadores do processo, é certo que o grau de compromisso com os valores, princípios e interesses comuns ou da União nem sempre se manteve ou mantém entre os fundadores e os que se tornaram membros pouco tempo após a data de criação do projeto europeu. Entre os últimos, bastará mencionar o caso do Reino Unido, que foi o primeiro dos Estados não fundadores que pediu para aderir, e que se tornou também no primeiro a sair, e entre os membros fundadores a Itália, que esteve quase sempre entre os maiores defensores do projeto europeu, mas que, em determinadas ocasiões, foi (e é) um dos mais renitentes, especialmente no que respeita ao cumprimento das exigências de participação na área do Euro.

Em teoria pelo menos, o modelo de integração baseado em círculos concêntricos oferece a possibilidade de prevenir um não afastamento do núcleo de valores e de princípios que estão subjacentes ao projeto de integração, sobretudo se este se mantiver no essencial, e enquanto isso acontecer, próximo do projeto inicial – o que pode verificar-se, ou não. O próprio projeto de construção europeia, apesar de manter, no essencial, a «mesma» base económica, profundamente reforçada e ampliada para vários outros domínios, antes de mais económicos, mas que ultrapassaram gradualmente esse campo, predominantemente económico, para outros, mesmo que em geral instrumentais (o que não significa de menor relevância ou sensibilidade) em relação aos fins e objetivos económicos nucleares.

E oferece também a vantagem de enquadrar em subgrupos os Estados participantes num projeto de integração internacional consoante as suas especificidades próprias, incluindo os interesses predominantes que os fazem mover-se, ou que os podem fazer mover-se, dependendo também das posições dos parceiros e respetivos ajustamentos. E não fica afastada a possibilidade de os membros poderem alterar a sua posição, com o decurso do tempo e com a evolução dos desafios a enfrentar no quadro da União, eventualmente representada pela passagem e inserção de um círculo concêntrico para outro, mais ou menos afastado do núcleo central.

Todavia, uma explicação rigidamente baseada em círculos concêntricos não admite, sem qualquer realismo, que tais círculos apresentem extensões e composições irregulares, não dependentes apenas de uma maior ou menor extensão de partilha de valores, de princípios e de interesses entre os vários Estados membros, mas de outros factores de aproximação e ou de afastamento em hipóteses quase ilimitadas, que, dependendo das circunstâncias históricas, poderão «determinar» ou influenciar fortemente a formação e ou a dissolução, mais ou menos informais, de subgrupos entre os membros participantes num projeto de integração. Não custa, no entanto, entender que o atributo concêntrico tenha por fim salientar, apenas ou sobretudo, que se mantém sempre, ou que deverá manter-se, a partilha dos valores e princípios essenciais entre todos os membros – não obstante as diversidades, também existentes entre eles, que, todavia, deverão ceder, em princípio, perante aqueles valores e princípios essenciais.

Uma construção de integração internacional que se poderá aproximar da teoria ou explicação dos círculos concêntricos, embora simplificada, foi a proposta pelo Presidente da França, Emmanuel Macron, na sessão oficial comemorativa do Dia da Europa, a 9 de maio de 2022, acompanhado da Presidente do Parlamento Europeu, Roberta Metsola, e da Presidente da Comissão Europeia, Úrsula von der Leyen, de criação de uma nova «Comunidade Política Europeia», com uma extensão mais vasta do que a União Europeia – que constituiria assim o círculo concêntrico mais central da nova realidade política –, da qual fariam parte todos os Estados europeus democráticos, cuja cooperação seria essencial para enfrentar os novos desafios de maior dimensão e gravidade que atingissem o continente europeu.

Com o referido projeto, de uma nova Comunidade Política Europeia, tinha-se em consideração, essencialmente, a recente invasão armada da Ucrânia pela Rússia, pouco mais de dois meses antes, a 24 de fevereiro de 2022, e a perceção clara de que era imprescindível reunir todos os Estados e povos europeus que partilhassem valores democráticos – ou seja, todos os países europeus, com exceção apenas da Rússia e da Bielorrússia, por estarem diretamente envolvidos naquela guerra da Ucrânia, iniciada – para enfrentar a ameaça existente, dada a sua dimensão e gravidade, quer para a Ucrânia, atingida no seu território, quer para toda a Europa, igualmente atingida na ameaça expressa, e todos os envolvidos na respetiva defesa, como tinha ficado explícito desde o início da guerra.

Pretendia-se, obviamente, juntar à União Europeia todos os restantes países europeus democráticos, incluindo, em especial, o Reino Unido

– após o seu abandono da União Europeia, na sequência do referendo do «*Brexit*», potência militar nuclear europeia, a par da França, com assento permanente no Conselho de Segurança das Nações Unidas –, bem como a Turquia – com o seu peso político e militar, membro da NATO, e posição estratégica única, no Mar Mediterrâneo e no Mar Negro, tal como, neste caso, a Rússia e a Ucrânia.

À iniciativa e chamada do Presidente Macron para a primeira reunião de uma nova «Comunidade Política Europeia», a 6 de outubro de 2022, em Praga, acorreram os chefes de Estado e Governo de 44 países europeus, incluindo o Reino Unido, não obstante a dúvida que se manteve quanto a essa presença. Duas questões dominaram os debates: a paz e segurança, no contexto da guerra da Rússia na Ucrânia, e a crise energética. Segundo Charles Michel, Presidente do Conselho Europeu, «numa altura em que a estabilidade e a segurança da Europa estão a ser ameaçadas, aquilo de que precisamos é de mais diálogo, mais escuta e mais compreensão mútua».

A Comunidade Política Europeia (CPE) tem por objetivo promover o diálogo político e a cooperação para abordar questões de interesse comum e reforçar a segurança, a estabilidade e a prosperidade do continente europeu. Trata-se de uma plataforma de coordenação política, que não substitui as organizações, estruturas e processos existentes nem visa criar organizações, estruturas ou processos diversos «nesta fase». Seguir-se-iam reuniões na Moldávia, em Espanha e no Reino Unido.

3. Outros processos de integração económica internacional: o caso do continente africano

Sabe-se que o processo de integração económica internacional prosseguido no continente europeu e todos os debates e desafios que o envolveram motivaram enorme interesse e serviram de modelo inspirador em várias partes do mundo, constituindo prova indelével disso as numerosas áreas de comércio livre, uniões aduaneiras e comunidades e uniões económicas e monetárias internacionais ou «blocos económicos regionais» criados desde meados do século XX, tanto na Europa como nos restantes continentes, incluindo no continente africano, e, mais recentemente, por motivos aproximados, transcendendo a extensão de cada um dos continentes, com o chamado «novo regionalismo económico», ou regionalismo económico «de nova geração», em que participam países de dois ou mais continentes e consequentemente territórios ainda mais vastos (foram feitas anteriormente referências às chamadas parcerias transpacífica e transatlântica, negociadas na segunda década deste século XXI, pela sua relevância, mas existem vários outros exemplos)[234].

Todavia, para concretizar a significativa «plasticidade» ou flexibilidade específica dos processos de integração económica internacional em geral, mencionaremos agora apenas, em particular, alguns traços recentes da experiência de cooperação e integração económica internacional no continente africano, que refletem, dir-se-ia inevitavelmente, a história, os estádios de desenvolvimento e todos os restantes condicionalismos de cada um dos diversos países participantes nesses processos, eventualmente distanciados, compreensivelmente, atendendo às respetivas localização e dimensão geográficas, mas de modo algum alheados do contexto político e económico exterior de âmbito regional, bem como mundial.

Sem prejuízo de refletir com intervalos de tempo por vezes muito curtos e em vários aspetos com significativas semelhanças várias das inovações de integração económica internacional experimentada na parte ocidental do continente europeu, em especial na sequência da criação das Comunidades Europeias e da atual União Europeia, as experiências de intensificação da cooperação e também de integração económica internacional propostas e (umas) iniciadas e desenvolvidas ou (outras) entretanto abandonadas no continente africano revelam, como seria aliás expectável, a ampla margem de não-linearidade destes processos de relacionamento económico perdurável entre Estados soberanos.

Seriam já expectáveis as inúmeras vicissitudes das experiências de cooperação e de integração económica internacional em África devido, antes de mais, à enorme diversidade e vastidão do continente, não apenas ou sobretudo do ponto de vista geográfico como nos domínios político, social, cultural e linguístico, com consequências inexoravelmente particulares também quanto às formas de organização e funcionamento da economia, apesar dos pontos crescentes de convergência, que foi possível

[234] Cf. D. Carreau / P. Juillard (2017), *Droit International Économique*, 6.ª ed., pp. 505 e ss.; M. Herdegen (2016), *Principles of International Economic Law*, 2.ª ed., pp. 319 e ss.; E. Mansfield / H. Milner (eds.) (1997), *The Political Economy of Regionalism: New Directions in World Politics*; M. Porto (2016), *Teoria da Integração e Políticas da União Europeia*, 5.ª ed., pp. 551 e ss.; J. Renato Gonçalves (2021), "Internacionalização, mundialização e globalização: conceitos ainda em consolidação", pp. 23-54.

testemunhar, enquanto os territórios de menor e de média dimensão, sejam locais, regionais ou estaduais, se têm aberto gradualmente ao que existe e que provém do exterior e respetivas influências, da mais diversa natureza, participando assim, cada parte a seu modo, com as suas especificidades, nos processos de crescente internacionalização das economias e das sociedades, com cada vez menos pontos de resistência em relação a tão fortes ventos de mudança, tendo mesmo em conta obstáculos fortes, tanto culturais como técnicos, a essa influência externa crescentemente uniformizadora.

Daí não se poder estranhar o número muito elevado e não menos diversificado quanto ao âmbito e à natureza das formas de cooperação e de integração económica internacional debatidas, iniciadas e aprofundadas, mas também abandonadas, ao longo de mais de meio século, na segunda metade do século XX e nas primeiras décadas do século XXI, evidenciando a significativa plasticidade ou variedade experimental, que olha e não exclui a influência e os contributos e exemplos de outros lugares, em especial do continente europeu e sobretudo dos países europeus com os quais manteve e ainda mantém relações de maior proximidade, como sucedeu designadamente no que respeita às formas de cooperação política e económica internacional e também de integração económica internacional, sem olvidar ainda experiências similares de outros continentes, mas, em qualquer caso, procurando vias adaptadas às especificidades do continente africano.

Porventura mais surpreendente será reconhecer, enfim, o caráter exemplar, se não de cada uma das experiências de cooperação e de integração económica internacional em África, ou de uma ou outra em particular, mas de parte ou mesmo do conjunto dessas experiências, e o mesmo talvez possa também ser sustentado em relação a experiências análogas noutras partes do mundo, para a história da integração económica internacional da atualidade e, especificamente, da parte ocidental do continente europeu, presentemente centrada em torno da União Europeia.

Não se justificando aqui uma síntese retrospetiva sobre os traços principais da evolução dos processos de cooperação e de integração económica internacional no continente africano no decurso das últimas décadas, aliás de duvidosa utilidade para o que se pretende salientar, dada a enorme diversidades desses processos nas várias partes de África, limitamo-nos a observar com um pouco de maior pormenor, em primeiro lugar, o empenho recentemente demonstrado neste domínio pelo conjunto dos países africanos ao estabelecerem a Zona de Comércio Livre Continental Africana, na cimeira de Kigali de 2018, em vigor desde 30 de maio do ano seguinte, embora aplicável a parte das transações internacionais somente a partir de 1 de julho de 2020, e, depois, para as dissensões, também recentes, mas porventura não menos relevantes quando às respetivas consequências, nos territórios abrangidos, para a evolução e para o necessário ajustamento às circunstâncias políticas específicas das várias formas de cooperação e de integração económica e monetária, neste caso na África Ocidental, com a Comunidade Económica dos Estados da África Ocidental (CEDEAO/ECOWAS) e com a União Económica e Monetário Oeste-Africana (UEMOA).

3.1. A nova Zona de Comércio Livre Continental Africana e seus fins

O Acordo que criou a Zona de Comércio Livre Continental Africana (ZCLCA), em vigor desde 30 de maio de 2019 e aplicável às transações internacionais somente a partir de 1 de julho de 2020, conforme decidido na 12.ª cimeira extraordinária de chefes de Estado e de Governo de 7 de julho de 2019 em Niamey, Níger, quando foi lançada a «fase operacional», constitui certamente uma das iniciativas mais promissoras para impulsionar decisiva e substancialmente o crescimento e o desenvolvimento económico, social e humano em África[235].

Apesar das debilidades e insuficiências que caracterizam a nova Zona de Comércio Livre Continental Africana, esta deverá contribuir decisivamente para o estabelecimento das condições jurídicas e económicas necessárias a um crescimento forte e sustentado, requisito da melhoria das condições gerais de vida, incluindo maiores oportunidades de emprego e retribuições mais elevadas, progressos sem os quais não será possível ganhar a grande batalha do desenvolvimento económico e social integral em África, o mesmo correspondendo a afirmar o reconhecimento, cumprimento e garantia, graduais mas sustentados, dos direitos humanos fundamentais para todos.

[235] Nas páginas seguintes segue-se de perto J. RENATO GONÇALVES (2021), "A Área de Comércio Livre Continental Africana: Implicações da Cimeira de Kigali de 2018", pp. 659 e ss.

Podia parecer desmedida e temerária mais uma proclamação solene e a própria esperança de concretização do desenvolvimento real do continente africano no seu conjunto, abrangendo e centrando-se, pelo menos inicialmente, na vertente económica, embora transcendendo-a, desde logo porque não se trata da primeira, da segunda ou da «enésima» vez em que é proferida e repetida, em ocasiões mais ou menos cerimoniosas, desde pelo menos a Segunda Guerra Mundial, quando começou a ser delineada com significativa precisão a atual ordem política e económica internacional.

Mas desta vez poderá ser mesmo diferente. Em primeiro lugar, porque se percebeu, ou pelo menos se admitiu claramente, em letra de tratado, o que é necessário para permitir e apoiar ativamente o exercício das atividades económicas em geral, dentro de um quadro legal apropriado e estável, sem o qual não será viável ou se tornaria demasiado oneroso um crescimento robusto, bem alicerçado e sustentável. Em segundo lugar, porque, tendo isso em conta, os Estados africanos comprometeram-se e decidiram aplicar as medidas destinadas a atingir esse objetivo transversal, sem as quais não se conseguirá assegurar o desenvolvimento e o bem-estar para todos.

O Acordo assinado em Kigali em março de 2018, que cria a Zona de Comércio Livre Continental Africana, não surgiu, obviamente e como tudo o mais, do nada, *ex novo*, mas sim num determinado quadro geográfico e num certo momento histórico[236]).

Partiu de uma iniciativa dos Estados membros da União Africana, «desejosos de executar [uma] Decisão [...] da conferência dos chefes de Estado e de Governo [...] de janeiro de 2012, relativa ao quadro, roteiro e arquitetura para acelerar a criação da Zona de Comércio Livre

[236] Para um historial breve do lançamento do projeto de Zona de Comércio Livre Continental Africana, em 2012, da respetiva relevância e das negociações subsequentes, cf. documentos da União Africana disponíveis em: https://au.int/sites/default/files/newsevents/workingdocuments/12582-wd-update_on_the_cfta_port_comaivii.pdf e em: https://archives.au.int/bitstream/handle/123456789/6542/Assembly%20AU%204%20%28XXXII%29%20_E.pdf?sequence=1&isAllowed=y (*Report on the African Continental Free Trade Area (AfCFTA)*, por Mahamadou Issoufou, Presidente da República do Níger e líder da AfCFTA, na 32.ª sessão ordinária da Assembleia da União, 10 e 11 de fevereiro de 2019); A. MUDENDA (2020), "Preparing for trade under the AfCFTA Agreement", *ECDPM Great Insights*, iX-1 (disponível em https://ecdpm.org/great-insights/african-continental-free-trade-area-agreement-impact/preparing-trade-afcfta-agreement/).

Continental Africana e ao Plano de Ação para a Promoção do Comércio Intra-Africano» – esta citação, como as subsequentes, segue a versão oficial em língua portuguesa do Acordo assinado em Kigali, Ruanda, a 21 de março de 2018, pelos chefes de Estado e de Governo ou representantes de 44 (dos 55) Estados membros da União Africana, que entrou em vigor no dia 30 de maio de 2019[237].

Os considerandos preambulares do Acordo de Kigali de 2018 identificam:

1.º – o objetivo de criar uma área ou zona de comércio livre no continente africano;
2.º – mediante a «integração» dos mercados existentes em África, no quadro da União Africana;

[237] O Acordo que cria a Zona de Comércio Livre Continental Africana e os (3) Protocolos anexos, relativos ao comércio de mercadorias (I), ao comércio de serviços (II) e com normas e procedimentos para a resolução de litígios (III), assinados em Kigali, Ruanda, a 21 de março de 2018, entraram em vigor 30 dias após o depósito do 22.º instrumento de ratificação (ocorrido a 29 de abril de 2019), ou seja, a 30 de maio de 2019. Têm quatro versões originais, respetivamente nas línguas árabe, inglesa, francesa e portuguesa, fazendo todas elas igualmente fé (cf. arts. 23.º, n.º 1, e 30.º do Acordo). Os textos autênticos do Acordo e dos Protocolos encontram-se disponíveis no sítio internet da União Africana: < https://au.int >.
Também a 21 de março de 2018, foi assinada a Declaração de Kigali (por 47 Estados membros da União Africana), bem como o Protocolo sobre Livre Circulação de Pessoas (por apenas 30 Estados membros), destinado este a criar uma área de livre circulação de pessoas sem vistos e a permitir a emissão no futuro de um Passaporte da União Africana.
Apesar do sucesso da iniciativa de Kigali, notaram-se duas ausências de peso: da Nigéria e da África do Sul, as duas maiores economias africanas. No entanto, decorrido pouco tempo, em julho de 2019, o Acordo já havia sido assinado por 54 dos 55 Estados membros da União Africana. Continuava a faltar a Eritreia, em conflito armado na data da assinatura do Acordo, que, na sequência do acordo de paz celebrado com a Etiópia em setembro de 2018, pediu, entretanto, para aceder ao mesmo.
Até março de 2021, já tinham ratificado o Acordo e depositado os respetivos instrumentos de ratificação 36 Estados membros da União Africana, incluindo a África do Sul (em fevereiro de 2019) e a Nigéria (em dezembro de 2020), perspetivando-se para breve a ratificação por outros cinco países. Entre os Estados de expressão oficial portuguesa, apenas São Tomé e Príncipe (em junho de 2019) e Angola (em novembro do mesmo ano) o ratificaram e depositaram o respetivo instrumento. Cabo Verde, Guiné-Bissau e Moçambique assinaram-no, em março de 2018, mas ainda não o ratificaram (tal como Marrocos).
O Secretariado da Zona de Comércio Livre Continental Africana tem sede em Acra, no Gana.

3.º – através do reforço das relações económicas entre os Estados membros da União Africana, também subscritores do Acordo de Marraquexe que criou a Organização Mundial do Comércio, de 1994;

4.º – tendo em conta as «aspirações da Agenda 2063 visando a criação de um mercado continental com a livre circulação de pessoas, capitais, mercadorias e serviços [...]»;

5.º – estando (os países membros da União Africana) conscientes da «necessidade de criar um mercado alargado e seguro [...] através de uma infraestrutura adequada e da redução ou eliminação progressiva das barreiras tarifárias e eliminação das barreiras não tarifárias ao comércio e ao investimento»;

6.º – e ainda da «necessidade de estabelecer regras claras, transparentes, previsíveis e mutuamente vantajosas para reger o comércio de mercadorias e serviços, a política de concorrência, o investimento e a propriedade intelectual entre os Estados Partes, resolvendo os desafios relativos aos regimes comerciais múltiplos e que se sobrepõem com vista a alcançar a coerência das políticas, particularmente nas relações com terceiros»;

7.º – reconhecendo a importância «da segurança internacional, da democracia, dos direitos humanos, da igualdade de géneros e do Estado de direito para o desenvolvimento do comércio internacional e da cooperação económica»;

8.º – embora «reafirmando o direito a regulamentar que os Estados Partes dispõem nos seus respetivos territórios e a sua flexibilidade para prosseguir os objetivos políticos legítimos, em áreas que incluam a saúde pública, a segurança, o ambiente, a moral pública, a promoção e a proteção da diversidade cultural»;

9.º – reafirmando igualmente os «direitos e obrigações recíprocos existentes no âmbito de outros acordos» de que são Partes; e, por fim,

10.º – reconhecendo ainda que as zonas de comércio livre das Comunidades Económicas Regionais existentes[238] devem servir de base

[238] As Comunidades Económicas Regionais (CER) reconhecidas pela União Africana são as seguintes: União do Magrebe Árabe (UMA), o Mercado Comum para a África Oriental e Austral (COMESA), a Comunidade dos Estados do Sahel e do Saara (CEN-SAD), a

para a criação da nova Zona de Comércio Livre Continental Africana.

Atente-se na posição dos subscritores do Acordo, neste designados como «Estados Partes» e não membros (da Zona de Comércio Livre Continental Africana): são Estados membros da União Africana, mas somente Partes contratantes do Acordo que institui a Zona de Comércio Livre Continental.

Em 1947, quando foi assinado o acordo sob forma simplificada conhecido pelas iniciais GATT (iniciais em inglês de Acordo Geral sobre Pautas Aduaneiras e Comércio), os respetivos subscritores também foram designados Partes, porque não se justificava designar «membros» de uma qualquer organização internacional – a qual até se pretendia criar, a Organização Internacional do Comércio, mas que não viria a ser criada no ano seguinte, durante a Conferência de Havana, nem nos anos e decénios subsequentes, até ao termo do chamado ciclo negocial do Uruguai (*Uruguay round*).

Pelo menos formalmente e com base no ato jurídico apropriado, as Partes do GATT só se tornaram membros da nova organização internacional, a Organização Mundial do Comércio (OMC), quando esta foi criada e entrou em funcionamento, a 1 de janeiro de 1995, sem embargo da antecedente institucionalização gradual do GATT, verificada praticamente desde a data da sua criação.

Comunidade da África Oriental (EAC), a Comunidade Económica dos Estados da África Central (CEEAC), a Comunidade Económica dos Estados da África Ocidental (CEDEAO), a Autoridade Intergovernamental para o Desenvolvimento (IGAD), a Comunidade de Desenvolvimento da África Austral (SADC) – artigo 1.º (*t*).

Nos termos do Acordo que institui a Zona de Comércio Livre Continental Africana, «em caso de conflito e incompatibilidade» com qualquer outro acordo regional, «o presente Acordo prevalece relativamente a esta incompatibilidade específica, salvo disposição em contrário do presente Acordo» (n.º 1 do artigo 19.º). No entanto, «os Estados Partes que são membros de outras comunidades económicas regionais, de outros acordos comerciais regionais e de outras uniões aduaneiras, e que tenham alcançado entre si níveis [mais] elevados de integração regional que os previstos no presente Acordo, mantêm esses níveis [mais] elevados entre si» (n.º 2 do mesmo artigo 19.º).

A situação da Zona de Comércio Livre Continental Africana é distinta: os seus subscritores e Partes contratantes já eram e continuam a ser Estados membros da União Africana, uma organização internacional de pleno direito, no seio da qual aquela surgiu e é expectável que continue a funcionar.

Os objetivos enunciados no Acordo de Kigali que institui a Zona de Comércio Livre Continental Africana são claros e as exigências e dificuldades do longo percurso traçado e a trilhar não foram ignoradas, ocultadas ou sequer minoradas pelos seus autores.

A calendarização gradual, mas flexível, das medidas a adotar sucessivamente pelos Estados Partes reflete sobretudo o realismo de quem projetou e se comprometeu com um objetivo global que é vasto, transversal e complexo, de âmbito primeiramente económico, mas com implicações também políticas e sociais profundas, mediante uma crescente aproximação e uniformização de alguns domínios relevantes de políticas económicas dos vários países africanos ao longo dos próximos anos e decénios. Trata-se de um projeto sobretudo político e económico abrangente e de médio e longo prazo.

Não está em jogo, na nova área de comércio, a criação imediata de um verdadeiro mercado comum ou único no continente, resultante da fusão gradual dos distintos mercados internos ou nacionais dos Estados nela participantes, ao invés do proclamado quer na própria cimeira de Kigali, quer já antes e também depois dela[239], tendo por comparação provavelmente, em especial, o processo de integração económica encetado no continente europeu nos anos cinquenta do século passado por três comunidades de Estados (Comunidade Europeia do Carvão e do Aço – CECA, criada pelo Tratado de Paris de 1951, Comunidade Económica

[239] As dúvidas sobre o verdadeiro âmbito e alcance do Acordo assinado em Kigali em março de 2018 antecederam, compreensivelmente, a data da sua realização, em especial no decurso das negociações conducentes ao Acordo então subscrito, não foram esclarecidas no ato solene de assinatura, cuja fórmula oficial («Creating one African Market») apontava com clareza o objetivo de criação de um mercado unificado ou único africano e, por isso, mantiveram-se desde então quase sempre que são feitas referências à Zona de Comércio Livre Continental Africana (cf., por exemplo, a página informativa sobre a cimeira de Kigali no sítio internet da União Africana: https://au.int/en/pressreleases/20180321/au-member-countries-create-history-massively-signing-afcfta-agreement-kigali).

Europeia – CEE e Comunidade Europeia da Energia Atómica – CEEA, criadas por dois Tratados de Roma de 1957) e ampliado e aprofundado desde então até dar lugar à atual União Europeia.

Tal como não estará em jogo, pelo menos inicialmente, a criação de uma união económica continental, ou de qualquer outra forma, mais ou menos aprofundada, de integração ou apenas de simples cooperação monetária internacional, apesar de estes objetivos serem recorrentemente referenciados ou proclamados, tanto a propósito da nova área de comércio livre continental africana, como em geral a propósito da necessidade de aprofundamento da cooperação económica no seio da União Africana e, especificamente, nos próprios trabalhos preparatórios da Zona de Comércio Livre Continental.

O Acordo de Kigali de 2018 proclama, «tão-somente», a pretensão geral, de longo prazo, de «integrar os mercados de África», «tendo em conta as aspirações da Agenda 2063, visando a criação de um mercado continental com [a] livre circulação de pessoas, capitais, mercadorias e serviços [...]». O fim está bem identificado e até é indicada uma data para a sua conclusão, mas pouco se explicita quanto à velocidade dos progressos e quanto às modalidades pormenorizadas como se avançará.

Com isto não se pretende advertir contra uma eventual menor ambição do projeto, a qual nem seria minimamente exata: o projeto é ambicioso e atende às circunstâncias objetivas atuais, bem como à evolução de outros processos de cooperação e de integração económica internacional experimentados e prosseguidos durante as últimas décadas. Pretende-se apenas salientar, simultaneamente, por um lado, o alcance da empresa lançada e, por outro, as dificuldades da respetiva concretização, no médio e longo prazo, dependentes de um programa extenso e complexo, com efeitos profundos, e da vontade política firme e reiterada de adesão e execução do programa aprovado[240].

[240] Ambos os aspetos mencionados – o alcance extraordinário do empreendimento político lançado, por um lado, e a complexidade e dificuldade da sua concretização, por outro – foram entendidos claramente, quer pelos Estados africanos, que se fizeram representar e assinaram «massivamente» o Acordo na Cimeira de Kigali, em março de 2018, e a maioria procedeu à sua ratificação com celeridade (no decurso de pouco mais do que um ano), quer pela comunidade internacional no seu conjunto, que se envolveu através da Organização das Nações Unidas no apoio à preparação dos Estados africanos para entrarem numa área de comércio livre internacional que envolverá (até) cerca de 1,2 biliões de pessoas, o que não poderá deixar

Aponta-se, assim, para um objetivo político e económico que cruza vários domínios e que, por isso, é, sem dúvida, ambicioso, apesar de, por enquanto, relativamente vago, devendo concretizar-se gradualmente (durante cerca de meio século, a contar da data do seu anúncio), com flexibilidade em razão do alcance, da complexidade e conforme as circunstâncias, com consciência das dificuldades perante os obstáculos existentes e dos que inevitavelmente surgirão, em função das inúmeras decisões e medidas de aplicação, tanto das já tomadas como de outras que serão adotadas pelos dirigentes dos Estados participantes, centradas primeiramente no estabelecimento de uma área de comércio livre continental.

Deixar em aberto a configuração final do projeto de integração económica internacional do continente africano revela, antes de mais, realismo, face à grandeza do empreendimento e de todas as suas implicações, designadamente no tocante às restrições de exercício dos poderes de soberania por parte dos Estados Partes, sem embargo de incidirem essencialmente, pelo menos nos tempos iniciais, em domínios específicos relativos à organização e ao funcionamento da economia, não tanto imediatamente noutras áreas, porventura mais sensíveis (políticas, económicas, sociais, culturais ou religiosas), o que justifica estudos comparados com experiências anteriores de integração económica internacional, em especial (mas não apenas) no continente europeu[241].

de dinamizar substancial e decisivamente toda a economia e sociedade deste continente, por efeito da alteração e do reforço das estruturas e redes produtivas e comerciais de África. A atenção que o acordo mereceu por parte da quase generalidade dos países africanos e também da comunidade internacional traduz o reconhecimento da enorme dimensão dos efeitos potenciais previstos e das esperanças depositadas no projeto. Para uma análise comparativa da situação atual do continente africano em matéria de comércio internacional e das perspetivas decorrentes da criação da Zona de Comércio Livre Continental Africana, cf. ABREGO, L. *et al.* (2020) *The African Continental Free Trade Area: Potential Economic Impact and Challenges*; ABREGO, L. *et al.*, (2019) *The African Continental Free Trade Agreement: Welfare Gains Estimates from a General Equiribrium Model.*

[241] Os estudos sobre os efeitos dos processos de cooperação e de integração económica internacional são numerosos e têm tido por referência particularmente a criação (em meados do século passado), a evolução e a consolidação das três Comunidades Europeias, na origem da atual União Europeia. Remete-se, novamente, para a lista bibliográfica já citada, incluindo J. TINBERGEN (1956), *International Economic Integration*; J. VINER (1950), *The Customs Union Issue*; B. BALASSA (1961), *The Theory of Economic Integration*; E. MANSFIELD /

Em contraste com o mencionado para o longo prazo, note-se a pretensão de tornar operacional desde já, num período temporal tão breve quanto possível, uma área de livre comércio entre os países do continente africano, com regras claras e estáveis, que garantam previsibilidade e segurança, ainda que sem alheamento de inevitáveis dificuldades (muitas de monta), emergentes antes de mais das disparidades de interesses e vontades dos vários Estados envolvidos, com os respetivos povos e sectores económicos e sociais específicos.

O projeto de um mercado alargado com até 1270 milhões de consumidores e em rápido crescimento (prevê-se a sua expansão para 1700 milhões até 2030), com uma produção global anual entre 2,1 e 3,4 biliões de dólares e um consumo familiar e empresarial estimado em 4 biliões de dólares, também em crescimento acelerado, que se poderá aproximar dos 7 biliões de dólares, e com uma classe média que quase duplicará (de 350 para 600 milhões de habitantes) durante a próxima década, permite antever vastos benefícios económicos resultantes de uma maior eficiência na utilização e afetação de recursos, com melhorias dos níveis de produção e de rendimentos e nas condições de vida dos africanos, sem embargo de um provável agravamento, desejavelmente transitório, das desigualdades económicas, sociais e territoriais, tanto no interior de cada um dos países abrangidos como entre países.

Os termos do Acordo de Kigali de 2018 podem ser considerados algo ambíguos, designadamente quanto à definição dos fins mediatos da nova Área de Comércio Livre, sobretudo no longo prazo, expressos sem grande pormenor, conforme se depreende claramente dos objetivos

H. MILNER (eds.) (1997), *The Political Economy of Regionalism: New Directions in World Politics*; Y. YAMAMOTO (ed.) (1999), *Globalism, Regionalism & Nationalism: Asia in Search of its Role in the 21st Century*; P. KNOX / J. AGNEW / L. MCCARTHY (2003), *The Geography of the World Economy: An Introduction to Economic Geography*; J. STIGLITZ (2006), *Making Globalization Work*; Idem (2016), *The Euro: How a Common Currency Threatens the Future of Europe*; P. PITTA E CUNHA (2004), *Integração Europeia*; Idem (2013), *Sombras sobre a Integração Europeia*; M. PORTO (2016), *Teoria da Integração e Políticas da União Europeia*; E. PAZ FERREIRA (2004), *Valores e Interesses: Desenvolvimento Económico e Política Comunitária de Cooperação*; *Idem* (org.) (2016), *União Europeia: Reforma ou Declínio*; *Idem* (org.) (2018), *Integração e Direito Económico Europeu*; J. RENATO GONÇALVES (2016), "Trinta anos de Portugal 'na Europa': Nem sempre a caminho da prosperidade e da coesão"; Idem (2019), *O Euro: Balanço e Perspetivas*, pp. 85 ss.

gerais enunciados no artigo 3.º e, ainda mais concretamente, de outras disposições, incluindo as que constam dos Protocolos anexos (que não serão concretizados aqui, além desta remissão sumária).

Entre os objetivos gerais enumerados encontramos a criação de «um mercado único de mercadorias e serviços», facilitado pela circulação de pessoas, com o fim de aprofundar a integração económica do continente africano, «de acordo com a Visão Pan-Africana de uma África Pacífica, Próspera e Integrada na Agenda 2063» [alínea *a)*], «mediante sucessivas rondas de negociações» [alínea *b)*], ou seja, cujas conclusão e concretização dependerão das negociações a realizar em rondas intergovernamentais, sujeitas portanto ao voto positivo unânime dos representantes dos Estados participantes, bem como do cumprimento e execução dos compromissos assumidos[242].

[242] Feitas advertências quanto às diferenças de fundo entre o processo de integração económica internacional projetado para o continente africano pelo Acordo assinado em Kigali em 2018 e o processo de integração concretizado na parte ocidental do continente europeu a partir dos anos cinquenta do século XX, importa reconhecer também diversas e relevantes semelhanças, a começar no contexto geral, de estreita conexão entre o projeto de integração económica internacional a realizar e o objetivo geral de garantir a paz, além da prosperidade, evidenciado na parte final da alínea *a)*, acabada de citar: «[...] a fim de aprofundar a integração económica do continente africano e de acordo com a Visão Pan-Africana de uma África Pacífica, Próspera e Integrada na Agenda 2063».
Se o estabelecimento de um mercado único do qual farão parte todos os Estados participantes tem por objetivos específicos a melhoria das condições e das capacidades de produção e, consequentemente, dos rendimentos das pessoas, o mesmo sendo dizer da prosperidade, das condições de vida e do bem-estar económico e social, a conexão ao objetivo geral da paz pode ser entendida em pelo menos duas perspetivas, complementares mas em larga medida indissociáveis ou indivisíveis: a paz facilita a produção e a criação de prosperidade, que poderá não ser possível manter sem ausência de conflitos, e, por outro lado, a prosperidade, assente na intensificação e persistência das relações económicas, também contribui para a manutenção da paz, sem a qual deixa de ser possível manter e aumentar a prosperidade.
Esta conexão estreita e recíproca entre paz e prosperidade foi experimentada e comprovada, em geral, noutras partes do mundo, designadamente no continente europeu, nos últimos dois séculos, antes e depois dos dois grandes conflitos armados mundiais.
É num contexto aproximável que parece enquadrar-se a referência no Acordo de Kigali de 2018 ao objetivo de estabelecer um mercado único de mercadorias e serviços, facilitado pela circulação de pessoas, «a fim de aprofundar a integração económica no continente africano e de acordo com a Visão Pan-Africana de uma África Pacífica, Próspera e Integrada na Agenda 2063».

Aponta-se, é certo, o objetivo de estabelecer «um mercado único» continental africano e são enumeradas medidas de natureza muito diversa com vista a prosseguir e alcançar esse desiderato. Trata-se, no entanto, de um objetivo programático, mediato, de longo prazo, conforme se observou no ponto antecedente, a realizar em função do que vier a ser decidido mais tarde pelos autores e «senhores» do tratado e dos respetivos protocolos, tanto os concluídos como objeto de negociações até à respetiva conclusão, quer dizer os Estados Partes que os subscreveram e se comprometeram e vincularam a cumpri-los.

Por tudo isso, após a menção a um «mercado liberalizado de mercadorias e serviços» [na alínea *b)* do citado artigo 3.º do Acordo], aponta-se o contributo esperado da nova área ou zona de comércio livre continental internacional «para a circulação de capitais e de pessoas singulares», que deverá facilitar os investimentos, «com base nas iniciativas e desenvolvimentos nos Estados Partes e nas comunidades económicas regionais» já existentes [alínea *c)*]. Mais do que expressão de simples «bom senso», reconhecem-se as vantagens das experiências anteriores de cooperação e em particular de integração económica internacional de alguns Estados africanos e do seu aproveitamento ampliado aos restantes.

O texto do Acordo remete assim para os ensinamentos gerais das ciências económicas, e em especial da Economia Internacional, sobre as vantagens do comércio internacional, em linha com a já antiga explicação pioneira de DAVID RICARDO na sua teoria das vantagens comparadas, ou dos custos comparados, inspirada na teoria das vantagens e custos absolutos de ADAM SMITH, ambas no contexto económico clássico de reconhecimento dos benefícios da «divisão do trabalho», quer no plano interno (território nacional) quer também no plano internacional.

Esta construção teórica baseia-se essencialmente nos benefícios económicos emergentes da especialização nos processos de produção, apenas alcançáveis internacionalmente com a abertura e liberalização das trocas, sem embargo de ter sido significativamente aprofundada e desenvolvida depois disso com os contributos de numerosos outros autores, incluindo os chamados neoclássicos, até aos atuais cultores desta área disciplinar, com os seus complexos e sofisticados modelos do comércio internacional[243].

[243] A remissão feita em geral sem grande precisão quer por acordos internacionais económicos quer por outras fontes de direito interno para designações, conceitos, teorias e justificações

Estas remissões, explícitas ou implícitas, dos tratados comerciais para os ensinamentos das ciências económicas, quanto às vantagens das trocas internacionais, não constituem novidade: se até à Segunda Guerra Mundial isso acontecia sobretudo em acordos bilaterais, depois passou a replicar-se quase sem exceção, tanto nos acordos bilaterais como nos cada vez mais frequentes acordos multilaterais, cujo centro, a partir de então, passaram de certo modo a ocupar. Daí a evidência, repetidamente afirmada, de que na base teórica do Acordo Geral sobre Pautas Aduaneiras e Comércio (GATT) de 1947, tal como, em geral, dos restantes acordos da Organização Mundial do Comércio (OMC), e de tantos outros acordos comerciais internacionais, se encontram sobretudo a procura e o aproveitamento das vantagens comparativas identificadas por DAVID RICARDO.

Similarmente, o Acordo que cria a nova área de comércio continental africana revela o conhecimento deste quadro referencial por parte dos Estados que o negociaram e subscreveram, designadamente ao disporem que as decisões determinantes sobre o modo como se deverá concretizar

das ciências económicas é relativamente frequente, mesmo que muitas vezes não exista coincidência de significados e o texto legal possa assumir sentidos diversos (por exemplo, as noções económicas de mercado, concorrência, trabalho, entre muitas outras, não coincidem geralmente com as noções jurídicas homónimas, independentemente de estas últimas serem em regra inspiradas de perto por aquelas, e vice-versa).

No caso das explicações das vantagens económicas do comércio internacional, o Acordo assinado em Kigali em 2018 segue, como tantos outros tratados internacionais de âmbito económico anteriores, incluindo o GATT de 1947 e de 1994, administrado pela Organização Mundial do Comércio, o entendimento amplamente aceite assente ainda hoje na teoria das vantagens e dos custos comparados de DAVID RICARDO, por seu turno inspirada na teoria dos custos absolutos de ADAM SMITH, embora levando em conta os numerosos contributos complementares de outros autores até ao presente, reunidos nos atuais, complexos e sofisticados modelos de comércio internacional – com limites conhecidos e, entre os mais relevantes, a circunstância de incidirem essencialmente sobre variáveis económicas, abstraindo assim da natureza dos Estados enquanto entes soberanos e, em consequência, dos seus diversos interesses, muito transversais (ou seja, não estritamente económicos).

Sobre o tema, além dos autores e obras já citados, pode cf., designadamente, J. JACKSON (1997), *The World Trading System*, 2.ª ed.; B. HOEKMAN / M. KOSTECKI (2001), *The Political Economy of the World Trading System: The WTO and Beyond*, 2.ª ed.; A. LOWENFELD (2008), *International Economic Law*, 2.ª ed.; A. QURESHI / A. ZIEGLER (2011), *International Economic Law*, 3.ª ed.; G. CISTAC (2012), *Aspectos Jurídicos da Integração Regional*; M. HERDEGEN (2016), *Principles of International Economic Law*, 2.ª ed.; D. CARREAU / P. JUILLARD (2017), *Droit International Économique*, 6.ª ed.

caberão sempre a eles próprios, às vontades que entenderem manifestar, às negociações que desenvolverem, às políticas que decidirem prosseguir, enquanto entes soberanos que são, bem assim ao indicarem como exemplos ou modelos a seguir as experiências realizadas por alguns deles, em especial através das Comunidades Económicas Regionais africanas existentes, à luz da ponderação sobre os benefícios e os custos e constrangimentos do seu funcionamento.

Foram enumerados, no Acordo de Kigali de 2018, objetivos gerais e abstratos, pouco precisos e difíceis ou impossíveis de calcular e comparar, como os contributos «para a circulação de capitais e de pessoas singulares», para facilitar os «investimentos» [na al. *c)*, citada], para «estabelecer as bases para a criação de uma união aduaneira continental numa fase posterior» [al. *d)*], para «promover e alcançar um desenvolvimento socioeconómico sustentável e inclusivo, igualdade do género e a transformação estrutural dos Estados Partes» [al. *e)*], para «reforçar a competitividade das economias dos Estados Partes no mercado continental e mundial» [al. *f)*], para «promover o desenvolvimento industrial através da diversificação e o desenvolvimento das cadeiras de valor regionais, o desenvolvimento da agricultura e a segurança alimentar» [al. *g)*] e para «resolver os desafios relacionados com a adesão múltipla e a sobreposição dos membros, bem como acelerar os processos de integração regional e continental» [al. *h)*].

Trata-se, quase invariavelmente, de objetivos amplos e de âmbito predominantemente económico, escassamente determinados, quer do ponto de vista jurídico como económico, prosseguidos tipicamente no âmbito de políticas internas (nacionais), apesar de, mesmo nesse contexto, deverem ser concretizados tendo por referência metas quantificadas a alcançar. Até os objetivos jurídica e economicamente mais precisos, como a criação de uma «união aduaneira», incidem, desde o início, no estabelecimento das suas «bases», ficando a respetiva concretização para uma «fase posterior», em função das negociações a prosseguir e dos acordos que consigam concluir.

A solução do Acordo de Kigali reflete, pois, uma perceção escrupulosa da grandeza dos objetivos fixados, bem como das dificuldades que cedo ou tarde terão de ser enfrentadas, perante as divergências das situações, dos interesses, das circunstâncias e, em consequência, das vontades de cada país e sociedade participantes, variáveis com o tempo.

Ir mais além, desde já, seria porventura confundir a situação atual de África com a experiência e o processo de integração económica internacional europeia, muito mais intenso, conforme se apontou, e que, por isso, pudesse julgar que as circunstâncias continentais em análise se assimilariam já às do outro continente, o que não encontra correspondência na realidade, ou ainda que esquecesse ou que pretendesse minorar o impacto dos desafios e obstáculos que tiveram e continuarão a ter de ser satisfatoriamente defrontados e resolvidos[244].

Mais relevante e desafiante será a circunstância de no continente africano existirem já oito áreas de comércio livre ou uniões aduaneiras, com regimes jurídicos específicos, designadas no Acordo por Comunidades Económicas Regionais (CER). Estas áreas de cooperação mais intensa e de integração económica internacional em África, restrita a domínios específicos como é o do comércio internacional, com dimensão geográfica infracontinental, não foram objeto de fusão ou de «absorção» em Kigali, pelo que continuarão a vigorar, paralelamente à Zona de Comércio Livre Continental Africana.

[244] Pode, no entanto, alegar (alguma) falta de ambição no projeto de criação da Zona de Comércio Livre Continental Africana procedendo ao cotejo das soluções jurídicas e económicas apresentadas com as resultantes, primeiramente, da celebração e sobretudo da aplicação ativa ou voluntarista, criativa e criadora, do Acordo Geral sobre Pautas Aduaneiras (GATT) de 1947 e, mais tarde, do conjunto dos Acordos da Organização Mundial do Comércio (OMC) de 1994.
Algumas das soluções mais eficazes de ordenação e facilitação do comércio internacional, bem como de resolução dos conflitos dele emergentes, não foram acolhidos na versão originária do Acordo de Kigali de 2018 e respetivos Protocolos, em parte porque, conforme se afirma no seu texto, a base legal e económica escolhida para o estabelecimento da nova área de livre comércio ser formada pelas (oito) áreas de cooperação e integração económica internacional existentes no continente africano (designadas Comunidades Económicas Regionais – CER, apesar da respetiva natureza não depender da designação oficial atribuída).
Especificamente quanto aos desafios enfrentados pela União Europeia, sobretudo nos anos mais recentes, pode cf., entre outros, P. Pitta e Cunha (2013), *Sombras sobre a Integração Europeia*, cit.; M. Porto (2016), *Teoria da Integração e Políticas da União Europeia*, cit.; E. Paz Ferreira (org.) (2016), *União Europeia: Reforma ou Declínio*, cit.; *Idem* (org.) (2018-2022), *Integração e Direito Económico Europeu*, cit.; J. Renato Gonçalves (2016), "Trinta anos de Portugal 'na Europa': Nem sempre a caminho da prosperidade e da coesão", cit.; Idem (2019), *O Euro: Balanço e Perspetivas*, cit.; J. Stiglitz (2016), *The Euro: How a Common Currency Threatens the Future of Europe*, cit.

Neste quadro, a experiência e o acervo adquiridos pelas Comunidades Económicas Regionais africanas, antes de mais no atinente às regras de organização e funcionamento de uma área de livre comércio ou de uma união aduaneira, servem de modelo inspirador, incluindo o caso da «União Aduaneira Continental» africana, no âmbito da qual se previu o estabelecimento de uma tarifa externa comum, em conformidade com o Tratado de 1991 que instituiu uma Comunidade Económica Africana, apesar de, neste caso particular, o respetivo objeto ter sido absorvido pelo Acordo de Kigali de 2018, sem prejuízo de a aplicação do mesmo não se verificar imediatamente.

Acrescente-se que o disposto no artigo 19.º do Acordo não deixará de colocar problemas de articulação entre os diferentes regimes jurídicos das várias Comunidades Económicas Regionais africanas, potencialmente aplicáveis enquanto se mantiverem, e o da nova Zona de Comércio Livre Continental Africana, desde o início da vigência desta e depois disso, no médio e eventualmente longo prazo. Todavia, não deve afastar-se a possibilidade, certamente pretendida, de aquelas comunidades regionais e os respetivos regimes «se diluírem» ou serem «absorvidos» gradualmente por aquela, quando e nos termos em que se concluírem com êxito as negociações sobre o aprofundamento e completamento, ou não, do projeto[245].

Como a Zona de Comércio Livre Continental Africana tem essencialmente por objetivo, desde o início, a redução das barreiras ao comércio internacional, a primeira «solução» do Acordo institutivo consistiu em utilizar ou aproveitar os instrumentos, as metodologias e as experiências daquelas comunidades mais restritas de integração económica como exemplos inspiradores de estratégias, eventualmente extensíveis às restantes Partes contratantes, se assim for atendido e aceite, com vista à concretização gradual da nova área ampliada de livre comércio continental, incluindo o estabelecimento de uma união aduaneira de igual dimensão.

[245] No n.º 1 do artigo 19.º do Acordo que cria a Zona de Comércio Livre Continental Africana dispõe-se que este prevalece, em caso de conflito, sobre qualquer outro acordo regional, «salvo disposição em contrário do presente Acordo», e no n.º 2 que «os Estados Partes que são membros de outras comunidades económicas regionais, de outros acordos comerciais regionais e de outras uniões aduaneiras, e que tenham alcançado entre si nível [mais] elevados de integração regional que os previstos no presente Acordo, mantêm esses níveis [mais] elevados entre si».

Uma nota ainda acerca dos objetivos específicos do Acordo que cria a Zona de Comércio Livre Continental Africana, assim enumerados no artigo 4.º: eliminar progressivamente as barreiras tarifárias e não tarifárias ao comércio de mercadorias [alínea *a)*] e liberalizar progressivamente o comércio de serviços [alínea *b)*], bem como cooperar em todos os (restantes) domínios ligados ao comércio: no âmbito do investimento, direitos de propriedade intelectual e política de concorrência, nos domínios aduaneiros e na implementação de medidas de facilitação do comércio [alíneas *d)*, *c)* e *e)*], além da criação e funcionamento de um mecanismo para a resolução de litígios relacionados com os seus direitos e obrigações e de um quadro institucional encarregado de aplicar e administrar a nova área de comércio livre [alíneas *f)* e *g)*].

Constituem assim objetivos específicos do Acordo a abertura ou liberalização gradual do comércio internacional de mercadorias e de serviços, no primeiro caso mediante a eliminação progressiva das barreiras tarifárias e não tarifárias, a cooperação em geral na facilitação do comércio internacional, a criação de um mecanismo próprio de resolução de litígios comerciais internacionais, bem como de instituições que contribuam e garantam o cumprimento das regras estabelecidas.

No essencial, correspondem aos instrumentos de concretização imediata, no curto e médio prazo, dos objetivos gerais atrás mencionados.

3.2. Princípios gerais, âmbito material e compromisso único

O enunciado dos princípios da Zona de Comércio Livre Continental Africana, no artigo 5.º do Acordo, é, mais ainda do que a listagem dos objetivos gerais e do que a dos objetivos específicos, elucidativo do que realmente se teve (e continua decerto a ter) em mira, e, consequentemente, do que está realmente em jogo no presente e que continuará provavelmente no centro das discussões no futuro, apesar das dúvidas com que logo nos defrontamos sobre a exatidão e o alcance desses diversos princípios.

Independentemente do conteúdo e das relações de prevalência e exigências de articulação entre os princípios gerais enumerados no artigo 5.º do Acordo assinado em Kigali, não tendo esses princípios de ser, nem sendo, concordantes entre si, seguro é que com eles se procura atender aos desafios históricos e políticos, económicos e sociais, nem sempre coincidentes ou sequer conciliáveis, dos vários Estados Partes, o mesmo correspondendo a reconhecer a «geometria variável» existente entre eles, considerando-se por isso úteis e porventura imprescindíveis a «flexibilidade e (o) tratamento especial diferenciado», bem como a transparência, a «preservação do acervo» já adquirido ou experimentado até ao presente, além do «tratamento da nação mais favorecida», do «tratamento nacional», da «reciprocidade», da «liberalização substancial» e não meramente formal, do consenso na tomada de decisões e das «melhores práticas nas CER, nos Estados partes e [nas] Convenções Internacionais que vinculam a União Africana».

Os princípios enunciados no Acordo que cria a Zona de Comércio Livre Continental Africana refletem a influência direta de algumas das principais fontes do Direito Internacional Económico relativas ao comércio internacional, umas em vigor praticamente desde o final da Segunda Guerra Mundial, tendo por ponto referencial o Acordo Geral sobre Pautas Aduaneiras e Comércio (GATT) de 1947 e, a partir de 1994, o Acordo que institui a Organização Mundial do Comércio (OMC) e os seus anexos, incluindo o GATT, bem como a longa, diversificada e, também por isso, frutífera experiência de aplicação evolutiva das disposições em vigor, ora criticada por pôr em risco a unidade do sistema, ora aplaudida e incentivada por ter permitido e continuar a permitir melhor defrontar e ultrapassar dificuldades e divergências favorecidas por tantos casuísmos e segmentações de interesses e vontades nacionais.

A ordem seguida no texto do Acordo de Kigali de 2018 para enumerar os princípios gerais sugere uma preferência pelas especificidades das Partes, ou seja, pelos casuísmos nacionais criativos, levando em conta a «geometria variável» de pretensões internas e baseando-se nas estratégias e nas experiências particulares dos Estados membros da União Africana e por eles consideradas mais adequadas e vantajosas, designadamente através da decisão de participação nas Comunidades Económicas Regionais por eles criadas e da vinculação a Convenções Internacionais celebradas pela União Africana, dependendo em qualquer caso, dir-se-ia realisticamente, do quase sempre difícil consenso na tomada de decisões.

O mencionado princípio do casuísmo, inerentemente criativo, e de «geometria variável», com «flexibilidade e tratamento especial diferenciado», constituirá, provavelmente, a chave explicativa do grau de intensidade, do ritmo e da própria natureza da concretização e consolidação da Zona de

Comércio Livre Continental Africana, assente simultaneamente, por um lado, na não discriminação dos Estados participantes (com «tratamento da nação mais favorecida» e também «tratamento nacional») e, por outro lado, na «flexibilidade e tratamento especial diferenciado», com «reciprocidade» e «consenso na tomada de decisões», equilíbrios exigentes logo no decurso dos processos de negociações e também posteriormente, mas imprescindíveis em face das circunstâncias específicas para garantir a «liberalização substancial» e eficaz do comércio internacional.

Os benefícios identificados decorrentes da adesão e do compromisso com o princípio da «flexibilidade e tratamento especial diferenciado», com reciprocidade e (amplo) consenso na tomada de decisões, proclamados pela União Africana e, especialmente, no quadro da Zona de Comércio Livre Continental Africana, servem e devem servir, ou pelo menos deveriam servir, de inspiração promissora, no presente e de ora em diante, *mutatis mutandis*, para outras organizações internacionais de integração económica regional, incluindo para aquela cuja evolução e cujo aprofundamento a tornaram modelar à escala praticamente universal, a União Europeia, recentemente atingida pela saída inédita de um Estado membro, o Reino Unido, prova máxima da gravíssima crise de insatisfação e de dissensão com, pelo menos, o percurso (mais) recente e o rumo essencial já determinado e expectável, em função das escolhas e decisões tomadas pelos Estados membros e pelos próprios órgãos ou «instituições» da organização.

Uma questão relevante respeita às relações de equilíbrio e de prevalência entre, de uma banda, o princípio nuclear do compromisso único, afirmado no n.º 2 do artigo 8.º e refletido diretamente na proibição da formulação de reservas ao Acordo, prevista no artigo 25.º, entre as várias Disposições Finais que formam a Parte VII (artigos 21.º a 30.º), sem prejuízo da admissão de dispensa ou isenção de obrigações de um Estado Parte, mas apenas «em circunstâncias excecionais» (artigo 15.º), e, de outra banda, os restantes princípios, baseados sobretudo na flexibilidade e na diferenciação.

Não tendo o texto do Acordo de Kigali de 2018 esclarecido expressamente as dúvidas sobre as relações e a posição hierárquica do «compromisso único» assumido em face dos restantes princípios, como os da flexibilidade e diferenciação, terão as mesmas de ser respondidas, se não de outro modo, com as posições e medidas casuísticas encontradas com o decurso do tempo, através das consecutivas manifestações de vontade e decisões, tanto por parte dos Estados Partes como no âmbito da própria Zona de Comércio Livre Continental Africana e nas relações com as Comunidades Económicas Regionais subsistentes, sendo certamente útil olhar para a doutrina e a jurisprudência desenvolvidas em torno dos problemas e princípios correspondentes, primeiro no âmbito do GATT e depois no quadro da Organização Mundial do Comércio[246].

As dificuldades experimentadas internacionalmente neste domínio, tendo em vista alcançar e preservar o objetivo de funcionamento com eficiência e eficácia de um sistema comercial internacional estável e seguro, sem o qual não é viável expandir e garantir a prosperidade, não impediram nem desincentivaram os Estados subscritores do Acordo de Kigali de 2018 de reconhecerem os desafios colocados e de aceitarem e elegerem soluções ditas de «geometria variável», flexíveis, por isso mais realistas, em face das múltiplas e exigentes especificidades nacionais, apesar de com prejuízo, muitas vezes sério, da unidade do conjunto.

A propósito desta questão central da unidade do sistema, importa notar o disposto no artigo 15.º do Acordo, com natureza substantiva, não apenas

[246] A afirmação do princípio basilar do «compromisso único» (*single undertaking*) foi uma das inovações mais relevantes do oitavo ciclo de negociações do GATT, o *Uruguay round*, desde meados dos anos oitenta até meados dos anos noventa do século passado, por permitir conciliar a reciprocidade de concessões entre os membros da então gizada Organização Mundial do Comércio (OMC) e a pretendida igualdade «real» entre eles.
Perante a constatação de que o funcionamento da cláusula da nação mais favorecida na versão incondicional dificultava a condução das negociações comerciais multilaterais, por «impedir» que as Partes se afastassem de um mínimo «denominador comum», com o desiderato de obterem maiores concessões.
Compreensivelmente, apenas uma minoria das Partes envolvidas, com maior interesse em cada negociação concreta, se disporá a ir além de um denominador mínimo de interesses, patamar que se traduzirá depois em vantagens objetivas para as restantes Partes contratantes não envolvidas nas negociações e que, por isso, não aceitaram vincular-se por quaisquer concessões e que, desse modo, passariam a beneficiar com a extensão da abertura às trocas internacionais resultante das negociações, sem se sujeitarem sequer a compromissos de assegurar acesso equiparável aos bens ou aos fornecedores de serviços estrangeiros no mercado interno.
Este efeito económico de aproveitamento de uns países em relação a outros, no âmbito de negociações comerciais internacionais em que não seja alcançado um bloco de compromissos idêntico para todos, é designado por «efeito de boleia» (*free ride*). Sobre o tema, pode cf. obras e autores anteriormente citados.

institucional, apesar de inserido na Parte III, relativa a Administração e Organização da Zona de Comércio Livre Continental Africana, sobre a possibilidade de isenção das obrigações dos Estados Partes, um mecanismo muito conhecido e abundantemente utilizado em anteriores e atuais experiências de cooperação económica internacional, quer de alcance regional quer de alcance praticamente universal nas últimas décadas, há pouco mencionadas e tradução da abertura à diferenciação e consequentes ameaças à unidade sistemática, em face particularmente do «compromisso único» proclamado no artigo 8.º, que abrange, além do próprio Acordo, com a respetiva adoção, todos os seus Protocolos, Anexos e Apêndices.

Apesar de, formalmente, não se encontrar entre os princípios gerais da Zona de Comércio Livre Continental Africana, o significado e as implicações sistemáticas do compromisso único, garante da unidade do conjunto, não permitirão que se possa prescindir logicamente do seu efeito transversal estruturante e agregador do sistema criado, assente na posição jurídica de preeminência do Acordo e seus Protocolos, Anexos e Apêndices (por força do citado artigo 8.º), com a consequente interdição de quaisquer reservas ao mesmo (conforme decorre do artigo 25.º), exceto quando tiverem sido expressamente admitidas, a título excecional, com consequente sujeição a interpretação restritiva, similarmente a uma das mais relevantes alterações e inovações do Acordo de 1994 que criou a Organização Mundial do Comércio (OMC) e desde então passou a regê-la[247].

[247] Em termos comparáveis aos do Acordo de Marraquexe de 1994 que criou a Organização Mundial do Comércio (OMC), dispõe o Acordo de Kigali de 2018 que, após a sua entrada em vigor, passam a formar um «compromisso único» os Protocolos relativos ao Comércio de Mercadorias, ao Comércio de Serviços, aos Investimentos, aos Direitos de Propriedade Intelectual, à Política de Concorrência e as Regras e Procedimentos para a Resolução de Litígios e seus respetivos Anexos e Apêndices (n.º 2 do artigo 8.º), incluindo-se no mesmo bloco jurídico os «instrumentos suplementares, considerados necessários no âmbito do presente Acordo», após a sua adoção, para a prossecução dos objetivos da Zona de Comércio Livre Continental Africana (n.º 3 do artigo 8.º).
Obviamente, encontrar uma solução e proclamá-la numa fonte jurídica, por maior precisão, eficácia e proeminência que tenha, não basta para que o problema que se pretende justificadamente afastar seja efetivamente impedido de ocorrer, seja no quadro de uma organização de cooperação económica internacional, regional ou (quase) universal ou mesmo de integração económica internacional regional, conforme a história recente parece voltar a «ruidosamente»

Segundo o artigo 25.º, «não podem ser formuladas quaisquer reservas» ao Acordo por uma das Partes contraentes, mas, «em circunstâncias excecionais», são permitidas «isenções», em conformidade com o previsto no artigo 15.º: o Conselho de Ministros «pode dispensar de uma obrigação um Estado Parte», a pedido desta ou de outra Parte, «desde que tal decisão seja tomada por uma maioria de três quartos dos Estados Partes, na ausência de consenso» (n.º 1 do artigo 15.º). As isenções licitamente concedidas ficam sujeitas ao cumprimento de termos e condições. Em primeiro lugar, devem «mencionar as circunstâncias excecionais que justifiquem tal decisão, os termos e as condições que regem a aplicação desta isenção, bem como a data em que termina» (n.º 3 do artigo 15.º).

Além de justificadas por circunstâncias excecionais admitidas, as isenções são temporárias, pelo que a decisão que as conceda deverá fixar a data em que terminam. E quando a isenção for concedida por um período superior a um ano, deverá ser revista pelo Conselho de Ministros decorrido um ano após o ato de concessão, e o mesmo em todos os anos subsequentes, até ao seu termo, mediante a verificação da existência das circunstâncias excecionais que a justificaram, bem como do cumprimento dos termos e condições anteriormente fixados, com consequente prorrogação, modificação ou revogação da medida (n.º 3, citado).

No que respeita à maioria qualificada (de ¾) exigida para tomar a decisão de concessão de uma isenção a um Estado Parte, que se trata de uma «questão de fundo», não-procedimental, note-se que é menos exigente do que a regra geral do consenso, prevista no n.º 1 do artigo 14.º – sem embargo da exigência de tomada de decisão por consenso no caso da concessão de isenções relativas a «qualquer obrigação sujeita a um período de transição ou implementação faseada não cumprida pelo Estado Parte até ao término do período definido», explicitada na nota inserida no n.º 1 do artigo 15.º.

comprovar, sobretudo quando estão ou estiverem em jogo posições de Estados com maior peso e influência («potências» económicas e políticas), quando discordem e sobretudo não considerem toleráveis à luz dos seus interesses essenciais os «equilíbrios» existentes ou em formação, e por isso pretendam uma reformulação da ordem vigente, para a tornar menos injusta ou mais justa e equilibrada no (novo) contexto atual.

3.3. Gradualismo, preferências continentais e transparência

O âmbito material do Acordo de Kigali de 2018 encontra-se fixado no artigo 6.º: abrange o comércio (internacional) de mercadorias e de serviços, o investimento, direitos de propriedade intelectual e a política de concorrência. Todavia, só entraram em vigor, conjuntamente com o Acordo e dele fazendo parte integrante (cf. artigo 8.º, n.º 1), os Protocolos relativos ao Comércio de Mercadorias (*i*) e ao Comércio de Serviços (*ii*), bem como as Normas e Procedimentos para a Resolução de Litígios (*iii*), trinta dias após o depósito do vigésimo segundo instrumento de ratificação (ocorrido a 29 de abril de 2019), conforme previsto no artigo 23.º, n.º 1.

A concretização gradual da Zona de Comércio Livre Continental Africana depende das negociações a realizar e concluir, importando enunciar as respetivas fases.

Na Fase I, fechada em Kigali, foram aprovados protocolos de liberalização e de facilitação do comércio de mercadorias e de serviços, incluindo a redução de cerca de 90% de direitos aduaneiros, com exclusão de 3% dos bens, a adoção de regras de origem e cooperação aduaneira, bem como procedimentos de resolução de litígios. Com a 12.ª sessão extraordinária da Zona de Comércio Livre Continental Africana, de 7 de julho de 2019, ficaram ativados vários instrumentos operacionais de governação, respetivamente sobre regras de origem, monitorização e eliminação de barreiras não-tarifárias, um fórum negocial *online*, um sistema digital de pagamentos e o Observatório Comercial Africano. As concessões tarifárias e outros compromissos específicos continuariam a ser debatidas entre as Partes.

Quanto às negociações da Fase II de concretização a Zona de Comércio Livre Continental Africana, previstas no artigo 7.º, sobre direitos de propriedade intelectual, investimento e política de concorrência, domínios mais sensíveis e complexos do comércio internacional, como demonstrado no decurso das últimas décadas, no âmbito do GATT e da OMC, iniciaram-se em fevereiro de 2019, «após a adoção do (presente) Acordo» (n.º 2), para serem prosseguidas depois em rondas sucessivas, esperando-se, na altura, que pudessem ficar encerradas no ano 2020.

Além dos Protocolos relativos, respetivamente, ao Comércio de Mercadorias e ao Comércio de Serviços e contendo as Normas e Procedimentos para a Resolução de Litígios, farão ainda parte integrante do Acordo que cria a Zona de Comércio Livre Continental Africana assinado em Kigali os Protocolos referentes ao Investimento, aos Direitos de Propriedade Intelectual e à Política de Concorrência, bem como os respetivos Anexos e Apêndices (n.º 1 do artigo 8.º). Todos formam, conforme salientado, um «compromisso único» (n.º 2), incluindo-se no mesmo bloco jurídico os «instrumentos suplementares, considerados necessários», após a respetiva adoção, para prossecução dos objetivos da Zona de Comércio Livre Continental Africana (n.º 3 do mesmo artigo 8.º).

Como é sabido, o multilateralismo que caracteriza a atual ordem económica internacional, traçada nas suas principais linhas pelo Acordo Geral sobre Pautas Aduaneiras e Comércio (GATT) de 1947, que se manteve em vigor, na versão de 1994, em conjunto com outros acordos que regem o comércio internacional, no quadro do Ato Final de Marraquexe que criou a Organização Mundial do Comércio (OMC), assenta num princípio geral de não discriminação, em primeiro lugar, não discriminação em razão do país de origem dos bens ou da nacionalidade dos produtores e prestadores de bens e serviços, falando-se a esse propósito numa cláusula dita «da nação mais favorecida», segundo a qual as Partes contratantes se comprometem a garantir a todos os seus parceiros comerciais, subscritores do mesmo acordo, as condições mais vantajosas concedidas a qualquer outra Parte e, mais ainda, em segundo lugar, não discriminação até entre produtos e produtores nacionais e produtos e produtores estrangeiros, após a entrada desses bens, e eventualmente de prestadores de serviços, no território interno, o que pode obrigar, e tipicamente obriga, ao pagamento de certos encargos, como direitos aduaneiros, falando-se a este propósito em cláusula do «tratamento nacional».

O princípio geral da não discriminação em razão da origem e da nacionalidade e as duas cláusulas indicadas, da nação mais favorecida e do tratamento nacional, têm em vista, evidentemente, facilitar as trocas internacionais, garantindo que os entraves permitidos sejam, primeiro, os mais reduzidos ou menos onerosos para quem tiver de os suportar e, segundo, que não possam variar arbitrariamente consoante a origem ou nacionalidade por vontade volátil das autoridades de um território, por se acreditar, é claro, nas vantagens gerais do comércio internacional, do ponto de vista económico, persistentemente afirmadas pelos cultores da Economia e em especial da Economia Internacional.

A não discriminação no comércio internacional, amplamente concretizada através da aplicação das cláusulas da nação mais favorecida e do tratamento nacional, por seu turno prevenida, verificada e garantida pelos mecanismos e obrigações de transparência das regras e práticas administrativas públicas neste domínio, veda em regra quaisquer preferências em razão da origem dos bens e da nacionalidade dos prestadores de serviços quando atuam nos mercados internos dos países. Por isso, todas as preferências ou discriminações desta natureza entre países serão proibidas, por força antes de mais do disposto nos artigos I e III do GATT, quanto ao comércio de mercadorias, e em vários outros acordos comerciais internacionais, além dos abrangidos pela Organização Mundial do Comércio.

As preferências comerciais, por natureza discriminatórias e, consequentemente, prejudiciais, à luz da teoria económica das vantagens comparativas, somente poderão ser permitidas a título excecional, quando determinados valores ponderosos justifiquem essa discriminação. Uma das exceções clássicas à cláusula da nação mais favorecida, permitida pelo GATT, no artigo XXIV, é a criação de uma Zona de Comércio Livre ou de uma União Aduaneira entre alguns membros ou partes, quando cumpridos determinados requisitos, que encontramos abreviadamente referenciados, *mutatis mutandis*, para a Zona de Comércio Livre Continental Africana, no n.º 2 do artigo 19.º do respetivo Acordo institutivo[248].

Admitem-se as vantagens gerais de um grau crescente de integração económica internacional – assim erigido em objetivo comum de relacionamento económico entre Estados e territórios independentes no domínio aduaneiro, pretensamente alheio ou «indiferente» ao reconhecimento

[248] Estabelece o Artigo XXIV-4 do GATT (Acordo Geral de Pautas Aduaneiras e Comércio) que «a criação de uma união aduaneira ou de uma zona de comércio livre deve ter por objetivo facilitar o comércio entre os territórios constitutivos e não opor obstáculos ao comércio de outras partes contratantes [*retius* de outros (Estados) membros] com estes territórios».
Quanto ao Acordo que cria a Zona de Comércio Livre Continental Africana, recorde-se que, após afirmar, no n.º 1 do artigo 19.º, a prevalência do mesmo, em caso de conflito, sobre qualquer outro acordo regional, «salvo disposição em contrário do presente Acordo», dispõe no n.º 2 que «os Estados Partes que são membros de outras comunidades económicas regionais, de outros acordos comerciais regionais e de outras uniões aduaneiras, e que tenham alcançado entre si níveis [mais] elevados de integração regional que os previstos no presente Acordo, mantêm esses níveis [mais] elevados entre si».

da respetiva soberania política – e, por isso, as Partes que participem nessas iniciativas e organizações de integração poderão, excecionalmente, estabelecer preferências entre elas. É neste quadro que poderá entender-se como justificada a concessão de preferências continentais, prevista no artigo 18.º do Acordo, sendo os Estados Partes também membros da Organização Mundial do Comércio.

Efetivamente, as Partes «concedem mutuamente, numa base recíproca, preferências não menos favoráveis das que são concedidas a terceiros no quadro da aplicação do presente Acordo» (n.º 1 do artigo 18.º). Não se trata de uma cláusula da nação mais favorecida típica, garantia de um tratamento igual e verdadeiramente não discriminatório, porque se admite a concessão de preferências mais favoráveis do que as facultadas a terceiros; somente ficam vedadas as preferências menos favoráveis.

Acresce ainda a circunstância de se estabelecer que as vantagens concedidas são-no «mutuamente, numa base recíproca», um método menos ambicioso do que o preconizado, com impressionante eficácia, primeiro (em escala ampliada) no âmbito do Acordo Geral sobre Pautas Aduaneiras e Comércio (GATT) de 1947 e, mais recentemente, no quadro (ainda mais vasto, quase universal) da Organização Mundial do Comércio (OMC), embora com efeitos e custos pesados para os restantes membros, devido ao aproveitamento por parte de apenas algum ou alguns deles, efeitos prejudiciais que, se ficaram (ou se pressupôs que o estavam a ser) confinados, pelo menos no plano dos princípios, durante certo tempo, veio a constatar-se depois, porventura tarde de mais (agora?), que o *free ride* de algum ou alguns, em razão da sua dimensão e do impacto dos seus comportamentos e práticas, com custos elevados, pode simplesmente deixar de continuar a ser tolerado ou suportado por outros.

Previdentemente, no caso da Zona de Comércio Livre Continental Africana, fez-se depender a concretização das preferências continentais de negociações baseadas na reciprocidade, tendo em conta análises históricas e casuísticas. Sem embargo de se reconhecer a urgência da concessão de preferências continentais, pelos respetivos efeitos vantajosos; por isso se incentivou a abertura de negociações imediatas, «antes da entrada em vigor do presente Acordo», com esse desiderato, e se fez depender o impulso também de uma base recíproca (n.º 2 do artigo 18.º).

A propósito das preferências continentais, o Acordo «não anula, nem altera ou revoga os direitos e obrigações decorrentes de acordos comerciais pré-existentes que os Estados Partes tenham celebrado com terceiros» (n.º 3 do mesmo artigo 18.º).

Quanto à transparência das regras comerciais e sua aplicação pelas autoridades, é crucial em sociedades e economias abertas, nas quais o mercado desempenha a função essencial de permitir o encontro de vontades entre vendedores e compradores de bens, identificando-se assim as necessidades e as preferências das pessoas e promovendo-se a produção e oferta dos bens com qualidade e respeito da segurança e outros direitos dos consumidores, aos preços mais baixos, por efeito do funcionamento da concorrência, que, mesmo não sendo perfeita, contribui para a promoção da eficiência na produção e na circulação dos bens.

Sem conhecimento das características dos bens disponíveis e também das regras de funcionamento dos mercados, não será possível atingir um nível elevado de eficiência económica que poderá ser aproveitado por cada vez mais agentes económicos, desde a produção ao consumo, graças aos contributos dos numerosos desenvolvimentos tecnológicos e de outra natureza, obviamente se os mesmos forem conhecidos generalizadamente e puderem ser transmitidos facilmente e eficazmente aproveitados, num quadro dinâmico de especialização produtiva que os autores clássicos, desde Adam Smith, designaram por «divisão do trabalho», tanto em geral no plano interno, como no plano internacional, que mais importa agora.

Daí a necessidade crucial do conhecimento por todos das regras comerciais em vigor e aplicadas e das práticas administrativas, aduaneiras e fiscais no domínio comercial, interno e internacional, ou seja, do que designamos por «transparência» de leis, de regulamentos, de procedimentos e de decisões administrativas de aplicação geral e de quaisquer outros compromissos existentes relativos a questões comerciais.

As soluções encontradas no domínio da transparência pelo Acordo que cria a Zona de Comércio Livre Continental Africana não são inovadoras, nem tinham ou deveriam sê-lo, seguindo de perto as anteriormente adotadas pelo Acordo Geral sobre Direitos Aduaneiros e Comércio (GATT) de 1947 e, mais tarde, também pelos Acordos da Organização Mundial do Comércio (OMC) em vigor:

- por um lado, através da obrigação de cada Estado Parte publicar as suas leis, regulamentos, procedimentos e decisões em matéria comercial, em jornais ou boletins informativos oficiais ou por quaisquer outros meios acessíveis por parte da generalidade das pessoas (pelo «público»), incluindo através internet, numa das línguas da União Africana (n.º 1 do artigo 16.º), e,

- por outro lado, através da obrigação de cada Estado Parte notificar «as leis, os regulamentos, os procedimentos e as decisões administrativas de aplicação geral, bem como quaisquer outros compromissos assumidos no âmbito de um acordo internacional relativo a quaisquer questões comerciais abrangidas pelo presente Acordo e adotados após a sua entrada em vigor», numa das línguas de trabalho da União Africana aos outros Estados Partes, através do Secretariado (n.º 1 do artigo 17.º).

A obrigação de publicação imediata das leis, regulamentos, procedimentos e decisões em matéria comercial, prevista no Acordo, não exige, porém, de qualquer Estado Parte, a divulgação de «informações confidenciais que possam impedir a aplicação da lei ou que sejam contrárias ao interesse público ou prejudiquem o interesse comercial legítimo de determinadas empresas públicas e privadas» (n.º 2 do artigo 16.º), sendo clara a ampla margem de liberdade reconhecida aos Estados Partes na definição das informações sujeitas a reserva.

Contudo, quanto à obrigação de notificação de leis, regulamentos, procedimentos e decisões, incide quer sobre qualquer medida efetiva como sobre qualquer proposta que cada Estado Parte «considere que venha a afetar significativamente a execução do presente Acordo ou prejudicar substancialmente os interesses» de outro(s) Estado(s) Parte(s), conforme disposto no n.º 2 do artigo 17.º. Apesar das exceções admitidas relativamente à confidencialidade de certas informações, a regra prevalente é a da transparência, não apenas da lei como também de regulamentos, procedimentos e decisões, incluindo por isso a prática das autoridades em matéria comercial.

De qualquer modo, para garantir que a única finalidade da transparência é o conhecimento público das regras em vigor e dos procedimentos tal como são aplicados, dispõe-se que a pedido de um Estado Parte, através do Secretariado, outro Estado Parte deve «fornecer prontamente informações e responder às questões referentes a uma medida efetiva ou proposta, independentemente de o outro Estado Parte ter sido ou não previamente notificado sobre esta medida» (n.º 3 do artigo 17.º).

Enfim, esclarece o n.º 4 do mesmo artigo (17.º) que «qualquer notificação ou informação fornecida nos termos do presente artigo não deve interferir na conformidade com o presente Acordo». Avançou-se, pois, «quanto possível» nos compromissos dos Estados Partes relativamente à transparência, sem deixar de reconhecer uma margem muito ampla na definição do que entenderem ser informações confidenciais («que possam impedir a aplicação da lei ou que sejam contrárias ao interesse público ou prejudiquem o interesse comercial legítimo de determinadas empresas públicas e privadas» – conforme prescrito no citado artigo 16.º, n.º 2).

3.4. Quadro institucional, tomada de decisão, resolução de conflitos e perspetivas

Na Parte III do Acordo que cria a Zona de Comércio Livre Continental Africana, que inclui os artigos 9.º a 15.º, sobre Administração e Organização, encontramos as disposições fundamentais sobre o quadro institucional da nova área de comércio livre internacional, que compreende os seguintes quatro órgãos (os primeiros são designados «instituições», conforme se anota logo depois):

(*i*) a Conferência, que é o «órgão supremo de tomada de decisões da União Africana (UA), [que] exerce um controlo e dá orientações estratégicas sobre o funcionamento da ZCLCA, incluindo o plano de ação para a Promoção do Comércio Intra-Africano (BIAT)» (n.º 1 do artigo 10.º)[249],

(*ii*) o Conselho de Ministros, «composto pelos Ministros responsáveis pelo Comércio ou quaisquer outros Ministros, autoridades ou funcionários devidamente designados pelos Estados Partes», que «presta contas à Conferência, através do Conselho Executivo» (n.º 1 e n.º 2 do artigo 11.º) e cujas decisões, «no exercício do seu mandato, vinculam os Estados Partes, enquanto aquelas com

[249] A «Conferência» mencionada no Acordo de Kigali de 2018 e noutros convénios de Estados membros da União Africana corresponde à Conferência composta pelos Chefes de Estado e de Governo que integram aquela organização internacional, em conformidade com a definição constante da alínea (*e*) do artigo 1.º.

implicações estruturais e financeiras só vinculam os Estados Partes após adoção pela Conferência (n.º 5),

(*iii*) o Comité de Altos Funcionários do Comércio, composto por Secretários Permanentes ou Principais ou outros funcionários designados por cada Estado Parte e ao qual compete, antes de mais e no essencial, «implementar as decisões do Conselho de Ministros que lhe tenham sido confiadas» (n.º 1 e n.º 2 do artigo 12.º), e

(*iv*) o Secretariado, «com autonomia funcional no quadro do sistema da UA e dotado de uma personalidade jurídica independente» (n.º 3 do artigo 13.º), «autónomo em relação à Comissão da União Africana» (n.º 4 do mesmo artigo), criado pela Conferência, que «decide a sua natureza, a localização da sede e aprova a sua estrutura, bem como o seu orçamento» (n.º 1), «provisoriamente assegurado pela Comissão [da União Africana], enquanto não estiver plenamente operacional» (n.º 2).

As questões relativas, designadamente, à complexidade institucional, à repartição funcional de poderes e à própria natureza dos órgãos da Zona de Comércio Livre Continental Africana, no quadro da União Africana, além do processo e das condições de tomada de decisões, com efeitos e repercussões na própria natureza da nova organização internacional, são, evidentemente, muito relevantes e não raramente decisivas no que respeita em especial à eficiência e à eficácia do respetivo funcionamento, pelo que justifica uma análise aprofundada e de maior pormenor, que, no entanto, não pode será feita aqui, além das observações seguintes.

No que respeita ao processo de tomada de decisões das «instituições» da Zona de Comércio Livre Continental Africana, previsto no artigo 14.º, o n.º 1 dispõe que as decisões «sobre questões de fundo devem ser tomadas por consenso», identificando-se em nota quais são essas instituições (seguindo-se assim a designação há muito adotada no âmbito das Comunidades Europeias e da União Europeia): a Conferência, o Conselho de Ministros e o Comité de Altos Funcionários.

Quando os órgãos de decisão «hierarquicamente inferiores» (primeiro o Comité de Altos Funcionários do Comércio e depois o Conselho de Ministros) não conseguirem deliberar sobre uma questão por consenso, a mesma será sucessivamente apresentada ao órgão imediatamente superior para apreciação, conforme disposto no n.º 2 do artigo 14.º: assim, se o Comité de Altos Funcionários não conseguir deliberar consensualmente sobre uma questão remetê-la-á ao Conselho de Ministros, que na hipótese de também não conseguir deliberar por consenso sobre a mesma voltará a remetê-la à Conferência para se pronunciar em última instância.

Importa ainda esclarecer quais são as «questões de fundo», que exigem votação por consenso. No n.º 3 do mesmo artigo (14.º) dispõe-se que as decisões sobre questões de procedimento devem ser tomadas por maioria simples de Estados Partes com direito a voto, acrescentando-se no número seguinte que a definição sobre a natureza das questões (se são procedimentais ou não) é adotada também por maioria simples (n.º 4) e que a abstenção de um Estado Parte não impede a tomada de decisão.

As regras neste domínio são claras: facilita-se a adoção de decisões procedimentais, para as quais basta a maioria simples das Partes, independentemente da relevância política e económica destas, e, por outro lado, afasta-se pura e simplesmente a tomada de decisões em questões de fundo (ou seja, não procedimentais) sempre que não seja alcançado o consenso de todos os Estados Partes do Acordo que institui a Zona de Comércio Livre Continental Africana. Independentemente do seu peso ou relevância internacional, qualquer Parte pode, pois, vetar toda e qualquer decisão sobre questões de fundo (não consideradas procedimentais por maioria).

Com a entrada em vigor do Acordo que cria a Zona de Comércio Livre Continental Africana, a 30 de maio de 2019, as regras nele previstas deveriam passar a reger as trocas internacionais em África a partir de 1 de julho de 2020 – se a pandemia da infeção «Covid-19», que levou ao confinamento de grande parte dos países do mundo a partir dos primeiros meses de 2020, não obrigar ao adiamento da data.

O objetivo de estabelecer uma zona de comércio livre continental com até 1270 milhões de consumidores, em crescimento acelerado, com uma produção global anual e um consumo familiar e empresarial também em expansão rápida, que poderia aproximar-se dos 7 biliões de dólares, e com uma classe média que poderia quase duplicar numa década (de 350 para 600 milhões de habitantes) permite antever grandes benefícios económicos resultantes da maior eficiência na utilização de recursos e consequentes melhorias na produção, nos rendimentos e nas condições de vida dos africanos, mesmo que com um agravamento, pelo menos transitório, das desigualdades económicas, sociais e territoriais, quer no interior dos territórios dos Estados, quer entre os territórios nacionais.

O alargamento gradual do horizonte de circulação de bens exige, sem dúvida, diversos requisitos, incluindo vastos investimentos em infraestruturas e logística que permitam interligações pouco onerosas, seguras e estáveis entre os países participantes da Zona de Comércio Livre Continental Africana, o que presentemente rareia ou não existe, persistindo antes numerosos mercados nacionais de dimensão diminuta, fragmentados e fechados, o mesmo sendo dizer pouco competitivos e, consequentemente, não preparados para as exigências de uma área de livre comércio internacional moderna e sofisticada, sem obstáculos ou entraves significativos às trocas e empenhada na sua redução ou eliminação.

Com esse desiderato, decorreram trabalhos preparatórios da entrada em funcionamento da Zona de Comércio Livre Continental Africana, desde logo ao nível nacional, nas seguintes áreas: (*i*) elaboração de listas de concessões tarifárias (aduaneiras) no comércio de bens e listas de compromissos específicos no comércio de serviços, até ao começo de 2020, (*ii*) elaboração e publicitação de formulários de documentos de circulação de bens a utilizar (certificados e declarações de origem, declarações de produtores e de fornecedores), (*iii*) desenvolvimento de estratégias de participação na nova área de livre comércio com a participação de todos os interessados e (*iv*) reforço da coordenação do processo, a verificação dos progressos alcançados e identificação dos obstáculos que impeçam ou dificultem a concretização do projeto e respetiva resolução, com o apoio da Comissão Económica das Nações Unidas para África (UNECA).

Os trabalhos preparatórios internos incidiram no desenvolvimento de um quadro de colaboração entre a Comissão da União Africana, o Secretariado da Zona de Comércio Livre Continental e as Comunidades Económicas Regionais, e constam do relatório preparado para a cimeira extraordinária da União Africana, em maio de 2020, no qual foi salientada a relevância decisiva da facilitação comercial e da promoção da transparência.

No nível continental, os trabalhos preparatórios seguiram três prioridades: (*i*) a entrada em funcionamento do Secretariado permanente em Accra, Gana, após recrutamento de quatro diretores e outros funcionários, (*ii*) a ativação até 1 de julho de 2020 dos cinco principais instrumentos operacionais indicados na cimeira de Niamey – regras de origem, portal *online* de negociações protegido por *password*, mecanismo *online* de reporte, monitorização e eliminação de barreiras não-tarifárias, sistema pan-africano de liquidação e pagamentos e um observatório do comércio africano – e (*iii*) o estabelecimento das restantes instituições acordadas em Kigali (o Conselho de Ministros, que se reuniu logo em outubro de 2019, os comités do comércio de bens e do comércio de serviços e respetivos subcomités e o Órgão de Resolução de Litígios, que funcionará junto do Secretariado).

Os benefícios emergentes da Zona de Comércio Livre Continental Africana dependem, certamente, do preenchimento das condições e da concretização das medidas indicadas, bem como do funcionamento pleno dos respetivos órgãos e mecanismos.

Mas, desta vez, os resultados poderão ser mesmo muito diferentes, positivos e efetivamente vantajosos para todos, se quem tem poder para decidir se empenhar realmente na concretização deste grande projeto e o comprovar com atos; os riscos de um ausente ou deficiente comprometimento por parte de alguns dirigentes e Estados poderão deixar rastos de atraso e pobreza difíceis de tolerar, alheios às expectativas legítimas dos africanos.

3.4.1. A CEDEAO e a UEMOA: incertezas na integração económica e monetária oeste-africana

Vejamos agora o caso particular da evolução da Comunidade Económica dos Estados da África Ocidental (CEDEOA/ECOWAS) e da União Económica e Monetária Oeste-Africana (UEMOA), em face das especificidades dos países que delas fazem parte, a propósito da eventual concretização do compromisso político recentemente renovado de estabelecimento de uma união económica e monetária em toda a referida Comunidade – que, como é conhecido, é muito mais vasta e diversificada do que a UEMOA, pondo assim provavelmente em causa a viabilidade, pelo menos imediata, do projeto.

Efetivamente, a concretização de propostas recentes para a União Económica e Monetária Oeste-Africana (UEMOA) poderia eventualmente comprometer quer a respetiva continuidade, na configuração atual, quer a própria viabilidade do projeto de criação de uma união económica e monetária envolvendo todos os membros da Comunidade Económica dos Estados da África Ocidental (CEDEOA/ECOWAS), mais vasta e sobretudo mais diversificada do que aquela. Importará, assim, descortinar que novos rumos poderão ou deverão ser trilhados no campo da cooperação e da integração económica e monetária internacional regional na África Ocidental, atendendo às suas circunstâncias específicas.

A continuidade da UEMOA com vários ajustamentos foi oficialmente anunciada e celebrada com a assinatura, a 21 de dezembro de 2019, em Abidjan, do novo acordo de cooperação monetária entre os seus membros e a França, seguindo-se a substituição da respetiva unidade monetária, o Franco CFA (XOF), pelo futuro «ECO», prevista para 1 de julho de 2020. Esta data foi adiada mais tarde *sine die*, aparentemente «devido à crise pandémica» causada pela doença Covid-19 (que se propagou mundialmente durante aquele ano e no seguinte).

O referido anúncio surgiu após declarações de agosto do mesmo ano que apontaram também o dia 1 de julho de 2020 para a criação e entrada em circulação da nova moeda única da Comunidade, designada «ECO», proferidas por alguns dos protagonistas – os representantes dos Estados que, no ano 2000, em Acra, tinham chegado a acordo quanto à criação da Zona Monetária da África Ocidental (ZMAO/WAMZ). Estes, em conjunto com os da UEMOA, formam a Comunidade Económica dos Estados da África Ocidental (CEDEAO/ECOWAS)[250].

Menos surpreendente foi a reunião de 17 de janeiro de 2020, dos ministros das finanças e dos governadores dos bancos centrais dos seis países anglófonos (Gâmbia, Gana, Guiné, Libéria, Nigéria e Serra Leoa),

[250] Presentemente, fazem parte quer da CEDEAO/ECOWAS (iniciais da sua designação em inglês: Economic Community of West African States) quer da UEMOA os seguintes (oito) Estados membros: Benim, Burkina Faso, Costa do Marfim, Guiné-Bissau, Malí, Níger, Senegal e Togo. São membros apenas da CEDEAO/ECOWAS, não da UEMOA, os seguintes (sete) Estados: Cabo Verde, Gâmbia, Gana, Guiné-Conacri, que não deve ser confundida nem com a Guiné-Bissau nem com a Guiné Equatorial), Libéria, Nigéria e Serra Leoa.
Cinco destes últimos países (Gâmbia, Gana, Guiné, Nigéria e Serra Leoa) decidiram criar, pela Declaração de Acra de 20 de abril de 2000, uma segunda união monetária no seio da Comunidade que integram, a Zona Monetária da África Ocidental (ZMAO/WAMZ), à qual aderiu a Libéria em 2010.
Trata-se de uma união aduaneira e de uma união monetária, mas cujo estabelecimento foi consecutivamente adiado, de 2003 para 2010 e depois para «o mais tardar em» 2015. O Instituto Monetário da África Ocidental, com sede em Acra, no Gana, começou a funcionar em 2001 com a missão de preparar a criação e a entrada em funcionamento do futuro banco central, bem como a circulação da (futura) moeda única da área.

empenhados desde há pelo menos duas décadas na criação da ZMAO/WAMZ, e o pedido dela resultante de convocação de uma cimeira da CEDEAO/ECOWAS para discussão da decisão unilateral dos oito países francófonos membros da UEMOA, tomada no mês anterior, de redenominação do Franco CFA em «ECO» – precisamente a mesma designação aprovada pela cimeira dos chefes de Estado e de Governo da Comunidade, na sua 55.ª sessão ordinária, em 29 de junho de 2019, em Abuja[251].

Os projetos de integração económica na África Ocidental não parecem ser suficientemente ou completamente satisfatórios do ponto de vista dos países neles envolvidos. Isso acontece, em primeiro lugar, por já terem sido negociados e aceites há longo tempo, quando os contextos político e económico eram muito diferentes do atual. Importará agora refletir sobre as melhores soluções para responder aos novos e vastos desafios, a fim de alcançar posições comuns que traduzam os anseios dos povos que vivem nesta parte do continente africano. Entre os de expressão portuguesa, incluem-se a Guiné-Bissau, membro da UEMOA e da CEDEAO/ECOWAS, e Cabo Verde, membro apenas desta última.

Dada a relativa escassez de estudos neste domínio e a atualidade e relevância do tema, justifica-se uma reflexão sobre a concretização, evolução, impacto e significado da UEMOA no contexto da CEDEAO/ECOWAS e, em geral, dos processos de cooperação e integração económica e monetária no continente africano.

A pertinência do tema cresceu nos últimos tempos, devendo certamente partir e assentar na longa e rica experiência ocidental-africana de cooperação e integração económica, com suas diversas especificidades e complexidades, bem como dificuldades e hesitações, afigurando-se útil o confronto com pontos ora de similitude ora de distanciamento face às experiências congéneres de outras partes do mundo, designadamente no continente europeu.

[251] O comunicado citado da cimeira de chefes de Estado e de governo da CEDEAO/ECOWAS e outros documentos da organização, incluindo o texto do tratado institutivo, dos atos complementares / protocolos e demais atos (regulamentos, diretivas, decisões, comunicados), encontram-se disponíveis no respetivo sítio oficial na Internet, < https://www.ecowas.int/lei-da-cedeao/?lang=pt-pt >: https://www.ecowas.int/comunicado-final-55a-cimeira-abuja-29-de-junho-de-2019/?lang=pt-pt.

A união aduaneira ocidental-africana, estabelecida em 1959 pelos «Estados da Entente» (os antigos Dahomey e Alto-Volta, atuais Benim e Burkina Faso, a Costa do Marfim e o Níger, aos quais se juntou depois o Togo) e ainda pelo Mali, precedeu a Comunidade Económica dos Estados da África Ocidental (CEDEAO/ECOWAS), criada a 28 de maio de 1975, com o objetivo de promover a cooperação e a integração económica internacional, incluindo uma união monetária, entre os países da África Ocidental[252].

Apesar das reiteradas proclamações dos compromissos dos seus membros no sentido do reforço da cooperação e integração económica internacional regional, a pauta aduaneira comum da CEDEAO/ECOWAS só entrou em vigor a 1 de janeiro de 2015, para substituir a correspondente tarifa da UEMOA, adotada em 2000. No entanto, foi aplicada apenas por nove membros.

Entretanto, a 23 de agosto de 2019, em Conacri, na 42.ª sessão do conselho de convergência da Zona Monetária da África Ocidental (ZMAO/WAMZ), foi oficialmente lançado o projeto de unificação monetária da África Ocidental, a concretizar no dia 1 de julho de 2020. Na cimeira dos chefes de Estado e de governo daquela organização, realizada a 29

[252] Os atuais quinze membros da CEDEAO/ECOWAS, atrás enumerados, são-no desde 1975, com exceção de Cabo-Verde, que aderiu no ano seguinte. Vinte e cinco anos depois da sua criação, em 2000, a Mauritânia abandonou-a para participar na União do Magrebe Árabe (prevista pelo Tratado de Marraquexe de 1989 e envolvendo a Argélia, a Líbia, Marrocos e a Tunísia). Porém, como esta não chegou a ser concluída, voltou a pedir o reingresso naquela, em maio de 2017, e com ela celebrou um acordo de associação três meses depois. Entretanto, após uma ausência de 32 anos da União Africana, em fevereiro de 2017 Marrocos reingressou nesta e apresentou também um pedido de adesão à CEDEAO/ECOWAS, da qual já era observador desde 2005.

O âmbito de ação inicial desta Comunidade, predominantemente económico, estendeu-se mais tarde à promoção da paz e da estabilidade regional e à cooperação no domínio da defesa, primeiro com a adoção de um protocolo de não-agressão, em 1978, seguido de outro, de assistência militar, em 1981, aprofundado em 1990 com uma unidade de intervenção armada, o ECOMOG (Economic Community of West-African States Cease-fire Monitoring Group), ou «Capacetes brancos», que se tornou permanente em 1999 e ganhou maior projeção no final de 2012, quando o Conselho de Segurança das Nações Unidas encarregou os membros da comunidade de definirem um plano de reconquista militar do norte do Malí, controlado por grupos islâmicos. Em 2017, tropas de membros da organização voltaram a intervir, na sequência da crise gambiana, que eclodiu após as eleições presidenciais de dezembro de 2016, também com cobertura do Conselho de Segurança da ONU.

de junho antecedente, decidira-se que a futura moeda única, a emitir a partir do ano seguinte, seria designada «ECO». A ZMAO/WAMZ abrange apenas os membros da CEDEAO/ECOWAS que não fazem parte da UEMOA e que, por isso, não partilham a moeda desta, o Franco CFA (XOF). Continuam, assim, a dispor de moedas próprias, com curso legal nos respetivos territórios, bem como dos correspondentes poderes monetários, exercidos de modo independente.

Poderia surpreender que a iniciativa tivesse partido do órgão de uma união monetária ainda em embrião, não obstante a prolongada preparação da sua entrada em funcionamento, em torno da verificação de um conjunto de requisitos de convergência económica e financeira entre os participantes. Esta tarefa foi atribuída, desde a sua criação, em 2001, ao Instituto Monetário da África Ocidental (West African Monetary Institute – WAMI), com a colaboração de outros órgãos, incluindo a Comissão da CEDEAO/ECOWAS, bem como de representantes dos Estados membros e dos governadores dos bancos centrais da ZMAO/WAMZ. Ou seja, sem a presença ou representação dos membros da UEMOA.

O envolvimento especial de representantes dos membros da ZMAO/WAMZ e dos governadores dos respetivos bancos centrais justificava-se, na medida em que os instrumentos e as medidas a adotar para o lançamento e a entrada em circulação de uma nova moeda partilhada constituíam inovações e adaptações profundas e transversais. Mas faltava certamente o conhecimento e a experiência da complexidade de concretização do processo, designadamente dos Estados que já participavam há muito numa união monetária (a UEMOA) e partilhavam entre si a mesma unidade monetária, cujos ajustamentos apenas necessitariam de bisar [253].

O prazo proposto para o lançamento da nova moeda única, a partilhar por todos os membros da CEDEAO/ECOWAS, fosse em janeiro, fosse em julho de 2020, era sem dúvida demasiado curto, em face da complexidade

[253] Sobre os requisitos para o estabelecimento de uma união monetária internacional, tendo sobretudo por referência os antecedentes e a concretização gradual, por fases, da Zona Euro, em 1999, bem como de várias outras uniões monetárias, incluindo «históricas», no decurso do século XIX, em especial no continente europeu, cf. J. Renato Gonçalves (2019), *O Euro: Balanço e Perspetivas*, Coimbra: Almedina, esp. pp. 94 e ss. e 167 e ss., com outras referências bibliográficas sobre o tema, bem como os textos sugeridos nas notas seguintes.

de processos com esta amplitude e natureza. As experiências históricas similares comprovavam-no claramente.

Efetivamente, o processo exigia a substituição das atuais moedas nacionais em circulação nos países da ZMAO/WAMZ, uma operação extremamente complexa, bem como do Franco CFA (XOF) da UEMOA, além do próprio Escudo de Cabo Verde – o único membro da Comunidade que, tal como se notou, não integra nem a UEMOA nem a ZMAO/WAMZ[254].

A cimeira, imediatamente subsequente, de Abidjan, de 21 de dezembro de 2019, também surpreendeu. Nela, o presidente da Costa do Marfim, em nome dos oito membros da UEMOA, e o presidente da França anunciaram uma reforma da união monetária e da respetiva moeda oficial, o Franco CFA (XOF), que passaria também a designar-se «ECO», a partir de 1 de julho de 2020. Esta data foi depois adiada *sine die*, num horizonte não inferior a «três a cinco anos», como esclareceu em setembro de 2020 o presidente da Costa do Martim, Alassane Ouattara. «Devido à crise pandémica Covid-19».

Para as modificações dos processos de integração económica e monetária na África Ocidental acordadas em dezembro de 2019 e para o reconhecimento de que já não se justificava manter uma ligação monetária tão estreita com a antiga potência colonial, contribuíram certamente, mas não apenas, razões políticas. Daí a afirmação do compromisso (e preocupação) de manter inalterado o regime cambial em vigor, incluindo as garantias de convertibilidade e de paridade fixa do Franco CFA (XOF) com o Euro, mediante o acesso ilimitado pelo BCEAO, desde

[254] Se restrito à Zona Monetária da África Ocidental (ZMAO/WAMZ), o anúncio de 23 de agosto de 2019, em Conacri, afinal não inovava: tratava-se de mais um dos diversos agendamentos de datas para a criação de uma união monetária consecutivamente adiada, desde 2001. A maior novidade consistia, pois, na marcação de uma data inferior a um ano para a realização de um objetivo tão complexo e com implicações não menos transversais, «impossível» de completar em tão curto decurso temporal, e na designação da nova unidade monetária única para o espaço da Comunidade Económica dos Estados da África Ocidental (CEDEAO/ECOWAS). Conjugadamente, a tarefa implicava não só a substituição das várias áreas monetárias nacionais e respetivas unidades monetárias pela nova moeda partilhada, como a substituição da própria UEMOA e do seu Franco CFA (XOF) pela nova união monetária, mais abrangente, e respetiva moeda, o ECO; e o mesmo haveria de suceder com o Escudo cabo-verdiano e sua área monetária.
Assim, talvez não surpreendessem verdadeiramente nem o anúncio de quatro meses depois dos Estados da UEMOA nem o acordo de cooperação monetária então celebrado com a França.

que preenchidas certas condições, a uma conta em Euros do Tesouro de França, em caso de eventual esgotamento de reservas oficiais, a fim de assegurar a estabilidade macroeconómica na área ([255]).

Decorridas várias décadas, voltaram assim ao debate, desta feita no continente africano, as antigas discussões, desenvolvidas sobretudo na Europa Ocidental e na América do Norte, sobre as vantagens e os custos, ou implicações em geral – *maxime* económicas, políticas e também sociais – da participação de países soberanos em processos de integração económica internacional e sobre as formas preferíveis ou «ótimas» da respetiva concretização. As consequências dessa decisão eram económicas e sociais, calculáveis sobretudo em termos de melhorias de bem-estar para as pessoas, mas também políticas, e tanto no curto como também no médio e longo prazo[256].

[255] O novo acordo de cooperação monetária assinado entre a França e a UEMO em Abidjan, a 21 de dezembro de 2019, posteriormente adotado pela Assembleia Nacional francesa com base num projeto de lei governamental de 2020 e, finalmente, pelo Senado do país, no início de 2021, substituiu o acordo de 4 de dezembro de 1973.
Baseia-se (*i*) na vontade das autoridades da UEMOA de alterarem a designação da sua moeda, de Franco CFA para ECO, apesar de a passagem ao ECO fiduciário não ser imediata; (*ii*) na supressão da obrigação de centralização das reservas de câmbio do Banco Central dos Estados da África Ocidental (BCEAO) na conta de operações do Tesouro francês; (*iii*) na retirada da França dos órgãos de governo da zona monetária; e (*iv*) na ativação concomitante de novos mecanismos de diálogo e de acompanhamento e supervisão dos riscos conjuntamente com a UEMOA.
No entanto, o regime cambial manteve-se inalterado, com a garantia de paridade fixa entre o Euro e a divisa da UEMOA e ainda como a garantia francesa de convertibilidade daquela unidade monetária, essenciais à estabilidade macroeconómica da UEMOA. Os termos de aplicação do acordo foram negociados entre o Governo francês e a UEMOA, incluindo através da convenção de garantia francesa de acesso ilimitado em Euros, pelo BCEAO, em caso de esgotamento das reservas oficiais de câmbio da UEMOA, de 10 de dezembro de 2020.
Os textos do acordo e da convenção estão disponíveis em < https://www.tresor.economie.gouv.fr/Articles/06d54ebb-0e82-402f-ac48-cc0206f1c923/files/04af4958-cc6f-462f-864a-937b8dc17645 e em < https://www.tresor.economie.gouv.fr/Articles/06d54ebb-0e82-402f-ac48-cc0206f1c923/files/59508a46-5ef3-40a7-ac7b-fbdf02147108 >.

[256] Apesar de se tratar de um dos problemas mais relevantes para a análise das diferentes formas de integração económica internacional, evidentemente não restrito às uniões monetárias, tem sido especialmente aprofundada a propósito destas últimas, desde a publicação em 1961 do estudo seminal de Robert Mundell sobre as chamadas áreas monetária ótimas, inspirador de inúmeros e relevantes estudos posteriores até ao presente.

Confrontavam-se assim, novamente, as visões mais otimistas subjacentes ao ainda recente Acordo de Kigali, de 21 de março de 2018, que estabeleceu a Zona de Comércio Livre Continental Africana[257], em vigor desde 30 de maio de 2019 e cuja aplicação nas transações internacionais, prevista para 1 de julho de 2020 e depois adiada para o início do ano seguinte, assentaria em larga medida nas organizações e organismos de integração regional já existentes e a funcionar em partes do continente africano, incluindo a UEMOA e a CEDEAO/ECOWAS.

A Zona de Comércio Livre Continental Africana trata-se provavelmente de uma das iniciativas mais promissoras para impulsionar o crescimento e o desenvolvimento económico, social e humano em África – apesar das debilidades e insuficiências que a caracterizaram, desde o início. Deverá contribuir, em qualquer caso, para que se reúnam gradualmente as condições jurídicas e económicas necessárias a um crescimento transversal, robusto e sustentado, sem o qual não se conseguirá alcançar o grande caminho do desenvolvimento integral africano, o que corresponde não apenas a proclamar, mas também a cumprir efetivamente, os direitos humanos fundamentais para todos em África[258].

Para lá do risco sério de mais um adiamento, entre tantos outros que ocorreram e se repetem, do cumprimento do grande objetivo de crescimento e desenvolvimento económico e social, que inevitavelmente prejudicam as expectativas legítimas de milhões de africanos e de amigos de África quanto ao respeito dos direitos fundamentais de todos, habitantes da mesma «casa comum», reabre-se a porta das velhas discussões, que

Com várias outras referências sobre o tema, cf. R. Mundell (1961), "A theory of optimum currency areas", pp. 657-665; Joseph Stiglitz (2016), *The Euro – How a Common Currency Threatens the Future of Europe*; Nazaré Costa Cabral / J. Renato Gonçalves / Nuno Cunha Rodrigues (orgs.) (2016), *The Euro and the Crisis: Perspectives for the Eurozone as a Monetary and Budgetary Union*; J. Renato Gonçalves (2019), *O Euro: Balanço e Perspetivas*, cit., esp. pp. 317 e ss.

257 Sobre o lançamento do projeto de Zona de Comércio Livre Continental Africana, em 2012, sua relevância e negociações subsequentes, cf. documentos da União Africana disponíveis no sítio internet da organização (< au.int >), incluindo o *Report on the African Continental Free Trade Area (AfCFTA)*, por M. Issoufou, Presidente do Níger e líder da AfCFTA, na 32.ª sessão ordinária da Assembleia da União, 10 e 11 de fevereiro de 2019; A. Mudenda (2020), "Preparing for trade under the AfCFTA Agreement", *ECDPM Great Insights*, iX-1, cit.

258 O Acordo que cria a Zona de Comércio Livre Continental Africana e os (3) Protocolos anexos, entraram em vigor 30 de maio de 2019, conforme referido anteriormente.

se supunha serem já apenas predominantemente adjetivas e procedimentais, sobre os processos de integração económica internacional. Vários autores não hesitaram, ou até insistiram, em reconduzir estes processos, rigidamente, a uma mera sucessão temporal de etapas, até se alcançarem pontos crescentes de convergência económica, social e política, que, na hipótese de «irreversibilidade», haveriam de levar a uma união económica ou mesmo a uma união política completa[259].

Ganha, pois, nova atualidade, a uma escala não meramente africana, nem sequer apenas euro-africana, também por força da evolução dos factos, a discussão, antiga, durante longos anos latente, se não esquecida, além da simples enumeração das respetivas «fases», ou «estádios», acerca

[259] Este entendimento do processo de integração económica internacional em permanente expansão, «imparável», não obstante contraditório nos seus próprios termos, ganhou posição em diversas análises sobre a concretização da «construção» europeia tendo por base, primeiramente, as Comunidades Europeias e, mais recentemente, a União Europeia, sendo frequentemente representada pela imagem de uma bicicleta, proposta por um dos mais marcantes presidentes da Comissão Europeia, numa das ocasiões de maior dinamismo da «construção europeia», entre 1985 e 1995, o francês Jacques Delors. O veículo de duas rodas tinha de se manter necessariamente em andamento, decerto «para a frente», no sentido de uma maior integração ou convergência das partes componentes, a fim de eliminar, ou pelo menos reduzir, os riscos de «queda», ou, insistindo em linguagem de transportes, de «descarrilamento» do processo, o qual, para se manter e não colapsar, exige aprofundamentos contínuos, antecipando um desfecho «inevitável», de fusão completa numa unidade política. Sem embargo de só raramente ser pronunciado este objetivo último, a manter, além dos vínculos estritamente económicos.

Embora ilustrável a partir da experiência particular de integração económica internacional verificada na Europa Ocidental – com as três Comunidades e a União Europeia, desde os anos cinquenta do século XX até ao presente, fortemente influenciada pela evolução histórica e, em especial, pelas crises que a atingiram, dando em geral oportunidade a ímpetos integracionistas destinados a ultrapassar tais desafios –, situações similares poderão ser identificadas noutras experiências de cooperação e integração, reflexo da sua natureza humana e social.

Isso não comprova, todavia, por si só, a hipótese de inevitabilidade destes processos, desde logo porque também abundam os exemplos históricos de abandonos e desistências. E um dos exemplos mais recentes e nítidos de «desintegração» económica internacional é o «*Brexit*», com a saída do Reino Unido da União Europeia, votada em 2016 e consumada em janeiro de 2020.

A substância e a consistência das áreas de integração económica internacional não se restringirão, assim, certamente, apenas a uma dimensão essencialmente ou predominantemente procedimental e técnica, baseada em «fases» ou «estádios» de maior ou menor proximidade ou unidade económica internacional.

da natureza, da relevância e dos efeitos dos muito diversos processos de integração económica, financeira e monetária internacional regional.

Entre os diversos factos recentes merecedores de particular atenção neste contexto, incluem-se, no continente europeu, o «*Brexit*» – referendado pelo povo do Reino Unido em junho de 2016 e consumado com a saída daquele Estado da União Europeia, em 2020 – e, no continente africano, além do compromisso geral no sentido do estabelecimento a prazo de uma Zona de Comércio Livre Continental Africana, a que já se fez menção, o anúncio oficial, pelos membros da UEMOA conjuntamente com a França, em dezembro de 2019, e durante o ano seguinte, de reforma da organização, com substituição do «Franco CFA» pelo «Eco», a partir de 1 de julho de 2020 (data posteriormente adiada *sine die*, como indicado). Falta determinar, contudo, se se trata de uma verdadeira moeda nova ou apenas de uma redesignação da atual, ou, mais relevante, se se pretendia e está em jogo a «substituição» de um só, dos dois Francos CFA, ou da respetiva fusão[260].

[260] Na verdade, a discussão sobre os processos de integração económica internacional nunca deixou de estar presente, implicitamente, mesmo quando não colocada no centro dos debates, quer teóricos quer pragmáticos.

O êxito das Comunidades Europeias e da União Europeia, contrabalançado por diversas e sérias debilidades, bem como a persistente subsistência de várias outras organizações e experiências de integração económica internacional regional nos vários continentes, incluindo em África, apesar da ausência de dinamismo de algumas, demonstram a sua enorme relevância na estruturação e ordenação da economia internacional da atualidade, de tal modo que grande parte das relações económicas internacionais se realizam no quadro de áreas de integração internacional.

Mais ainda, os fenómenos mais recentes do «novo regionalismo» económico, envolvendo países e blocos económicos regionais de continentes diferentes, com expansão particular nos últimos anos, incluindo entre os exemplos mais significativos as parcerias transatlântica e transpacífica – independentemente de os respetivos desfechos negociais, por motivos conhecidos –, não deixam igualmente de comprovar a sua enorme relevância, prática e também teórica.

Sobre o processo de «globalização» e o novo regionalismo, pode cf., entre outros, E. Paz Ferreira (2021), "A Europa e os desafios da globalização", pp. 129 e ss.; J. Renato Gonçalves (2021), "Internacionalização, mundialização e globalização: conceitos ainda em consolidação", pp. 23 e ss.; D. Carreau / P. Juillard (2017), *Droit International Économique*, 6.ª ed., espec. pp. 505 e ss.; M. Porto (2016), *Teoria da Integração e Políticas da União Europeia*, 7.ª ed., pp. 523 e ss.; M. Herdegen (2016), *Principles of International Economic Law*, 2.ª ed., pp. 319 e ss.

Parecia evidente a natureza sobreponível e com tão diversas configurações e amplitudes – *i. e.*, flexível, adaptável e elástica – das concretizações do fenómeno de integração económica internacional, também evidenciada no continente africano, talvez como em nenhum outro. As múltiplas configurações dos blocos económicos regionais gizados nem sempre têm sido concretizadas, desenvolvidas e completadas, dando lugar, não raramente, ao abandono e ou à substituição por outras tentativas, novas ou não, de cooperação reforçada ou de integração, inclusivamente através da adesão a organizações já existentes e com alguns resultados, ou então através da promoção e ou envolvimento na formação de outras, mais ou menos abrangentes, em regra com países geograficamente próximos, cujas cultura e história são em geral partilhadas.

A grande «exceção» à pluralidade de proximidades culturais e históricas subjacentes às diversas experiências e organizações de integração regional no continente africano, particularmente relevante, ganhou forma com o Acordo de Kigali de 2018, em aplicação desde 1 de janeiro de 2021, que estabelece uma área de comércio livre em todo o continente, sem áreas significativas de exceção: a Zona de Comércio Livre Continental Africana. A Eritreia é o único dos 55 Estados membros da União Africana que ainda não assinou o acordo – apesar de serem vários os Estados que o subscreveram, mas ainda não o ratificaram, incluindo, entre os de expressão portuguesa, a Guiné-Bissau, Cabo Verde e Moçambique.

Os diferentes cruzamentos e sobreposições de múltiplas organizações de integração económica internacional regional em África tornaram frequente a participação de diversos Estados como membros de três, quatro e cinco (ou mais) dessas comunidades. Entre os muitos exemplos, variáveis consoante os Estados africanos, a Guiné-Bissau é membro, além da mencionada Zona de Comércio Livre Continental Africana, da UEMOA e da CEDEAO/ECOWAS, também da Comunidade de Estados Sahelo-Saarianos (CEN-SAD) – criada em 1998 por seis países, à qual aderiram outros mais tarde, num total de 29, incluindo, de expressão oficial portuguesa, a Guiné-Bissau (em 2004), São Tomé e Príncipe (em 2007) e Cabo Verde (em 2009)[261].

[261] No caso da Costa do Marfim, que faz parte das mesmas organizações de cooperação e de integração económica internacional em que participa a Guiné-Bissau, também integra a União do Rio Mano (UFM, de Union du Fleuve Mano), criada em 1973 pela Libéria e pela Serra Leoa

A diversidade, a plasticidade e a amplitude das formas encontradas em África para concretizar e consolidar os processos de cooperação e de integração económica internacional regional comprovam a confiança e a crença nos benefícios deles decorrentes, bem como o empenho e os esforços neles persistentemente despendidos pelos dirigentes políticos de tantos Estados africanos, não obstante os obstáculos existentes à concretização dos vários projetos. Entre estes, devem ser destacadas as situações graves de insegurança, incluindo conflitos armados que atingiram e se prolongaram em diversas áreas do continente, por vezes com origem em golpes militares, cuja contenção propiciaria tempos política e socialmente mais favoráveis e estáveis, imprescindíveis a um forte e consolidado crescimento e desenvolvimento.

Embora não constitua traço preponderante, importará acrescentar a circunstância de várias das formas encontradas e escolhidas para a cooperação e, particularmente, para a integração económica internacional regional em África se inspirarem diretamente nas concretizadas tempos antes no continente europeu, com replicação, por exemplo, nas designações atribuídas quer às fórmulas de integração e aos tratados e outros instrumentos que têm por fim concretizá-las quer ainda nas designações dos próprios órgãos ou «instituições» das organizações criadas, incumbidos da respetiva manifestação de vontade[262].

para promover a cooperação e a integração económica regional, à qual se juntaram depois a Guiné (em 1980) e a Costa do Marfim, apesar da quase total ausência de concretização, em grande medida devido à persistente guerra civil, quer na Serra Leoa quer na Libéria. No caso do Burkina Faso, do Malí e do Níger, além de, igualmente, membros da Zona de Comércio Livre Continental Africana, da CEDEAO/ECOWAS, da UEMOA e da CEN-SAD, integram também a chamada Autoridade de (Desenvolvimento Integrado da Região do) Liptako-Gourma (ALG), no Sahel, criada em 1970, para promover a segurança alimentar e a abertura e o desenvolvimento económico e social, bem como a proteção do ambiente.

262 Tanto as designações da Comunidade Económica dos Estados da África Ocidental (CEDEAO/ECOWAS) como da União Económica e Monetária Ocidental-Africana (UEMOA), entre muitas outras (Comunidade da África Oriental - CAE, Comunidade Económica dos Estados da África Central - CEEAC, Mercado Comum da África Oriental e Austral - COMESA, Comunidade de Desenvolvimento da África Austral - SADC, Comunidade Económica dos Países dos Grandes Lagos - CEPGL), se inspiram diretamente nas Comunidades Europeias e na União Europeia e o mesmo se pode inferir das designações e formações de vários dos respetivos órgãos ou «instituições» principais, como «Comissão», «Conselho de Ministros» e «Tribunal de Justiça».

3.4.2. A UEMOA, o Franco CFA e o futuro «ECO»

A atual União Económica e Monetária Oeste-Africana (UEMOA) tem por antecedente direto a (antiga) União Monetária Oeste-Africana (UMOA), estabelecida pelo Tratado de 12 de maio de 1962, assinado pela Costa do Marfim, pelo Dahomey (Atual Benim), pelo Alto-Volta (atual Burkina Faso), pelo Malí, pela Mauritânia, pelo Níger e pelo Senegal e que atribuiu ao Banco Central dos Estados da África Ocidental (BCEAO), com sede em Dakar, no Senegal, o direito exclusivo de emissão da moeda comum[263].

A unidade monetária da UEMOA é o Franco CFA (XOF), ou seja, o Franco da «Comunidade Financeira Africana», emitido pelo BCEAO e em circulação nos oito Estados que a compõem. Todavia, a mesma designação (Franco CFA) é utilizada igualmente por outros (seis) Estados da África Central - Camarões, República Central-Africana, República do Congo, Guiné Equatorial e Gabão - para designar a sua unidade monetária, o Franco CFA (XAF), o que, obviamente, não facilita a distinção entre ambas as divisas, que, na verdade, não se confundem, apesar de terem a mesma cotação nos mercados cambiais, atendendo à paridade fixa existente entre elas e, antes, em relação ao Franco francês e, agora, face ao Euro[264].

[263] O Banco Central dos Estados da África do Oeste/Ocidental (Banque Centrale des États de l'Afrique de l'Ouest - BCEAO) tem a sua atual designação desde 1959, quando substituiu o Instituto de Emissão da África Ocidental Francesa e do Togo, criado na sequência da separação do Banco da África Ocidental, em 1941, com a missão de administrar o Franco das Colónias Francesas de África (FCFA), no âmbito da federação África Ocidental Francesa (criada em 1895-1904 e que se manteve até 1958-60) - que chegou a abranger oito territórios coloniais franceses (primeiramente Senegal, Sudão Francês, agora Malí, Guiné Francesa e Costa do Marfim, depois Dahomey, agora Benim, Mauritânia, Alto Volta, agora Burkina Faso, e Níger) e teve por capital Saint-Louis (Ndar) e, pouco depois, Dakar, no Senegal.
O Malí, antigo Sudão francês, abandonou o grupo dos sete membros originários da União Monetária Oeste-Africana (UMOA) logo a 30 de junho de 1962, optando por criar um Franco próprio, mas reingressou na União em fevereiro de 1984, ao invés da Mauritânia, que saiu da organização a 30 de maio de 1973, quando adotou como moeda própria o Ouguiya. Quanto ao Togo, aderiu à UMOA em dezembro de 1963.

[264] Não obstante a coincidência na designação de ambas as moedas («Franco CFA») e de o respetivo valor cambial também equivaler - dada a ligação a uma paridade fixa das duas com o Franco francês, até 31 de dezembro de 1998 e, depois desta data, com o Euro, quando este substituiu aquele, não só os códigos padrão internacionais da Organização Internacional de Normalização (ISO 4217) são distintos -, o Franco CFA da África Ocidental é identificado

O Franco francês circulou nos territórios das colónias francófonas de África Ocidental desde o início do século XX (em 1903), sendo conhecido por Franco «das Colónias Francesas Africanas» (CFA). Deu lugar ao Franco CFA (da Comunidade Financeira Africana), em circulação desde 1945 até ao presente nos vários territórios correspondentes às antigas colónias francesas de África, mesmo após as declarações de independência, embora com várias exceções e interregnos. Tal facto levantou alguma perplexidade, em face da persistente ligação e dependência com a antiga potência colonial, seu sistema monetário e respetiva moeda[265].

A primeira parte da designação Franco CFA justifica-se, precisamente, pela ligação direta e pela paridade inalterável em relação à (antiga) moeda da França, o Franco (francês), enquanto esta se manteve em circulação, até ao final de 1998: 1 Franco francês (FRF) equivalia (*i. e.*, tinha uma paridade fixa igual) a 100 Francos CFA (XOF), *ratio* que passou a operar em relação ao Euro, após a correspondente conversão legal, desde o início de 1999 (quando esta moeda substituiu o Franco francês e outras nove moedas de 11 Estados membros da União Europeia, fundadores da Zona Euro).

Similarmente, a antiga paridade fixa entre o Escudo de Cabo Verde (CVE) e o Escudo de Portugal passou a reportar-se ao Euro a partir da mesma data, nos termos dos acordos de cooperação cambial concluídos

pelas letras XOF, enquanto o Franco CFA da África Central é identificado pelas letras XAF. Não são, pois, substituíveis, nem legalmente utilizáveis as espécies de qualquer das duas moedas nos territórios em que não lhes seja reconhecido curso legal.
Assim, as notas e moedas ou outras formas denominadas em Franco CFA (XOF), da África Ocidental, não são aceites nos países cuja moeda legalmente em circulação seja o Franco CFA (XAF), da África Central, e vice-versa. Trata-se de espécies monetárias juridicamente distintas, emitidas por autoridades diferentes, cambiáveis como divisas distintas, não espécies diferentes da mesma moeda. A respetiva cotação nos mercados coincide, dada a ligação de ambas (no passado ao Franco francês e agora) ao Euro, o que afasta o risco cambial. No entanto, o câmbio entre elas envolve custos de transação.

[265] No caso do Malí, o Franco CFA foi substituído pelo Franco do país entre 1962 e 1984, quando aquela primeira unidade monetária voltou a circular no seu território. Também a Mauritânia substituiu o Franco CFA por uma moeda própria, o Ouguiya, em 1973. Quanto à Guiné-Bissau, adotou o Franco CFA em 1997, em substituição do Peso, que circulou no respetivo território desde 1975 (quando deixou de ser oficialmente utilizado o Escudo português da Guiné, em circulação desde 1914), tendo por objetivo declarado o controlo da inflação.

entre os governos dos dois países e respetivas autoridades monetárias, bem como da Zona Euro[266].

É a imposição de uma paridade fixa e inalterável de ambos os Francos (CFA), no passado com o Franco francês [1 FRF = 100 Francos CFA (XOF) e também de 1 FRF = 100 Francos CFA (XAF)] e agora com o Euro, nos termos dos acordos mencionados, pelo conjunto de países africanos e pela França e respetivas autoridades monetárias e, depois, também pelas autoridades da Zona Euro, que garantem a paridade das duas divisas, cujas oscilações dependem assim, direta e concomitantemente, até à alteração daqueles compromissos cambiais, da evolução das cotações do Franco francês e (agora) do Euro, em face das restantes divisas.

A identidade de designação e a igualdade de cotação nos mercados dos dois Francos (CFA) não impedem que estes sejam duas moedas juridicamente distintas, sendo por isso «inconfundíveis»: o Franco CFA (XOF) apenas tem curso legal e, por isso, circula livre e regularmente nos países que integram a UEMOA, não nos países da união monetária da África Central, cuja moeda partilhada é outra, o Franco CFA (XAF), que por seu turno só dispõe de curso legal e pode circular, e circula, regularmente no território destes últimos países, não sendo aceite noutros territórios, incluindo os dos países membros da CEDEAO/ECOWAS. De qualquer modo, a garantia legal de paridade fixa de uma divisa não basta, por si, para assegurar uma equivalência efetiva e permanente de câmbio entre duas divisas nos mercados[267].

[266] O Escudo de Cabo Verde (CVE) é a unidade monetária utilizada em Cabo Verde desde 1914, quando substituiu o Real. A sua cotação, anteriormente fixada em relação ao Escudo português, nos termos de acordos de cooperação celebrados pelos dois países, passou a estar ligada ao Euro, igualmente numa relação de paridade fixa, quando este substituiu o Escudo português, a 1 de janeiro de 1999. Consequentemente, o seu câmbio varia com a evolução do Euro nos mercados. O acordo cambial de 1998, com vigência por quatro anos, renováveis, inclui uma facilidade de crédito concedida por Portugal a Cabo Verde, cuja utilização está sujeita ao cumprimento das condições nele previstas. Cf. Decreto-Lei n.º 24/98, de 15 de julho.

[267] Como é sabido, os mercados são pautados precisamente, e por definição, entre outras liberdades económicas, pela livre formação dos preços dos bens transacionados através deles, sem prejuízo das múltiplas regras específicas aplicáveis, incluindo a hipótese de proibição de determinados negócios com os mais diversos fundamentos.

O mesmo sucede, *mutatis mutandis*, nos mercados dos câmbios de divisas – ou seja, de unidades monetárias com curso legal nas respetivas áreas monetárias, *maxime* coincidentes com

As taxas dos câmbios de divisas, ou preços da conversão das divisas, podem formar-se com base na autonomia da vontade, ou seja, na liberdade negocial dos operadores (são os designados câmbios flexíveis), podem ser imperativamente fixados (por lei, por tratado ou por outra fonte jurídica – são os câmbios fixos), ou podem ainda resultar da liberdade negocial dos operadores, mas com sujeição a determinadas balizas de estabilidade (falando-se, neste caso, em câmbios estáveis). Se os vendedores e compradores de divisas as puderem negociar livremente, as respetivas taxas de câmbio oscilarão em função das «leis do mercado», o mesmo correspondendo a remeter para a evolução da «oferta» e da «procura» das divisas no mercado, bem como das restantes circunstâncias que influenciem tais transações.

Diversamente, se os câmbios entre determinadas divisas forem fixos – seja por força de lei, de tratado ou de decisão governamental ou administrativa –, as trocas de ambas só se poderão realizar à taxa fixada – além dos custos emergentes da própria transação e do respetivo pagamento, ou da forma como ela se efetue e em que prazo e do efetivo pagamento (as operações cambiais realizam-se normalmente contra o pagamento de comissões ou de outros custos da operação pelos interessados, além dos impostos devidos).

Independentemente das especificidades inerentes e conexas com a transação de divisas, que não importa desenvolver, a vigência e a imposição de uma paridade fixa entre duas (ou mais) divisas, quando consideradas generalizadamente «credíveis» e confiáveis, terão por efeito económico, enquanto se mantiverem, a redução ou a eliminação do risco cambial entre elas, o que não deixará de se projetar e repercutir em termos quer de segurança jurídica quer de segurança económica dos negócios. Desta constatação sobre a redução ou eliminação do risco cambial não deve inferir-se uma preferência, sequer tendencial, pelos câmbios fixos, tanto

os territórios «nacionais» ou dos Estados que as emitem, mas por vezes em circulação em territórios mais vastos (caso das uniões monetárias internacionais, de que constitui exemplo concretizado a UEMOA) ou também mais restritos do que aqueles –, com a particularidade de as transações terem por objeto divisas, com as implicações daí decorrentes, designadamente as de a respetiva emissão e também de a sua circulação se regerem pelas regras jurídicas previstas, nas leis do(s) correspondente(s) Estado(s) e ou no(s) tratado(s) internacional/ais vigentes.

do ponto de vista jurídico como económico, com o consequente desvalor comparativo dos câmbios flexíveis[268].

Para que uma política de paridade cambial entre duas ou mais divisas seja credível e possa perdurar sustentavelmente no tempo, ou seja, para que uma das divisas não incorra no risco crescente de valorização ou de depreciação em relação a outra, mantendo-se assim inalterado o respetivo poder ou capacidade de aquisição de bens económicos, entre outros requisitos, é imprescindível que as reservas cambiais das autoridades se mantenham a um nível «adequado», *i. e.*, suficiente e folgado em relação às obrigações e necessidades. Só assim ficará assegurada a convertibilidade monetária, em horizontes de curto e também de médio prazo, incluindo perante eventos inesperados mais graves causados por choques económicos que atinjam a oferta e ou a procura nos territórios em causa.

Um eventual esgotamento das reservas cambiais e qualquer outra situação grave e não transitória de desequilíbrio das contas de um país (ou de um conjunto integrado de países) com o exterior poderão interromper

[268] Do ponto de vista económico, poder-se-ia inferir o inverso. Não será certamente por acaso que as principais potências económicas mundiais adotaram câmbios flexíveis, sem deixar de reconhecer as vantagens da estabilidade. Como é sabido, o atual Sistema Monetário Internacional, que surgiu no final da Segunda Guerra Mundial, em torno da afirmação e do respeito pelo princípio da estabilidade cambial, tendo por âncora o Dólar dos Estados Unidos da América e por organização internacional gestora o Fundo Monetário Internacional (FMI), princípio e regime cambiais que só foram abandonados nos anos setenta, com a opção generalizada pela flutuação das divisas nos mercados – sem embargo de esforços recorrentes no sentido da aproximação da estabilização dos câmbios e apesar de alguns países, como a China, durante várias décadas sem especial relevância económica internacional, terem persistido até há não muitos anos atrás através de um regime administrado de câmbios fixos.

Mais recentemente, o número significativo de projetos de uniões monetárias internacionais concretizados, incluindo a criação da Zona Euro no continente europeu a 1 de janeiro de 1999, não levou a que o princípio geral dos câmbios deixasse de continuar a ser o da liberdade ou flexibilidade, sem deixar de se continuar a proclamar a estabilidade, à luz dos Estatutos do FMI.

É certo, no entanto, que perante a inevitável ocorrência de situações de desequilíbrio económico entre os diversos países, com o decurso do tempo, só os ajustamentos cambiais os poderão «solucionar» ou ultrapassar com rapidez, mesmo que à custa da perda relativa de posição comercial e de bem-estar económico e social de um país ou conjunto de países de uma zona monetária em relação aos restantes países e blocos económicos do mundo.

a garantia emergente de uma fixação de paridade entre duas ou mais moedas[269].

Todavia, poderão, ou deverão, ser criados instrumentos destinados a reforçar a estabilidade e a credibilidade externas das moedas e a conter ou porventura eliminar o respetivo risco cambial, aspeto de que depende a confiança nela depositada. Entre tais instrumentos – desde a arrecadação cautelar de vastas reservas cambiais até à participação como membro de organismos internacionais de cooperação e de integração monetária e cambial, por vezes dotados de mecanismos robustos e imediatos de auxílio financeiro – inclui-se a garantia facultada por um país, ou por uma organização internacional, de acesso «ilimitado» a uma conta de uma divisa convertível e credível nos mercados cambiais, para a eventualidade de risco de esgotamento de reservas, como no caso da garantia prestada pela França aos Estados membros da UEMOA (ou da prestada por Portugal em favor de Cabo Verde).

Tais garantias financeiras externas, relevantes e por vezes imprescindíveis, a fim de assegurar a confiança geral e «dos mercados» (formados pelos operadores económicos) nos sistemas monetários e, simultaneamente, nas políticas macroeconómicas prosseguidas pelas autoridades das zonas monetárias e dos países, respaldadas no acesso a recursos financeiros virtualmente ilimitados, concedidos por uma instituição com credibilidade, garante da solvabilidade da área monetária e da respetiva moeda, não obstante a dependência de estrito condicionalismo.

[269] Se qualquer situação de desequilíbrio económico se agravar e prolongar no tempo numa área monetária cuja divisa tenha uma paridade fixa com outra área monetária não atingida por uma situação de desequilíbrio minimamente comparável, a relação de paridade fixa cambial só com elevados custos poderá perdurar. Daí o surgimento de crises cambiais, que obrigam em geral a processos de ajustamento económico e social onerosos e penosos, tanto no plano político e económico como social.
Por isso, devem ser prosseguidas políticas macroeconómicas que previnam atempadamente tais crises e que, no caso de não se ter conseguido evitá-las, se travem tão cedo e eficazmente quanto possível a sua deflagração e duração. A escassez e inexistência de instrumentos e recursos internos ou regionais suficientes e apropriados para conter, fazer cessar e solucionar os desequilíbrios na origem destas crises, conduzem os países a recorrer ao auxílio técnico e financeiro da organização internacional económica especializada neste domínio, o Fundo Monetário Internacional (FMI).

A segurança cambial concedida, de caucionar a credibilidade de um sistema monetário, não é, pois, irrestrita, mas condicionada e limitada, pelos meios disponíveis e no tempo: só se mantém se e enquanto forem cumpridas determinadas condições e desde que aplicadas as medidas adequadas para o restabelecimento diligente e completo da situação de equilíbrio económico subjacente aos sistemas monetários mais estáveis e credíveis. O alcance e a eficácia da garantia dependem, evidentemente, entre outros aspetos, dos recursos disponíveis, da qualidade e robustez dos instrumentos existentes e das disposições aplicáveis; por isso, a credibilidade e a estabilidade oferecidas serão sempre transitórias.

Concretamente, sem um conjunto de ajustamentos, a UEMOA dificilmente poderá tornar-se modelo ou embrião da projetada união monetária de todos os países da CEDEAO/ECOWAS, dada a sua forte interconexão, até ao presente, com a França e o Tesouro francês, dos quais depende a estabilidade económica e financeira do conjunto da união e, consequentemente, a de cada um dos países que a constituem, tanto no que respeita à credibilidade da unidade monetária e à confiança nela depositada, quer quanto à credibilidade e à confiança das respetivas economias.

Não menos relevante é a dependência estrita do valor da unidade monetária da UEMOA, seja ela o Franco CFA (XOF) ou, por hipótese, no futuro, o «ECO», do valor, presentemente, do Euro, direta e exclusivamente administrado pelo Banco Central Europeu, nos termos definidos pelos tratados e outros atos jurídicos europeus para a política monetária da Zona Euro, atendendo ao mandato atribuído e à situação económica e financeira concreta do conjunto de países que a compõem e da União Europeia em globo, *i. e.*, não das circunstâncias efetivamente verificadas na UEMOA, ou na CEDEAO/ECOWAS.

Apesar de justificada e compreendida pelas fortes e estreitas ligações históricas e culturais dos países em causa com a França e, depois, com a União Europeia, a garantia de paridade cambial fixa entre a unidade monetária da UEMOA e o Franco francês (e, desde 1999, o Euro), em defesa daquela união monetária e da sua moeda com base na credibilidade, na previsibilidade e na segurança do Euro e da Zona Euro. Todavia, os valores de segurança e credibilidade monetária próprios da Área do Euro não têm de coincidir com aqueles que os restantes membros da CEDEAO/ECOWAS pretendem ou se identificam, por terem por referência a realidade económica e financeira da Zona Euro, não qualquer outra, à qual vários deles não têm estado, nem estão ou pretenderão estar, especialmente ligados.

O confronto de alguns dos principais indicadores económicos, políticos, sociais e culturais dos vários países membros da CEDEAO/ECOWAS revela semelhanças, mas também divergências, e muitas de monta, que não deixarão de influenciar necessariamente as posições respetivas também no campo monetário e cambial, pelas implicações delas resultantes, incluindo no que respeita à competitividade económica externa.

O caso da Nigéria é particularmente evidente: representa por si só metade (cerca de 52%) da população e 2/3 do valor de toda a produção (cerca de 67% do PIB) do conjunto dos membros daquela Comunidade – ultrapassando em mais de três vezes o valor da produção total dos oito membros da UEMOA –, sendo o maior exportador de petróleo do continente africano, cujas receitas ultrapassam 4/5 (80%) do valor das suas vendas para o exterior[270].

[270] O peso do petróleo nas exportações e, direta e indiretamente, em diversos sectores de atividade da Nigéria, uma das maiores economias de África, torna-a dependente das oscilações dos preços deste bem e dos choques deles resultantes, que só muito dificilmente poderiam ser acomodados sem o contributo de ajustamentos poderosos de uma política monetária própria, não coincidente com as situações específicas de outros países da CEDEAO/ECOWAS.
A Nigéria domina quer na ZMAO/WAMZ quer na CEDEAO/ECOWAS, de cujo orçamento é o maior contribuinte: o seu PIB representa mais de 85% da zona (e aproximadamente 20% de todo o continente africano) e a sua população cerca de 76% da mesma, enquanto o PIB da segunda economia, o Gana, é apenas de cerca de 12%, sendo as disparidades ainda maiores com os restantes membros, como a Guiné, cujo PIB não atinge 2% do total), em contraste com os membros da UEMOA, cujo PIB é inferior a 20% do da CEDEAO/ECOWAS (enquanto o PIB da Nigéria ultrapassa os 67% desta).
Os países da UEMOA representam menos de 33% da população da Comunidade e a ZMAO/WAMZ pouco mais de 67%. Cabo Verde, que não integra nenhuma das duas áreas, corresponde apenas a cerca de 0,2% do total de habitantes dos países da Comunidade.
Estas disparidades, em muitos casos tão patentes ou até extremas, entre os países que compõem a CEDEAO/ECOWAS e as duas subáreas de integração que nela coexistem, não poderiam deixar de se repercutir fortemente, afastando por exemplo a aceitação de qualquer medida, independentemente da sua fundamentação, se indesejada ou inadequada para o país de maior dimensão, ou «dominante», apesar da reiterada proclamação dos princípios da igualdade entre os membros e da solidariedade do conjunto.

Os países membros da CEDEAO/ECOWAS que não integram a UEMOA continuaram a exercer os seus poderes monetários e cambiais com total independência, não obstante as recorrentes proclamações de compromisso, desde 2001-2003, na concretização de uma união monetária entre eles, a ZMAO/WAMZ, bem assim com os restantes parceiros da Comunidade (os Estados membros da UEMOA e Cabo Verde)[271].

E, sempre que reafirmaram o seu empenho na criação de uma união monetária com todos os parceiros de integração económica da África Ocidental, explicitaram também a vontade de respeitar a independência na definição da política monetária e cambial da zona a criar, em função das características próprias das economias abrangidas (da sua estrutura de produção e de comercialização, das suas maiores ou menores dependências de certos produtos e da evolução dos preços dos mesmos...) e dos riscos em que incorram – não de decisões a que sejam (mais ou menos) alheios, tomadas longinquamente, como nos casos dos membros da UEMOA e também de Cabo Verde, no passado a partir de Paris e de Lisboa, respetivamente, e agora de Frankfurt.

3.4.3. Perspetivas do processo de integração económica e monetária africano ocidental

Do exposto decorre que, no seio da CEDEAO/ECOWAS, as pretensões no domínio monetário e cambial dos Estados que fazem parte da UEMOA, bem como de Cabo Verde, de um lado, e dos que têm proclamado

São conhecidas situações análogas noutras partes do continente africano e fora dele, tipicamente geradoras de dificuldades de negociação, invariavelmente difíceis, se não «impossíveis» de ultrapassar, em organizações de cooperação e também de integração económica internacional, quando entrem em jogo interesses e posições «sensíveis» e «determinantes» dos Estados de maior peso económico e ou político.

Para informações mais pormenorizadas sobre a situação económica atual e perspetivas económicas dos países africanos, cf. Banco Africano de Desenvolvimento (2021), *Perspetivas Económicas em África 2021 – Da Resolução da Dívida ao Crescimento: O Caminho Futuro para África*, disponível online em < https://www.afdb.org/en/documents/perspetivas-economicas-em--africa-2021 >.

[271] No caso de Cabo Verde, devido à fixação da paridade da sua unidade monetária com o Escudo português (até 1998) e, posteriormente, com o Euro, encontra-se numa situação idêntica à dos Estados membros da UEMOA, cuja unidade monetária, o Franco CFA (XOF), também mantém uma relação de paridade fixa com o Euro, conforme mencionado, salvo eventual alteração do regime em vigor.

consecutivamente pretender criar a prazo a ZMAO/WAMZ, de outro lado, não coincidem e, mais ainda, parecem contrapor-se, porventura radicalmente, quanto ao aspeto mais relevante e decisivo no domínio da integração económica e monetária internacional: a participação ou não numa mesma união monetária.

Em face da escolha decisiva entre uma total dependência externa, no tocante ao exercício dos poderes monetários e cambiais, e uma independência (relativa) dos órgãos nacionais competentes para o exercício daqueles poderes soberanos, com o fim de permitir a melhor adaptação e preparação do país, e do conjunto das economias que haveriam de formar uma mesma zona monetária, em caso de ocorrência de choques económicos ditos «assimétricos» – não partilhados idêntica ou «simetricamente» por outros países, devido às especificidades e diferenças dos efeitos causados por tais choques em cada território nacional, à luz, em geral, dos estudos da chamada «teoria das áreas monetárias ótimas», anteriormente mencionada.

Confrontam-se, assim, de um lado, as opções entre uma total rigidez cambial e monetária, decorrente da ligação «definitivamente» inalterável com outra ou outras divisas, e, de outro, um amplo grau de flexibilidade dos câmbios da moeda nacional, em função das características específicas dos países, havendo em qualquer que estabelecer, na hipótese de fixação de câmbios, quem decidirá e segundo que critérios qual a política a prosseguir.

Sem embargo da repetição recorrente, com mais ou menos variações, do mesmo tipo de compromisso ao longo dos anos, persistem sérias dúvidas quando ao empenho político real do conjunto dos países da CEDEAO/ECOWAS na criação «imediata» de uma união monetária constituída e participada por todos eles, com partilha da mesma unidade monetária – cuja designação até já foi consensualmente escolhida, o ECO.

Regressa-se, pois, aparentemente sem possibilidade de fuga, à velha discussão-chave sobre a conjugação, abstrata, mas também concreta, entre vantagens e custos da opção (política) pela estabilidade monetária e cambial absoluta, inerente aos regimes cambiais de taxas fixas, em confronto com a opção pelo exercício com independência dos poderes monetários e cambiais, já mencionada e que não importa desenvolver aqui. Não podem, contudo, ser olvidadas nem soluções intermédias, em função das pretensões e dos interesses específicos dos países parceiros, que devem ser sempre estudadas e, eventualmente, trilhadas, nem que a opção por um dos dois regimes cambiais assimétricos pode abranger limites ao respetivo exercício.

Uma opção eventual pela rigidez cambial típica das uniões monetárias pode exigir a conformação ou compensação através de ajustamentos por efeito do agravamento localizado, por exemplo, de situações de fortes desequilíbrios económicos ou sociais, predominantemente nacionais ou regionais, distintos do exterior. Similarmente, a opção por um regime que permita o exercício com grande margem de autonomia dos poderes monetários e cambiais não poderá ou deverá alhear-se de como são dirigidos e concretizados tais poderes fora da área monetária, particularmente nos países mais próximos, designadamente do ponto de vista do volume e do valor das relações económicas realizadas, quer no plano regional quer no plano global.

Nunca é indiferente para qualquer país a decisão de adesão ou não a uma determinada união monetária e consequente participação na mesma – que é sempre composta por países determinados, não por quaisquer outros, tendo eles certas características estruturais (população, regime político, território, produção, exportações/importações, história jurídica e económica, dependência/independência monetária face a um país ou bloco regional...), não quaisquer outras. E todas as características contam, ou podem contar, em função do peso conjugado e relativo de cada uma delas num bloco económico regional, não obstante, sempre, o peso e o caráter decisivo da vontade política de prosseguir ou não determinados objetivos e a sua persistência e constância com o decurso do tempo, além das respetivas consequências.

Histórias culturais, políticas, jurídicas, económicas e monetárias próximas e partilhadas anteriormente permitem antever abertura em relação às adaptações exigidas por projetos com soluções harmonizadas ou uniformes para o conjunto. Experiências mais distantes ou contrapostas e persistentes (nos domínios cultural, político, jurídico, económico e monetário) alertam-nos para possíveis maiores dificuldades de adaptação, no limite «impossíveis» de ultrapassar, perante as inevitáveis medidas de crescente aproximação e uniformização do conjunto, sobretudo de teor económico e monetário, com efeitos em toda a área comum, não raramente com impactos cruciais para toda a sociedade, não restritas à vertente económica e cujos custos poderão ser difíceis de suportar, a curto e ou a médio e longo prazo.

As principais dificuldades de integração não residem, portanto, sobretudo, no grau reduzido de homogeneidade estrutural existente ou alcançado pelos países que já fazem ou que farão parte de uma organização ou bloco de integração económica regional, mas na natureza, dimensão e gravidade das diferenças ou assimetrias (económicas, políticas, sociais e culturais) existentes e mais relevantes, que imponham resultados económicos significativamente distintos entre os países envolvidos. A natureza e a gravidade das divergências ou desequilíbrios profundos, expressas através dos seus efeitos, resultantes de factores estruturais específicos de algum ou alguns dos países parceiros, não igualmente de todos, podem obrigar a enormes esforços e à afetação de recursos volumosos para a sua resolução e adaptação às novas circunstâncias, impostas pela unificação monetária em todos os países participantes.

Um regime monetário exatamente decalcado para todos os países da união será quase «inevitavelmente» mais adequado e favorável, ou menos prejudicial, para a situação e evolução das economias de algum ou alguns dos países participantes do que para as dos restantes, o que determinará uma posição mais ou menos favorável dos vários países em cada momento, em função do respetivo peso, económico e político, absoluto e relativo, no conjunto. Em face dos resultados concretos, ou do balanço feito, mais ou menos positivo, um membro poderá chegar ao ponto de optar pela saída ou abandono do bloco, com todas as demais consequências.

No quadro traçado sobre a CEDEAO/ECOWAS, afigura-se particularmente decisiva a posição da Nigéria, em razão da sua dimensão económica e do seu peso político ímpares, tanto em termos absolutos como relativos (na África Ocidental, em todo o continente africano, mundialmente), em qualquer solução de integração económica e política internacional, designadamente no domínio monetário, que venha a ser encontrada, aceite e concretizada nesta tão relevante parte do mundo. A posição excecional da economia daquele país e sua evolução não poderão deixar de influenciar decisivamente o modo como deverá ser definida e executada qualquer política monetária comum naquela Comunidade oeste-africana.

Dadas as características particulares da economia da Nigéria e da sua relevância única em todo o continente africano, logo também na África Ocidental, bem como ao facto de há muito seguir, compreensivelmente, uma política monetária própria, adaptada e condicionada pelas especificidades e vicissitudes próprias, dificilmente poderão ser conciliados os seus interesses e as suas pretensões, incluindo no domínio monetário e cambial, uma hipotética sujeição a uma união e a uma política monetária como a UEMOA seria completamente alheia ou estranha. Alheia por ser definida, em larga medida, a largos milhares de quilómetros de distância, noutro continente, na cidade de Frankfurt, por uma autoridade em cujos órgãos não participa e que nem sequer tem de a ouvir, cujos mandatos e objetivos não incluem atender aos anseios e às contingências da África Ocidental e dos respetivos países, mas aos desafios, contingências e desideratos dos povos e das economias que compõem a Zona Euro.

Por isso se compreende e justifica que aquele país «pretenda» ou «admita» apenas participar numa área monetária cujo funcionamento consiga e possa influenciar efetiva e decisivamente, ou que pelo menos atenda às suas circunstâncias e aspirações.

Uma união monetária do conjunto formado pela CEDEAO/ECOWAS poderia, em teoria, quase limitar-se a estender a todos os membros o atual regime monetário da UEMOA, vigente desde há muitos anos nos países que dela fazem parte e, por isso, já duravelmente bem testado – porventura à imagem do que sucedeu na última década do século passado no continente europeu, quando foi criada a Zona Euro, cujas regras e instituições monetárias fundamentais se inspiraram, diretamente, nas da «antiga» República Federal Alemã (RFA), desde a sua receção da ordem jurídica dos Estados Unidos da América, tendo por âncoras principais o *Deutsch Mark* (moeda que circulou entre 1948 e 1998) e o *Bundensbank*.

Todavia, não parece ser esse o itinerário mais provável. Para integrar a Nigéria e os restantes Estados de expressão anglófona da CEDEAO/ECOWAS, que se comprometeram há duas décadas a concretizar a prazo uma união monetária (a ZMAO/WAMZ), a futura área monetária da Comunidade teria, certamente, de se autonomizar, com o abandono da ligação ainda existente entre a UEMOA e a Zona Euro, incluindo a relação rígida de paridade cambial entre a unidade monetária da primeira, o Franco CFA (XOF), e o Euro, conforme referido, e o estabelecimento de uma unidade monetária realmente própria – sendo para o efeito irrelevante, por si só, a simples alteração da respetiva designação, para ECO (ou outra).

Pode, pois, sustentar-se, que as experiências de cooperação e de integração económica (e também monetária, no segundo caso) internacional, como as acabadas de exemplificar, com uma dimensão política que se revela quase sempre decisiva, não refletem apenas uma nítida influência ocidental-europeia, por via da inspiração exercida pela ordem jurídica (primeiro) das Comunidades Europeias e (mais recentemente) também da União Europeia, pelo funcionamento dos seus órgãos ou instituições e ainda pelo relacionamento com os Estados membros, todas com as suas especificidades e relevâncias próprias (política, económica, populacional, cultural...), mas também, enquanto modelo com experiência(s) relevante(s) no domínio da cooperação e da integração económica internacional, para a qual ter-se-á de olhar atentamente para conseguir compreender adequadamente o processo de integração económica internacional enquanto tal, transversal, adaptável, mas não de sentido único, nem necessariamente irreversível.

Capítulo VI
Fundamentos e robustez da construção europeia

1. Antigos e novos objetivos e valores da União e o desígnio de unidade política

Dos primeiros capítulos (I a III da Parte 1) pôde extrair-se uma conclusão geral, em síntese, de que, não obstante todas as graduais ampliações dos objetivos, atribuições e competências das Comunidades e da União Europeia, com implicações substantivas e qualitativas de grande peso, se mantiveram, no centro de todo o prolongado e complexo processo de integração ou «construção» europeia, até hoje, sobretudo, as preocupações e os desideratos económicos, em especial o Mercado Comum/Interno/Único e, a partir do Tratado de Maastricht, de 1992, a União Económica e Monetária – complementados por todos os restantes objetivos e domínios de ação da União, independentemente da sua maior ou menor essencialidade e imprescindibilidade no seio de todo o processo de integração e das suas diversas e relevantes implicações em vários outros planos, em especial no político.

Para o comprovar, bastaria voltar a apontar algumas constatações, entre várias outras que se poderiam acrescentar, primeiramente para referir a circunstância de tais objetivos nucleares, predominantemente económicos, ainda não estarem, em muitos casos, totalmente concluídos, e, depois, quanto aos demais objetivos, pelo facto de, em geral, complementarem aqueles objetivos essenciais de integração ou «construção» europeia, sem que da designação decorra que sejam minimamente dispensáveis.

Conforme se procurou salientar, vários objetivos «não económicos», incluindo a estabilidade e a segurança (das pessoas e dos bens, dos regimes de direitos e das obrigações vigentes e aplicados...), são sem dúvida absolutamente necessários para a concretização dos objetivos nucleares e fundamentais do projeto europeu.

Note-se que, ainda hoje, o objetivo principal originário da construção europeia, o estabelecimento de um Mercado Comum/Interno/Único europeu, continua por completar, incluindo em domínios de que talvez já não se devesse sequer suspeitar, como o da «integração» das bolsas de valores, mediante a harmonização ou porventura uniformização gradual dos regimes jurídicos aplicáveis aos mercados financeiros em sentido estrito, ou seja, com exclusão basicamente dos subsetores bancário e segurador, não obstante os recorrentes lançamentos de iniciativas de harmonização e de uniformização legislativa, envolvendo segmentos tão vastos e relevantes de atividades financeiras, sem as quais não ficarão reunidas condições eficientes para o funcionamento de uma união monetária. Numa união monetária internacional, com ordens jurídicas e jurisdições diferentes, também são necessários mecanismos que prevejam e assegurem uma equilibrada repartição geográfica dos riscos financeiros que existam e surjam[272].

A apontada incompletude da conclusão do Mercado Comum / Interno / Único é igualmente visível em vários outros setores de atividades, sobretudo entre os mais sensíveis do ponto de vista da proteção dos interesses de cada um dos Estados membros e seus cidadãos, mas não apenas nesses. Têm surgido reservas, mais ou menos implícitas, baseadas em interesses específicos dos Estados membros, nos mais diversos domínios, incluindo no Direito da Concorrência, e em especial no que respeita aos auxílios de Estado, precisamente por ausência frequente de sintonia na apreciação dos critérios justificativos dessas ajudas públicas em face das

[272] Sobre os mecanismos de ajustamento de natureza privada no seio de uma união monetária internacional composta por mais do que Estado soberano, como é o caso da União Económica e Monetária europeia, sem prejuízo dos mecanismos de natureza pública com capacidade para promover o reequilíbrio perante a ocorrência dos chamados «choques» económicos simétricos e ou assimétricos, cf. J. Renato Gonçalves (2010), "A sustentabilidade da Zona Euro e a regulação do sistema financeiro", pp. 289-320, e, *Idem* (2019), *O Euro: Balanço e Perspetivas*, cit., espec. pp. 383 e ss., com outras indicações bibliográficas.

circunstâncias concretas e do juízo feito sobre as mesmas por cada um dos Estados membros.

Entre as maiores reservas invocadas pelos Estados membros quanto à uniformização europeia de regimes económicos incluem-se as relativas às várias liberdades de circulação no interior da União, como a liberdade de circulação de pessoas enquanto trabalhadores, que se projetou mais amplamente após os desenvolvimentos introduzidos na sequência da assinatura do Acordo de Schengen, em 1985, bem como da criação ulterior do chamado «espaço Schengen», cujos critérios não deixariam de ser contestadas ao longo do tempo por alguns Estados membros e, inclusivamente, suspensos, por vários membros, como a França, perante os riscos acrescidos na sequência da invasão russa da Ucrânia, em fevereiro 2022.

Se o Mercado Comum / Interno / Único europeu se encontra, ainda hoje, longe de poder ser considerado concluído – não obstante todos os impressionantes avanços nesse sentido durante todas as décadas de «construção» europeia, que não podem ser obnubilados ou minorados, dada a sua vasta, profunda e perdurável relevância em todo o território da União Europeia e fora dele –, mais problemático tem sido, compreensivelmente, o estabelecimento da União Económica e Monetária europeia, atendendo à maior extensão e radicalidade das ações e alterações estruturais que o projeto abrange, nada apontando por isso no sentido de poder vir a tornar-se mais abrangente e célere a sua concretização, quer através da conclusão da União Bancária Europeia, nos termos no essencial já previstos, como da projetada União Europeia de Mercados de Capitais, referida há pouco e com novos desenvolvimentos recentes.

De qualquer modo, independentemente do bloco materialmente abrangido pelo processo de integração ou construção europeia, que abrange necessariamente o seu núcleo, de conteúdo predominantemente económico, mas que o transcende em muito e não prescinde, nem pode prescindir, de vários outros componentes conexos. Entre estes incluem-se os não qualificáveis como estritamente económicos, apesar de conterem muitas vezes também um conteúdo económico significativo, desde logo financeiro – mas nem sempre. Alguns dos bens coletivos e públicos enumerados como objetivos comuns podem pressupor a adoção de diversas políticas comuns, designadamente de segurança, caso em que será necessário o respetivo financiamento suficiente – exceto se tais objetivos ou requisitos já estiverem alcançados e enquanto não se encontrarem real ou «seriamente» ameaçados (hipótese em que as referidas políticas, ou outras, e as correspondentes dotações financeiras se tornarão imprescindíveis).

Conforme referido no início, os objetivos das Comunidades e da União Europeia não têm todos valor igual. Apesar de serem apresentados similarmente, *maxime* no artigo 3.º do Tratado, e de, por isso, vários autores os enumerarem sequencialmente pela ordem aí seguida – aproximando-a da que podemos também encontrar nos textos das constituições políticas nacionais em relação ao Estado, consequentemente concluindo pela «inevitável» aproximação entre os fins da União e os fins do Estado –, e sem embargo de significativas áreas de aproximação ou harmonização e até de uniformização já alcançadas ao nível da União, a correta interpretação dos objetivos da União, tal como se encontram proclamados nos Tratados, não pode conduzir a uma tal conclusão, insustentável, ambígua ou porventura absurda, quando põe realmente em jogo a soberania dos Estados membros e as decisões nucleares sobre a mesma.

A gradual mas persistente e crescente erosão do exercício efetivo de vários dos poderes próprios dos Estados soberanos em diversos domínios, essencialmente mas não apenas económicos, tendo muitos deles passado a ser exercidos regularmente, primeiro pelas Comunidades e mais recentemente pela União Europeia, nos termos estipulados pelos Tratados europeus e por outras fontes de direito derivado comunitário e da União, não implica, por si, a perda definitiva da soberania dos Estados membros; estes, «a todo o momento», desde que cumpridas as suas obrigações internacionais e perante a União, poderão decidir de outro modo, nos seus diversos planos de ação, interna e externa, sem excluir, no limite, a opção pela saída da União – independentemente de todos os riscos e consequências que daí possam emergir, e independentemente dos juízos, mais ou menos negativos, que se produzam a esse respeito, designadamente quanto à melhor estratégia económica, social, política para o futuro de um país, quanto à sua permanência ou saída de um bloco económico e político como é a União Europeia.

A «partilha de alguns fins tradicionalmente assumidos [e prosseguidos] pelos Estados» por parte da União Europeia, como sucede com a segurança, quer interna quer externa, com o bem-estar e a justiça, além de outros, prosseguidos apenas mais recentemente, como o combate à exclusão social e às discriminações, a proteção social ou a promoção do ambiente, diretamente refletida no texto do artigo 3.º do TUE, sugere que, a partir de determinado momento, passa a haver coincidência, pelo menos parcelar, entre os fins do Estado e os (novos) fins da União, abrangendo a promoção da paz, dos seus valores e da justiça, bem como a liberdade, a segurança e a justiça, a par de, ou conjuntamente com, outros fins nucleares «próprios da União», incluindo o mercado interno ou a união económica e monetária[273].

Mas não será assim, tão simplesmente. O problema da articulação entre os objetivos e os fins próprios dos Estados e os fins próprios da União afigura-se mais complexo e, por isso, de solução também mais difícil.

Reconhecer que objetivos idênticos ou mesmo coincidentes poderão ser prosseguidos e são-no frequentemente por entes públicos distintos (por exemplo, internamente, pelo Estado e por autarquias locais ou regionais), não significa que esses objetivos tenham exatamente a mesma natureza e relevância no âmbito de uma e outra(s) entidade(s) legalmente incumbidas de os prosseguir. Mais ainda: a diferença de relevância e de natureza e eficácia jurídica de determinados objetivos partilhados por mais do que uma entidade pública poderá nem respeitar ao conteúdo específico desses objetivos a prosseguir, mas da própria posição e da natureza relativa das entidades públicas entre si – se delas resultar, «necessariamente», por exemplo, a subordinação de uma autarquia local em relação ao respetivo Estado nacional.

Devem ser, similarmente, extraídas as adequadas consequências quanto à apontada «partilha» de fins prosseguidos pela União Europeia e pelos Estados membros. A similitude de objetivos, e da respetiva designação, nos Tratados e noutras fontes do direito, incluindo nas Constituições de cada um dos Estados, não implica necessariamente igualdade no plano substantivo, nem permite, muito menos ainda, que possam ser equiparadas, tanto substancialmente como sobretudo quanto à sua eficácia ou quanto a uma eventual hierarquia ou mecanismo que permita concluir pela prevalência de umas fontes, ou de algumas das suas disposições, sobre outras fontes, apenas por integrarem o Direito da União ou por fazerem parte integrante da ordem jurídica interna do Estado, como acontece com a respetiva Constituição.

[273] Cf. A. M. Guerra Martins (2017), *Manual de Direito da União Europeia*, espec. p. 222.

Se razões sistemáticas têm justificado cabalmente a preeminência de certas normas da União Europeia sobre normas internas, em domínios específicos, nos termos definidos pelos Tratados, conforme desde há muito têm sustentado o Tribunal de Justiça e larga maioria da doutrina jurídica, o mesmo entendimento não poderá certamente vingar como justificado em todos os domínios, não especificamente abrangidos nos termos constantes dos Tratados – hipótese em que se teria já de admitir que a soberania dos Estados membros tinha sido irreversivelmente atingida.

A fronteira precisa entre os fins próprios dos Estados membros, enquanto entes soberanos e deles «originários» ou «próprios por natureza», independentemente de terem já sido ou não objeto de partilha com a União, e os fins que, entretanto, passaram a ser prosseguidos pela União, e cujo exercício consequentemente passou a caber às instituições ou «órgãos» da União, há-de encontrar-se refletida no texto dos Tratados, ou dele deve poder-se extrair, se não explícita pelo menos implicitamente. Os Estados permanecem, assim, sem dúvida, «donos» ou «senhores» dos Tratados, independentemente de por eles terem ficado vinculados. Tendo os tratados sido negociados, celebrados, aprovados e ratificados pelos Estados, a respetiva eficácia dependerá, igualmente, da respetiva vontade em permanecerem vinculados pelo que neles tiver sido estipulado. Talvez mais do que em outras áreas, aqui o direito e a política ou os interesses políticos e económicos dos Estados confluem completamente.

Entre os elementos apontados como certamente imprescindíveis para o êxito de qualquer processo de integração económica internacional incluem-se as condições gerais de segurança das pessoas e dos bens, bem como as de (pelo menos relativa) estabilidade política e jurídica, «mínimas» e suficientes para oferecer um grau (desejavelmente muito) elevado de previsibilidade e de segurança, quer jurídica quer económica, além de física e política, para todos, sem o que se tornará muito mais difícil, ou «impossível», alcançar uma situação de normalidade, tanto nas relações sociais, económicas e jurídicas internas, numa mesma ordem jurídica, administrativa ou jurisdicional, como também nas relações num espaço de integração mais vasto, «supranacional», envolvendo várias ordens jurídicas e administrativas ou jurisdições.

Mantém-se como núcleo estruturante, profundamente reforçado, o quadro mais amplo do estabelecimento de uma União Económica e

Monetária, face ao inicial Mercado Comum/Interno, o qual se estenderia a vários outros domínios, incluindo «não económicos», envolvendo áreas distintas, designadamente relativas aos direitos fundamentais, e outras, como as relativas à Política Externa e de Segurança Comum, não raramente imprescindíveis para facilitar e garantir a prossecução de objetivos essencialmente económicos e, ao mesmo tempo, abranger outros domínios fundamentais da vida, que, sem maior precisão, se referirá como novos domínios de integração política, incluindo aspetos sensíveis e nucleares, como as referidas Política Externa e de Segurança Comum, que, tal como noutros domínios, visam, em geral, «apenas», responder, adequada e suficientemente, ou não, aos desafios tal como se apresentem e sejam considerados pela União e pelos Estados membros, ou seja, pelos respetivos povos e seus legítimos representantes e governantes.

Sendo assim, os fundamentos dos processos de integração económica e política internacional podem manter-se ou modificar-se, não tanto consoante os desafios com que tenham de se confrontar, mas sobretudo nos termos decididos pelos Estados que neles participem e respetivos povos, através dos seus representantes e governantes e mediante os instrumentos jurídicos apropriados, no quadro geral dado pelos Tratados em vigor.

No caso das Comunidades e da União Europeia, os seus fundamentos evoluíram à medida e nos termos em que se modificaram os seus objetivos, atribuições, competências, meios e instrumentos, incluindo financeiros, com projeção nos Tratados, através das respetivas revisões, enquanto «direito originário» ou «primário», e ou noutros planos, designadamente de «direito derivado» ou «secundário», com referência ao anterior, bem como no plano «estritamente» político, independentemente das suas diversas repercussões, até ao presente.

As principais decisões, «estratégicas», cabem sobretudo aos órgãos políticos de topo da União, e, simultaneamente, aos dos Estados membros, à cabeça dos quais se situa, no âmbito da União, o Conselho Europeu.

Todavia, tais decisões essenciais – mais sensíveis, críticas e, em muitos casos, decisivas – dependem do voto unânime de todos os membros do Conselho Europeu, simultaneamente chefes de Governo dos vários Estados membros que formam a União Europeia. Daí as dificuldades no processo de tomada de decisão em relação aos assuntos em que os interesses dos membros não coincidam ou, mais ainda, divirjam, caso em que serão necessárias negociações complementares a fim de serem encontrados pontos de convergência.

As dificuldades recorrentes na aprovação de pacotes consecutivos de sanções económicas à Rússia e aos seus dirigentes, após a invasão do território da Ucrânia pelo exército da Rússia, com início a 24 de fevereiro de 2022, bem assim de outras decisões conexas com o agravamento do mesmo conflito, incluindo as mais diversas medidas de apoio à Ucrânia e à sua população afetada pela guerra, com destruição generalizada de todo o tipo de infraestruturas – de saúde, de ensino, bem como redes de água, de energia (eletricidade e gás), de comunicações e de transportes, além de habitações –, revelaram claramente as tentativas consecutivas de aproximação entre posições por vezes muito distintas dos vários Estados membros da União, com vista a alcançar uma decisão comum – que nem sempre é possível obter, obrigando a adiamentos, frequentemente inoportunos, prejudiciais ou demasiado arriscados, sobretudo em domínios e em relação a problemas tão graves e urgentes como os confrontos armados.

Apesar de todas as decisões tomadas e também dos casos em que não foi possível chegar a entendimentos convergentes entre os Estados membros da União traduzirem em regra princípios, valores e interesses partilhados entre eles, e até que pontos ou linhas de fronteira, isso nem sempre acontece, ou é pelo menos extremamente difícil de determinar nitidamente, porque nem sempre há ou é clara a sintonia entre tais valores e princípios, entendidos em termos mais gerais, e os interesses e outros aspetos de aproximação ou distanciamento entre os Estados membros e entre algum ou alguns destes e outro ou outros países terceiros, ligações e aproximações e distanciamentos que tenderão a alterar-se com as questões, o que, em última instância, dificultará o apuramento da vontade comum em torno de qual é ou poderá ser, «precisamente», o desiderato ou o desígnio, do ponto de vista de cada um dos Estados membros e de parte(s) ou de todos eles, em relação à União.

Será esse propósito ou desígnio atribuído em comum e por cada um dos Estados membros à União que permitirá apurar até onde esta poderá ir, e desejavelmente todos os Estados membros estarão dispostos a acompanhar os restantes no seio da União, numa linha de fronteira ora (muito) clara ora (muito) ténue, porventura impossível de determinar previamente em relação a certos aspetos muito específicos e mais sensíveis, eventualmente de profunda divergência por parte de algum ou alguns Estados membros relativamente aos restantes, o que não só poderá impedir a tomada de algumas decisões comuns cruciais, assinalando a divisão ou divisões no seio da União, como poderá contribuir para alimentar e agravar tais divisões, pondo assim em causa, em maior ou menor grau, a coesão e a unidade, que constituem critérios de conexão estável e de cimentação da unidade e união entre os Estados membros.

De entre os elos de ligação e de fortalecimento da União e as divergências de posições, interesses e entendimentos que abrem as portas e favorecem as divisões e a fragmentação e sua evolução, mais ou menos centrífuga ou centrípeta, encontrar-se-á, sempre incerto, mas mais e melhor ou menos e pior acautelado e prevenido, o desenlace, impossível de prever à partida, dos projetos de integração económica e também internacional em geral e, do mesmo modo, do já longo projeto de construção europeia em torno das Comunidades e, agora, da União Europeia, bem como da sua natureza própria.

O abandono do Reino Unido da União Europeia em 2020, após o referendo do «*Brexit*» de junho de 2016, constituiu um «primeiro» teste sobre o que une e congrega os Estados membros da União Europeia e o que os mantém em sintonia e poderá contribuir para assegurar a coesão entre eles (tal como já o fora, escassos anos antes, o caso da Grécia, na voragem das crises das dívidas públicas soberanas e do Euro, ultrapassada após as eleições internas no início de julho de 2015).

As posições frequentes de reserva e oposição do Reino Unido em relação a algumas políticas, ações ou medidas da União, em aparente contraposição com a dos restantes membros, poderia fazer supor uma maior convergência entre estes após a saída daquele país da União, o que, todavia, não veio a verificar-se, pelo menos em relação à generalidade dos domínios.

Tais divergências de posições entre Estados membros variam muito consoante as políticas e os domínios de ação da União, ora aproximando-se ora divergindo, frequentemente atravessando grupos de países com afinidades económicas, geográficas, políticas ou culturais, mas nem sempre se mantêm.

A saída do Reino Unido, com as suas posições políticas e económicas mais atlantistas e próximas dos Estados Unidos da América em diversas áreas do que as de outros membros, poderia levar países como a França e a Alemanha a admitirem uma reativação das suas posições centrais como fundadores e, em várias ocasiões, grandes impulsionadores ou «motores» do processo de integração europeia, em torno de propostas previamente dialogadas ou concertadas, antes de apresentadas aos restantes parceiros.

Todavia, como a gravíssima crise de segurança causada pela invasão da Ucrânia pelas forças armadas russas comprovaria depois claramente, por um lado, o Reino Unido, com a sua capacidade comparativamente superior de defesa e ligação mais estreita com os Estados Unidos da América poderia fazer e fazia alguma diferença, evidenciada pela posição imediata do seu Primeiro-Ministro ao lado da Ucrânia, em contraste com as posições muito menos claras e ambíguas dos chefes de governo da França e da Alemanha, contraste que se agravaria, por um lado, com a deslocação inicial e inesperada do Primeiro-Ministro britânico, Boris Johnson, a Kyiv e a promessa pronta de todo o tipo de ajuda, incluindo militar, à Ucrânia, posição a que se juntariam outros Estados membros – a Polónia e os países bálticos imediatamente, outros países nórdicos e do leste um pouco depois, aqueles no âmbito da Aliança Nórdica, liderada pelo Reino Unido –, e, por outro lado, com os persistentes e prolongados diálogos ou monólogos diários do Presidente francês e do próprio Chanceler alemão com o Presidente da Federação Russa, bem como deslocações a Moscovo e reuniões ilustrativamente distanciadas por uma mesa com seis metros de comprimento, a par da promessa de total apoio de princípio à Ucrânia, desde que não envolvesse o envio de qualquer equipamento letal (incluindo, portanto, o envio, pela Alemanha, durante os primeiros meses, de cinco mil capacetes).

As divisões de posição e de entendimento entre Estados membros não tinham, afinal, diminuído, dependendo essencialmente dos domínios de ação, da União e dos Estados membros – sendo por isso difícil, para não dizer impossível, vislumbrar vantagens que pudessem resultar, para a União, da saída do Reino Unido, apesar da preocupação geral mediática prevalecente dos efeitos económicos negativos para aquele país.

De qualquer modo, a ideia de unidade política europeia não deixa de se manter como fortemente perturbadora, não obstante o seu compreensível relançamento recente, com a emergência de uma ameaça externa tão grave que coloca realmente em causa a ideia de qualquer unidade europeia e a sua concretização, envolvendo todos os membros da União, porque foi precisamente isso que ficou posto primeiramente em causa, como referido, com a invasão da Ucrânia pela Rússia e respetiva declaração de justificação pelo Presidente da Rússia.

A história europeia, protagonizada por nações diferentes e também por impérios, levanta interrogações sobre os fins últimos do projeto de integração económica e política continental, que, na hipótese de conduzir à criação de uma espécie de federação ou de «super Estado», poria sem dúvida em causa as profundas identidades e diversidades nacionais.

Todavia, perante uma ameaça com uma envergadura tal que põe em causa a própria independência política da União e dos seus Estados membros, bem como os respetivos regimes democrático e de direitos fundamentais, incluindo a liberdade, que desde há muito caracterizam os países da Europa Ocidental, e por isso também, conforme se pretende, todos os membros da União, é plausível que reúnam esforços para alcançar tais objetivos absolutamente nevrálgicos para os seus povos, mesmo com todos os riscos e custos, dificilmente contidos, de erosão da soberania nacional.

Falar num projeto de unidade política europeia não corresponde a falar num percurso histórico linear e «neutral» ou provável, mas num itinerário incerto, hipotético e, pelo menos à partida, improvável, por obrigar a múltiplas mudanças, algumas muito profundas, no modo de encarar a soberania do Estado, construída em confronto com o reconhecimento de outros poderes equiparáveis, que só poderiam reconhecer outro «poder soberano», acima daquele de que dispõem e que podem em princípio exercer, negando em maior ou menor medida os seus próprios poderes de soberania; e o mesmo sucederia, além do mais voluntariamente, com os restantes Estados participantes, todos eles renunciando, se não a capacidade última, pelo menos o exercício dos seus poderes soberanos, em favor de outra entidade, «supranacional», situada num patamar superior. Equaciona-se, assim, a figura política da federação de Estados, que passaria a concentrar em si, e não já nos Estados que dela fazem parte, os poderes de soberania e o respetivo exercício, perante o exterior e também perante aqueles.

2. O primado e a eficácia do direito da União e a integração europeia

Após a evolução e o aprofundamento impressionantes do que passou a designar-se, presentemente, por Direito da União Europeia, certamente todos os juristas dos Estados membros da União tiveram oportunidade de se depararem perante uma ordem jurídica completamente nova, que no início muito poucos poderiam suspeitar que se viesse a tornar tão relevante, embora, ao mesmo tempo, nem sempre claramente percetível, dada a intensa e crescente imbricação criada com outras ordens jurídicas, mas essencialmente com as ordens jurídicas internas de cada um dos Estados membros da União Europeia.

Não se justifica, aqui, proceder a uma nova teorização do sentido e da natureza da ordem jurídica das Comunidades Europeias e da União Europeia, sendo em geral conhecidos os passos graduais de criação e de desenvolvimento desta ordem jurídica, para os quais foram determinantes quer os contributos doutrinários, quer os contributos jurisprudenciais, em primeiro lugar do Tribunal de Justiça (das Comunidades e agora) da União Europeia e, em estreita cooperação permanente, de, virtualmente todos os tribunais de todos os Estados membros, mas, em especial, dos seus tribunais superiores, incluindo os tribunais constitucionais – e sem embargo da articulação com a ordem jurídica internacional e do consequente contributo da cooperação com os tribunais competentes para a respetiva aplicação.

Todos esses contributos, em geral, e o riquíssimo conteúdo da ordem jurídica a que respeitam, atinente, primeiramente, às Comunidades e, mais recentemente, à União Europeia, constituíram pressupostos e a base jurídica de todo o enunciado e considerações anteriores, incluindo quando foram levantadas interrogações sobre o seu significado.

Por outro lado, e não obstante todas as especificidades e inovações que emergiram das fontes jurídicas comunitárias e da União Europeia, bem como do labor doutrinário e jurisprudencial sobre as mesmas, o que é em geral conhecido, e tem sido objeto de tratamento e de discussão com significativa profundidade, também entre nós e em língua portuguesa, não são elas, na sua globalidade, que constituem aqui o foco de estudo, mas apenas certos aspetos, identificados em cada um dos pontos consecutivamente debatidos e tratados.

Importará, assim, primacialmente, salientar o que pode ser designado, nitidamente, como a «poderosa» ou (quase) absoluta eficácia do Direito (das Comunidades e) da União Europeia, que pressupõe sobretudo uma força propagadora e de prevalência global dos efeitos jurídicos das normas europeias em relação às restantes normas, em especial as «nacionais» ou internas de cada Estado membro, precisamente por disporem do poder para balizar, conformar e se sobreporem, basicamente, a todas as ordens jurídicas com as quais entrem em articulação, o que dificilmente se poderia deduzir como possível exclusivamente a partir de uma análise centrada nas características e na natureza das suas fontes.

A circunstância de as fontes «originárias» ou «primárias» do Direito Comunitário e da União Europeia corresponderem, essencialmente, a tratados internacionais poderia levar a uma conclusão, que se haveria de revelar incorreta, de uma debilidade estrutural extremamente difícil de superar, pelo facto de resultarem de acordos negociados e concluídos entre Estados soberanos, cujo exercício de certos poderes próprios das Partes contratantes inevitavelmente restringiria, numa ou noutra ocasião, a respetiva eficácia – tal como sucede em geral com as fontes e as normas de Direito Internacional, que quase sempre necessitam da cooperação efetiva dos Estados para se tornarem plenamente eficazes.

A eficácia particular, exclusiva, das normas de Direito Comunitário e da União funda-se num conjunto de princípios desde muito cedo afirmados pelo Tribunal de Justiça das Comunidades, contestados por uns mas aceites por outros, num diálogo frequentemente difícil e em vários aspetos recorrente, sobretudo com os tribunais constitucionais de alguns Estados membros, diálogo que, ao contrário do que é muitas vezes afirmado ou pressuposto, ainda não está fechado, nem facilmente ficará, se algum dia isso acontecer.

A prevalência das normas jurídicas da União Europeia sobre todas as normas internas dos Estados membros nos domínios materiais ou substanciais que tenham passado a ser exercidos em comum pela União, nos termos previstos nos Tratados, é diretamente afirmada pelo designado princípio do primado ou da primazia do Direito das Comunidades e da União sobre as ordens jurídicas internas dos Estados membros e suas normas, nos termos do qual deixam de poder ser aplicáveis quaisquer normas internas que em qualquer medida contradigam ou constranjam disposições da União.

O princípio da primazia foi proposto, defendido, afirmado e garantido, desde os primeiros anos após a criação das Comunidades Europeias, conforme mencionado anteriormente, sobretudo pelo labor jurisdicional, em particular do Tribunal de Justiça, não obstante as interrogações, as reservas e os limites que seriam erguidos, recorrentemente, contra o seu sentido e as suas implicações essenciais, incluindo quanto à sua abrangência. Uma das questões abertas quanto ao princípio do primado, ou da primazia, das normas comunitárias e (mais tarde) da União, consistia em apurar se abrangia ou não as normas constitucionais internas, de cada um dos Estados membros – quanto às matérias cujas competências tivessem sido «transferidas» pelos Estados membros à União, ou «delegadas» nas suas «instituições», através dos Tratados, no âmbito das competências exclusivas (da União), e ainda, conforme previsto no Tratado sobre o Funcionamento da União Europeia, no âmbito das competências partilhadas (cf. artigos 4.º e 5.º do TUE e artigos 3.º a 6.º do TFUE, antes mencionados)[274].

Não obstante o longo e crescentemente fundamentado itinerário de afirmação e vencimento do princípio do primado do Direito Comunitário e da União Europeia, a sua base continua ainda a ser essencialmente jurisprudencial e doutrinal, dada a rejeição persistente da sua previsão expressa no texto dos Tratados, não ainda completamente superada, apesar das tentativas nesse sentido, em especial com o projeto designado «Tratado Constitucional», ou «Roma 2», de 2004. Este continha uma

[274] Enquanto a delimitação de competências da União se rege pelo princípio da atribuição, o seu exercício é disciplinado pelos princípios da subsidiariedade e da proporcionalidade – cf. artigo 5.º, n.º 1, do TUE. O princípio da atribuição determina que a União atua apenas «dentro dos limites das competências que os Estados membros lhes tenham atribuído nos Tratados para alcançar os objetivos fixados por estes», pertencendo aos Estados membros as competências não atribuídas à União (nos Tratados) – conforme previsto no n.º 2 do artigo 5.º do TUE e, com maior concretização, na Declaração n.º 18 anexa aos Tratados, sobre a delimitação de competências, bem assim na Declaração n.º 24, sobre a personalidade jurídica da União Europeia.
Por força do princípio da subsidiariedade, «nos domínios que não sejam da sua competência exclusiva, a União intervém apenas se e na medida em que os objetivos da ação considerada não possam ser suficientemente alcançados pelos Estados membros, tanto ao nível central como ao nível regional e local, podendo contudo, devido às dimensões ou aos efeitos da ação considerada, ser melhor alcançados ao nível da União»; o princípio da subsidiariedade é cumprido pelas instituições da União «em conformidade com o Protocolo relativo à aplicação dos princípios da subsidiariedade e da proporcionalidade», no âmbito de cujo procedimento os parlamentos nacionais velam pela observância do princípio (n.º 3 do artigo 5.º do TUE).
Quanto ao princípio da proporcionalidade, no quadro do Direito da União, determina que o conteúdo e a forma da ação da União «não devem exceder o necessário para alcançar os objetivos dos Tratados», devendo as instituições da União respeitá-lo em conformidade com o Protocolo indicado (n.º 4 do artigo 5.º do TUE, citado), tal como tinha sido já salientado (*vd. supra*, Parte 1, em especial Capítulos I e III).

disposição expressa (no artigo I-6.º) a reconhecer a primazia das normas comunitárias e da União sobre as normas internas dos Estados membros, no entanto, como é sabido, fracassou, em França e nos Países Baixos, quando submetido a referendo popular, relativo à sua ratificação, pelas razões conhecidas. Contudo, com o Tratado de Lisboa, passou a constar uma Declaração (n.º 17) anexa aos Tratados que reconhece expressamente o princípio do primado do direito comunitário e da União sobre os direitos dos Estados membros, por remissão para a jurisprudência do Tribunal de Justiça, através da qual o tem, consecutiva e fundamentadamente, proclamado, afirmado e garantido, não obstante as reservas com que foi, e continua, ainda hoje, a ser confrontado[275].

Embora com antecedentes, o princípio do primado só foi claramente proclamado e fundamentado pelo Tribunal de Justiça no acórdão de 15 de julho de 1964, *Costa contra ENEL*. Ante a omissão dos Tratados sobre o problema da articulação entre o Direito Comunitário Europeu e os direitos dos Estados membros, coube ao Tribunal de Justiça resolvê-lo, no âmbito

[275] Na Declaração n.º 17 anexa aos Tratados, sobre o primado do direito da União Europeia, a conferência intergovernamental «lembra que, em conformidade com a jurisprudência constante do Tribunal de Justiça da União Europeia, os Tratados e o direito adotado pela União com base nos Tratados primam sobre o direito dos Estados membros, nas condições estabelecidas pela referida jurisprudência» (§ 1.º) e decidiu juntar à Ata Final o parecer do Serviço Jurídico do Conselho de 22 de junho de 2007 sobre o assunto: «Decorre da jurisprudência do Tribunal de Justiça que o primado do direito comunitário é um princípio fundamental desse mesmo direito. Segundo o Tribunal, este princípio é inerente à natureza específica da Comunidade Europeia.
Quando foi proferido o primeiro acórdão desta jurisprudência constante (acórdão de 15 de julho de 1964, *Costa contra ENEL*, no processo n.º 6/64 ['Resulta (...) que ao direito emergente do Tratado, emanado de uma fonte autónoma, em virtude da sua natureza originária específica, não pode ser oposto em juízo um texto interno, qualquer que seja, sem que perca a sua natureza comunitária e sem que sejam postos em causa os fundamentos jurídicos da própria Comunidade'], o Tratado não fazia referência ao primado. Assim continua a ser atualmente. O facto de o princípio do primado não ser inscrito no futuro Tratado em nada prejudica a existência do princípio nem a atual jurisprudência do Tribunal de Justiça».
Não obstante a falta de menção expressa ao princípio do primado no texto dos Tratados, este tem sido por vezes deduzido, indiretamente, do princípio da cooperação leal, previsto no artigo 4.º, n.º 3, do Tratado da União Europeia. Sobre a ambição integracionista subjacente ao projeto de «Tratado Constitucional» e subsequente fracasso deste, cf., por todos, P. PITTA E CUNHA (2005), *Reservas à Constituição Europeia / Reservations on the European Constitution*, pp. 11 e ss.; Idem (2005), *A Crise da Constituição Europeia*, pp. 15 e ss.

de um processo de reenvio prejudicial relativo à interpretação de normas do Tratado CEE, com a afirmação do princípio do primado ou da primazia das normas comunitárias europeias sobre as dos Estados membros, tal como foi depois consecutivamente reiterado até ao presente[276].

O primado do Direito Comunitário Europeu foi fundamentado pelo Tribunal de Justiça, basicamente, na autonomia daquela ordem jurídica em relação às ordens jurídicas dos Estados membros, e na sua consequente unidade, que não pode ser prejudicada pelas diversidades das ordens jurídicas dos Estados membros, sob risco de descaracterização e fragmentação. Por isso, o Tribunal de Justiça invocou e explicitou que o Tratado CEE tinha criado uma ordem jurídica própria, autónoma quer em relação às ordens jurídicas dos Estados membros, quer em relação ao Direito Internacional geral, daí resultando necessariamente uma limitação do exercício em certos domínios dos poderes soberanos dos Estados membros, por estes reciprocamente aceite em favor da Comunidade.

Conforme cristalinamente afirmou o Tribunal de Justiça no acórdão Costa contra ENEL, «Diversamente dos tratados internacionais ordinários, o Tratado CEE institui uma ordem jurídica própria que é integrada no sistema jurídico dos Estados membros a partir da entrada em vigor do Tratado e que se impõe aos seus órgãos jurisdicionais nacionais».

[276] A questão do primado do direito comunitário europeu tinha já sido abordada no acórdão de 16 de dezembro de 1960, *Humblet*, embora sem a sua afirmação explícita, com as cautelas iniciais que depois seriam abandonadas e sem a fundamentação pioneiramente reunida no acórdão *Van Gend en Loos*, de 5 de fevereiro de 1963 – no qual o Tribunal reconheceu outro princípio nuclear do Direito Comunitário Europeu, o princípio do efeito direto, que pressupõe o primado – e expressamente enunciada no acórdão *Costa contra ENEL* do ano seguinte (1964). No caso *Van Gend en Loos*, a questão da primazia estava solucionada, porque a Constituição dos Países Baixos aceitava o primado das disposições de um Tratado que produzissem efeitos diretos sobre os particulares, pelo que o reenvio incidia sobre o efeito direto de normas do Tratado de Roma (CEE). Diversamente, no caso *Costa contra ENEL*, a questão da primazia do Direito Comunitário Europeu era posta em causa pela conceção dualista da ordem jurídica italiana sobre as relações entre a ordem jurídica interna e a internacional.
Cf. P. Alves Pardal (2022), "Articulação entre o direito da União e os direitos dos Estados membros", pp. 135 e ss.; P. Fragoso Martins (2013), "Princípio do primado do direito da União Europeia", pp. 41 e ss.; N. Fennelly (2010), "The European Court of Justice and the doctrine of supremacy: Van Gend en Loos; Costa v. ENEL; Simmenthal", pp. 39 e ss.; H. Hofman (2010), "Conflicts and integration: Revisiting Costa v. ENEL and Simmenthal II", pp. 60 e ss.

E prosseguiu: «Efetivamente, ao instituírem uma Comunidade de duração ilimitada, datada de instituições próprias, de personalidade, de capacidade jurídica, de capacidade de representação internacional e, mais especialmente, de poderes reais resultantes de uma limitação de competências ou de uma transferência de atribuições dos Estados para a Comunidade, estes limitaram, ainda que em domínios restritos, os seus direitos soberanos e criaram, assim, um corpo de normas aplicável aos seus nacionais e a si próprios».

Concluiu o Tribunal de Justiça que «Esta integração, no direito de cada Estado membro, de disposições provenientes de fonte comunitária e, mais geralmente, os termos e o espírito do Tratado têm por corolário a impossibilidade, para os Estados, de fazerem prevalecer, sobre uma ordem jurídica por eles aceite numa base de reciprocidade, uma medida unilateral posterior que não se lhe pode opor».

Decorre deste entendimento do Tribunal que o primado da ordem jurídica comunitária europeia assenta na sua autonomia: tratando-se de uma ordem jurídica autónoma, deve prevalecer ou primar sobre as ordens dos Estados membros. A este argumento central, foram acrescentados outros: (*i*) aplicação uniforme das disposições comunitárias europeias – sob pena de abertura de portas a soluções diversas, «discriminatórias», consoante o território dos Estados membros, (*ii*) incondicionalidade das obrigações assumidas pelos Estados membros enquanto tais, (*iii*) previsão expressa de que os atos unilaterais dos Estados membros apenas se justificavam no âmbito de uma cláusula especial precisa, de exceção, ou de uma derrogação sujeita a processos de autorização – que, tal como referiu o Tribunal, «ficariam privados de objeto se aqueles [os Estados] pudessem subtrair-se às suas obrigações através de uma simples lei», (*iv*) o alcance dos Regulamentos, com valor «obrigatório» e diretamente aplicáveis «em todos os Estados membros», como previsto no Tratado, sem qualquer reserva – o que ficaria inevitavelmente prejudicado se se «pudesse, unilateralmente, anular os seus efeitos através de um ato legislativo oponível aos atos comunitários», mesmo que este argumento complementar assente apenas nos regulamentos e não noutros atos, e, ainda, (*v*) a menção aos fundamentos jurídicos da Comunidade, e, consequentemente, da União Europeia.

A conexão estreita entre o princípio do primado e os princípios da autonomia e também da aplicabilidade direta não significa, minimamente, que se confundam entre si, mas, tão-somente, que apresentam aspetos de interdependência próxima[277]. Daí não ser de estranhar que, desde logo, o reconhecimento da autonomia do Direito Comunitário Europeu tenha já sido afirmado, antes do acórdão *Costa contra ENEL*, no caso *Van Gend em Loos*, de 5 de fevereiro de 1963, quando o Tribunal foi cristalino ao proclamar que «a Comunidade constitui uma nova ordem jurídica de direito internacional, a favor da qual os Estados limitaram, ainda que em domínios restritos, os seus direitos soberanos, e cujos sujeitos são não apenas os Estados membros, mas também os seus nacionais».

Todavia, a referência a uma «nova ordem jurídica de direito internacional» deixaria de continuar a ser utilizada, compreensivelmente, precisamente para evidenciar e comprovar a natureza «completamente» autónoma da nova ordem jurídica, inconfundível não apenas com as ordens jurídicas dos Estados membros, mas igualmente em relação à ordem jurídica internacional, não obstante a partilha, por exemplo, de algumas das suas fontes – como, aliás, sucederá, *mutatis mutandis*, com o Direito Internacional Económico em relação ao Direito Internacional geral. E, atendendo às suas especificidades, a nova ordem jurídica integra-se no sistema jurídico dos vários Estados membros, como explicitou o Tribunal de Justiça, entre vários outros, no acórdão de 13 de fevereiro de 1969, *Walt Wilhelm*: «o Tratado CEE institui uma ordem jurídica própria, integrada no sistema jurídico dos Estados membros, e que se impõe aos seus órgãos jurisdicionais»[278].

[277] A ligação estreita entre os princípios da autonomia, do primado e do efeito direto tem tido, compreensivelmente, projeção constante na jurisprudência do Tribunal de Justiça, tal como na doutrina. A título meramente exemplificativo, entre os casos mais recentes, pode referir-se o do acórdão de 24 de junho de 2019, *Poplawski* (C-573/17 EU:C:2019:530, pt.52), no qual se afirma que «o direito da União se caracteriza pelo facto de emanar de uma fonte autónoma, constituída pelos Tratados, pelo seu primado relativamente aos direitos dos Estados membros, bem como pelo efeito direto de uma série de disposições aplicáveis aos seus nacionais e aos próprios Estados membros», considerados «características essenciais do direito da União», na origem de «uma rede estruturada de princípios, de regras e de relações jurídicas mutuamente interdependentes que vinculam, reciprocamente, a própria União e os seus Estados membros, e estes entre si».

[278] A relevância congénita e absolutamente decisiva do princípio da autonomia do direito Comunitário Europeu e da União Europeia foi reafirmada em numerosos acórdãos posteriores do Tribunal de Justiça, bem como pela doutrina. Entre os arestos mais recentes que salientam a importância nuclear do princípio da autonomia, podem ser citados os acórdãos de 6 de março de 2018, *Achmea* (C-284/16, EU:C:2018:158, pt. 33), e o de 10 de dezembro do mesmo ano,

A jurisprudência *Costa contra ENEL* sobre o princípio do primado do direito da União Europeia foi reiterada em numerosos casos, incluindo no acórdão de 13 de fevereiro de 1969, *Walt Wilhelm*, já citado, bem como nos acórdãos de 17 de dezembro de 1970, *Internationale Handelsgesellscgaft*, de 13 de julho de 1972, *Comissão contra Itália*, de 10 de outubro de 1973, *Varíola*, e de 9 de março de 1978, *Simmenthal II*, entre os mais conhecidos, em termos muito semelhantes aos apontados, sentido que se manteria depois, sem embargo do esclarecimento de que os «domínios restritos» abrangidos pela limitação dos direitos soberanos dos Estados membros, nos anos iniciais do processo de integração, se terem vindo gradualmente a ampliar, como explicitado no Parecer n.º 1/09 do Tribunal de Justiça, de 8 de março de 2011[279].

O princípio do primado, tal como o entendeu e entende o Tribunal de Justiça, abrange, de um lado, todas as normas do Direito Comunitário Europeu e, consequentemente, da União, e, de outro, todas e cada uma das ordens jurídicas dos Estados membros da União consideradas na sua globalidade. Ou seja, todas as disposições comunitárias europeias – sejam de Direito originário ou primário, sejam de direito derivado ou secundário, ou de acordos internacionais de que as Comunidades e, agora, a União sejam partes – gozam de primazia, prevalecendo sobre todas as normas dos Estados membros – desde as normas previstas em fontes ordinárias até às constantes de fontes cimeiras, como sucede com a Constituição[280].

Wightman (C-621/18, EU:C:2018:999 pt. 45). Como refere PAULO ALVES PARDAL, em linha com LUCIA SERENA ROSSI, a autonomia traduz a emancipação da ordem jurídica da União face quer às ordens jurídicas dos Estados membros, quer à ordem jurídica internacional. Cf. P. ALVES PARDAL (2022), "Articulação entre o direito da União e os direitos dos Estados membros", pp. 152 e ss.; L. SERENA ROSSI (2019), "Droits fondamentaux, primauté et autonomie: la mise em balance entre les principes 'constitutionnels' de l'Union Européenne", pp. 67 e ss.; JEAN-VICTOR LOUIS (1986), *A Ordem Jurídica Comunitária*, pp. 93 e ss.; PIERRE PESCATORE (2010), "Van Gend em Locs, 3 February 1963 – A view from within", pp. 3-8; ETIENNE CEREXHE (1985), *O Direito Europeu*, cit., pp. 279 e ss.

[279] Cf. Parecer n.º 1/09 do Tribunal de Justiça, de 8 de março de 2011, n.º 65 (EU:C:2011:123).

[280] O Tribunal de Justiça reconheceu o primado, além das fontes de direito originário ou primário, também às fontes de direito derivado ou secundário, incluindo Regulamentos, Diretivas e Decisões, e, quanto aos atos não vinculativos (Recomendações e Pareceres), sustentou no acórdão de 13 de dezembro de 1989, *Grimaldi*, que as Recomendações deveriam ser tidas em consideração pelos tribunais internos (EU:C:1989:646). Assim, quanto aos regulamentos, a primazia foi afirmada, entre outros, nos acórdãos de 14 de dezembro de 1971, *Politi*

Nos acórdãos de 8 de setembro de 2010, *Wetten*, e de 26 de fevereiro de 2013, *Melloni*, o Tribunal de Justiça vai sublinhar que não é admissível que a unidade e a eficácia do direito da União sejam prejudicadas por normas dos Estados membros, mesmo que de nível constitucional: «é jurisprudência assente que, por força do primado do direito da União, que é uma característica essencial da ordem jurídica da União [...], a invocação, por um Estado membro, de disposições de direito nacional, ainda que de natureza constitucional, não pode afetar o efeito do direito da União no território deste Estado». Este entendimento jurisprudencial manteve-se, entretanto[281].

Esta perspetiva sobre o sentido e o âmbito do princípio do primado, absoluto, sem qualquer limite, independentemente da robustez sua fundamentação, dificilmente poderia ser aceite, entes de mais, pelos tribunais constitucionais, e por outros tribunais superiores, dos vários Estados membros. A solução para o admissível confronto de posições sobre o problema dificilmente poderia dispensar esforços de cooperação entre as entidades competentes em última instância para a interpretação das normas da União e das normas essenciais dos Estados membros, em especial das respetivas normas constitucionais.

Em conformidade com o princípio do primado das normas jurídicas da Comunidade e, agora, da União, estas prevalecem sobre as normas dos

(EU:C:1971:122), e de 7 de março de 1972, *Marimex* (EU:C:1972:14), quanto às diretivas, nos acórdãos de 7 de julho de 1981, *Rewe* (EU:C:1981:163), e de 10 de abril de 1984, *Von Colson* (EU:C:1984:153), e quanto às decisões, nos acórdãos de 8 de março de 1979, *Salumificio* (EU:C:1979:60), e de 21 de maio de 1987, *Albako Margarinefabrik* (EU:C:1987:245), o mesmo tendo sucedido quanto a disposições de acordos internacionais, no acórdão de 26 de outubro de 1982, *Kupferberg* (EU:C:1982:362),
Tal como afirmou o primado do direito comunitário europeu e, consequentemente, da União em relação a todas as normas dos Estados membros, incluindo constitucionais, entre outros, no caso *Internationale Handelsgesellschaft*, cit., no qual foi desenvolvida a doutrina anterior, do aresto *Costa contra ENEL*, que se manteve em acórdãos mais recentes, como os de 8 de setembro de 2010, *Winner* Wetten (EU:C:2010:503), e de 26 de fevereiro de 2013, *Melloni* (EU:C:2013:107).

[281] Entre os diversos acórdãos do Tribunal de Justiça sobre o primado do direito da União sobre todas as normas de direito dos Estados membros, incluindo constitucionais, incluem-se os seguintes, de 15 de janeiro de 2013, *Krizan* (EU:C:2013:8), de 4 de dezembro de 2018, *Min. Justice and Equality e Commissioner of An Garda* (EU:C:2018:979), e de 2 de março de 2021, *Krajowa R. Sądownictwa* (EU:C:2021:153).

Estados membros que disponham diversamente, devendo por isso ser aplicadas aquelas, não as últimas (dos Estados membros), que deixam de ser aplicadas à situação concreta, independentemente de serem anteriores ou posteriores às normas da União. Conforme foi explicitado pelo Tribunal de Justiça no acórdão de 9 de março de 1978, *Simmenthal II*, «por força do princípio do primado do direito comunitário, as disposições do Tratado e os atos das instituições diretamente aplicáveis têm por efeito, nas suas relações com o direito interno dos Estados membros, não apenas tornar inaplicável de pleno direito, desde o momento da sua entrada em vigor, qualquer norma de direito interno, desde o momento da entrada em vigor, qualquer norma de direito interno que lhes seja contrária, mas também – e dado que tais disposições e atos integram, com posição de precedência, a ordem jurídica aplicável no território de cada um dos Estados membros – impedir a formação válida de novos atos legislativos nacionais, na medida em que seriam incompatíveis com normas do direito comunitário»[282].

Mantinha-se, todavia, a dúvida sobre as consequências jurídicas do primado das normas comunitárias e da União sobre as normas dos Estados membros: seriam estas apenas inaplicáveis ou ainda juridicamente inválidas, ou inexistentes, como chegou a sustentar a Comissão Europeia? O Tribunal de Justiça rejeitou esta última consequência, compreensivelmente, atendendo ao estádio, ou estádios, do processo de integração ou «construção» europeia, adotando a tese da inaplicabilidade da norma interna em conflito com normas da União, no acórdão de 22 de outubro de 1998, *IN.CO.GE*: «Contrariamente ao que sustenta a Comissão, não pode [...] ser deduzido do acórdão *Simmenthal*, já referido, que a incompatibilidade com o direito comunitário de uma norma de direito nacional

[282] Acrescenta o Tribunal de Justiça, no mesmo acórdão de 9 de março de 1978, *Simmenthal II* (EU:C:1978:49), o seguinte: «Com efeito, o reconhecimento de uma qualquer forma de eficácia jurídica atribuída a atos legislativos nacionais que invadem o domínio no qual se exerce o poder legislativo da Comunidade, ou que por qualquer forma se mostrem incompatíveis com disposições do direito comunitários, implicaria a negação do caráter efetivo dos compromissos assumidos pelos Estados membros, por força do Tratado, de modo incondicional e irrevogável, contribuindo assim para pôr em causa os próprios fundamentos da Comunidade». Haverá, evidentemente, que colocar em causa a apontada natureza «irrevogável», em todas as circunstâncias, dos compromissos dos Estados membros, enquanto entes dotados de poderes de soberania, que apenas se manterá enquanto permanecer a posição de membros da União, com todas as obrigações daí decorrentes.

posterior tem por efeito tornar esta norma inexistente. Face a uma tal situação, o órgão jurisdicional nacional está, diferentemente, obrigado a afastar a aplicação desta norma, entendendo-se que esta obrigação não limita o poder de os órgãos jurisdicionais nacionais competentes aplicarem, de entre os diversos procedimentos da ordem jurídica interna, os que são apropriados para salvaguardar os direitos individuais conferidos pelo direito comunitário». Como cedo notou JEAN-VICTOR LOUIS, o princípio do primado tem por destinatário imediato o juiz nacional, mas não apenas este, abrangendo os demais órgãos e entidades dos Estados membros[283].

A proclamação reiterada do princípio do primado das normas europeias tal como foi feita pelo Tribunal de Justiça, desde os primeiros anos do processo de integração e «construção» europeia, e independentemente da solidez da fundamentação invocada, não bastou para que todos os tribunais e outros órgãos dos Estados membros passassem a cumpri-lo escrupulosamente. As reservas mais significativas ao primado foram levantadas pelos tribunais constitucionais de vários Estados membros, com base nas respetivas Constituições.

A conceção dualista nas relações entre o direito interno e o direito internacional prevalente em Itália levou a sua *Corte Costituzionale* a questionar o primado europeu num conjunto de arestos, desde o, já mencionado, *Costa contra ENEL* até aos casos *Frontini*, de 27 de dezembro de 1973, e *Granital*, de 8 de junho de 1984. Reconhecendo, embora implicitamente, o primado do direito europeu no acórdão *Frontini*, na sequência do caso

[283] Cf. JEAN-VICTOR LOUIS (1978), "La primauté do Droit Communautaire", in AA VV (1978), *Les Recours des Individus Devant les Instances Nationales em Cas de Violation du Droit Européen*, pp. 164 e ss.; Idem (1986), *A Ordem Jurídica Comunitária*, cit., pp. 120 e ss., e acórdãos de 22 de outubro de 1998, *IN.CO.GE* (EU:C:1998:498), pontos 18-21, e, entre alguns mais recentes, os de 4 de dezembro de 2018, *Na Garda Síochána* (EU:C:2018:979), pt. 35, e de 2 de março de 2021, *A.B. e. a.* (EU:C:2021:153), pt. 148. A inaplicabilidade das normas internas contrárias a normas comunitárias e da União Europeia, independentemente de aquelas serem anteriores ou posteriores a estas últimas, tinha sido já proclamada noutros acórdãos, em linha com o de 9 de março de 1978, *Simmenthal II*, incluindo o de 5 de março de 1998, *Solred* (EU:C:1998:87): «segundo uma jurisprudência constante, todos os juízes nacionais, agindo no âmbito da sua competência, têm obrigação de aplicar integralmente o direito comunitário e de proteger os direitos que este confere aos particulares, não aplicando toda e qualquer disposição eventualmente contrária da lei nacional, quer esta seja anterior ou posterior à norma comunitária» (pt. 30).

Costa contra ENEL, vai também admitir a competência do juiz nacional para assegurar o respeito do mesmo, no caso *Granital*, mas sem afastar a eventual sujeição a fiscalização da constitucionalidade sempre que esteja em causa a violação de direitos fundamentais previstos na Constituição.

Também em França, as reservas com maior impacto provieram dos tribunais superiores, como no caso *Semoules*, em que o *Conseil d'État*, por decisão de 1 de março de 1968, entendeu que não deveria ser aplicado um regulamento comunitário, mas sim a lei interna francesa. Esta jurisprudência seria alterada, no sentido do cumprimento do primado, em especial a partir do caso *Nicolo*, de 20 de outubro de 1989, apesar do reconhecimento do primado, muito tempo antes, pela *Cour de Cassation*, no caso *Jacques Vabre*, de 24 de maio de 1975.

Mais significativa e com maior impacto foi a jurisprudência alemã neste domínio, sobretudo com os arestos *Solange* (I), de 29 de maio de 1974, *Solange II*, de 22 de outubro de 1986, *Maastricht*,, de 12 de outubro de 1993, e *Lisboa*, de 30 de junho de 2009, todos do Tribunal Constitucional Federal alemão (Bundesverfassungsgericht), bem como, mais recentemente, sobre o Programa de Aquisição de Ativos do Setor Público (PSPP – *Public Sector Purchase Programme*) do Banco Central Europeu, de 5 de maio de 2020.

Em 1974, no caso *Solange I*, o Tribunal Constitucional alemão decidiu que, «enquanto» a ordem jurídica comunitária europeia não abrangesse um catálogo de direitos fundamentais como o da Lei Fundamental da República Federal Alemã, aprovado democraticamente pelo parlamento, competia-lhe o dever de controlar a conformidade dos atos normativos das Comunidades Europeias com aqueles direitos, contestando assim o primado das normas europeias.

Não certamente por coincidência, duas semanas antes, a 14 de maio de 1974, o Tribunal de Justiça proferira o acórdão *Nold II*, no qual reconheceu pela primeira vez como fontes do direito comunitário europeu as constituições dos Estados membros e os instrumentos internacionais relativos aos direitos humanos a que os membros tivessem aderido, e no ano seguinte, no acórdão de 28 de outubro de 1975, *Rutili*, mencionou expressamente a Convenção Europeia dos Direitos do Homem, de 1950. Todavia, os direitos fundamentais individuais tinham já sido invocados pelo Tribunal de Justiça, desde o acórdão de 12 de novembro de 1969, *Stauder*, com base nos princípios gerais do direito comunitário europeu, bem como no acórdão de 17 de dezembro de 1970, *Internationale Handelsgesellschaft*, já citado, embora sem ter chegado à conclusão da existência de qualquer infração aos mesmos[284].

Neste novo contexto jurídico e jurisprudencial comunitário europeu, perante a solução encontrada para as suas objeções anteriores, o Tribunal Constitucional alemão alterou o seu entendimento do caso *Solange I*, ao concluir, no acórdão de 22 de outubro de 1986, *Solange II*, tendo por base a evolução da jurisprudência do Tribunal de Justiça neste domínio, que já se encontrava garantida nas Comunidades Europeias uma proteção efetiva dos direitos fundamentais da pessoa humana. «Enquanto» se mantivesse assegurado na Comunidade Europeia um nível de proteção dos direitos fundamentais não menos favorável do que o garantido pela Constituição alemã, não seria necessário proceder ao controlo das instituições europeias com tal objetivo. Esta fórmula *Solange II* do Tribunal Constitucional alemão inspirou reservas análogas de sujeição a teste de conformidade com os catálogos constitucionais internos de direitos fundamentais em vários Estados membros – incluindo Portugal[285].

O acórdão de 12 de outubro de 1993, *Maastricht*, tendo por objeto a ratificação do projeto de Tratado da União Europeia, de 7 de fevereiro de 1992, o *Bundesverfassungsgericht* centrou a sua apreciação no designado

[284] Nas palavras de MARIA LUÍSA DUARTE, o acórdão de 12 de novembro de 1969, *Stauder* (EU:C:1969:57), marcou «a passagem de uma fase agnóstica para uma fase de reconhecimento ativo dos direitos fundamentais». No entanto, como notou RÉBECCA-EMMANUUÉLA PAPADOPOULOU, apesar da invocação abundante dos princípios gerais de direito pelo Tribunal de Justiça nos seus arestos, nunca concluiu que os mesmos tivessem sido violados. No acórdão de 17 de dezembro de 1970, *Internationale Handelsgesellschaft* (EU:C:1970:114), o Tribunal referiu-se às «tradições constitucionais comuns dos Estados membros». No acórdão de 14 de maio de 1974, *Nold II* (EU:C:1974:51), reconheceu também como fontes as constituições dos Estados membros e os instrumentos internacionais relativos aos direitos humanos a que os membros tivessem aderido. E, no acórdão de 28 de outubro de 1975, *Rutili* (EU:C:1975:137), foi mencionada a Convenção Europeia dos Direitos do Homem. Simultaneamente, foi acordado o reforço dos poderes da Assembleia Parlamentar, cujos membros iriam reivindicar a redenominação para «Parlamento Europeu». Cf. MARIA LUÍSA DUARTE (1995), "O Tratado da União Europeia e a Garantia da Constituição (notas de uma reflexão crítica)", pp. 675 e ss.; RÉBECCA-EMMANUUÉLA PAPADOPOULOU (1996), *Principes Généraux du Droit et Droit Communautaire*, Bruxelas: Bruylant, pp. 279 e ss.

[285] Cf. P. FRAGOSO MARTINS (2013), "Princípio do primado do direito da União Europeia", cit., pp. 41 e ss.

controlo *ultra vires*, a fim de apurar se certos atos das instituições europeias ultrapassam as competências que lhe foram atribuídas nos Tratados, por entender que lhe competia assegurar que isso não se verificasse. No acórdão de 30 de junho de 2009, *Lisboa*, o Tribunal Constitucional alemão incidiu o seu controlo no respeito pela identidade constitucional interna, a fim de não serem postos em causa valores inalienáveis da Lei Fundamental da Alemanha. E no acórdão de 5 de maio de 2020, *Public Sector Purchase Programme (PSPP)*, o Tribunal «de» Karlsrhue considerou *ultra vires* o programa de compra de ativos públicos do Banco Central Europeu, não obstante a decisão anterior do Tribunal de Justiça sobre a sua conformidade com o Direito da União, pelo acórdão de 11 de dezembro de 2018, *Weiss*[286].

Em linha de interpretação aproximada, o Tribunal Constitucional da República Checa entendera também, não sem controvérsia, que o Tribunal de Justiça atuara *ultra vires* no acórdão de 22 de junho de 2011, *Landtová*[287].

Com diapasão divergente, foi ainda levantada grande polémica na Polónia em torno do princípio do primado, quando conjugado com o princípio do *rule of law*. Logo a seguir à adesão do país à União, o Tribunal Constitucional proferira um acórdão, em maio de 2005 (no processo K 18/04), sobre o instrumento de adesão (Tratado de Atenas de 16 de abril de 2003), no qual afirmava a primazia absoluta da Constituição polaca relativamente ao direito da União, o que agravou aquela polémica, quanto ao respeito e em que termos do princípio do primado. De modo análogo, mais recentemente, por acórdão de 7 de outubro de 2021 (no processo K 3/21), o mesmo tribunal afirmou que certas disposições do Tratado da União (TUE) – o artigo 1.º lido conjugadamente com o artigo 4.º, n.º 3, bem como o artigo 2.º e o artigo 9.º, n.º 1 – são incompatíveis com a lei fundamental polaca[288].

[286] Cf., em especial, o acórdão do Tribunal de Justiça da União Europeia de 11 de dezembro de 2018, *Weiss* (EU:C:2018:1000).

[287] Cf. o acórdão de 22 de junho de 2011, *Landtová* (EU:C:2011:415).

[288] Cf. SOFIA OLIVEIRA PAIS (2018), *Estudos de Direito da União Europeia*, pp. 83 e ss.; K. KOWALIK-BANCZYK (2019), "Sould we polish hit up? The Polish Constitutional Tribunal and the idea of supremacy of EU Law", pp. 1355 e ss.; P. BÁRD / A. BODNAR (2021), "The end of an era: The Polish Constitutional Court's judgment on the primacy of EU law and its effects on mutual trust"; P. ALVES PARDAL (2022), "Articulação entre o direito da União e os direitos

Emergiram também diversas questões sobre o âmbito do princípio do primado na ordem jurídica portuguesa. A título ilustrativo do ponto da situação sobre o problema, importa referir o acórdão de 15 de julho de 2020 do Tribunal Constitucional (n.º 422/2020, no processo n.º 528/2017), através do qual se pretendeu fixar «o critério geral – *rectius*, o critério constitucional – de aferição diferenciada da competência do Tribunal Constitucional», e em que foi reiterado o primado do direito da União em relação ao direito interno, (embora) com base na primeira parte do n.º 4 do artigo 8.º da Constituição, *i. e.*, com «respeito pelos princípios do Estado de Direito democrático», como nele se refere.

Longe de encerradas estão, decerto, as várias divergências em torno do significado e das implicações do princípio do primado das normas de direito europeu, não dependentes apenas de uma relação hierárquica de prevalência, aparentemente simplificada, de todo um bloco normativo (comunitário europeu) sobre outro ou outros (ordens dos Estados membros). Em vez dessa perspetiva, mais tradicional e simplificada, de confronto entre ordens jurídicas autónomas e distintas em que uma se sobrepõe, logicamente, às restantes, inclusivamente para garantia da sua unidade e da sua subsistência no seu todo, sob risco de descaracterização, têm ganhado crescente relevância as construções baseadas no designado pluralismo jurídico e no «constitucionalismo multinível», inspiradas e alicerçadas no compromisso e em pontos de equilíbrio entre as ordens jurídicas potencialmente aplicáveis.

Este ponto de análise relativamente novo tem tido diversos desenvolvimentos, alguns já enunciados brevemente e que não importará retomar nem aprofundar aqui. Sem embargo, não fica necessariamente prejudicado, antes parecendo encontrar base no artigo 1.º, bem como no artigo 4.º, n.º 3, do TUE, este último atinente ao princípio da cooperação leal entre a União e os Estados membros, além de os meios jurisdicionais específicos de garantia do Direito da União Europeia também assentarem, em larga medida, numa cooperação (leal) entre os órgãos jurisdicionais da União e os dos Estados membros – designadamente através do chamado «reenvio prejudicial», previsto no artigo 267.º do TFUE, igualmente já referido e que, de qualquer modo, não se justifica desenvolver aqui.

dos Estados membros", cit., pp. 152 e ss.; bem como acórdãos de 19 de novembro de 2019, *A. K.* (EU:C:2019:982), e de 2 de março de 2021, *A. e B.* (EU:C:2021:153).

Incontestáveis são, todavia, os efeitos extremamente poderosos e eficazes do princípio do primado da ordem jurídica comunitária e da União Europeia, garante de uma aproximação efetiva dos regimes jurídicos, especialmente no domínio económico, dos diversos Estados membros, até ao ponto de se ter já alcançado em certos domínios, mesmo que restritos, uma completa, ou quase completa, uniformização ou mesmo unidade no conjunto formado, o que se revela decisivo no contexto do processo transversal de integração ou «construção» europeia, primeiro em torno das Comunidades Europeias e, agora, da União.

O efeito poderoso de convergência jurídica em cada vez mais numerosos domínios materiais, num sentido gradualmente unificador no seio da União, decorrente do cumprimento do princípio do primado das normas europeias, depende, todavia, da eficácia concreta das diferentes normas, também reconhecida, em geral, especialmente por força do princípio do efeito direto, com todas as suas decorrências e modalidades, igualmente reconhecido pela jurisprudência do Tribunal de Justiça, e dos restantes tribunais dos Estados membros da União – em linha, em especial, com o célebre caso *Van Gend en Loos* (acórdão de 5 de fevereiro de 1963), já citado, em que se inspirou toda a jurisprudência posterior –, além da doutrina. A eficácia das normas europeias é garantida pelos vários meios jurisdicionais previstos nos Tratados, envolvendo quer os tribunais dos Estados membros, quer os da União, como é sabido, incluindo a condenação dos Estados inadimplentes, com eventual aplicação de sanções[289].

[289] Cf. Franz Mayer (2010), "Van Gend en Loos: The Foundation of a Community of Law", pp. 16 e ss.; Pierre Pescatore (2010), "Van Gend en Loos, 3 February 1963 – A view from within", cit., pp. 3 e ss.; J. A. Winter (1972), "Direct applicability and direct effect: Two distinct and different concepts in Community Law", pp. 425-438.

A jurisprudência sobre o efeito direto das normas de direito comunitário e da União – nos termos do qual qualquer pessoa pode invocar perante os tribunais ou outras autoridades competentes dos Estados membros as normas que se lhe apliquem e sejam claras e incondicionais – foi muito numerosa e variou consoante o ato em que as mesmas constem (Tratados, Regulamento, Diretiva, Decisão...). Entre os acórdãos mais significativos, subsequentes ao seminal *Van Gend en Loos*, incluem-se os seguintes: de 19 de janeiro de 1982, *Ursula Becker* (EU:C:1982:7), de 29 de setembro de 1999, *Modelo* (EU:C:1999:460), de 3 de abril de 1968, *M.-Z. Westfalen* (EU:C:1968:17), de 12 de dezembro de 1999, *Kaefer e Procacci* (EU:C:1990:456), de 26 de fevereiro de 1986, *Marshall* (EU:C:1986:84), de 22 de junho de 1989, *Fratelli Costanzo* (EU:C:1989:256), de 19 de dezembro de 1968, *Salgoil* (EU:C:1968:54), de 16 de junho de 1966, *Lütticke* (EU:C:1966:34), de 12 de dezembro de 1974, *Walrave*

O alcance da fiscalização transversal do cumprimento das normas comunitárias e da União pelos Estados membros foi gradualmente ampliado a novos domínios, além do originário, essencialmente económico, até abranger e, de certo modo, centrar-se no do respeito dos direitos fundamentais e dos princípios do Estado de direito democrático, sobretudo a partir do dobrar do século e, muito particularmente, com repercussões financeiras intensificadas, desde o começo de 2021, com o novo regime geral de condicionalidade para a proteção dos interesses financeiros ou do orçamento da União, aprovado pelo Regulamento (UE, Euratom) 2020/2092, de 16 de dezembro de 2020[290].

(EU:C:1974:140), de 8 de abril de 1976, *Defrenne* (EU:C:1976:56), de 14 de dezembro de 1971, *Politi* (EU:C:1971:122), de 17 de maio de 1972, *Leonesio* (EU:C:1972:39), de 6 de outubro de 1970, *Grad* (EU:C:1970:78), de 4 de dezembro de 1974, *Van Duyn* (EU:C:1974:133), de 5 de abril de 1979, *Ratti* (EU:C:1979:110), de 11 de junho de 1984, *Pretore di Salò* (EU:C:1987:275), e de 12 de julho de 1990, *Foster* (EU:C:1990:313).
Quanto às garantias jurisdicionais de cumprimento do direito comunitário e da União Europeia, que acrescem decisivamente em relação às restantes garantias, não jurisdicionais, importa apontar a incumbência especial atribuída à Comissão Europeia, enquanto «guardiã» dos Tratados, o mesmo correspondendo a dizer («guardiã) de (quase) todo o direito da União, através do mecanismo conducente à ação por incumprimento, previsto nos artigos 258.º a 260.º do Tratado sobre o Funcionamento da União Europeia (TFUE).
Acresce ainda a relevância do princípio da interpretação conforme, bem como do princípio da responsabilidade dos Estados membros por violação do direito da União Europeia, este significativamente concretizado com a jurisprudência proferida desde o acórdão de 19 de novembro de 1991, *Francovich e Bonifaci* (EU:C:1991:428), incluindo nos acórdãos de 5 de março de 1996, *Brasserie du Pêcheur* e *Factortame III* (EU:C:1996:79), de 30 de setembro de 2003, *Köbler* (EU:C:2003:513), e de 13 de junho de 2006, *Traghetti* (EU:C:2006:391).

[290] Para efeitos do Regulamento (UE, Euratom) 2020/2092 do Parlamento Europeu e do Conselho, de 16 de dezembro de 2020, que estabelece as regras para a proteção do orçamento da União Europeia em caso de violações dos princípios do Estado de direito nos Estados membros, entende-se por «Estado de direito» o «valor da União consagrado no artigo 2.º do TUE». Este inclui «os princípios da legalidade, que pressupõem um processo legislativo transparente, responsável, democrático e pluralista, bem como os princípios da segurança jurídica, da proibição da arbitrariedade dos poderes executivos, da tutela jurisdicional efetiva, incluindo o acesso à justiça, por tribunais independentes e imparciais, inclusive no que diz respeito aos direitos fundamentais, da separação dos poderes, e ainda da não discriminação e da igualdade perante a lei», nos termos do artigo 2.º do Regulamento. O conceito de Estado de direito «deve ser entendido à luz dos outros valores e princípios da União Europeia consagrados no artigo 2.º do TUE».

A questão da eficácia e prevalência das normas comunitárias e da União sobre as dos Estados membros, como se depreende do acabado de expor, é essencialmente jurídica, mas não é apenas jurídica: é, igualmente, política e também financeira. Contende diretamente com os direitos soberanos dos Estados membros e com a sua eventual «transmissão», ou «delegação» do exercício, e respetivo âmbito, para os órgãos ou instituições da União, nos termos dos Tratados. E, consequentemente, com a própria natureza das Comunidades e da União Europeia.

3. Ameaças externas graves à União e resistência solidária dos europeus

A necessidade de recorrer ao auxílio conjunto de outros Estados para enfrentar e resolver eficazmente adversidades tão graves que de outro modo não seria possível pode levar os Estados a se juntarem e concertarem mais estreitamente com outros, deixando assim de preocupar-se tanto com a reserva, se não da titularidade, pelo menos do exercício dos poderes que tradicionalmente cabiam em exclusivo aos órgãos de governação nacional. Trata-se da justificação lógica da aceitação e da pretensão de participação dos Estados soberanos em processos de integração económica e política

Para efeitos do Regulamento, segundo o seu artigo 3.º, «podem indiciar violações dos princípios do Estado de direito as seguintes situações:

a) O facto de se pôr em risco a independência do poder judicial;
b) O facto de não se prevenirem, corrigirem ou sancionarem decisões arbitrárias ou ilegais de autoridades públicas, incluindo autoridades de aplicação da lei; de se suspenderem recursos financeiros e humanos de uma forma que afete o correto funcionamento dessas autoridades; ou de não se assegurar a ausência de conflitos de interesses;
c) O facto de se limitar a disponibilidade e eficácia dos mecanismos de recurso, nomeadamente através de regras processuais restritivas e de não se proceder à execução de decisões judiciais, ou de se limitar a efetiva investigação, repressão ou sanção das violações».

Entre as diversas medidas previstas para a proteção do orçamento da União no artigo 5.º, n.º 1, alínea *b*), do Regulamento incluem-se, quando a Comissão executa o orçamento em regime de gestão partilhada com Estados membros nos termos do artigo 62.º, n.º 1, alínea *b*), do Regulamento Financeiro, a suspensão da aprovação de um ou mais programas ou alteração dessa suspensão, a suspensão das autorizações, a redução das autorizações, nomeadamente através de correções financeiras ou transferências para outros programas de despesas, a redução do pré-financiamento, a interrupção dos prazos de pagamentos e a suspensão dos pagamentos.

internacional, como o das Comunidades e, presentemente, da União Europeia.

A questão fundamental, contudo, não é apenas, ou sequer, em última instância, predominantemente jurídica, mas sim, uma vez mais, política. Poderia supor-se que se trataria, sobretudo, de um problema relativo ao exercício de ora em diante de certos poderes dos Estados e, portanto, não atinente à verdadeira titularidade dos mesmos, a qual se manteria, incólume, na esfera dos Estados, passando apenas a ser exercido, enquanto se mantivessem os compromissos assumidos no âmbito do processo de integração internacional, pelos órgãos ou «instituições» da organização «supranacional» ou internacional (Comunidade ou União Europeia).

Uma hipótese consistirá em haver a possibilidade de tomada efetiva e em última instância de decisões soberanas pelos órgãos do Estado, incluindo a de fazer parte e de continuar a fazer parte, ou então de abandonar, uma comunidade, união ou, porventura, federação, outra, não coincidente, consistirá em essa capacidade se restringir ao plano jurídico (*de jure*), que pode ser ou não acompanhada, e em geral não o será, em plano idêntico, da possibilidade real para tomar essa decisão sem constrangimentos substanciais, em face das circunstâncias concretas, que poderão inviabilizar o exercício real dessa opção, *maxime* de saída de uma organização de integração internacional, atendendo aos efeitos daí previsivelmente decorrentes, que poderão ser muito penalizadores, não tanto financeiramente como sobretudo económica e politicamente.

De qualquer modo, a decisão política «final» sobre a participação de um país, e até que ponto, num processo de integração económica e política internacional, como o de «construção» europeia em torno das Comunidades e da União, ficará sempre, mais ou menos, condicionada e influenciada por uma multiplicidade de circunstâncias, consoante as afinidades e os distanciamentos, históricos, políticos, culturais, sociais, culturais, jurídicos e económicos e os juízos realizados permanentemente e em cada momento sobre o que se entende como mais apropriado e globalmente vantajoso para o país, no presente e no futuro, internamente e no contexto internacional – não sendo, pois, indiferentes os posicionamentos dos restantes países.

É, consequentemente, em função da natureza, da gravidade e da dimensão dos desafios, dos problemas, das adversidades e das ameaças que se têm deparado e das expectativas e perspetivas quanto aos cenários possíveis e resultados previsíveis, entre vantagens a obter e custos a incorrer com a assunção de determinados compromissos internacionais e a eventual exclusão de outros, que serão tomadas as decisões de participação, ou não, em organizações e iniciativas de cooperação e de integração internacional, em parceria e reciprocidade com outros países próximos, bem como nos respetivos processos internos de decisão e assunção comum de responsabilidades, como no seio da União Europeia.

Destes recorrentes balanços mais ou menos positivos e negativos, baseados em critérios de diversa natureza – jurídicos, económicos, culturais, políticos –, resultará o sentido predominante das múltiplas decisões coletivas dos organismos de integração internacional, seja de crescente aproximação e coesão ou unidade do conjunto, ou, pelo contrário, de maior afastamento e eventual fragmentação ou até desintegração entre os membros, frequentemente a ritmos muito graduais e díspares consoante os domínios de ação, que, no entanto, se podem precipitar no tempo, sendo a evolução mais ou menos centrípeta e ou centrífuga consoante os vários membros participantes, que poderão formar agrupamentos variáveis ou não consoante as áreas temáticas e as afinidades ou outras proximidades existentes ou supostas entre membros.

Um dos padrões mais determinantes na identificação e revelação de afinidades e proximidades, bem como de diversidades e de divergência de entendimentos entre países, que tenderão a influenciar as respetivas posições e o sentido da tomada de decisões e das diferentes escolhas que têm de ser realizadas no funcionamento dos órgãos ou instituições das organizações e dos organismos internacionais e «supranacionais» e das suas ações, também em função dos posicionamentos dos parceiros, depende em larga medida dos desafios que se lhes deparem.

É comum a perceção de que o grau dos compromissos dos Estados europeus ocidentais no processo de integração internacional concretizado após o desfecho da segunda Guerra Mundial, em especial no âmbito das Comunidades e da União Europeia, e o sucesso deste projeto – conjugado e suportado, em especial, pelas garantias de segurança e defesa facultadas pelos Estados Unidos da América e suas forças armadas e a respetiva participação na organização de defesa coletiva entretanto criada, a NATO – se deveram, em grande medida, à perceção da natureza e da dimensão da ameaça externa representada pela União Soviética e pela presença próxima do seu Exército Vermelho junto das respetivas fronteiras.

Daí as referências constantes, por parte dos investigadores das diversas áreas de estudo, quanto aos objetivos originais mobilizadores do processo de integração ou «construção» europeia, após a Segunda Guerra Mundial, à paz e aos restantes direitos humanos, incluindo a liberdade e a democracia, bem como a prosperidade, da qual depende também a vida condigna de todos os seres humanos.

E, numa retrospetiva célere sobre a evolução do processo de «construção» europeia, constatar-se-á, uma vez mais, que o modo como chegaram a ser resolvidos muitos dos problemas, das mais diversas naturezas, dimensões e gravidades, que surgiram com o decurso do tempo – da chamada crise da «cadeira vazia», em 1965, até à guerra na Ucrânia, passando pela queda do Muro de Berlim e pela reunificação alemã, pelo grande alargamento a leste, pela crise financeira internacional de 2008, pela crise das dívidas soberanas e do Euro, pela crise dos refugiados e pela crise pandémica –, com recurso às políticas, aos meios e aos instrumentos já existentes ou então criados especificamente, *ex novo*, precisamente para o efeito, contribuiu substancial e decisivamente para o robustecimento de todo o projeto e, por isso, da União Europeia – não obstante os revezes, que também sofreu (e alguns de grande monta, como o «*Brexit*», do qual resultou a saída do Reino Unido como membro).

Os momentos mais difíceis, em especial os que representam ameaças reais à própria subsistência de todo o projeto de integração, pelo menos na sua configuração presente, servem também de reflexão e de desafio existencial, que obrigam à procura de soluções apropriadas para resolver e ultrapassar impasses ou obstáculos à continuidade da União Europeia, pelo menos sem alteração substancial do quadro interno e ou externo (político, jurídico, económico, de segurança) existente. E entre os exemplos mais recentes desses grandes desafios e verdadeiras ameaças existenciais para a União incluem-se, em particular, a crise pandémica da Covid-19, em 2020-2022, e a crise de defesa e segurança causada pela guerra na Ucrânia, iniciada em fevereiro de 2022, que ampliou dramaticamente a crise energética que entretanto se iniciara, com elevação acentuada de preços, amplificada pela dependência europeia (de vários dos Estados membros da União) do fornecimento pela Rússia de bens energéticos básicos (em especial gás e petróleo).

A perceção da necessidade, da imprescindibilidade, de juntar esforços próprios, individuais e coletivos do país, aos esforços de outros confrontados com desafios ou ameaças de natureza e dimensão semelhantes, porque talvez só assim, com a união de todos, será possível enfrentar e combater eficazmente determinado(s) problema(s) tende a favorecer, a impulsionar e a concretizar o empenho de todos, a fim de se alcançarem os objetivos fixados, designadamente através da colaboração de diferentes países no âmbito de uma organização de integração internacional, como é a União Europeia.

A urgência de responder apropriada e eficazmente a certos desafios identificados, especialmente os de maior envergadura e complexidade, difíceis (para não dizer impossíveis) de enfrentar por um só país, ou até por um conjunto de países de média ou pequena dimensão que decidissem agir isolada e ou desordenadamente, abre as portas à descoberta de soluções coletivas de um conjunto de Estados que decidem agir em comum, com empenho de todos e com os meios por eles colocados à disposição, a fim de alcançar resultados que só assim serão satisfatórios para todos os envolvidos – por exemplo, pôr termo à guerra, criar condições para o regresso à paz e sua manutenção, bem como para a (re)construção e o robustecimento das condições para o exercício regular das atividades económicas e criação de riqueza, sem as quais não se torna viável a vida condigna de todos.

Contudo, o que em teoria poderá parecer linear, ou quase linear, raramente o é, em concreto, porque todas as decisões têm custos, não apenas vantagens, e umas e outros serão sempre ponderados no balanço das decisões, que raramente é consensual, e, por isso, muitas vezes, as decisões tomadas por cada país não são nem teriam de ser sempre consensuais, resultando antes de um conjunto de compromissos e de composição desejavelmente harmoniosa de interesses, próprios e alheios, individuais e coletivos, frequentemente divergentes ou pelo menos não coincidentes, deles resultando a decisão ou decisões de cada país sobre os diversos assuntos, e dos vários países, com um grau mínimo de solidariedade entre eles, que poderá, eventualmente, convergir até à uniformidade e à unidade, em relação a mais ou menos medidas, instrumentos, recursos e políticas, união que pode reforçar-se, consolidar-se e perdurar no tempo, mediante a intensificação do processo de integração, ou, ao invés, erodir-se, desgastar-se, com dissensões, divisões, fragmentações ou desintegrações.

Os tempos dos maiores e mais graves desafios e ameaças, em particular as provenientes do exterior, são, pois, igualmente, tempos de grandes oportunidades para a tomada de decisões, mais ou menos arrojadas, muitas delas determinantes, porque poderão perdurar e desenvolver-se e aprofundar-se com o decurso do tempo, dando maior ímpeto a projetos de integração económica e política internacional, como o da União Europeia, ou alterando substancialmente alguns dos seus traços mais característicos até ao presente, por exemplo ao enveredar para domínios antes desconhecidos ou pouco concretizados, como o da Defesa e da Segurança, por exigência das circunstâncias. Ou não perdurar – abrindo eventualmente as portas às divergências e à erosão ou perda de coesão e à fragmentação ou desintegração.

Em qualquer caso, tais eventuais, embora prováveis, adaptações e ou alterações dos projetos de integração internacional e dos seus principais objetivos, bem como das ações, dos meios e dos instrumentos apropriados para o efeito, sempre dependentes da evolução das circunstâncias e dos desafios históricos que surjam, e nunca com um sentido predeterminado e linear, dependem inevitavelmente da vontade dos Estados participantes, manifestada permanentemente pelos seus dirigentes, em representação dos povos respetivos, num quadro de compromissos recíprocos destinados à construção de um projeto concreto de união económica e política, baseado na cooperação leal e na solidariedade, nos termos previstos nos Tratados subscritos e nos demais atos jurídicos e também materiais aprovados em comum.

4. Fundamentos e fim último da construção europeia e da União

O projeto europeu evoluiu significativamente desde que foi iniciado, nos anos cinquenta do século passado, até ao presente, no sentido de não apresentar exatamente os mesmos traços que o caracterizaram logo após o seu lançamento e durante as primeiras décadas, de gradual e robusta «construção europeia», conforme se sumariou nos capítulos e pontos antecedentes. Ou seja, não no sentido, que por vezes é pressuposto, embora incorretamente, de uma construção económica, política e jurídica contínua, de uma sucessão de «pequenos passos», de tal modo que a sua junção e consolidação graduais dariam lugar a uma realidade económica, política e jurídica com natureza diferente, muito mais robusta do que a inicial, pelo que se justificaria já falar numa espécie de «Europa federal».

É certo que se realizaram novas etapas no processo de «criação de uma união cada vez mais estreita entre os povos da Europa», como se refere no artigo 1.º do Tratado da União Europeia (TUE) e que não faltaram as referências recorrentes à construção de uma união de tipo federal, tal como se pretendeu transformar ou pelo menos redenominar um projeto de tratado em futura Constituição europeia, com o chamado Tratado Constitucional, também conhecido por «Roma II», precisamente para salientar a sua natureza refundadora de todo o projeto europeu, à imagem do Tratado de Roma de 1957 que criou a Comunidade Económica Europeia, e que se tornou paradigmático de toda a construção europeia, tal como a Comunidade que em Lisboa seria redenominada União Europeia.

E também não faltam as justificações, individualmente corretas, de que há certos traços característicos ou próximos das construções de tipo federal, seja do ponto de vista do direito material, em particular em áreas económicas muito específicas e excecionais (união aduaneira, política comercial comum e união monetária), seja do ponto de vista jurídico, no que respeita à afirmação do princípio do primado do direito europeu sobre as ordens jurídicas dos Estados membros, embora não deva ser esquecido que o mesmo é garantido por um mecanismo de cooperação e diálogo entre os tribunais nacionais e o Tribunal de Justiça da União Europeia.

De qualquer modo, apesar da enumeração de uma multiplicidade de fundamentos do projeto europeu, bem evidenciados a partir dos objetivos atribuídos pelos Tratados e seu autores, primeiro às Comunidades e depois à União, de diferentes naturezas, em especial económicos, mas também políticos e sociais, o que induziu muitos a encontrar aspetos idênticos aos existentes nos Estados soberanos e, designadamente, nas suas constituições, esquecendo ou minorando as especificidades congénitas das Comunidades e da União, de que correspondem a uma iniciativa verdadeiramente extraordinária e absolutamente singular de cooperação particularmente aprofundada entre um conjunto de Estados soberanos, com vista a exercerem em comum alguns poderes relevantes que desde há muito foram exercidos exclusivamente pelos Estados e seus órgãos, e que, após a criação das Comunidades e da União, passaram efetivamente a ser exercidos em comum, através das instituições comunitárias ou da União.

Embora os avanços tenham sido muito impressivos, em diversos domínios de atuação, e o mesmo se deve reconhecer em relação aos vários mecanismos criados para o efeito, num quadro geral de efetiva harmonização e ocasionalmente unificação dos regimes jurídicos aplicáveis, com projeção também no reforço claro da legitimação democrática da

União e das suas instituições, o certo é que a fonte dessa legitimação se manteve qualitativamente inalterada, continuando a assentar nos respetivos Tratados institutivos, não em nenhuma verdadeira Constituição (em sentido não apenas material, mas também formal).

Nada do referido pretende diminuir a extraordinária relevância política, económica e jurídica da União Europeia, das suas políticas e das suas instituições, nem tão pouco dos seus múltiplos meios e mecanismos criados e essenciais para a prossecução daquelas políticas e ações comuns; todavia, as Comunidades e a União não deixaram de ser criações dos seus Estados membros, cujas funções em geral pertencem, originariamente, aos Estados membros – podendo a eles regressar, em teoria e também, eventualmente, na prática, como se aperceberam os que não pareciam acreditar já nisso após o «*Brexit*».

Importa, assim, no essencial, que se mantenha muito clara a perceção do que está efetivamente em jogo no projeto europeu: não um projeto federal, mesmo embrionário, mas um projeto de união de Estados em certos domínios específicos, essencialmente económicos, com variações acentuadas de graus de cooperação e integração consoante os domínios abrangidos.

Sendo assim, os Estados membros e os Estados que pretendam tornar-se membros têm de ter plena consciência das exigências e das implicações decorrentes do ato de adesão, tal como dos benefícios emergentes da qualidade de membro da União, sendo certo que para o projeto ter sucesso e os membros poderem usufruir de todas as vantagens terão de cumprir as respetivas obrigações, gizadas equilibradamente, ou seja, justamente, com espírito de solidariedade e responsabilidade.

Estas considerações de ordem geral afiguram-se relevantes e decisivas sobretudo para afastar equívocos não apenas sobre a natureza como também sobre a justificação e os fundamentos nucleares, e sobre o fim último, da União, em necessária contraposição e articulação (tensa) com o Estado – o que não comporta, por isso, pelo menos presentemente, sequer a hipótese de poder algum dia ser substituído pela União.

Importará salientar, essencialmente, o que se afigura ser a natureza imprescindível da União Europeia, nas circunstâncias atuais, desde o final da segunda Guerra Mundial até ao presente, no continente europeu, em que vários dos desafios com que todos são confrontados ganharam uma dimensão e uma gravidade de ordem tão elevada, vedando aos Estados de pequena ou média dimensão, como são a quase generalidade dos países europeus, a possibilidade de os enfrentar e resolver isoladamente. Tornou-se, por isso, inevitável e imprescindível o recurso a uma cooperação e uma integração internacionais cada vez mais intensas, designadamente entre Estados próximos (geograficamente, culturalmente, politicamente, economicamente), com vista a encontrar uma solução comum para problemas cruciais que o exijam.

Os casos recentes e extremamente preocupantes das crises pandémica (da Covid-19) e da guerra na Ucrânia causada pela invasão do exército da Rússia comprovam-no claramente. Tal como o comprovaram algumas outras crises graves anteriores, incluindo a crise das dívidas soberanas e do Euro, quando os interesses e as posições dos Estados membros não sejam ou pelo menos não pareçam ser conciliáveis.

Capítulo VII
A subsistência da União Europeia após a invasão da Ucrânia

1. Os objetivos originários de paz e segurança como condição *sine qua non* da integração

Referiu-se que a incapacidade militar dos Estados da Europa ocidental no final da Segunda Guerra Mundial para garantir a segurança e a defesa do respetivo território e dos seus povos levou a que tivesse sido tomada a decisão de participação na NATO/OTAN e, consequentemente, de uma quase delegação da incumbência titânica de garantir a segurança e a paz no respetivo território e aos seus povos aos próprios Estados Unidos da América, sem o que não seria possível atingir, melhorar e manter o modo de vida ambicionado, em democracia e liberdade, desde essa altura, e praticamente sem interrupção, até ao ano de 2022 – quando as forças armadas russas iniciaram a invasão da Ucrânia e procederam à destruição de dezenas de milhares de habitações e de todo o tipo de infraestruturas básicas, das redes de energia elétrica, de gás e de água até às comunicações, dos transportes aos hospitais, das escolas aos teatros, ao longo do país, quase sem exceção, além de terem obrigado a deslocalizações de até 10 milhões de habitantes para outros países europeus e de provavelmente o dobro no interior da Ucrânia, de terem causado largas dezenas de milhares de mortos e pelo menos outros tantos debilitados e inabilitados pelos combates e de privarem de todo o tipo de bens, essenciais e não essenciais.

A garantia de segurança europeia então firmada pelos Estados Unidos da América seria reforçada, como é sabido, com uma ajuda económica substancial e decisiva, reunida sobretudo no Plano Marshall, que se tornaria determinante para o futuro dos países da Europa Ocidental, ao ajudá-los a (re)iniciar, ou prosseguir, a «construção europeia», em torno da criação, primeiro, da Comunidade Europeia do Carvão e do Aço (CECA) e, pouco depois, da Comunidade Económica Europeia (CEE) e da Euratom (Comunidade Europeia da Energia Atómica), bem como, mais recentemente, da União Europeia e dos respetivos funcionamento, alargamento e aprofundamento.

Apesar de insuficientes *a se*, a ameaça dos horrores da guerra e sua memória favoreceriam, posteriormente, em conjunto com outros fatores, a formação de uma vontade comum de aproximação política e económica entre os povos e Estados. Todavia, o aprofundamento de projetos de integração económica internacional voluntária só se poderia concretizar, sustentadamente, entre países que não se encontrassem afastados por combates armados ou por outras divisões políticas radicais que os afastassem profundamente, em áreas consideradas essenciais pelos respetivos povos, independentemente da respetiva natureza (militar, cultural, linguística, religiosa)[291].

[291] Os conflitos armados não só dificultam um processo de integração económica internacional, por tornarem mais onerosas ou, por vezes, impossibilitarem as relações económicas entre os países por eles atingidos como condicionam as decisões posteriores dos Estados quanto à participação ou envolvimento nesses processos de integração.
Assim, a recordação viva das maiores atrocidades à dignidade das pessoas cometidas durante a Segunda Guerra Mundial nos vários países do continente europeu, a acrescer à memória de outras graves atrocidades cometidas sensivelmente nos mesmos territórios há pouco mais de duas décadas antes, não poderia deixar de influenciar as decisões quanto ao empenho posterior no sentido de assegurar a paz entre os povos mais próximos, igualmente dispostos a se comprometerem com esse e outros objetivos, como o da recuperação das condições de vida anteriormente existentes, com níveis elevados de bem-estar económico e social, o que haveria de pressupor a afirmação de um conjunto de princípios políticos e económicos e o compromisso no sentido da prossecução de objetivos consentâneos com aqueles, e a consequente contraposição com os que não estivessem dispostos a prosseguir os mesmos objetivos e, pelo contrário, representassem uma ameaça efetiva a esse projeto de paz e desenvolvimento.
Com a divisão do continente europeu, de Norte a Sul, por uma «cortina de ferro» soviética, que se projetou depois para outras partes do globo com a «Guerra Fria» entre os países «ocidentais» e os países de «Leste», dirigidos pela União Soviética, esta não pôde deixar de ser vista como

De qualquer modo, quando se fala no reconhecimento da relevância absolutamente decisiva da componente de Segurança e de Defesa, para qualquer projeto de integração económica internacional, não se pretende delimitar esse âmbito, em sentido estrito e objetivo, enquanto simples ausência de conflitos armados, por um lado, e também enquanto garantia de existência de condições de segurança para todo o exercício das atividades económicas em geral, quer em cada um dos países individualmente considerados quer nas relações entre eles desenvolvidas, bem como nas relações económicas realizadas com «países terceiros».

Essa situação, de ausência de conflitos armados ou outros de gravidade comparável e, consequentemente, de normalidade no funcionamento da economia, constitui, evidentemente, uma condição necessária, *sine qua non*, para o estabelecimento, o aprofundamento e a subsistência de um processo sólido de integração económica e monetária internacional, embora, é claro, não suficiente.

Importará, de qualquer modo, pelo menos, que tais valores essenciais de segurança e de estabilidade, previsibilidade e normalidade no exercício e na prossecução das atividades económicas possam perdurar, e perdurem efetivamente, consolidando-se. Qualquer ameaça séria à paz e ao concerto «mínimo» entre os países, que permita relações económicas estáveis, previsíveis e regulares, põe em risco e obstaculiza o funcionamento da economia e da sociedade, ao prejudicar, em vez de favorecer, a normalidade política, social, económica e jurídica, tanto internamente como no contexto internacional[292].

a maior ameaça, política e militar, mas também económica, em relação ao estilo de vida dos países ocidentais, com regimes políticos democráticos e regimes económicos descentralizados, baseados no mercado.

[292] Na Europa, a preocupação com a segurança externa no período imediatamente após a Segunda Guerra Mundial levou à assinatura, em 1947, do Tratado de Dunquerque entre a França e o Reino Unido, que estabeleceu uma aliança e assistência mútua em caso de ameaça externa, designadamente por parte da Alemanha, como acontecera nos dois grandes conflitos armados europeus e mundiais da primeira metade do século XX.

A ameaça da União Soviética (União das Repúblicas Socialistas Soviéticas – URSS) levou a que os mesmos dois Estados (a França e a Inglaterra) em conjunto com a Bélgica, a Holanda e o Luxemburgo assinassem em 17 de março de 1948 o Tratado de Bruxelas que instituiu uma nova organização internacional de defesa, a União Ocidental, que em 1954 deu lugar à União da Europa Ocidental (UEO), através da qual os Estados europeus participantes se comprometeram a garantir assistência mútua em caso de agressão armada a um deles, além de

E foi isso que se percebeu logo após a Segunda Guerra Mundial, recordando a experiência anterior, quer positiva quer negativa, por um lado através da cooperação económica desenvolvida no âmbito da Organização Europeia de Cooperação Económica (OECE), conforme foi sumariamente apontado, tendo por modelo mais saliente a ordem económica dos Estados Unidos da América e por contributo particularmente relevante o Plano Marshall, e, por outro lado, a cooperação política e, absolutamente imprescindível, também militar, através de um conjunto de acordos destinados a garantir a paz e a segurança no continente europeu, sem as quais não seria possível, nem sequer imaginável, nem a estabilidade e normalidade política, nem a estabilidade e normalidade económica, requisito necessário da prosperidade.

Após a Declaração Schuman, de 9 de maio de 1950 – ponto de partida para as negociações do Tratado de Paris, que iria criar a primeira comunidade europeia, a CECA –, o conflito da Coreia agravou-se dramaticamente com a invasão, no dia 25 do mês seguinte (junho de 1950), do território do Sul, administrado pela República da Coreia, por forças norte-coreanas,

um mecanismo geral de consultas em matéria de cooperação em domínios diversos, bem assim de um mecanismo específico de resolução pacífica de conflitos entre os membros.
No entanto, a decisão mais relevante na área da defesa militar europeia consistiu na criação da Organização do Tratado de Atlântico Norte (NATO/OTAN), pelo Tratado de Washington, de 4 de abril de 1949, atendendo ao facto de a defesa militar europeia depender totalmente, nessa altura, do auxílio dos Estados Unidos da América. Foram membros fundadores da NATO, além de vários países da Europa Ocidental, os Estados Unidos da América e o Canadá. A Alemanha (República Federal Alemã) só passará a fazer parte do sistema de defesa europeia com a revisão do Tratado de Bruxelas, pelo Tratado de Paris de 23 de outubro de 1954, que criou a União da Europa Ocidental (UEO). Foram membros fundadores da UEO a França, o Reino Unido, a Bélgica, os Países Baixos, o Luxemburgo, a República Federal Alemã e a Itália. Juntaram-se depois a Espanha, Portugal e a Grécia. Após a erosão gradual das suas funções, absorvidas por outras organizações, e em especial pela União Europeia, desde 1998, a UEO foi extinta a 30 de junho de 2011.
Foi ao Conselho da União Ocidental que os governos da França e da Bélgica apresentaram as conclusões do Congresso de Haia de matriz federal e um projeto de criação de uma Assembleia Parlamentar Europeia, com o qual a Inglaterra discordou frontalmente, tendo proposto em contrapartida o estabelecimento de sistema de cooperação intergovernamental de tipo clássico, que seria aprovado e se concretizou com a criação do Conselho da Europa, cujo Estatuto foi assinado em Londres, a 5 de maio de 1949, pela Bélgica, França, Luxemburgo, Países Baixos, Reino Unido, Dinamarca, Irlanda, Itália, Noruega e Suécia, ao qual adeririam mais tarde, gradualmente, todos os Estados do continente europeu.

dirigidas, armadas e financiadas pela União Soviética e pela China. Pôs-se, assim, em causa a divisão territorial provisória fixada entre o Norte e o Sul do país, em 1948, no contexto da «Guerra Fria», que, desde então, passou a confrontar, de um lado, os países ocidentais, baseados em regimes políticos democráticos e em regimes económicos de economia descentralizada ou capitalista, liderados pelos Estados Unidos da América, e, de outro, os países de Leste, baseados em regimes de partido único («comunista», ou «socialista») e de economia com direção central («socialista»), liderados pela União Soviética.

A invasão do território do Sul da península coreana e o conflito armado que se lhe seguiu – objeto de condenação imediata pelo Conselho de Segurança das Nações Unidas, através da Resolução n.º 83, que exigia um cessar-fogo e, simultaneamente, autorizava a defesa da República da Coreia por uma força de paz internacional, sob a bandeira das Nações Unidas, que seria composta por mais de duas dezenas de países, apesar de o contingente militar ser composto maioritariamente por soldados e equipamento dos Estados Unidos da América – não poderiam ser vistos com tranquilidade, ou mesmo indiferença, incluindo no geograficamente distante continente europeu[293].

[293] O conflito da Coreia iniciou-se após o término da Segunda Guerra Mundial no território europeu, com a declaração de guerra, em agosto de 1945, da União Soviética contra o Japão, que administrava o país há longo tempo, desde 1910. Do conflito armado resultou a ocupação soviética da parte norte da península da Coreia, até ao paralelo 38, porque, entretanto, os Estados Unidos da América deslocaram forças militares para a parte sul do país, reivindicando ambas as partes terem legitimidade para governar todo o território.
A divisão territorial provisória de 1948, no contexto da «Guerra Fria», foi violada com a invasão armada do Sul, iniciada a 25 de junho de 1950, com a direção e o suporte militar da União Soviética e da China. Os avanços avassaladores iniciais só seriam contidos e invertidos mais tarde, mediante a intervenção das forças das Nações Unidas lideradas pelos Estados Unidos da América, por seu turno travados na fronteira pela entrada oficial do exército chinês na contenda, em apoio da Coreia do Norte, com o cruzamento do rio Yalu.
A fixação aproximada das fronteiras terrestres em torno do paralelo 38 não impediu que os conflitos se tivessem prolongado e até agravado no ar, em especial entre caças a jato das duas partes em guerra, só tendo cessado com o armistício de 27 de julho de 1953, que previu uma Zona Desmilitarizada da Coreia a separar as duas Coreias, o que não impediu que os confrontos não se tivessem voltado a repetir posteriormente em vários momentos, por não ter sido ainda possível celebrar, até hoje, um tratado de paz para pôr cobro ao conflito, o que, no entanto, é pretendido pelos dirigentes de ambas as Coreias, como o afirmaram em 2018,

Apesar da distância, a guerra da Coreia confirmava, para os mais hesitantes e com dúvidas sobre os riscos e ameaças para a Segurança e Defesa comum, que o problema era grave e iminente, por poder implicar um regresso efetivo de confrontos armados ao território europeu, com os efeitos desastrosos que daí necessariamente decorreriam, conforme quase todos haviam experimentado há tão pouco tempo antes e tragicamente, na própria pele e na vida de familiares e de todos os outros, mais próximos ou afastados, protelando novamente a pretensão generalizada de regresso a uma normalidade real da vida, não impedida e prejudicada pela repetição da guerra e da destruição dela resultante.

A crescente ameaça soviética e o próprio rearmamento da Alemanha (Ocidental), que iria ingressar na NATO, levaram o ministro francês da defesa, Pléven, a apresentar à Assembleia Nacional, em 24 de outubro de 1950, uma proposta de criação de um exército comum europeu, a dirigir por um ministro da defesa comum, dependente de uma Assembleia europeia e dotado de um orçamento militar também comum, estendendo assim ao domínio da Defesa o método supranacional antes proposto para a integração económica. Dadas as suas implicações, a proposta francesa não recebeu grande apoio dos fundadores da CECA. No entanto, das negociações resultou a conclusão e a assinatura, a 27 de maio de 1952, do Tratado da Comunidade Europeia de Defesa (CED).

Este Tratado previa a formação de um exército comum europeu e incumbia a Assembleia da Comunidade projetada (CED) da tarefa de criar uma «terceira» Comunidade, mais abrangente, «Política», com natureza federal, ou confederal, como resultava do texto do artigo 38.º do Tratado. Compreensivelmente, só faria sentido uma Comunidade de Defesa no âmbito de uma Comunidade Política, mais ampla, que abrangesse igualmente a Comunidade predominantemente económica antes criada, a CECA, e outras que viessem eventualmente a juntar-se.

Neste contexto ambicioso e promissor quanto ao processo gradual de integração europeia, constituiu-se uma assembleia *ad hoc*, formada por membros da Assembleia da CECA e do Conselho da Europa, com a missão de elaborar uma proposta de Comunidade Política Europeia, no prazo de seis meses. Muito influenciado pelo ministro Beyen, dos Países Baixos, e

quando se reuniram na Zona Desmilitarizada, tendo por isso prometido envidar esforços nesse sentido.

concluído no início de 1953, o projeto previa já a proclamação de uma Constituição europeia, no quadro de uma estrutura política federal, além do estabelecimento de um mercado comum – fazendo lembrar a iniciativa de cinquenta anos mais tarde, com o projeto de um «Constituição para a Europa», que soçobraria em 2004, e em total contraste com a proposta homónima ressuscitada em maio de 2022, ou seja, quase setenta anos depois, pelo Presidente da França, Emmanuel Macron, perante o desafio existencial colocado à União Europeia com a invasão da Ucrânia pelas forças armadas russas, a de 24 de fevereiro do mesmo ano (2022)[294].

Reiterando o compromisso de participação numa Comunidade Política Europeia, os seis membros que fundaram a CECA opuseram-se a que ela tivesse uma natureza acentuadamente federal. Preocupações crescentes com a soberania nacional, em especial no domínio militar, levaram a Assembleia Nacional francesa a rejeitar a ratificação do Tratado que instituía a Comunidade Europeia de Defesa, a 30 de agosto de 1954, o que ditou o abandono quer desse projeto quer, simultaneamente, do projeto mais abrangente, de uma Comunidade Política Europeia. Este desenlace

[294] O Memorando do neerlandês Beyen, de 1952, propunha a criação gradual de uma comunidade supranacional transversal baseada na integração económica, que se iniciaria com uma união aduaneira e progrediria para o estabelecimento de um mercado comum e, por fim, de uma união económica e monetária. A este método global de integração internacional contrapunha-se o método sectorial, restrito a um setor de atividade, como defendido, designadamente, pelo belga Paul-Henri Spaak, que, ainda no exílio, a partir de Londres, no final da guerra, promovera a criação da união aduaneira do Benelux (entre a Bélgica, os Países Baixos e o Luxemburgo) e que também ajudara a organizar o Congresso da Europa em Haia, em 1948 – presidido por Winston Churchill, na origem do Movimento Europeu e conducente à criação, no ano seguinte, do Conselho da Europa. Spaak foi o primeiro presidente eleito da Assembleia Parlamentar do Conselho da Europa, cargo que abandonou no final de 1951, após a rejeição da proposta de criação de uma «autoridade política» europeia, mantendo-se, no entanto, como presidente do Movimento Europeu, entre 1950 e 1955, com uma influência assinalável em todo o processo de integração europeia. Foi também o primeiro presidente da Assembleia Parlamentar da CECA, em 1952, até ser empossado, uma vez mais, como ministro dos negócios estrangeiros do seu país, em abril de 1954. No ano seguinte, na conferência de Messina, entre 1 e 3 de junho de 1955, o Conselho da CECA encarregou-o de presidir à comissão formada («Comité Spaak») para preparar um relatório sobre o estabelecimento de um mercado comum. Podem ser confrontados excertos dos planos mencionados no livro o Gabinete do Parlamento Europeu em Lisboa, Paulo Sande (org.) (2008), *50 Anos de Europa – Os Grandes Textos da Construção Europeia*, cit., pp. 35 e ss.

indesejado levou Jean Monnet a anunciar a sua indisponibilidade para um novo mandato como Presidente da Alta Autoridade (da CECA).

Com vista a superar o pessimismo que atingira o movimento de integração europeia nos seus primeiros anos, o Conselho da CECA, reunido em Messina, na Sicília, encarregou uma comissão, presidida pelo belga Paul-Henri Spaak, de elaborar um estudo preparatório da realização de uma união aduaneira europeia – objetivo já concretizado, anos antes, pelos países que tinham constituído o Benelux (Bélgica, Países Baixos e Luxemburgo) – e de um mercado comum entre os seis países participantes, relatório que, depois de concluído, foi remetido à conferência intergovernamental entretanto convocada, da qual sairiam os projetos de Tratados de Roma, de 1957, na origem, respetivamente, da CEE e da CEEA – Euratom[295].

Mais tarde, na conferência de Paris de fevereiro de 1961, o General De Gaulle apresentou também um projeto de união política, designado

[295] Diretamente empenhado na criação do Benelux, que estabeleceu uma união aduaneira entre a Bélgica, os Países Baixos e o Luxemburgo, no final da Segunda Guerra Mundial, conforme referido, Paul-Henri Spaak defendia, pragmaticamente e inspirado naquele projeto, um processo de integração económica europeia sectorial, tendo por isso ficado surpreendido com o arrojo de teor federalizante do Plano Beyen de 1952, de ambição política transversal, que lhe fora enviado em abril de 1955 pelo governo neerlandês. No mês seguinte, o memorando do Benelux distinguia as duas vias alternativas para o processo de integração europeia a seguir daí em diante, consoante decisão dos líderes políticos: global, defendida por Beyen, ou sectorial, advogada por Spaak. Na reunião de Messina, de 1 a 3 de junho de 1955, os Seis aprovaram uma resolução em que aceitavam a criação de novas instituições comuns, a integração progressiva das suas economias nacionais, o estabelecimento de um mercado comum e a harmonização das políticas sociais. *Vd. supra*, Parte 1.
A concretização destes objetivos dependeria dos trabalhos de uma comissão de peritos presidida por Paul-Henri Spaak. O texto apresentado pela comissão a 21 de abril de 1956, em Veneza, o «Relatório Spaak», serviu de base à conferência intergovernamental que se realizou nesse ano, em Val-Duchesse, sobre o estabelecimento de um Mercado Comum e a Euratom, do qual saíram os projetos dos Tratados de Roma que instituíram a CEE e a CEEA, assinados a 27 de abril de 1957 e que entraram em vigor no início do ano seguinte.
Estão reunidos excertos quer da Resolução de Messina quer do Relatório Spaak no livro do Gabinete do Parlamento Europeu em Lisboa, *50 Anos de Europa – Os Grandes Textos da Construção Europeia*, cit., pp. 36 e ss. e 29 e ss. Pode cf. ainda P. Pitta e Cunha (1993-2004), *Integração Europeia*, cit., pp. 9 e ss.; J. Gillingham (2003), *European Integration, 1950-2003. Superstate or New Market Economy?*, cit., pp. 3 e ss.; B. Olivi (2000), *L'Europa Difficile*, 2.ª ed., cit., pp. 21 e ss.; R. Pérez-Bustamante (1997), *Historia de la Unión Europea*, pp. 107 e ss.

por «Europa dos Estados», aceite apenas pela Alemanha de Adenauer e conducente à formação de um grupo de peritos («FOUCHET») incumbido de estudar a concretização de uma união política europeia. Os seis países concordaram com a criação de uma união de Estados europeus na Declaração de Bad-Godesberg, de 18 de julho de 1961, por vezes referida como o início da ideia de união política europeia.

Após a apresentação (e ulterior rejeição) do Plano FOUCHET, de 2 de novembro de 1961, com um projeto de tratado de uma união de Estados europeus, «indissolúvel» e assente numa base política e social, foi pedida uma segunda versão, apresentada a 18 de janeiro do ano seguinte (1962), com uma vertente económica e com a previsão de recursos financeiros próprios. Apesar do pendor confederal da proposta, em que os membros mantinham o direito de veto, todas as delegações, com exceção da França, se lhe opuseram, defendendo uma Europa de Estados e de povos, embora com uma política externa e uma política de defesa comuns[296].

[296] A Europa de Estados proposta por De Gaulle assentava na cooperação intergovernamental, em vez de uma organização de tipo supranacional, o que afastava a pretensão de aprofundamento do processo de integração europeia, subjacente à Declaração de Bad-Godesberg, de 18 de julho de 1961. A divergência de posições entre a França e os restantes Estados membros das Comunidades ditou a suspensão das negociações e o abandono dos Planos Fouchet.
A tensão entre a França e os seus parceiros agravou-se com o veto ao pedido de adesão do Reino Unido e culminou com a chamada «crise da cadeira vazia», a partir de 1 de julho de 1965, quando aquele país se recusou a participar nas reuniões da Conselho, após a apresentação pela Comissão de Hallstein, em março de 1965, da aprovação conjunta de três propostas destinadas a assegurar a passagem à terceira fase do Mercado Comum, em janeiro de 1966, incluindo o aumento dos poderes da Assembleia, o estabelecimento de um sistema de recursos próprios que garantisse a independência financeira das Comunidades e um conjunto de regulamentos financeiros relativos à Política Agrícola Comum.
A rejeição da primeira medida pela França prejudicou a aprovação das restantes e levou à referida crise da cadeira vazia, que só seria ultrapassada a 30 de janeiro de 1966, com os acordos ou «compromisso» do Luxemburgo, que afastaram a regra da maioria qualificada na votação no Conselho, como previsto no artigo 148.º, n.º 1, do TCEE, ou seja, reconheceram o direito de veto dos Estados no Conselho, quando considerassem que estavam em causa «interesses muito importantes» ou «vitais», devendo estes ser invocados antes da questão ser submetida a votação.
Ao atingirem as regras de deliberação previstas nos Tratados e alterarem o funcionamento institucional das Comunidades, os acordos do Luxemburgo contribuíram para uma relativa paralisia do Conselho nas duas décadas seguintes. Isso não obstou, todavia, que tivessem sido trilhados passos significativos no sentido da integração europeia, alguns ainda em 1965,

Mais um veto francês ao novo pedido de adesão do Reino Unido às Comunidades, apresentado a 11 de maio de 1967, não contribuiu para desanuviar, mas sim para adensar, a crise aberta entre os Estados membros, que só seria superada no final de 1969, após a demissão do General De Gaulle e a sua substituição na presidência da França por Georges Pompidou.

A maior abertura ao processo de integração europeia manifestou-se logo na convocatória da cimeira de Haia, de 1 e 2 de dezembro, com um conjunto tríplice («tríptico») de objetivos: (*i*) acabamento ou conclusão das políticas iniciadas, em particular da Política Agrícola Comum, (*ii*) aprofundamento do processo de integração económica através do estabelecimento de uma «União Económica e Monetária» e (*iii*) alargamento das Comunidades, designadamente ao Reino Unido (mas também à Irlanda e à Dinamarca, com efeitos a partir de 1 de janeiro de 1973 – a Noruega, reiteradamente hesitante, manter-se-ia de fora, ao não ratificar o Tratado de Adesão, assinado a 22 de janeiro de 1972, após referendo popular nesse sentido)[297].

A cimeira de Haia de dezembro de 1969 foi relevante também pelo impulso que deu à cooperação política europeia ao encarregar os ministros dos Negócios Estrangeiros de prepararem um relatório sobre os progressos nesse domínio, o Relatório DAVIGNON, cuja primeira versão foi adotada a 27 de outubro de 1970 e, a segunda, após revisão pedida na cimeira de Paris de 1972, a 23 de julho de 1973, sustentando a cooperação política entre os Estados membros e a adoção de posições

incluindo a assinatura, em Bruxelas, a 8 de abril, do Tratado de Fusão, que procedeu à unificação do Conselho e da Comissão para as três Comunidades, não obstante as competências destes e dos restantes órgãos, incluindo da Assembleia e do Tribunal de Justiça, únicos desde a entrada em vigor dos Tratados de Roma, continuarem a divergir em função das disposições dos Tratados. Pode cf. excertos dos vários relatórios mencionados em PAULO SANDE (org.) (2008), *50 Anos de Europa – Os Grandes Textos da Construção Europeia*, cit., pp. 53 e ss. Cf. P. PITTA E CUNHA (1993-2004), *Integração Europeia*, cit., pp. 9 e ss.; J. GILLINGHAM (2003), *European Integration, 1950-2003. Superstate or New Market Economy?*, cit., pp. 3 e ss.; B. OLIVI (2000), *L'Europa Difficile*, cit., pp. 21 e ss.; R. PÉREZ-BUSTAMANTE (1997), *Historia de la Unión Europea*, pp. 107 e ss.

297 Em concretização do deliberado na cimeira de Haia de 1 e 2 de dezembro de 1969, o Conselho adotou a Decisão de 21 de abril de 1970 relativa aos recursos próprios das Comunidades, com base no artigo 201.º do Tratado CEE, que previa, desde o início, a criação de recursos próprios comunitários. *Vd. supra*, Parte 1.

comuns quanto aos principais problemas internacionais. Estes objetivos não puderam ser alcançados na cimeira seguinte, de Copenhaga, a 14 e 15 de dezembro, devido à gravidade dos problemas emergentes das crises monetária e financeira internacional, militar (no Médio Oriente) e energética, além de uma Declaração sobre a identidade europeia e seus elementos essenciais, bem como quanto às relações com países terceiros. O quadro institucional de cooperação política europeia foi estabelecido na cimeira de Paris de dezembro de 1974, com a criação, por ato informal, do Conselho Europeu[298].

Após a entrada da Grécia nas Comunidades, a 1 de janeiro de 1981, os ministros dos Negócios Estrangeiros da Alemanha e da Itália prepararam o Plano GENSCHER-COLOMBO, apresentado em novembro, que influenciará a Declaração solene de Estugarda sobre a União Europeia, de 19 de junho de 1983, com um mandato para relançar o processo de construção europeia, que daria lugar ao projeto de tratado sobre a União Europeia, o «Tratado SPINELLI», aprovado pelo Parlamento Europeu a 14 de fevereiro de 1984. Propunha-se uma União Europeia de tipo federal, em que a política comercial, as políticas macroeconómicas e a política externa seriam comuns e em que o poder das instituições sairia reforçado. Apesar do abandono do projeto de tratado, este influenciará, tal como o Plano GENSCHER-COLOMBO e a Declaração de Estugarda, o

[298] Com a reunião em Paris dos chefes de Governo dos Estados membros das Comunidades, em 9 e 10 de dezembro de 1974, as cimeiras deram lugar ao novo Conselho Europeu, formado pelos mesmos membros, acompanhados dos Ministros dos Negócios Estrangeiros, que daí em diante se reuniriam com regularidade três vezes por ano e sempre que necessário, «em Conselho das Comunidades» e a título de cooperação política, sem prejuízo das regras e dos processos previstos nos Tratados, bem como dos acordos do Luxemburgo e de Copenhaga quanto à cooperação política. Na mesma cimeira decidiu-se que a Assembleia parlamentar passaria a ser eleita por sufrágio direto e universal, conforme ficaria estabelecido no Ato relativo à eleição dos representantes ao Parlamento Europeu, de 20 de setembro de 1976. No domínio da cooperação política, a elaboração subsequente do Relatório Tindemans, apresentado a 29 de dezembro de 1975, que identificou as diferentes componentes da união política, incluindo uma política externa forte, políticas económicas e monetária robustecidas e uma política de coesão, bem assim uma reforma institucional que tornasse as instituições mais eficazes e democráticas e permitisse uma aproximação dos cidadãos. Por não ter reunido o consenso, o Conselho de Haia de 29 e 30 de novembro de 1976 limitou-se a solicitar aos ministros dos Negócios Estrangeiros e à Comissão a apresentação de relatórios anuais sobre os progressos alcançados no sentido da concretização gradual da unidade europeia.

Ato Único Europeu, assinado a 17 de fevereiro de 1986, que constituiu a primeira revisão de fundo dos Tratados comunitários[299].

Embora sem outra densificação, o preâmbulo do Ato Único referiu a disposição dos Estados membros promoverem em conjunto a democracia, na sequência da Declaração de Copenhaga sobre identidade europeia, de 14 de dezembro de 1973, da Declaração comum das instituições europeias (Assembleia, Conselho e Comissão) sobre direitos humanos, proferida no Luxemburgo a 5 de abril de 1977, e da Declaração sobre a Democracia, feita pelo Conselho, em Copenhaga, a 7 e 8 de abril de 1978, o que expressava uma vontade política de que o processo de integração avançasse além da dimensão estritamente económica, refletida no Tratado. Em matéria de política externa, o Ato Único passou a prever as práticas anteriores de cooperação e lançou as bases para uma política externa e de segurança comum, depois objeto do «segundo pilar» intergovernamental estabelecido pelo Tratado da União Europeia[300].

[299] Como mencionado, o Ato Único Europeu foi preparado pela conferência intergovernamental convocada pelo Conselho Europeu de Milão, de junho de 1985, não obstante a contestação da Primeira-Ministra britânica, Margaret Thatcher, tendo por base os relatórios de duas comissões criadas pelo Conselho Europeu de Fontainebleau, de 25 e 26 de junho de 1984, com vista à apresentação de propostas de revisão dos Tratados institutivos, quer nos domínios materiais da integração (comissão ADONNINO) quer no quadro institucional (comissão DOODGE). Entre as várias áreas com alterações incluíram-se as relativas ao alargamento das atribuições externas da Comunidade e à cooperação política. Cf. bibliografia anteriormente citada.

[300] Apesar de o Ato Único Europeu não ter introduzido grandes alterações substantivas, serviu de propulsor a progressões decisivas no processo de construção europeia, conducentes à assinatura do Tratado da União Europeia, em 1992, que entraria em vigor em novembro do ano seguinte. O dinamismo introduzido no processo de integração foi imediato e transversal, em grande medida devido ao empenho Presidente da Comissão Europeia, Jacques Delors. Além da identificação e da aplicação das diversas medidas destinadas a completar a construção do mercado comum, redenominado Mercado Interno, iniciou-se a reforma da Política Agrícola Comum e estabeleceu-se uma nova e importante Política de Coesão Económica e Social, baseada na anterior Política de Desenvolvimento Regional, designadamente através da aprovação do «Pacote Delors» (I), que duplicou os fundos estruturais existentes e trouxe estabilidade às receitas comunitárias, com as novas «perspetivas financeiras plurianuais». Simultaneamente, começou a preparar-se o estabelecimento da União Económica e Monetária (UEM), o futuro objetivo central da construção europeia, com a designação de um grupo de peritos, chefiado pelo Presidente da Comissão, Delors, de cujos trabalhos resultou um relatório apresentado a 12 de abril de 1989 e aceite pelo Conselho Europeu subsequente, de Madrid, a 26 e 27 de

A ideia de avançar para uma União Política europeia voltou a ser retomada no Conselho Europeu de Dublin, a 25 e 26 de julho de 1990, no qual foi decidido convocar, em vez de uma só, duas conferências intergovernamentais, uma dedicada ao estabelecimento de uma União Económica e Monetária e a outra relativa a uma União Política.

A queda do Muro de Berlim, a 9 de novembro de 1989, e a reunificação alemã que se seguiu, bem como a fragmentação da União Soviética e do bloco de Leste por ela liderado, levaram a implicações profundas no continente europeu e muito além, por quase todo o globo, exigindo posições concertadas europeias perante tais novos desafios externos. Advertiram então o Chanceler Kohl, da Alemanha, e o Presidente francês, François Mitterrand, através de carta dirigida ao Primeiro-Ministro irlandês, na semana anterior ao Conselho Europeu extraordinário de Dublin, a 28 de abril de 1990, que era urgente a adoção de uma Política Externa e de Segurança Comum europeia, a qual exigia uma revisão dos Tratados[301].

Com o Tratado da União Europeia, de 7 de fevereiro de 1992, a Política Externa e de Segurança Comum (PESC) passou a constituir uma tarefa também da União, além dos Estados membros, mesmo que a alteração literal não tenha envolvido qualquer transferência das atribuições neste campo dos Estados para a União. A PESC constituía um dos dois novos pilares intergovernamentais da União Europeia, a par da Cooperação

junho daquele ano, cuja concretização exigiria, entre outras modificações, uma revisão dos Tratados vigentes. *Vd. supra*, capítulos I a III.

[301] Entre os múltiplos aspetos objeto dos trabalhos das duas conferências intergovernamentais abertas a 15 de dezembro de 1990, em Roma, incluía-se o estabelecimento de uma Política Externa e de Segurança Comum (PESC) baseada na definição dos interesses comuns dos Estados membros neste domínio e dotada de um quadro institucional próprio, de natureza intergovernamental, «não comunitário». O texto de alteração dos Tratados que resultou dos trabalhos das duas conferências intergovernamentais realizadas foi aprovado no Conselho de Maastricht, de 10 de dezembro de 1991, embora assinado apenas a 7 de fevereiro do ano seguinte, na mesma cidade. A União Europeia criada pelo Tratado de Maastricht, em vigor desde novembro de 1993, assentava num pilar principal (1.º), comunitário, composto pelas três Comunidades existentes (CECA, CEE e CEEA) e em dois pilares complementares, intergovernamentais: a PESC (Política Externa e de Segurança Comum), o 2.º pilar, que abrangia um conjunto de questões relativas à segurança da União Europeia, incluindo a eventual definição no futuro de uma política de defesa comum, e a CJAI (Cooperação Judiciária e Assuntos Internos), o 3.º pilar, que envolvia uma cooperação estreita nos domínios da Justiça e Assuntos Internos.

Judiciária e Assuntos Internos (CJAI), com natureza idêntica, ambos adicionados ao primeiro pilar, principal, composto pelas três Comunidades originárias, existentes desde 1952, a CECA, e desde 1958, a CEE (redenominada em Maastricht como, simplesmente, Comunidade Europeia – CE, sem o qualificativo «Económica») e a CEEA/Eurátomo.

Para lá das alterações especificamente introduzidas pelo Tratado da União, este foi considerado um marco num processo mais vasto de revisão e de aprofundamento graduais da construção europeia. Daí a previsão, no respetivo texto, de que seria convocada outra conferência intergovernamental de revisão, em 1996[302].

O ato subsequente de revisão dos Tratados europeus, o Tratado de Amesterdão, com origem também em conferência intergovernamental, assinado a 2 de outubro de 1997 e em vigor desde 1 de maio de 1999, procedeu a uma reforma dos mencionados dois pilares intergovernamentais, cujas disposições demasiado gerais se haviam revelado difíceis de concretizar, como era previsível. Tinha-se em vista a aproximação, sobretudo do 3.º pilar, relativo à Política Externa e de Segurança Comum (PESC), e a concentração em torno do (1.º) pilar comunitário, em torno do conceito de um espaço de liberdade, de segurança e de justiça, com livre circulação de pessoas e mecanismos de controlo nas fronteiras externas e relativos a asilo e imigração, bem como de prevenção e combate à criminalidade, conjugadamente com a ampliação das competências do Tribunal de Justiça neste domínio, com algumas restrições. Esta comunitarização de áreas do 3.º pilar repercutiu-se no acervo de Schengen, de base intergovernamental[303].

[302] Tendo em vista a preparação dos trabalhos da futura conferência intergovernamental de revisão dos Tratados, o Conselho Europeu de Corfu, de 24 e 25 de junho de 1994, criou um grupo de reflexão (Westendorp) e convidou as instituições das Comunidades e os Estados membros a apresentarem relatórios para serem levados em conta. O grupo Westendorp apresentou o seu relatório ao Conselho Europeu de Madrid, em dezembro de 1995, tendo a subsequente conferência intergovernamental sido convocada a 29 de março de 1996 com o objetivo, entre outros, de reforço da capacidade de ação externa da União.

[303] As disposições essenciais sobre vistos, asilo, imigração e outras políticas sobre a livre circulação das pessoas constavam do TCE, enquanto as atinentes à cooperação policial e judiciária em matéria penal se encontravam no TUE. Por se tratar de matéria próxima ou, em parte, coincidente com a disciplinada nos Acordos de Schengen, com natureza intergovernamental, não comunitária, estas matérias sofreram uma conformação jurídica significativamente diversa,

O Tratado de Nice, aprovado na cimeira de 10 e 11 de dezembro de 2000 e assinado a 26 de fevereiro do ano seguinte (2001), que entrou em vigor a 1 de fevereiro de 2003 (a sua ratificação só ocorreria após submissão a um segundo referendo na Irlanda, em novembro de 2002), tinha por objetivo principal realizar a tão esperada, e várias vezes adiada, reforma institucional, necessária para os futuros alargamentos dos países do centro e leste do continente, com os quais já haviam sido iniciadas negociações de adesão (desde março de 1998 – com a República Checa, Polónia, Hungria, Estónia, Eslovénia e Chipre – e desde dezembro de 1999 – com a Eslováquia, Letónia, Lituânia e Malta, bem como, condicionalmente, com a Roménia e a Bulgária)[304].

resultante da inclusão desta matéria nos Tratados. Nos termos de um Protocolo anexo ao Tratado, todos os Estados membros, com exceção do Reino Unido e da Irlanda, instaurariam uma cooperação reforçada nos domínios abrangidos pelos Acordos de Schengen, no quadro institucional e jurídico da União, em substituição do quadro intergovernamental existente. Apesar de não fazerem parte e não estarem vinculados pelos Acordos de Schengen, o Reino Unido e a Irlanda poderiam a qualquer momento decidir participar nos mesmos e por eles passarem a vincular-se. Por seu lado, a Dinamarca, apesar de participante no mecanismo, preferiu manter um estatuto intergovernamental, que a excluísse do regime comunitário aplicável aos vistos, asilo, imigração e outros aspetos da livre circulação de pessoas, a fim de acomodar as dificuldades sentidas quando da ratificação do Tratado da União Europeia («de Maastricht»).
O Tratado de Amesterdão ampliou as competências do Tribunal de Justiça aos seguintes domínios: vistos, asilo, imigração e outras matérias respeitantes à liberdade de circulação de pessoas, bem assim o acervo de Schengen, ao 3.º pilar, com algumas restrições, à garantia de cumprimento das condições das cooperações reforçadas e à proteção dos direitos fundamentais no âmbito do 1.º pilar (comunitário). Para uma síntese das principais alterações realizadas pelo Tratado de Amesterdão, cf. A. Maria Guerra Martins (2019), *Manual de Direito da União Europeia*, pp. 114 e ss.; P. Pitta e Cunha (2004), *Integração Europeia*, pp. 389 e ss.; J. Gillingham (2003), *European Integration, 1950-2003. Superstate or New Market Economy?*, pp. 149 e ss.; B. Olivi (2000), *L'Europa Difficile*, pp. 285 e ss.; R. Pérez-Bustamante (1997), *Historia de la Unión Europea*, pp. 175 e ss.

[304] Em paralelo com as negociações da Conferência Intergovernamental de 2000, cujo ponto da situação em junho revelou que deveriam ser ampliados os objetivos anteriormente enumerados, decorreram também os trabalhos da Convenção sobre a Carta dos Direitos Fundamentais da União, e o primeiro projeto de Tratado só foi distribuído a quatro dias do início da cimeira de Nice, o que não apontava para um desfecho favorável, dadas as divergências existentes entre os Estados membros, e em especial entre os de maior dimensão, de um lado, e os de média e menor dimensão, por outro, cujas perdas de posição relativa eram notórias, após o(s) anunciado(s) alargamento(s). Eram extensas e complexas as matérias a tratar em diferentes

Não obstante as dificuldades e divergências entre os Estados membros, durante as negociações, foram aceites alterações de relevo no Tratado de Nice. Além da reforma institucional, incluíram-se novos regimes de cooperações reforçadas, de suspensão dos direitos de Estados membros individualmente, de várias políticas, desde a política comercial comum até à política social, à política de ambiente e à política de cooperação económica, financeira e técnica com países terceiros, bem como da Política Externa e de Segurança Comum (PESC) e do 3.º pilar. A União manteve uma estrutura tripartida, não tendo passado a abranger a área da Defesa, e não lhe foi atribuída personalidade jurídica internacional.

Sem projeção nos Tratados, a União da Europa Ocidental (UEO) deixou de constituir o braço armado da União. Mas tinham sido tomadas decisões relevantes no domínio da Defesa, no âmbito da Política Externa e de Segurança Comum, após a guerra do Kosovo. No Conselho de Colónia, de junho de 1999, decidiu-se que a União passaria a dispor de meios para agir em situações de crise, tendo o «Eurocorps» sido transformado em unidade de reação rápida. E no Conselho de Helsínquia, de dezembro do mesmo ano (1999), acordou-se que aquela força de reação rápida seria composta por 50 mil militares, prontos a mobilizar em dois meses, se a NATO não interviesse, compromisso que seria reforçado na cimeira de Nice, em dezembro do ano 2000, com a criação de um Comité Político e de Segurança, de um Comité Militar e de um Estado-Maior[305].

domínios: da reforma institucional à reforma jurisdicional, da consolidação dos valores da União com a revisão do mecanismo de suspensão dos direitos de um Estado membro, em face da «questão austríaca», no primeiro semestre de 2000, com a introdução de um mecanismo preventivo de alerta para os casos em que os princípios ainda não tivessem sido violados, mas pudessem vir a sê-lo, com possibilidade de conhecimento pelo Tribunal de Justiça, bem como modificações de várias normas relativas às políticas comunitárias, incluindo no âmbito dos dois pilares comunitários – a PESC e a Cooperação Penal e Judicial –, além da reforma das cooperações reforçadas. Cf. A. Maria Guerra Martins (2019), *Manual de Direito da União Europeia*, cit., espec. pp. 132 e ss.

[305] Antes de ser transformado em força europeia de reação rápida, como decidido pelo Conselho Europeu de Helsínquia, em dezembro de 1999, o «Eurocorps» era constituído, até ao ano 2003, por militares e forças de apenas cinco Estados membros: Alemanha, Bélgica, Espanha, França e Luxemburgo. No domínio da cooperação em matéria penal e judicial (3.º pilar), o Conselho Europeu de Tampere, de outubro de 1999, decidiu criar, até ao final de 2001, uma unidade de juízes europeus, a EuroJust, com poderes para investigar a grande

Não obstante o otimismo dos primeiros anos do novo século e milénio quanto ao aprofundamento imediato de todo o processo de integração europeia e atendendo à declaração n.º 23 do Tratado de Nice, do mandato do Conselho Europeu de Laeken, de 15 de dezembro de 2001, a convocar uma convenção encarregada da preparação da futura conferência intergovernamental, não constava, expressamente pelo menos, a elaboração de uma «Constituição para a Europa», como iria suceder, por várias circunstâncias[306].

criminalidade, como passou a estar disposto nos (antigos) artigos 29.º e 31.º do Tratado da União Europeia.

[306] É extensa a bibliografia sobre a metodologia inovadora seguida pela Convenção sobre o Futuro da Europa – inspirada nos trabalhos que prepararam a redação da Carta dos Direitos Fundamentais da União Europeia, concluída e proclamada na cimeira de Nice de dezembro de 2000 – e sobre todo o processo que antecedeu o Tratado Constitucional. Presidida por Valéry Giscard d'Estaing e tendo por vice-presidentes Giuliano Amato e Jean-Luc Dehane, a Convenção procedeu, consecutivamente, a partir de fevereiro de 2002, a (*i*) audições em plenário, com abertura à sociedade, a (*ii*) exames (em grupos sectoriais e em círculos de discussão) e à (*iii*) formulação de propostas, com base em projetos concretos de revisão, no primeiro semestre de 2003, do que resultou um anteprojeto, submetido a emendas pelos membros da convenção e a debates em plenário.

O projeto de Tratado que estabelecia uma Constituição para a Europa foi adotado por consenso, sem votação, a 13 de junho e a 10 de julho de 2003, tendo sido entregue ao Presidente do Conselho Europeu, em Roma, no dia 18 desse mês). Serviu de base de trabalho da conferência intergovernamental, ao nível de chefes de Estado e governo, com preparação dos ministros dos Negócios Estrangeiros, aberta a 4 de outubro (de 2003), em Roma. Após uma primeira tentativa de aprovação de um texto consensual, em dezembro, o projeto de tratado seria concluído, na cimeira de junho de 2004, durante a presidência irlandesa, com vários ajustamentos, incluindo em aspetos relativos à Defesa, à tomada de decisão por maioria qualificada em certos domínios, como a cooperação policial e judiciária penal e o procedimento orçamental.

O «Tratado Constitucional» foi assinado em Roma a 29 de outubro de 2004, mas a sua rejeição por referendo popular em dois Estados membros, França e Países Baixos, em maio e junho do 2005, tornou evidente a crise em que entrara a União Europeia, confirmada pela suspensão de vários dos processos de ratificação. A solução política encontrada consistiu na prossecução ou retomada do processo de revisão dos Tratados europeus, de modo que pudessem ser aceites por todos os membros, tarefa difícil.

O mandato da conferência intergovernamental, saído do Conselho Europeu de 21 e 22 de junho de 2007, restringiu os trabalhos à revisão dos Tratados em vigor, sem possibilidade de criação de um texto constitucional ou com «caráter constitucional», o que deveria «refletir-se na terminologia utilizada em todos os textos», tendo, assim, ficado banido o termo «Constituição» (tal como «Ministro dos Negócios Estrangeiros», «Leis» europeias e menções

Após a rejeição da ratificação do Tratado de Lisboa por referendo popular realizado na Irlanda, a 12 de junho de 2008, o Conselho Europeu de 11 e 12 de dezembro do mesmo ano considerou que, se o Tratado viesse a entrar em vigor, seria tomada uma decisão com o compromisso de salvaguardar diversas preocupações expressas pelos irlandeses, incluindo as de que em nada seriam prejudicadas as competências dos Estados membros em matéria fiscal, nem as respetivas políticas de Segurança e Defesa, incluindo a neutralidade da Irlanda, bem como as normas constitucionais nacionais sobre o direito à vida, à educação e à família por efeito da entrada em vigor da Carta dos Direitos Fundamentais e das normas relativas ao espaço de liberdade, segurança e justiça do Tratado[307].

A data de entrada em vigor do Tratado de Lisboa, a 1 de dezembro de 2009, coincidiu com o agravamento e a propagação da crise económica e financeira internacional, a que se seguiram as crises das dívidas soberanas e do Euro e, ainda, as do terrorismo e dos refugiados, obstáculos substanciais ao processo de integração europeia.

a hino, bandeira ou lema da União). As inovações seriam introduzidas nos Tratados existentes, que se manteriam em vigor, com alteração da designação do Tratado de Roma (CE), que se tornaria «Tratado sobre o Funcionamento da União Europeia», e também da «Comunidade Europeia», substituída por «União Europeia». Os trabalhos iniciaram-se em julho e envolveram os chefes de Estado ou governo, os Ministros dos Negócios Estrageiros e representantes pessoais daqueles. O Tratado foi assinado em Lisboa a 13 de dezembro de 2007.

[307] A solução encontrada para a rejeição por referendo do Tratado de Lisboa na Irlanda assimilava-se à que fora adotada uma década e meia antes em relação ao Tratado da União Europeia, ou de Maastricht, após consulta popular negativa na Dinamarca. As conclusões do Conselho de 18 e 19 de junho de 2009 continham em anexo uma Decisão dos Chefes de Estado e de Governo dos Estados membros da União destinada a clarificar o sentido e o alcance do Tratado, que entraria em vigor na mesma data deste, conjuntamente com uma Declaração sobre os Direitos dos Trabalhadores e outros direitos sociais e uma Declaração da Irlanda sobre neutralidade e defesa. No segundo referendo irlandês ao Tratado de Lisboa, o resultado foi amplamente positivo (67% a favor da ratificação).

O processo de ratificação só se concluiria mais tarde, após a apreciação constitucional da Carta dos Direitos Fundamentais, na República Checa, favorável, mas insuficiente para o Presidente do país a confirmar, ficando condicionada à concessão de uma garantia idêntica à conferida por Protocolo (n.º 30) sobre a aplicação da Cartas dos Direitos Fundamentais à Polónia e ao Reino Unido, exigência correspondida pelo Conselho Europeu de 29 e 30 de outubro de 2009, em anexo às conclusões, para inclusão no tratado de adesão. Concluídas as necessárias ratificações, o Tratado de Lisboa entrou em vigor a 1 de dezembro de 2009.

Entretanto, as políticas de austeridade aplicadas em vários Estados membros menos prósperos, incluindo a Grécia e Portugal, por orientação e ou exigência de organismos internacionais, como o Fundo Monetário Internacional, e de instituições europeias, como a Comissão e o Banco Central Europeu, levaram muitos cidadãos a se questionarem sobre as vantagens e os custos de os seus países permanecerem como membros da União Europeia, dúvidas prontamente aproveitadas por partidos e movimentos políticos mais populistas.

A repetição de atentados terroristas em várias cidades europeias, por um lado, e o afluxo descontrolado ou provocado de refugiados ou imigrantes para o território europeu, sem que a União Europeia tivesse conseguido encontrar uma solução satisfatória para um problema humano tão sensível, por outro lado, não contribuíram também para melhorar ou sequer manter a confiança dos europeus na capacidade da União para enfrentar tais problemas essenciais. Em vez disso, abriram-se as portas ao regresso de pesadelos políticos que se julgavam, pelo menos, contidos, como a xenofobia e o racismo – que, novamente, não deixariam de ser erguidos e explorados por líderes políticos mais populistas.

Em consequência, e tal como sintetiza Ana Maria Guerra Martins, a «insatisfação generalizada, insegurança e incerteza nos cidadãos europeus [...] leva ao aumento, em quase todos os Estados membros, da votação de partidos antieuropeístas, nacionalistas e populistas, sejam de direita ou de esquerda, em detrimento dos partidos mais ideológicos, pró-União Europeia e que apoiam uma sociedade cosmopolita e multicultural». E conclui: «assiste-se atualmente a uma inversão política em toda a Europa e até os mais elementares valores e princípios da construção europeia começam a ser postos em causa»[308].

Recentemente, o referendo do «*Brexit*», a 23 de junho de 2016, ao determinar a saída do Reino Unido da União Europeia, concretizada em janeiro de 2020, com efeitos substanciais profundos e perduráveis, dadas as especificidades e relevância, desde há muito, daquele país, no continente europeu e no mundo, significou um dos mais graves revezes

[308] Cf. Ana Maria Guerra Martins (2019), *Manual de Direito da União Europeia*, cit., pp. 168 e ss.; Manuel L. Porto / Gonçalo Anastácio (orgs.) (2012), *Tratado de Lisboa Anotado e Comentado*, cit.; Paul Craig (2013), *The Lisbon Treaty: Law, Politics and Treaty Reform*, cit.

de todo o processo de integração europeia, por se tratar da primeira vez que um Estado membro abandonava o projeto de integração europeia, porventura apenas ultrapassável, enquanto ameaça transversal a todo o processo de integração, com a recente invasão e pretensão de anexação unilateral do território da Ucrânia, pela Rússia, após 24 de fevereiro de 2022, não obstante a natureza e gravidade completamente distintas das duas situações[309].

A invasão armada da Ucrânia pela Rússia a 24 de fevereiro de 2022 e a subsequente anexação territorial, pela ameaça que representava não apenas para a existência da Ucrânia mas também da União Europeia e dos seus Estados membros, em especial do centro e leste do continente, não obstante todos os antecedentes que poderiam antecipar a dimensão tectónica daquele acontecimento, tornou-se imediatamente no maior problema, verdadeiramente existencial, que jamais atingira todo o processo de construção europeia, desde a sua fundação, pondo verdadeiramente em causa a sua própria subsistência.

2. A invasão da Ucrânia pela Rússia e o seu impacto (des)integrador na Europa

Não obstante o agravamento quase impossível de travar à medida que se aproximava o dia da invasão armada do território da Ucrânia, em face

[309] As comparações em termos de gravidade e da natureza dos desafios e das ameaças (mais ou menos) existenciais ao processo de integração europeia são muito complexas e controversas. No caso do «*Brexit*», trata-se de um processo de base unilateral de saída de um país de um processo de integração económica internacional, não obstante a relevância deste último e também do país em causa no desenvolvimento daquele, por circunstâncias em geral conhecidas e já mencionadas sumariamente, de qualquer modo sem nunca colocar minimamente em causa os princípios gerais de relacionamento entre os Estados e demais entidades soberanas no contexto internacional, ou seja, a ordem jurídica internacional (o Direito Internacional) e o seu instrumento cimeiro, desde a sua proclamação solene antes do final da Segunda Guerra Mundial: a Carta das Nações Unidas, assinada a 26 de junho de 1945, em São Francisco.
As dificuldades de concretização do abandono da União Europeia e de cumprimento das obrigações dos envolvidos nunca afrontaram os princípios nucleares do relacionamento entre os povos e países, em especial o princípio, fortemente consolidado sobretudo desde a entrada em vigor da Carta das Nações Unidas e de vários outros instrumentos jurídicos fundamentais complementares de Direito Internacional segundo os quais qualquer divergência deverá ser sempre solucionada pacificamente, o que aliás, foi sempre respeitado, em geral, no continente europeu desde o final da Segunda Guerra Mundial.

da concentração crescente de soldados e de equipamento militar pesado da Rússia junto das fronteiras da Ucrânia e também no território da Bielorrússia junto da Ucrânia e da sua capital no decurso de todo o ano 2021 e, até, do anúncio, pelos Estados Unidos da América, no final daquele ano e durante o mês de janeiro seguinte, da data prevista ou previsível para o começo da invasão, em meados do mês de fevereiro, a persistente e quase geral incredulidade quanto à sua concretização, incluindo entre os dirigentes das grandes potências do mundo, com a referida exceção dos Estados Unidos da América, manteve-se até ao fim, aliás reforçada pelas insistentes negações oficiais pela Rússia de que não se tratava mais do que de exercícios há muito planeados, com regresso imediato aos quartéis igualmente agendado para os dias seguintes.

Se os comentadores em geral pareciam concordar que não existia justificação para a invasão russa, pelos custos de vária ordem que dela emergiriam, bem como pelas grandes incertezas dos resultados da operação, que teria de ser de larga envergadura, por outro lado também não era fácil descortinar o sentido e o desiderato de reunir o pessoal e o equipamento militar com a dimensão que estava a atingir e com os custos exorbitantes que uma operação tão complexa e prolongada de mobilização de todo o tipo de armas necessariamente exigiria.

Daí as insistentes advertências públicas do Presidente dos Estados Unidos da América quanto aos riscos de uma invasão russa da Ucrânia, tendo em conta as declarações oficiais da Rússia de que as exigências que fazia se dirigiam não apenas à Ucrânia mas a todos os territórios europeus que, anteriormente à queda do Muro de Berlim, fizeram parte da União Soviética ou do Pacto de Varsóvia, incluindo o território da antiga «República Democrática Alemã», que deveriam ser desmilitarizados, com a retirada das forças da NATO, em especial dos Estados Unidos da América, que a Rússia entendia como ameaça intolerável à sua segurança, sob pena de ter de agir para proteger os seus cidadãos e o seu território.

Foi contestada por alguns a opção do Presidente dos Estados Unidos da América, não de advertência à Rússia contra a iminente invasão da Ucrânia, nem de se ter colocado ao lado desta, do seu povo e dos seus governantes, mas de explicitar logo a garantia da integridade «de cada centímetro» de território dos membros da NATO, se necessário pela força, sem nada acrescentar quanto a uma garantia equiparável à Ucrânia, apesar de isso não estar previsto nos tratados em vigor, além dos instrumentos gerais de direito internacional, *maxime* da Carta das Nações Unidas, por poder ser entendido, como terá porventura sido, designadamente pelo governo russo, como admissão, ou «garantia», de que os Estados Unidos, as suas forças armadas e, ainda, as da NATO não interfeririam no conflito, desde que e enquanto os territórios dos países desta organização de defesa não fossem atingidos. Ou seja, a oposição era de princípio, sem reservas, mas não admitia um eventual confronto direto entre os Estados Unidos da América, ou a NATO, de um lado, e a Rússia, do outro.

Não obstante a incredulidade e o temor quanto aos efeitos até onde poderia ir uma ameaça armada tão grave, originada por uma superpotência nuclear, sem uma causa direta objetiva e plausível e não restrita ao país invadido, como se depreendia das várias declarações do país invasor, percebeu-se logo que nada poderia voltar, nem cedo nem porventura mais tarde, ao estado das coisas anterior a 24 de fevereiro de 2022, quando as forças armadas russas entraram avassaladoramente na Ucrânia, quer a partir do Norte, através da Bielorrússia, a fim de cercar e ocupar a área da capital do país, Kyiv, bem como obrigar à rendição das forças ucranianas e à deposição do regime vigente, chefiado pelo Presidente Volodymir Zelenzky, quer a partir do Nordeste, ainda na direção da capital, quer a partir do Leste, em direção a Kharkiv (Carcóvia), antiga capital e uma das maiores cidades do país, próxima da fronteira com a Rússia, quer a partir do Sudeste, em torno das partes do Donbass já ocupadas e administradas autonomamente desde 2014 com o apoio russo nos diversos domínios, quer ainda a partir do Sul, através da península ucraniana da Crimeia, ocupada e anexada pela Rússia em 2014, na sequência da revolução de «Maidan» (considerada pelo Kremlin como golpe ilegítimo – *vd. supra*), no sentido de todo o sul do território ucraniano, para Leste, por Zaporizhya e Mariupol, no Donetsk, e para Ocidente, por Kherson e Mykolaiv, tendo em mira, sem dúvida, Odessa, ou mais além.

A afirmação de que nada voltaria a ser como antes não era, é claro, inédita. Havia sido proferida, ainda não há muito tempo, por exemplo, a propósito do ataque terrorista de 11 de setembro de 2001, em Nova Iorque e Washington, nos Estados Unidos da América, com implicações mundiais no campo da segurança interna e internacional, levando, aliás, à primeira invocação e atuação do célebre artigo 5.º do Tratado que instituiu a NATO, como mencionado. E juízos similares foram também feitos sobre a crise económica e financeira internacional de 2007-2008-2009, bem assim quanto à crise pandémica da Covid-19, de 2020-2021-2022, com fortes repercussões sanitárias, mas igualmente económicas, causadas pelos confinamentos das pessoas, para limitar os contágios, e pelas disrupções nas cadeias internacionais de produção e distribuição de bens.

Não subsistiam, porém, dúvidas de que a invasão armada e a ocupação da Ucrânia pelas forças armadas russas produziriam um impacto internacional desmesurado, desde logo pelo facto de se tratar da primeira vez em que se recorria à invasão e ocupação armada do território de um Estado independente no continente europeu desde o final da Segunda Guerra Mundial[310] e ainda, em particular, pela circunstância de que o país que

[310] Existiram exceções, e de monta, quanto ao respeito geral, no território continental europeu, do princípio da integridade territorial dos Estados e, em especial, do respeito do princípio da soberania, após o desfecho da Segunda Guerra Mundial, apesar de não terem sido, nem consideradas, senão exceções.
Aliás, a «Guerra Fria» – que perdurou até ao final dos anos oitenta, início dos anos noventa do século XX, quando caiu o Muro de Berlim e se desmoronou a União Soviética (União das Repúblicas Socialistas Soviéticas), dando lugar a sucessivas declarações de independência e respetivos reconhecimentos nos anos seguintes – teve precisamente início com a «cortina de ferro» que se erigira de Norte a Sul do continente a demarcar os países que mantinham a sua soberania, baseada na cooperação internacional, incluindo no domínio da defesa, do lado ocidental, e os que passaram a ficar subordinados às decisões e pretensões de Moscovo, cuja execução era assegurada pelo Exército Vermelho, da União Soviética, como sucedeu em várias ocasiões, desde Praga até Berlim, não raras vezes com derramamento de sangue, do lado oriental.
Mais recentemente, com o começo do novo século, a Rússia, que sucedera à União Soviética, também interferiu na soberania de outros Estados e desrespeitou a integridade territorial destes em mais do que uma ocasião – em linha afinal com a política externa e militar soviética, de tipo imperial –, nas duas primeiras décadas do século XXI, incluindo através da ocupação dos territórios da Geórgia (em 2008) e da Ucrânia (península da Crimeia e áreas do Donbass, em 2014), bem como em 2022, com a invasão, ocupação e destruição de grande parte do território da Ucrânia, em especial a Norte, Leste e Sul, sendo as restantes partes atingidas e destruídas sobretudo através de bombardeamentos aéreos, com mísseis e outro equipamento.
De qualquer modo, pelo menos explicitamente, tais atos de desrespeito pela soberania e integridade territorial de outros países, no continente europeu, foram apenas praticados, primeiro, pela União Soviética e, desde o final da «Guerra Fria», pela Rússia, em 2008 e 2014, além de 2022, com recurso a métodos de destruição total antes experimentados, pelo menos, na república russa da Chechénia, no Cáucaso, em 2000, logo após a chegada ao poder do Presidente Putin, e ainda, muito depois, fora do continente europeu, na Síria, bem assim, pontualmente, em outros pontos geográficos do mundo, incluindo através de operações

assim procedera continuava a ser uma das duas superpotências militares do mundo, com um arsenal nuclear com capacidade e dimensão apenas comparáveis às dos Estados Unidos da América, com os quais protagonizou, com as vestes de União Soviética, entre o final da Segunda Guerra Mundial e a queda do Muro de Berlim, em 1989, a chamada «Guerra Fria», com repercussões nos mais diversos lugares do mundo, em contraste com uma gradual decadência económica e política.

Os objetivos anunciados pela Rússia para justificar a sua «operação militar especial» na Ucrânia, iniciada em fevereiro de 2022, consistiam, essencialmente, por um lado, na desmilitarização do território do país, de modo a que nele não permanecessem forças armadas hostis, da NATO, por representarem uma ameaça à segurança russa, e, por outro, a «desnazificação» do regime político de Kyiv, o que implicava a substituição dos seus dirigentes, que, segundo Moscovo, eram fantoches de países estrangeiros, e uma «desucranização», destinada a pôr cobro às restrições ou proibições ucranianas de expressão da cultura russas e de utilização da língua russa no seu território – não obstante o Presidente da Federação Russa ter sustentado em ensaio de julho de 2021 que, na verdade, «não existe» uma cultura ucraniana distinta da russa, nem tão-pouco um país realmente distinto, que não passariam de «ficção».

Para as autoridades russas, a invasão da Ucrânia havia sido motivada pela perceção de ameaça iminente ao seu território e à sua população, pelo que se justificaria, ou até impunha garantir um afastamento «suficiente» de quaisquer forças armadas e meios militares hostis, de países da NATO e em especial dos Estados Unidos, em relação às suas fronteiras, o que abrangia todos os territórios que tinham anteriormente feito parte da União Soviética ou integrado o Pacto de Varsóvia, incluindo a antiga Alemanha Oriental. Se as exigências de Moscovo não fossem cumpridas, a Rússia iria adotar as medidas que entendesse necessárias, que incluíam e se haviam iniciado com a invasão e ocupação do território da Ucrânia.

A ameaça não atingia nem se restringia apenas, ou sobretudo, este país, que, do ponto de vista de Moscovo, «não existia», era «artificial», tanto política como culturalmente, não havendo por isso justificação para respeitar as suas fronteiras políticas. A ameaça era formada pelos países da

realizadas por agrupamentos armados paramilitares russos, sem a bandeira da Rússia, em particular pelo «Grupo Wagner».

Europa Ocidental em geral e pelos que os protegiam ou dirigiam a partir de fora, ou seja, os Estados Unidos da América, país líder da NATO. Sendo assim, e tal como haviam já percebido e advertido vários dos países europeus mais próximos da fronteira com a Rússia, envolvidos em diferentes conflitos históricos, incluindo a Polónia e os países bálticos, a invasão da Ucrânia, tivesse ou não êxito, não se restringia apenas a este país, por ter por verdadeiro oponente a «Europa» no seu conjunto, e em especial a União Europeia, bem como a NATO – enquanto organizações, respetivamente, de integração predominantemente económica e de defesa coletiva na área do continente europeu.

Atendendo aos factos, que de controvertidos, no passado, se haviam tornado muito mais difíceis de contestar, com a prova e as declarações explícitas de Moscovo de que não hesitaria em recorrer às armas ao seu dispor para assegurar os seus objetivos, vários países europeus ocidentais viram-se impelidos a adotar imediatamente mudanças de fundo que até há pouco eram impensáveis, por envolverem reforços substanciais dos meios de defesa, em geral quase inexistentes. Evidenciaram-se os casos da Polónia, dos países bálticos e da Alemanha – com a aprovação repentina pelo Bundestag, num domingo, três dias após a data de início da invasão territorial, de uma triplicação das despesas totais de defesa, por proposta do Governo, apresentada imediatamente após o regresso do Chanceler Scholz de uma viagem a Washington, para tratar do problema da segurança europeia, no novo contexto –, bem como da Suécia e da Finlândia, que abandonaram a tradicional neutralidade e solicitaram a sua adesão à NATO.

A alteração radical da posição dos países europeus no campo da Defesa e da Segurança devia-se sobretudo ao facto de, com raras exceções, terem quase abandonado os seus esforços e gastos militares, seja devido a restrições ao armamento e à imposição, ou opção, pela neutralidade após a Segunda Guerra Mundial, como aconteceu com a Alemanha, seja devido às perspetivas prevalecentes na Europa de que o desarmamento, por si só, seria a melhor estratégia para a paz e contra a guerra, seja ainda devido à opção de favorecer a afetação dos recursos públicos primeiro para a reconstrução e depois para a modernização das economias, sem o que não seria possível a melhoria do bem-estar económico e social, com base numa economia social de mercado, ou «Europa social», assente no mercado, mas com preocupações particulares na satisfação dos direitos sociais – com prejuízo, pois, da precaução e da prevenção contra ameaças armadas externas, que, tal como se comprovou novamente, não chegaram a desaparecer, não obstante se terem modificado e tornado aparentemente menos evidentes. Acresce, *last but not the least*, o contributo decisivo dos Estados Unidos da América: a redução da presença dos seus efetivos militares na Europa não impediu, até ao presente, a continuação da garantia de proteção e segurança externa dos aliados europeus.

Esta garantia da defesa dos países europeus ocidentais, em especial dos membros da NATO, mas não apenas destes, facultada pelos Estados Unidos da América com todos os seus recursos militares, informativos e civis, levou os seus dirigentes políticos, sobretudo a partir dos anos noventa do século passado, a advertir os parceiros europeus da necessidade de contribuírem mais para o esforço conjunto de defesa, em proporções equitativas, que deveriam passar a ser de pelo menos 2% do produto interno (PIB) anual. Apesar das reiteradas advertências públicas no sentido do respeito por aquele compromisso comum, sobretudo desde a presidência Clinton, e do acompanhamento dessa evolução pela NATO, apenas alguns membros da organização atingiram aquele patamar, até ao deflagrar da guerra na Ucrânia, em 2022, fora os casos dos Estados Unidos e o Reino Unido, em especial no Leste.

Daí a mudança notoriamente profunda verificada em vários países europeus – incluindo a Polónia, a Alemanha, os países bálticos e os dois países nórdicos, Suécia e Finlândia, que, entretanto, apresentaram os respetivos pedidos de adesão à NATO – perante a ameaça externa verdadeiramente existencial que se concretizou com a invasão da Ucrânia pelas forças armadas russas, em fevereiro de 2022, tendo em vista um reforço substancial das capacidades de defesa próprias e coletivas, mediante o aumento das respetivas dotações orçamentais, quer em pessoal quer em equipamentos, manifestado designadamente através da aquisição e ou encomenda de novos e sofisticados meios militares.

Após demoradas hesitações e compromissos consecutivos por parte de vários países europeus, incluindo a Alemanha, no sentido de que o auxílio à Ucrânia se deveria restringir a bens não militares, as ajudas estenderam-se gradualmente, consoante os países, ao envio de equipamento militar para defesa da Ucrânia contra a agressão russa. Logo após o início da invasão, além dos Estados Unidos da América, origem do maior auxílio militar e também financeiro à Ucrânia, somente se disponibilizaram e procederam ao envio imediato de equipamento militar o Reino Unido, a Polónia e os três países bálticos, os restantes países da Liga Nórdica e o Canadá. Mais tarde, provieram também apoios de quase todos os restantes membros da União Europeia, bem como do Japão, da Coreia, da Austrália e a da Nova Zelândia.

Aliás, no começo da invasão, não se percebeu imediatamente se a capacidade de resistência ucraniana seria minimamente eficaz perante o colosso militar russo, com cerca de duas centenas de milhares de militares mobilizados e todo o tipo de armamento pesado e ligeiro (terrestre, aéreo e marítimo). Vários especialistas militares portugueses de topo referiram-se a uma resistência que não poderia ir além de poucos dias. Aliás, nem faltou a oferta dos Estados Unidos da América para retirada em segurança do seu país do Presidente Zelensky – que este terá agradecido, mas dispensado, contrapondo que os ucranianos necessitavam de armas para se defenderem e à sua terra, não de boleia. Só depois se percebeu que a resistência ucraniana era muito significativa, não obstante o vastíssimo poderio militar russo e toda a sua capacidade de destruição.

Imediata e praticamente sem reservas foram a ajuda humanitária e o acolhimento de vários milhões de refugiados (entre 8 e 10 milhões, segundo cálculos realizados logo nos primeiros meses de guerra), sobretudo mulheres e crianças, junto às fronteiras ocidentais da Ucrânia, muitos depois transferidos para outros países, em números não vistos na Europa desde a Segunda Guerra Mundial, e tanto com apoio e financiamento público, como por iniciativa individual e de numerosas instituições empresariais, culturais e de solidariedade social. O apoio humanitário internacional, essencialmente dos países ocidentais, estendeu-se ao território ucraniano, incluindo em domínios específicos, como o fornecimento de equipamentos de aquecimento e agasalhos após a destruição generalizada das redes de água, de eletricidade, de gás e de comunicações, mediante bombardeamentos e mísseis russos, bem como com recurso a «drones *camikazes*», de origem iraniana, pondo assim em risco a própria sobrevivência de milhões de ucranianos durante o inverno gelado.

Um dos impactos mais receados do conflito respeitava à crise enérgica considerada inevitável, dada a enorme dependência europeia do fornecimento de gás e de petróleo da Rússia, agravada no decurso das duas décadas anteriores. Por não se pretender escalar e descontrolar o conflito, os países ocidentais optaram por pressionar o país invasor economicamente, além de politicamente, mediante a aplicação de sanções. Após consecutivas discussões entre os diferentes países e organizações «ocidentais», incluindo o G7, acordou-se por fim que as sanções abrangeriam aqueles bens energéticos – cujos preços já tinham aumentado significativamente, em especial o do gás, por escassez de alternativas, e poderiam novamente ser prejudicados, devido não apenas à subida da taxa de inflação, verificada desde o ano anterior, e que haveria ainda de se agravar, mas também às disrupções nas cadeiras de produção e de distribuição internacionais, ocorridas desde a crise pandémica, bem como às crescentes tensões da guerra.

A gravidade da ameaça da invasão da Ucrânia resultava, por um lado, na ocupação e destruição deste país, pondo em causa o respeito da sua integridade territorial e do direito de escolha livre dos seus governantes pelo povo ucraniano, bem como, em última instância, a sobrevivência como país independente, por vontade de outro país, feita valer apenas pela força das armas, não livremente pelo seu povo e contra o Direito internacional.

E, por outro lado, tratava-se, simultaneamente, de uma ameaça a toda a Europa, reunida quer política e juridicamente no âmbito do Conselho da Europa, quer económica, jurídica e politicamente no âmbito da União Europeia, quer política e militarmente no âmbito da NATO, entre vários outros fóruns de cooperação e ou integração internacional, nas formas livremente escolhidas por tais países, não obstante os respetivos valores, interesses e opções não terem de coincidir, nem coincidirem com frequência, consoante os domínios.

Estas divergências entre os países não eram excecionais no passado, tendo levado aliás, por vezes, a alguns dos mais destrutivos e sangrentos conflitos armados de toda a história. E, não obstante a grande mudança de rumo verificada após o final da Segunda Guerra Mundial no continente europeu – a qual permitiu todos os progressos verdadeiramente impressionantes nos campos da cooperação económica, jurídica, política e de segurança, entre outros domínios, com formas muito diferenciadas, como se mencionou anteriormente –, as divergências não deixaram de se manifestar, por vezes muito intensa, ruidosa e recorrentemente.

Por isso, não poderiam constituir novidade as dissensões sobre a guerra na Ucrânia e as posições e medidas a adotar, designadamente pela União Europeia e pelos respetivos Estados membros quanto a este problema.

Mesmo que a gravidade do ato se afigurasse evidente, a sua justificação ou ausência dela não excluiria liminarmente diferenças na apreciação, por exemplo, das proximidades e dos distanciamentos culturais ou de outra natureza entre os envolvidos, tal como, de resto, foram expressas, em várias ocasiões, pelos dirigentes políticos dos diferentes países europeus. E o mesmo se poderá dizer quanto às posições e ou medidas a adotar e, no caso de envolverem sanções económicas, quais se justificarão ou não, bem como se o auxílio eventualmente a prestar deverá restringir-se ao acolhimento de refugiados e ajuda humanitária, ou, diversamente, abranger outros domínios, incluindo por exemplo o envio de equipamento de defesa.

Tal como sucedeu várias vezes no passado, os Estados membros dividiram-se sobre múltiplos aspetos, alguns de fundo outros mais de pormenor, quanto à posição a adotar e quanto às medidas apropriadas ou não em face das circunstâncias da invasão e da sua evolução no terreno, à medida também em que foram sendo conhecidas informações sobre essa evolução, incluindo elementos probatórios relativos a violações sistemáticas e em massa dos direitos humanos cometidas pelos soldados invasores sobre a população ucraniana em várias localidades do país, depois de libertadas.

Perante divisões da mais diversa natureza entre os Estados membros – políticas, estratégicas, militares, económicas, financeiras –, em face da impotência para agir autonomamente de modo minimamente eficaz, dada a dependência nítida dos meios e das decisões de outros países, em especial no domínio militar, quer dos Estados Unidos da América, país líder da NATO, mas também do Reino Unido, a maior potência militar europeia, se se excluir a Rússia, e seguido pela França, com posições particulares neste domínio, frequentemente alheadas das dos Estados Unidos da América (podendo ser recordadas as palavras recentes do Presidente Macron, em novembro de 2019, a considerar que a NATO estava em «morte cerebral»), pelo que a unidade da União estava realmente em risco.

Restava, pois, apurar se não seria viável a junção de esforços, entre os povos e os Estados europeus, para enfrentar uma ameaça tão grave como a guerra na Ucrânia, que, no fundo, punha em causa a sobrevivência daquele país, mas também a própria subsistência da União Europeia com a configuração existente, livremente escolhida ao longo das últimas décadas pelos seus Estados membros e pelos respetivos cidadãos, para convívio e cooperação, com respeito dos direitos e princípios fundamentais por todos partilhados, em paz e liberdade e com o objetivo de manter e aumentar a prosperidade de modo sustentável.

Em sentido afirmativo, de junção dos esforços de todos contra os gravíssimos desafios colocadas, poder-se-ia perguntar que, se não fosse viável, e, mais, se não somente se justificasse como se impusesse também uma união de esforços perante uma ameaça tão séria e existencial, quando é que o seria. Em sentido negativo, contrário a uma ação comum, bastaria apontar os casos históricos quase intermináveis de dissensões entre Estados membros, incluindo quanto ao relacionamento especial mantido por vários deles com a Rússia, sobretudo dos culturalmente mais próximos e dos economicamente mais dependentes, para se considerar quase impossível uma convergência «mínima» de entendimentos e de posições suficiente para justificar uma posição comum neste domínio sensível, sob pena de perda da respetiva relevância.

No decurso de processo de construção europeia, desde o seu início, tal como em geral na história dos povos e dos países, foi, muitas vezes, perante os maiores desafios, não raramente, quando a sua própria sobrevivência coletiva esteve realmente em causa, que foram tomadas algumas das decisões mais difíceis, que obrigaram a um grau elevado de exigência, de coesão e de sacrifícios, que noutras circunstâncias poderiam não ter sido suportados, com vista a alcançar um objetivo comum considerado superior.

No caso da ameaça maior representada pela invasão russa da Ucrânia também para a Europa e para os europeus, tal como, com implicações muito mais penosas e vitais, para aquele país e para os ucranianos resistentes, restava apurar e decidir se valia a pena resistir, por que objetivos, valores e interesses partilhados e de que modo, com que custos e com que repartição dos mesmos, sendo indiscutível que sem paz e estabilidade proporcionada pela segurança de todos, pessoas e bens, não é possível alcançar e manter a liberdade e outros direitos humanos fundamentais, bem como a prosperidade, condição do bem estar económico e social.

3. O imperativo político de subsistência da União Europeia (e também da Ucrânia)

Perante o desafio inédito e existencial para a União Europeia e todos os seus Estados membros em que está verdadeiramente em jogo a própria sobrevivência da União Europeia e do modelo de sociedade por ela representado, porque assente, por um lado, na estrutura coletiva de segurança e de defesa estabelecido no continente europeu desde a Segunda Guerra Mundial, em larga medida assente na NATO, mas também em outras organizações internacionais, universais e regionais, gerais e especializadas, de proteção e robustecimento transversal da estabilidade e da previsibilidade, não obstante as divergências, que existiram e continuam a existir, mas que, mesmo nos domínios em que são mais fundas, consoante os Estados membros, não bastarão certamente para colocar em risco o modelo de vida e de sociedade representado pela União Europeia e, consequentemente, a própria sobrevivência da União, não obstante os sacrifícios necessários para o efeito, havendo então que definir e eleger os termos fundados de uma União caracterizada pelas «inúmeras» diversidades, de «geometria variável» em função precisamente de tais diversidades.

No contexto sumariamente traçado, embora em planos distintos, recai um imperativo político de sobrevivência da União Europeia como um todo perante os povos dos Estados membros e seus representantes políticos comparável ao imperativo também de sobrevivência como povo e como país verdadeiramente independente que recai sobre os ucranianos resistentes, que decidiram enfrentar por todos os meios ao seu dispor, inclusivamente pelas armas, em face da invasão com intuito de os destruir, simplesmente porque outros entendem, ou julgam entender, e decidem, sem os ouvir, que eles «não existem» , ou não devem existir. Tal como em relação à Europa, ou à União Europeia, e aos que partilham os seus valores, de independência, com características próprias, diversas das de outros, sem serem ameaçados de destruição, como o foram e estão a sê-lo, com a alegação, imaginária, de que constituem uma ameaça, mesmo no interior das suas fronteiras, internacionalmente reconhecidas, quando nunca ameaçaram realmente a integridade territorial, nem dispõem sequer de meios aptos para o efeito, exigindo apenas respeito da sua integridade territorial e, simplesmente, o direito de sobreviver, como povo e também como Estado, sem serem agredidos, além do mais pelas armas.

O imperativo da subsistência e defesa de qualquer realização humana, sobretudo coletiva, independentemente da sua natureza e dimensão concretas, tal como de quaisquer bens ou valores partilhados como fundamentais, e da respetiva promoção e consolidação ou reforço, de modo que possam perdurar no tempo, vigorando efetivamente e suscetíveis de serem usufruídos pelos seus beneficiários, constituem as condições mínimas e essenciais, que, no caso de deixarem de se verificar, darão lugar, a partir de determinada altura, à prevalência dos riscos de erosão, de fragmentação e de «desintegração» em torno do projeto de integração ou unidade, por redução ou perda dos elos de ligação e de solidariedade anteriormente reunidos e mantidos entre os participantes.

Como o projeto de unidade europeia é uma realização humana coletiva, partilhada entre vários povos e Estados europeus, democráticos e de direito, singular não apenas por reunir Estados soberanos e seus povos, titulares originários da respetiva soberania, mas sobretudo pelos valores em que se baseiam e pretendem respeitar, bem assim pelos princípios e ainda pelos fins que escolheram livremente, sem a isso serem obrigados, compreensível é que a sua subsistência dependa, igualmente, da vontade livre dos povos dos seus Estados membros.

Daí as incertezas, que inevitavelmente se mantêm, quanto aos termos concretos de subsistência, ou não, de uma união de Estados como a União Europeia, necessariamente dependente dos interesses dos vários Estados membros, que por vezes poderão ser muito próximos, porventura coincidentes, e, noutras situações, distintos, eventualmente muito ou até completamente diferentes, até ao ponto de se tornarem inconciliáveis, e, nessa hipótese, não fica excluída a hipótese de abandono de um ou mais dos atuais ou anteriores membros, como já sucedeu com o Reino Unido, na sequência do «*Brexit*», o que, pelo menos do ponto de vista da escala e da dimensão do processo de integração, será negativo – sem embargo da contrapartida de maior homogeneidade interna, o que, por outro lado, pode contribuir para a consolidação da consistência do conjunto, com maior proximidade entre os membros que permaneçam.

Será, pois, difícil determinar em concreto qual a dimensão ótima dos membros de um projeto de integração internacional e o mesmo sucede no caso do projeto de construção europeia, em torno da União. Uma União menos extensa será, em princípio, mais homogénea e coesa, embora isso possa nem sempre verificar-se, atendendo, por exemplo, às circunstâncias que conduziram à tomada de decisão de entrada ou não, que pode depender de um referendo popular e, nesse caso, será influenciado também, pelo menos em parte, por preocupações sentidas exatamente do momento da auscultação dos eleitores, não tanto de outras, mais constantes.

Ao invés, uma União com maior dimensão, em número de Estados, em população, nos recursos disponíveis, nas capacidades produtivas, em território, entre outros indicadores, faz certamente diferença, não apenas nas comparações internacionais, mas igualmente, por exemplo, na adaptação a alterações nos processos de produção e na competitividade, bem como, por exemplo, na capacidade financeira e no posicionamento estratégico externo.

A maior heterogeneidade no seio da União, decorrente da sua maior dimensão, apesar de dificultar, em princípio, o processo de tomada de decisão, dadas as divergências de posições e de interesses consoante as áreas de ação, faculta, em contrapartida, uma maior dimensão, que, além de relevante, pode ser decisiva para assegurar a eficácia de algumas ações em certos domínios específicos – como, designadamente, o da defesa e segurança externa, e o mesmo se poderá entender em relação à prevenção e ao combate de outros problemas de dimensão internacional, por exemplo de prevenção e ou combate a riscos graves para a saúde, como no caso recente da crise pandémica da Covid-19, em 2020-2022, ou de prevenção ou luta contra certo tipo de flagelos, como para proteger o ambiente e os recursos naturais ou prevenir e combater crimes mais graves.

Independentemente da frequência, do grau e sobretudo dos domínios em que se verifiquem as divergências de interesses e de posições entre os Estados membros de uma União, que necessariamente influenciam as políticas e as ações concretamente executadas em comum, através da União, as alturas dos maiores desafios e ameaças servem também para os Estados membros procederem a ponderações renovadas sobre as vantagens e os custos gerais da sua participação no projeto de integração. É muitas vezes nos momentos mais difíceis, perante as ameaças mais graves, existenciais, que têm de ser tomadas as decisões com maior impacto, estruturante e duradouro, por parte dos Estados e também da União.

Entre esses momentos marcantes e (re)estruturantes mais recentes, da União Europeia e dos seus Estados membros, incluem-se a crise do Euro e das dívidas soberanas, a crise pandémica da Covid-19 e a crise da guerra na Ucrânia – em que, conforme foi apontado, foram e continuam a estar ameaçados, imediata e existencialmente, a Ucrânia, o povo ucraniano e seus valores (que consideram e, em todo o caso, desejam que se tornem coincidentes com os da União Europeia, tendo por isso apresentado um pedido de adesão e, neste contexto, iniciaram-se já, em junho de 2022, as negociações tendo em vista uma adesão futura). Mas, foram igualmente e continuam ameaçados, imediata e existencialmente, a União Europeia e os seus Estados membros, bem como os seus povos e valores fundamentais por eles subscritos, correspondentes, *grossomodo*, aos valores da União.

Por tudo isso é decisiva a resposta da União Europeia, dos seus Estados membros e dos respetivos povos, através dos seus legítimos representantes, à crise iniciada, ou agravada decisivamente, pela invasão armada da Ucrânia pelo exército russo em 2022 – independentemente da posição e das ações da União Europeia e dos seus Estados membros não serem manifestamente suficientes para conter e resolver eficazmente tal ameaça, dada a natureza e dimensão desta, necessitando da ajuda de outros Estados europeus não membros da União e, em especial, dos Estados Unidos da América, dada a sua enorme capacidade militar, parceiro de vários dos Estados membros da NATO.

A posição da União e, em geral, dos seus Estados membros, bem como de países parceiros, após alguma hesitação inicial, tornou-se firme no sentido de se colocarem do lado da Ucrânia e do povo ucraniano, apoiando-os na sua defesa legítima contra a invasão armada do seu território e destruição de grande parte das suas infraestruturas essenciais, desde as redes de energia elétrica e de gás, de comunicações, de transportes, de água, de equipamentos de educação e de saúde, bem como dezenas de milhares de habitações, em várias cidades e regiões do país.

Conclusão
Consolidar uma União de *Geometria Variável*

Não obstante o «gigantismo» económico da União Europeia à escala internacional, em declínio relativo e continuado nas últimas duas décadas, tendência que muito provavelmente se intensificará, e todas as inumeráveis similitudes culturais «impossíveis» de não entrever em quase toda a sua extensão geográfica, incluindo a partilha de um conjunto ampliado de princípios e valores fundamentais catalogados nos Tratados, os seus membros e cidadãos revelam igualmente tantas diversidades e divergências de entendimentos e de interesses, o que justificou a previsão de um regime de cooperação e integração flexível, diferenciado, através das cooperações reforçadas.

Ao permitirem aos Estados membros que o pretendam uma progressão mais rápida ou mais intensa no processo de construção europeia do que o desejado por outros membros sem serem travados por estes, indo assim ao encontro dos defensores de uma integração mais célere, as cooperações reforçadas deram lugar, simultaneamente, a maiores assimetrias no seio da União, não raramente em domínios extremamente sensíveis, servindo de alerta para a necessidade de promover e assegurar a unidade do conjunto, em torno dos valores e princípios nucleares por todos partilhados.

A proximidade entre os membros de uma realidade política vasta e tão diversa como a União Europeia basear-se-á imperiosamente na coesão alcançada entre todos os membros, expressa através de todo o tipo de laços de solidariedade criados e da responsabilidade nas decisões de todos os envolvidos com projeção e valorização do bem e da unidade do conjunto, quando confrontados com os mais diversos desafios, incluindo os verdadeiramente existenciais.

Afinal, como consolidar e tornar duradoura uma União de geometria variável que se tornou imprescindível para a própria subsistência dos seus membros e respetivos cidadãos, com as condições políticas, jurídicas e económicas atuais e pretendidas?

Capítulo VIII
Uma União de geometria variável e debilitada, mas imprescindível

1. Um gigante económico de geometria variável e com «pés de barro»

A perceção das Comunidades, e da União Europeia, como um «gigante económico» politicamente frágil, com «pés de barro», ou «inexistente», como ilustrativamente caracterizara o antigo Secretário de Estado dos Estados Unidos da América, Henry Kissinger, mantém ainda alguma atualidade, não obstante todas as alterações entretanto introduzidas – várias delas de fundo e com consequências reais muito marcantes, conforme foi sendo salientado ao longo dos vários capítulos.

A União Europeia, tal como as Comunidades originárias, ainda hoje contém como seu núcleo essencial uma construção de base fundamentalmente económica –incluindo um Mercado Interno, primeiramente designado Mercado Comum (pelo Tratado de Roma de 1957, que criou a CEE), assente numa União Aduaneira, com liberdades de circulação de bens, de capitais, de pessoas (trabalhadores) e de prestação de serviços, bem como de estabelecimento, e, a partir dos anos noventa do século XX, uma União Económica e Monetária, como previsto pelo Tratado da União Europeia, de 1992, abrangendo uma nova área monetária e uma nova moeda, partilhada por vários Estados membros (desde 1 de janeiro de 2023, 20 dos atuais 27 membros, após o abandono do Reino Unido em 2020).

Todavia, a União Europeia é, sem dúvida, presentemente, muito mais do que o Mercado Único e do que a União Económica e Monetária, sem embargo da sua centralidade no projeto europeu, após a extensão pelos Tratados dos fins e dos objetivos originários, bem como das competências das suas instituições e dos seus numerosos serviços e organismos, tendo em vista o reforço da coesão interna e a consolidação da União. E esse «mais» é, efetivamente, muito, em especial nos domínios dos direitos políticos e sociais e das suas efetivas garantias, tal como projetados no catálogo de valores essenciais da União, proclamados no artigo 2.º do Tratado da União Europeia (TUE).

Em qualquer circunstância, sem o seu núcleo fundamental, de natureza basicamente económica, não estaríamos perante esta União Europeia, com as características congénitas que lhe são próprias, desde a data em que surgiu, com a criação das três Comunidades fundadoras de todo o projeto, após o desenlace da Segunda Guerra Mundial, a fim de recuperar e modernizar as economias destruídas pela guerra, tendo em mira a prosperidade dos seus povos, de que tinham sido privados com os conflitos armados generalizados, tornando-a permanente, sustentada e por todos usufruída, em paz e segurança, num quadro político democrático e estável, em liberdade, também económica e social, e com respeito dos demais direitos fundamentais, no âmbito de um Estado de direito.

Note-se que o atributo «gigante» económico, tanto em termos absolutos como sobretudo relativos, era mais justificado no passado – até ao dobrar do século e do milénio, em comparação, por exemplo, com a economia dos Estados Unidos da América, que a União chegara a alcançar e até ultrapassar, durante alguns anos, pelo menos em certos indicadores, tendo por isso sido fixados em 2000 os objetivos «de Lisboa» para a década seguinte, no sentido de a Europa se tornar e manter como «economia mais competitiva do mundo», e também em comparação com as restantes economias do mundo, ainda emergentes, incluindo a China, na altura em processo de acessão à Organização Mundial do Comércio (OMC).

Ao invés do que se ambicionou e projetou com os «objetivos de Lisboa», de 2000, para a década seguinte, de tornar a economia europeia na mais competitiva do mundo, a perda de posição em relação aos Estados Unidos da América aumentaria quase consecutivamente, e, por isso, agravar-se-ia ainda mais relativamente às economias emergentes (de mercado), muitas destas com taxas de crescimento anuais persistentemente muito elevadas até quase ao presente (especialmente a China, não obstante as quebras acentuadas de ritmo nos últimos anos).

Quanto à debilidade política frequentemente apontada às Comunidades e à União, alterou-se substancialmente com a expansão da cooperação e integração além do domínio essencialmente económico, abrangendo agora domínios que antes se haviam mantido na esfera de competências dos Estados, seja no âmbito dos poderes exclusivos da União, no início muito restritos, seja, e cada vez mais, no âmbito das competências complementares da União, bem como no âmbito das competências partilhadas com os Estados membros.

As incertezas cresceram no que concerne à rigorosa delimitação das (novas) fronteiras entre as diversas tipologias de competências da União e respetiva repartição por domínios de ação com os Estados membros, não quanto ao seu peso e relevância, face aos patamares antecedentes de cooperação e integração. Passou, assim, a ser possível encontrar os números de contacto dos dirigentes europeus com competências específicas em certos domínios de ação (por exemplo, quanto à política europeia de concorrência) – embora não noutros domínios (incluindo o dos assuntos externos ou «negócios estrangeiros» e da política de segurança, como lamentara Kissinger, apesar de entretanto ter sido criado, pelo Tratado de Lisboa, o cargo de Alto Representante da União Para os Assuntos Estrangeiros e a Política de Segurança, cujo titular, Josep Borrell, acaba de, também ele, lamentar, e reconhecer publicamente, em outubro de 2022, ou seja, cerca de oito meses após o início da guerra na Ucrânia, que, por regra, só tomava conhecimento da evolução dos acontecimentos através das notícias da imprensa.

O contraste é claro quanto aos graus de harmonização e unificação das várias políticas europeias, mantendo-se até ao presente debilidade e fragmentação nas áreas não económicas, o que não impede a tomada de decisões tão cruciais, como aconteceu precisamente quando os Estados membros foram confrontados com algumas das mais graves ameaças que se lhes depararam nas últimas décadas – a crise pandémica da Covid-19, em 2020, e a crise da guerra da Ucrânia, em 2022 – e não hesitaram em tomar decisões inéditas, com vastíssimas implicações, imediatas e no médio e longo prazo, designadamente de ordem financeira e também militar, entre outras.

A este quadro acrescem as dificuldades emergentes das múltiplas diversidades substanciais e procedimentais, que encontramos nos vários domínios de ação da União e tornam mais complexos e potencialmente contraditórios os processos de tomada de decisão, tanto ao nível central como quanto à sua articulação com os níveis periféricos, bem assim as consequentes e inevitáveis divergências de interesses consoante os Estados membros, além das dificuldades resultantes dos mecanismos específicos de decisão nas situações de geometria variável justificadas com as assimetrias que caracterizam e também enriquecem a União e seus membros.

Do concreto funcionamento dos diversos mecanismos de tomada de decisão consoante os domínios de ação da União, sem excluir os exercidos em cooperação com países parceiros, dentro ou fora de organizações de cooperação internacional, resultarão ações, ora uniformes, ora diferenciadas e mais ou menos divisivas, que, no limite, poderão afetar gravemente a unidade da própria União, não raramente essencial para garantir que os seus princípios e valores fundamentais, por todos partilhados, serão sempre efetivamente protegidos.

Apesar de os mecanismos de flexibilidade e diversificação inerentes a uma integração pautada por geometria variável oferecerem a vantagem de acomodar, conjugar e conciliar as divergências emergentes da realidade política, cultural, jurídica, institucional, económica e social dos vários Estados membros, que refletem a complexidade e riqueza do conjunto, não afastam que tais diferenças, em vez de serem articuladas e harmonizadas, sem prejudicar a coesão do conjunto, possam conduzir a dissensões e distanciamentos crescentes entre os membros e respetivos interesses próprios, quando não coincidam com os dos restantes, gerando divisões, cuja capacidade desintegradora, no limite, debilitará os múltiplos elos de conexão gradualmente cimentados e reforçados entre todos os membros.

O precedente criado com a saída do Reino Unido da União não deve ser esquecido, nem suavizado. O abandono de qualquer membro de um projeto de integração acarreta a debilitação deste, além de comprovar grande insatisfação, expressa ou latente, quando à evolução e à situação presente, aos resultados (não) alcançados e às perspetivas percecionadas. No caso do «*Brexit*», o problema foi mais grave, por se tratar do Reino Unido, dada a posição que ocupou e continua a ocupar na história europeia e mundial, tendo-se tornado um dos membros mais relevantes das

Comunidades e da União, conjuntamente com a Alemanha e a França, e servido de contrapeso às posições «menos atlânticas» e «mais continentais» destas.

Será necessário conjugar a flexibilidade e a diferenciação e respetivos mecanismos, no âmbito de um processo de integração internacional como é o da União Europeia, com outros instrumentos que previnam e reduzam os riscos de dissensões graves e, simultaneamente, promovam a unidade interna do projeto, sem a qual este não subsistirá.

Diversos são os mecanismos congregadores ou unificadores no seio de um processo de integração, com naturezas muito distintas, desde jurídicos gerais, com realce para a aplicação dos princípios nucleares do primado e da eficácia ou efetividade das normas jurídicas comunitárias e da União, até mecanismos políticos e financeiros específicos, como o recente e impactante mecanismo geral de condicionalidade para proteção do orçamento europeu, em vigor desde o início de 2021, que permite a suspensão de pagamentos e de transferências de dotações financeiras da União para os Estados membros.

Importará salientar ainda, em especial, a precariedade que caracteriza os projetos de integração internacional, incluindo o erigido em torno das Comunidades e da União Europeia: não obstante todos os progressos objetivos verdadeiramente impressionantes alcançados e as consequentes vantagens concretas para os povos dos vários membros, nem a sua consolidação nem tão-pouco a sua subsistência estão asseguradas. A continuidade da União depende da vontade de todos e de cada um dos Estados membros e seus povos, bem como do vigor, da eficácia e, não menos, da aceitação das políticas e ações comuns, além dos valores e princípios que as justificam.

2. *E pluribus unum:* por uma verdadeira União, fundada na solidariedade e na responsabilidade

As decisões tomadas pela União Europeia e pelos seus Estados membros, através dos respetivos governantes, em especial perante os maiores desafios com que foram confrontados até ao presente – as recentes crises pandémica da Covid-19, iniciada em 2020, e da invasão da Ucrânia pelas forças armadas da Rússia, iniciada em fevereiro de 2022 –, trazem esperança aos europeus, numa União renovada, realmente diferente, no sentido de não ter sido entendida do mesmo modo ao longo do tempo, embora assente sem dúvida em toda a evolução anterior e que necessitará, decerto, de ajustamentos, consolidação e robustecimento.

Não obstante os riscos de monta e as ameaças sérias verdadeiramente existenciais com que foi, e continua a ser confrontada, e sem prejuízo das diferenças de interesses e posições dos Estados membros sobre os vários domínios de integração, que levaram por exemplo a que algumas das decisões tivessem de ser consecutivamente adiadas até se alcançarem os consensos mínimos necessários para a sua aprovação, o certo é que esses consensos e as aprovações das decisões essenciais têm sido em geral atingidos, não tendo assim posto definitivamente em causa o projeto europeu, até ao presente, pelo menos em relação às questões mais relevantes.

A situação de emergência causada pela invasão armada e ocupação territorial e destruição de todo o tipo de estruturas da Ucrânia, desde o dia 24 de fevereiro de 2022, atingiu também a própria União Europeia e tudo o que esta representa, envolvendo assim todos os seus Estados membros, e os restantes países do mundo, entre os quais se justifica realçar, fora do continente europeu, os Estados Unidos da América e, no continente europeu, o Reino Unido, os dois mais ativos e decisivos no apoio imediato e substancial, incluindo, após aparentes hesitações iniciais, o fornecimento de equipamento militar de defesa perante os ataques das forças invasoras – sem abranger, todavia, o apoio a uma capacidade militar ofensiva, que pudesse atingir o território da Rússia.

A gravidade da ameaça, que atingiu diretamente a própria sobrevivência da Ucrânia enquanto país independente, mas também, mesmo que «apenas» mediatamente, a subsistência da própria União Europeia e, consequentemente, dos valores e dos princípios fundamentais em que assenta todo o projeto europeu, bem como toda a ordem internacional – incluindo o princípio da convivência pacífica entre os povos, o princípio do respeito pela integridade territorial dos países, o princípio democrático, o princípio do respeito pelos direitos humanos em geral, desde a proteção da vida humana e da liberdade das pessoas, entre outros –, impunha uma posição clara e firme, tomada imediatamente, e, além dela, ações, não menos claras e firmes, mas adequadas e eficazes em face daquelas circunstâncias absolutamente excecionais.

Era manifesta a incapacidade de qualquer dos Estados membros, e designadamente dos que têm fronteira com a Ucrânia, para encontrar uma solução unilateral ou mesmo concertada satisfatória para o problema, devido à gravidade e dimensão deste, e também a incapacidade da própria União Europeia para o efeito, mesmo que atuasse conjugadamente com todos os Estados membros, devido à sua comparativamente fraca capacidade militar – a Rússia dispunha de um dos maiores exércitos do mundo, dotado do maior arsenal nuclear, equiparável apenas ao dos Estados Unidos da América, protagonista com estes da «Guerra Fria» e igualmente com assento permanente no Conselho de Segurança das Nações Unidas.

Daí a opção, «inevitável» – se a alternativa de submissão sem qualquer reserva a todos os ditames de Moscovo não fosse considerada admissível ou tolerável pelos europeus –, do recurso a ações concertadas, da União Europeia e dos seus Estados membros, com os respetivos parceiros, designadamente no domínio da defesa, mas não apenas neste, com o envolvimento ativo, em especial, dos Estados Unidos da América e também do Reino Unido, e da organização de defesa comum de que fazem parte a maior parte dos membros da União e os dois parceiros mencionados, a NATO, a fim de concertarem e agilizarem a tomada de decisões, posições e as medidas apropriadas para enfrentar eficazmente tão grave ameaça.

A precariedade que caracteriza permanentemente os projetos de integração internacional, incluindo o da União Europeia, devido à circunstância elementar de não estarmos perante uma realidade minimamente aproximada à de um Estado (ou «Superestado») soberano – não obstante os vários entendimentos em sentido diverso –, obriga à convergência e concertação recorrente das posições mais sensíveis, «nunca» ou só muito raramente «garantidas». Aliás, é essa a «regra» nas realizações humanas, cuja continuidade depende em geral da verificação de um conjunto vasto de circunstâncias, umas naturais outras voluntárias, incluindo a concordância de todos os participantes (que podem sempre optar, no limite, pelo abandono do projeto, ou então por modificar e ajustar o leque de compromissos assumidos, dependendo dos interesses e valores partilhados e da respetiva interpretação, interna e comunicada externamente).

Entramos, por assim dizer, numa espécie de «nova» União Europeia, de direito, composta por um conjunto de Estados soberanos, democráticos e de direito, não estática mas antes constantemente aberta a alterações ou ajustamentos de opções e compromissos quanto aos fins a prosseguir e quanto aos valores e princípios fundamentais a garantir efetivamente, em nome e representação dos seus cidadãos, tendo por referência central o património jurídico, político e cultural adquirido ao longo do tempo, nos diversos domínios de entendimento e de ação comum, ou seja, todo o *acquis communautaire*, sem paragem ou paralisia no tempo, atenta às novas aspirações dos seus povos, sem se ater à trajetória antecedente, em busca das melhores vias do bem comum, ao encontro das expectativas, presentes e no futuro, dos europeus, de todos os europeus.

Através das múltiplas expressões de vontade dos Estados membros e dos seus cidadãos no seio da União tornar-se-á possível apurar a multiplicidade e a intensidade dos compromissos partilhados, e dos que não merecem concordância, a fim de ponderar, por um lado, de que modo a União corresponde às pretensões e aos interesses dos seus membros e povos, e reúne e engloba realmente todos, e, por outro lado, se todos estão e se consideram comprometidos com a União, num quadro de solidariedade e também de responsabilidade do conjunto, incluindo quanto à sua sustentação financeira durável, baseada naqueles princípios.

Para que a União Europeia perdure é imprescindível que «todos» no seu seio, incluindo Estados membros e seus representantes legítimos, bem como as respetivas instituições, atuem reciprocamente com lealdade, sinal de reconhecimento, concordância e adesão aos mesmos valores e princípios, e que, simultaneamente, ela represente e garanta tais valores, princípios e interesses comuns dos que dela fazem parte, correspondendo e contribuindo para a satisfação das esperanças e anseios dos europeus.

Muito sumariamente: *e pluribus unum* – «todos» pela (nova) União Europeia, por tudo o que representa, e a União por todos os europeus, com as suas inúmeras diversidades.

BIBLIOGRAFIA

Advertência: a abundância e a diversidade da bibliografia atualmente disponível sobre a temática da integração internacional justificam a opção por uma lista de obras de consulta que permita confrontar o curso de investigação, não sendo exaustiva, mas pouco mais do que ilustrativa, embora com a preocupação de incluir as principais obras publicadas em língua portuguesa ([311]).

AA VV / Bank of International Settlements (ed.) (2004), *Survey of Developments in Electronic Money and Internet and Mobile Payments*, Basileia.

Abrego, L. *et al.* (2020), *The African Continental Free Trade Area: Potential Economic Impact and Challenges*, Washington, D. C.: International Monetary Fund (IMF).

Abrego, L. *et al.* (2019), *The African Continental Free Trade Agreement: Welfare Gains Estimates from a General Equiribrium Model*, Washington, D. C.: International Monetary Fund (IMF).

Araújo, Fernando (2021), *Introdução à Economia*, I e II, 4.ª ed., Lisboa: Associação Académica da Faculdade de Direito de Lisboa (AAFDL) / Imprensa FDUL.

__, (2004), *Introdução à Economia*, I e II, 2.ª ed., Coimbra: Almedina.

Arendt, Hannah (1964), *Eichmann in Jerusalem: A Report on the Banality of Evil*. Nova Iorque: Viking Press (há tradução e edições em português com o título: *Eichmann em Jerusalém: Uma Reportagem sobre a Banalidade do Mal*).

[311] A lista contém as referências bibliográficas habituais, para uma clara e rápida identificação do(s) autor(es), do título do livro ou do artigo de revista ou do capítulo de livro, do ano da publicação, das páginas em que se encontre, do lugar de edição e do editor. Havendo várias edições (não reimpressões), prevalece a mais recente, salvo se não tiver sido consultada.

Aristóteles, *Ética a Nicómano* (há tradução e várias edições em português).

Albuquerque, Paulo Pinto de (org.) (2020-2021), *Comentário da Convenção Europeia dos Direitos Humanos e Protocolos Adicionais,* 3 vols., Lisboa: Universidade Católica Editora.

Alesina, Alberto / Giavazzi, Francesco (2006), *The Future of Europe. Reform or Decline,* Cambridge (Massachusetts) / Londres: The MIT Press.

Amaral, João Ferreira do (2013), *Porque Devemos Sair do Euro,* Alfragide: Lua de Papel.

Ardy, B. / Begg, I. / Schele, W. / Torres, F. (2002), *EMU and Cohesion: Theory and Policy,* Principia, Estoril.

Arnaiz, A. Saiz /Llivina, C. Alcoberto (eds.) (2013), *National Constitutional Identity and European Integration,* Cambridge: Intersentia.

Ash, T. G. (2012), "The crisis of Europe", *Foreign Affairs,* vol. 91-5.

Bagus, P. (2012), *A Tragédia do Euro,* Lisboa: Actual.

Bain, Keith / Howells, Peter (2003), *Monetary Economics: Policy and its Theoretical Basis,* Houndmills: Palgrave Macmillan.

Balassa, Bella (1961), *The Theory of Economic Integration* (trad. port.: *Teoria da Integração Económica,* Lisboa: Clássica Editora), Westport: Greenwood Press.

Baldwin, R. / *et al.* (2015), *Rebooting the Eurozone: step 1– agreeing a crisis narrative,* VoxEU.org, 20 de novembro.

Baldwin, R. / Giavazzi, F. (edits.) (2016), *How to Fix Europe's Monetary Union: Views of leading economists,* Londres: CEPR Press (e também VoxEU.org *eBook*).

Banco Africano de Desenvolvimento (2021), *Perspetivas Económicas em África 2021 – Da Resolução da Dívida ao Crescimento: O Caminho Futuro para África,* disponível online em < https://www.afdb.org/en/documents/perspetivas-economicas-em--africa-2021 >.

Banco Central Europeu / Eurossistema (ed.) (2015), "Progress with Structural Reforms Across the Eurozone and their Possible Impacts", *Economic Bolletin,* 2015-2, Frankfurt.

Banco de Portugal (ed.) (2008-2020), *Desenvolvimento Económico Português no Espaço Europeu,* Lisboa.

Bárd, Petra / Bodnar, Adam (2021), "The end of an era: The Polish Constitutional Court's judgment on the primacy of EU law and its effects on mutual trust", *CEPS Policy Insights,* 2021-15, October (em www.ceps.eu).

Beck, U. (2013), *A Europa Alemã. De Maquiavel a 'Merkievel': Estratégias de Poder na Crise do Euro,* Lisboa: Edições 70.

Begg, I. /bongardt, a. /Nicolaïdis, K. / Torres, F. (2015), "EMU and sustainable integration", *Journal of European Integration,* vol. 37-7, pp. 803--816.

Besselink, Leonard F. M. (2010), "National and constitutional identity before and after Lisbon", *Utrecht Law Review,* 6-3, pp. 36-49.

Blanquet, M. (2009), "L'Union Éuropéenne em tant que systeme de solidarité: la notion de solidarité européenne", in *Solidarité(s): Perspectives Juridiques* [em ligne], Toulouse: Presses de l' Université Toulouse 1 – Capitole.

Blyth, M. (2013), *Austeridade. A História de uma Ideia Perigosa*, Lisboa: Quetzal.

Bogdandy, Armin Von / Schill, Stefan (2011), "Overcoming absolute primacy: Respect for national identity under Lisbon Treaty", *Common Market Law Review*, 48-5, pp. 1417-1453.

Bribosia, Hervé (2001), "Les coopérations renforcées au lendemain du Traité de Nice", *Revue du Droit de l'Union Européenne*, 1, pp. 111-171.

Brosset, Estelle (2021), "Sur les traces du principe de solidarité en droit de l'Union Européenne de l'Environnement", in E. Brosset / R. Mehdi / N. Rubio (2021), *Solidarité et Droit de l'Union Européenne: Um Principe à l'Épreuve*, Aix-en-Provence: DICE Éditions, pp. 99-110.

Brunet, Ferran (1999), *Curso de Integración Europea*, Madrid: Alianza Editorial.

Cabral, Nazaré da Costa / Gonçalves, José Renato / Rodrigues, Nuno Cunha (orgs.) (2017), *After Brexit: Consequences for the European Union*, Londres / Nova Iorque: Palgrave Macmillan.

__, (orgs.) (2016), *The Euro and the Crisis: Perspectives for the Eurozone as a Monetary and Budgetary Union*, Basileia: Springer International.

Campos, João Mota / Campos, J. L. Mota (1997), *Direito Comunitário*, III (*O Ordenamento Económico*), 2.ª ed., Lisboa: Fundação Calouste Gulbenkian.

__, (2014), *Manual de Direito Europeu*, 7.ª ed., Coimbra: Coimbra Editora.

Carpentier, Jean / Lebrun, François (dir. / org.) (1993), *História da Europa*, trad., Lisboa: Referência / Ed. Estampa.

Carreau, Dominique / Juillard, Patrick (2017), *Droit International Économique*, 6.ª ed., Paris: Dalloz.

Catão, L. / Terrones, M. (2005), "Fiscal deficits and inflation", *Journal of Monetary Economics*, 52-3, pp. 529 e ss.

Catarino, João Ricardo / Tavares, José F. F. (orgs.) (2012), *Finanças Públicas da União Europeia*, Coimbra: Almedina.

Chopin, T. / Jamet, J.-F. / Priollaud, F.-X. (2012), "A Political Union for Europe", *Robert Schuman Policy Paper*, n.º 252.

Cistac, Gilles (2012), *Aspectos Jurídicos da Integração Regional*, Lisboa: Escolar Editora.

Constantinesco, Vlad (1997), "Les clauses de «coopération renforcée». Le Protocole sur l'application des príncipes de subsidiarité e de proportionnalité", *Revue Trimestrielle de Droit Européen*, 33-4, pp. 752 e ss.

Cordeiro, António Menezes (1986), *Direito da Economia*, I, Lisboa: AAFDL.

Craig, Paul (2013), *The Lisbon Treaty: Law Politics and Treaty Reform*, 2.ª ed., Oxford: Oxford University Press.

Craig, Paul / Búrca, Gráinne de (2020), *EU Law: Text, Cases and Materials*, 7.ª ed., Oxford: Oxford University Press.

Cunha, Paulo de Pitta e (1963), P. Pitta e Cunha (1963), "Tentativas históricas de união europeia", *in* P. Cunha (1993-2004), *Integração Europeia. Estudos de Economia, Política e Direito Comunitários*, 1.ª ed., pp. 9-31.

__, (1964), "Os pressupostos da integração monetária", *ibidem*, pp. 148-152.

__, (1970), *A Moeda e a Política Monetária nos Domínios Interno e Internacional*, Lisboa.

__, (1993-2004), *Integração Europeia: Estudos de Economia, Direito e Política Comunitários*, 1.ª ed., Lisboa: Imprensa Nacional – Casa da Moeda / 2.ª ed., Coimbra: Almedina.

__, (2005), *Reservas à Constituição Europeia / Reservations on the European Constitution*, Coimbra: Almedina.

__, (2005), *A Crise da Constituição Europeia*, Coimbra: Almedina.

__, (2006), *Direito Europeu: Instituições e Políticas da União*, Coimbra: Almedina.

__, (2009), *Da Crise Internacional às Questões Europeias – Estudos Diversos*, Lisboa.

__, (2013), *Sombras sobre a Integração Europeia*, Coimbra: Coimbra Editora.

__, (2015), "A união monetária e o dilema da saída da crise", *Revista da Ordem dos Advogados*, vols. I-II.

__, (2019), *A Europa em Tempos de Incerteza*, Lisboa: AAFDL.

Cunha, P. Pitta e / Morais, Luís S. (orgs.) (2008), *A Europa e os Desafios do Século XXI*, Coimbra: Almedina.

Cunha, P. Pitta e / Porto, Manuel L. (orgs.) (2002), *O Euro e o Mundo / The Euro and the World / L'Euro et le Monde*, Coimbra: Almedina.

Davies, Norman (1997), *Europe. A History*, Londres: Pimlico.

Dourado, Ana Paula (2017), *Direito Fiscal*, vv eds., Coimbra: Almedina.

Draghi, Mario (2015), "Structural reforms, inflation and monetary policy", ECB Forum on Central Banking, discurso de abertura, Sintra.

Dreyfus, François-Georges (1996), "A Europa de 1914 aos nossos dias", in G. Livet / R. Mousnier (orgs.) (1996), *História Geral da Europa*, trad., vol. 3, Livro III, pp. 367-489.

Duarte, Maria Luísa (2011), *União Europeia. Estática e Dinâmica da Ordem Jurídica Eurocomunitária*, I, Coimbra: Almedina.

__, (1998), "Direito de residência dos trabalhadores comunitários e medidas de excepção: Reflexão sobre o significado do estatuto de trabalhador–cidadão na União Europeia", *Revista da Faculdade de Direito da Universidade de Lisboa*, 39-2, pp. 497-509.

__, (1995), "O Tratado da União Europeia e a Garantia da Constituição (notas de uma reflexão crítica)", in AA VV (1995), *Estudos em Memória do Professor Doutor João de Castro Mendes*, Lisboa: Lex, pp. 675 e ss.

__, (1992), *A Liberdade de Circulação de Pessoas e a Ordem Pública no Direito Comunitário*, Coimbra Editora.

EHLERMANN, C. D. (1995), "Différenciation accrue ou uniformité renforcée", *Revue du Marché Unique Européen*, n.º 3, p. 191 e ss.

EICHENGREEN, BARRY (1997), *European Monetary Unification. Theory, Practice, and Analysis*, Cambridge: The MIT Press.

__, (2014), "The Eurozone crisis: The theory of optimum currency area bites back", Netenstein Academy White Paper series.

EICHENGREEN, B. / WYPLOSZ, C. (2016), "Minimal conditions for the survival of the Euro", in Baldwin, R. / Giavazzi, F. (edits.), *How to fix Europe's Monetary Union: Views of Leading Economists*, CEPR Press, pp. 34-46.

EIJFFINGER, S. / KOBIELARZ, M. / Uras, B. (2015), *Sovereign Debt, bail-outs and contagion in a monetary union*, CEPR, paper n. 10459, março de 2015.

ELLIS, EVELYN (org.) (1999), *The Principle of Proportionality in the Laws of Europe*, Oxford: Hart Publishing.

EMILIOU, NICHOLAS (1996), *The Principle of Proportionality in European Law: A Comparative Study*, Londres: Kluwer International.

ESTAING, VALÉRY GISCARD D' (2003), *La Constitution Pour L'Europe (Introduction à la Lecture du Projet de Constitution pour l'Europe)*, Paris: Fondation Robert Schuman | Albin Michel.

FARAGUNA, PIETRO (2016), "Taking constitutional identities away from the courts", *Brooklyn Journal of International Law*, 41-2, pp. 491-578.

FELDSTEIN, MARTIN (1997), "EMU and international conflict", *Foreign Affairs*, 76-6.

__, (2012), "The failure of the Euro", *Foreign Affairs*, 91-1.

FENNELLY, NIAL (2010), "The European Court of Justice and the doctrine of supremacy: Van Gen den Loos; Costa v. ENEL; Simmenthal", *in* M. POIARES MADURO / LOÏC AZOULAI (orgs.) (2010), *The Past and Future of EU Law: The Classics of EU Law Revisited on the 50th Anniversary of the Rome Treaty*, pp. 39 e ss.

FERREIRA, EDUARDO PAZ (dir. / org.) (2022), *Integração e Direito Económico Europeu*, 2.ª ed., Lisboa: AAFDL.

__, (2021), *Como Salvar um Mundo Doente*, Lisboa: Edições 70.

__, (2020), "A Europa e os desafios da globalização", *in* AA VV (J. EDUARDO FRANCO / J. RELVÃO CAETANO – orgs.) (2020), *Globalização como Problema – Temas de Estudos Globais*, Coimbra: Imprensa da Universidade de Coimbra, pp. 129-138.

__, (2020), *Ensaio de Finanças Públicas*, Coimbra: Almedina.

__, (org.) (2016), *União Europeia: Reforma ou Declínio*, Lisboa: Vega.

__, (org.) (2015), *Encostados à Parede. Crónicas de Novos Anos de Chumbo*, Lisboa: Quetzal.

__, (2013), *Crónicas de Anos de Chumbo*, Lisboa: Edições 70.

__, (org.) (2013), *A Austeridade Cura? A Austeridade Mata?*, Lisboa: Lisbon Law School Editions / AAFDL.

__, (org.) (2011), *25 anos na União Europeia, 125 Reflexões*, Coimbra: Almedina.

__, (2007), "A Constituição Económica Europeia", *Revista de Estudos Europeus*, I-2.

__, (2004), *Valores e Interesses: Desenvolvimento Económico e Política Comunitária de Cooperação*, Coimbra: Almedina.

__, (2001), *Lições de Direito da Economia*, Associação Académica da Faculdade de Direito de Lisboa, Lisboa.

__, (1999), *União Económica e Monetária – Um Guia de Estudo*, Quid Juris?, Lisboa.

__, (1997), "O Banco de Portugal e o Sistema Europeu de Bancos Centrais", *Revista da Banca*, n.º 41, janeiro-março.

Ferreira, Eduardo Paz / Morais, Luís Silva (2009), *"A regulação sectorial da economia – Introdução e perspectiva geral"*, *in* Ferreira, Eduardo Paz / Morais, Luís S. / Anastácio, Gonçalo (orgs.) (2009), *Regulação em Portugal: Novos Tempos, Novo Modelo?*, Coimbra.

Ferreira, M. Graça Jerónimo Enes (2017), *Unidade e Diferenciação no Direito da União Europeia*, Coimbra: Almedina.

Ferro, Miguel Sousa (2022), Contencioso da União Europeia", *in* E. Paz Ferreira (dir. / org.) (2022), *Integração e Direito Económico Europeu*, 2.ª ed., pp. 207-234.

Franco, António de Sousa (1992), *Finanças Públicas e Direito Financeiro*, I e II, Coimbra: Almedina.

__, (1983), *Noções de Direito da Economia*, I, Lisboa: AAFDL.

Franco, António de Sousa / Martins, Guilherme de Oliveira (1993), *A Constituição Económica Portuguesa: Ensaio Interpretativo*, Coimbra: Almedina.

Freire, Paula Vaz (2002), *Os Novos Passos da Integração Europeia: o Tratado de Amesterdão e o Tratado de Nice*, Lisboa: VisLis Editores.

__, (2013), *Mercado Interno e União Económica e Monetária*, Lisboa: AAFDL.

Fukuyama, Francis (1992), *The End of History and the Last Man*, Londres: Penguin.

Gaja, Giorgio (1998), "How flexible os flexibility under the Amsterdam Treaty?", *Common Market Law Review*, 35, pp. 855-870.

Giavazzi, F. (2015), "Greeks chose poverty, let them have their way", *Financial Times*, 9 de junho de 2015.

Ghemawat, P. (2011), *World 3.0. Global Prosperit and How to Achieve it*, Boston: Harvard Business Review Press.

Gillingham, John (2003), *European Integration, 1950-2003: Superstate or New Market Economy?*, Cambridge: Cambridge University Press.

Gonçalves, José Renato (2022), "The international monetary and financial system and the right to assistance from the International Monetary Fund (IMF)", *in* AA VV (Rodrigues, N. C. / Cunha, A. – orgs.) (2021), *Portuguese Economic Development and External Funding in the Modern Era*, Brighton / Chicago / Toronto: Sussex Academic Press, pp. 168-191.

__, (2021), "A Área de Comércio Livre Continental Africana: Implicações da Cimeira de Kigali de 2018", in AA VV (2021), *Estudos Comemorativos dos 30 Anos de Cooperação entre a Faculdade de Direito da Universidade de Lisboa e a Faculdade de Direito da Universidade Eduardo Mondlane*, Lisboa: AAFDL, pp. 659-689.

__, (2020), "Internacionalização, mundialização e globalização: conceitos ainda em consolidação", *in* AA VV (J. Eduardo Franco / J. Relvão Caetano – orgs.) (2020), *Globalização como Problema – Temas de Estudos Globais*, Coimbra: Imprensa da Universidade de Coimbra, pp. 23-54.

__, (2019), *O Euro: Balanço e Perspetivas*, Coimbra: Almedina.

__, (2017), "Brexit and the European Union in the context of globalization", *in* Cabral, N. Costa / Gonçalves, J. Renato / Rodrigues, N. Cunha (orgs.) (2017), *After Brexit: Consequences for the European Union*, Part 1, pp. 35-64.

__, (2016), "Trinta anos de Portugal 'na Europa': Nem sempre a caminho da prosperidade e da coesão", in Ferreira, E. Paz (org.), *União Europeia. Reforma ou Declínio*, pp. 191-207.

__, (2014), "Objetivos e limites da política monetária", *Boletim de Ciências Económicas*, vol. LVII, pp. 1501-1550.

__, (2013), "A União Monetária Latina do séc. XIX: Um 'mau prenúncio' para a Zona Euro?", in *Boletim da Faculdade de Direito* (da Universidade de Coimbra) – *Stvdia Ivridica*, tomo 107 (ano 2012), *Ars Iudicandi – Estudos em Homenagem ao Prof. Doutor Aníbal de Almeida*, pp. 477-502.

__, (2011), "Elogio da construção europeia (no momento mais crítico do processo de integração)", *in* E. Paz Ferreira (org.), (2011), *25 anos na União Europeia, 125 Reflexões*, pp. 333 e ss.

__, (2011), "E depois do 'resgate' (da Grécia, da Irlanda e de Portugal)? Outro 'resgate'?", *Revista de Finanças Públicas e Direito Fiscal*, ano IV-2, pp. 71-89.

__, (2010), *O Euro e o Futuro de Portugal e da União Europeia*, W. Kluwer / Coimbra Editora.

__, (2006), "A desmaterialização da moeda – nota sobre o passado e o futuro do dinheiro", *in* AA VV (2006), *Estudos Jurídicos e Económicos em Homenagem ao Prof. Doutor António de Sousa Franco*, II, Lisboa / Coimbra: Faculdade de Direito da Universidade de Lisboa / Coimbra Editora, pp. 733-756.

Gonçalves, José Renato / Cabral, Nazaré da Costa / Rodrigues, Nuno Cunha (2022), "The reform of the economic governance of the E(M)U in the post-Covid 19", *in* AA VV (Molina del Pozo, Carlos – organizador) (2022), *Hacia la Construcción de un Verdadero Proyecto Federal para la Unión Europea*, A Coruña: Colex, pp. 435-457.

Gonçalves, José Renato / Rodrigues, Nuno Cunha (2016), "The European Banking Union and the Economic and Monetary Union: The puzzle is yet to be completed", *in* Cabral, Nazaré da Costa / Gonçalves, J. Renato /

Rodrigues, Nuno Cunha (orgs.) (2016), *The Euro and the Crisis: Prespectives for the Eurozone as a Monetary and Budgetary Union*, pp. 271-289.

Gorjão-Henriques, Miguel (2010), *Direito da União: História, Direito, Cidadania, Mercado Interno e Concorrência*, 6.ª ed., Coimbra: Almedina.

Graff, M. / Kenwood, A. / Lougheed, A. (2014), *The Growth of the International Economy 1820-2000: An Introductory Text*, 5.ª ed., Londres: Routledge.

Grauwe, Paul de (2016), *Economics of Monetary Union*, 11.ª ed., Oxford: Oxford Univ. Press.

__, (2013), "Design failures in the Eurozone: Can they be fixed?", LSE 'Europe in Question' discussion paper series n. 57-2013.

Grawe, Paul de / Mongelli, F. (2005), "Endogeneities of optimum currency areas: what brings countries sharing a single currency closer together?", ECB working paper n. 468 (abril).

Gros, Daniel / Belke, A. (2016), *Banking Union as a shock absorber: lessons for the Eurozone from the US*, Lanham: Rowman & Littlefield.

Guillard, Cristine (2006), *L'Intégration Differenciée dans l'Union Européenne*, Bruxelas: Bruylant.

Guillingham, John (2003), *European Integration, 1950-2003. Superstate or New Market Economy?*, Cambridge: Cambridge University Press.

Held, D. / Kaya, A. (eds.) (2007), *Global Inequality. Patterns and Explanations*, Cambridge: Polity, 2007.

Herdegen, Matthias (2016), *Principles of International Economic Law*, 2.ª ed., Oxford: Oxford University Press.

Hobsbawm, E. (1992), *Nations and Nationalism since 1870. Programme, Myth, Reality*, 2.ª ed., Cambridge: Cambridge University Press.

Hoekman, B. / Kostecki, M. (2001), *The Political Economy of the World Trading System: The WTO and Beyond*, 2.ª ed., Oxford: Oxford University Press.

Hofman, Herwig (2010), "Conflicts and integration: Revisiting Costa v. ENEL and Simmenthal II", *in* M. Poiares Maduro / Loïc Azoulai (orgs.) (2010), *The Past and Future of EU Law: The Classics of EU Law Revisited on the 50th Anniversary of the Rome Treaty*, pp. 60 e ss.

Ibán, R. González / Quintillán, M. Ahijado (1999), *El Banco Central Europeo y la Política Monetaria Común*, Madrid: Pirámide.

Jackson, J. (1997), *The World Trading System*, 2.ª ed., Cambridge, MA: The MIT Press.

Jacqué, Jean-Paul (1986), "L'intégration différenciée de lege ferenda", in *L'Intégration Différenciée – Journée d'Études*, Bruxelas: Institut d'Études Européennes – ULB.

Jones, E. / Torres, F. (2015), "An 'economics' window on an interdisciplinary crisis", *Journal of European Integration*, vol. 37, n. 7.

JONES, E. / TORRES, F. (edits.) (2016), *Governance of the European Monetary Union*, Londres: Routledge.

JUNCKER, J. / TUSK, D. / DIJSSELBLOEM, J. / DRAGHI, M. (2015), "Preparing for next steps on better economic governance in the Euro area". Analytical note prepared for the informal European Council, Bruxelas, 12 de fevereiro de 2015.

__, (2015), *Completing Europe's Economic and Monetary Union*, Bruxelas, Comissão Europeia, 22 de junho de 2015.

KAGAN, ROBERT (2008), *The Return of History and the End of Dreams*, Nova Iorque: Vintage Books

KOWALIK-BANCZYK, KRYSTINA (2019), "Should we polish hit up? The Polish Constitutional Tribunal and the idea of supremacy of EU Law", *German Law Journal*, 6-19, pp. 1355 e ss.

KNOX, P. / AGNEW, J. / MCCARTHY, L. (2003), *The Geography of the World Economy: An Introduction to Economic Geography*, 4.ª ed., Londres: Arnold.

KRUGMAN, PAUL (1991), *Geography and Trade*, Cambridge, MA: The MIT Press.

__, (2008), "The increasing returns revolution in trade and geography", *American Economic Review*, 99-3, 561-571.

KRUGMAN, P. / OBSTFELD, M. / MELITZ (2012), M., *International Economics: Theory and Policy*, 9th ed., Boston: Addison-Wesley.

LAFFAN, B. / SCHLOSSER, P. (2015), *The Rise of a Fiscal Europe? Negotiating Europe's New Economic Governance*, Robert Schuman for Advanced Studies, EUI.

LANCEIRO, RUI TAVARES (2010), "O Tratado de Lisboa e o princípio da cooperação leal", Caderno *O Tratado de Lisboa*, *O Direito*, 2010-5, pp. 283-317.

LAWRENCE, R. (1996), *Regionalism, Multilateralism, and Deeper Integration*, Washington, DC: Brookings Institution.

LENAERTS, KOENRAAD / NUFFEL, PIET VAN (2011), *European Union Law*, 3.ª ed., Londres: Sweet & Maxwell.

LIVET, GEORGES / MOUSNIER, ROLAND (orgs.) (1996), *História Geral da Europa*, trad., 2.ª ed., 3 vols., Lisboa: Publicações Europa-América.

LOUIS, JEAN-VICTOR (2013), "La pratique de la coopération renforcée", *Revue Trimestrielle de Droit Européen*, 49, pp. 277-291.

__, (2009), *L'Union Européenne et sa Monnaie*, 3.ª ed., Bruxelas: Un. de Bruxelles.

__, (1978), "La primauté do Droit Communautaire", in AA VV (1978), *Les Recours des Individus Devant les Instances Nationales em Cas de Violation du Droit Européen*, Bruxelas: Larcier.

LOWENFELD, ANDREAS F. (2008), *International Economic Law*, 2.ª ed., Oxford: Oxford University Press.

MADURO, MIGUEL POIARES / AZOULAI, LOÏC (orgs.) (2010), *The Past and Future of EU Law: The Classics of EU Law Revisited on the 50th Anniversary of the Rome Treaty*, Oxford: Hart Publishing.

Mansfield, E. / Milner, H. (eds.) (1997), *The Political Economy of Regionalism: New Directions in World Politics*, Nova Iorque: Columbia University Press.

Martínez, P. Soares (2005), *Economia Política*, 10.ª ed., Coimbra: Almedina.

Martins, Ana Maria Guerra (2017), *Manual de Direito da União Europeia*, 2.ª ed., Coimbra: Almedina.

Martins, Patrícia Fragoso (2013), "Princípio do primado do direito da União Europeia", *in* Sofia de Oliveira Pais (org.) (2013), *Princípios de Direito da União Europeia – Uma abordagem Jurisprudencial*, 3.ª ed., pp. 41 e ss.

Marzinotto, B. / Sapir, A. / Wolff, G. (2011), "What Kind of Fiscal Union?", *Bruegel Policy Brief*, n.º 6.

Mayer, Franz (2010), "Van Gend en Loos: The Foundation of a Community of Law", *in* M. Poiares Maduro / Loïc Azoulai (orgs.) (2010), *The Past and Future of EU Law: The Classics of EU Law Revisited on the 50th Anniversary of the Rome Treaty*, pp. 16 e ss.

Mazower, Mark (1998), *Dark Continent: Europe's Twentieth Century*, Londres: Penguin.

Mesquita, Maria José Rangel de (2022), *Introdução ao Contencioso da União Europeia*, 4.ª ed., Coimbra: Almedina.

Miranda, Jorge (2010), *Manual de Direito Constitucional*, III, 6.ª ed., Coimbra: Coimbra Editora.

Mishkin, F. (2013), *The Economics of Money, Banking and Financial Markets*, Pearson.

Mitchell, W. (2015), *Eurozone Dystopia. Groupthinking and Denial on a Grand Scale*, Cheltenham: Eldgar.

Moncada, Luís Cabral (2018), *Direito Económico*, 7.ª ed., Coimbra: Almedina.

Mongelli, F. (2008), "European economic and monetary integration and the optimum currency area theory", D. G. Ecofin, Economic papers n. 302, fevereiro de 2008.

Monnet, Jean (1976), *Mémoires*, Paris: Fayard.

Morais, Luís S. (2000), "O BCE e o seu enquadramento no sistema institucional da UE – Algumas reflexões", in *Estudos Jurídicos e Económicos em Homenagem ao Professor João Lumbrales*, Coimbra: Coimbra Editora.

Morais, Luís Silva / Rodrigues, Nuno Cunha / Pardal, Paulo Alves (2014), *Direito da Economia*, Lisboa: AAFDL.

Mota, P. Infante (2005), *O Sistema GATT/OMC: Introdução Histórica e Princípios Fundamentais*, Coimbra: Almedina.

Mudenda, A. (2020), "Preparing for trade under the AfCFTA Agreement", ECDPM Great Insights, IX-1, março (disponível em: https://ecdpm.org/great-insights/african-continental-free-trade-area-agreement-impact/preparing-trade-afcfta-agreement/).

MUNDELL, ROBERT (1961), "A theory of optimum currency areas", *American Economic Review*, 51-4, pp. 657-665.

NABAIS, JOSÉ CASALTA (2016), *Direito Fiscal*, vv eds., Coimbra: Almedina.

Nações Unidas (Organização das) – ver Programa de Desenvolvimento das Nações Unidas.

OLIVI, BINO (2000), *L'Europa Difficile. Storia Politica dell'Integrazione Europea 1948--2000*, 2.ª ed., Bologna: Il Mulino.

ONU – Organização das Nações Unidas – ver Programa de Desenvolvimento das Nações Unidas.

PADOA-SCHIOPPA, TOMMASO (2004), *La Lunga Via per l'Euro*, Bolonha: Il Mulino (há trad. ingl.).

PAIS, SOFIA OLIVEIRA (org.) (2013), *Princípios Fundamentais de Direito da União Europeia – Uma Abordagem Jurisprudencial*, 3.ª ed., Coimbra: Almedina.

PAIS, SOFIA OLIVEIRA (2017), *Estudos de Direito da União Europeia*, 4.ª ed., Coimbra: Almedina.

__, (org.) (2013), SOFIA DE OLIVEIRA PAIS (org.) (2013), *Princípios de Direito da União Europeia – Uma abordagem Jurisprudencial*, 3.ª ed., Coimbra: Almedina.

PARDAL, PAULO ALVES (2022), "Articulação entre o direito da União e os direitos dos Estados-membros", *in* E. PAZ FERREIRA (dir. / org.) (2022), *Integração e Direito Económico Europeu*, 2.ª ed., pp. 149-205.

__, (2015), *A Redistribuição das Competências Orçamentais no Seio da União Europeia*, Coimbra: Almedina.

PÉREZ-BUSTAMANTE, ROGÉLIO (1997), *História de la Unión Europea*, Madrid: Ed. Dykinson.

PHELPS, EDMUND S. (2015), "What Greece needs to prosper", in Project Syndicate, 6 de agosto de 2015.

__, (1990), *Seven Schools of Macroeconomic Thought*, Nova Iorque: Clarendon.

PHILIPPART, ERIC / EDWARDS, GEOFFREY (1999), "The provisions on closer co--operation in the Treaty of Amsterdam: the politics of flexibility in the European Union", *Journal of Common Market Studies*, 37-1, pp. 87-108.

PIÇARRA, NUNO (org.) (2011), *A União Europeia Segundo o Tratado de Lisboa*, Coimbra: Almedina.

PINTO, JAIME NOGUEIRA (2021), *Hegemonia: 7 Duelos pelo Poder Global*, Lisboa: Crítica.

PISANI-FERRY, J. (2016), "The Eurozone's Zeno paradox – and how to solve it", in Baldwin, R. / Giavazzi, F. (edits.), *How to fix Europe's Monetary Union: Views of Leading Economists*, pp. 75-85.

__, (2014), *How to climb a mountain with both hands tied*, VoxEU.org, 7 de novembro de 2014.

__, (2012), "The Euro Crisis and the new impossible trinity", *Bruegel Policy Contribution*, n.º 1.

Porto, Manuel C. Lopes (2014), *Economia: Um Texto Introdutório*, Coimbra: Almedina.

__, (2016), *Teoria da Integração e Políticas da União Europeia – Face aos Desafios da Globalização*, 5.ª ed., Coimbra: Almedina.

Porto, Manuel Lopes / Anastácio, Gonçalo (orgs.) (2012), *Tratado de Lisboa Anotado e Comentado*, Coimbra: Almedina.

Programa das Nações Unidas para o Desenvolvimento (ed.) (2020), *The Next Frontier: Human Development and the Anthropocene*, Nova Iorque: Programa de Desenvolvimento das Nações Unidas (disponível online em < http://hdr.undp.org/sites/default/files/hdr2020.pdf >).

Quadros, Fausto de (2013), *Direito da União Europeia*, 3.ª ed., Coimbra: Almedina.

Qureshi, A. / Ziegler, A. (2011), *International Economic Law*, 3.ª ed., Londres: Sweet & Maxwell.

Ramos, Rui M. Moura (1999) *Das Comunidades à União Europeia*, 2.ª ed., Coimbra: Coimbra Editora.

__, (2013), *Estudos de Direito da União Europeia*, Coimbra: Coimbra Editora.

Ress, Georg (1984), "A livre circulação de pessoas, de serviços e de capitais", *in* AA VV / Comissão das Comunidades Europeias (ed.) (1984), *Trinta Anos de Direito Comunitário*, Luxemburgo: Serviço de Publicações Oficiais das Comunidades Europeias, pp. 303-343.

Reuter, Paul (1976), *Droit International Public*, 5.ª ed., Paris: Presses Universitaires de France.

Ricardo, David (1817), *On the Principles of Political Economy and Taxation*, Cambridge: Cambridge University Press, 1951 (trad. port. da Fundação Calouste Gulbenkian, Lisboa).

Rodrigues, P. C. (2015), *O Sobressalto Grego*, Lisboa: Arranha Céus.

Rompuy, H. Van / Barroso, J. M. Durão / Juncker, J.-C. / Draghi, M. (2012), *Towards a genuine economic and monetary union* ("Four Presidents' Report"), Report by the Presidents of the European Council, European Commission, Eurogroup and the ECB, Bruxelas, 5 de dezembro de 2012.

Rossolillo, Giulia (2014), "Cooperazione rafforzata e Unione Economica e Monetaria: Modelli di flessibilità a confronto", *Rivista di Diritto Internazionale*, XCVII-2, pp. 325-360.

Sande, Paulo (org.) (2008), *60 Anos de Europa: Os Grandes Textos da Construção Europeia*, Lisboa: Gabinete do Parlamento Europeu.

Sapir, A. (2016), "Eurozone needs less heterogeneity", in Baldwin, R. / Giavazzi, F. (edits.), *How to Fix Europe's Monetary Union*, pp. 180-187.

Sapir, A. / Wolff, G. (2015), "Euro-area governance: what to reform and how to do it", *Bruegel Policy Brief*, 2015-01, fevereiro de 2015.

SANTOS, ANTÓNIO CARLOS /GONÇALVES, MARIA EDUARDA / MARQUES, MARIA MANUEL LEITÃO (2017), *Direito Económico*, 5.ª ed., Coimbra: Almedina.

SCHMIEG, E. (2020), *The African Continental Free Trade Area: Perspectives for Africa, Policy Choices for Europe*, Berlim: Stiftung Wissenschaft und Politik.

SEN, A. (1999), *Development as Freedom*, Oxford: Oxford University Press.

SHAW, J. (1998), "The Treaty of Amsterdam: challenges of flexibility and legitimacy", *European Law Journal*, 4-1, pp. 63-86.

SILVEIRA, ALESSANDRA / CANOTILHO, MARIANA / FROUFE, PEDRO M. (orgs.) (2016), *Direito da União Europeia – Elementos de Direito e Políticas da União*, Coimbra: Almedina.

SMITH, ADAM (1776-89), *The Wealth of Nations*, Londres: Methuen and C., Edwin Cannan, 1904.

SMITH, ANTHONY D. (1992), "National identity and the idea of the European unity", *International Affairs*, 68-1, pp. 55-76.

SOARES, ANTÓNIO GOUCHA (2016), *Euro: E se a Alemanha Sair Primeiro?*, Lisboa: Temas e Debates / Círculo de Leitores.

__, (2015), "EU Commission participation in the Troika mission: is there a European Union price to pay?", *Revista Brasileira de Política Internacional*, vol. 58-1.

__, (2006), *A União Europeia*, Coimbra: Almedina.

SOUSA, MARCELO REBELO DE (2012), "Anotação ao artigo 3.º do TUE", in PORTO, M. LOPES / ANASTÁCIO, GONÇALO (orgs.), *Tratado de Lisboa Anotado e Comentado*, pp. 30-32.

STEINER, GEORGE (2004), *The Idea of Europe*, Breda: The Nexus Institute (trad. port.: *A Ideia de Europa*, Lisboa: Gradiva, 2006).

STIGLITZ, JOSEPH E. (2002), *Globalization and Its Discontents*, Nova Iorque: W. Norton.

__, (2006), *Making Globalization Work*, Nova Iorque: W. Norton.

__, (2016), *The Euro: How a Common Currency Threatens the Future of Europe*, Nova Iorque: W. Norton (trad. port.: *O Euro – Como uma Moeda Única Ameaça o Futuro da Europa?*, Lisboa: Bertrand, 2016).

STORPER, MICHAEL (1997), *The Regional World: Territorial Development in a Global Economy*, Nova Iorque: The Guilford Press.

STRASSER, DANIEL (1981), *As Finanças Europeias*, trad., Luxemburgo: Serviço de Publicações Oficiais das Comunidades Europeias.

TABATONI, PIERRE (1999), *Mémoire des Monnaies Européennes du Denier à l'Euro*, Paris: Presses Universitaires de France.

TAFUNELL, XAVIER (1998), "La UEM y las lecciones de la historia. Las uniones monetarias en Europa durante el Siglo XIX", in ANCHUELO GREGO (org.) (1998), *Consecuencias Economicas del Euro*, Madrid: Civitas, pp. 27 e ss.

TAMAMES, RAMON / HUERTA, B. (2010) *Estructura Económica Internacional*, 21.ª ed., Madrid: Alianza Editorial.

TANG, HELE (ed.) (2000), *Winners and Losers of EU Integration: Policy Issues for Central and Eastern Europe*, Washington, DC: World Bank.

TEIXEIRA, P. BRAZ (2014), *O Fim do Euro em Portugal? Como Chegámos à Crise Atual*, 2.ª ed., Lisboa: Actual.

TINBERGEN, JAN (1956), *International Economic Integration*, Amesterdão: Elsevier.

TIMMERMANS, C. (1981), "A livre circulação de mercadorias", *in* AA VV / Comissão das Comunidades Europeias (ed.) (1984), *Trinta Anos de Direito Comunitário*, Luxemburgo: Serv. Publicações Oficiais das Comunidades Europeias, pp. 251-301.

TORRES, FRANCISCO (2013), "The EMU's legitimacy and the ECB as a strategic political player in the crisis context", *Journal of European Integration*, vol. 35-3, pp. 287-300.

__, (2015), "The political economy of economic and monetary union", *in* MAGONE, J. (ed.), *Handbook on the European Politics*, Londres: Routledge, pp. 764-777.

UHLIG, HARALD (2005), "What are the effects of monetary policy on output? Results from an agnostic identification procedure", *Journal of Monetary Economics*, 52-2, pp. 381-419.

União Africana (2019), *Report on the African Continental Free Trade Area (AfCFTA)*, por Mahamadou Issoufou, Presidente da República do Níger e líder da AfCFTA, Assembleia da União, 32.ª sessão ordinária, Addis Ababa, 10-11 de fevereiro de 2019 (disponível em: https://archives.au.int/bitstream/handle/123456789/6542/Assembly%20AU%204%20%28XXXII%29%20_E.pdf?sequence=1&isAllowed=y).

VANTHOOR, W. (1996), *European Monetary Union since 1848. A Political and Historical Analysis*, Cheltenham / Northampton: Edward Elgar.

VAZ, MANUEL AFONSO (1998), *Direito Económico: A Ordem Económica Portuguesa*, 4.ª ed., Coimbra: Coimbra Editora.

VERHOEVEN, AMARYLLIS (1998), "How democratic need European Union members be? Some thoughts after Amsterdam", *European Law Review*, 23-3, pp. 217-232.

VILLALÓN, PEDRO CRUZ (2013), "La identidad constitucional de los Estados Miembros: dos relatos europeos", *Anuario de la Faculdad de Derecho de la Universidad Autónoma de Madrid* – 17, pp. 501-514.

VINEN, RICHARD (2000), *A History in Fragments. Europe in Twentieth Century*, Londres: Abacus.

VINER, JACOB (1950), *The Customs Union Issue*, Nova Iorque: Carnegie Endowment for International Peace.

Webber, D. (2013), "How likely is that the European Union will disintegrate? A critical analysis of competing theoretical perspectives", *European Journal of International Relations*, vol. 19.

Winter, J. A. (1972), "Direct applicability and direct effect: Two distinct and different concepts in Community Law", *Common Market Review*, 9-4, pp. 425-438.

Witte, Bruno de / Hanf, D. / Vos, Ellen (orgs.) (2001), *The Many Faces of Differentiation in EU Law*, Cambridge: Intersentia.

World Trade Organization – WTO (2008), *World Trade Report 2008: Trade in a Globalizing World*, Geneva: WTO.

Yamamoto, Y. (ed.) (1999), *Globalism, Regionalism & Nationalism: Asia in Search of its Role in the 21st Century*, Oxford/Malden: Blackwell.

ÍNDICE